Maria Dörnemann
Plan Your Family – Plan Your Nation

Studien zur Internationalen Geschichte

―
Herausgegeben von
Eckart Conze,
Julia Angster,
Marc Frey,
Wilfried Loth und
Johannes Paulmann

Band 45

Maria Dörnemann

Plan Your Family – Plan Your Nation

—

Bevölkerungspolitik als internationales
Entwicklungshandeln in Kenia 1932–1993

DE GRUYTER
OLDENBOURG

ISBN 978-3-11-061434-3
e-ISBN (PDF) 978-3-11-061711-5
e-ISBN (EPUB) 978-3-11-061441-1
ISSN 2190-149X

Library of Congress Control Number: 2019949154

Bibliografische Information der Deutschen Nationalbibliothek
Die Deutsche Nationalbibliothek verzeichnet diese Publikation in der Deutschen National-
bibliografie; detaillierte bibliografische Angaben sind im Internet über http://dnb.dnb.de
abrufbar.

© 2019 Walter de Gruyter GmbH, Berlin/Boston
Titelbild: © Linden-Museum Stuttgart, Damenwickeltuch »kanga« mit Darstellungen zur
Familienplanung. Bedruckte Baumwolle; 113 x 164 cm; Swahili (Kenia) Inv. nr. F54.744
Druck und Bindung: CPI books GmbH, Leck

www.degruyter.com

Vorwort

Dieses Buch ist die überarbeitete Fassung meiner Dissertation, die im Februar 2017 von der Philosophischen Fakultät der Eberhard-Karls-Universität Tübingen angenommen wurde. Dass es geschrieben werden konnte, hing maßgeblich von einer ganzen Reihe von Personen und Institutionen ab, denen ich an dieser Stelle herzlich danke.

Großzügig gefördert wurde die Arbeit durch ein Graduiertenstipendium des Cusanuswerks und eine Sachbeihilfe der Deutschen Forschungsgemeinschaft, die auch die Drucklegung unterstützte. Fertigstellen konnte ich die Dissertation durch eine Abschlussfinanzierung im Rahmen der DFG-Leibniz-Forschergruppe „Nach dem Boom" an der Universität Trier und danke hierfür ganz besonders Lutz Raphael. Die Stipendien des German Historical Institute in Washington D.C. und des Deutschen Historischen Instituts in London ermöglichten mir ebenso notwendige wie wunderbare Archiv- und Bibliotheksaufenthalte. Für die Zeit und die Freiheit, die sie mir schenkten, bin ich allen genannten Personen und Institutionen sehr dankbar.

Den Gutachterinnen und Gutachtern Anselm Doering-Manteuffel, Julia Angster und Jan Eckel danke ich sehr für wertvolle Anregungen, den Herausgeberinnen und Herausgebern Eckart Conze, Julia Angster, Marc Frey, Wilfried Loth und Johannes Paulmann für die Aufnahme der Arbeit in die Reihe Studien zur Internationalen Geschichte sowie für hilfreiche Hinweise und Kommentare. Bei Rabea Rittgerodt vom Verlag De Gruyter bedanke ich mich für die sehr angenehme Zusammenarbeit und ihre geduldige Begleitung während des Lektorats.

Die Arbeit hat im Laufe der unterschiedlichen Phasen ihrer Entstehung sehr davon profitiert, dass ich Thesen, Gliederungsentwürfe und Kapitel in ganz verschiedenen Zusammenhängen vorstellen und diskutieren durfte. Für weiterführende Impulse danke ich insbesondere den Teilnehmerinnen und Teilnehmern des süddeutschen Kolloquiums zur Zeitgeschichte, der regelmäßigen Treffen im Rahmen des Arbeitszusammenhangs „Nach dem Boom" mit Anselm Doering-Manteuffel und Lutz Raphael, des Freiburger Oberseminars von Ulrich Herbert sowie des von Johannes Paulmann und Michael Vössing ausgerichteten Workshops „Governance of Relief" an der Universität Mannheim. Hilfreich und bereichernd waren überdies die von Delia González de Reufels und Thomas Etzemüller organisierten Workshops und Tagungen zu unterschiedlichen Perspektiven auf Bevölkerung. Für die Kommentierung von Vorträgen und eines Exposés danke ich Daniel Speich Chassé, Corinne Pernet und Andreas Eckert, die mich zu jeweils entscheidenden Zeitpunkten ein Stück weiter gebracht haben. Alle Mitarbeiterinnen und Mitarbeiter der von mir aufgesuchten Archive unterstützten mich umsichtig und kompetent. Stellvertretend gilt mein besonderer Dank an dieser Stelle Richard Ambani in den Kenya National Archives in Nairobi. In Nairobi waren mir außerdem Béatrice Kirubi, Muey Saturn sowie Claudia, Ludwig und Julia Kirchner eine große Hilfe.

Zu meinen schönsten Erfahrungen im wissenschaftlichen Raum gehörten die kontinuierlichen Arbeitstreffen des DFG-Netzwerks *Population, Knowledge, Order, Change: Demography and Politics in the Twentieth Century in Global Perspective*. Allen Beteiligten bin ich für diesen besonderen Gesprächszusammenhang und den wertvollen Austausch sehr dankbar. Teresa Huhle danke ich insbesondere für die gemeinsame Arbeit an unserem Reader-Beitrag und viele bereichernde Gespräche zu Bevölkerungspolitik in Kolumbien und Kenia. Christiane Reinecke und Petra Overath danke ich sehr für die Anbahnung und Umsetzung der Konferenz zu *Population Statistics in Use* in der Villa Vigoni. Corinna R. Unger schließlich hat weit über die Netzwerk-Workshops hinaus meine Arbeit an dieser Arbeit begleitet und mich in jeder Phase, insbesondere aber zum Schluss, auf sehr hilfreiche Weise unterstützt, indem sie Texte kommentiert, konzeptionelle Überlegungen angeregt und mir viel Mut gemacht hat. Ich bin sehr froh und dankbar, dass ich ihr am GHI Washington D.C. begegnen durfte.

Besonders geprägt wurde mein Nachdenken über den Gegenstand dieser Arbeit im Oberseminar am Tübinger Seminar für Zeitgeschichte. Danken möchte ich vor allen Fernando Esposito und Silke Mende sowie Martin Kindtner, Lukas Hezel und Tobias Gerstung. Mit Hannah Jonas wurde alles ein bisschen einfacher. Mit viel Humor und einer äußerst strapazierfähigen Geduld bemühte sie sich bis zum Schluss, Klarheit und Struktur in mein Denken und Schreiben zu bringen. Dafür gilt ihr mein herzlichster Dank. Anselm Doering-Manteuffel hat mir durch seine Art und Weise, Zeitgeschichte zu denken und Geschichtswissenschaft zu betreiben, einen neuen Zugang zu diesem Fach eröffnet. Er hat diese Arbeit aus der ihm eigenen kritisch-ironischen Distanz und zugleich mit einer sehr hohen Verbindlichkeit betreut. Bei der Wahl des Gegenstandes und dessen Bearbeitung räumte er mir größtmögliche Freiheit ein, ließ mich aber nie im Regen stehen und unterstützte die zahllosen Anträge, die mit dieser Arbeit verbunden waren, ebenso tatkräftig wie wohlwollend. Julia Angster hat die Arbeit von Beginn an begleitet. Sie hat den ersten Themenfindungsprozess unterstützt und es auf ihre unnachahmliche Art hervorragend verstanden, mich für jede Phase neu zu motivieren. Stets hatte sie einen wertvollen Rat, half Rückschläge zu verarbeiten und Höhenflüge zu ermöglichen. Der Tatsache, sie in all den Jahren hinter, neben und zuweilen auch vor mir zu wissen, verdanke ich außerordentlich viel.

Ulrike Schulz half mir dank ihrer außergewöhnlichen und je nach Lage der Dinge nachsichtig bis energisch umgesetzten Beratungskompetenz durch den Schreibprozess. Ich bin ihr sehr dankbar, dass mir dieses unverhoffte Glück zuteil wurde. Marco Schrof danke ich für seine brennenden Motivationsreden, mit denen er mich zuverlässig dazu brachte, weiter zu schreiben. Almuth Ebke, Martin Deuerlein und Corinna Unger haben Teile des Textes gelesen und kommentiert, Lukas Hezel hat das ganze Manuskript durchgesehen und korrigiert. Raphael Rauch schrieb mir eine sachdienliche Postkarte, zudem haben mir seine Lektüre und kritische Kommentierung eines Kapitels vor der Manuskriptabgabe sehr geholfen. Valerie Schaab unterstützte mich gewissenhaft und engagiert bei der Literaturbeschaffung. Ihnen allen danke ich sehr herzlich. Für die Fehler, die stehen geblieben sind sowie Ideen und Hinweise, die unberücksichtigt blieben, bin ich natürlich selbst verantwortlich.

Meine Eltern waren immer da, wenn es darauf ankam – und sind es – und strahlen das Grundvertrauen aus, dass es schon werden wird. Dafür herzlichen Dank! Freundinnen und Freunde trugen auf ihre je eigene Art und Weise dazu bei, mich durch diesen kostbaren und schönen, zuweilen aber auch langwierigen und herausfordernden Lebensabschnitt zu manövrieren. Dank Friederike Mittnacht, Simone Hiller und Barbara Kattner war ich für eine lange Zeit in Tübingen im wörtlichen Sinne zu Hause. Katrin Giel danke ich für die schönen Abende in London und ihre Ermutigung und Unterstützung im langen Endspurt. Sabine Czinczel hat für Stabilität und Ausgleich auf der Schlussgerade gesorgt. Theresa und Dominik Dörnemann, Julia Bauer und schließlich die kleine Lea haben mich unermüdlich daran erinnert, dass es jenseits der Arbeit an dieser Arbeit noch ein Leben zu leben gilt. Philipp Ostendorf schließlich hat das liebevolle Zusammenknoten zerrissener Geduldsfäden zur Meisterschaft gebracht. Auf die kreativste Weise und mit beglückendem Humor hat er unerschütterlich Zuversicht verbreitet und mir diese Jahre des Lesens, Denkens und Schreibens in den schönsten Farben ausgemalt. Dafür und für all das, was war und noch immer ist, bin ich ihm von Herzen dankbar.

Stuttgart, im Juni 2019   Maria Dörnemann

Inhalt

Einleitung —— 1

1 Vom „leeren" zum „überfüllten" Raum: Die Entdeckung eines Bevölkerungsproblems in der Kolonie Kenia in lokalen und globalen Bezügen —— 22

1.1 Die Konstruktion einer „rückständigen" afrikanischen Bevölkerung in ethnischer Gestalt —— 23

1.2 „Bicycles instead of Babies, Furniture instead of Families": Von der Diagnose eines „local overcrowding" in Kenia zu der Definition von Bevölkerungswachstum als Strukturmerkmal „tropischer" Bevölkerungen —— 57

1.3 Von der Kolonie zum Entwicklungsland: Die Konstruktion einer Bevölkerungswachstumsrate für Kenia im Kontext der Dekolonisation —— 96

1.4 Zwischenfazit 1. Teil: Konzeptionelle Voraussetzungen der Wahrnehmung vormals „leerer" als „überfüllte" Räume in Kenia —— 130

2 Bevölkerungspolitik als Modernisierungspolitik? —— 132

2.1 Modernisierung als Praxis: Familienplanung als Motor der Transition —— 134

2.2 Entwicklungspläne für das postkoloniale Kenia im Lichte des diagnostizierten Bevölkerungswachstums —— 154

2.3 Ein Familienplanungsprogramm für Kenia: Konzeptioneller Rahmen und praktische Umsetzung —— 188

2.4 Zwischenfazit 2. Teil: Bevölkerungspolitik als Gesundheitspolitik —— 216

3 Die Auflösung der Modernisierungsformel oder: „Development is more than what happens [...] demographically" —— 218

3.1 Das Familienplanungsprogramm in Kenia zwischen demographischem Transitionsmodell und ländlicher Entwicklungsdoktrin —— 219

3.2 Das Ende des „belief in plastic-technology as a short-cut towards development": Zum Verhältnis von Familienplanung, Modernisierung und Entwicklung in den 1970er und 1980er Jahren —— 255

| 3.3 | „Modernization is winning": Debatten über Erfolg und Scheitern des Familienplanungsprogramms in Kenia aus demographischen und sozialanthropologischen Perspektiven —— **286** |

Schluss —— **315**

Abkürzungsverzeichnis —— **321**

Zeitschriften und Archive —— **322**

Quellen- und Literaturverzeichnis —— **324**
I. Quellen —— **324**
II. Literatur —— **329**

Register —— **344**

Einleitung

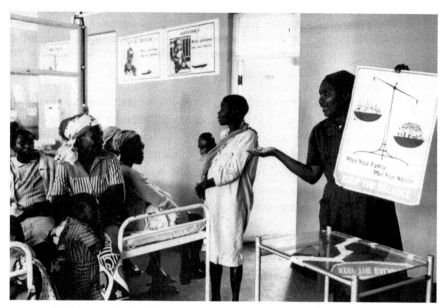

Abb. 1: Foto: Kay Chernush (Weltbank)

In der kenianischen Kleinstadt Machakos versammelten sich im Jahr 1978 einige Frauen im örtlichen Krankenhaus. Wie das damals entstandene Foto zeigt, saßen sie dicht gedrängt auf einfachen Bettgestellen. Einige hatten ihre Kinder mitgebracht. Durch die große Fensterfront und die geöffnete Tür flutete Licht in den Raum. Die Atmosphäre auf dem Bild wirkt freundlich und konzentriert. Die Aufmerksamkeit der Frauen richtet sich auf eine weitere Frau, die vor einem Tisch steht und ein Plakat in den Händen hält. Darauf ist eine Waage mit zwei ungleich schweren Schalen abgebildet: Die leichtere, mit Lebensmitteln gefüllte, wird von einer Menschenmasse in der zweiten Schale nach oben gezogen. Den versammelten Frauen wird auf diese Weise ein Bevölkerungsproblem als Ungleichgewicht zwischen vorhandenen Nahrungsmitteln und dem Bedarf vermeintlich zu vieler Menschen vor Augen geführt. Für das so illustrierte Problem hält das Plakat zugleich eine Lösung parat: „Plan Your Family – Plan Your Nation. Keep the Balance" steht unter der Graphik zu lesen. Dies wird den Zuhörerinnen als konkrete Aufgabe mit auf den Weg gegeben.

„That Population Explosion" titelte am 11. Januar 1960 das US-amerikanische Nachrichtenmagazin *Time* und führte im Leitartikel aus:

> Long a hot topic among pundits, whose jargon phrase for it is „the population explosion," the startling 20th century surge in humanity's rate of reproduction may be as fateful to history as the H-bomb and the Sputnik, but it gets less public attention. [...] And it is among the hungry peoples of Asia, Africa and Latin America that the population explosion is most violent. [...] If, by then, all that faces the growing masses of what is euphemistically called „the underdeveloped nations" is endless, grinding poverty, their fury may well shake the earth.[1]

Der postulierte Anstieg der menschlichen Reproduktionsrate wird hier lediglich für einen bestimmten Raum als Problem dargestellt, nämlich für die zu diesem Zeitpunkt bereits unter dem Rubrum Dritte Welt[2] zusammengefassten Kontinente Asien, Lateinamerika und Afrika. Wenn die anwachsenden Massen in den auf diesen Kontinenten verorteten „unterentwickelten Nationen" sich ihrer ausweglosen, zermürbenden Armut bewusst würden, so das in diesem Zitat mit großer Geste aufgerufene Bedrohungsszenario, stünde nicht weniger als der Weltfrieden auf dem Spiel.

In der gleichen Ausgabe des *Time Magazine* war unter der Überschrift „For Men Who Have Everything" auch ein kurzer Text über ein neues Ferien-Resort in der britischen Kolonie Kenia zu lesen. Der Artikel warnte gerade nicht vor einem drohenden Bevölkerungswachstum, sondern zielte vielmehr darauf, dem „gutbetuchten Touristen, der schon überall gewesen ist", neue Reiseperspektiven zu eröffnen.

> When his jet plane touches down in Nairobi, he is met by a brace of Rolls-Royces with zebra-skin upholstery. The cars whisk 125 miles north across Kikuyu country and draw up before the lush green lawns of the Mount Kenya Safari Club. [...] At sunset, guests are thrilled by the throb of tribal drums in the gloaming. (Since natives were lacking on the 95 acres of grounds in the „white" highlands of Kenya, the club owners imported a band of Wakamba drummers from 200 miles away, installed them in a specially-built, rent-free, mud-and-thatch village, and placed stern instructions on the village bulletin board that drums must be throbbed daily at sundown.) [...] Asked if he expects to turn a profit on his investment, Entrepreneur Ryan turns magically into Philanthropist Ryan, insists that any profit will be used to inaugurate a program to preserve East Africa as the most important wild animal stronghold known to man [...].[3]

---

1 O. V., Population. The Numbers Game, in: Time 75, Heft 2 (11.1.1960), S. 21–27, hier S. 21.
2 Begriffe wie „Dritte Welt", „Entwicklungsland", „Entwicklungshilfe", „westlich", „afrikanisch", „ethnisch", „rassisch", „modern", „Modernisierung", „Tradition" oder „Stamm" werden in dieser Studie als Quellenbegriffe verwendet. Aus Gründen der besseren Lesbarkeit wird im Folgenden auf Anführungszeichen verzichtet.
3 O. V., For Men Who Have Everything, in: Time 75, Heft 2 (11.1.1960), S. 24.

Der Kontrast, den das Magazin durch die Aufnahme beider Artikel in die gleiche Ausgabe erzeugt, könnte größer kaum sein. Kenia erscheint hier gleichsam als Kippfigur, einmal als überfüllter und einmal als leerer Raum. So wird einerseits das Panorama einer „Bevölkerungsexplosion" mit einem weltfriedensbedrohenden Aufstand der „armen Völker" in der Dritten Welt aufgefächert. Andererseits wird ein Einblick in die Welt der Superreichen eröffnet, die sich in der britischen Kolonie Kenia ein Ferienparadies einrichten. Die „natives" müssen in dem von weißen Siedlern in Anspruch genommenen kenianischen Hochland zur Unterhaltung der Touristen eigens herbeigefahren werden und philanthropische Interessen zielen auf die Erhaltung von Wildtierarten in Ostafrika.[4] Im ersten Szenario wurden Überbevölkerung und Armut als Charakteristika, auch des afrikanischen Kontinents, benannt, im zweiten Szenario erschien die indigene Bevölkerung, die aus einer Entfernung von 200 Meilen herbeigefahren wird, lediglich als traditionalisierte Kulisse, um eine vermeintlich authentische Atmosphäre am Urlaubsort zu erzeugen.

Was verbindet diese drei Momentaufnahmen – die beiden Artikel im *Time Magazine* sowie die eingangs beschriebene Photographie – miteinander? Es handelt sich in allen drei Fällen um medial vermittelte Außenperspektiven auf die Bevölkerung in Afrika beziehungsweise Kenia. Indem sie sich in der Art und Weise der Darstellung des Gegenstands zugleich unterscheiden, illustrieren sie den konstruierten Charakter von Bevölkerung. Der Artikel über die Kolonie Kenia als exklusives Reiseziel zeichnet ein folkloristisches Bild von der afrikanischen Bevölkerung, die als in Szene gesetzte „natives" lediglich die musealen Interessen der Unternehmer sowie der Touristen des Ferien-Resorts zu bedienen scheint. Im Bild der „Bevölkerungsexplosion" erscheint die afrikanische Bevölkerung gemeinsam mit der des lateinamerikanischen und des asiatischen Kontinents nicht mehr in der ethnischen Gestalt eines Stammes, der „Wakamba", sondern als als verelendet charakterisierte Masse. Das definierende Element von Bevölkerung ist hier nicht mehr Folklore, sondern Bedrohung.

In der Szene im Krankenhaus von Machakos werden die dargestellten Frauen als Teil einer Nationalbevölkerung präsentiert, die im vermeintlich eigenen Interesse das als Ungleichgewicht zwischen dem verfügbaren Nahrungsspielraum und dem Bevölkerungswachstum definierte Bevölkerungsproblem zu lösen versucht: „Plan Your Family – Plan Your Nation". Die Frage indes, um wessen Botschaft es sich hier eigentlich handelt, verweist auf einen Akteur jenseits der ke-

---

4 Zum Image Kenias als „white man's country" einer britischen „Gin and Tonic-Elite" siehe auch: David M. Anderson, Histories of the Hanged. The Dirty War in Kenya and the End of Empire, New York/London 2005, S. 1.

nianischen Nation. Denn wir sehen die geschilderte Szene durch die Linse der US-amerikanischen Photographin Kay Chernush, die diese Informationsveranstaltung zum Thema Familienplanung im Auftrag der *Weltbank* dokumentierte.[5] Seit Anfang der 1970er Jahre engagierte sich die *Weltbank* in Kenia an der Seite einer ganzen Fülle von bevölkerungspolitisch tätigen privaten, bi- und multilateralen, ebenso wie nationalen Entwicklungsorganisationen für Familienplanungsprogramme. Daher zeigt die Photographie nicht lediglich eine Zusammenkunft von Frauen im Krankenhaus einer kenianischen Kleinstadt. Vielmehr bildet sie einen Ausschnitt internationaler Bevölkerungspolitik ab.

Seit den 1950er Jahren hatte sich in den USA eine in der Selbstbeschreibung als „population control movement"[6] bezeichnete Formation herausgebildet, welche die im *Time*-Artikel thematisierte „Bevölkerungsexplosion" in der Dritten Welt bekämpfen wollte.[7] Sie legte den Grundstein für internationale Aktivitäten auf diesem Gebiet. Dazu gehörte durchaus, dass Organisationen wie die *Weltbank* das in einem westlichen Kontext formulierte Problem der „Bevölkerungsexplosion" in der Dritten Welt ins Bild setzten und auf Plakaten wie dem im Krankenhaus von Machakos gezeigten nach Kenia übertrugen. Bemerkenswert ist indes, dass dieses Verständnis von Bevölkerungspolitik als Entwicklungshilfe sowohl das Überbevölkerungsproblem als auch die dafür formulierte Lösung – Familienplanung – zwar einerseits von außen nach Kenia transportierte, andererseits aber in einem nationalen Rahmen situierte. Anders ausgedrückt wurde das Bevölkerungswachstum in nationalen Grenzen problematisiert und sollte im Rahmen nationaler Programme gestoppt werden.

---

5 Kay Chernush (World Bank Group photographer), Plan Your Family – Plan Your Nation, 1978, World Bank Group Archives [WBGA], Washington D.C./United States, Folder ID 1724856, Country Photographs – Kenya – Credit 468, Photographs [1].
Die Gründung einer *International Bank for Reconstruction and Development* wurde 1944 auf der Konferenz in Bretton Woods vereinbart und im Dezember 1945 realisiert. Nach der Gründung der *International Development Association* 1960 wurden beide Institutionen als so genannte *Weltbank* zusammengefasst. Siehe hierzu: Michele Alacevich, The Political Economy of the World Bank. The Early Years, Stanford, CA 2009, S. xi.
6 Oscar Harkavy, Curbing Population Growth. An Insider's Perspective on the Population Movement, New York 1995.
7 Allgemein zu dieser „Bevölkerungskontrollbewegung": John Sharpless, World Population Growth, Family Planning and American Foreign Policy, in: Journal of Policy History 7 (1995), S. 72–102; Marc Frey, Neo-Malthusianism and Development. Shifting Interpretations of a Contested Paradigm, in: Journal of Global History 6 (2011), S. 75–97; Marc Frey, Experten, Stiftungen und Politik. Zur Genese des globalen Diskurses über Bevölkerung seit 1945, in: Zeithistorische Forschungen/Studies in Contemporary History 4 (2007), S. 1–18. Zu den Aktivitäten dieser Bewegung in Kenia siehe Matthew Connelly, Fatal Misconception. The Struggle to Control World Population, Cambridge, MA 2008, S. 234–235, 304, 349 und 361–362.

Insgesamt legen die drei Momentaufnahmen den Eindruck nahe, dass sich die Perspektive auf Bevölkerung veränderte, je nachdem, ob sie in einer kolonialen oder nationalen Gestalt konstruiert wurde. Der *Time*-Artikel hatte 1960 die Bevölkerung der Kolonie nach „natives" und Bewohnern des nahezu ausschließlich von weißen Siedlern in Besitz genommenen Hochlandes unterschieden und darauf hingewiesen, dass es in dieser Region Kenias quasi keine afrikanische Bevölkerung gebe. Rund zehn Jahre später war die 1963 von Großbritannien unabhängig gewordene Nation aufgrund des vermeintlich zu hohen Bevölkerungswachstums zu einem zentralen Betätigungsfeld international tätiger Organisationen im Bereich der bevölkerungspolitischen Entwicklungshilfe geworden.

Warum, seit wann und durch wen vollzog sich dieser Wandel in der Konstruktion der Bevölkerung? Die vorliegende Studie nimmt diese Frage zum Ausgangspunkt, um ihren Gegenstand, die Diagnose eines zu hohen Bevölkerungswachstums in Kenia, zu untersuchen. Das leitende Erkenntnisinteresse richtet sich mithin darauf, wie Akteure – internationale Organisationen, Wissenschaftler, Experten und Politiker – Bevölkerung in unterschiedlichen Gestalten konstruierten und dadurch politisch handelten.[8] Konkret geht es hierbei um die Frage, inwieweit sich die Formulierung von Problemen, für die politische Lösungen gefunden werden sollten, veränderte, je nachdem ob die Bevölkerung nach ethnischen oder rassischen, lokalen oder nationalen Kriterien geordnet beziehungsweise auf Variablen wie Boden, Ökonomie oder Lebensstandard bezogen wurde. So entschieden die genannten Akteure im Verständigungs- und Aushandlungsprozess über die Gestalt von Bevölkerung mithilfe von ethnischen oder nationalen Kriterien ebenso wie den Zuschreibungen „primitiv", „traditional", „westlich" oder „modern" über Identität und Differenz und nicht zuletzt darüber, wer wen regierte.

Um die Konstruktion von Bevölkerung als politisches Handeln in Kenia zu untersuchen, orientiert sich die Studie am Ansatz der Neuen Ideengeschichte.[9]

---

8 Den Begriff der „Gestalt" entlehne ich Ludwik Flecks „Gestaltsehen" als einem „Formatierungsprinzip der Wahrnehmung", siehe hierzu Thomas Etzemüller, „Ich sehe das, was Du nicht siehst". Zu den theoretischen Grundlagen geschichtswissenschaftlicher Arbeit, in: Jan Eckel/Thomas Etzemüller (Hrsg.), Neue Zugänge zur Geschichte der Geschichtswissenschaft, Göttingen 2007, S. 27–68, hier S. 39. Ludwik Fleck, Erfahrung und Tatsache. Gesammelte Aufsätze, Frankfurt a. M. 1983, S. 74. In dieser Studie geht es indes nicht allein um das Gestalt*sehen* von Bevölkerung, sondern darum zu untersuchen, wie die mit einer spezifischen Gestalt von Bevölkerung verbundenen Annahmen in eine konkrete politische Praxis übersetzt wurden.
9 Siehe hierzu und zum Folgenden: Lutz Raphael, Ideen als gesellschaftliche Gestaltungskraft im Europa der Neuzeit. Bemerkungen zur Bilanz eines DFG-Schwerpunktprogramms, in: Lutz Ra-

Damit postuliert sie, dass Ideen eine „gesellschaftliche Gestaltungskraft" besitzen, und fragt zugleich, worin diese besteht und wie weitreichend sie ist. Konkret geht es um die Idee der Entwicklung, deren Gestaltungskraft am bevölkerungspolitischen Beispiel analysiert werden soll. Hierbei folgt die Studie nicht einer Methodik, sondern bedient sich durchaus „eklektizistisch"[10] unterschiedlicher Verfahren. Dazu gehört ein Bewusstsein für begriffsgeschichtliche Dimensionen des Entwicklungskonzepts ebenso wie die Orientierung an wissensgeschichtlichen Ansätzen, um die „Konstitution und Konzeption"[11] des Nexus von Bevölkerungsentwicklung und gesellschaftlicher Entwicklung in den Blick zu nehmen. So geht es nicht darum, den Zusammenhang zwischen einem hohen Bevölkerungswachstum und gesellschaftlicher Unterentwicklung zu bestätigen oder abzulehnen, sondern ihn zu historisieren. Im Sinne einer Wissensgeschichte gilt es, die „vielfältigen Bedingungen und Kontingenzen [zu untersuchen], die einer Wahrheit" – in diesem Fall dem Eindruck eines Bevölkerungswachstums in Kenia, das zugunsten der Entwicklung des Landes reduziert werden müsse – „zur Durchsetzung gegenüber einer anderen verhalf[en]".[12] Als „zentrale[r] empirische[r] Ansatzpunkt für eine Geschichte des Wissens" soll mit Achim Landwehr der „Vorgang der Kategorisierung, Einteilung, Differenzierung und Abgrenzung" in den Blick genommen werden.[13] Das Augenmerk soll sich darauf richten, zu fragen, wie „Wissen hervorgebracht wird und von wem" und „wie es von dem abgegrenzt wird, was als Unwissen oder Nicht-Wissen gilt".[14] An der Hermeneutik orientierte Verfahren stehen im Vordergrund, wenn es um die Frage der „Wirkungsmächtigkeit"[15] dieser Ideen und dieses Wissens im Prozess der kenianischen Dekolonisation und Nationsbildung geht. Es gilt zu klären, wie die bevölkerungspolitisch aufgeladene Entwicklungsidee in diesem Kontext von unterschiedlichen Akteursgruppen verstanden, rezipiert und in diversen Aneignungsprozessen verändert wurde.

Die Studie geht von der Annahme aus, dass Bevölkerung ein Knotenpunkt war, an dem sich die Herausbildung eines spezifischen Entwicklungs- und Mo-

---

phael/Heinz-Elmar Tenorth (Hrsg.), Ideen als gesellschaftliche Gestaltungskraft der Neuzeit. Beiträge für eine erneuerte Geistesgeschichte, München 2006, S. 11–27.
10 Raphael, Ideen als gesellschaftliche Gestaltungskraft, S. 23.
11 Raphael, Ideen als gesellschaftliche Gestaltungskraft, S. 12.
12 Philipp Sarasin, Was ist Wissensgeschichte, in: Internationales Archiv für Sozialgeschichte der deutschen Literatur 36 (2011), S. 159–171, hier S. 171.
13 Achim Landwehr, Das Sichtbare sichtbar machen. Annäherungen an „Wissen" als Kategorie historischer Forschung, in: Achim Landwehr (Hrsg.), Geschichte(n) der Wirklichkeit. Beiträge zur Sozial- und Kulturgeschichte des Wissens, Augsburg 2002, S. 61–89, hier S. 87.
14 Landwehr, Das Sichtbare sichtbar machen, S. 87.
15 Raphael, Ideen als gesellschaftliche Gestaltungskraft, S. 12.

dernisierungsdenkens mit der Entstehung von Formen des Politischen zwischen Staatlichkeit und internationaler Politik kreuzten. Das heißt konkret, dass der Transformationsprozess Kenias von einer Kolonie zu einer Entwicklungsnation mit der Diagnose eines Bevölkerungswachstums einherging. Dieses Bevölkerungswachstum galt Demographen, Experten und Politikern als Problem, das die Entwicklung der so genannten Entwicklungsländer hemmen könne. Internationale Organisationen boten bevölkerungspolitische Entwicklungshilfe an, erwarteten aber im Gegenzug von den nationalen Regierungen der Entwicklungsländer, auf ihre Bedingungen einzugehen. Politiker in den Entwicklungsnationen wiederum loteten ihrerseits Spielräume aus, die Entwicklungshilfe einerseits in Anspruch zu nehmen, andererseits aber selbst über die Verwendungsweise bestimmen zu können. An die Implementierung bevölkerungspolitischer Praktiken knüpften nahezu alle Akteure konkrete Entwicklungserwartungen. Denn die Problematisierung von Bevölkerungswachstum bot einen Ansatzpunkt, um die ungleiche Verteilung von Ressourcen und politischer Macht zwischen einer als entwickelt und einer als unterentwickelt definierten Welt zu erklären. Bevölkerungspolitische Entwicklungshilfe verhieß auf dieser Grundlage nicht mehr und nicht weniger, als dass eine Reduktion der Bevölkerungswachstumsrate mit der Realisierung eines westlichen Lebensstandards einhergehen würde. So macht es sich die vorliegende Studie zur Aufgabe, die Verknüpfungen zwischen Bevölkerungsproblem und Entwicklungsverheißung ebenso wie zwischen Formen internationalen und staatlichen Regierens zu historisieren, indem sie deren Entstehungszusammenhänge und deren Auflösungserscheinungen untersucht.

Aus diesem Zuschnitt ergibt sich ein Untersuchungszeitraum von 1932 bis 1993. Die Anfänge der Problematisierung eines Bevölkerungswachstums in Kenia liegen in den 1930er Jahren. Von der durch das *Colonial Office* im Jahr 1932 eingesetzten *Kenya Land Commission* wurde das Wachstum der afrikanischen Bevölkerung in Kenia erstmals offiziell als wachsend dargestellt. In dieser Zeit wurde die Funktion der Kolonien im Zuge einer Entwicklungs- und Wohlfahrtsagenda allmählich umdefiniert von Räumen, in welche die Probleme Europas ausgelagert werden sollten, in Entwicklungsräume, in denen die Probleme der Kolonien bewältigt werden sollten.[16] Beide Phänomene hingen eng miteinander zusammen. Denn die entwicklungspolitische Agenda warf ein neues Licht auf die afrikanische Bevölkerung Kenias, die in den Plänen der britischen Kolonisatoren zunächst entweder keine oder allenfalls eine funktionale Rolle gespielt

---

16 Siehe hierzu: Joseph Hodge, Triumph of the Expert. Agrarian Doctrines of Development and the Legacies of British Colonialism, Athens, OH 2007, S. 18.

hatte, wenn es um die Rekrutierung von *manpower* zur Erschließung der mutmaßlich reichen Bodenschätze und Ressourcen Zentralafrikas ging. Bis zum Ende der 1950er Jahre wurde Entwicklung zunehmend mit Modernisierung assoziiert[17] und die Bevölkerungsentwicklung als Indikator verstanden, der über den Entwicklungs- und Modernisierungsgrad eines Landes oder einer Region Auskunft zu geben vermochte. An der Schnittstelle von Dekolonisation und Kaltem Krieg prägen seit den 1950er Jahren zunächst private US-amerikanische Organisationen im Verbund mit Demographen, später auch international tätige Entwicklungsorganisationen eine bevölkerungspolitische Praxis, die darauf ausgerichtet war, den Modernisierungsprozess der so genannten Entwicklungsländer mithilfe von Familienplanungsprogrammen zu beschleunigen. Die Krise des Modernisierungsparadigmas in den späten 1970er und frühen 1980er Jahren leitete das Ende der Zuspitzung von Familienplanung als Modernisierungspraxis und Allheilmittel für das Bevölkerungsproblem ein. Im Lichte einer von der *Weltbank* propagierten Strukturanpassungsagenda, an deren Gestaltung und Umsetzung sich kenianische Politiker beteiligten, begann sich der Nexus zwischen Reduktion des Bevölkerungswachstums und Modernisierungsverheißung beziehungsweise zwischen Bevölkerungs- und Entwicklungspolitik zum Ende der 1980er und zu Beginn der 1990er Jahre aufzulösen. Denn aus der Sicht einer Vielzahl zeitgenössischer Beobachter war der lang erwartete Rückgang der Geburtenrate in Kenia, den demographische Erhebungen aus den Jahren 1989 und 1993 nahe legten, gerade nicht mit der Realisierung von Entwicklung nach westlichem Vorbild einhergegangen. In dieser Hinsicht lassen sich die Entwicklungen in den 1980er und 1990er Jahren als Beginn einer neuen Zeit beschreiben, die das Ende des Untersuchungszeitraums markiert.

Auf dieser Grundlage versteht sich die Studie als Forschungsbeitrag zu einer Geschichte der internationalen Entwicklungspolitik. Erstens, indem sie ihren Gegenstand – die Diagnose von Bevölkerungswachstum als politisch zu lösendes Problem – dazu nutzt, die Übersetzung des Entwicklungs- und Modernisierungsdenkens in konkrete politische Praxis zu historisieren. Zweitens, indem sie die Konstruktion von Kenia als Entwicklungsland in den Blick nimmt. Und drittens, indem sie dazu beiträgt, ein sich etablierendes internationales Politikfeld zu erschließen.

Das Forschungsfeld zu Entwicklung, Modernisierung und zur Entwicklungspolitik wurde in den letzten Jahren in internationaler, transnationaler oder auch globaler Hinsicht sowohl konzeptionell als auch empirisch aufgefächert. Die vorliegende Studie ist von einigen zentralen Überlegungen und Einsichten dieser

---

17 Siehe hierzu: Nils Gilman, Mandarins of the Future, Baltimore 2003, S. 1–2.

Forschung inspiriert. Dazu gehört erstens, globale Modernisierungsgeschichten von lokalen Ausgangspunkten und spezifischen Projekten her zu schreiben.[18] Ältere, gleichwohl einschlägige Studien haben untersucht, wie Modernisierung als Ideologie institutionell in der US-amerikanischen Sozialwissenschaft verankert wurde und Eingang in die Grundpositionen US-amerikanischer Außen- und Sicherheitspolitik gegenüber der Dritten Welt fand.[19] Die Autoren dieser Studien, Nils Gilman und Michael Latham, interpretierten Modernisierung als einen Modus, in dem US-amerikanische Sozialwissenschaftler sowie Politiker sich das „Fremde" aneigneten, sich hierbei indes in erster Linie über ihre eigene Identität verständigten.[20] Die Verheißung, die dem Modernisierungsgedanken innewohnte, entfaltete einerseits einen Wirkungsgrad, der bei weitem nicht allein von US-amerikanischen Experten und Politikern beeinflusst oder gar gesteuert wurde. Andererseits lohnt es sich, den im Zuge der Lektüren von Gilmans und Lathams Büchern entstehenden Eindruck eines in den 1950er und 1960er Jahren gleichsam global uneingeschränkt wirkmächtigen Paradigmas genauer und insbesondere jenseits der Vereinigten Staaten unter die Lupe zu nehmen. Entwicklung und Modernisierung ebenso wie deren Übersetzung in politische Praktiken werden in dieser Studie daher nicht als US-amerikanische Exportartikel verstanden, sondern als Konzepte, über die beispielsweise britische Kolonialbeamte, kenianische Politiker und internationale Entwicklungsexperten die Zukunftspotentiale Kenias verhandelten.

Zweitens trägt die Studie damit dem Hinweis Rechnung, eine Geschichte der Entwicklungspolitik nicht allein als eine von den westlichen Entwicklungsexperten geprägte zu begreifen. Modelle ließen sich nicht eins zu eins aus sozialwissenschaftlichen Instituten in ehemalige Kolonien übertragen, sondern entfalteten vor Ort eigene Dynamiken und wurden mit anderen Ansätzen und Modellen konfrontiert.[21] In diesem Zusammenhang repräsentierte auch die Bevölkerungspolitik einen Bereich, in dem neben internationaler Expertise nationale politische Kontexte und lokales Wissen einflussreich waren.[22] Überdies hat

---

18 Siehe hierzu und zum Folgenden: David C. Engerman/Corinna R. Unger, Towards a Global History of Modernization, in: Diplomatic History 33 (2009), S. 375–385, hier S. 376–377.
19 Gilman, Mandarins; Michael E. Latham, Modernization as Ideology: American Social Science and „Nation Building" in the Kennedy Era, Chapel Hill 2000.
20 Gilman, Mandarins, S. 12; Latham, Modernization, S. 1.
21 Siehe hierzu insbesondere: Corinna R. Unger, Entwicklungspfade in Indien. Eine internationale Geschichte 1947–1980, Göttingen 2015, S. 11–12.
22 Heinrich Hartmann, A Twofold Discovery of Population. Assessing the Turkish Population by its „Knowledge, Attitudes, and Practices", 1962–1980, in: Heinrich Hartmann/Corinna R. Unger (Hrsg.), A World of Populations. Transnational Perspectives on Demography in the Twentieth Century, New York/Oxford 2014, S. 178–200, hier S. 180.

die Forschung zur Dekolonisation und zum Kalten Krieg in den letzten Jahren untersucht, wie Akteure im postkolonialen Raum die Sprache der Modernität nutzten, um ihrerseits Forderungen an den Westen zu stellen, und aktiv nach Möglichkeiten suchten, die eigene Nation zu entwickeln.[23] Die Studie zeigt in diesem Sinne auf, wie kenianische Politiker das Bevölkerungswachstum auch zu einem Problem erklärten, weil es ihnen ermöglichte, finanzielle und technische Hilfe internationaler Entwicklungsorganisationen in Anspruch zu nehmen. Über die Frage, wer über die Verwendung dieser Mittel entscheiden dürfe, und mithin darüber, welche Art von Bevölkerungspolitik der Entwicklung des Landes dienlich sei, gab es indes viele Debatten und Auseinandersetzungen. Im Kern ging es hierbei auch um das Aushandeln von Regierungskompetenzen, das zwischen nationalen Politikern und internationalen Organisationen und Entwicklungsexperten stattfand.

Dieser Aushandlungsprozess führt zu einem dritten Punkt, der in der Forschung der letzten Jahre vielfach hervorgehoben wurde: die Verflechtung.[24] Mit Blick auf Bevölkerungspolitik betrachtet die Studie das Nationale und das Internationale als aufeinander bezogene, sich wechselseitig konstituierende, mithin verflochtene Sphären. Damit grenzt sie sich von einer Forschungsliteratur ab, in der Bevölkerung jeweils als das Spezifikum der einen beziehungsweise der anderen Sphäre definiert wurde. James C. Scott, um nur eines der bekanntesten Beispiele zu nennen, hat in *Seeing Like a State* die „Lesbarmachung" von Bevölkerung als zentrales Problem der national definierten Staatskunst beschrieben und Bevölkerung einer staatlichen Ebene zugeordnet.[25] In der Tat fungierte die Nation als Basiseinheit für Volkszählungen und Bevölkerungspolitik sollte im

---

23 Siehe hierzu: Frederick Cooper, Colonialism in Question. Theory, Knowledge, History, Berkeley u. a. 2005, S. 146. James Ferguson, Expectations of Modernity. Myth and Meanings of Urban Life of the Zambian Copperbelt, Berkeley 1999; Tony Smith, New Bottles for New Wine. A Pericentric Framework for the Study of the Cold War, in: Diplomatic History 24 (2000), S. 567–591.
24 Siehe hierzu beispielsweise: Andreas Eckert/Sebastian Conrad, Globalgeschichte, Globalisierung, multiple Modernen. Zur Geschichtsschreibung der modernen Welt, in: Andreas Eckert/Sebastian Conrad/Ulrike Freitag (Hrsg.), Globalgeschichte. Theorien, Ansätze, Themen, Frankfurt a. M. 2007, S. 7–49, hier S. 23–24. Sebastian Conrad/Shalini Randeria, Geteilte Geschichten – Europa in der postkolonialen Welt, in: Sebastian Conrad/Shalini Randeria (Hrsg.), Jenseits des Eurozentrismus. Postkoloniale Perspektiven in den Geschichts- und Kulturwissenschaften, Frankfurt a. M. 2002, S. 42; Hubertus Büschel/Daniel Speich, Konjunkturen, Probleme und Perspektiven der Globalgeschichte von Entwicklungszusammenarbeit, in: Hubertus Büschel/Daniel Speich (Hrsg.), Entwicklungswelten. Globalgeschichte der Entwicklungszusammenarbeit, Frankfurt a. M. 2009, S. 7–29, hier S. 8.
25 James C. Scott, Seeing Like a State. How Certain Schemes to Improve the Human Condition Have Failed, New Haven 1998, S. 2.

nationalen Rahmen umgesetzt werden. Daher scheint es geboten, die nationale Perspektive ernst zu nehmen. Demgegenüber wies der Historiker Matthew Connelly in seinem Artikel *Seeing Beyond the State* Bevölkerungspolitik gerade als eines der ersten Gebiete aus, auf dem nicht-staatliche Akteure Bevölkerung global dachten, über die Grenzen staatlicher Souveränität hinweg zu regulieren versuchten und dadurch global „regierten".[26] Zweifellos war Bevölkerung spätestens seit den 1930er Jahren ein Thema, für das sich internationale Akteure zuständig fühlten, wie nicht zuletzt die erste internationale Weltbevölkerungskonferenz in Genf 1927 illustriert.[27] Connelly, ebenso wie die Historiker John Sharpless und Marc Frey, haben sich der Bevölkerungspolitik daher aus einer globalen Perspektive genähert.[28] Der Fragehorizont ihrer Texte zielte darauf ab, Erklärungen dafür anzubieten, warum es einer „relativ kleine[n] Gruppe von Experten" gelang, Bevölkerungspolitik als zentrales Anliegen von Entwicklungspolitik zu etablieren und als globales Problem auf der Agenda internationaler Politik zu verankern.[29] Mit diesem Zugriff fassten die genannten Beiträge ein vielgestaltiges Konglomerat an Ideen, Akteuren und Netzwerken zu einer diskursprägenden Bewegung zusammen und definierten deren Gestaltungsspielräume. Zugleich reproduziert diese Perspektive den von den beschriebenen Akteuren vertretenen Anspruch, globale Wirkmächtigkeit zu entfalten und die Welt nach ihren Vorstellungen zu ordnen. Indem Darstellungen wie insbesondere diejenige von Matthew Connelly aus einer globalen Perspektive – nämlich derjenigen der Bewegung, die er untersuchen wollte – auf die Regionen blicken, in die sie hineinwirken wollten, entsteht der Eindruck einer unvergleichlich mächtigen, westlich gelenkten Unternehmung. Zum anderen kommen, um es mit der Soziologin Saskia Sassen zu sagen, Ansätze, welche die Herausbildung des Globalen ausschließlich mit global agierenden und mithin Globalität konstituierenden Institutionen erklären, über eine Beschreibung dieses Phänomens nicht hinaus und können nicht zu dessen Erklärung beitragen.[30]

---

26 Matthew Connelly, Seeing Beyond the State. The Population Control Movement and the Problem of Sovereignty, in: Past & Present 193 (2006), S. 197–233.
27 Zur Bedeutung dieser Konferenz siehe insbesondere: Alison Bashford, Nation, Empire, Globe. The Spaces of Population Debate in the Interwar Years, in: Comparative Studies in Society and History 49 (2007), S. 170–201, hier S. 174; Karl Ittmann, A Problem of Great Importance. Population, Race, and Power in the British Empire, 1918–1973, Berkeley 2013, S. 17.
28 Connelly, Fatal Misconception; Sharpless, World Population Growth; Frey, Experten, Stiftungen und Politik.
29 Frey, Experten, Stiftungen und Politik, S. 5.
30 Saskia Sassen, Das Paradox des Nationalen, Frankfurt a. M. 2008, S. 22.

In dieser Arbeit geht es gerade nicht darum, Bevölkerungspolitik von vornherein der einen oder anderen Ebene zuzuordnen. Stattdessen untersucht sie anhand der Konstruktion von Bevölkerung und der Implementierung von Bevölkerungspolitik, wie sich die nationale und die internationale Ebene wechselseitig konstituierten. Beispielsweise investierte eine Fülle internationaler Organisationen viel Geld und Personal, um in Kenia Familienplanungsprogramme durchzusetzen, die jedoch für die Öffentlichkeit ein nationales Gesicht haben sollten. So wirkte internationale Politik auf den jungen Nationalstaat Kenia ein, sollte aber zugleich von nationalen Institutionen implementiert werden. Kenianische Politiker wiederum, die gute Kontakte zu auswärtigen Entwicklungsexperten unterhielten, nutzten diese, um beispielsweise innerhalb der Regierung eine Mehrheit für bevölkerungspolitische Maßnahmen zu gewinnen. Dies geschah häufig mit dem Verweis darauf, dass internationale Organisationen die für die kenianische Ökonomie vermeintlich so notwendigen Entwicklungshilfsgelder abzögen, sofern sich die kenianische Regierung nicht öffentlich zu den Familienplanungsprogrammen bekennen würde. Auf diese Weise bedienten sie sich der Präsenz des Internationalen in Kenia, um innenpolitisch ihre Überzeugungen und Interessen zu verfolgen. Indem sie diese wechselseitigen Verflechtungen transparent macht, vermag die Studie Aufschluss über den Aufbau und die innere Struktur eines neuen Nationalstaats seit den 1960er Jahren im Lichte der Entstehung eines internationalen Politikfeldes zu geben.

Grundlage hierfür ist ein erweiterter Politikbegriff, der politisches Handeln nicht auf staatliche Institutionen begrenzt.[31] Vielmehr wird davon ausgegangen, dass sich Formen und Institutionen des Regierens auch jenseits des Nationalstaats herausbilden. Mathias Albert und Willibald Steinmetz zufolge definiert sich hier das Politische nicht über Institutionen, sondern über einen kommunikativen Akt, in dem Angelegenheiten des Gemeinwesens verhandelt werden. Insofern Akteure in Kenia aufgrund ihrer Konstruktion von Bevölkerung die Entwicklungspotentiale des Landes ausloteten und hierzu konkrete Maßnahmen wie beispielsweise Familienplanungsprogramme oder den Ausbau der gesundheitlichen Infrastruktur implementierten, betrieben sie Bevölkerungspolitik. Und insofern diese Maßnahmen von Institutionen umgesetzt wurden, in denen kenianische Politiker ebenso vertreten waren wie Ärzte, Repräsentanten von Nichtregierungsorganisationen oder auswärtige Experten, manifestiert sich in dieser Bevölkerungspolitik der Verflechtungsgrad der nationalen und interna-

---

31 Siehe hierzu und zum Folgenden: Mathias Albert/Willibald Steinmetz, Be- und Entgrenzungen von Staatlichkeit im politischen Kommunikationsraum, in: Aus Politik und Zeitgeschichte 20–21 (2007), S. 17–23.

tionalen Ebene im Sinne von staatlichen, nicht-staatlichen und zwischenstaatlichen Praktiken des Regierens.

Vor diesem Hintergrund gilt es, den Stellenwert Kenias im Zuschnitt der Untersuchung zu präzisieren. Konzeptionell fiel die Entscheidung, Kenia ins Blickfeld zu rücken, um die (Vor-)Geschichte des seit den 1950er Jahren seitens westlicher Wissenschaftler, Lobbyisten, Medien und Politiker auf die so genannten Entwicklungsländer zugespitzten Phänomens einer vermeintlichen „Bevölkerungsexplosion" von einem solchen Land aus zu untersuchen. Ziel ist es, die Unschärfe auszugleichen, die bei einer Konzentration auf die globale Seite einer Geschichte des Bevölkerungsproblems entstünde. Denn eine solche Konzentration lässt die Entwicklungsländer lediglich als Spielfeld einer mit globalem Anspruch agierenden „Bevölkerungskontrollbewegung" erscheinen. In dieser Studie wird Kenia demgegenüber als Resonanzraum der Aktivitäten dieser „globalen" Akteure in den Blick genommen. Demographische Modelle und bevölkerungspolitische Praktiken wurden mithin nicht einseitig auf Kenia übertragen. Stattdessen gilt es, die Bewohner des Landes als handelnde Personen ernst zu nehmen, die sich diese Modelle und Praktiken nicht einfach aneigneten, sondern sie umdeuteten oder zur Durchsetzung eigener Interessen und Agenden nutzten. Auf diese Weise entwickelten sich in unterschiedlichen Ländern angesichts verschiedener politischer, gesellschaftlicher und ökonomischer Kontexte sehr unterschiedliche Dynamiken, obwohl sich dort häufig dasselbe auswärtige Personal derselben auswärtigen Organisationen bevölkerungspolitisch engagierte.[32]

Inhaltlich fiel die Wahl des Untersuchungsraumes auf Kenia, weil die bereits von den Zeitgenossen auf das Land eingenommene Perspektive einen besonders interessanten Ausgangspunkt bietet, um nachzuvollziehen, wie das Konstrukt Bevölkerung im Untersuchungszeitraum problematisiert und politisiert wurde. Erstens bahnte die kenianische Regierung bereits 1965, zwei Jahre nach der Unabhängigkeit der ehemaligen britischen Kolonie, die Einrichtung eines nationalen Familienplanungsprogramms an, indem sie ein Expertenteam des US-amerikanischen *Population Council* nach Kenia einlud. Quellen und Darstellungen betonen gleichermaßen die Erstmaligkeit dieses Vorgangs im sub-saharischen Afrika und verleihen Kenia dadurch einen Pionierstatus. Organisationen wie der *Population Council*, die *Ford Foundation* und die *Weltbank* leiteten daraus eine Vorbildfunktion für die anderen Länder in dieser Region ab, die sie mitunter dazu veranlasste, trotz anfänglicher – wenngleich kaum eingestandener – Misserfolge an den bevölkerungspolitischen Bemühungen bis in die 1980er Jahre

---

[32] Siehe hierzu beispielsweise: Teresa Huhle, Bevölkerung, Fertilität und Familienplanung in Kolumbien. Eine transnationale Wissensgeschichte im Kalten Krieg, Bielefeld 2017.

hinein festzuhalten. Zweitens machten Entwicklungsexperten, die im Auftrag der *Weltbank* oder der *Ford Foundation* tätig waren, Bevölkerungspolitik in Kenia zu einer Angelegenheit der Superlative: Dort seien weltweit die meisten bevölkerungspolitisch engagierten Organisationen tätig gewesen, das Land hätte am meisten Geld für bevölkerungspolitische Maßnahmen erhalten und es habe sich bis in die 1980er Jahre schließlich auch zu dem Land mit der höchsten Bevölkerungswachstumsrate entwickelt.

Um einerseits der Tatsache Rechnung zu tragen, dass sich Bevölkerungspolitik nicht gleichermaßen auf alle Regionen und Menschen in Kenia auswirkte, und andererseits sowohl Außen- als auch Binnenperspektiven auf Bevölkerung in Kenia berücksichtigen zu können, wird Kenia als Untersuchungsraum der Studie nicht als deckungsgleich mit dem geographisch definierten Territorium der ehemaligen Kolonie beziehungsweise des Nationalstaats konzipiert. Vielmehr arbeitet die Studie mit dem Ansatz eines gedachten transnationalen Raumes, der durch die Kontaktpunkte derjenigen Akteure untereinander entsteht, die aus sehr unterschiedlichen Perspektiven auf Bevölkerung blicken und politisch auf diese einwirken wollten.[33] In dieser „Kontaktzone"[34] fanden Transferprozesse von Wissen, Begriffen und Praktiken, von Geldmitteln und Personal statt, die jedoch, im Sinne einer Verflechtungsgeschichte, nicht eindimensional verliefen, sondern auf alle Akteure zurückwirkten.[35] Zugleich müssen die Hierarchien zwischen den Akteuren innerhalb der „Machtasymmetrien der modernen Welt"[36] gedacht werden.

Als Akteure berücksichtigt die Studie eine repräsentative Auswahl derjenigen, die mit Blick auf Kenia Bevölkerung konstruierten und problematisierten und auf dieser Grundlage über bevölkerungspolitische Praktiken verhandelten beziehungsweise zu ihrer Implementierung beitrugen oder diese verhinderten. Es handelt sich hierbei im Wesentlichen um Eliten und Experten[37], deren Status und

---

[33] Siehe hierzu und zum Folgenden: Michael Werner/Bénédicte Zimmermann, Vergleich, Transfer, Verflechtung. Der Ansatz der *Histoire croisée* und die Herausforderung des Transnationalen, in: Geschichte und Gesellschaft 28 (2002), S. 607–636, hier S. 627–630.
[34] Siehe zu diesem Konzept: Mary Louise Pratt, Imperial Eyes. Travel Writing and Transculturation, London/New York 1992, S. 4.
[35] Werner/Zimmermann, Vergleich, Transfer, Verflechtung, S. 627–630.
[36] Eckert/Conrad, Globalgeschichte, Globalisierung, multiple Modernen, S. 24.
[37] Siehe zum Konzept des Experten: Steven Brint, In the Age of Experts. The Changing Role of Professionals in Politics and Public Life, Princeton 1994; Frank Fisher, Technocracy and the Politics of Expertise, London 1990; Hodge, Triumph of the Expert; Ariane Leendertz, Experten – Dynamiken zwischen Wissenschaft und Politik, in: Christiane Reinecke/Thomas Mergel (Hrsg.), Das Soziale ordnen. Sozialwissenschaften und soziale Ungleichheit im 20. Jahrhundert, Frankfurt a. M./New York 2012, S. 337–369; Beatrice Schumacher/Thomas Busset, Der Experte. Aufstieg

Selbstverständnis in dieser Studie anhand empirischer Beispiele spezifiziert werden soll. Eine weitergehende Benennung und Einordnung konkreter Organisationen, Gruppen und Personen folgt notwendigerweise den Quellenbegriffen beziehungsweise den Kategorien, welche die zeitgenössischen Akteure selbst verwendeten. Um beispielsweise deutlich zu machen, dass das Konzept einer kenianischen Bevölkerung im Sinne einer Gesamtbevölkerung der Kolonie erst in den 1940er Jahren vereinzelt Gestalt annahm, werden die Bewohner Kenias während der Kolonialzeit mithilfe der zeitgenössischen Kategorien aus den Zensuserhebungen unterschieden, also als „Afrikaner" beziehungsweise „Europäer" bezeichnet.

Die Arbeit mit diesen Quellenbegriffen auf der Analyseebene muss indes mit dem Anspruch ihrer Historisierung einhergehen. Zwar muss berücksichtigt werden, dass Zugehörigkeiten zu Institutionen, Herkunft oder Ausbildungshintergrund die Zusammenarbeit von Akteuren im Vorhinein determinieren konnte. Sollte ein westlicher Experte im Auftrag einer Entwicklungsorganisation kenianische Ärzte hinsichtlich der Umsetzung von Familienplanungsprogrammen beraten, so mag er sein Wissen für das gültige und die Ressourcen, über die er verfügte, für die überlegeneren erachten.[38] Zweifelsohne war dieses Verhältnis von Asymmetrien geprägt. So konnte der auswärtige Experte stets mit dem Abzug von Entwicklungshilfsgeldern drohen, sofern bestimmte Bedingungen, die internationale Organisationen diktierten, nicht erfüllt würden. Dennoch bleibt es die Aufgabe des Historikers, diese vermeintlich institutionalisierte und herkunftsbedingte Überlegenheit nicht zu reproduzieren, sondern aufmerksam zu sein für Situationen, in denen sich das Handeln von Akteuren diesen vermeintlich im Vorhinein festgelegten Rollenverteilungen entzog. Insgesamt gelang es kenianischen Wissenschaftlern, Experten oder Politikern durchaus, im Rahmen des Familienplanungsprogramms eigene Schwerpunkte zu setzen und beispielsweise einer verbesserten Gesundheitsversorgung in Kenia eine höhere Priorität einzuräumen als dem Rückgang der Geburtenrate.

Die Verwendung von Kategorien wie westlich, europäisch, afrikanisch oder kenianisch auf der Analyseebene erweisen sich daher nicht selten als proble-

---

einer Figur der Wahrheit und des Wissens, in: Traverse 8 (2001), S. 15–20; Lutz Raphael, Die Verwissenschaftlichung des Sozialen als methodische und konzeptionelle Herausforderung für eine Sozialgeschichte des 20. Jahrhunderts, in: GG 22 (1996), S. 165–193.
38 Siehe zu dieser in der Struktur der Entwicklungshilfe angelegten Voreingenommenheit: Philipp H. Lepenies, Lernen vom Besserwisser. Wissenstransfer in der „Entwicklungshilfe" aus historischer Perspektive, in: Büschel/Speich, Entwicklungswelten, S. 33–59. Lepenies bezeichnet hier zugespitzt das Modell der Wissensvermittlung in der Entwicklungshilfe als „institutionalisierte Besserwisserei".

matisch, insbesondere wenn es darum geht, Argumentationsmuster oder Handlungsweisen von Personen einzuordnen. Wie afrikanisch oder westlich wäre beispielsweise die Perspektive eines in Europa oder in den USA ausgebildeten hochrangigen Vertreters der politischen Elite Kenias oder die eines für die *Weltbank* tätigen Experten aus Ägypten oder Tansania?[39] So konnte es durchaus sein, dass ein in Kenia geborener Politiker und ein Experte der *Weltbank* die gleiche Ausbildung genossen hatten und sie auf dieser Grundlage ähnliche Überzeugungen teilten. Insofern gilt es, das eingeschränkte Analysepotential und den präfigurierenden Charakter von Zuschreibungen wie Entwicklungsland, westlich oder afrikanisch stets zu reflektieren.

Vor diesem Hintergrund werden die konkreten Akteure der Studie im Folgenden nicht nach ihrer Herkunft oder ihrer institutionellen Zugehörigkeit eingeordnet, sondern nach ihrer Reichweite in Bezug auf das bevölkerungspolitische Projekt in Kenia. Anders ausgedrückt erfolgt die Präsentation des Personals, welches in dieser Arbeit berücksichtigt wird, hinsichtlich ihrer Möglichkeiten, ihre Sicht auf Bevölkerung und ihre Vorstellung von Bevölkerungspolitik in Kenia konkret um- und durchsetzen zu können.

Eine erste Gruppe umfasst diejenigen Akteure, die in Theorien, Modellen oder konkreten politischen Lösungsansätzen Perspektiven auf Bevölkerung mit globalem Anspruch prägten und auf dieser Ebene Deutungshoheit entfalteten, zugleich aber vom konkreten politischen Geschehen in Kenia weit entfernt waren. Dazu gehören Demographen an britischen und US-amerikanischen Forschungseinrichtungen oder die Zentralen internationaler Organisationen. Konkret zu nennen wäre hier beispielsweise Robert René Kuczynski, ein Protagonist imperialer Demographie in Großbritannien, der mit seinem 1947 erschienenen Werk *Demographic Survey of the British Colonial Empire* den wissenschaftlichen Standard zur Erhebung von Volkszählungen in den Kolonien etablierte. Oder Frank W. Notestein, Demograph im *Office of Population Research*, der mit der demographischen Transitionstheorie ein Modell formulierte, das zwischen den 1940er und bis mindestens zum Ende der 1970er Jahre von Entwicklungsorganisationen genutzt wurde, um das Bevölkerungswachstum eines Landes als Indikator für dessen Entwicklungsstand zu nutzen. Notestein, der als späterer Direktor des *Population Council* fungierte, agierte an der Schnittstelle zwischen Wissenschaft und Politik.

Bei den berücksichtigten bevölkerungspolitisch engagierten, im weitesten Sinne internationalen Organisationen handelt es sich vor allem um den *Popula-*

---

[39] Auf diese Problematik weisen auch Werner und Zimmermann hin, siehe: Vergleich, Transfer, Verflechtung, S. 636.

tion Council und die *Weltbank*. Auf der internationalen Ebene waren es zunächst US-amerikanische Nichtregierungsorganisationen, die in den 1950er und 1960er Jahren den Bereich der Bevölkerungspolitik mit globaler Zielrichtung besetzten. Sie bestellten das Feld mit einem hohen finanziellen Einsatz und bestimmten somit die Richtlinien, auch als 1965 die Beteiligung der Regierungen an bevölkerungspolitischen Initiativen in den so genannten Entwicklungsländern zunahm. Dominierend, ja geradezu exklusiv agierten in dieser Zeit die *Rockefeller Foundation* und die *Ford Foundation*, die zunächst auch den *Population Council* finanzierten.[40] Der *Population Council* wiederum war 1952 von John D. Rockefeller als private Organisation mit Sitz in New York initiiert worden und war die erste Organisation, die dezidiert den Anspruch vertrat, die Geburtenrate in den „Entwicklungsländern" zu senken. Gemeinsam mit der *Ford Foundation* nahm der *Population Council* eine Pionierrolle bei der Initiierung bevölkerungspolitischer Initiativen in Kenia ein, weil diese Organisationen die ersten Bevölkerungsexperten entsandten, die dort den Aufbau eines Familienplanungsprogramms beratend begleiten sollten. Die *Weltbank* hatte ihr bevölkerungspolitisches Engagement in der Dritten Welt erst mit der Präsidentschaft Robert McNamaras 1968 begonnen,[41] übernahm aber seit Anfang der 1970er Jahre diesbezüglich eine Führungsrolle in Kenia. Die Mitarbeiter dieser Organisationen in den Zentralen in New York und Washington hatten einen Überblick über die laufenden Projekte weltweit. Die konkreten Zusammenhänge in Kenia hatten sie demgegenüber selten vor Augen. Ihre Perspektive war international und zugleich an ihren US-amerikanischen Standort gebunden. Sie befanden sich gleichsam an der Peripherie der Kontaktzone in Kenia, in die sie Repräsentanten entsandten.

Eine zweite Akteursgruppe ist im Zentrum der bevölkerungspolitischen Kontaktzone angesiedelt. Darin finden sich diejenigen versammelt, die erstens als Experten im Auftrag des Londoner *Colonial Office* oder von Entwicklungsorganisationen kurzfristige Reisen nach Kenia unternehmen, um dort beratend tätig zu sein, neue Projekte anzubahnen oder bereits geförderte Programme zu evaluieren. Diese Akteure vermittelten zwischen ihrem Auftraggeber und den zuständigen Organisationen und Regierungseinrichtungen in Kenia. Dazu zählt beispielsweise der im *Office of Population Research* tätige Demograph Ansley J. Coale, der 1965 der ersten Expertenmission angehörte, die im Auftrag des *Population Council* und auf Einladung der kenianischen Regierung Empfehlungen aussprechen sollte, in Kenia ein Familienplanungsprogramm zu implementieren. Zweitens gehören

---

40 Siehe hierzu und zum Folgenden: Peter J. Donaldson, Nature Against Us. The United States and the World Population Crisis, 1965–1980, Chapel Hill 1990, S. 47–49, S. 133–135.
41 Siehe hierzu beispielsweise: Susanne Heim/Ulrike Schaz, Berechnung und Beschwörung. Überbevölkerung – Kritik einer Debatte, Berlin 1996, S. 169–170.

kenianische Politiker in diese Gruppe, wie beispielsweise der Wirtschaftsminister Thomas J. Mboya oder der Finanzminister Mwai Kibaki. Sie unterhielten zahlreiche Kontakte ins Ausland und repräsentierten Kenia im Falle Kibakis beispielsweise im *Board of Governors* der *Weltbank*, wo sie sich für die Entwicklung Kenias nach westlichem Maßstab einsetzten. Drittens sind all diejenigen dieser Gruppe zuzurechnen, die in Kenia an wichtigen Schaltstellen die Bevölkerung zählten oder konkrete bevölkerungspolitische Maßnahmen umsetzen sollten. Namentlich ist hier beispielsweise der britische Leiter der medizinischen Dienste in der Kolonie Kenia in den 1940er Jahren, Alexander R. Paterson, zu nennen, der als einer der ersten die kenianische Bevölkerung als wachsend beschrieb. Überdies sind Personen hervorzuheben wie der Arzt Jason C. Likimani, der in der Abteilung für Familienplanung innerhalb des kenianischen Gesundheitsministeriums tätig war, oder der Wissenschaftler Simeon H. Ominde, der als Geograph und Direktor des 1976 an der Universität Nairobi eingerichteten *Population Studies and Research Institute* zu den einflussreichsten Bevölkerungswissenschaftlern innerhalb Kenias zählte.

Um das Denken und Handeln dieser Akteure zu erschließen, wurde Quellenmaterial in Archiven auf drei Kontinenten ausgewertet. Akten in den *National Archives* in Kew/Großbritannien geben Aufschluss über die Konstruktion der Bevölkerung in der Kolonialzeit. Auf der Grundlage von Beständen aus den *Kenya National Archives* in Nairobi/Kenia, insbesondere der kenianischen Gesundheits- und Wirtschaftsministerien, wurde der Aufbau eines kenianischen Familienplanungsprogramms in Kenia untersucht. Schließlich wurden die Aktivitäten der in Kenia bevölkerungspolitisch engagierten internationalen Organisationen und der von ihnen in das Land entsandten Berater im *Rockefeller Archives Center* in Tarrytown/USA sowie in den Archiven der *Ford Foundation* in New York und der *Weltbank* in Washington D.C. in den USA, insbesondere auf der Grundlage von Korrespondenzen, Expertenberichten und Projektanträgen rekonstruiert. Diese archivalische Grundlage wurde durch die Auswertung grauer Literatur insbesondere in Form von sozialwissenschaftlichen Expertisen, Berichten aus der Feder von Kolonialbeamten, Autobiographien und Selbstzeugnissen von Demographen oder Akteuren, die sich der globalen „Bevölkerungskontrollbewegung" zurechneten, sowie Veröffentlichungen von Bevölkerungswissenschaftlern, Anthropologen oder Mitgliedern internationaler Organisationen, die die Bevölkerungsentwicklung in Kenia beurteilen, ergänzt. Zur Erschließung von Themenfeldern wie der Geschichte Kenias, Großbritanniens und der USA, der Dekolonisation sowie der Historiographie zu Experten, Entwicklungsorganisationen und internationaler Politik wurde auf die vorhandene Literatur zurückgegriffen.

Die auf dieser Grundlage entstandene Studie gliedert sich in drei Hauptteile. Im ersten Teil wird gezeigt, wie sich sowohl die internationale Perspektive auf die Welt insgesamt als auch die imperiale Perspektive auf die Kolonie Kenia von vermeintlich leeren zu überfüllten Räumen wandelte. Aufgrund des Eindrucks einer in imperialer wie nationaler Hinsicht territorial vollständig und besitzstandsmäßig fertig aufgeteilten Welt diskutierten die Zeitgenossen auf der Weltbevölkerungskonferenz 1927 in Genf die politische Regulierung von Bevölkerung auf internationaler Ebene. Diese noch recht vage Konzeption eines bevölkerungspolitischen Internationalismus implizierte indes die Transformation von einer imperialen zu einer nationalen Aufteilung des Raumes. Konzepte zur Bewertung der Bevölkerungsentwicklung wurden auf dieser internationalen Ebene entwickelt und auf nationalstaatlich definierte und abgegrenzte Territorien angewandt.

In der Zeit seit den 1940er Jahren zeigt sich in Kenia, wie Erklärungen für das diagnostizierte Bevölkerungswachstum allmählich den kolonialpolitischen, imperialen Ordnungsrahmen verließen und in eine im Entstehen begriffene postkoloniale und internationale Ordnung eingeschrieben wurden. Sinnfällig wird dies insbesondere am Wandel des Entwicklungsbegriffs. Während sich ein bis in die 1930er Jahre hinein gültiger kolonialpolitischer Entwicklungsbegriff auf die In-Wert-Setzung von Grund und Boden bezog und mithin eine spezifisch lokale Komponente in sich trug, meinte der Entwicklungsbegriff, der sich in den 1940er Jahren herauskristallisierte, zunehmend den Lebensstandard einer Bevölkerung. Insofern der Entwicklungsbegriff als Kriterium für die Definition von Überbevölkerung herangezogen wurde, änderte sich auch der Maßstab, in dem Bevölkerungswachstum beurteilt wurde von der Diagnose eines *local overcrowding* hin zu einer in der Struktur und dem Entwicklungsstadium einer Gesellschaft angelegten *overpopulation*. Ein zentrales Instrument dieser Verlagerung der Ebenen war eine mathematische Abstraktionsleistung in Form der Bevölkerungswachstumsrate, die Demographen für Kenia seit den späten 1940er Jahren ermittelten. Weil sich mit diesem Indikator der Anspruch verband, internationale Vergleichbarkeit herzustellen, wurde Kenia im Zuge dessen gleichsam als Nation *avant la lettre* konstruiert.

Der in den 1950er Jahren einsetzende zweite Teil weist nach, dass Bevölkerungspolitik zunehmend als Modernisierungspolitik begriffen wurde. In Korrelation mit dem Wirtschaftswachstum entfaltete der Indikator der Bevölkerungswachstumsrate politische Wirkmächtigkeit, insbesondere durch die Einbettung in das modernisierungstheoretische Modell der demographischen Transition. Dieses Modell deutete einen gesellschaftlichen Wandel von der Tradition in die Moderne anhand der Bevölkerungsentwicklung. Die unabhängig gewordenen Kolonien wurden als Räume imaginiert, welche dem Modernisierungspfad der

Industrienationen folgen würden. Auf dieser Grundlage formulierten Demographen, Politiker und internationale Organisationen ihre Prognose einer zu erwartenden „Bevölkerungsexplosion" in der Dritten Welt. Im 19. Jahrhundert habe eine solche „Explosion" im sich industrialisierenden Westeuropa als Folge einer reduzierten Sterblichkeit aufgrund verbesserter Lebensbedingungen stattgefunden. Länder wie Großbritannien hätten daraufhin ihren „Bevölkerungsüberschuss" in die vermeintlich leeren Räume in Afrika und Asien ausgelagert. Angesichts der Vorstellung, dass die Welt seit der Mitte des 20. Jahrhunderts über diese leeren Räume nicht mehr verfüge, rückte Migration aus der Perspektive der führenden Transitionsdemographen der 1940er, 1950er und 1960er Jahre als Lösung für das Problem des Bevölkerungswachstums zunehmend in den Hintergrund. Die zu erwartende „Bevölkerungsexplosion" in der postkolonialen Welt müsse daher so früh wie möglich verhindert werden. Die Verkopplung von demographischem Transitionsdenken und Geburtenkontrolle zu einer Modernisierungsformel, die internationale Organisationen wie beispielsweise der *Population Council* in den ehemaligen Kolonien umzusetzen suchten, definierte den Ansatz einer internationalen Bevölkerungspolitik der 1950er und 1960er Jahre.

Auch in Kenia sollte diese Art der Bevölkerungspolitik als Entwicklungspolitik nach der Unabhängigkeit Mitte der 1960er Jahre in Form eines nationalen Familienplanungsprogramms Gestalt annehmen. Westlich orientierte afrikanische Politiker wie Tom Mboya, die Bevölkerung auch aus der Binnenperspektive national konstruierten, sahen in dieser Art der Bevölkerungspolitik eine Möglichkeit, Devisen und auswärtige Experten ins Land zu holen, mithin Kenia nach innen zu konsolidieren und nach außen zu positionieren. Insofern in der Binnenperspektive Bevölkerung nicht nur in einer nationalen, sondern auch in einer ethnischen Gestalt konstruiert wurde, stießen diese Initiativen auf ein geteiltes Echo und zuweilen auf Nichtbeachtung. Denn nur mit Blick auf die nationalstaatliche Perspektive, die auch den Rahmen für die Erhebung von Indikatoren wie Bevölkerungs- und Wirtschaftswachstum darstellte, ergab die Problematisierung von Bevölkerungswachstum als hemmendem Faktor für Wirtschaftswachstum und damit Modernisierung Sinn. So lässt sich festhalten, dass das nationale Familienplanungsprogramm für Kenia auf der Ebene konkreter politischer Maßnahmen zunächst wenig folgenreich war, auf der Ebene der Strukturen allerdings durchaus Folgen zeitigte.

Im dritten Teil schließlich wird gezeigt, wie sich der Zusammenhang von Bevölkerungs- und Modernisierungspolitik allmählich wieder auflöste. Insofern viele der in Kenia an bevölkerungspolitischen Maßnahmen beteiligten Akteure seit Mitte der 1970er Jahre ein Scheitern ihrer Politik einräumten, zerfiel auch die Annahme, dass Familienplanung beziehungsweise Geburtenkontrolle gesellschaftliche Modernisierung ermöglichen könne. Im Zuge dessen ist zu beobachten, dass Maßnahmen, die in den 1930er Jahren Konjunktur hatten – Entwicklung des ländlichen Raumes statt Industrialisierung, *community development* und Deregulierung statt nationaler Entwicklungsplanung – eine Renaissance erlebten. Die Regulierung der eigenen Fertilität wurde vor diesem Hintergrund wieder als Folge von und nicht mehr als Voraussetzung für Modernisierung gedacht.

Der Versuch, die Diagnose einer „Bevölkerungsexplosion" in der Dritten Welt zu historisieren, erfolgt durch deren Einbettung in den längeren Zeitraum zwischen den 1930er und den 1990er Jahren. Dadurch erscheint die Zeit zwischen den 1950er und den 1970er Jahren als Ausnahme, in der die Problematisierung von Bevölkerungswachstum innerhalb des Denkrahmens eines neuen Entwicklungsbegriffs – dem der Modernisierung – zugleich die Zukunftsverheißung einer Beseitigung globaler Ungleichheiten in sich barg. Indem das Bevölkerungsproblem im Untersuchungszeitraum als Instrument kolonialer, internationaler und afrikanischer Akteure verstanden wird, über die Zukunft ihrer Gesellschaften und die Ordnung der Welt zu verhandeln, zeigt sich, dass die sich wandelnde Konstruktion von Bevölkerung in Kenia in unterschiedlichen Gestalten – als kolonial, multiethnisch, national, im Entwicklungsprozess begriffen – maßgeblich Aufschluss über die Entwicklungspotentiale und Zukunftsvisionen gibt, die dem Land von außen und innen zugestanden wurden.

1 Vom „leeren" zum „überfüllten" Raum: Die Entdeckung eines Bevölkerungsproblems in der Kolonie Kenia in lokalen und globalen Bezügen

Die Geschichte Kenias im Besonderen und die der so genannten Entwicklungsländer beziehungsweise der Dritten Welt im Allgemeinen seit den 1950er Jahren wird in der Historiographie nicht selten unter den Voraussetzungen einer „Bevölkerungsexplosion" betrachtet. Der US-amerikanische Afrikahistoriker Daniel Branch bemerkt in seiner Geschichte Kenias für die Zeit nach der Unabhängigkeit: „The story of Kenyan politics after independence is the story of politics in a time of demographic explosion."[1] Allgemeiner erklärt Eric Hobsbawm in seiner Weltgeschichte des 20. Jahrhunderts die „Bevölkerungsexplosion" als ein für die „Existenz der Dritten Welt" seit den 1950er Jahren konstitutives Faktum, so dass die „Betrachtung ihrer demographischen Struktur" am Anfang „jede[s] Bericht[s] über diese Welt" stehen müsse.[2] In den beiden handbuchartigen Darstellungen erscheint diese „Bevölkerungsexplosion" mithin als eine Realität, die die politischen Gestaltungsmöglichkeiten postkolonialer Staaten prägte und beeinflusste. Zugleich schien sie erst die Bedingungen geschaffen zu haben, unter denen die Dritte Welt als ein Raum entstand, der mit Attributen wie Rückständigkeit oder Ungleichheit in Relation zur Ersten Welt belegt und dessen Entwicklungspotentiale auch davon abhängig gemacht wurden, inwieweit das Bevölkerungswachstum eingedämmt werden könne.

Diese Wahrnehmung einer „Bevölkerungsexplosion" und das prägende Potential, das ihr allenthalben für die gegenwärtige Verfasstheit der Welt zugeschrieben wurde und wird, hat jedoch selbst eine Geschichte. Für Kenia führen die Anfänge dieser Geschichte in die Zeit um die Wende vom 19. zum 20. Jahrhundert zurück, in der aus einem zuvor nicht als zusammenhängend definierten Territorium in Ostafrika eine europäische Siedlerkolonie im Herrschaftsgebiet des *British Empire* wurde. Aus imperialer Perspektive fand die Kolonisierung unter dem Eindruck statt, einen gleichsam leeren oder zumindest weitgehend unbesiedelten Raum zu besiedeln. Diese Perspektive veränderte sich noch vor der Unabhängigkeit Kenias im Jahr 1963. So lässt sich zwischen den 1930er und 1950er Jahren ein Prozess beobachten, in dem sich sowohl die imperiale als auch die internationale und afrikanische Perspektive auf Bevölkerung in Kenia wandelten.

---

[1] Daniel Branch, Kenya. Between Hope and Despair, 1963–2011, New Haven/London 2011, S. 17.
[2] Eric Hobsbawm, Das Zeitalter der Extreme. Weltgeschichte des 20. Jahrhunderts, München [8]2007, S. 434.

In dieser Zeit wurden die konzeptionellen Grundlagen gelegt, einen vormals als leer definierten Raum als überfüllt wahrnehmen zu können.

1.1 Die Konstruktion einer „rückständigen" afrikanischen Bevölkerung in ethnischer Gestalt

„Kenya is a country in which *people* live",[3] stellte der englische Journalist John S. Roberts, der drei Jahre in Nairobi für den *East African Standard* gearbeitet hatte, 1967 fest. Die Betonung einer solchen Selbstverständlichkeit scheint erklärungsbedürftig. Sie illustriert, dass die afrikanischen Bewohner nicht im Vordergrund der Aufmerksamkeit standen, die der Kolonie Kenia von Großbritannien aus entgegengebracht wurde. Vielmehr richteten sich die Pläne zur Entwicklung des ostafrikanischen Territoriums im Zuge der britischen Kolonisierung an der Wende vom 19. zum 20. Jahrhundert auf den Raum und nicht auf die dort lebenden Menschen. Gleichwohl resultierte aus diesem Entwicklungsdenken eine bestimmte Wahrnehmung und Konstruktion der afrikanischen Bevölkerung. Im Folgenden soll die Geschichte der britischen Kolonie Kenia, zugespitzt auf den Zusammenhang zwischen den Entwicklungsplänen für die Kolonie und der Konstruktion der afrikanischen Bevölkerung, skizziert werden. Im Anschluss daran wird eine in den 1930er Jahren im Entstehen begriffene internationale Ebene in den Blick genommen, auf der sich ein veränderter Blick auf demographisches Wachstum herauskristallisierte. Die Konsequenzen für die Konstruktion indigener Bevölkerungen in den Kolonien blieben aber vorerst die gleichen. Dies zeigt sich anhand des Aushandlungsprozesses um die Landverteilung zwischen britischen Siedlern und afrikanischen Bewohnern der Kolonie Kenia vor der *Kenya Land Commission*.

1.1.1 Die Kolonie Kenia als „leerer Raum"?

Die Kolonie Kenia entstand auf einem Teilgebiet des Territoriums, welches das britische *Foreign Office* als Erbe der bankrottgegangenen *British East Africa Company* am 1. Juli 1895 übernommen und als ostafrikanisches Protektorat zunächst dem britischen Generalkonsul von Sansibar unterstellt hatte.[4] Im selben

---
3 John S. Roberts, A Land Full of People. Life in Kenya Today, London 1967, S. 12 [Hervorh. i. Orig.].
4 Siehe hierzu und zum Folgenden: John Lonsdale, The Conquest State of Kenya 1895–1905, in: Bruce J. Berman/John M. Lonsdale, Unhappy Valley. Conflict in Kenya and Africa, London u. a.

Jahr trat Joseph Chamberlain an die Spitze des *Colonial Office*. Seine koloniale Agenda war bestimmt von den strukturellen und sozialen Problemen Großbritanniens in dieser Zeit, insbesondere einer chronisch hohen Arbeitslosigkeit und dem Niedergang der stahlverarbeitenden Industrie.[5] Vor diesem Hintergrund befürchtete er einen Machtverlust Großbritanniens gegenüber konkurrierenden Großmächten wie dem Deutschen Reich, den Vereinigten Staaten oder Russland.[6] Er leitete daraus einen Entwicklungsimperativ für die Kolonien in den Tropen ab. Mit vielen anderen Publizisten und Politikern seiner Zeit teilte er die Ansicht, dass es sich hierbei um an Bodenschätzen und Rohstoffvorkommen überaus reiche Gebiete handeln würde, die jedoch vollkommen unerschlossen seien.[7] Mithilfe der neuesten Errungenschaften in Wissenschaft und Technik, namentlich dem Eisenbahnbau, der Dampfschifffahrt und der Telegraphie, gelte es, das tropische *Empire* zu durchdringen und dessen Reichtümer und Ressourcen zugunsten Großbritanniens zu erschließen.

Der Bau der Uganda-Bahn in Ostafrika entsprach diesem technologisch gesättigten und auf den ökonomischen Wiederaufstieg Großbritanniens ausgerichteten Entwicklungsdenken. Es stellte sich jedoch alsbald heraus, dass die wirtschaftlichen Erwartungen an dieses 1901 fertiggestellte Projekt, welches den Küstenort Mombasa mit dem Viktoria-See im Landesinneren verband, völlig übertrieben waren.[8] Denn es waren keine wertvollen Rohstoffe, insbesondere keine Mineralvorkommen entdeckt worden, die ursprünglich mithilfe der Bahn aus dem Landesinneren an die Küste hätten transportiert werden sollen. Zugleich hatte der Eisenbahnbau den britischen Steuerzahler viel Geld gekostet. Um die entstandenen Kosten zu neutralisieren, entwickelte die britische Kolonialmacht alternative Pläne zur wirtschaftlichen Erschließung des ostafrikanischen Protektorats. In Ermangelung von Rohstoffvorkommen schien Landwirtschaft der einzige Weg zu sein, einen florierenden Exporthandel zu ermöglichen, um einen ökonomischen Mehrwert für Großbritannien oder mindestens die finanzielle Autarkie der Kolonie zu gewährleisten. Insbesondere der zu dieser Zeit amtie-

---

1992, S. 13–44, hier S. 11–39; D. Anthony Low, British East Africa. The Establishment of British Rule, 1895–1912, in: Vincent Harlow/E.M. Chilver (Hrsg.), History of East Africa, Bd. 2, Oxford 1965, S. 1–56.
5 Hodge, Triumph of the Expert, S. 144.
6 Michael Havinden/David Meredith, Colonialism and Development. Britain and Its Tropical Colonies, 1850–1960, London 1993, S. 86–87.
7 Siehe hierzu und zum Folgenden: Hodge, Triumph of the Expert, S. 41–45 und S. 144.
8 Siehe hierzu und zum Folgenden: Keith Kyle, The Politics of Independence in Kenya, Basingstoke 1999, S. 7; Marshall S. Clough, Fighting Two Sides. Kenyan Chiefs and Politicians, 1918–1940, Niwot 1990, S. 19; C.C. Wrigley, Kenya. The Patterns of Economic Life, 1902–1945, in: Harlow/Chilver, History of East Africa, Bd. 2, S. 209–264, hier S. 211–212.

rende Gouverneur der Kolonie, Sir Charles Elliot, vertrat die Ansicht, dass eine wirtschaftlich profitable Landwirtschaft allein durch britische Siedler gewährleistet werden könne. Er setzte sich daher dafür ein, dass deren Einwanderung nach Ostafrika ab 1902 gefördert wurde.[9]

Die britische Besiedlung des ostafrikanischen Protektorats wurde auf eine im Rahmen der Kolonisierungspraxis des *Empire* gängige Argumentationslinie gestützt, nämlich auf die Vorstellung, einen leeren Raum zu kolonisieren.[10] Hier entsprach die Definition eines leeren Raumes weniger einer quantitativen Erfassung der indigenen Einwohner, als dass sie die ökonomische Erschließung und Entwicklung des Raumes bewertete.[11] Ob ein Raum als leer oder überfüllt definiert werden konnte, hing aus der Sicht der Kolonisatoren von der Fläche des angeblich brach liegenden oder landwirtschaftlich nicht adäquat in Wert gesetzten Landes ab.

Der politische Kontext in Großbritannien, in dem diese Vorstellung auch zu Beginn des 19. Jahrhunderts noch eine Rolle spielte, war die Wahrnehmung verarmter, arbeitsloser und stetig wachsender Bevölkerungsmassen in den Städten des Landes. Einigen zeitgenössischen Beobachtern erschien die Besiedlung kolonialer Besitzungen als Lösung dieses Problems. Beispielsweise skizzierte der Engländer Edward Gibbon Wakefield in seinen Schriften zu Land und *Empire*, die 1829 im liberalen *Morning Chronicle* publiziert worden waren, dass diese in Großbritannien als „Bevölkerungsüberschuss" definierten Menschen als Arbeitskraft für den Aufbau neuer Gesellschaften in den Kolonien benötigt werden könnten.[12] Bezug nehmend auf Thomas Robert Malthus, der um die Wende zum 19. Jahrhundert eine Verbesserung der Lebensbedingungen für Arbeitslose und eine Lösung für das rasche Bevölkerungswachstum in den Städten nur dann für möglich hielt, wenn die Nachfrage nach landwirtschaftlicher Arbeit erhöht würde, schrieb Wakefield den Kolonien ein hohes ökonomisches Potential zu. Als Ex-

---

9 Siehe hierzu und zum Folgenden: Joanna Lewis, Empire State-Building. War and Welfare in Kenya, 1925–52, Oxford 2000, S. 29; Low, British East Africa, S. 23–24; Robert L. Tignor, The Colonial Transformation of Kenya. The Kamba, Kikuyu and Maasai from 1900 to 1939, Princeton, NJ 1976, S. 8.
10 Verweise auf die Wahrnehmung der Kolonie Kenia als „empty country" finden sich beispielsweise bei: Alexander R. Paterson, The Human Situation in East Africa – Part II. Towards a Population Policy, in: East African Medical Journal 24 (1947), S. 144–151, hier S. 148; Lewis, Empire State-Building, S. 29; Bashford, Nation, Empire, Globe, S. 195.
11 Siehe hierzu und zum Folgenden: Julian Huxley/Phyllis Deane, The Future of the Colonies, London 1944, S. 19; Bashford, Nation, Empire, Globe, S. 192; Hodge, Triumph of the Expert, S. 8; Andro Linklater, Owning the Earth. The Transforming History of Land Ownership, New York, NY u. a. 2013, S. 234–240.
12 Siehe hierzu und zum folgenden Absatz: Linklater, Owning the Earth, S. 234–246.

perimentierfeld diente ihm der Süden Australiens. Er veranlasste, dass das Land vermessen und an Einwanderer verkauft wurde. Ziel sollte sein, eine sich finanziell selbsttragende Kolonie auf der Grundlage eines Unternehmerkapitalismus einzurichten.

Hinter diesem Vorgehen stand das rechtliche Konstrukt der *terra nullius*, das es im Süden Australiens zu ermöglichen schien, 50 000 Jahre der Besiedlung dieses Landstrichs durch eine halbe Million Aborigines insofern zu ignorieren, als dass ihnen ein Recht auf Landbesitz abgesprochen wurde. Die dieser Vorstellung zugrunde liegende Argumentation wird in der Literatur bis ins Jahr 1629 zurückverfolgt, als der Gouverneur der Kolonie von Plymouth, John Winthrop, in einem Pamphlet privaten Besitz an menschliche Arbeit knüpfte.[13] Winthrop bezog sich hierbei auf den niederländischen Juristen Hugo Grotius, der erklärt hatte, dass brach liegendes Land in den Besitz desjenigen übergehe, der es landwirtschaftlich kultivieren und mithin aufwerten würde. John Locke hat mit dieser Begründung schließlich Schule gemacht. In seiner Abhandlung *Of Property* argumentierte er, dass es sowohl zu den Rechten als auch zu den Pflichten des Menschen gehöre, Land und die Früchte, die es hervorbringe, nicht verderben zu lassen: „But if either the grass of his inclosure rotted on the ground, or the fruit of his planting perished without gathering, and laying up, this part of the earth, notwithstanding his inclosure, was still to be looked as waste, and might be the possession of any other."[14] Diese Definition von *waste land* als Land, das zwar umgrenzt sei, aber nicht adäquat kultiviert würde und daher in den vermeintlich rechtmäßigen Besitz desjenigen übergehen könne, der es in Wert setze, spielte im Zuge der Kolonisierung Kenias an der Wende zum 20. Jahrhundert eine wichtige Rolle.

Allerdings wurde diese Definition lediglich auf eine bestimmte Region des heutigen Kenia angewandt, das so genannte Hochland.[15] Denn aus britischer Perspektive schien allein das Hochland in Zentralkenia für eine Besiedlung und Landwirtschaft geeignet zu sein. Dieser Teil Kenias war Ende des 19. Jahrhunderts durch das britische *Royal Colonial Institute* als ausreichend fruchtbar und klimatisch adäquat für ein solches Unterfangen bewertet worden. Bei einer Institutssitzung 1896 hieß es, dass dies ein möglicher Ort sei, um einen Teil des britischen Bevölkerungsüberschusses aufzunehmen.[16] Folglich konzentrierte sich die Inbesitznahme von Land durch britische Siedler im Wesentlichen auf dieses

---

13 Siehe hierzu und zum Folgenden: Linklater, Owning the Earth, S. 27.
14 Originalzitat zitiert nach Hodge, Triumph of the Expert, S. 25–26: John Locke, Of Property, in: Second Treatise of Government, Indianapolis/Cambridge 1980 [1690], S. 18–29.
15 Siehe hierzu beispielsweise: Wrigley, Kenya, S. 215.
16 Hodge, Triumph of the Expert, S. 40–41.

Hochland. Die *Crown Lands Ordinance* von 1902, welche diese Inbesitznahme rechtlich regeln sollte, bediente sich des Konzepts *waste land* um zu verfügen, dass die Rechte der indigenen Bevölkerung auf Land an eine tatsächliche, dauerhafte Kultivierung geknüpft würden. Anders ausgedrückt wurde Land, das zum Zeitpunkt der britischen Besiedlung nicht von Afrikanern bewirtschaftet wurde, als *waste land* betrachtet und zu *crown land* erklärt.[17]

In der Aneignung dieses *waste land* durch britische Siedler manifestierte sich ein Entwicklungsdenken, das die In-Wert-Setzung des Bodens als zivilisatorischen Fortschritt betrachtete.[18] Diese Vorstellung, die in den Agrarreformen in Großbritannien zum Ende des 18. Jahrhunderts einen Ausgangspunkt hatte, sah in der Überwindung der Subsistenzwirtschaft zugunsten einer sesshaften sowie profit- und marktorientierten Landwirtschaft den Aufstieg zur nächsten Stufe der Zivilisation. Während sich das Konzept der Entwicklung auf den Boden und dessen *improvement* bezog, mithin die optimale Nutzung der landwirtschaftlichen und industriellen Potentiale des Raumes meinte,[19] wurde die Besiedlung der Kolonien durch Europäer als Bestandteil einer Zivilisierungsmission legitimiert.[20] In dieser Vorstellung bildete sich zugleich das Verhältnis ab, in dem die Beziehung von Kolonisierenden und Kolonisierten gedacht wurde.

Der Topos des leeren Raumes fand in einem Entvölkerungsnarrativ hinsichtlich der afrikanischen Bewohner im ostafrikanischen Protektorat beziehungsweise der seit 1929 aus diesem Territorium hervorgegangenen Kolonie Kenia seine Fortsetzung.[21] Mit der Anwerbung britischer Siedler ging die Erwartung einer wirtschaftlichen Autarkie der Kolonie einher. In diesem Zusammenhang

---

17 M.P.K. Sørrensen, Appendix I. Kenya Land Policy, in: Harlow/Chilver, History of East Africa, Bd. 2, S. 672–689, hier S. 682; Tignor, The Colonial Transformation, S. 29–30; Wrigley, Kenya, S. 227–228.
18 Siehe hierzu und zum Folgenden: Julia Angster, Erdbeeren und Piraten. Die Royal Navy und die Ordnung der Welt 1770–1860, Göttingen 2012, S. 231–235 und S. 244; Hodge, Triumph of the Expert, S. 24–27; Bashford, Nation, Empire, Globe, S. 194.
19 Helen Tilley, Africa as a Living Laboratory. Empire, Development, and the Problem of Scientific Knowledge, 1870–1950, Chicago, IL 2011, S. 15; Daniel Speich Chassé, Fortschritt und Entwicklung, Version: 1.0, in: Docupedia-Zeitgeschichte, 21.9.2012, S. 2 (URL: http://docupedia.de/zg/Fortschritt_und_Entwicklung, letzter Zugriff am 7.9.2016).
20 Zur Zivilisierungsmission einführend: Jürgen Osterhammel, „The Great Work of Uplifting Mankind". Zivilisierungsmissionen und Moderne, in: Boris Barth/Jürgen Osterhammel (Hrsg.), Zivilisierungsmissionen. Imperiale Weltverbesserung seit dem 18. Jahrhundert, Konstanz 2005, S. 363–425, hier S. 363.
21 Tignor, The Colonial Transformation, S. 18.

strebte die Kolonialregierung an, einen bestimmten Siedlertypus zu gewinnen.²² So sollten wohlhabende, finanziell unabhängige, möglichst Angehörige der britischen Oberschicht nach Kenia kommen, deren Aufgabe darin bestünde, substantiell zu der wirtschaftlichen Entwicklung der Kolonie beizutragen und im Falle eventueller Rückschläge nicht unmittelbar zur finanziellen Belastung für den britischen Steuerzahler zu werden. Notwendige Bedingung einer solchen Politik schien die Bereitstellung von circa 250 Hektar Ackerland und 1250 Hektar Weideflächen für jeden weißen Bewerber zu sein. Es handelte sich also um Gebiete, die keine Familie allein bewirtschaften konnte. Daher formulierten Kolonialbeamte und weiße Siedler einen erheblichen Bedarf an afrikanischen Arbeitskräften. Aus der Sicht der Kolonialregierung in Ostafrika stellte sich das Problem der Rekrutierung dieser Arbeitskräfte als Achillesverse des Entwicklungsimperativs einer effizienten Erschließung der Ressourcen dar.²³ In den 1920er Jahren galt die Knappheit und vermeintliche Ineffizienz indigener Arbeit aufgrund von Krankheiten und schlechten hygienischen Bedingungen als eines der größten Hindernisse für die Entwicklung der Tropen. So lässt sich die Darstellung Kenias als einer dünn besiedelten, bevölkerungsarmen Kolonie aus der Sicht der Kolonialbeamten durchaus als Auftrag lesen, den Ausbruch tropischer Krankheiten einzudämmen und die indigene Bevölkerung zu ordnen. Anders ausgedrückt ging es darum, Wissen über die afrikanischen Bewohner der Kolonie zu generieren, um sie regieren und ihren Beitrag zur wirtschaftlichen Entwicklung der Kolonie einfordern zu können.

Die Kolonisierung Kenias, die in der Theorie im Zeichen des *terra nullius*-Konzepts auf einer klaren Rechtsgrundlage stand, war in der Praxis freilich mit Eroberungsfeldzügen und Umsiedlungsprozessen verbunden. Zwischen der Jahrhundertwende und den 1920er Jahren entstand auf diese Weise aus einem zuvor nicht als zusammengehörig definierten Raum, in dem verschiedene Gruppen jagten, Land bewirtschafteten und Vieh weideten, die Kolonie Kenia unter der Verwaltung des Londoner *Colonial Office*. Die Inbesitznahme des Hochlands und angrenzender Gebiete seitens britischer Siedler fand aus imperialer Perspektive als Neuordnung des Raumes nach ethnischen Kriterien statt. Das Land wurde

---

22 Siehe hierzu und zum Folgenden: Low, British East Africa, S. 51; Lynn M. Thomas, Politics of the Womb. Women, Reproduction and the State in Kenya, Berkeley/Los Angeles 2003, S. 12; Hodge, Triumph of the Expert, S. 27; Karl Ittmann, „Where Nature Dominates Man". Demographic Ideas and Policy in British Colonial Africa, in: Karl Ittmann/Dennis D. Cordell u. a., The Demographics of Empire. The Colonial Order and the Creation of Knowledge, Athens, OH 2010, S. 59–88, hier S. 64–65.
23 Siehe hierzu und zum Folgenden: Hodge, Triumph of the Expert, S. 16, 46 und S. 123–125.

nach Stämmen aufgeteilt, welchen unterstellt wurde, eine gemeinsame Sprache, einheitliche soziale Einrichtungen und ein bestehendes Gewohnheitsrecht zu besitzen.[24] Die erste große Siedlungswelle zwischen 1903 und 1911 betraf insbesondere die nomadisch lebenden Maasai und die in Teilen des Hochlands Ackerbau und Viehzucht betreibenden Kikuyu. Um einige der von den Maasai im Laufe des Jahres durchquerten Gebiete für die Landwirtschaftsbetriebe weißer Siedler frei zu machen, wurden zwischen 1904 und 1913 Reservate für diese Gruppe eingerichtet. Überdies wurden circa 5000 Kikuyu umgesiedelt und zu einem symbolischen Preis entschädigt.[25] Diese Aufteilung des Raumes wurde von einer *Crown Lands Ordinance* von 1902 legitimiert und war bis 1926 weitgehend abgeschlossen.[26]

Der Anteil einer weißen Bevölkerung in Kenia war zu keinem Zeitpunkt besonders hoch. Vor dem Ersten Weltkrieg wurde ihre Zahl auf circa 2000 Verwaltungsbeamte, Missionare, Kaufleute und Siedler-Farmer geschätzt, nach dem Zweiten Weltkrieg war mit circa 6000 Personen der Höhepunkt erreicht.[27] Ihre Anstrengungen, das Territorium zu kartieren, die Bevölkerung zu klassifizieren und bestimmten Räumen zuzuordnen, zielten daher darauf, als Minderheit die Kolonie zu beherrschen und zu regieren. Die Briten erklärten das Hochland der Kolonie zum rechtmäßig erworbenen Gebiet der Siedler und verfügten zugleich, dass Afrikaner kein Land außerhalb der für sie vorgesehenen Reservate erwerben oder besitzen dürften.[28] In diesem Zusammenhang übersetzte die Kolonialregierung ihre Vorstellung eindeutig bestimmbarer Stammeszugehörigkeiten in eine praktische Notwendigkeit, weil ethnische Identität an den Raum beziehungsweise an den Aufenthaltsort eines jeden Menschen gekoppelt wurde.

Der Versuch einer systematischen Einführung der Kategorie des Stammes und die Umgrenzung von Reservaten als ihrer räumlichen Entsprechung kann zwar durchaus mit der britischen Kolonisierung zusammengebracht werden. Jedoch war der Stamm keine koloniale Neuerfindung, sondern muss – wie neuere geschichtswissenschaftliche Bemühungen einer Historisierung dieses Konzepts betonen – einen Resonanzraum in vorkolonialer Zeit gehabt haben.[29] Was den

---

[24] Timothy Parsons, Being Kikuyu in Meru. Challenging the Tribal Geography of Colonial Kenya, in: The Journal of African History 53 (2012), S. 65–86, hier S. 67.
[25] Siehe hierzu: Wrigley, Kenya, S. 227–228.
[26] Tignor, The Colonial Transformation of Kenya, S. 29–30; Dieter Neubert, Sozialpolitik in Kenia, Münster 1986, S. 56; Clough, Fighting Two Sides, S. 66–67.
[27] Tignor, The Colonial Transformation, S. 22.
[28] Anderson, Histories of the Hanged, S. 21; Sørrensen, Kenya Land Policy, S. 683–685.
[29] Siehe zu „tribe" und „ethnicity" unter anderen: Frederick Cooper, Africa since 1940. The Past of the Present, Cambridge 2002, Kapitel 3 und 4; insbesondere: Richard Waller, Ethnicity and

Vertretern der Kolonialmacht als eine stabile vormoderne Entität erschien, wird von Historikern als letzter Schritt einer ganzen Serie von Konstruktionen verstanden. Damit ist gemeint, dass ältere Vorstellungen nicht einfach verschwanden, sondern sich als Schichten zu einem Sediment verdichteten, aus dem sich künftige Versuche von Identitätskonstruktion immer wieder bedienten.[30] Die Rolle, die der Kolonialmacht in diesem Prozess beigemessen wird, ist diejenige, mit ihrer Forderung nach definierter Zugehörigkeit teilweise flexible Systeme verfestigt zu haben, indem Menschen dazu angehalten wurden, sich eindeutig als Teil einer bestimmten Gruppe zu verstehen.

Diese Neuordnung des Raumes nach ethnischen Kriterien erfüllte mit Blick auf die Kolonialregierung unterschiedliche Funktionen. Zum einen handelte es sich um eine Herrschaftspraxis, zum anderen um einen Differenzierungsmodus: Die Unterscheidung zwischen einer europäischen Bevölkerung der Kolonie einerseits und afrikanischen Stämmen andererseits ging mit der Definition unterschiedlicher Rechte und Pflichten einher. Schließlich trug diese Neuordnung langfristig zu einem veränderten Entwicklungsdenken bei, das sich in den 1930er und 1940er Jahren zunehmend weniger auf den Raum als auf die darin lebenden Menschen bezog.

Die Eingrenzung der afrikanischen Bewohner der Kolonie in Reservate lässt sich auf den ersten Blick dem Prinzip der indirekten Herrschaft zuordnen, welches von Lord Frederick Lugard, einem ehemaligen Gouverneur von Nigeria, im späten 19. Jahrhundert begründet worden war. Nicht zuletzt aufgrund mangelnder finanzieller und personeller Mittel, um in den Kolonien ohne Unterstützung Einheimischer regieren zu können, sollte die Kolonialverwaltung ihre Herrschaft nach dem Prinzip des *divide et impera* auf lokale Autoritäten stützen.[31] Zugleich stand Lugards Ansatz eines *Dual Mandate in Tropical Africa*, so der Titel seines erstmals 1922 veröffentlichten und in zahlreichen Neuauflagen publizierten Hauptwerks, für einen Wandel imperialer Rhetorik. Anders als beispielsweise bei Joseph Chamberlain sollte die britische imperiale Mission nicht allein darin bestehen, Afrikas Ressourcen zum Nutzen Großbritanniens zu entwickeln, sondern zugleich auch den Fortschritt der indigenen „Rassen" zu befördern. Lugard sprach sich für eine Kolonialpolitik aus, welche die Kolonien einerseits wirtschaftlich erschließen, aber andererseits darauf abzielen sollte, afrikanische Kulturen und

---

Identity, in: John Parker/Richard J. Reid (Hrsg.), The Oxford Handbook of Modern African History, Oxford 2013, S. 94–113; Parsons, Being Kikuyu in Meru, S. 67.
30 Siehe hierzu und zum Folgenden: Waller, Ethnicity, S. 103–106.
31 Siehe hierzu und zum Folgenden: Hodge, Triumph of the Expert, S. 117; Penelope Hetherington, British Paternalism and Africa (1920–1940), London 1978, S. 47–48; Michael D. Callahan, Mandates and Empire. The League of Nations and Africa, 1914–1931, Brighton 1999, S. 73.

Lebensweisen zu erhalten und lokale Institutionen und Autoritäten intakt zu lassen.

In Kenia sahen sich die Kolonialbeamten vor der Herausforderung, dass sie nicht die Art etablierter Herrschaftsstrukturen vorfanden, nach denen sie suchten und auf denen sie hätten aufbauen können. In den Reservaten schufen sie mithin völlig neue Ämter und Strukturen, beispielsweise mit der Institution der *chieftancy*.[32] Im Amt des so genannten *chiefs* als vermeintlicher Autorität lokaler Gemeinschaften innerhalb der Stämme zeigt sich die Ambivalenz des kolonialen Entwicklungsprojekts. Die koloniale Erschließung des Raumes ließ sich nicht ohne Allianzen mit lokalen Eliten realisieren,[33] zugleich ging der Anspruch einer Erhaltung lokaler Strukturen häufig fehl, weil die Einmischung der Kolonialmacht nicht selten neue Machtpotentiale hervorbrachte. Dies zeigte sich nicht zuletzt an der Wahl der *chiefs*, die häufig nicht auf diejenigen fiel, welche zuvor als Autoritäten innerhalb ihrer Gemeinschaften galten. Um den Führungsanspruch der neuen *chiefs* zu untermauern und im selben Zuge ihre eigenen Ziele durchzusetzen, betrauten die britischen Bezirksbevollmächtigten – so genannte *District Commissioner* – sie mit Aufgaben wie der Eintreibung einer Hütten- und Kopfsteuer, der Rekrutierung afrikanischer Arbeitskräfte und der Ausübung von Verwaltungsaufgaben in den Reservaten. Diese Aufgaben eröffneten den *chiefs* Spielräume für den Aufbau von Netzwerken, Klientelstrukturen und lokalen Einflussbereichen. Auf diese Weise stiegen sie in den 1920er und 1930er Jahren zu den mächtigsten und wohlhabendsten afrikanischen Individuen im Sozialgefüge der Kolonie Kenia auf. Dennoch hing ihr Status von den britischen Autoritäten ab. Institutionen wie die in den Reservaten erhobene Hütten- und Kopfsteuer ebenso wie die Rekrutierung von Arbeitskräften für das Hochland unterstreichen einerseits die Zweiteilung der Kolonie zwischen Reservaten und Hochland und offenbaren andererseits deren Verwobenheit.

In wirtschaftlicher Hinsicht sollten die Afrikaner zwar zur finanziellen Selbstsuffizienz der Kolonie beitragen, der Anbau von Exportprodukten blieb jedoch ausschließlich der von Europäern betriebenen Landwirtschaft vorbehalten. Die in den Reservaten erhobene Hütten- und Kopfsteuer wiederum sollte der britischen Kolonialverwaltung Einkünfte garantieren.[34] Parallel zu der Einführung dieser Besteuerung hatten die Siedler im Hochland begonnen, für ihre landwirtschaftlichen Betriebe afrikanische Lohnarbeitskräfte zu rekrutieren.

---

32 Siehe hierzu und zum Folgenden: Clough, Fighting Two Sides; Low, British East Africa, S. 44–50.
33 Hodge, Triumph of the Expert, S. 52.
34 Siehe hierzu und zum Folgenden: Low, British East Africa, S. 51–53.

Afrikaner, insbesondere Kikuyu, die das an das Hochland angrenzende Gebiet besiedelten und selbst nicht über ausreichend Vieh oder Land verfügten, um ihren eigenen Lebensunterhalt sichern zu können, heuerten gegen einen geringen Lohn bei den Siedlern an, um das Geld für die Steuern aufzubringen. Auf diese Weise entstand ein für die Kolonie Kenia spezifisches System der Arbeitsmigration.[35] Dieses so genannte *squatter*-System bezog sich hauptsächlich auf Kikuyu-Familien im Kiambu-Bezirk, die im Gegenzug für ihre Arbeit auf den Farmen britischer Siedler ein Stück Acker- und Weideland für den Eigenanbau erhielten. Bis Ende der 1930er Jahre war die Zahl der *squatter*[36] auf circa 15 000 Menschen angewachsen.

Die Trennung der Kolonie in zwei unterschiedliche Regierungs-, Wirtschafts- und Gesellschaftssysteme, einerseits in den Reservaten und andererseits im Hochland, wurde mit der *Resident Natives Ordinance* von 1918 festgeschrieben. Darin wurde unter anderem verfügt, dass sich kein Afrikaner mehr auf dem den britischen Siedlern zuerkannten Land aufhalten dürfe, sofern er nicht mindestens 180 Tage für den Besitzer arbeite.[37] Diese Aufteilung hielt auch die Definition des Verhältnisses zwischen Siedlern und Einheimischen in der Schwebe. Einerseits verstanden sich die weißen Siedler als eine Art Aristokratie mit treuhänderischen ebenso wie autoritären Rechten, die es ihnen erlaubten, über die indigenen Arbeitskräfte aufgrund ihrer vermeintlich überlegenen Fähigkeiten und Ressourcen zu verfügen. Andererseits verstanden sie sich als separate Gesellschaft, die mit unterschiedlichen Institutionen auf einem von den afrikanischen Reservaten abgegrenzten Territorium lebte und die Selbstverwaltung der Kolonie unter ihrer Führung anstrebte.[38]

Dieser Selbstverwaltungsanspruch der weißen Siedler unterlief aus Sicht des Londoner *Colonial Office* die Lugard'schen Phantasien indirekter Herrschaft, die von der Vision lebten, sowohl die wirtschaftliche Entwicklung der Kolonien voranzutreiben als auch dem Anspruch gerecht zu werden, lokale Institutionen, Autoritäten und Lebensformen zu erhalten und deren Fortschritt zu dienen.[39] In den 1930er Jahren verstärkte dieses unterschiedliche Verständnis kolonialer Herrschaft den seit Beginn der britischen Besiedlung angelegten Dissens zwischen den Siedlern in Kenia und der Londoner Kolonialadministration. Aus der

---

35 Siehe hierzu und zum Folgenden: Wrigley, Kenya, S. 232; Anderson, Histories of the Hanged, S. 24.
36 Siehe zum Begriff „squatter": Frederick Cooper, From Slaves to Squatters. Plantation Labor and Agriculture in Zanzibar and Coastal Kenya, 1890–1925, New Haven 1980.
37 Wrigley, Kenya, S. 238–239.
38 Wrigley, Kenya, S. 215.
39 Siehe hierzu und zum Folgenden: Lewis, Empire State-Building, S. 30.

Perspektive zahlreicher Kolonialpolitiker und -beamter in London fand in dieser Zeit eine Revision früherer imperialer Überzeugungen statt.[40] Dies betraf zuvörderst den lange gehegten Glauben an die Fülle unerschlossener Ressourcen und natürlicher Reichtümer in den Tropen. Überdies wurde die Legitimität des kolonialen Projekts zunehmend seitens philanthropischer Lobbygruppen in Großbritannien, internationaler Organisationen ebenso wie durch sich häufende Aufstände in den Kolonien in Frage gestellt und bedurfte einer Erneuerung. Alternative Entwicklungsnarrative, welche sich für die Genese anthropologischen Wissens über afrikanische Gemeinschaften aussprachen, um die Zerstörung ihrer wirtschaftlichen und kulturellen Strukturen durch westliche Interventionen aufzuhalten, erhielten Oberwasser.

Der Komplexität dieser unterschiedlichen Entwicklungsentwürfe und des Konflikts zwischen den Siedlern in Kenia und dem *Colonial Office* in London, den sie befeuerten, soll in diesem kurzen Überblick nicht detailliert Rechnung getragen werden, nicht zuletzt, weil dies an anderer Stelle bereits geschehen ist.[41] Stattdessen gilt es erstens festzuhalten, dass sich in den 1930er Jahren ein Wandel im Entwicklungsdenken andeutete. Dessen Kern fasste der Historiker Joseph Hodge so zusammen, dass Entwicklung nun nicht mehr die „konstruktive Ausbeutung" durch die produktive Erschließung tropischer Ressourcen zugunsten Großbritanniens meinte, sondern nun auf die Menschen im *Empire* abzielte und die Verbesserung ihrer wirtschaftlichen und sozialen Situation anstrebte.[42] Zweitens aber behielten die unterschiedlichen Entwicklungskonzepte der 1930er Jahre ein verbindendes Element hinsichtlich der Wahrnehmung und Konstruktion kolonialer Bevölkerungen. Dies betraf einen rassistisch eingefärbten Paternalismus, wie die Historikerin Joanna Lewis feststellte,[43] und äußerte sich im Konzept des Stammes. In der Gestalt des Stammes wurde Bevölkerung in der Kolonie Kenia seitens der Kolonialmacht sowie der britischen Siedler als ethnische Gemeinschaft und weniger als Ansammlung von Individuen konzipiert. In der Konsequenz galt das Land in den Reservaten als Stammeseigentum und nicht als Privatbesitz afrikanischer Eigentümer.[44] Zugleich manifestierte sich in dieser Konzeption die Tatsache, dass der frühe Kolonialstaat im 20. Jahrhundert keinen Zugriff auf Individuen im ländlichen Raum hatte: Bevölkerung wurde nicht sys-

---

40 Siehe hierzu und zum Folgenden: Hodge, Triumph of the Expert, S. 48–49, S. 146 und S. 179–180.
41 Siehe hierzu insbesondere: Hodge, Triumph of the Expert; Lewis, Empire State-Building.
42 Hodge, Triumph of the Expert, S. 177–178.
43 Lewis, Empire State-Building, S. 30.
44 Siehe hierzu: Parsons, Being Kikuyu in Meru, S. 69.

tematisch gezählt und die Steuereintreibung auf der Grundlage der Hütten- und Kopfsteuer erfolgte in vielen Gebieten *de facto* als kollektiver Tribut von Dorfgemeinschaften.[45] Die Konstruktion einer Bevölkerung als traditionaler Gemeinschaft und nicht als Summe gezählter Individuen hatte drittens Auswirkungen auf die Entwicklungspotentiale, welche afrikanischen Stämmen im Besonderen und der Kolonie Kenia im Allgemeinen zugestanden wurden. Indem sie die Vorstellung einer essentiellen Differenz zwischen afrikanischen und westlichen Bevölkerungen nährte, unterstellte der für die afrikanischen Stämme skizzierte Entwicklungshorizont weiterhin die Notwendigkeit britischer Treuhandschaft, wobei sich Entwicklungsansätze unterschiedlicher Akteurs- und Interessensgruppen in Großbritannien und im *Empire* in erster Linie im Zeithorizont unterschieden, in dem sie afrikanische Selbstregierung als Fernziel verhießen.

1.1.2 Der Planet Erde als „überfüllter" Raum?

Der skizzierte Wandel im Entwicklungsdenken des britischen *Empire*, das nun anstelle der Frage nach dem wirtschaftlichen Nutzen der kolonialen Besitzungen für das Mutterland zunehmend den Entwicklungsstand der dort lebenden Menschen zu problematisieren begann, wurzelte nicht zuletzt in der Entstehung einer neuen Ebene, auf der Entwicklungsfragen verhandelt wurden. Gemeint ist eine internationale Ebene, die in der Zwischenkriegszeit von neuen Akteuren und Institutionen etabliert wurde. Einer dieser neuen Akteure war die *Ständige Mandatskommission*, an der sich paradigmatisch aufzeigen lässt, was „international" bedeutete und wie auf dieser Ebene über Entwicklung nachgedacht wurde.

Die *Ständige Mandatskommission* war 1919 durch den *Völkerbund* in Genf eingerichtet worden und diente dem Zweck, die Verwaltung der ehemaligen Kolonien des Deutschen und des Osmanischen Reiches, welche im Nachgang des Ersten Weltkriegs auf Kolonialmächte wie insbesondere Großbritannien und Frankreich übertragen worden war, unter internationale Aufsicht zu stellen.[46]

---

[45] Siehe hierzu: Christophe Bonneuil, Development as Experiment. Science and State Building in Late Colonial and Postcolonial Africa, 1930–1970, in: Osiris 15 (2000), S. 258–281, hier S. 275–276.

[46] Zur *Mandatskommission* siehe insbesondere: Susan Pedersen, The Guardians. The League of Nations and the Crisis of Empire, Oxford u. a. 2015; außerdem: Patricia Clavin, Securing the World Economy. The Reinvention of the League of Nations, 1920–1946, Oxford 2013; Sönke Kunkel/Christoph Meyer, Fortschritt nach Plan? Der globale Entwicklungsdiskurs des Völkerbundes und die Anfänge des systemischen Denkens, in: Sönke Kunkel/Christoph Meyer (Hrsg.), Aufbruch ins postkoloniale Zeitalter. Globalisierung und die außereuropäische Welt in den 1920er und 1930er

Zwar gehörten der Kommission überwiegend ehemalige Kolonialbeamte an, so dass sie mit Blick auf die Praxis durchaus als imperiales Instrument bezeichnet werden kann.[47] Gleichwohl vertrat die *Mandatskommission* insofern einen internationalen Anspruch, als sie das Handeln der Mandatsmächte in den Kolonien an einem normativen Entwicklungsbegriff maß, der aus dem internationalen beziehungsweise dem Völkerrecht abgeleitet wurde.

Seit dem späten 19. Jahrhundert entsprach die Vorstellung einer internationalen Ebene im Wesentlichen dem Geltungsbereich des Völkerrechts. Dieses „internationale" Recht beanspruchte einerseits universale Gültigkeit, anerkannte andererseits aber lediglich souveräne Nationalstaaten und mithin keine Kolonien als Rechtssubjekte.[48] Die *Ständige Mandatskommission* strebte die Überwindung dieses Widerspruchs an, indem sie es sich zur Aufgabe machte, die Mandatsgebiete langfristig in unabhängige souveräne Staaten umzuwandeln. Sie bezog sich hierbei auf Artikel 22, Absatz 1 der Völkerbundsatzung, der besagte, dass die „Entwicklung d[er] Völker" in den Mandatsgebieten, „die noch nicht imstande sind, sich unter den besonders schwierigen Bedingungen der heutigen Welt selbst zu leiten, [...] eine heilige Aufgabe der Zivilisation" darstelle.[49] Anders ausgedrückt schien die Aussicht auf eine Anerkennung vor dem Völkerrecht nur um den Preis der Klassifizierung der Kolonien als rückständig und über den Pfad einer Entwicklung erreichbar zu sein, die als Modell und Vorbild den souveränen europäischen Nationalstaat definierte. Das Mandatssystem setzte auf diese Weise mindestens auf der sprachlichen Ebene eine internationale Dynamik in Gang, welche den Dekolonisationsprozess als langfristige Angleichung vermeintlich rückständiger „Kolonialvölker" an die vermeintlich fortschrittlichen und zivilisierten Europäer durch deren Anleitung und Führung skizzierte.[50]

Im Rahmen dieses Entwicklungsdenkens veränderte sich auf der internationalen Ebene langfristig die Perspektive auf die indigene Bevölkerung in den Kolonien. Eine überwiegende Nichtbeachtung aufgrund der Vorstellung, es mit

---

Jahren, Frankfurt a. M. 2012, S. 123–144, hier S. 126–127; Callahan, Mandates and Empire, S. 60–76; Hodge, Triumph of the Expert, S. 117; Marc Frey/Sönke Kunkel/Corinna R. Unger, Introduction. International Organizations, Global Development, and the Making of the Contemporary World, in: Marc Frey/Sönke Kunkel/Corinna R. Unger (Hrsg.), International Organizations and Development, 1945–1990, Basingstoke 2014, S. 1–22, hier S. 4–5.
47 Siehe hierzu: Pedersen, The Guardians.
48 Siehe hierzu und zum Folgenden: Anthony Anghie, Wirtschaftliche Entwicklung und Souveränität im Mandatssystem des Völkerbunds. Rechtshistorische Überlegungen zum kolonialen Gehalt des Völkerrechts, in: Hubertus Büschel/Daniel Speich (Hrsg.), Entwicklungswelten. Globalgeschichte der Entwicklungszusammenarbeit, Frankfurt a. M. 2009, S. 61–87.
49 Zit. nach Anghie, Wirtschaftliche Entwicklung, S. 66.
50 Siehe hierzu: Pedersen, The Guardians; Anghie, Wirtschaftliche Entwicklung.

leeren oder kaum besiedelten Räumen zu tun zu haben, die allmählich einem Entvölkerungsnarrativ wich, weil zu wenige afrikanische Arbeitskräfte zur Verfügung stünden, um die Kolonie landwirtschaftlich zu erschließen, wandelte sich mit der Zeit zu der Befürchtung, dort alsbald ein explosives Bevölkerungswachstum bezeugen zu können. Am Anfang dieses Prozesses stand die Umdeutung von einer positiven in eine negative Bewertung von Bevölkerungswachstum. Als Kristallisationspunkt des hier knapp skizzierten Wandels lässt sich die erste Weltbevölkerungskonferenz in Genf 1927 in den Blick nehmen.

Ausgangspunkt dieser Konferenz war die Definition eines Weltbevölkerungsproblems:

> The World Population Conference represents a pioneer effort on an international scale to grapple with one of the most fundamental problems mankind faces today. The earth, and every geographical division of it, is strictly limited in size and in ability to support human populations. But these populations keep on growing; and in so doing they are creating social, economic and political situations which threaten to alter profoundly our present civilization and perhaps ultimately to wreck it.[51]

Diese Problemdefinition ist in vielerlei Hinsicht aufschlussreich und verdient eine nähere Betrachtung. Bemerkenswert ist zunächst die Tatsache, dass das Problem malthusianisch definiert wurde, das gleichzeitige Nachdenken über Bewältigungsstrategien aber auf einen neo-malthusianischen Ansatz schließen lässt. So erinnert die Formulierung des zitierten Bevölkerungsproblems, welche das stetige Wachstum menschlicher Bevölkerungen mit dem begrenzten Raum des Planeten Erde konfrontierte, stark an das „Bevölkerungsgesetz"[52] des englischen Pastors und politischen Ökonomen Thomas Robert Malthus, das unter dem Originaltitel *Essay on the Principle of Population* erstmals 1798 veröffentlicht worden war. Kern dieses Gesetzes war die „Korrelation von Bevölkerung und Raum in Form einer krisenhaften Beziehung",[53] insbesondere im Sinne eines Ungleichgewichts zwischen den endlichen Kapazitäten des Bodens, ausreichend

---

[51] Bei dieser Definition handelt es sich um den ersten Absatz der namentlich nicht betitelten Ankündigung der Konferenz, wie sie in der von Margaret Sanger herausgegebenen Konferenzdokumentation abgedruckt ist: Margaret Sanger, Proceedings of the World Population Conference. Held at the Salle Centrale, Geneva, August 29th to September 3rd, 1927, London 1927, S. 5.

[52] So der Titel der deutschen Übersetzung, siehe bspw. Christian M. Barth (Hrsg.), Thomas Robert Malthus, Das Bevölkerungsgesetz, München 1977 (Originaltitel: An Essay on the Principle of Population as it Affects the Future Improvement of Society, With Remarks on the Speculations of Mr. Godwin, M. Condorcet and Other Writers).

[53] Thomas Etzemüller, Ein ewigwährender Untergang. Der apokalyptische Bevölkerungsdiskurs im 20. Jahrhundert, Bielefeld 2007, S. 23; siehe außerdem: Alison Bashford, Global Population. History, Geopolitics, and Life on Earth, New York, NY 2014, S. 29–34.

1.1 Die Konstruktion einer „rückständigen" afrikanischen Bevölkerung — 37

viel Nahrung zu produzieren, und den aus dieser Sicht unendlichen Kapazitäten der Menschheit, sich exponentiell fortzupflanzen.[54] Malthus betrachtete das Problem vom Standpunkt eines liberalen *laisser faire*-Ansatzes aus.[55] Seiner Ansicht nach war die Bevölkerungsentwicklung ein nicht steuerbarer Prozess, der durch vermeintlich natürliche Hemmnisse wie Krieg, Hunger oder Krankheiten reguliert würde. Praktiken wie sexuelle Enthaltsamkeit blieben dem Zufall moralischer Sittsamkeit einzelner Individuen überlassen.

Die Genfer Weltbevölkerungskonferenz sollte es sich gemäß der zitierten Problemdefinition zur Aufgabe machen, Bevölkerungswachstum nicht mehr als kontingentes und natürliches Phänomen, sondern als ein Problem zu begreifen, das einer aktiven Kontrolle und Steuerung bedürfe. So handelte es sich bei der Genfer Veranstaltung um ein neo-malthusianisch geprägtes Unterfangen. Denn die Strömung des Neo-Malthusianismus, welche seit den 1880er Jahren insbesondere in England, aber auch in vielen weiteren vorwiegend westeuropäischen Ländern sowie in den USA auf dem Vormarsch war, teilte zwar den malthusianischen Blick auf das Wachstum von Bevölkerung, variierte aber die Deutung der Konsequenzen.[56] So erhob sie den Anspruch, die von Malthus benannten Hemmnisse der Bevölkerungsentwicklung wie Krieg, Hunger oder Krankheiten nicht länger als natürlich zu verstehen und formulierte als Aufgabe für die Weltbevölkerungskonferenz, sich mit der Frage „what can be done about it"[57] zu beschäftigen.

Die klassische Antwort der aktivistisch orientierten neo-malthusianischen Bewegung auf diese Frage war die Forderung nach einer staatlich verantworteten Geburtenkontrollpolitik. Ursprünglich war das Genfer Treffen als siebte neo-malthusianische Konferenz geplant worden.[58] Es ging auf eine Initiative der US-Amerikanerin Margaret Sanger zurück, die als eine der prononciertesten und

---

54 Bashford, Global Population, S. 31.
55 Siehe hierzu und zum Folgenden: Martin Lengwiler, Vom Überbevölkerungs- zum Überalterungsparadigma. Das Verhältnis zwischen Demographie und Bevölkerungspolitik in historischer Perspektive, in: Eva Barlösius/Daniela Schick (Hrsg.), Demographisierung des Gesellschaftlichen. Analysen und Debatten zur demographischen Zukunft Deutschlands, Wiesbaden 2007, S. 188–204, hier S. 192; Ursula Ferdinand, Das Malthusianische Erbe. Entwicklungsstränge der Bevölkerungstheorie im 19. Jahrhundert und deren Einfluss auf die radikale Frauenbewegung in Deutschland, Münster 1999, S. 32–41.
56 Siehe zum Neo-Malthusianismus: Richard A. Soloway, Birth Control and the Population Question in England, 1877–1930, Chapel Hill/London 1982, S. 49–69; Rosanne Ledbetter, A History of the Malthusian League 1877–1927, Columbus 1976, S. xiii-xiv, S. 9–20; außerdem: Lengwiler, Vom Überbevölkerungs- zum Überalterungsparadigma, S. 192.
57 Sanger, Announcement, in: Margaret Sanger (Hrsg.), Proceedings, S. 5–6, hier S. 5.
58 Bashford, Global Population, S. 83.

bekanntesten Vorkämpferinnen der Geburtenkontrollbewegung galt und 1936 in den Vereinigten Staaten eine Haftstrafe aufgrund der dort zu diesem Zeitpunkt verbotenen Verbreitung von Informationen zur Schwangerschaftsverhütung verbüßt hatte.[59] Ihre Prominenz in der neo-malthusianischen Bewegung verdankte die politisch in sozialistischen und feministischen Organisationen erprobte Krankenschwester nicht zuletzt den finanziellen Mitteln, über die sie einerseits dank ihrer zweiten Heirat und andererseits durch die Unterstützung von Stiftungen wie dem *Milbank Memorial Fund* oder der *Rockefeller Foundation* verfügte. Dieses Kapital floss zu einem erheblichen Teil in die Veranstaltung internationaler Konferenzen. Nachdem das sechste neo-malthusianische Treffen 1925 in New York, für das Sanger bereits die Federführung übernommen hatte, erfolgreich verlaufen war, nahm sie die Planung einer siebten Konferenz in Angriff.

Mit der Genfer Weltbevölkerungskonferenz verfolgte Sanger ein zweifaches Anliegen. Erstens wollte sie das Thema der Geburtenkontrolle aus der Nische der informellen neo-malthusianischen Bewegung auf die Bühne einer in der Zwischenkriegszeit rasant an Bedeutung und Strukturen gewinnenden internationalen Ebene bringen, die zu dieser Zeit von der in Genf ansässigen *League of Nations* und ihren Unterorganisationen repräsentiert wurde.[60] Der Tagungsort war also keineswegs zufällig ausgewählt worden. Zweitens plante Sanger, die umstrittenen Ziele ihrer Organisation von wissenschaftlicher Seite her legitimieren zu lassen.[61] Sie nutzte ihre Verbindungen, um eine Gruppe renommierter US-amerikanischer und englischer Wissenschaftler zusammenzubringen, die sich in ihrer überwiegend biologischen oder sozialwissenschaftlichen Forschung mit dem Thema Bevölkerung beschäftigten und die inhaltlichen Vorbereitungen für die Konferenz übernehmen sollten. Insbesondere der dem Organisationskomitee angehörende Raymond Pearl wirkte auf Sanger ein, das Treffen nicht als Propa-

---

59 Siehe hierzu und zum Folgenden: Bashford, Global Population, S. 82–87; Paul-André Rosental, Wissenschaftlicher Internationalismus und Verbreitung der Demographie zwischen den Weltkriegen, in: Petra Overath/Patrick Krassnitzer (Hrsg.), Bevölkerungsfragen. Prozesse des Wissenstransfers in Deutschland und Frankreich (1870–1939), Köln u.a. 2007, S. 255–291, hier S. 261–263; Dennis Hodgson, The Ideological Origins of the Population Association of America, in: Population and Development Review 1 (1991), Nr. 17, S. 1–34, hier S. 12–16; Margaret Sanger, My fight for Birth Control, New York, NY 1931; Margaret Sanger, An Autobiography, New York, NY 1938.
60 Siehe hierzu und zum Folgenden: Connelly, Fatal Misconception, S. 68–69; Clavin, Securing the World Economy; Sandrine Kott/Joëlle Droux (Hrsg.), Globalizing Social Rights. The ILO and Beyond, London 2013; Madeleine Herren, Internationale Organisationen seit 1865. Eine Globalgeschichte der internationalen Ordnung, Darmstadt 2009.
61 Derek S. Hoff, The State and the Stork. The Population Debate and Policy Making in US History, Chicago/London 2012, S. 65.

gandaveranstaltung für die Sache der Geburtenkontrolle durchzuführen, um einflussreiche Wissenschaftler und Politiker nicht abzuschrecken.[62] Stattdessen bemühte er sich, die Genfer Versammlung als in erster Linie wissenschaftliche Veranstaltung zu präsentieren.[63] So erreichte Pearl, Sangers Hauptanliegen, die Geburtenkontrolle, mehr und mehr von der Agenda der Konferenz zu verbannen und verhinderte schließlich auch, dass sie als Rednerin auftrat. Auf diese Weise nahm die Konferenz, die nun nicht mehr als siebte neo-malthusianische, sondern als erste Weltbevölkerungskonferenz ausgerichtet wurde, eine andere Wendung als die von Sanger intendierte.

Nichtsdestoweniger blieb die von den Teilnehmern in Genf geführte Debatte stellenweise neo-malthusianisch geprägt, insbesondere weil sie die Gefahr einer Überbevölkerung des Planeten konzeptionell fassbar werden ließ.[64] Dies geschah in erster Linie durch die Verkopplung einer stabilen beziehungsweise rückläufigen Bevölkerungswachstumsrate mit einem hohen Zivilisationsgrad. Insofern die oben zitierte Formulierung eines Weltbevölkerungsproblems das Wachstum menschlicher Bevölkerungen als Bedrohung „unserer gegenwärtigen Zivilisation" bezeichnete, setzten Teilnehmer der Genfer Weltbevölkerungskonferenz hier einen Kontrapunkt zu einer in Großbritannien und den USA in der Zwischenkriegszeit angesichts vermeintlich rückläufiger Bevölkerungsentwicklungen um sich greifenden Entvölkerungspanik.[65] Diese war einer Logik geschuldet, welche die rassische Überlegenheit und den nationalen Einfluss in der Welt an eine hohe Geburtenrate knüpfte. Die dem Organisationskomitee der Genfer Konferenz angehörenden Sozialwissenschaftler, der Brite Alexander Carr-Saunders und der US-Amerikaner Henry Pratt Fairchild, unterliefen diese Logik, indem sie den Lebensstandard als Kriterium für Überbevölkerung in die Debatte einführten.[66] In ihren Augen definierte das Konzept des Lebensstandards das Entwicklungsniveau einer Gesellschaft im Sinne des durchschnittlichen materiellen Komforts jedes ihrer Mitglieder.[67] Indem sie dieses Entwicklungsniveau ursächlich auf das Bevölkerungswachstum zurückführten, verkoppelten sie einen hohen Lebensstan-

---

62 Connelly, Fatal Misconception, S. 68–69.
63 Phyllis Tilson Piotrow, World Population Crisis. The United States Response, New York, NY 1973, S. 8.
64 Siehe hierzu auch: Bashford, Global Population, S. 95 und S. 199.
65 Siehe hierzu und zum Folgenden: Karl Ittmann, Demography as Policy Science in the British Empire, 1918–1969, in: JPH 15 (2003), Nr. 4, S. 417–448, hier S. 426; Hoff, The State, S. 83.
66 Siehe hierzu: Alexander Carr-Saunders, The Population Problem. A Study in Human Evolution, Oxford 1922; Bashford, Global Population, S. 94–97; Henry Pratt Fairchild, Optimum Population, in: Sanger, Proceedings, S. 72–87.
67 Siehe zu dieser Definition des Lebensstandards: Fairchild, Optimum Population, S. 73.

dard mit einem niedrigen Bevölkerungswachstum.[68] Anders ausgedrückt verstanden sie einen niedrigen Lebensstandard als Symptom von Überbevölkerung.

Aus der Sicht einiger Genfer Teilnehmer ergab sich aus dieser Deutung von Überbevölkerung ein explosives globales Konfliktpotential. Sie äußerten vielfach den Eindruck, in einer besitzstandsmäßig vollständig aufgeteilten Welt zu leben, die anders als im 19. Jahrhundert keine freien Räume für Migrationsbewegungen aus übervölkerten Gebieten mehr zu bieten schien.[69] Hintergrund dieses Eindrucks war, dass sich nach dem Ersten Weltkrieg der Nationalstaat als einzig legitime internationale Norm etabliert hatte.[70] Als konkreten Ausdruck dieser nationalstaatlichen Ordnung der Welt nannten die Zeitgenossen die seitens zahlreicher Staaten in der Zwischenkriegszeit verhängten Einwanderungsbeschränkungen.[71] So argumentierte der Direktor der *Internationalen Arbeitsorganisation* (IAO), Albert Thomas, auf der Weltbevölkerungskonferenz, dass die zuvor existierende anarchische Bewegungsfreiheit durch eine Politik nationaler Interessen ersetzt worden sei. Diese Politik berge jedoch ein hohes zwischenstaatliches Konfliktpotential, weil die nationalstaatliche Regulierung von Migrationsströmen widersprüchliche Tendenzen produziere. Einerseits bestünden souveräne Nationalstaaten auf ihrem Recht, eine eigene Einwanderungspolitik festzulegen und nur diejenigen Immigranten zu akzeptieren, denen sie zutrauten, lokale Traditionen und Werte nicht zu gefährden. Andererseits beanspruchten Gesellschaften mit einem hohen Bevölkerungswachstum, ihre vermeintlich überschüssige Bevölkerung in fremden Territorien anzusiedeln, zugleich aber deren Nationalität zu erhalten.[72] Das daraus hervorgehende zwischenstaatliche Konfliktpotential könne, so Thomas, nur auf einer internationalen politischen Ebene durch eine supranationale Organisation bewältigt werden, welche eine Umverteilung von Bevölkerung nach rationalen Kriterien skizzieren müsse.

Daran anknüpfend stellte Warren Thompson, einer der ersten US-amerikanischen Demographen und Teilnehmer der Weltbevölkerungskonferenz, Überlegungen zur Findung solcher vermeintlich rationalen Kriterien einer international gesteuerten Umverteilungspolitik von Bevölkerung an. Hierzu entwarf er

---

68 Bashford, Global Population, S. 97.
69 Siehe hierzu beispielsweise: A. Koulisher, Discussion. Optimum Population and Food Supply, in: Sanger, Proceedings, S. 102–103, allgemein: Bashford, Global Population, S. 120.
70 Siehe hierzu: Benedict Anderson, Imagined Communities. Reflections on the Origin and Spread of Nationalism, London/New York 2006 (Revised Edition), S. 113.
71 Bashford, Nation, Empire, Globe, S. 186–187; Paul-André Rosental, L'intelligence démographique. Sciences et politiques des populations en France (1930–1960), Paris 2000, S. 183–184; Rosental, Wissenschaftlicher Internationalismus, S. 275.
72 Albert Thomas, International Migration and Its Control, in: Sanger, Proceedings, S. 256–265.

ein modernisierungstheoretisches Stadienmodell, indem er das Bevölkerungswachstum an gesellschaftliche Entwicklungsstufen zwischen Rückständigkeit und Fortschritt koppelte. Er unterschied also nicht allein dicht und weniger dicht besiedelte Räume, sondern ordnete diese je nach ihrem Bevölkerungswachstum unterschiedlichen Entwicklungsstadien zu. Anders als viele seiner Zeitgenossen bezog er hierbei explizit Bevölkerungsgruppen in den Kolonien, also in bisher nicht als nationalstaatlich souverän definierten Gebieten, mit ein. Thompson differenzierte drei gesellschaftliche Entwicklungsniveaus hinsichtlich ihrer Bevölkerungswachstumspotentiale.[73] Einer Gruppe A ordnete er westliche Industrienationen mit einem hohen Lebensstandard zu, die ein rückläufiges Bevölkerungswachstum aufgrund aktiver Geburtenkontrolle, insbesondere durch Empfängnisverhütung, verzeichneten. In der Gruppe C zugehörigen Bevölkerungsgruppen würde keine aktive Kontrolle stattfinden, so dass das Bevölkerungswachstum durch die von Malthus so benannten natürlichen Hemmnisse – Krankheiten, Krieg und Hunger – reguliert würde. In einem Zwischenstadium befänden sich Bevölkerungen der Gruppe B. Thompson klassifizierte sie als „rückständige Völker", die unter kolonialer Herrschaft mit dem westlichen Lebensstandard in Berührung gekommen seien, „undergoing the growth of population which comes when a certain measure of modern sanitary practice is first introduced among backward peoples".[74] Denn eine Anhebung hygienischer Standards führe zu einer reduzierten Sterberate bei gleichbleibender Geburtenrate und somit zu einem hohen Bevölkerungswachstum. Problematisch sei nun, so Thompson, dass diese „new-comer" zwar den Anspruch hegten, sich in Entwicklungsniveau und Lebensstandard den westlichen Industriegesellschaften anzunähern, diesbezüglich aber nicht mehr über die gleichen Möglichkeiten verfügten: „The reason for the relative weakness of these newcomers is that the more fertile lands and the more valuable resources have been appropriated by a few countries which have preceded them in reaching national maturity."[75]

Das Bevölkerungsproblem, das Thompson in dieser Ausgangslage erkennt, besteht darin, dass der landwirtschaftlich nutzbare Boden, der von den Nachzüglern aufgrund des zu erwartenden Bevölkerungswachstums zur Expansion benötigt werde, im Besitz westlicher Nationalstaaten sei, deren Bevölkerungswachstum stagniere. Insbesondere Großbritannien, Frankreich und die Niederlande, deren Bevölkerung lediglich an die 100 Millionen heranreiche, besäßen

---

[73] Siehe hierzu: Warren S. Thompson, Population, in: The American Journal of Sociology 34 (1929), S. 959–975.
[74] Siehe hierzu: Warren S. Thompson, Danger Spots in World Population, New York, NY 1929, S. 6–7.
[75] Thompson, Danger Spots, S. 6–7.

riesige Landareale, die sie einerseits nicht selbst besiedeln könnten, andererseits aber auch nicht für die Besiedlung durch andere freigäben. Daraus folgerte Thompson: „The redistribution of the lands of the earth is the problem of problems that we must face in the world today as a consequence of the new population movements that are now taking place."[76]

In seinem Buch *Danger Spots in World Population* skizzierte Thompson ein solches Umverteilungsszenario im Sinne eines Interessenausgleichs zwischen Bevölkerungen verschiedener Entwicklungsstufen. Auf die Frage des Kapitels „Where can the Indians go?" nannte er Ostafrika. Das Gebiet, das er in den Blick nahm, umfasste die britische Kolonie Kenia, reichte bis hinunter nach Südafrika und schloss Madagaskar mit ein.[77] Thompson begründet diese Wahl mit der Tatsache, dass diese Region kaum besiedelt sei, lediglich auf zehn Prozent dieses Territoriums siedele eine Bevölkerung von mehr als 20 Personen pro Quadratmeile. Außerdem sei die Fläche des fruchtbaren Ackerlandes circa zweimal so hoch wie in Indien. Um seinen Lösungsvorschlag zu legitimieren, griff Thompson auf den kolonialen Topos des *empty country* zurück, wendete ihn aber gleichsam anti-kolonial, richtete ihn also argumentativ gegen die Ansprüche der Kolonialmächte.[78] Denn er warf den britischen Siedlern vor, Besitzansprüche zu hegen, ohne das Land ausreichend zu bewirtschaften:

> One of the chief arguments in justification of the white man's exploitation of new lands has always been that he needed new lands and larger resources and that the natives in a large part of the earth were not using their lands and resources as well as he could; hence he felt that he was entitled to take control of them and put them to use. [...] The same argument for the better, more complete use of lands would certainly justify the Oriental peoples in taking the lands which the white man is not using as well as they could.[79]

Thompsons Kritik am Kolonialismus führte jedoch nicht zu einer Verteidigung autochthoner Ansprüche auf Landbesitz. Stattdessen schlug er eine supranationale Umverteilungspolitik nach dem Kriterium der Landnutzung innerhalb eines abgegrenzten Territoriums vor.

Zusammenfassend lässt sich Thompsons Modell als ebenso stilbildend wie paradigmatisch für eine sich seit der Zwischenkriegszeit herausbildende internationale bevölkerungspolitische Ebene beschreiben. Eine solche internationale Bevölkerungspolitik strebte die Überwindung der von den Kolonialmächten errichteten imperialen Ordnung der Welt an. Sie tat dies im Denkrahmen eines

---

[76] Thompson, Population, S. 975.
[77] Siehe hierzu und zum Folgenden: Thompson, Danger Spots, S. 159–161.
[78] Siehe hierzu: Bashford, Global Population, S. 146.
[79] Thompson, Danger Spots, S. 163–164.

von der *Ständigen Mandatskommission* skizzierten Entwicklungskonzepts, welches vorsah, die vermeintlich rückständigen durch die zivilisierten Bevölkerungen nach deren Entwicklungsmodell zu formen. Der als Handlungsebene dieses Prozesses anvisierte Internationalismus war mithin transatlantisch geprägt. Beispielhaft zeigt sich dies am Blick auf die Teilnehmerliste der Genfer Weltbevölkerungskonferenz, die 123 Wissenschaftler aus 28 Staaten nennt.[80] Allein 95 von ihnen kamen jedoch aus Europa, davon 31 aus Großbritannien. 17 Teilnehmer kamen aus den Vereinigten Staaten. Weiterhin zeichnete sich dieser Internationalismus durch Akteure aus, die ein spezifisches Politikverständnis jenseits der staatlichen Ebene etablierten. Es handelte sich hierbei überwiegend um Experten, Wissenschaftler und Lobbygruppen, die im Rahmen internationaler Treffen Institutionen der Wissensproduktion schufen, Wissen standardisierten und Probleme mit den Mitteln technischer Expertise angingen.[81] Eine nicht zu unterschätzende Rolle in diesem Prozess spielten private Stiftungen, in erster Linie die *Rockefeller Foundation*, die beispielsweise die *public health*-Kampagnen des *Völkerbundes* unterstützte, als die internationale Organisation selbst im politischen Umfeld der Vereinigten Staaten noch sehr umstritten war.[82] In den Rahmen dieser sich neu konstituierenden internationalen Ordnung schrieben Politiker wie Albert Thomas und Demographen wie Warren Thompson Bevölkerung als zentralen Gegenstand von und Maßstab für Entwicklung ein. Auf diese Weise prägte das auf der Konferenz in Genf diskutierte Bevölkerungsproblem den Internationalismus des beginnenden 20. Jahrhunderts in entscheidender Weise und von Anfang an mit.[83]

---

80 Siehe hierzu: Who's Who at the World Population Conference, in: Sanger, Proceedings, S. 363–368.
81 Siehe hierzu: Madeleine Herren, Governmental Internationalism and the Beginning of a New World Order in the Late Nineteenth Century, in: Martin H. Geyer/Johannes Paulmann (Hrsg.), The Mechanics of Internationalism. Culture, Society, and Politics from the 1840s to the First World War, Oxford 2001, S. 121–144, hier S. 128; Mark Mazower, Governing the World. The History of an Idea, London 2012, S. 149; Sönke Kunkel/Christoph Meyer, Dimensionen des Aufbruchs. Die 1920er und 1930er Jahre in globaler Perspektive, in: Sönke Kunkel/Christoph Meyer (Hrsg.), Aufbruch ins postkoloniale Zeitalter. Globalisierung und die außereuropäische Welt in den 1920er und 1930er Jahren, Frankfurt a.M. 2012, S. 7–36, hier S. 18; Geyer/Paulmann, Introduction, in: Geyer/Paulmann, The Mechanics of Internationalism, S. 22; Clavin, Securing the World Economy.
82 Mazower, Governing the World, S. 148.
83 Bashford, Global Population, S. 44.

1.1.3 „Our Population Is Increasing": Afrikanisches Bevölkerungswachstum in der Kolonie Kenia und die politische Diskussion um Konsequenzen

Die sowohl im Zuge der britischen Kolonisierung propagierte als auch aus einer internationalen Perspektive bekräftigte Wahrnehmung und Beschreibung Ostafrikas als leerer Raum lässt sich darauf zurückführen, dass die Bevölkerung in der Kolonie Kenia bis in die 1940er Jahre hinein noch nicht als Gesamtbevölkerung in Erscheinung trat. Eine „kenianische Bevölkerung" nahm erst in den Volkszählungen von 1948 und 1962 allmählich Gestalt an. Die auf der Grundlage dieser Zählungen geschätzte Gesamtbevölkerung der Kolonie hatte jedoch erst eine Entsprechung in der politischen Sprache, als nach der Unabhängigkeit Kenias 1963 die Bezeichnung „Keniander" die Nationalität der Einwohner des neuen Nationalstaats markierte.[84] Bis dahin waren die afrikanischen Bewohner der Kolonie seitens der Kolonialbeamten und auch der britischen Siedler nach ethnischen Kriterien in Untergruppen unterteilt worden.

Der Konstruktionsprozess einer afrikanischen Bevölkerung in ethnischer Gestalt lässt sich gut am Beispiel der *Kenya Land Commission* beleuchten. Das *Colonial Office* in London hatte die Kommission für die Jahre 1932 bis 1934 eingerichtet, um den von afrikanischen Gruppierungen vorgetragenen Vorwurf einer Enteignung ihres Landbesitzes durch britische Siedler sowie Ansprüche auf Rekonstitution dieses Landes zu untersuchen.[85] Die Arbeit der Kommission glich der Abwicklung eines rechtlichen Verfahrens. Sie hörte 736 Zeugen in London und Nairobi und prüfte mehr als 900 Dokumente, darunter Memoranden, Forderungskataloge und Beweisaufnahmen unterschiedlicher Gruppierungen und Persönlichkeiten.[86] Die Gründe für die Einrichtung der Kommission waren vielschichtig. In der Kolonie selbst stieg der ökonomische Druck auf die afrikanische Bevölkerung als Folge der Weltwirtschaftskrise Ende der 1920er Jahre. Zum einen angesichts des Preisverfalls für die landwirtschaftlichen Produkte, der sowohl die weißen Siedler als auch die afrikanischen Farmer betraf.[87] Zum anderen weil die

---

84 Innerhalb eines Zeitraums von zwei Jahren nach der Unabhängigkeit konnten nicht-afrikanische Bewohner Kenias entscheiden, ob sie die kenianische Nationalität übernehmen und Bürger Kenias werden wollten oder dies ablehnten und stattdessen als Fremde mit eingeschränkten Rechten behandelt würden, siehe hierzu: David Goldsworthy, Tom Mboya. The Man Kenya Wanted to Forget, Nairobi 1982, S. 220.
85 David M. Anderson, Eroding the Commons. The Politics of Ecology in Baringo, Kenya, 1890–1963, Athens, OH 2002, S. 128; Sørrensen, Kenya Land Policy, S. 672–689, hier S. 687.
86 Siehe hierzu die dreibändige Dokumentation: The Kenya Land Commission, Evidence and Memoranda, London 1934.
87 Wrigley, Kenya, S. 247.

Kolonialregierung darauf mit Maßnahmen wie der Verdopplung der Hütten- und Kopfsteuer für die afrikanischen Bewohner der Kolonie sowie einer Lohnsenkung für afrikanische Arbeiter reagierte, um so die Krisenlasten auf die Einheimischen abzuwälzen und den Schaden für die weiße Bevölkerung zu begrenzen. Überdies wurden nach dem Ersten Weltkrieg britische Soldaten mit Siedlungsland unter anderem in Kenia entschädigt, so dass der Landbesitz der afrikanischen Bevölkerung weiter reduziert wurde.[88] Die afrikanische Gruppe der Kikuyu sah sich von der Landnahme der britischen Siedler besonders betroffen, weil sie im Hochland gesiedelt hatte, das seit der Besiedlung der Kolonie durch die Kolonialmacht als europäisches Gebiet proklamiert worden war.[89] Seit Anfang der 1930er Jahre mehrte sich nun der Protest aus den Reihen der Kikuyu gegen diese britische Inanspruchnahme von Landbesitz, den unterschiedliche Gruppierungen direkt in London vorbrachten.[90] Dass in London auf diese Plädoyers mit der Einberufung einer *Kenya Land Commission* reagiert wurde, lässt sich auf zwei Entwicklungen zurückführen. Zum einen stand die 1929 neu gewählte *Labour*-Regierung dem Vorhaben des kenianischen Gouverneurs, neue Siedler für die Kolonie anzuwerben, ebenso kritisch gegenüber wie der politischen Einflussnahme der britischen Siedler in Kenia insgesamt. Sie setzte sich daher für eine Kommission ein, welche die Landansprüche der Siedler gegenüber der indigenen Bevölkerung prüfen sollte.[91] Zum anderen unterstützte das *Colonial Office* seit der *Colonial Office Conference* von 1927 einen Reformkurs, der sich mit Forderungen von Afrika-Kennern und Wissenschaftlern identifizierte, eine engagiertere Kolonialpolitik für die indigenen Bewohner der Kolonien in Angriff zu nehmen.[92] Eine Signatur dieser neuen Agenda war mithin der „Triumph des Experten",[93] dem seit den 1930er Jahren eine zentrale Position in der kolonialpolitischen Entscheidungsfindung, insbesondere im Bereich der Wissensproduktion, eingeräumt werden sollte. Vor diesem Hintergrund zeugt die *Kenya Land Commission* davon, dass die politischen, wirtschaftlichen und sozialen Probleme, welche die Kolonialverwal-

---

88 Vgl. hierzu und zum Folgenden: Winfried Speitkamp, Generation und Tradition. Politische Jugendbewegungen im kolonialen Kenia, in: Historische Zeitschrift 36 (2003), S. 93–120, hier S. 101–102.
89 Tignor, The Colonial Transformation, S. 22.
90 Michael Coray, The Kenya Land Commission and the Kikuyu of Kiambu, in: Agricultural History 52 (1978), Nr. 1, S. 179–193, hier S. 182–184; Anderson, Histories of the Hanged, S. 21.
91 Anderson, Eroding the Commons, S. 127–128.
92 Siehe hierzu und zum Folgenden: Lewis, Empire State-Building, S. 29; Hodge, Triumph of the Expert, S. 141–142.
93 Hodge, Triumph of the Expert.

tung in Kenia angesichts der Landfrage aufkommen sah, durch Experten und Kommissionen in Angriff genommen werden sollten.

Aufgrund eines politischen Machtwechsels in Großbritannien im Jahr 1931, der einen neuen, mit den weißen Siedlern sympathisierenden Kolonialstaatssekretär an die Spitze des *Colonial Office* brachte, Sir Philip Cunliffe-Lister, änderte sich jedoch das Aufgabengebiet der *Kenya Land Commission*. Anstatt die Rechte der afrikanischen Bewohner der Kolonie zu stärken, ging es nun eher darum, britische Ansprüche auf Grundbesitz in der Kolonie zu untermauern.[94] Diese veränderte Schwerpunktsetzung bildete sich in der Zusammensetzung der dreiköpfigen Kommission ab.[95] Ihr Leiter, Sir Morris Carter, hatte 1925 bereits der *Southern Rhodesian Land Commission* vorgestanden und federführend dafür gesorgt, dass den indigenen Bewohnern Rhodesiens jegliches Recht auf Land abgesprochen worden war.[96] Den anderen beiden Mitgliedern, Rupert W. Hemsted, ein pensionierter *Provincial Commissioner* der kenianischen Provinz Nyanza, und Frank O'Brien Wilson, selbst Siedler, wurde von zeitgenössischen Beobachtern unterstellt, sich aufgrund ihres eigenen Landbesitzes in der Kolonie die Interessen der Siedler zu eigen zu machen. Abgeordnete im britischen *House of Commons* ebenso wie Vertreter afrikanischer politischer Verbände hatten vergeblich dafür plädiert, auch afrikanische Repräsentanten in die Kommission zu berufen.[97] Es mag daher kaum überraschen, dass die Kommission im Ergebnis die aus der Sicht der Europäer bestehenden Besitzverhältnisse bestätigte und afrikanische Ansprüche auf von weißen Siedlern angeeignetes Land zurückwies.[98] Zusätzliches Land wurde den Kikuyu lediglich in wenig fruchtbaren Gebieten und mit schwerer kultivierbaren Böden zugewiesen. Langfristig trug der Bericht der Kommission damit zu einer Verschärfung der politischen Situation in der Kolonie bei.

An dieser Stelle interessiert jedoch weniger die Frage, zu welchem Urteil die Kommission letztendlich kam, als die Dynamik, die sie in Gang setzte. Denn der Aushandlungsprozess über die legitime Verteilung des Landbesitzes lässt sich zugleich als Konstruktionsprozess einer afrikanischen Bevölkerung in unterschiedlichen Gestalten untersuchen. Die Art und Weise, wie Vertreter der Kikuyu-Gruppierungen einerseits und der britischen Siedler andererseits vor der *Land Commission* argumentierten, wirft Schlaglichter auf durchaus unterschiedliche Vorstellungen von Bevölkerung und daraus abgeleitete Rechtsansprüche und Entwicklungsperspektiven. So trat „Bevölkerung" vor der *Kenya Land Commission*

---

[94] Anderson, Eroding the Commons, S. 128.
[95] Zu den Mitgliedern siehe unter anderem: Clough, Fighting Two Sides, S. 160.
[96] Coray, The Kenya Land Commission, S. 181.
[97] Coray, The Kenya Land Commission, S. 182–183.
[98] Anderson, Histories of the Hanged, S. 22.

unterschiedlich in Erscheinung und wurde mal auf territoriale Einheiten, mal auf ethnische Verbünde bezogen. In den Akten der *Kenya Land Commission* zeigt sich mithin, dass die Differenzierung verschiedener Gruppierungen, Fragen der Zugehörigkeit und entsprechender Rechtsansprüche noch ausgehandelt wurden und keineswegs selbstverständlich erschienen.

Am Beispiel der Verhandlungen vor der Kommission lässt sich beobachten, wie die Kikuyu begannen, sich nach innen als Bevölkerung zu konsolidieren und nach außen zu inszenieren. So ist im Memorandum, das die *Progressive Kikuyu Party* der Landkommission vorlegte, von den Kikuyu als „unserer Bevölkerung" die Rede: „Our population is increasing, and this increase brings about a demand for more grazing land, and more land for cultivation".[99] Mehrmals wiederholt das Memorandum die Formulierung „We, Kikuyu" und formt mithin die Kikuyu als Bevölkerung, als deren Sprecherin sich freilich die *Progressive Kikuyu Party* ebenso zu positionieren versuchte, wie andere Verbände, beispielsweise die *Kikuyu Central Association* oder die von den *chiefs* gegründeten *Kikuyu Loyal Patriots*.

Die Bezeichnung „Bevölkerung" ist insofern interessant, als dass es *die* Kikuyu ihrem eigenen Selbstverständnis nach zunächst nicht gab.[100] Ihre Genese als zusammengehörige Gruppe wurde zweifellos durch das Handeln externer Akteure wie Kolonialbeamte oder Missionare befördert. Dazu gehörte die Umgrenzung von Reservaten im Sinne vermeintlich ethnischer Provinzen ebenso wie die Standardisierung lokaler Dialekte durch Verschriftlichung in den Bibelübersetzungen von Missionaren. Indes verhalfen diese äußeren Vorgänge der kontingenten Ansammlung so genannter *mbari*[101] – verwandtschaftlich verbundener sozialer Einheiten – in den drei als Kikuyu-Reservat zusammengefassten Bezirken Nyeri, Fort Hall (Murang'a) und Kiambu noch nicht zu einer gemeinsamen Identität. So muss die sich herausbildende moderne, politisch verstandene *Kikuyuness* als Produkt innerer Konflikte aufgefasst werden, die entstanden, als die von den Briten gezogenen Reservatsgrenzen keinen anderen Ausweg ließen, als Auseinandersetzungen um Ansprüche auf Landbesitz, Ressourcen und Partizi-

---

99 Memorandum by the Progressive Kikuyu Party, in: Kenya Land Commission. Evidence and Memoranda, Bd. 1, London 1934, S. 95–101, hier S. 97. Dieser Nachweis gilt auch für das Zitat in der Überschrift zu diesem Kapitel 1.1.3.
100 Siehe hierzu und zum Folgenden: John M. Lonsdale, The Moral Economy of Mau Mau. Wealth, Poverty & Civic Virtue in Kikuyu Political Thought, in: Bruce J. Berman/John M. Lonsdale (Hrsg.), Unhappy Valley. Conflict in Kenya & Africa, London 1992, S. 315–504, hier S. 335–348.
101 Zu einer Begriffsannäherung an *mbari* siehe: Clough, Fighting Two Sides, S. 228; Greet Kershaw, Mau Mau from Below, Oxford 1997, S. xi.

pation zwischen Generationen und *mbari* auszutragen.[102] Was diese Menschen innerhalb des Reservats aber miteinander verband, war die räumliche Nähe zu den britischen Siedlern und die Tatsache, dass sie die Folgen der Kolonisierung Kenias am deutlichsten spürten. Vor diesem Hintergrund nutzten die Trägerpersönlichkeiten einer sich herausbildenden Kikuyu-Identität ein Bewusstsein für das ihnen durch britische Eindringlinge widerfahrene Unrecht als Gemeinschaft stiftendes Bindemittel.[103] Die Positionierung nach außen hob indes weniger auf die Definition von Ethnizität ab, als dass sie sich an den Nationalismen anderer Kollektive orientierte.[104] In Selbstbeschreibungen der 1920er Jahre ist von einer „Kikuyu nationality" die Rede und während eines Treffens unterschiedlicher Parteien und Gruppierungen in Kiambu verständigte man sich nach dem Vorbild anderer Nationen auf einen Gedenktag und einen gemeinsamen Kalender zur Formalisierung der politischen Erinnerung.[105]

In den Anhörungen der Landkommission nahmen gleichwohl unterschiedliche Institutionen und Verbände für sich in Anspruch, für die Gesamtheit der Kikuyu zu sprechen. Die Argumente, die sie vorbrachten, zielten aber alle darauf ab, einen Eigentumsbegriff zu entwickeln, der sie als rechtmäßige Besitzer der durch die Kolonialregierung in Gestalt der weißen Siedler in Besitz genommenen Gebiete im Hochland der Kolonie ausweisen würde. Hierzu bedienten sich Vertreter der Kikuyu zunächst eines demographischen Arguments. Sie beschrieben den ihnen seitens der Kolonialmacht zugewiesenen Raum als potentiell überfüllt und unterliefen damit erstmals zuvor skizzierte Darstellungen Ostafrikas als leerer Raum. Sie schilderten ein Bevölkerungswachstum innerhalb des Reservats, das sie entsprechend dokumentierten.[106] Im Kiambu-Bezirk zählten die Kikuyu die Mitglieder ihrer *mbari* – ihrer familiären Großverbände – und trugen damit zu

---

[102] Siehe zu diesem Prozess der Identitätsbildung beispielsweise: Bruce J. Berman, Nationalism, Ethnicity und Modernity. The Paradox of Mau Mau, in: Canadian Journal of African Studies/Revue Canadienne des Études Africaines 25 (1991), S. 181–206. Wiederabdruck in: Roy Richard Grinker/Stephen C. Lubkemann/Christopher B. Steiner (Hrsg.), Perspectives on Africa. A Reader in Culture, History, and Representation, Hoboken, NJ 2010², S. 498–513, hier S. 507.
[103] Siehe hierzu und zum Folgenden: Lonsdale, The Moral Economy, S. 348–349.
[104] John M. Lonsdale, The „Invention" of Tribes Revisited (I). „Listen While I Read". The Orality of Christian Literacy in the Young Kenyatta's Making of the Kikuyu, in: Louise de la Gorgendière/Sarah Vaughan/Kenneth King (Hrsg.), Ethnicity in Africa. Roots, Meanings and Implications, Edinburgh 1996, S. 17–53, hier S. 18–19.
[105] Lonsdale, The „Invention" of Tribes, S. 27 und S. 33–34.
[106] Siehe hierzu unter anderen: Lynn M. Thomas, Regulating Reproduction. State Interventions into Fertility and Sexuality in Rural Kenya, 1920–1970, Ann Arbor, MI 1997 (Ph.D. Diss., University of Michigan), S. 209–217.

den ersten Zählungen von Afrikanern in der Kolonie Kenia bei. Die Vertreter der *mbari* schickten ihre Zahlen an den zuständigen Bezirksverwalter, um den Bevölkerungszuwachs im Reservat zu dokumentieren. Und in der Tat bekräftigte der *District Commissioner* vor der *Land Commission*: „It is avowed that these numbers are much in excess of the original numbers at the time of the alienation."[107] Zum Problem wurde dieses Wachstum aus der Sicht der Kikuyu, weil es innerhalb der von der Kolonialregierung abgegrenzten Reservate das Phänomen der Landlosigkeit verschärfe:

> A large number of the dispossessed had nowhere to go, as the land was already overcrowded and so they moved all over Kenya. Many are now squatters on European farms, and when for some reason or another they have to leave the farms and return to the reserves, the cattle they have collected die for lack of suitable vegetation, and they themselves find no place left for cultivation.[108]

Die hier zum Ausdruck gebrachte Warnung vor einer Überbevölkerung bezog sich also nicht auf die absolute Bevölkerungszahl, sondern auf das Verhältnis von Bevölkerung und kultivierbarem Land. Sie bot den Anlass, die Forderung nach einer Rückgabe des von Europäern in Besitz genommenen Landes auf eine neue demographische Grundlage zu stellen.

In einem zweiten Argumentationsschritt bezogen die Kikuyu und ihre Unterstützer diese neue demographische Grundlage auf den rechtlichen Rahmen, innerhalb dessen die britische Kolonisierung im Bezirk Kiambu stattgefunden hatte. Auf den *terra nullius*-Topos rekurrierend war alles Land, das zum Zeitpunkt der britischen Besiedlung nicht bewirtschaftet gewesen sei, zum rechtmäßigen Besitz der britischen Krone, zu *Crown Land* erklärt worden. Der Archäologe Louis Leakey, der im Bezirk Kiambu als Sohn eines der ersten Missionare geboren worden war und sich für die Position der Kikuyu starkmachte, stellte in seiner Stellungnahme vor der *Kenya Land Commission* eine Analogie her zwischen der Situation der britischen Siedler zum Zeitpunkt der Kolonisation und derjenigen der Kikuyu Anfang der 1930er Jahre:

> After the smallpox and big famine, when the families were reduced in numbers, naturally some parts would be given up for the time being. I want to emphasize this, because there is a suggestion often made out here that some of the Kikuyu land was not in effective occupation. I hold, Sir, that if that was land which they had acquired for their future use, that it was as effectively in their occupation as the land of many settlers out here, of which a part

---

[107] Abbreviated Version of the Secretary's Précis. The Three Kikuyu Districts, in: Kenya Land Commission, Evidence and Memoranda, Bd. 1, S. 4–27, hier S. 14–15.
[108] Memorandum by the Progressive Kikuyu Party, S. 98.

> is under cultivation, under coffee, under cattle, etc., and the remaining part is theirs to hold temporarily with a view to future expansion. [...] I don't think, Sir, that you could argue fairly that because they temporarily ceased to use one piece of their family land that it was not theirs. I am certain the argument will be put that certain land is not theirs because it can be shown that at some fixed year the Kikuyu were not there. On certain farms at Londiani, owing to the depression, there are no Europeans now. One might as well say that those farms do not belong to the Europeans now.[109]

Indem Leakey argumentierte, dass die Situation, in der die Kikuyu damals einen Teil des aus der Perspektive der Kolonialregierung und der britischen Siedler ungenutzten Landes zum Zwecke der zukünftigen Nutzung im Falle eines Bevölkerungswachstums vorgesehen hätten, mit derjenigen vergleichbar sei, in der britische Siedler Anspruch auf Land erhoben, das sie zum gegenwärtigen Zeitpunkt nicht vollständig kultivierten, schloss er, dass diese aktuell nicht bewirtschafteten Gebiete nicht den Europäern gehörten und daher für eine Besiedlung und Nutzung durch Kikuyu zur Verfügung gestellt werden müssten.

Anders als der oben zitierte US-amerikanische Demograph Warren Thompson, der für eine bedarfsabhängige Regelung der Landnutzung plädiert hatte, begründeten Leakey und andere Repräsentanten der Kikuyu den Anspruch, ungenutztes, aber gleichwohl als Besitz britischer Siedler deklariertes Land okkupieren zu dürfen, mit einem historischen Eigentumsbegriff. Sie warfen der britischen Kolonialmacht die Enteignung ihres Landes als Rechtsbruch vor, taten dies aber mit unterschiedlichen Argumenten. In einem ersten Schritt begründeten sie ihren Anspruch mit einem autochthonen Status, also der Behauptung, als erste auf diesem Land gesiedelt zu haben und als „original owners of the land" die rechtmäßigen Besitzer zu sein.[110] Andere Vertreter der Kikuyu verwarfen die Strategie der Autochthonie und argumentierten mit einem Kaufvertrag. Sie gaben an, dass die Gruppe der Ndorobo die ersten indigenen Bewohner des fraglichen Landes gewesen seien, aber die Kikuyu das Land von ihnen gegen Vieh und im Rahmen einer offiziellen Zeremonie rechtmäßig und käuflich erworben hätten.[111] Der Historiker John Lonsdale legt überzeugend dar, dass der Vorteil des Kaufarguments gegenüber dem Autochthonie-Argument darin zu bestehen schien, dass die Kikuyu sich auf diese Weise vor der Landkommission gleichsam als Zivilisa-

---

109 Dr. L.S.B. Leakey, Non-Native Evidence, in: Kenya Land Commission, Evidence and Memoranda, Bd. 1, S. 656–680, hier S. 658.
110 Memorandum by the Progressive Kikuyu Party, S. 100.
111 Evidence taken in London: Mr. Johnstone Kenyatta, in: Kenya Land Commission. Evidence and Memoranda, Bd. 1, S. 424–427; Coray, The Kenya Land Commission, S. 184.

toren der Ndorobo inszenieren konnten.[112] Letztere galten den britischen Kolonisatoren als unfähig, die von ihnen vorgefundene Natur durch Land- und Viehwirtschaft in Wert zu setzen, und wurden so auf einer niedrigen Zivilisationsstufe angesiedelt. Die Kikuyu, welche mit dem Kaufvertrag ihren Anspruch auf das Land untermauern wollten, inszenierten sich auf diese Weise als eine den Europäern auch rechtlich gleichgestellte Bevölkerung.

Vor der Landkommission verfingen jedoch weder das Kauf- noch das Autochthonie-Argument. Vielmehr lässt sich beobachten, dass der Anspruch der Kikuyu auf Anerkennung eines den Europäern gleichwertigen Rechtsstatus durch deren Darstellung einer afrikanischen Bevölkerung in einer ethnischen und mithin rückständigen Gestalt gleichsam desavouiert wurde. Diese Ethnisierung ermöglichte es den britischen Siedlern vor der *Land Commission* zu argumentieren, dass die *natives* keinen dem europäischen vergleichbaren Eigentumsbegriff bei der Regelung ihrer Besitzverhältnisse kennen würden.[113] Denn eine Theorie individuellen Besitzes sei nichts genuin Afrikanisches und Afrikaner seien damit erst durch den Kontakt mit der englischen Zivilisation in Berührung gekommen. So insistierten die Vertreter der Kolonialmacht auf einer Differenz von Rechtsvorstellungen und Lebensweisen, die eine scharfe Grenze zwischen vermeintlich afrikanischem und vermeintlich europäischem Denken und Sein zog. Gleichermaßen untergruben sie das Autochthonie-Argument, indem sich die britischen Siedler als Experten für die Geschichte der Kolonie Kenia und ihrer Bewohner ausgaben und mithin den Kikuyu die Deutungshoheit über ihre eigene Vergangenheit absprachen. Hierzu lassen sich gleich mehrere Auseinandersetzungen, die im Rahmen der Landkommission ausgetragen wurden, anführen. Während der Missionar W.O. Tait, einer der ersten weißen Siedler in der Kolonie, behauptete, bei seiner Ankunft „in 1910 there were no natives in that district",[114] hielt Chief Koinange dem entgegen, dass es sich um das Land seiner Vorfahren handle, die

---

112 Siehe hierzu und zum Folgenden: John M. Lonsdale, Soil, Work, Civilization and Citizenship in Kenya, in: Journal of Eastern African Studies 2 (2008), S. 305–314, hier S. 307–311.
113 Siehe hierzu und zum Folgenden: Coray, The Kenya Land Commission, S. 190; C.E. Mortimer, A Memorandum by the Commissioner of Lands on the Native Claims to Land Ownership in the Kiambu District, 12. Dezember 1932, in: Kenya Land Commission, Evidence and Memoranda, Bd. 1, S. 28–35, hier S. 29–31.
114 Before the Commission, At Limuru, Evidence. Mr. W.O. Tait and Chief Koinange, 17th November 1932, in: Kenya Land Commission, Evidence and Memoranda, Bd. 1, S. 630–631, hier S. 630. Siehe für das Folgende: Before the Commission, At Limuru, Evidence given after the Return of Mr. McKean, Mr. Block and Koinange to Visit the Various Places about which there had been an Argument between Mr. Block and Koinange, 17th November 1932, in: Kenya Land Commission, Evidence and Memoranda, Bd. 1, S. 637–639, hier S. 638.

auch dort begraben seien, wie eine eigens veranlasste Exhumierung beweisen würde. Missionar Tait widersprach:

> To my knowledge, and I know every old man on the place, there was not a solitary man who was born anywhere in that district. If I traced the history of the Kikuyu properly, they did start moving towards these higher lands before they actually came down to the southern land. Koinange and his whole family, if you cared to trace them, came originally from Mitumi, which is the stronghold of the Kikuyu, living practically between Fort Hall and the Aberdares. [...] With regard to a conversation which took place between Koinange and myself about twenty years ago, Koinange paid a visit to the Mission [...] and I saw at once from his speech and his face that he was not a local native.[115]

Dieses Zitat ist nicht nur im Hinblick darauf aufschlussreich, dass Tait die Expertise über die Geschichte und Identität der Kikuyu für sich beanspruchte, sondern auch bezüglich der Kriterien, nach denen er über die Zugehörigkeit zu den Kikuyu entschied, nämlich Sprache und Gesichtszüge. Koinanges Frage an Tait „How can you make out the difference between a Mitumi man and a local man?"[116] lässt sich mithin auch so interpretieren, dass er Tait eine gewisse Willkür mit Blick auf diese Unterscheidung unterstellte. Verstärkt wird dieser Eindruck von einem ganz ähnlichen Dialog, den Koinange mit einem der frühesten weißen Siedler, D.A. Impey, führte. Koinange fragte Impey: „How then can you tell the difference between Kikuyu and Masai?" Darauf entgegnete Impey: „Very easily. There is no comparison between them in figure, speech or anything else. I didn't speak with them but the difference in the physique of the Masai and Kikuyu is very pronounced and also I had Kikuyu boys with me who said they were Masai. No, I cannot speak Masai, only one or two words."[117] Anders als Tait rekurrierte Impey nicht auf die Sprache, der er ohnehin nicht mächtig war, sondern auf die Physis, also das äußere Erscheinungsbild. Überdies wies er darauf hin, dass er „Kikuyu-Jungs" bei sich gehabt habe, die die entsprechenden Personen als Maasai bezeichnet hätten. Schließlich diskutierte Koinange in einer dritten Episode mit dem Siedler Mr. Block über die Frage, welchem ethnischen Verbund ein Opferbaum auf dem fraglichen Land zuzuordnen sei. Während Mr. Block argumentierte, es handele sich um einen Baum, bei dem die Maasai ihre Beschneidungen vornähmen,

---

115 Before the Commission, At Limuru, Evidence. Mr. W.O. Tait and Chief Koinange, 17th November 1932, S. 631.
116 Before the Commission, At Limuru, Evidence. Mr. W.O. Tait and Chief Koinange, 17th November 1932, S. 631.
117 Before the Commission. At Limuru, Evidence. Mr. A.D. Impey, 17th November 1932, in: Kenya Land Commission, Evidence and Memoranda, Bd. 1, S. 650–651, hier S. 651.

entgegnete Koinange, dass die Maasai eine andere Baumart für diese Tätigkeiten bevorzugen würden und es sich vielmehr um einen von den Kikuyu für Opfer genutzten Baum handele.[118]

An den drei skizzierten Episoden lässt sich illustrieren, dass die weißen Siedler ein Orientierungswissen etablierten, das von Afrikanern in Frage gestellt wurde. In diesen kontrovers diskutierten Versuchen, zwischen unterschiedlichen ethnischen Verbänden zu unterscheiden und über Herkunft zu entscheiden, steckt eine doppelte Zurückweisung. Erstens wurde den Afrikanern innerhalb der Kolonie Kenia abgesprochen, sich als Teil einer nationsähnlichen Gemeinschaft ohne ethnische Binnendifferenzen auf dem Gebiet der Kolonie zu inszenieren. Zweitens wurde ihnen abgesprochen, ein eigenes historisches Herkunftsnarrativ zu konstruieren, weil sie beispielsweise nicht über die Kriterien entscheiden konnten, welche die Vorstellung einer gemeinsamen Kultur und mithin eines gemeinsamen Ursprungs hätten formen können.

Die Tatsache, dass die Kolonialmacht den afrikanischen Bewohnern der Kolonie die Deutungshoheit über eine eigene Geschichte verweigerte, war insofern bedeutend, als im 19. Jahrhundert eine spezifische Teleologie der Moderne entstanden war, die einen Nexus von Moderne und Geschichte etabliert hatte.[119] Im Zeichen der Moderne wurde der Geschichte, so die Historikerin Lynn Hunt, die Rolle zugewiesen, die Vergangenheit als Grundlage einer neuen säkularen Gemeinschaft der Nation und die Nation zum neuen Telos historischer Entwicklung zu stilisieren. Indem die Missionare und weißen Siedler sich selbst zu Experten über die Herkunftsnarrative afrikanischer Gemeinschaften und Verwandtschaftslinien erklärten und Kriterien wie „Gesichtszüge" oder „Physis" einführten, konstruierten sie die afrikanische Bevölkerung der Kolonie in einer ethnischen Gestalt. Damit ging zugleich die Konstruktion von Rückständigkeit gegenüber den vermeintlich zivilisatorisch fortschrittlicheren und nationalstaatlich organisierten Europäern einher.

Die Behauptung einer Differenz zwischen einer rückständigen afrikanischen Bevölkerung in ethnischer Gestalt und einer fortschrittlichen Bevölkerung in nationalstaatlichem Gewand setzte sich im zweiten Hauptargument der britischen Siedler gegen die Ansprüche der Kikuyu auf mehr Landbesitz vor der Landkommission fort. Sie bezeichneten die Art und Weise, wie Afrikaner Land bewirtschafteten und Vieh hielten als „uneconomic", als Ergebnis einer Irrationalität,

---

118 Before the Commission, At Limuru, Evidence given after the Return of Mr. McKean, Mr. Block and Koinange to Visit the Various Places about which there had been an Argument between Mr. Block and Koinange, 17th November 1932, S. 638.
119 Siehe hierzu und zum Folgenden: Lynn Hunt, Measuring Time, Making History, Budapest/New York 2008, S. 97.

die tief in den kulturellen Einstellungen und sozialen Praktiken der Afrikaner verwurzelt sei. Die nahezu einhellig von den Siedlern vor der *Land Commission* vertretene Meinung, dass die Afrikaner zu viel Vieh hielten, wurde als Indiz ihrer Rückständigkeit und ihres Festhaltens an althergebrachten Bräuchen und Traditionen ins Feld geführt.[120] Vor diesem Hintergrund wiesen sie den von den Kikuyu mit ihrem historischen Recht und ihrer demographischen Entwicklung begründeten Anspruch auf mittlerweile von Europäern besetztes Land mit dem Argument zurück, dass das vorhandene Land ausreichend sei, sofern es nach „wissenschaftlichen" Kriterien bewirtschaftet würde.[121] Wenn die Afrikaner das Land, das ihnen bereits zur Verfügung stehe, falsch nutzten, so dürfe ihnen nicht noch mehr Land zugesprochen werden. Stattdessen müssten unter Anleitung der Europäer Landwirtschaftsreformen durchgesetzt werden.[122]

Die kontrastierende Gegenüberstellung vermeintlich primitiver Stämme einerseits und vermeintlich moderner Nationen andererseits, die den Denkrahmen absteckte, innerhalb dessen vor der Kommission über die Gestalt von Bevölkerung verhandelt wurde, lässt sich *ex post* als modernisierungstheoretische Prämisse aus der Perspektive der Akteure historisieren.[123] Mithin können die Konstruktionen von Bevölkerung in einer nationalen oder ethnischen Gestalt weniger als miteinander in Konflikt stehende Alternativen denn als parallel ablaufender Prozess der Herstellung von *imagined communities* (Benedict Anderson) betrachtet werden.[124] Konkret ausgedrückt untermauerten Vertreter der Kikuyu ihre Ansprüche auf eine Rekonstitution ihres aus ihrer Sicht durch weiße Siedler enteigneten Landbesitzes mit Argumenten, die sie als nationsähnliche Bevölkerung erscheinen ließ. Vertreter der britischen Siedler wiederum setzten diesen Forderungen Argumente entgegen, welche die Kikuyu-Bevölkerung als rückständig charakterisierten und auf einer den Europäern unterlegenen Zivilisationsstufe ansiedelten.

---

120 Anderson, Eroding the Commons, S. 135–136.
121 Anderson, Eroding the Commons, S. 143.
122 Anderson, Depression, S. 324–331.
123 Siehe hierzu: Lonsdale, The Moral Economy of Mau Mau, S. 328–329; Bruce J. Berman/Dickson Eyoh/Will Kymlicka, Ethnicity & the Politics of Democratic Nation-Building in Africa, in: Bruce J. Berman/Dickson Eyoh/Will Kymlicka (Hrsg.), Ethnicity & Democracy in Africa, Oxford 2004, S. 1–21, hier S. 3.
124 Bruce J. Berman/John M. Lonsdale, Nationalism in Colonial and Post-Colonial Africa, in: John Breuilly (Hrsg.), The Oxford Handbook of The History of Nationalism, Oxford 2013, S. 308–317, hier S. 310.

1.1.4 Zusammenfassung

In diesem ersten Kapitel ging es darum, Schlaglichter auf den Konstruktionsprozess einer afrikanischen Bevölkerung in der Kolonie Kenia zu werfen. Umwälzende und komplexe Vorgänge wie die Kolonisierung Kenias, die Neuordnung des Raumes nach der Ankunft britischer Siedler sowie die Auseinandersetzung um die Landverteilung zwischen diesen Siedlern und afrikanischen Bevölkerungsgruppen wurden ebenso knapp skizziert wie die Entstehung einer internationalen politischen Ebene in den 1930er Jahren auch in bevölkerungspolitischer Hinsicht und deren Einfluss auf den einsetzenden Niedergang einer imperialen Weltordnung. Das Ziel dieser Skizzen war freilich nicht, diesen Phänomenen umfassend und erschöpfend Rechnung zu tragen, sondern sie zum Anlass zu nehmen, Überlegungen darüber anzustellen, nach welchen Kriterien aus imperialer, internationaler oder afrikanischer Perspektive Bevölkerung konstruiert und auf welcher Grundlage zwischen Bevölkerungen differenziert wurde.

Ausgehend von diesen Schlaglichtern lassen sich drei Beobachtungen festhalten. Erstens führte die britische Besiedlung des Hochlands der Kolonie Kenia auf der Grundlage der *waste lands*-Argumentation zu einer Neuordnung des Raumes nach ethnischen Kriterien. Diese Argumentation war Bestandteil eines Zivilisierungsdiskurses, der die Inbesitznahme von Land an dessen ökonomische In-Wert-Setzung band. Die Überwindung nomadischer oder allein der Subsistenz dienender Bewirtschaftung von Land zugunsten einer profitorientierten und großbetrieblichen Agrarökonomie galt in diesem Zusammenhang als Aufstieg zur nächsten Stufe der Zivilisation. Im Umkehrschluss bedeutete die Inbesitznahme des Hochlands durch britische Siedler die Einrichtung von Reservaten für die indigene Bevölkerung. Im Zuge dessen fixierte diese Neuordnung des Raumes langfristig eine vermeintlich essentielle Differenz zwischen britischen Siedlern und der afrikanischen Bevölkerung, die mit Attributen wie „traditional", oder „rückständig" versehen wurde. Damit einher ging beispielsweise die Vorstellung unterschiedlicher Rechtsbegriffe. So verfügte die britische Kolonialregierung, dass der Landbesitz in den Reservaten nicht individuell, sondern kollektiv, als Stammeseigentum, geregelt und verstanden würde. Das Vorhaben der britischen Kolonialmacht, den Raum der Kolonie Kenia zu entwickeln beziehungsweise wirtschaftlich zu erschließen, definierte auf diese Weise langfristig den Entwicklungshorizont der afrikanischen Bevölkerung.

Daran anknüpfend ist die zweite Beobachtung, dass Überlegungen und Bemühungen, den Topos des leeren Raumes zu aktualisieren und ihn gegen die britischen Kolonisatoren zu wenden, in der politischen Praxis der 1930er Jahre in Kenia nicht verfingen. Beispielsweise argumentierten Fürsprecher der Kikuyu vor der *Kenya Land Commission*, dass britische Siedler große Teile des Landes, das sie als ihren Besitz deklarierten und zuvor von den Kikuyu enteignet hätten, gar nicht bewirtschaften würden. Dieses *waste land* müsse den Kikuyu zurückgegeben werden. Dass diese Argumentation in der Auseinandersetzung mit der Londoner Kolonialadministration und den britischen Siedlern der Kolonie Kenia keine Rolle spielte, kann zweifelsohne auf machtpolitische Asymmetrien zurückgeführt werden. Gleichermaßen plausibel erscheint die Annahme, dass die Strategien, die britische Siedler verfolgten, um die Zuerkennung von Landbesitz im Hochland an Kikuyu zu verhindern, pragmatischer Interessenspolitik entsprachen, um die eigenen Privilegien zu erhalten. Nichtsdestoweniger bleibt der diskursive Rahmen interessant, innerhalb dessen in den 1930er Jahren sowohl auf imperialer als auch auf internationaler Ebene über die Umverteilung von Land aufgrund von Wachstumstendenzen von Bevölkerungen nachgedacht wurde. Der US-amerikanische Demograph und Teilnehmer an der ersten Weltbevölkerungskonferenz in Genf 1927, Warren Thompson, hatte beispielsweise ein Umverteilungsszenario von Bevölkerung jenseits nationaler und imperialer Grenzen vorgeschlagen. Nach dem Kriterium der Bevölkerungsdichte sollten Flächen, die landwirtschaftlich brach lägen, wachsenden Bevölkerungen zur Kultivierung zur Verfügung gestellt werden. Bemerkenswert ist indes die zivilisatorische Hierarchisierung, die Thompson diesem Argument zugrunde legte. Er begriff demographisches Wachstum als Charakteristikum „rückständiger" Bevölkerungen, die sich auf den Modernisierungspfad begeben hätten, der von westlichen Nationen angelegt beziehungsweise ausgetreten worden sei.

So lässt sich drittens auf internationaler Ebene eine Verdichtung von Anzeichen beobachten, die langfristig eine Überwindung kolonialer Herrschaft in Aussicht stellten. Die gedachte Form dieses Prozesses als Nachahmung westlicher Entwicklung seitens der Kolonien, die ähnliche Stadien demographischen Wachstums durchlaufen würden und deren Entwicklungsziel der souveräne Nationalstaat sein würde, bedeutete jedoch zugleich, die indigenen Bevölkerungen in den Kolonien als „nachholend" oder „rückständig" zu imaginieren. Gleichwohl gingen diese Überlegungen mit einer Neubewertung demographischen Wachstums einher. Bis in die 1930er Jahre hinein hatte eine wachsende Bevölkerung für Prosperität und zivilisatorische Errungenschaften gestanden. Aus der Perspektive der britischen Kolonialmacht schien das Wachstum indigener Bevölkerungen insofern wünschenswert zu sein, als es den Nachschub männlicher Arbeitskräfte garantierte, die zur Entwicklung der Kolonie notwendig seien. Die Vorstellung, die sich in internationalen Foren und Institutionen herauszukristallisieren begann, dass die Kolonien dem gleichen Entwicklungspfad folgen würden, wie die westlichen Nationalstaaten, ließ deren demographisches Wachstum allmählich als Bedrohung erscheinen.

Diese theoretischen Überlegungen auf der internationalen Ebene fanden einen praktischen Widerhall in der Reaktion der britischen Siedler auf die Forderung, einer wachsenden Kikuyu-Bevölkerung Teile ihres landwirtschaftlich kaum vollständig kultivierten Großgrundbesitzes im Hochland zu überlassen. Die Kikuyu konnten den Topos des leeren Raumes nicht aktualisieren, weil die britischen Siedler ebenso wie die Vertreter der Londoner Kolonialmacht die Kikuyu nicht als gleichwertig betrachteten oder ihnen gar gleiche Rechte zugestanden. Stattdessen beharrten sie auf deren „Primitivismus", der sich auch in ihren landwirtschaftlich rückständigen, ineffizienten und für den Boden zerstörerischen Praktiken niederschlage und argumentierten, dass die Bevölkerungsverdichtung im Reservat, die die Kikuyu mit ihren Zählungen zu belegen versuchten, durch eine Veränderung dieser Praktiken nach westlichem Vorbild entspannt werden könne. Im Ergebnis wurde die afrikanische Bevölkerung sowohl auf imperialer als auch auf internationaler Ebene als „rückständig" konstruiert und eine Veränderung dieses Status schien nur auf der Grundlage einer treuhänderischen Einwirkung seitens imperialer oder internationaler Institutionen möglich zu sein.

1.2 „Bicycles instead of Babies, Furniture instead of Families": Von der Diagnose eines „local overcrowding" in Kenia zu der Definition von Bevölkerungswachstum als Strukturmerkmal „tropischer" Bevölkerungen

Im Rahmen der Untersuchungen der *Kenya Land Commission* in den 1930er Jahren hatten Vertreter der Kikuyu, aber auch Bezirksbevollmächtigte der Kolonialregierung die afrikanische Bevölkerung der Kolonie Kenia erstmals mit Attributen wie Wachstum oder Überbevölkerung versehen. Zugleich zeigten sich die Akteure mehrheitlich überzeugt, dass es sich hierbei um lokale Phänomene handelte. Lokal deshalb, weil diese Bevölkerungsentwicklung lediglich in einigen Bezirken, insbesondere im Reservat der Kikuyu, zu beobachten sei. In den 1940er Jahren indes verdichteten sich die Anzeichen einer Universalisierung dieses zuvor als lokal oder partikular bezeichneten Phänomens des Bevölkerungswachstums insofern, als es zum Strukturmerkmal des Entwicklungsstadiums erklärt wurde, in dem sich nicht-europäische Gesellschaften mehrheitlich befänden. Universalisierung meint in diesem Zusammenhang, dass das Bevölkerungswachstum in einem Bezirk innerhalb der Kolonie Kenia von dessen topographischen Merkmalen sowie dem sozioökonomischen und politischen Kontext entkoppelt und mithin nicht mehr als spezifisches, sondern als typisches Phänomen bezeichnet wurde. Diese Entkopplung lässt sich beispielhaft an zwei paradigmatischen Texten beobachten und erläutern.

Der erste Text umfasst zwei zusammengehörende Vorträge, die der britische Direktor für medizinische Dienste in Kenia, Alexander R. Paterson, vor Mitgliedern des *Rotary Clubs* hielt und die 1947 und 1948 im *East Africa Medical Journal* publiziert wurden. Der zweite Text stammt aus der Feder eines Professors für Tropenmedizin an der *Liverpool School of Tropical Medicine*, Thomas Herbert Davey. Es handelt sich um das Memorandum *The Growth of Tropical Populations*, welches Davey als Mitglied des *Colonial Advisory Medical Committees* für das Londoner *Colonial Office* verfasst hatte und das dort zwischen 1948 und 1949 durch die verschiedenen Abteilungen zirkulierte und kontrovers diskutiert wurde. Aus unterschiedlichen Perspektiven – im Falle Patersons aus der Binnensicht der Kolonie Kenia und im Falle Daveys aus der Vogelperspektive Englands mit Blick auf die Gesamtheit der „tropischen" Kolonien des britischen *Empire* – kamen beide zu ähnlichen Einsichten. Sie prognostizierten einen Bevölkerungswachstumstrend in den Kolonien und bezogen sich hierbei auf das Modell der demographischen Transition, das in den 1940er Jahren innerhalb eines transatlantischen Netzwerks von Bevölkerungsexperten deutungsmächtig zu werden begann.

Dieses Modell implizierte eine universale Entwicklungslogik aller menschlichen Gesellschaften, die Entwicklungsstadien an unterschiedlichen Phasen des Bevölkerungswachstums festmachte und ein stabil niedriges Bevölkerungswachstum mit einem hohen Lebensstandard identifizierte. Die Wahrnehmung einer indigenen Bevölkerung in den Kolonien durch die Brille dieses Modells legte kolonialpolitisch drei Konsequenzen nahe. Erstens setzte sie eine veränderte Deutung der Differenz zwischen Kolonisierten und Kolonisierenden voraus. Zwischen den 1930er und den 1940er Jahren lässt sich hier ein Wandel des kolonialpolitischen Konsenses beobachten, dem entsprechend Europäer und Nicht-Europäer überwiegend nicht mehr nach rassischen, sondern nach sozioökonomischen Kategorien unterschieden werden sollten. Aufgrund der Annahme, dass die gemeinhin postulierte Rückständigkeit indigener Kolonialbevölkerungen diesen nicht wesenhaft zu eigen sei, sondern einem Entwicklungsstadium im Rahmen einer als universal gedachten Menschheitsgeschichte entspreche, veränderte sich zweitens der Entwicklungshorizont, auf den hin kolonialpolitische Akteure indigene Bevölkerungen orientierten. Dieser Entwicklungshorizont entwarf die Zukunft der Kolonien nach dem Modell der westeuropäischen Industrienationen, deren Lebensstandard und -weise als *telos* der Menschheitsgeschichte erschien. Dass die Nachahmung dieses westlichen Modells seit den 1940er Jahren zum Entwicklungsziel der Kolonien erklärt wurde, verdankt sich drittens einem zunehmenden Bedeutungsverlust des imperialen Denkraums und

Aktionsradius zugunsten eines internationalen. Eine sich insbesondere seit der Zwischenkriegszeit beispielsweise in Form von Institutionen wie der *Ständigen Mandatskommission* konstituierende Ebene internationaler Politik repräsentierte ein Dekolonisationsszenario, in dem es zur Aufgabe der vermeintlich zivilisierten westeuropäischen Nationen erklärt wurde, die Kolonien nach ihrem Vorbild in souveräne Nationalstaaten umzuformen. Diese langfristig gedachte Dekolonisationsperspektive verband sich in den 1930er und 1940er Jahren mit bevölkerungspolitischen Überlegungen. Ein Bevölkerungswachstum in den Besitzungen des britischen *Empire*, das kolonialpolitisch lange erwünscht war, weil es für eine effiziente ökonomische Erschließung kolonialer Ressourcen zugunsten der Metropole unabdingbar schien, wurde aus internationaler Sicht zunehmend als Bedrohung für den Frieden zwischen den Nationen der Welt dargestellt, weil Verteilungskämpfe dadurch zunähmen. Insofern war die Vorstellung einer postkolonialen Welt souveräner Nationalstaaten, wie sie auf internationaler Ebene formuliert worden war, ausschlaggebend für eine systematische Problematisierung des Bevölkerungswachstums in den Kolonien und die Formulierung einer neuen Entwicklungsperspektive. Denn der Anspruch, in der zu dekolonisierenden Welt einen dem Westen vergleichbaren Lebensstandard zu realisieren, ging einher mit der Vorstellung, dass ein höherer Lebensstandard einem niedrigeren Bevölkerungswachstum entspreche. Auf dieser Grundlage lässt sich die im Folgenden zu illustrierende These formulieren, dass eine wechselseitige Dynamik zwischen der Problematisierung von Bevölkerungswachstum in den Kolonien einerseits und der Entwicklung einer Dekolonisationsperspektive auf einer Ebene internationaler Politik andererseits postuliert werden kann.

1.2.1 Entwicklungsmodelle im Wandel: Von qualitativen zu quantitativen Differenzkriterien zwischen europäischen und afrikanischen Bevölkerungen

Der Befund der *Kenya Land Commission*, dass die Bevölkerung im Reservat der Kikuyu nicht mehr schrumpfe, sondern wachse, markierte einen Paradigmenwechsel hinsichtlich der Wahrnehmung der afrikanischen Bevölkerung in der Kolonie Kenia.[125] Dieser Paradigmenwechsel vollzog sich im Kontext der Welt-

---

[125] Die Befürchtung, dass die Bevölkerung im tropischen Afrika schrumpfte, war aus der Perspektive der Kolonialmächte um die Wende zum 20. Jahrhundert ein weit verbreitetes Phänomen. Siehe hierzu beispielsweise: Nancy Rose Hunt, Colonial Medical Anthropology and the Making of the Central African Infertility Belt, in: Helen Tilley/Robert J. Gordon (Hrsg.), Ordering Africa. Anthropology, European Imperialism and the Politics of Knowledge, Manchester 2007, S. 252–281;

wirtschaftskrise Anfang der 1930er Jahre, an dem sich die unterschiedlichen Erwartungen und Vorstellungen, welche die weißen Siedler in Kenia, die britische Kolonialregierung und Akteure auf der Ebene internationaler Politik mit dem Entwicklungsbegriff verknüpften, deutlich machen lassen. Besonders gut sichtbar wird die Mehrdeutigkeit des Entwicklungsbegriffs mit Blick auf die Bereiche Reproduktion und Gesundheit, die seit der Wende zum 20. Jahrhundert und insbesondere seit den 1920er Jahren aus der Sicht unterschiedlicher Akteure ganz eng mit dem Ziel einer Entwicklung der Kolonien verknüpft worden waren. Akteure auf der imperialen und internationalen politischen Ebene erhofften sich von Maßnahmen im Bereich Reproduktion und Gesundheit Auswirkungen auf das demographische Wachstum in der Kolonie. Angesichts einer veränderten Einschätzung der Entwicklungspotentiale Kenias im Umfeld der Weltwirtschaftskrise änderte sich jedoch auch die Bewertung demographischer Trends. Das zuvor als für die Entwicklung der Kolonie unentbehrlich eingeschätzte Bevölkerungswachstum galt nun als Entwicklungshemmnis. Das Ziel einer stabilen oder gar rückläufigen Bevölkerungsentwicklung wurde zum neuen Gebot der Stunde. Dieser Wahrnehmungswandel vollzog sich im Rahmen einer Neubewertung der Differenz zwischen westlichen und indigenen Bevölkerungen.

Vor der Weltwirtschaftskrise machten Kolonialbeamte die Entwicklung der Kolonie Kenia mehrheitlich von der Verfügbarkeit afrikanischer Arbeitskraft abhängig. Die Förderung und Erhaltung dieser Arbeitskraft verknüpften sie wiederum unter anderem mit kolonialpolitischen Maßnahmen im Bereich Reproduktion und Gesundheit. Grundlage dieser Entwicklungsmaßnahmen war die Entscheidung des *Colonial Office* von 1902, die Einwanderung weißer Siedler in das ostafrikanische Protektorat zu fördern, um eine kommerzielle Landwirtschaft aufzubauen, welche kurzfristig einen Teil der Kosten für den Bau der Uganda-Bahn einbringen und Großbritannien langfristig kostspielige Investitionen in die Kolonie ersparen sollte.[126] Im Kontext der europäischen Besiedlung des ostafrikanischen Protektorats spielte das demographische Argument eine große Rolle. Einerseits sprach aus der Sicht der Kolonialbeamten ein vermeintlicher afrikanischer Bevölkerungsrückgang, von dem sie um die Jahrhundertwende aufgrund um sich greifender Epidemien und der desaströsen medizinischen Si-

---

Megan Vaughan, Curing their Ills: Colonial Power and African Illness, New York, NY 2013; Randall M. Packard, The Invention of the „Tropical Worker". Medical Research and the Quest for Central African Labor on the South African Gold Mines, 1903–36, in: JAH 34 (1993), S. 271–292; Samuël Coghe/Alexandra Widmer, Colonial Demography. Discourses, Rationalities, Methods, in: The Population Knowledge Network (Hrsg.), Twentieth Century Population Thinking. A Critical Reader of Primary Sources, London/New York 2016, S. 35–42.
126 Siehe hierzu und zum Folgenden: Thomas, Politics of the Womb, S. 11–12.

tuation ausgingen, für die Notwendigkeit, weiße Siedler zur Entwicklung der Kolonie anzuwerben.¹²⁷ Andererseits betonte die Kolonialregierung, dass der Erfolg der Siedlerlandwirtschaft von der Existenz ausreichend vieler gesunder afrikanischer Arbeitskräfte abhänge. Noch im Jahr 1925 galt die vorhandene *manpower* für die angestrebte produktive und ökonomische Erschließung der Kolonie als völlig unzureichend. Entwicklung bezog sich in diesem Sinne auf die Erschließung von Ressourcen und Rohstoffen sowie die Genese von Einkommen durch landwirtschaftliche Produktion und Export.¹²⁸ Im Zuge dessen galt die vermeintlich geringe Bevölkerungsdichte beziehungsweise gar ein Rückgang des Bevölkerungswachstums als zentrales Entwicklungshemmnis.¹²⁹ Um dieses Hemmnis zu beseitigen, strebte die Kolonialregierung in Kenia eine Anhebung medizinischer, hygienischer und ernährungsbezogener Standards an, welche nicht allein das Bevölkerungswachstum fördern, sondern auch die soziale Situation der Bevölkerung verbessern sollten.¹³⁰

Bei den in Angriff genommenen Maßnahmen zur Förderung des Bevölkerungswachstums in der Kolonie Kenia handelte es sich anfangs keineswegs um die konzertierte Umsetzung einer Strategie, sondern um ein Potpourri unterschiedlicher Ansätze, kleinteiliger Experimente und abgebrochener Versuche seitens unterschiedlicher Akteure. Diese Akteure verfolgten einerseits teilweise unterschiedliche Strategien und ließen sich andererseits bei der Konzeption und Durchführung von Maßnahmen von unterschiedlichen Motiven leiten. Ein konkretes Beispiel für die Diversität in den Ansätzen, die Verfügbarkeit gesunder afrikanischer Arbeitskräfte zu fördern, mithin eine hohe Geburtenrate und eine niedrige Kindersterblichkeit zu unterstützen, ist die Positionierung von Kolonialbeamten zum Thema der Beschneidung junger Mädchen. Diese Praxis hatte

---

127 Tignor, The Colonial Transformation, S. 22; Ittmann, „Where Nature Dominates Man", S. 64–65.
128 Tilley, Africa as a Living Laboratory, S. 15.
129 Dieser Befund war unter Kolonialpolitikern nicht allein mit Blick auf Kenia verbreitet, sondern für die gesamten afrikanischen Besitzungen südlich der Sahara. Allgemein siehe: Hodge, Triumph of the Expert, S. 16; Ittmann, A Problem of Great Importance, S. 59; Tilley, Africa as a Living Laboratory, S. 171–172; Monica M. van Beusekom, From Underpopulation to Overpopulation. French Perceptions of Population, Environment, and Agricultural Development in French Soudan (Mali), 1900–1960, in: Environmental History 4 (1999), Nr. 2, S. 198–219, hier S. 198. Zu den britischen Kolonien Kenia und Uganda siehe: Thomas, Politics of the Womb; Carol Summers, Intimate Colonialism. The Imperial Production of Reproduction in Uganda, 1907–1925, in: Signs 16 (1991), Nr. 4, S. 787–807. Zu Belgisch-Kongo: Nancy Rose Hunt, „Le Bébé en Brousse". European Women, African Birth Spacing, and Colonial Intervention in Breast Feeding in the Belgian Congo, in: The International Journal of African Historical Studies 21 (1988), Nr. 3, S. 401–432.
130 Thomas, Politics of the Womb, S. 11–12 und S. 28.

zwischen 1928 und 1931 in Zentralkenia eine große Kontroverse ausgelöst.[131] Protestantische Missionare hatten den Initiationsritus als barbarisch bezeichnet und Kampagnen zu dessen Abschaffung initiiert. Sie forderten damit sehr unterschiedliche Reaktionen heraus, nicht nur bei den afrikanischen Gruppierungen, die sich Plädoyers für eine Abschaffung des Brauches zum Teil zu eigen machten, zum Teil aber auch sehr ablehnend darauf reagierten, sondern auch bei den Kolonialbeamten. So wurden die Missionare von einem Teil der Londoner Kolonialadministration unterstützt, nicht zuletzt weil die Beschneidung Komplikationen bei der Geburt von Kindern hervorrufen könne, durch die Kolonialbeamte einmal mehr ein mit Blick auf den Arbeitskräftebedarf ausreichendes Bevölkerungswachstum gefährdet sahen.[132] Aus dem gleichen Grund verfolgten Kolonialbeamte im kenianischen Meru eine andere Strategie. Weil sich Abtreibungen bei noch nicht beschnittenen Frauen in Zentralkenia zu häufen schienen und diese als Gefahr für die demographische Zukunft Kenias gedeutet wurden, unterstützten sie Initiativen, welche darauf abzielten, die weibliche Beschneidung von einem vorehelichen in einen vorpubertären Brauch umzuwandeln. Auf diese Weise sollte der Zeitraum abgeschafft werden, in dem Mädchen die sexuelle Reife erlangt hatten, aber noch nicht als heiratsfähig betrachtet wurden, um so lokale Abtreibungspraktiken zu bekämpfen.[133] An diesem Beispiel zeigt sich, dass von der Kolonialadministration propagierte pro-natalistische Maßnahmen in unterschiedlichen, sich teilweise widersprechenden Gewändern daherkommen konnten. Vor allem aber weist dieses Beispiel darauf hin, dass in den 1920er Jahren Unklarheit darüber herrschte, ob durch kolonialpolitische Maßnahmen vermeintlich primitive Bräuche durch vermeintlich moderne Standards ersetzt werden sollten oder ob lokale Praktiken erhalten und diese zugleich an den politischen Zielen der Kolonialmacht ausgerichtet werden sollten.

Mit der Frage, welches Gesellschaftsbild den verschiedenen kolonialpolitischen Maßnahmen zugrunde lag, verhandelte die Kolonialadministration zugleich die Frage nach Ähnlichkeit und Differenz zwischen Europäern und Afrikanern. In der Zwischenkriegszeit hatte sich die kolonialpolitische Konzeption dieses Verhältnisses für die afrikanischen Besitzungen noch dadurch ausgezeichnet, dass die vermeintlich sozial zerstörerischen und politisch destabilisierenden Effekte der Modernisierung auf traditionale Gemeinschaften möglichst begrenzt werden sollten.[134] So zeigten sich viele Kolonialbeamte überzeugt,

---

131 Siehe zu dieser Kontroverse insbesondere: Thomas, Politics of the Womb.
132 Siehe hierzu: Thomas, Politics of the Womb, S. 13 und S. 173–176.
133 Siehe hierzu: Thomas, Politics of the Womb, S. 102 und S. 106.
134 Larry J. Butler, Reconstruction, Development and the Entrepreneurial State. The British Colonial Model, 1939–51, in: Contemporary British History 13 (1999), Nr. 4, S. 29–55, hier S. 30.

dass die Fliehkräfte der westlichen Moderne, denen die afrikanischen Stammesverbände durch die Kolonisation ausgesetzt würden, den Zerfall ethnischer Gemeinschaften vorantrieben.[135] Sie stützten sich auf anthropologische Untersuchungen, um das Ideal einer statischen, gemeinschaftlich organisierten, ländlichen Stammesgesellschaft in vorkolonialer Zeit zu zeichnen, deren Wiederherstellung kolonialpolitisch angestrebt werden müsse, um soziale Unruhen in der Kolonie zu vermeiden beziehungsweise zu besänftigen. Das Deutungsmuster der Detribalisierung, also der vermeintlichen Zerstörung der Säulen des präkolonial organisierten bäuerlichen Stammeslebens, entsprach dem Prinzip der indirekten Herrschaft, das bis in die 1930er Jahre hinein von Kolonialbeamten propagiert wurde, welche die Bewahrung einer ihren Vorstellungen entsprechenden traditionalen afrikanischen Gesellschaftsstruktur anstrebten.[136]

Die Vorstellung einer essentiell verschiedenen Seins- und Lebensweise von Afrikanern und Europäern wurde in den 1920er und 1930er Jahren mit der Zweiteilung der Kolonie in die Reservate einerseits und das so genannte weiße Hochland andererseits sozioökonomisch instrumentalisiert. Die in die Kolonie eingewanderten britischen Siedler betrachteten die Reservate in erster Linie unter dem Aspekt des Arbeitskräftepools für die von ihnen unterhaltenen Großfarmen und Plantagen im Hochland und wurden darin lange Zeit von der Kolonialregierung unterstützt.[137] Um die Anzahl der Arbeitskräfte aus den Reservaten, die die niedrigen Löhne und schlechten Arbeitsbedingungen akzeptierten, möglichst hoch zu halten, herrschte in den Reservaten ein Anbauverbot für lukrative Exportprodukte wie insbesondere Kaffee.[138] Entwicklungspolitisch konsolidierte die britische Regierung die privilegierte Position der britischen Siedlerminorität gegenüber der afrikanischen Bevölkerungsmajorität durch ihren Anspruch, dass die Kolonien wirtschaftlich autark sein müssten. Bis in die 1940er Jahre verschwanden Pläne zur Förderung der Infrastruktur oder der Landwirtschaft in den Reservaten überwiegend in der Schublade oder wurden zu den Akten gelegt.[139]

Im Zuge der wirtschaftlichen Einbrüche und insbesondere der Weltwirtschaftskrise in den 1930er Jahren, die sich gravierend auf die Kolonie Kenia

---

135 Siehe hierzu und zum Folgenden: Lewis, Empire State-Building, S. 125–126 und S. 316–317.
136 Siehe hierzu: Frederick Cooper, Reconstructing Empire in British and French Africa, in: P & P, Supplement 6 (2011), Nr. 210, S. 196–210, hier S. 197; Henrika Kuklick, The Savage Within. The Social History of British Anthropology, 1885–1945, Cambridge 1991, S. 222–223; Hetherington, British Paternalism and Africa, S. 71.
137 Siehe hierzu und zum Folgenden: Clough, Fighting Two Sides, S. 80.
138 Tignor, The Colonial Transformation, S. 8–9.
139 Cooper, Africa since 1940, S. 17; Clough, Fighting Two Sides, S. 80.

auswirkte, begann sich das Verhältnis zwischen den weißen Siedlern, der afrikanischen Bevölkerung in der Kolonie und der britischen Kolonialmacht Kenia jedoch grundlegend zu verändern. Die bereits zuvor von einigen Kolonialstaatssekretären und Geschäftsleuten beklagte Instabilität der Siedlerlandwirtschaft im kenianischen Hochland, die durch bis zu 50 Prozent der Einkünfte aus der von Afrikanern entrichteten Hütten- und Kopfsteuer subventioniert wurde, wurde angesichts des dennoch nicht auffangbaren Preisverfalls von Exportgütern wie Kaffee, Sisal und Mais offenkundig.[140] Infolgedessen verließen viele weiße Großgrundbesitzer die Kolonie oder verkleinerten ihre Betriebe und entließen unzählige afrikanische Arbeitskräfte.[141] Das frühere Problem des Arbeitskräftemangels verkehrte sich in das gegenteilige Problem einer massiven Arbeitslosigkeit. Damit ging eine neue Wahrnehmung der afrikanischen Bevölkerung in der Kolonie seitens der Kolonialbeamtenschaft einher, die zum Anlass von Bevölkerungszählungen wurde, nicht aber ihre Ursache in diesen Zählungen fand.[142]

Sowohl Anlass als auch Ausdruck dieser grundlegend veränderten Einschätzung der Bevölkerungsentwicklung waren die Verhandlungen vor der *Kenya Land Commission* zwischen 1932 und 1934, bei denen mit Blick auf die Kolonie Kenia eine Reihe von Problemen aus der Sicht unterschiedlicher Akteure definiert wurde. Die Kikuyu beklagten eine gravierende Verschlechterung der sozialen Situation in ihrem Reservat angesichts der großen Zahl arbeitslos gewordener Menschen, für welche die britischen Siedler im Hochland keine Verwendung mehr fanden und die daraufhin in ihre alte Heimat zurückkehrten.[143] Dort besaßen sie jedoch kein Land mehr, das sie hätte ernähren können. Überdies fehlten ihnen und ihren Familien die Löhne, um Steuern zu bezahlen und Dinge für den täglichen Bedarf zu kaufen. Die auf dieser Grundlage formulierten Appelle, die Situation einer Überbevölkerung im Reservat durch eine Ausweitung des afrikanischen Landbesitzes zu entlasten, wurden von einer Mehrheit der weißen Siedler in der Kolonie mit Vorwürfen einer zerstörerischen Nutzung des bereits vorhandenen gekontert.[144] Der von der Landkommission verfasste Abschlussbericht führte die von den Kikuyu geschilderten sozioökonomischen Schwierigkeiten auf

---

140 Clough, Fighting Two Sides, S. 33–34; Lewis, Empire State-Building, S. 144; Wrigley, Kenya, S. 247.
141 Siehe hierzu und zum Folgenden: Clough, Fighting Two Sides, S. 76 und S. 153.
142 Siehe hierzu und zum Folgenden: van Beusekom, From Underpopulation to Overpopulation.
143 Siehe hierzu und zum Folgenden: Clough, Fighting Two Sides, S. 76 und S. 153.
144 Siehe hierzu stellvertretend: David M. Anderson, Depression, Dust Bowl, Demography, and Drought. The Colonial State and Soil Conservation in East Africa During the 1930s, in: African Affairs 83 (1984), S. 321–341.

die vermeintliche Rückständigkeit der Menschen im ländlichen Raum in den Reservaten zurück und veranlasste die Kolonialregierung zu Landreformen.[145]

Mit diesen Landreformen verabschiedete sich die Kolonialregierung allmählich von ihrer bisherigen *laisser faire*-Politik gegenüber den Reservaten. Die aufkeimenden sozialen Unruhen sollten durch eine Produktivitätssteigerung und vermeintliche Verbesserung der landwirtschaftlichen Praktiken in den Reservaten eingedämmt werden. *De facto* verlagerte die Kolonialregierung dadurch das politische Problem des Aufbegehrens der afrikanischen Bewohner gegen die Privilegien der britischen Siedler auf eine technische Ebene. Auf diese Weise erschien es lösbar, ohne am *status quo* innerhalb der Kolonie viel zu verändern.[146] So argumentierten Kolonialbeamte, dass die sozialen Nöte im Reservat, welche die Kikuyu auf eine Überbevölkerung zurückführten, das Ergebnis einer ökologisch zerstörerischen landwirtschaftlichen Praxis sei. Die Wirtschaftsweise der Kikuyu bringe die Gefahr von Bodenerosionen mit sich, die mit zu hohen Viehbeständen zusammenhänge. Stellvertretend lässt sich hierzu der Bezirksverwalter Sidney Fazan zitieren, der die vermeintliche Überbevölkerung des Kikuyu-Reservats nicht als Mangel an kultivierbarem Land deutete, sondern als Mangel an Fähigkeiten definierte, das verfügbare Land adäquat zu bewirtschaften:

> Judged by European standards, the Kikuyu is not a good farmer. [...] To put the matter shortly, the tribe has enough money to live according to the old standards, but not enough to enable it to attain to the new standards by which alone a healthy people, useful to the Colony as a whole, can be maintained. This lack of money is mainly ascribed to a lack of agricultural skill [...].[147]

Konkret führte diese innerhalb der Kolonialbeamtenschaft weit verbreitete Auffassung, dass die Bauern im Reservat langfristig an europäische, hier als „neu" definierte, Standards landwirtschaftlicher Praxis herangeführt werden müssten, zu Zwangsreduktionen des Viehbestands sowie groß angelegten Terrassierungskampagnen, für die eine große Zahl afrikanischer Arbeiter zwangsverpflichtet wurde.[148] Bemerkenswert an Fazans Position ist die Tatsache, dass die afrikanische Praxis nicht mehr auf ihre vermeintlich eigenen traditionalen Maßstäbe verwiesen wurde, sondern an den vermeintlich modernen Standards gemessen

---

145 Cooper, Reconstructing Empire, S. 198; Anderson, Eroding the Commons, S. 143.
146 Siehe hierzu und zum Folgenden: Fiona D. Mackenzie, Contested Ground. Colonial Narratives and the Kenyan Environment, 1920–1945, in: Journal of Southern African Studies 26 (2000), Nr. 4, S. 697–718, hier S. 706.
147 Sidney H. Fazan, Memorandum. An Economic Survey of the Kikuyu Reserves, in: Kenya Land Commission, Evidence and Memoranda, Bd. 1, S. 971–1039, hier S. 1006–1007.
148 Mackenzie, Contested Ground, S. 717; Anderson, Eroding the Commons, S. 143.

und langfristig an diesen orientiert werden sollte. Während dies eine Absage an das Prinzip der indirekten Herrschaft bedeutete, ging es der Mehrheit der Kolonialbeamtenschaft gleichwohl noch nicht darum, die afrikanische Landwirtschaft nach europäischem Vorbild zu modernisieren, schon allein um zu verhindern, dass diese mit der Siedlerlandwirtschaft konkurrieren würde.[149] Vielmehr stand die politische und soziale Stabilisierung der Reservate im Vordergrund.

Nichtsdestoweniger trug der neue interventionistische Kurs der Landreformen, der zunehmend auch auf die Bereiche Ernährung und Gesundheit ausgedehnt werden sollte, zu einer neuen Wahrnehmung der Lebensumstände in den Reservaten und einer veränderten Perspektive auf die dort lebende Bevölkerung bei. Denn diese Initiativen brachten in den 1930er Jahren eine große Anzahl von Experten in die Kolonie Kenia, die die Bedingungen vor Ort in Augenschein nahmen, Studien und Experimente durchführten oder Maßnahmen implementierten.[150] Diese reichten von großflächigen Experimenten zur Bewältigung endemischer Krankheiten, wie beispielsweise der Malariabekämpfung durch das Insektenvernichtungsmittel DDT, über Ernährungsstudien zur Erfassung der Lebenssituation der Afrikaner bis hin zum Bau von Modelldörfern und Demonstrationseinheiten zu den Themen Gesundheit und Hygiene.[151]

Der soziopolitische und ideenhistorische Kontext, in den diese Vorgehensweise und die Wahl von Experten als maßgeblichen Akteuren eingeordnet werden kann, lässt sich auf die einschlägigen Begriffe für die 1930er Jahre, *social engineering*, Planung, technokratische Wende und staatlicher Interventionismus, zuspitzen.[152] Allgemein gesprochen setzte sich in dieser Zeit die Vorstellung von den Bereichen Wirtschaft und Gesundheit als Hebel durch, an dem der Staat

---

149 Siehe hierzu und zum Folgenden: Anderson, Eroding the Commons, S. 156.
150 Siehe hierzu: Bonneuil, Development as Experiment, S. 265.
151 Sabine Clarke, A Technocratic Imperial State? The Colonial Office and Scientific Research, 1940–1960, in: Twentieth Century British History 18 (2007), Nr. 4, S. 453–480, hier S. 474; Lewis, Empire State-Building, S. 48–49 und S. 145.
152 Siehe hierzu allgemein die einschlägige Literatur: Dirk van Laak, Planung. Geschichte und Gegenwart des Vorgriffs auf die Zukunft, in: GG 34 (2008), S. 305–326; Anselm Doering-Manteuffel: Ordnung jenseits der politischen Systeme. Planung im 20. Jahrhundert, in: GG 34 (2008), Nr. 3, S. 398–406; Thomas Etzemüller (Hrsg.), Die Ordnung der Moderne. *Social Engineering* im 20. Jahrhundert, Bielefeld 2009; Thomas Etzemüller, *Social Engineering* als Verhaltenslehre des kühlen Kopfes. Eine einleitende Skizze, in: Etzemüller (Hrsg.), Die Ordnung der Moderne, S. 11–40. In imperialer Hinsicht: Clarke, A Technocratic Imperial State; Bonneuil, Development as Experiment. Für die afrikanischen Kolonien: Hodge, Triumph of the Expert. Für Kenia: Lewis, Empire State-Building.

ansetzen könne, um innerhalb eines Raumes, der zunehmend mit dem Nationalstaat gleichgesetzt wurde, in die Lebensgewohnheiten der Menschen einzugreifen und diese dem eigenen technizistischen Anspruch nach zu optimieren.[153] Entscheidend war, dass Interventionstechniken in diesen Bereichen, die zuvor in den Industriegesellschaften entwickelt worden waren, zunehmend auf die Kolonien übertragen wurden und dass in der Annahme der Möglichkeit, diese Techniken übertragen zu können, zugleich eine Ähnlichkeit zwischen den Bewohnern dieser jeweiligen Räume impliziert wurde.

So stammt die Idee, politische Interventionen im Bereich von *public health*, also der öffentlichen Gesundheitsvorsorge, überhaupt als Möglichkeit zu begreifen, demographische und soziale Strukturen zu verändern, aus dem Kontext der europäischen Industrialisierung und ihrer Folgen.[154] Angesichts der Verelendung immer dichter besiedelter Stadtbezirke und der Pauperisierung der Arbeiterklasse war Gesundheit nicht mehr als rein medizinisches, sondern zunehmend als soziales oder politisches Phänomen betrachtet worden. Dieses Verständnis von *public health*-Maßnahmen als politisches Instrument, um das Soziale zu beeinflussen, übertrugen die europäischen Kolonialmächte seit der Zwischenkriegszeit zunehmend auf ihre afrikanischen Besitzungen.[155] Ein Teil der Londoner Kolonialbeamtenschaft begründete die Möglichkeit einer solchen Übertragung mit der Gleichsetzung kolonialer Subjekte und der (britischen) Arbeiterklasse.[156]

Ein Indikator, wie sich seitens der kolonialen Verwalter und Politiker die Wahrnehmung von Differenz zwischen Europäern und Afrikanern seit der Zwischenkriegszeit ganz allmählich verschob, sind die Maßnahmen, welche Frauen in den Reservaten der Kolonie Kenia als zentrale Akteure einer hygienischen Transformation adressierten.[157] Um eine stabile Bevölkerungsentwicklung auf

---

153 Siehe hierzu: Suzanne Bergeron, Fragments of Development. Nation, Gender, and the Space of Modernity, Ann Arbor, MI 2006, S. 5–6; Iris Borowy, Coming to Terms with World Health. The League of Nations Health Organisation 1921–1946, Frankfurt a. M. 2009, S. 21.
154 Siehe hierzu und zum Folgenden: Borowy, Coming to Terms with World Health, S. 21–23.
155 Siehe zu den in dieser Zeit u. a. in Kenia und Nigeria begonnenen *public health*-Projekten und Ernährungsstudien: Tilley, Africa as a Living Laboratory, S. 173. Zur Vergleichbarkeit der Methoden und Maßnahmen, die die europäischen Kolonialmächte in ihren Kolonien anwandten: Samuël Coghe, Inter-Imperial Learning in African Health Care in Portuguese Angola in the Interwar Period, in: Social History of Medicine 28 (2015), Nr. 1, S. 134–154.
156 Siehe hierzu: Lewis, Empire State-Building, S. 7: „[...] wartime Colonial Office officials and politicians were particularly inventive in that they applied more thoroughly to Africa what they knew about the working class in Britain and the experience of social engineering at home."
157 Siehe hierzu: Alexandra Widmer, Filtering Demography and Biomedical Technologies. Melanesian Nurses and Global Population Concerns, in: Corinna R. Unger/Heinrich Hartmann (Hrsg.), A World of Populations. Transnational Perspectives on Demography in the Twentieth

den Weg zu bringen, die Gesundheit der Bewohner zu verbessern und die binnenwirtschaftliche Prosperität innerhalb der Reservate zu fördern, rückten Frauen hinsichtlich Schwangerschaft, Mutterschaft und ihrer Erziehungsfunktion in den Blick. Die Bewertung ihrer Rolle blieb zunächst ambivalent. Noch 1925 beklagten Experten, dass afrikanische Stammesgemeinschaften auseinanderzubrechen drohten und dass insbesondere Frauen dies verhindern müssten, indem sie an alten Traditionen und Bräuchen festhielten und diese bewahrten.[158] Zugleich wurde an afrikanische Frauen der Anspruch herangetragen, als gesellschaftliche Modernisiererinnen zu fungieren. Praktiken, die von afrikanischen Frauen jahrzehntelang ausgeübt worden waren, wie beispielsweise die häusliche Entbindung unter Aufsicht von Hebammen oder sexuelle Enthaltsamkeit während sehr langer Stillzeiten, wurden von Kolonialverwaltern kritisiert und nach Möglichkeit verändert.[159] Mediatorinnen, wie beispielsweise in Großbritannien ausgebildete und in die Kolonien entsandte Hebammen, sollten die Orientierung mütterlichen Verhaltens ebenso wie familiärer Strukturen am europäischen Ideal beziehungsweise am westlichen Modell vermitteln.[160]

Ideengeschichtlich einordnen lassen sich diese gegensätzlichen Anforderungen an afrikanische Frauen beispielsweise mit Blick auf die Ausdifferenzierung der eugenischen Bewegung in den 1930er Jahren. Für Kenia lässt sich dies gut anhand unterschiedlicher Ansichten bezüglich der Begründung von Unterschieden zwischen Afrikanern und Europäern innerhalb der *Eugenics Society* beschreiben.[161] Einerseits beantragten die in Kenia tätigen britischen Ärzte Dr. Gordon und Dr. Vint im Sommer 1934 beim Londoner *Colonial Office* die Finanzierung eines Forschungsprojekts, das die Annahme von Unterschieden zwischen der Beschaffenheit des afrikanischen und des europäischen Gehirns empirisch belegen wollte. Im Zentrum stand die Frage, ob *natives* in der kenianischen Kolonie über die gleichen geistigen Fähigkeiten verfügten wie Weiße. In Voruntersuchungen von 3500 Schädeln hatte Gordon postuliert, dass der durchschnittliche erwachsene männliche Indigene eine gegenüber dem durchschnittlichen Europäer um mindestens 150 Kubikzentimeter verringerte Gehirnkapazität besitze. Das Forschungsprojekt scheiterte an der ausbleibenden Finanzierung, die eine sich in wirtschaftlichen Schwierigkeiten befindende, dem Projekt indes wohl-

---

Century, New York/Oxford 2014, S. 222–242; Summers, Intimate Colonialism, S. 788–789 und S. 806.
158 Siehe hierzu und zum Folgenden: Lewis, Empire State-Building, S. 53.
159 Hunt, „Le Bébé en Brousse", S. 407–408; Thomas, Politics of the Womb.
160 Siehe hierzu und zum Folgenden: Coghe, Inter-Imperial Learning, S. 151–152.
161 Siehe hierzu und zum Folgenden Tilley, Africa as a Living Laboratory, Kapitel 5: A Racial Laboratory: Imperial Politics, Race Prejudice, and Mental Capacity, S. 217–259.

wollend gegenüberstehende Kolonialregierung in Kenia um 1930 nicht aufbringen konnte und das Londoner *Colonial Office* angesichts eines allmählichen Abschieds von der Kategorie „Rasse" zur Beschreibung von Unterschieden zwischen Europäern und Afrikanern nicht aufbringen wollte.[162] So gehörten der kenianischen *Eugenics Society* andererseits Personen wie der Direktor für medizinische Dienste in Kenia, der britische Arzt Dr. Alexander Paterson, an, der in seinen Schriften zu umweltbedingten, sozialhygienischen oder kulturellen Erklärungen tendierte, um wahrgenommene Unterschiede zwischen Afrikanern und Europäern zu verhandeln.[163] Auch im Umfeld des *Colonial Office* in London geriet die Vorannahme einer biologisch begründeten, in der Natur des Afrikaners verankerten und mithilfe von Untersuchungen des Gehirns nachweisbaren rassischen Minderwertigkeit afrikanischer gegenüber europäischer Bevölkerungen zunehmend in Misskredit.[164]

Diese Verschiebung lässt sich auf eine Fülle unterschiedlicher Entwicklungen zurückführen, die in der Zwischenkriegszeit und insbesondere in den 1930er Jahren angestoßen worden waren. In ökonomischer Hinsicht hatte die Weltwirtschaftskrise die Frage nach einer produktiven Erschließung der vermeintlichen Ressourcen des *Empire* neu gestellt und insbesondere in der Kolonie Kenia die Effizienz der Siedlerlandwirtschaft auf Kosten der afrikanischen Landwirtschaft in Frage gestellt.[165] Politisch scheiterten die Bestrebungen der britischen Siedler, Kenia im Rahmen einer *Closer Union* mit Tanganyika und Uganda zu einem selbstregierten Territorium unter ihrer Verantwortung zusammenzuschließen, nicht zuletzt durch das kurzzeitige Ende der engen Verwobenheit von Siedlerinteressen und denjenigen der kolonialen Regierung in den Jahren um 1930.[166] Parallel forderten die Aktivitäten des *Völkerbundes*, insbesondere seit der Gründung der *Ständigen Mandatskommission*, die Kolonialregime heraus, ihre Herrschaft auch moralisch neu zu fundieren und zu legitimieren.[167] In institutioneller Hinsicht durchlief das *Colonial Office* seit der *Colonial Office Conference* von 1927 einen Reformprozess. Im Nachgang zu dieser Konferenz integrierte das koloniale

---

162 Siehe hierzu: Chloe Campbell, Race and Empire. Eugenics in Colonial Kenya, Manchester 2007, S. 140–141.
163 Campbell, Race and Empire, S. 65–66.
164 Siehe hierzu: Tilley, Africa as a Living Laboratory, S. 241–254.
165 Tilley, Africa as a Living Laboratory, S. 4–5.
166 Siehe hierzu: Callahan, Mandates and Empire, S. 159–186; Campbell, Race and Empire, S. 140–141.
167 Siehe hierzu: Joanna Lewis, „Tropical East Ends" and the Second World War. Some Contradictions in Colonial Office Welfare Initiatives, in: The Journal of Imperial and Commonwealth History 28 (2000), Nr. 2, S. 42–66, hier S. 43.

Büro eine Reihe von Akademikern, Experten und Intellektuellen in sein Beraternetzwerk, die sich mit dem Kontinent Afrika beschäftigten und die Übernahme einer engagierteren und größeren imperialen Verantwortung für die kolonisierten Subjekte einforderten.[168]

Im Rahmen der hier skizzierten Neujustierungen imperialer Herrschaft in der Kolonie Kenia und in Britisch-Afrika insgesamt formulierten Kolonialbeamte ebenso wie die durch das *Colonial Office* integrierten Experten die Notwendigkeit, fundiertes Wissen über die Zustände in den Kolonien und die Lebenssituation der Menschen zu generieren. Um die kolonialpolitische Wende seit den 1930er Jahren mit dem Historiker Joseph Hodge auf eine Formel zu bringen: Das Ziel kolonialer Politik sollte es nun nicht mehr sein, die Probleme Großbritanniens in die Kolonien auszulagern, sondern sich mit den Problemen der Kolonien zu beschäftigen.[169] Die größte Unternehmung, die eruieren sollte, welches Wissen vonnöten sei, um die afrikanischen Kolonien effizienter verwalten und regieren, mithin erfolgreicher entwickeln zu können, war der *African Research Survey*.[170] Zwischen 1929 und 1939 wurde dieses Projekt von einem Netzwerk aus Akademikern, Kolonialbeamten und Intellektuellen koordiniert, die sich dafür aussprachen, afrikanische Lebensweisen, insbesondere mit Blick auf landwirtschaftliche, medizinische und hygienische Praktiken, zu modernisieren.[171] Die zahlreichen Berater der Unternehmung stießen eine Reihe von Debatten an und prägten Forschungstrends. Mit Blick auf die seit den 1930er Jahren erhitzt geführte Kontroverse um die Frage von Gleichwertigkeit oder Differenz zwischen Afrikanern und Europäern trug der von sozialanthropologisch und soziologisch denkenden Wissenschaftlern beeinflusste *African Survey* erheblich dazu bei, wahrgenommene Unterschiede kulturell oder zivilisatorisch zu begründen und Vorannahmen einer rassischen Minderwertigkeit von Afrikanern als pseudo-wissenschaftlich zu verwerfen.[172]

Der Rückgriff auf das Konzept Kultur anstelle von Rasse änderte zunächst nichts am Postulat afrikanischer Rückständigkeit, trug aber mit der Prämisse, dass kulturelle Faktoren veränderbar seien, langfristig dazu bei, einen Politikwechsel gegenüber diesen vermeintlich Rückständigen einzuleiten. Der 1938 publizierte *African Research Survey* versorgte Kolonialbeamte und das Londoner *Colonial Office* mit Schilderungen einzelner Experten über die zum Teil miserablen Lebensbedingungen der indigenen Bevölkerung in den afrikanischen Kolo-

---

168 Hodge, Triumph of the Expert, S. 141–142.
169 Hodge, Triumph of the Expert, S. 18.
170 Siehe hierzu die einschlägige Studie von Helen Tilley, Africa as a Living Laboratory.
171 Tilley, Africa as a Living Laboratory, S. 4.
172 Tilley, Africa as a Living Laboratory, S. 241–254.

nien.¹⁷³ Sie stießen Diskussionen und Überlegungen an, die nicht zuletzt in die Verabschiedung des *Colonial Development and Welfare Act* 1940 mündeten. Über einen Fonds stellte die britische Regierung Gelder zur Verfügung, um die Lebens- und Arbeitssituation von Afrikanern zu erforschen und nach Möglichkeit zu verbessern. Die Verkopplung von Entwicklung und Wohlfahrt, die hier nicht synonym gebraucht wurden, zeigt an, dass das kolonialpolitische Entwicklungsverständnis einer produktiven Erschließung der Ressourcen des afrikanischen Kontinents im Wandel begriffen war. Bis in die 1930er Jahre hinein implizierte das von Frederick Lugard begründete Prinzip der Treuhandschaft, dass die Entwicklung der vermuteten Fülle der Ressourcen des afrikanischen Kontinents Hand in Hand mit einer Entwicklung im Sinne einer Wohlfahrtssteigerung für die afrikanische Bevölkerung gehe.¹⁷⁴ Seit der Publikation des *African Research Survey* wurde diese Annahme zunehmend als Widerspruch problematisiert.¹⁷⁵ So brachte die Unternehmung des *African Survey* eine veränderte Definition des Entwicklungsbegriffs auf den Weg, die sich in den 1940er Jahren dahingehend konkretisierte, dass die festgestellte Differenz zwischen Afrikanern und Europäern minimiert werden sollte. Entwicklung bedeutete nun zunehmend, afrikanische Lebensweisen nach dem Vorbild westlicher Industrienationen zu formen.

1.2.2 Die demographische Transitionstheorie als Eröffnung neuer Entwicklungshorizonte für die Kolonien

Zwei Abteilungen innerhalb des *Colonial Office*, die als besonders non-konform und innovativ galten und sich dadurch auszeichneten, sich anbahnende Krisensituationen im *Empire* früh zu erfassen – die Abteilung für Landwirtschaft und die Abteilung für Medizin –, hatten sich seit Mitte der 1930er Jahre einen auf die Verbesserung der Lebenssituation von Afrikanern zielenden Entwicklungsbegriff zu eigen gemacht.¹⁷⁶ Beispielsweise beklagte ein junger Beamter aus der Landwirtschaftsabteilung, Colin Maher, nach einer Erkundungsreise durch die Reservate in der Kolonie Kenia das seiner Ansicht nach völlige Ausbleiben eines wirtschaftlichen oder sozialen Fortschritts in diesen Gebieten in den letzten 40 Jahren unter britischer Herrschaft. Er sprach sich dagegen aus, dass afrikanische Arbeiter beispielsweise für kommunale Terrassierungsmaßnahmen im Rahmen der Landreformen zwangsrekrutiert würden, und plädierte stattdessen

---

173 Siehe hierzu und zum Folgenden: Lewis, Empire State-Building, S. 42–43.
174 Callahan, Mandates and Empire, S. 159.
175 Hodge, Triumph of the Expert, S. 15–16.
176 Siehe hierzu und zum Folgenden: Lewis, Empire State-Building, S. 144.

dafür, den afrikanischen Bauern die Mittel an die Hand zu geben, selbst eine prosperierende Landwirtschaft aufzubauen. Nach europäischem Vorbild sollten sie zu einer sesshaften Landwirtschaft und Viehhaltung ermutigt werden. In ähnlicher Weise engagierte sich der britische Arzt und Leiter der medizinischen Dienste in Kenia, Alexander R. Paterson, dafür, Afrikaner zu befähigen, die hygienische und gesundheitliche Situation nach europäischem Vorbild in der Kolonie selbst zu verbessern. So setzte er sich nicht zuletzt gegenüber den Autoren des *African Research Survey* dafür ein, dass Afrikaner Zugang zur medizinischen Ausbildung erhalten sollten.[177] Überdies zeichnete Paterson auf der jährlichen Messe im kenianischen Nyeri für Demonstrationseinheiten zu den Themen Krankheit, Gesundheit und Hygiene verantwortlich. Sein Engagement in diesem Bereich wurde innerhalb der medizinischen Abteilung des *Colonial Office* mit Wohlwollen zur Kenntnis genommen, die ähnliche Projekte im großen Stil in den Kolonien realisiert sehen wollte.[178]

Zugleich waren es gerade diejenigen Akteure, die sich im institutionellen Kontext der Tropenmedizin für Maßnahmen zu einer hygienischen und medizinischen Entwicklung der Kolonien nach europäischem Vorbild einsetzten, die als erste ein kolonialpolitisches Dilemma formulierten. Den Kern dieses Dilemmas beschrieb beispielsweise Paterson so, dass diese medizinischen Entwicklungsmaßnahmen dazu beigetragen hätten, die Sterberate der afrikanischen Bevölkerung zu senken, ohne die Geburtenrate in ähnlichem Maße zu reduzieren: „We reduced the death-rate, and more particularly the death-rate from infectious disease without reducing the birth-rate. I don't know what we reduced it to but that we must have reduced it considerably is beyond doubt."[179] An dieser Einschätzung Patersons aus dem Jahr 1947 sind zwei Dinge bemerkenswert. Erstens hielt er es für erwiesen, dass die Senkung der Mortalitätsrate in der Kolonie Kenia auf den Einfluss des Kolonialregimes im Besonderen und auf denjenigen des Westens im Allgemeinen zurückzuführen sei, was er durch das Personalpronomen „we" ausdrückte. Zweitens stellt sich die Frage, warum Paterson ein sich aus einer reduzierten Sterberate bei gleichbleibend hoher Geburtenrate ergebendes Bevölkerungswachstum problematisierte, wohingegen die Kolonialpolitik der 1920er und auch der 1930er Jahre ein solches mit Blick auf den beklagten Arbeitskräftemangel ja gerade für wünschenswert gehalten hatte. Beide Aspekte lassen sich auf ein Entwicklungskonzept zurückführen, das nicht mehr allein die produktive Erschließung materieller Ressourcen in den Kolonien im Blick hatte, sondern den

---

177 Tilley, Africa as a Living Laboratory, S. 214.
178 Lewis, Empire State-Building, S. 145.
179 Alexander R. Paterson, The Human Situation in East Africa – Part I. On the Increase of the People, in: EAMJ 24 (1947), Nr. 2, S. 81–97, hier S. 83.

Fortschritt der dort lebenden Bevölkerungen selbst und zwar nach europäischem Vorbild.

Die Überzeugung Patersons, dass die Bevölkerung in der Kolonie Kenia nicht mehr schrumpfe, sondern wachse und dass dieser Befund allein als Resultat westlicher Einflussnahme zu denken sei, teilte auch der Tropenmediziner Thomas Herbert Davey, der diesen Standpunkt Mitte der 1940er Jahre mit Blick auf die so genannten tropischen Kolonien insgesamt vertrat. Der an der *Liverpool School of Tropical Medicine* tätige Davey hatte für das *Colonial Advisory Medical Committee* ein Memorandum mit dem Titel *The Growth of Tropical Populations* verfasst, das zwischen 1948 und 1949 innerhalb verschiedener Abteilungen des *Colonial Office* zirkulierte und kontrovers diskutiert wurde. In diesem Memorandum zeigte sich Davey überzeugt: "[...] when the policy of expanding preventive medical services, particularly in rural areas, becomes effective even greater increases in the world's population must be expected."[180] Die zentrale Botschaft, die Davey als Berater des *Colonial Advisory Medical Committee* in seinem Text übermitteln wollte, war, dass die Kolonialpolitik auf dieses Wachstum reagieren müsse, da sie es selbst verursacht habe. Sie hätte dazu beigetragen, Regionen, die von kämpferischen Auseinandersetzungen zwischen lokalen Gruppen geprägt gewesen seien, zu befrieden. Sie hätte die kolonialen Gebiete für den Handel geöffnet und an Weltmärkte angebunden. Sie hätte mit der medizinischen Versorgung ländlicher Gebiete begonnen, insbesondere im Zuge der Bekämpfung von Malaria durch DDT. Dadurch seien drei wesentliche Faktoren für hohe Sterblichkeitsraten, nämlich Krieg, Hunger und Krankheit, minimiert worden, so dass einheimische Bevölkerungen nun ein erkennbares Wachstum zu verzeichnen hätten.

Wie weitreichend und effizient die von Davey aufgelisteten kolonialpolitischen Maßnahmen umgesetzt worden waren und inwieweit sie tatsächlich zu einem Rückgang der Sterblichkeit in den Kolonien beigetragen hatten, lässt sich kaum ermessen oder gar pauschal beurteilen.[181] Davey selbst räumte ein, dass er seine Annahme eines Bevölkerungswachstums in den Kolonien aufgrund fehlender Statistiken nicht auf „Fakten" stützen könne, sondern auf „offensichtliche Trends" und „herrschende Meinungen", die „wahrscheinlich qualitativ, wenngleich nicht quantitativ korrekt" seien.[182] Konkret berief sich Davey auf Bevölkerungsschätzungen aus dem „Fernen Osten", die eine Wachstumstendenz verzeichneten und korrelierte diese mit Ergebnissen aus Volkszählungen in Ägypten

---

180 Thomas Herbert Davey (Liverpool School of Tropical Medicine, University of Liverpool, Department of Tropical Hygiene) an J.K. Greer (Colonial Advisory Medical Committe), The Growth of Tropical Populations, 1.3.1948, The National Archives, Kew [TNA], CO 859/154/6, Bl. 4.
181 Hunt, „Le Bébé en Brousse", S. 431–432.
182 Davey, The Growth of Tropical Populations, Bl. 1. [Übersetzung der Verf.]

und Bevölkerungsschätzungen für die Gruppe der Kikuyu in der Kolonie Kenia zu einem Wachstumstrend: „The *Kikuyu*, comprising one-fourth of the population of Kenya, are stated to be increasing at a rate of not less than 2 per cent per annum."[183] Dass Davey hier, anders als für die asiatischen Fallbeispiele, das Wachstum einer Gruppe anstelle der Gesamtbevölkerung eines Territoriums anführte, mag damit zusammenhängen, dass die ersten Schätzungen für die afrikanische Bevölkerung in Kenia im Rahmen der Auseinandersetzung um die Verteilung von Land zwischen Kikuyu und britischen Siedlern stattgefunden hatten. Für diese Vermutung spricht, dass der von Davey angegebene Richtwert von zwei Prozent sowohl in Sidney Fazans Memorandum für die *Kenya Land Commission* als Prognose für das Jahr 1941 genannt, als auch in Norman Humphreys Memorandum *The Kikuyu Lands* von 1944 verwendet wurde, der das jährliche Bevölkerungswachstum der Kikuyu in Südnyeri auf nicht weniger als zwei Prozent schätzte.[184]

Auf den ersten Blick wirkt Daveys Entscheidung, jede verfügbare Statistik für den als afrikanisch definierten Raum zu verwenden, um seine These einer Wachstumstendenz zu untermauern, pragmatisch: „In Africa, large scale figures are not available but here also the same tendency is clearly seen."[185] Auf den zweiten Blick zeigt sich in dieser Vorgehensweise, dass es Davey im Kern nicht darauf ankam zu unterscheiden, ob diesen Schätzungen die Vorstellung einer kolonialen, nationalen oder ethnischen Gestalt von Bevölkerung zugrunde lag. Vielmehr schien er diese Art der Unterscheidung nach rassischen, möglicherweise auch kulturellen Differenzkriterien als ein Phänomen zu betrachten, das bald der Vergangenheit angehören würde. Er selbst präzisierte: „These figures are representative of what is happening in our colonies though in most of them local overcrowding is the only obvious result and gross overpopulation has not yet occurred."[186] Davey räumte hier ein, dass der einzige offenkundige Befund, der aus dem von ihm angeführten Datenmaterial abgeleitet werden könne, der einer lokalen Bevölkerungsverdichtung in den Kolonien sei. Das Attribut „lokal" deutet an, es bei dieser Art der Bevölkerungsverdichtung mit der Relation einer spezifischen, mit bestimmten rassischen, ethnischen oder kulturellen Merkmalen

---

183 Davey, The Growth, Bl. 1.
184 Sidney H. Fazan, Memorandum. An Economic Survey of the Kikuyu Reserves, S. 1012. Siehe zur Landkontroverse und der *Kenya Land Commission* auch das Kapitel 1.1.3 sowie: Norman Humphrey, The Relationship of Population to the Land in South Nyeri in the Light of Available Statistics, in: Norman Humphrey u. a., The Kikuyu Lands, Government Printer, Nairobi 1945, TNA, CO 852/662/8, Bl. 3 und 10.
185 Davey, The Growth, Bl. 1.
186 Davey, The Growth, Bl. 1.

ausgestatteten Bevölkerung und einem konkreten, mit bestimmten topographischen und ökologischen Merkmalen ausgestatten Raum zu tun zu haben. Demgegenüber benennt Davey das Phänomen einer Überbevölkerung, das in den Kolonien „noch nicht" eingetreten sei, wenngleich dieser Zusatz andeutet, dass es in naher Zukunft zu erwarten sei. „Überbevölkerung", so macht Daveys Memorandum insgesamt deutlich, lässt sich als ein abstraktes, mithin von einem konkreten Raum und einer konkreten Bevölkerungsgestalt entkoppeltes Phänomen verstehen. Im Unterschied zur Bevölkerungsverdichtung scheint die Relation zwischen einer qualitativ näher bestimmten Bevölkerung in einem konkreten Raum in den Hintergrund zu treten zugunsten der Relation zwischen einer quantifizierten Bevölkerung und der Ökonomie.

Wie im Folgenden zu zeigen sein wird, zeichnete sich Daveys Prognose einer drohenden Überbevölkerung der Welt angesichts eines zu erwartenden rapiden Anstiegs des Bevölkerungswachstums in den „tropischen Kolonien" zunächst dadurch aus, dass er das Kriterium zur Unterscheidung von Bevölkerungen nicht mehr aus der Biologie oder der Anthropologie ableitete, sondern aus der Ökonomie.[187] So setzte Davey die Bevölkerungsentwicklung in den Kolonien zu derjenigen in Großbritannien über das ökonomisch definierte Konzept des Lebensstandards zueinander in Beziehung und leitete daraus das Problem einer Überbevölkerung ab:

> The effect of rapid increase in numbers is to be seen in the standards of living, not merely of the primitive populations directly concerned but of certain colonising powers. [...] It is the avowed aim of the civilised nations that a sufficient supply of the nutrients essential for health living should be made available to all the peoples of the world [...]. On the supposition that we honoured this obligation, it would not be long before the average citizen of the United Kingdom would ask how far his standard of living and nourishment were to be lowered in order to maintain in our dependencies an increasing tropical population [...].[188]

Dieser Argumentationsgang enthält den Gedanken des „Rassensuizids"[189], der jedoch ökonomisch gewendet wurde. Zwar problematisiert Davey hier ein Ungleichgewicht zwischen der Bevölkerungsentwicklung in der Metropole und derjenigen in den Kolonien. Der Kern dieser Problematisierung ist aber nicht mehr Überfremdung, sondern eine drohende Senkung des Lebensstandards.

---

187 Siehe hierzu auch die Ausführungen der Historikerin Alison Bashford, die für das britische *Empire* beschreibt, wie die biologische Kategorie der Rasse zunehmend von der Ökonomie als neuer Leitwissenschaft verdrängt wurde: Bashford, Global Population, S. 235–236.
188 Davey, The Growth, Bl. 2.
189 Zum Kontext dieses Begriffs siehe: Simon Szreter, Fertility, Class and Gender in Britain, 1860–1940, Cambridge 1996, S. 257–258.

Die Dynamik dieser ökonomischen Variation eines ursprünglich eugenisch geprägten Topos soll im Folgenden näher in Augenschein genommen werden. Der Topos des „Rassensuizids" kam in Großbritannien nach der Wende zum 20. Jahrhundert auf, als sich dort allmählich die Überzeugung durchsetzte, dass die eigene Bevölkerung nicht mehr wachse, sondern schrumpfe. Befeuert wurde diese Annahme durch die medial und öffentlich vielbeklagte schlechte Physis der Rekruten für den Burenkrieg und die Debatte um die vermeintlich minderwertige genetische Qualität von Einwanderern aus Osteuropa.[190] Jahrzehntelang hatten hohe Geburtenraten und kinderreiche Familien als Zeichen für die Vitalität, die Wohlfahrt und den Fortschritt Englands gegolten.[191] Um diesen Fortschritt nicht zu gefährden, vertraten Anhänger der von Francis Galton begründeten eugenischen Bewegung eine pro-natalistische Position.[192] Langfristig indes unterlag diese Position denjenigen Stimmen, die den Geburtenrückgang positiv als wünschenswerte und in gewisser Hinsicht auch zwangsläufige Fortschrittsentwicklung moderner Gesellschaften deuteten.

Ein Anlass dieser Umwertung war der Befund einer differentiellen Fertilität, der die Anzahl der Geburten pro Haushalt einerseits und den sozioökonomischen Status dieses Haushalts innerhalb der englischen Gesellschaft andererseits als gegenläufiges Verhältnis darstellte: Die unteren Schichten bekämen viele, die oberen wenige Kinder.[193] Die Eugeniker hatten diesen Befund so gedeutet, dass die unteren Schichten an der Reproduktion gehindert, die Eliten hingegen ermutigt werden sollten, mehr Kinder zu bekommen.[194] Armut fungierte als Merkmal für die Zuordnung zur Unterschicht und wurde als genetisches und damit individuelles Problem verstanden. Einer anderen, namentlich environmentalistischen Deutung hatte sich das *General Register Office* (GRO) verschrieben, das zwischen 1837 und 1914 eine regelrechte Kampagne gegen die Anhänger der hereditären Eugenik unternahm, wie der Historiker Simon Szreter herausgearbeitet

---

190 E. Grebenik, Demographic Research in Britain 1936–1986, in: Population Studies 45 (1991), S. 3–30, hier S. 3–4.
191 Richard Soloway, Demography and Degeneration. Eugenics and the Declining Birthrate in Twentieth-Century Britain, Chapel Hill/London 1990, S. 3.
192 Francis Galton hatte den Begriff „Eugenik" erstmals im Jahr 1883 in seinem Buch *Inquiries into Human Faculties* verwendet. Die *Eugenics Education Society*, später *Eugenics Society* wurde 1907 gegründet. Siehe u. a. Campbell, Race and Empire, S. 11–12. Zur Überschneidung von pro-natalistischen und eugenischen Argumenten siehe Soloway, Demography and Degeneration, S. 146–156.
193 Soloway, Demography and Degeneration, S. 10.
194 Szreter, Fertility, S. 93.

hat.¹⁹⁵ So argumentierten die Mitarbeiter der statistischen Behörde, dass Armut oder Krankheit vornehmlich als Effekt sozialer und ökonomischer Strukturen verstanden werden müssten, und setzten sich auf dieser Grundlage für eine staatlich finanzierte öffentliche Gesundheitspolitik ein.¹⁹⁶ Überdies gelang es ihnen, Deutungshoheit über die Annahme einer differentiellen Fertilität durchzusetzen.

Mit dem erklärten Ziel, diese Annahme einer nach gesellschaftlichen Schichten differenzierbaren Fertilität zu überprüfen, integrierte der Mediziner T.H.C. Stevenson, seines Zeichens *Superintendent of Statistics* in besagtem *General Records Office*, eine Fertilitätserhebung in die im Jahr 1911 für England und Wales anstehende Volkszählung.¹⁹⁷ Hierzu bediente er sich eines „professionellen Modells des Fertilitätsrückgangs" und definierte fünf Kategorien beziehungsweise Klassen, für die jeweils das Reproduktionsverhalten eruiert werden sollte.¹⁹⁸ Insofern dieses Modell den Befund der differentiellen Fertilität nicht allein überprüfte, sondern zugleich vorwegnahm, überrascht dessen Bestätigung nicht. Entscheidend war indes die Erklärung, die Stevenson für den Befund eines Geburtenrückgangs in den Ober- und Mittelschichten vorbrachte. Die Wohlhabenden und Gebildeten würden ihre Fertilität aktiv durch Geburtenkontrollmaßnahmen regulieren.¹⁹⁹ Diese Interpretation der statistischen Ergebnisse wurde in der Folge in ein Entwicklungsnarrativ eingebettet, welches Geburtenkontrolle als zivilisatorische und mithin wünschenswerte Errungenschaft feierte.

Bei diesem Entwicklungsnarrativ handelte es sich um das Modell der demographischen Transition. Die Ursprünge des Transitionsmodells, das in den Formulierungen der US-amerikanischen Demographen Frank W. Notestein und Kingsley Davis Mitte der 1940er Jahre einen Durchbruch erlebte,²⁰⁰ reichen in

---

195 Siehe hierzu: Simon Szreter, The GRO and the Public Health Movement in Britain, 1837–1914, in: SHoM 4 (1991), S. 435–463.
196 Zum internationalen Kontext der Durchsetzung sozialmedizinischer Deutungsmuster und *public health*-Politiken siehe auch: Borowy, Coming to Terms with World Health, insbesondere S. 22–23.
197 Szreter, Fertility, S. 245–247; Edward Higgs, Life, Death and Statistics. Civil Registration, Censuses and the Work of the General Register Office, 1836–1952, Hatfield 2004, S. 162–163.
198 Soloway, Demography and Degeneration, S. 10.
199 Szreter, Fertility, S. 306.
200 Zu den Originaltexten: Kingsley Davis, The World Demographic Transition, in: Annals of the American Academy of Political and Social Science 237 (1945), S. 1–11; Frank W. Notestein, Population – The Long View, in: Theodore W. Schultz (Hrsg.), Food for the World, Chicago, IL 1945, S. 36–57. Zur institutionellen und ideengeschichtlichen Genese des Modells: Susan Greenhalgh, The Social Construction of Population Science. An Intellectual, Institutional, and Political History of Twentieth-Century Demography, in: CSSH 38 (1996), Nr. 1, S. 26–66; Dennis Hodgson, De-

die 1930er Jahre zurück. In dieser Zeit etablierte sich ein Austausch zwischen britischen und US-amerikanischen bevölkerungswissenschaftlichen Expertennetzwerken, für den internationale Konferenzen wie beispielsweise die Genfer Weltbevölkerungskonferenz 1927 eine große Rolle spielten. Auf dieser Konferenz hatte der britische Sozialwissenschaftler Alexander Carr-Saunders das professionelle Modell des Fertilitätsrückgangs vorgestellt, um auf den vermuteten Zusammenhang einer rückläufigen Geburtenrate in Großbritannien und der Nutzung von Kontrazeptiva in den wirtschaftlich besser gestellten Gesellschaftsschichten hinzuweisen. Der US-amerikanische Demograph Warren Thompson übernahm das Modell in sein Standardwerk demographischer Lehre in den USA, „Population Problems".[201] Führende US-amerikanische Demographen und Sozialwissenschaftler orientierten sich daraufhin an den Befunden des professionellen Modells, die dadurch auch Eingang in Formulierungen des demographischen Transitionsmodells fanden.

Das professionelle Modell legte ein Verständnis des Geburtenrückgangs in Großbritannien nahe, das auf einer ökonomischen anstelle einer biologischen Bestimmung von Differenz zwischen sozialen Gruppen und Bevölkerungen beruhte. Der Befund, dass die gesellschaftlichen Eliten ihre Fertilität bewusst kontrollierten, wurde als Phänomen eines historischen Wandels verstanden. Es handle sich um eine langfristige Konsequenz des Industrialisierungs- und Urbanisierungsprozesses, weil die Notwendigkeit, viele Kinder zu zeugen, durch die Reduktion der Sterblichkeit, die urbanen Lebensumstände und einen durchschnittlich höheren Lebensstandard hinfällig geworden sei.[202] Konkret markierte der damalige Direktor der *London School of Economics*, William Beveridge, diese Entwicklung mit zwei aus seiner Sicht „greatest events in human history".[203]

> The first of these two events is the decline of mortality among European races which began, so far as we can fix the date, about 250 years ago. [...] The second event is the decline of natality that began in nearly all countries of European stock – France, Ireland and the United States are exceptions differing among themselves – between fifty and sixty years ago.

---

mography as Social Science and Policy Science, in: PDR 9 (1983), Nr. 1, S. 1–34; Simon Szreter, The Idea of Demographic Transition and the Study of Fertility Change. A Critical Intellectual History, in: PDR 19 (1993), Nr. 4, S. 659–701.
201 Szreter, Fertility, S. 13–14.
202 Ittmann, A Problem of Great Importance, S. 24.
203 William H. Beveridge, Review: World Population. Past Growth and Present Trends by A. M. Carr-Saunders; Population Movements by Robert R. Kuczynski; The Struggle for Population by D.V. Glass, in: Economica 4 (1937), Nr. 13, S. 96–99, hier S. 96. Das folgende Zitat findet sich ebenda, S. 96 und 97.

So schrieb er in einer Sammelrezension von 1937, in der er drei Neuerscheinungen von Alexander Carr-Saunders, Robert René Kuczynski und David Glass und damit dreier Protagonisten des Bevölkerungsdiskurses der Zwischenkriegszeit besprach. Auf Carr-Saunders Monographie *World Population* Bezug nehmend, führte Beveridge jene beiden Ereignisse nicht auf biologische Erklärungsmuster zurück, sondern begriff sie als Folgen gesellschaftlicher Innovationen und mithin zivilisatorischer Errungenschaften in Europa. So brachte er den Mortalitätsrückgang mit den Fortschritten der präventiven und kurativen Medizin in Verbindung, den Geburtenrückgang mit dem menschlichen Erfindergeist bezüglich der Entwicklung von Geburtenkontrollmaßnahmen.[204] Das dadurch erreichte, vermeintlich stagnierende Bevölkerungswachstum in Großbritannien erschien vor diesem Hintergrund als Ergebnis eines Modernisierungsprozesses und Geburtenkontrolle als zivilisatorische Errungenschaft.[205]

Den in Europa erreichten Zivilisationsgrad sahen zahlreiche britische und US-amerikanische Sozial- und Bevölkerungswissenschaftler der Zwischenkriegszeit jedoch bedroht durch ein rapides Bevölkerungswachstum, das sie in den Kolonien zu gewärtigen glaubten. Beispielsweise befürchtete der bereits erwähnte Tropenmediziner Davey in seinem Memorandum zum Bevölkerungswachstum in den tropischen Kolonien Mitte der 1940er Jahre, dass die zunehmenden politischen Unruhen in den Kolonien, die er auf das ansteigende Bevölkerungswachstum zurückführte, den Frieden der Kolonialmächte bedrohen würden: „It would be tragic indeed if as the result of our introducing the benefits of peace and civilisation to the peoples of the tropics we found ourselves dragged into a war for survival."[206] Davey unterstellte überdies, dass die „tropischen" respektive „primitiven Bevölkerungen" nicht in der Lage seien, sich selbst zu versorgen und ihr Wachstum zu beschränken.

Die Annahme eines solchen Bevölkerungswachstums war das Ergebnis einer Abstraktionsleistung, die innerhalb des Denkrahmens des demographischen Transitionsmodells zu verorten ist. Sie beruhte auf der Überzeugung, die fiktionale historische Bevölkerungsentwicklung Englands auf die zeitgenössische demographische Situation in den Kolonien übertragen zu können. Davey nahm an, dass die Anhebung des Lebensstandards als Ergebnis der Industrialisierung im historischen England ein deutliches Bevölkerungswachstum hervorgebracht habe: „The population of England and Wales rose from under nine millions in 1801

---

[204] Beveridge, Review, S. 97.
[205] Siehe zu dieser Verknüpfung: Bashford, Global Population, S. 228–234.
[206] Davey, The Growth, Bl. 3.

to forty millions in 1931."²⁰⁷ Alexander Carr-Saunders und William Beveridge stellten Mitte der 1930er Jahre fest, dass dieses Bevölkerungswachstum als Folgeerscheinung der Industrialisierung in Europa durch eine „Expansion in die Welt"²⁰⁸ im Zeichen des Imperialismus kompensiert worden sei.

In einer der ersten Formulierungen des demographischen Transitionsmodells hatte Warren Thompson 1929 daher nahegelegt, auf das in naher Zukunft voraussichtlich dramatisch ansteigende Bevölkerungswachstum bei Nicht-Europäern mit einer Umverteilung von Land zu reagieren und so Expansionsmöglichkeiten für wachsende Bevölkerungen zu schaffen. Land, das von Imperien oder Nationen beansprucht wurde, ohne dass es genutzt beziehungsweise kultiviert worden wäre, sollte zum Ziel von gelenkten Migrationsströmen aus zu dicht besiedelten Räumen werden.²⁰⁹ Für die Zeitgenossen der 1940er Jahre war Umverteilung dagegen keine Option mehr. Davey schrieb in seinem Memorandum:

> Emigration has been proposed but is an unsatisfactory solution because (a) tribal and national sovereignty over territory would be an almost insuperable obstacle; (b) transport would be insufficient to deal with large excesses such as India's 15,000 a day; (c) the final solution of the problem would be merely deferred because the same high birth-rate would be transferred to the new territory.²¹⁰

Insbesondere die Argumentation, dass Umverteilung nicht das Problem hoher Geburtenraten würde lösen können, entsprach derjenigen des US-Amerikaners Kingsley Davis in dessen Neuformulierung des demographischen Transitionsmodells von 1945: „In short, a mere extension of current Asiatic civilization to new areas does not solve any problem and to avoid such a result the European peoples would be justified in holding the lands they have, no matter how ‚vacant' these lands appear to the Asiatics."²¹¹ Davis betonte indes, dass er nicht davon ausgehe, „that the Asiatic hordes are inherently different from Europeans, and that if they become dominant they will ‚reduce' the whole world to the Oriental level". Vielmehr prophezeite er: „[T]hey will become more like Europeans, and will eventually show a declining fertility"._²¹² Diese Überzeugung beruhte auf der Annahme, dass die europäische Zivilisation an der Spitze eines historischen Prozesses von

---

207 Davey, The Growth, Bl. 4.
208 Beveridge, Review, S. 96.
209 Thompson schrieb: „The redistribution of the lands of the earth is the problem of problems that we must face in the world today as a consequence of the new population movements that are now taking place." (Thompson, Population, S. 975)
210 Davey, The Growth, Bl. 5.
211 Davis, World Demographic Transition, S. 8.
212 Davis, World Demographic Transition, S. 7.

der Tradition in die Moderne stehe, den alle anderen Bevölkerungen früher oder später nachvollziehen würden: „The existing civilization of the Orient is not fixed in the genes of the Asiatic races. It is rather a historical stage resembling in some respects the medieval civilization of Europe. It will pass irretrievably as the Asiatic peoples become westernized."[213] Aus diesen Zeilen lässt sich das zentrale Charakteristikum des demographischen Transitionsmodells ablesen: Es handelt sich um eine Theorie historischen Wandels.[214] Zentral ist überdies die Annahme, es mit *einer* Weltbevölkerung zu tun zu haben. Die Entstehung dieser Weltbevölkerung wird historisch in der Industriellen Revolution in Europa verortet, wie Davis festhielt: „For the first time the world's entire population could be regarded as a single entity responding in varying degrees to one dynamic process."[215]

Diesen *einen* dynamischen Prozess, in dem sich die Weltbevölkerung nun befinde, beschrieb Davis als Abfolge von Stadien, die er über die Art des Bevölkerungswachstums definierte. Die Industrialisierung wurde als mittleres Stadium und als Transitionsphase zwischen einem Stadium mit einem Gleichgewicht aus hoher Mortalität und hoher Fertilität und einem erneuten Gleichgewicht aus niedriger Mortalität und niedriger Fertilität konzipiert. Diese Transitionsphase zeichne sich durch ein hohes Bevölkerungswachstum aus, das Davis mit einem Rückgang der Sterblichkeit begründete. Dank der weitgehenden Beseitigung von Hunger durch die Mechanisierung der agrarischen Produktion und der Fortschritte der medizinischen Versorgung sei insbesondere die Kindersterblichkeit stark zurückgegangen.[216] Im Zuge der Modernisierung habe sich die Fertilitätsrate allmählich an die sinkende Sterblichkeit angepasst, weil Großfamilien innerhalb der kompetitiven, urbanen Gesellschaft zunehmend als Nachteil erschienen seien.[217]

Die empirische Basis des demographischen Transitionsmodells war denkbar dünn, denn ausschließlich für England lagen in den 1940er Jahren ausreichend viele Daten zur wirtschaftlichen, sozialen und demographischen Entwicklung vor, um die Grundannahmen der Theorie zu stützen. Es handelte sich hierbei im Wesentlichen um eine Analyse der Fertilitätsmuster der Gesamtbevölkerung zwischen 1851 und 1911 auf der Grundlage der Ergebnisse der Volkszählung von 1911. Hinzu kamen die Ergebnisse eines Samples, das von der *Royal Commission on Population* zwischen 1944 und 1949 erhoben wurde und die Zeit von 1901 bis 1946 abdeckte. Das Bild eines Fertilitätsrückgangs, das sich aus

---

213 Davis, World Demographic Transition, S. 7.
214 Szreter, Fertility, S. 10.
215 Davis, World Demographic Transition, S. 1.
216 Davis, World Demographic Transition, S. 4.
217 Davis, World Demographic Transition, S. 5.

diesen beiden Datensätzen ergab, bildete die Basis, auf der die Transitionsdemographen in den 1930er und 1940er Jahren ihr Modell begründeten.[218] Die Deutung des Fertilitätsrückgangs als Effekt eines historischen Prozesses ließ den Rückschluss zu, dass es sich scheinbar um eine simultane Erscheinung aller industrialisierten westeuropäischen Länder und Nordamerika seit dem letzten Viertel des 19. Jahrhunderts handle. Diese postulierte Gleichzeitigkeit des Fertilitätsrückgangs vereinheitlichte den transatlantischen Raum und universalisierte diesen Rückgang als Charakteristikum moderner Gesellschaften.[219]

Das demographische Transitionsmodell stieg im Laufe der 1940er Jahre zu einem der zentralen Interpretamente der Nachkriegszeit auf und sollte es bis mindestens Ende der 1970er Jahre bleiben. Eine mögliche Erklärung für den durchschlagenden Erfolg dieses Modells mag darin liegen, dass es eine Grundlage bot, die zeitgenössische Kolonialpolitik zu kritisieren und zugleich eine neue Perspektive auf die Entwicklung der Kolonien zu eröffnen. Dies kann für Kenia mit Texten von Alexander R. Paterson illustriert werden, in denen er die Kolonie in das Transitionsmodell hineinschrieb. Es handelt sich um zwei Vorträge, die der Leiter der medizinischen Dienste (*Director of Medical Services*) in Kenia vor Mitgliedern des *Rotary Club* hielt und die 1947 im *East African Medical Journal* veröffentlicht wurden.[220]

Paterson bezog sich auf Frank W. Notesteins Formulierung des demographischen Transitionsmodells, die 1944 publiziert worden war.[221] Er wies explizit darauf hin, dass Notesteins Text nicht mit Blick auf den afrikanischen Kontinent geschrieben worden sei, weil jener nach wie vor von einem offenkundigen Bevölkerungsrückgang in Zentralafrika ausging, während im Nahen und Fernen Osten ein rapides Bevölkerungswachstum zu verzeichnen sei.[222] Dass Paterson sein Modell dennoch auf Kenia anwenden zu können glaubte, hing nicht nur damit zusammen, dass er selbst von einem einsetzenden Wachstum der afrikanischen Bevölkerung in der Kolonie überzeugt war. Vielmehr habe Notestein allgemeine Prinzipien eines universalen historischen Prozesses formuliert, die mit-

---

[218] Szreter, Fertility, S. 12.
[219] Ittmann, A Problem of Great Importance, S. 25; Szreter, Fertility, S. 25 und S. 268.
[220] Paterson, The Human Situation – Part I, S. 81–97; Paterson, The Human Situation – Part II, S. 144–151.
[221] Frank W. Notestein, Problems of Policy in Relation to Areas of Heavy Population Pressure, in: Milbank Memorial Fund Quarterly 22 (1944), S. 424–444.
[222] „In the remainder of the world, actual population changes ranges from apparent decline in parts of Central Africa to very rapid increases in many areas of the Near and Far East." Siehe: Notestein, Problems of Policy, S. 424.

hin auch für Ostafrika Gültigkeit besäßen.[223] Notesteins Unterscheidung zwischen der Bevölkerungsentwicklung im Nahen und Fernen Osten und derjenigen in Zentralafrika macht deutlich, dass die gedachte Homogenisierung von Räumen auf den Kontinenten Afrika, Lateinamerika und Asien unter dem Oberbegriff Dritte Welt noch nicht eingesetzt hatte. Allerdings wurden durchaus unterschiedliche Regionen beispielsweise unter dem Rubrum der „wirtschaftlichen Rückständigkeit" zueinander in Beziehung gesetzt. Überdies blitzte mit Patersons Übertragung von Notesteins Modell auf Ostafrika bereits das Potential des Modernisierungsbegriffs auf, der alsbald die Gestalt einer kollektiven Verheißung für die Zukunft der ehemaligen Kolonien annehmen sollte.

Notestein verwendete den Modernisierungsbegriff als Gegenmodell zum kolonialpolitischen Entwicklungsbegriff. Im Kern handelte es sich bei seinem Text um eine Kritik der Kolonialpolitik, der sich Paterson anschloss. Ausgangspunkt von Notesteins Kritik war, dass sich das in den Kolonien anbahnende oder bereits vollziehende Bevölkerungswachstum negativ auf das globale Wirtschaftswachstum auswirke. Für dieses Bevölkerungswachstum machte er kolonialpolitische Initiativen mit verantwortlich, weil sie dazu beigetragen hätten, die Mortalität in den Kolonien zu senken, ohne gleichermaßen auf die Fertilität einzuwirken.[224] Dies sei ein Effekt des kolonialpolitischen Entwicklungsbegriffs gewesen. Unter Entwicklung sei ein aktives Vorgehen seitens der Kolonialmacht verstanden worden, das darauf abgezielt habe, die Ressourcen der Kolonien landwirtschaftlich zu erschließen. Zugleich sei damit die Funktion der Kolonien benannt worden, Rohstoffquelle und Lieferant spezifischer Agrarprodukte für die Metropolen zu sein. Voraussetzung für diese Form von Entwicklung sei die Verbesserung der gesundheitlichen und ernährungsbezogenen Lebensbedingungen gewesen, um koloniale Subjekte zu effizienter Arbeit zu befähigen. Diese „past policies of developing the regions primarily as sources of raw materials" führten jedoch langfristig dazu, „that population will increase more rapidly than the means of subsistence".[225]

Als Alternative zu diesem kolonialpolitischen Ansatz empfahl Notestein freilich nicht, einen erneuten Anstieg der Mortalitätsraten in Kauf zu nehmen, allzumal diese nach wie vor hoch seien. Denn dies widerspräche nicht nur den humanitären Grundsätzen des Westens, sondern auch dessen ökonomischen Interessen.[226] Stattdessen plädierte er für ein umfassendes Modernisierungsprogramm, das die Kolonien nach dem Vorbild des Westens formen solle. Hier wich

---

223 Paterson, The Human Situation – Part II, S. 148.
224 Siehe hierzu und zum Folgenden: Notestein, Problems of Policy, S. 432.
225 Notestein, Problems of Policy, S. 433.
226 Notestein, Problems of Policy, S. 435.

Notestein wesentlich von der kolonialen Entwicklungsdoktrin ab, weil er für die Überwindung einer gemeinschaftlichen ruralen Lebensweise zugunsten von Industrialisierung, Urbanisierung und Individualisierung plädierte.

> In fact, the only societies in which low birth rates have appeared are those dominated by the values developed in modern urban life. Such societies set great store by the individual, his health, welfare, initiative, and advancement. They develop a rational and materialistic outlook on life, view man as the master of his own destiny, and come to hold the deliberate control of fertility to be as reasonable and desirable as that of mortality.[227]

Das von Notestein anvisierte Modernisierungsprogramm bezog sich *erstens* in ökonomischer Hinsicht auf die Entwicklung von Industrien und auf die Rationalisierung der Landwirtschaft im Sinne einer Überwindung des reinen Subsistenzwirtschaftens. *Zweitens* auf die schulische Bildung der Menschen, *drittens* auf Geburtenkontrolle, *viertens* auf einen Ausbau der *public health*-Maßnahmen und *fünftens* auf die Herausbildung einer politischen Elite, welche die neuen Werte schnell annehmen und verbreiten sollte. Der hier verwendete Modernisierungsbegriff unterschied sich vom kolonialen Entwicklungsbegriff insofern, als dass das Kriterium für wirtschaftliche Entwicklung im kolonialpolitischen Sinne ausreichend vorhandener kultivierbarer Boden und gesunde Arbeitskräfte waren, das für Modernisierung hingegen – neben vielen anderen – ein niedriges Bevölkerungswachstum.

In ganz ähnlicher Weise schlug Davey in seinem Memorandum an das *Colonial Advisory Medical Committee* vor, die Kolonien durch gezielte politische Eingriffe in die gleiche historische Situation zu versetzen, in der sich die Industrienationen kurz vor der demographischen Transition befunden hätten, um das Problem des drohenden Bevölkerungswachstums abschwächen zu können. Er nahm an: „Any considerable improvement in the standard of living would eventually be followed by family limitation, provided a wage economy was substituted for a subsistence economy."[228] Auf der Basis des demographischen Transitionsmodells, auf das sich Davey zwar nicht explizit, in seinen Grundannahmen aber implizit bezog, erklärte er den Westen zum Orientierungsmodell schlechthin für die Entwicklung der Kolonien. Ein Kommentar zu Daveys Memorandum aus dem Büro von Geoffrey Clay, dem landwirtschaftlichen Berater im *Colonial Office*, brachte diese neue kolonialpolitische Linie mit dem Slogan „bi-

---

227 Notestein, Problems of Policy, S. 432.
228 Davey, The Growth, Bl. 6.

cycles instead of babies, furniture instead of families"²²⁹ auf den Punkt. Es gelte, die ländlich geprägten, vorwiegend für den Eigenbedarf wirtschaftenden Kolonialbevölkerungen systematisch zu Konsumenten zu erziehen. Ein höherer Lebensstandard solle zum Anreiz werden, kleinere Familien zu gründen. Damit wurde ein ökonomisches Kriterium zum kolonialpolitischen Maßstab für Bevölkerungsentwicklung.

Die Tatsache, dass Davey seine Problembeschreibung ebenso wie seinen Lösungsansatz auf das Transitionsmodell gründete und als Wiederholung einer fiktionalen historischen Entwicklung der Industrienationen dachte, zeigt, dass sich der Maßstab von Kolonialpolitik verändert hatte. Vorgänge in den Kolonien wurden weniger als lokale Phänomene in essentiell andersartigen Gesellschaften imaginiert, denn als Teil einer weltweiten historischen und teleologischen Entwicklung. Diese Veränderung soll im Folgenden anhand der unterschiedlich ausfallenden Rezeption von Daveys Memorandum innerhalb des *Colonial Office* untersucht werden.

1.2.3 Die internationale politische Ebene als neuer Maßstab von Kolonialpolitik

Daveys Memorandum zirkulierte zwischen 1947 und 1948 innerhalb des *Colonial Office* und wurde von Mitgliedern verschiedener Ausschüsse diskutiert und kommentiert. Es ist aufschlussreich, sich dieses Prozedere etwas näher anzusehen und die schriftlichen Kommentare zum Memorandum nach Argumenten zu systematisieren und zu kontextualisieren. Anhand dieses Verfahrens wird sich zeigen, dass das *Colonial Office* ein sehr vielschichtiges Gebilde war, in dem verschiedene Generationen mit sehr unterschiedlichen Ansichten vertreten waren und in dem über zahlreiche Sachfragen keineswegs Einigkeit herrschte. Im Zuge der Systematisierung der Positionen, die jeweils Daveys Gegner und Befürworter einnahmen, kristallisieren sich dennoch zwei Richtungen heraus, die ich hier einerseits als „imperialen" und andererseits als „internationalen" Diskurs kennzeichnen möchte. Damit ist gemeint, dass im ersten Fall Probleme und Lösungsansätze in einem imperialen Maßstab gedacht und verhandelt wurden, im zweiten Fall mit Blick auf *eine* nach bestimmten Parametern kategorisierte und geordnete Welt.

---

229 [Unleserlicher Name, Zusatz: affd. Clay], 16.3.1948, Report on Growth of Tropical Populations, TNA, CO 859/154/6, Bl. 5. Dieser Nachweis gilt auch für das Zitat in der Überschrift zu Kapitel 1.2.

Zu Daveys Diagnose, dass das von ihm problematisierte Wachstum der „tropischen Bevölkerungen" nur durch die kolonialpolitisch angeregte Nachahmung des westlichen Entwicklungspfades gebremst werden könne, gab es zwei zentrale Gegenargumente. Das erste hob darauf ab, dass es aufgrund fehlender Zensuserhebungen in den Kolonien keine Datengrundlage gebe, um überhaupt von einem Bevölkerungswachstum ausgehen zu können. So bezog sich ein Kommentator, der Statistiker N. Francis, auf Robert René Kuczynskis *Demographic Survey of the Colonial Empire*, der hinsichtlich der Bevölkerungsentwicklung in Britisch-Ostafrika die folgende Position vertrat: „There is no reason to assume that the total population in 1940 was any larger than in 1895 or that the total population in 1895 was much smaller than 1875."[230] Auch der *Assistant Under-Secretary of State* im *Colonial Office*, Christopher Eastwood, zeigte sich skeptisch gegenüber Daveys Ausgangsannahme: „We have not sufficient material on which to base judgements."[231] Stattdessen vertrat er die Ansicht, dass lediglich von einzelnen lokalen Bevölkerungsverdichtungen – „local overcrowding" – die Rede sein könne, nicht aber von einer drohenden Überbevölkerung der Welt.[232]

Das zweite Gegenargument zielte auf eine funktionale und essentielle Differenz zwischen den Kolonien und den Industrienationen und stellte damit Daveys Problemlösungsansatz einer Ausrichtung der Kolonien am westlichen Modell in Frage. Professor H.J. Seddon schrieb in einem dem Memorandum von Davey beigefügten Anhang:

> However, the tropics have been and must remain great food producing territories, and it would be fatal if industrialisation such as has developed in the United Kingdom led to a progressive depopulation of the rural food-producing areas. Also, it is questionable – fortunately so – whether western industrialisation could be developed in a tropical milieu.[233]

---

230 Zitiert nach: N.M. Francis, 18.3.1948, Report on Growth of Tropical Populations (Medical), 1948–1949, TNA, CO 859/154/6, Bl. 6. In die gleiche Kerbe schlug Phyllis Deane in ihrem Kommentar: „On African population problems I would emphasise that none of the African colonial populations has been properly counted and the art of censustaking in rural Africa is exceedingly undeveloped." (Ebenda, Bl. 12)
231 Christopher Eastwood, 14.6.1948, Report on Growth of Tropical Populations (Medical), 1948–1949, TNA, CO 859/154/6, Bl. 24.
232 Eastwood, Report on Growth of Tropical Population (Medical), Bl. 10.
233 H.J. Seddon, Addendum zu „The Growth of Tropical Populations", Bl. 1. Während eines Treffens des *Colonial Advisory Medical Committee*, dem Daveys Memorandum zuerst vorlag, äußerte sich Professor Seddon ebenfalls dahingehend, dass er mit den von Davey vorgeschlagenen Lösungsansätzen nicht übereinstimme, insbesondere was die Industrialisierungspläne angehe. Siehe: Extracts from Minutes of C.a.M.C. 443rd Meeting held 23.3.1948, TNA, CO 859/154/6.

Seddon plädierte hier erstens dafür, die den Kolonien beigemessene Funktion als Nahrungsmittelproduzenten zu erhalten. Eine Industrialisierung nach dem Vorbild des Vereinten Königreichs brächte die Gefahr einer Entvölkerung mit sich, die auch diese Funktion der Kolonien aufs Spiel setzte. Indem Seddon die Kolonien in ein funktionales Verhältnis zur britischen Kolonialmacht setzte, unterstrich er deren vermeintlich spezifischen Charakter. Diesen drückte er zweitens mit dem Begriff des „tropischen Milieus" aus, der eine Andersartigkeit zum Westen unterstellte, die sich sowohl auf die klimatischen, topographischen oder ökologischen Bedingungen des Raumes, als auch die ethnischen oder kulturellen Eigenschaften der Bewohner dieses Raumes beziehen konnte.

J. Greer, Agrarexperte im *Colonial Office*, beließ es in seinem Kommentar zu Daveys Memorandum nicht bei einem interpretierbaren Hinweis auf ein „tropisches Milieu":

> The utterance of Governors make it appear that most East Africans are incurably lazy and if this is so industrialisation and the extension of plantations will only be possible up to the point at which the few exceptional members of the community who are willing to do regular work have all been absorbed. The rest will continue to live a shiftless existence, surrounded by swarms of children. It is possible that the eradication of malaria and other diseases would make lazy people energetic, but no evidence on this question is so far available.[234]

Diese von rassistischen Vorbehalten getragene Ansicht, dass die meisten Ostafrikaner nicht in der Lage seien, die zivilisatorisch anspruchsvolle Aufgabe einer Industrialisierung zu bewältigen, lässt sich einer kolonialpolitischen Denkrichtung zuordnen, die eine essentielle Differenz zwischen Afrikanern und Europäern zugrunde legte.

Die Äußerungen Seddons und Greers waren durchaus repräsentativ für eine Mehrheit in der kolonialen Verwaltung. So betonte der Historiker Joseph Hodge, dass die Idee einer exportbasierten Industrialisierung in den Kolonien für den Großteil der Kolonialbeamtenschaft im *Colonial Office* der Häresie gleichgekommen sei. Aus deren Sicht sollte Landwirtschaft die wirtschaftliche Grundlage kolonialer Bevölkerungen bleiben.[235] Die Tendenz, an einer essentiellen und funktionellen Differenz zwischen Kolonien und Kolonialmacht festzuhalten, entsprach einem Entwicklungsdenken im imperialen Maßstab. Dieses Denken blieb von der Vorstellung von Kolonien als Ressourcen für die Metropole durch-

---

234 J.K. Greer, 11.3.1948, Report on Growth of Tropical Populations (Medical). 1948–1949, TNA, CO 859/154/6, Bl. 3.
235 Hodge, Triumph of the Expert, S. 266.

drungen und ließ die Frage nach den Auswirkungen auf die indigenen Bewohner weitgehend außer Acht. Gleichwohl herrschte bis in die 1940er Jahre hinein die Überzeugung vor, dass das, was gut für den britischen Handel und die Industrie sei, sich auch vorteilhaft auf die moralische und materielle Situation kolonialer Subjekte auswirken würde.[236]

Befürworter einer Industrialisierung der Kolonien argumentierten demgegenüber, dass die landwirtschaftliche Produktion nicht ausreiche, um eine Erhöhung des Lebensstandards zu ermöglichen.[237] In ihren 1944 veröffentlichten Überlegungen zur Zukunft der Kolonien ordneten der britische Biologe Julian Huxley und die Wirtschaftshistorikerin und Forschungsbeauftragte des *Colonial Office*, Phyllis Deane, diese Industrialisierungspläne einer neuen Haltung von mit Blick auf die Kolonien fortschrittlich denkenden Menschen zu.[238] Diese Menschen realisierten, so Huxley und Deane, dass es nicht nur ihre Pflicht sei, sondern auch den materiellen Interessen Großbritanniens entspräche, den Kolonien langfristig zu einem dem Westen gleichwertigen Status und gleichwertigen sozialen, wirtschaftlichen und politischen Standards zu verhelfen. Aus der Perspektive Daveys und mit Blick auf das von ihm thematisierte drohende Bevölkerungswachstum in den Kolonien erschien diese Anpassung der Lebenssituation in den Kolonien an das westliche Modell im Sinne von Industrialisierung, Urbanisierung und Individualisierung als Notwendigkeit, um Anreize für kleinere Familien zu schaffen. Die Bewahrung landwirtschaftlicher Strukturen hingegen würde hohe Geburtenraten weiterhin begünstigen.[239] Huxley und Deane verknüpften diese Haltung, die die Lebenssituation kolonialer Bevölkerungen zum Ausgangspunkt politischer Überlegungen machte, nicht mehr mit einer imperialen, sondern mit einer internationalen Perspektive.[240]

Eine konkrete Illustration dieses Perspektivwechsels ist die Tatsache, dass sich das *Colonial Office* als Institution im Umgang mit Daveys Memorandum schwertat. Dies hatte nicht allein inhaltliche, sondern auch formale Gründe. Die handschriftlichen Kommentare und maschinengeschriebenen Notizen, die während der Zirkulation des Memorandums zusammenkamen, warfen in erster Linie die Frage der Zuständigkeit auf. Offenbar konnte die Londoner Kolonialverwaltung mit dem kolonialpolitischen Dilemma, das Davey zur Diskussion stellte, innerhalb ihrer administrativen Strukturen nicht umgehen. Aus der Sicht eines

---

236 Hodge, Triumph of the Expert, S. 144.
237 Siehe hierzu eine Rede des Kolonialsekretärs Colonel Stanley vor dem *House of Commons* im Juli 1943, zitiert in: Huxley/Deane, The Future of the Colonies, S. 41–42.
238 Huxley/Deane, The Future, S. 56.
239 Davey, The Growth, Bl. 1.
240 Huxley/Deane, The Future, S. 43.

Kommentators schien das von Davey thematisierte Problem selbst ein Produkt dieser institutionellen Strukturen gewesen zu sein:

> The salient point to my mind is that there must be far more integration between the various departments of Government. [...] If by the endeavours of medical departments, we increase the expectation of life, reduce the death statistics and by child welfare and maternity work ensure that the heavy loss in infant live is materially reduced, and yet do not, at the same time, take steps to produce a concomitant improvement in economic standards, it is at least arguable that the final stage will be worse than the first.[241]

Dieses Zitat legt nahe, dass die kolonialpolitischen Maßnahmen der einzelnen Spezialabteilungen im *Colonial Office* nicht aufeinander abgestimmt waren. Vielmehr schien jedes *Department* aus dem eigenen thematischen Interesse heraus Probleme zu definieren und eigene Agenden zu verfolgen. Hierbei gerate nicht nur das große Ganze aus dem Blick, sondern es trete die paradoxe Situation ein, dass die Maßnahmen der unterschiedlichen Abteilungen sich nicht ergänzten, sondern das Gesamtergebnis schlechter sein könnte als die Ausgangslage.

Seit einer umfassenden Strukturreform im *Colonial Office* in den 1930er Jahren waren die Abteilungen dieser Behörde nicht mehr nach Regionen, sondern nach Sachgebieten geordnet. Die Generation der Generalisten mit einem Oxbridge-Abschluss wich allmählich einer Kohorte jüngerer Spezialisten, vornehmlich Mediziner, Sozialwissenschaftler oder Agrarexperten.[242] Aus diesem Prozess einer „Verwissenschaftlichung des Sozialen"[243] im *Colonial Office* ging eine Reihe von Sachausschüssen hervor wie beispielsweise das *Colonial Advisory Medical Committee*, dem Daveys Memorandum als erstes vorlag, der *Colonial Social Science and Research Council* oder das *Colonial Economic and Development Committee*. Zugleich begünstigte diese thematisch gegliederte Abteilungsstruktur, dass einzelne Forschungsinstitutionen aus der Perspektive ihres Spezialgebiets Entwicklungsprobleme in den Kolonien definierten, die von ihrer Aufmerksamkeit profitierten. Auf diese Weise trug die Bürokratisierung zu einem Wettbewerb um Aufmerksamkeit, institutionelle Geltung und Ressourcen innerhalb des *Colonial Office* bei und mithin zu dessen Politisierung.[244]

Davey hatte in seinem Memorandum das Problem aufgeworfen, dass kolonialpolitische Maßnahmen ein Bevölkerungswachstum begünstigt hätten, das um

---

[241] Maschinengeschriebener Kommentar zu Thomas Daveys Memorandum „The Growth of Tropical Populations", Dr. Wilson Rae, 3.3.1948, TNA, CO 859/154/6, Bl. 2.
[242] Ittmann, A Problem of Great Importance, S. 67–68; Hodge, Triumph of the Expert, S. 44–45, S. 72–73 und S. 141–142.
[243] Raphael, Die Verwissenschaftlichung des Sozialen, S. 166–167.
[244] Siehe hierzu auch: Clarke, A Technocratic Imperial State, S. 480.

der Bewahrung der europäischen Zivilisation willen gestoppt werden müsse. Die Kommentare zu Daveys Text beschäftigten sich nun intensiv mit der Frage, in welchen Zuständigkeitsbereich die Bearbeitung dieses Problems fallen solle und welcher Sachausschuss sich mit dem Thema weiter auseinandersetzen müsse. Im *Colonial Medical Advisory Committee* herrschte die Überzeugung vor, „that this subject goes far beyond ‚medical'", wie ein Kommentator bemerkte, und dass sich daher das *Colonial Research Committee* der Angelegenheit annehmen sollte.[245] Auch das *Colonial Economic Development Committee* wurde wiederholt als zuständige Abteilung ins Spiel gebracht.[246] Aus dem *Research Department* wiederum wurde der Ball an das *Social Service Department* zurückgespielt:

> I am afraid that I cannot agree with the suggestion of the Social Service Department that the handling of correspondence on this vast question is primarily the concern of the Research Department, although Research Department will, of course, be prepared to give any assistance it can. In my view, it is obviously primarily a matter for Social Service Department „A".[247]

Schließlich wurde vorgeschlagen, die Bearbeitung von Daveys Memorandum zunächst an die einzelnen Kolonialregierungen zu delegieren: „I think that any of the Colonial Office higher-powered advisory bodies such as the Colonial Research Council would be very chary of expressing categorical views until they have some idea how the problem is viewed by Colonial Governments themselves."[248] In diesen Kommentaren deutet sich bereits an, dass das *Colonial Office* nicht nur ein zunehmend spezialisierter, großer und dadurch auch schwerfälliger bürokratischer Apparat war, sondern dass es ohne die Zustimmung der Gouverneure in den jeweiligen Kolonien keine politischen Entscheidungen durchsetzen konnte, weil die Gesetzgebung in den Händen Letzterer lag.[249]

Anhand der zitierten Kommentare, die einen Einblick in die Arbeitsabläufe kolonialer Institutionen gewähren, zeigt sich die historisch gewachsene, hochgradig dezentrale Organisation imperialen Regierens. Sie erschien zu ziseliert, um zu einstimmigen Problemdefinitionen oder gar konzertierten Lösungsstra-

---

245 Kommentare vom 17.3.1948, 22.4.1948 und 3.5.1948 (siehe auch das Zitat) zu Thomas Daveys Memorandum „The Growth of Tropical Populations", TNA, CO 859/154/6, Bl. 5, 7 und 8.
246 Kommentare vom 14.6.1948, 22.6.1948 und 16.11.1948 zu Daveys Memorandum, Bl. 8, 9, 12 und 23.
247 Mr. Eastwood, Undatierter Kommentar zu Daveys Memorandum „The Growth", Bl. 8.
248 Mr. Eastwood, Undatierter Kommentar zu Daveys Memorandum „The Growth", Bl. 8–9.
249 Andreas Eckert, Exportschlager Wohlfahrtsstaat? Europäische Sozialstaatlichkeit und Kolonialismus in Afrika nach dem Zweiten Weltkrieg, in: GG, (2006), Nr. 32, S. 467–488, hier S. 480; Lewis, Empire State-Building, S. 18 und 34.

tegien zu finden. Im Zuge der Diskussion um das von Davey aufgeworfene Bevölkerungsproblem, das nahezu ausnahmslos mit Attributen wie „very myopic character", „wide", „vast", „controversial" und „complicated" charakterisiert wurde,²⁵⁰ mehrten sich daher die Meinungsäußerungen, dass dieses Problem den imperialen Rahmen sprenge.²⁵¹ Eine Alternative hierzu, nämlich die Behandlung dieses „Weltproblems" im „internationalen Rahmen", skizzierte der *Deputy Under-Secreatry of State* im *Colonial Office*, Arthur Hilton Poynton:

> [...] it is felt that the subject is not one which could be successfully tackled by committee procedure; and that the alternative seems to be either (1) to take the line that such an investigation can only be conducted on an international basis and not simply on a British Colonial Empire basis, that we understand that the F.A.O. is already alive to the problem, and that the best contribution we can make is to collaborate with F.A.O. in any investigations that they may be instituting [...].²⁵²

Die Ansicht, dass der institutionelle Rahmen des *Colonial Office* für die Untersuchung des von Davey aufgeworfenen Bevölkerungsproblems inadäquat sei und der hierfür geeignete Maßstab nicht der des britischen Kolonialreiches, sondern nur der internationale sein könne, kann zunächst als Hinweis darauf verstanden werden, dass sich Verantwortliche im *Colonial Office* wie Hilton Poynton oder auch der parlamentarische Staatssekretär Rees-Williams der nicht enden wollenden Diskussion um Daveys Memorandum möglichst rasch entledigen wollten. Die Delegation der Zuständigkeit an eine internationale Ebene schien eine solche Möglichkeit zu bieten, zumal Poyntons zuvor unternommene Bemühungen, die Diskussion im Sande verlaufen zu lassen, gescheitert waren, wie er mit Bedauern feststellte.²⁵³ So hatte Poynton im November 1948 vergeblich ver-

---

250 Kommentare zu Daveys Memorandum „The Growth", TNA, CO 859/154/6, Bl. 5, 6, 8 und 13.
251 Siehe die Kommentare zu Daveys Memorandum „The Growth" vom 13.9.1948: „I cannot see that any really worth while purpose would be served by some parts of the investigation required being organised on a purely colonial basis", Bl. 14 und vom 12.11.1948: „The subjects dealt with in this file are vast and I am afraid I am a bit sceptical of the value of any prolonged (discussion? Unleserliches Wort, M.D.) of them on a purely colonial basis", Bl. 19.
252 A.H. Poynton an Mr. Eastwood, 18.11.1948, Kommentare zu Daveys Memorandum „The Growth", Bl. 23.
253 Hilton Poynton, 15.2.1949: „I believe that if these documents had been circulated to the C.E.D.C. [Colonial Economic and Development Council] last November, as directed in my minute of the 18ᵗʰ November, we should have had no trouble. The Council were then oppressed with a very heavy agenda and I do not believe that they would have wanted to discuss the matter in great detail, but would have been only too glad to take the easy way out. Unfortunately, the Council has now run pretty short of agenda and if we circulate this paper they will be bound to want to discuss it for the sake of something to do. In the circumstances, I think the best plan is that we should

sucht, die Beschäftigung mit dem Memorandum an den zu dieser Zeit völlig ausgelasteten *Colonial Economic and Development Council* auszulagern, wo es seiner Berechnung nach einfach in den Akten verschwunden wäre.

Aus den Reihen des *Colonial Medical Advisory Committee* erntete Ponyton indes Kritik an seiner Vorgehensweise, weil man sich in diesem Gremium Davey gegenüber, aber auch hinsichtlich der vermeintlichen Dringlichkeit des Bevölkerungsproblems in der Verantwortung sah. John Martin kommentierte, dass es keine Lösung sei, das Thema einfach fallen zu lassen. Wenngleich es ein schwer handhab- oder gar lösbares Problem sei, so sei es doch real und erfordere eine Auseinandersetzung, nicht zuletzt, weil die Öffentlichkeit alarmiert sei und auch das Interesse der Mitglieder des *Colonial Advisory Medical Committee* ernst genommen werden müsse. Dennoch pflichtete John Martin Hilton Poynton mit Blick auf den internationalen Maßstab des Themas bei: „[T]he general problem is one which transcends the limits of the Colonial Empire and can only be considered on a world basis (by F.A.O. or otherwise)".[254]

Der Verweis auf den Weltmaßstab als sinnvolle Ebene für die Betrachtung des Bevölkerungsproblems erfolgte sowohl bei Martin als auch bei Poynton mit Blick auf eine konkrete Organisation, die *Food and Agriculture Organization*. Dies hatte zweifellos inhaltliche Gründe. Die 1946 als erste Unterorganisation der *Vereinten Nationen* gegründete FAO befasste sich als eine der ersten internationalen Organisationen mit Bevölkerung als politischer Frage. Zu ihrem Kernauftrag gehörte der Blick auf das Verhältnis von Bevölkerung und Nahrungsangebot im internationalen Maßstab sowie die weltweite Sammlung und Aufbereitung von Bevölkerungsdaten.[255] Aber auch eine Personalie mag bei dem Verweis der Kolonialbeamten auf die FAO eine zentrale Rolle gespielt haben. Der erste Generaldirektor der Organisation, der Brite John Boyd-Orr, gehörte zu den zahlreichen Forschern, die enge Verbindungen zum *Colonial Office* unterhalten hatten und nach dem Zweiten Weltkrieg ihre Karriere in der entstehenden Struktur internationaler Organisationen fortsetzten.[256] Der ausgebildete Mediziner hatte sich in den 1920er

---

quietly forget about the undertaking given to the Council on the 15th November and put the papers by. If at any time any member of the Council asks what happened, we can always make some sort of explanation that we had come to the conclusion that the matter was not worth pursuing. I think there is a fair chance that they forget about it. I am passing the file to Mr. Martin as I do not know whether he will want to make any further statement to the Colonial Advisory Medical Committee." Kommentare zu Daveys Memorandum „The Growth", Bl. 29.
254 John M. Martin an Arthur Hilton Poynton, 20.2.1949, Bl. 29; Zitat siehe: John M. Martin an Arthur Hilton Poynton, 16.3.1949, Bl. 30–31, Kommentare zu Daveys Memorandum.
255 Bashford, Global Population, S. 271.
256 Hodge, Triumph of the Expert, S. 257.

Jahren mit Untersuchungen zur Ernährungssituation bei den Maasai und den Kikuyu in Britisch-Ostafrika einen Namen gemacht und war in den 1930er Jahren an der Unternehmung des *African Research Survey* beteiligt gewesen.²⁵⁷ So drückte Boyd-Orr den im Rahmen des *British Empire* entwickelten und vertieften Forschungsinteressen der FAO über die Zusammenhänge zwischen Landwirtschaft, Nahrungssituation und demographischer Situation in den Kolonien seinen Stempel auf. Die internationale Ebene, auf die die mit Daveys Memorandum konfrontierten Kolonialbeamten verwiesen, war in dem Fall eine parallel zur imperialen Ebene im Entstehen begriffene Struktur und benannte noch nicht unbedingt eine hierarchische Ordnung. Vielmehr wurde das Internationale zu diesem Zeitpunkt wesentlich von Personen mitgestaltet, deren Werdegang von den Bedingungen und dem Weltbezug des britischen *Empire* geprägt war.

Gleichwohl konstituierte sich die institutionelle Struktur des Internationalen im Zeichen der *Vereinten Nationen* nach 1945 in einer globalen Umbruchssituation, die das *Empire* als Maßstab transnationaler Politik obsolet werden ließ. Das Verhältnis zwischen der Endlichkeit globaler Ressourcen und der weltweiten Bevölkerungsentwicklung, mit dem sich die FAO hauptsächlich befasste, wurde zunehmend innerhalb der neuen Dynamik des Kalten Krieges verhandelt. Anlass der Gründung dieser internationalen Organisation waren dramatische Hungersnöte, insbesondere im damaligen Bengalen, China und der Sowjetunion, aber auch in Teilen des zerstörten Europa nach dem Zweiten Weltkrieg, deren Bewältigung vornehmlich US-amerikanische Experten, Politiker und Organisationen alsbald an die Eindämmung des Kommunismus koppelten.²⁵⁸ Für die Entwicklung entsprechender Strategien sahen sich diese Akteure auf möglichst genaue Schätzungen zukünftigen Bevölkerungswachstums in unterschiedlichen Teilen der Welt angewiesen. Auf einer Konferenz der *University of Chicago* im Jahr 1944, die sich mit den akuten Problemen der weltweiten Nahrungsmittelverteilung und des Handels befasste, stellte Frank W. Notestein den Teilnehmern aus Politik und Wirtschaft seine Formulierung des demographischen Transitionsmodells vor.²⁵⁹ Er bot ihnen damit ein Schema an, um die Nationen der Welt drei aufeinanderfolgenden Stadien des Bevölkerungswachstums – Tradition, Transition und Moderne – zuzuordnen. Die Demarkationslinien, die hierbei entstanden, entsprachen zwar durchaus denjenigen der imperialen Weltordnung. Indes wurde mit dem demographischen Transitionsmodell zugleich ein Orientierungsmaßstab in die internationale Politik eingeführt, der nicht auf die Festschreibung von Diffe-

---

[257] Hodge, Triumph of the Expert, S. 171; Bashford, Global Population, S. 206–207; Tilley, Africa as a Living Laboratory, S. 72.
[258] Siehe hierzu und zum Folgenden: Bashford, Global Population, S. 267–269.
[259] Szreter, The Idea of Demographic Transition.

renz zwischen Kolonien und Kolonialmächten ausgerichtet war, sondern die potentielle Gleichwertigkeit aller Nationen der Welt suggerierte. Darin eingelassen war auch die Perspektive einer Integration des (post-)kolonialen Raumes in diese nationale Weltordnung, die die Dekolonisation der afrikanischen Territorien gleichsam vorwegnahm.

1.2.4 Zusammenfassung

Dieses zweite Kapitel des ersten Teils hat die veränderte Bewertung des Bevölkerungswachstums in den Kolonien in einer veränderten Perspektive auf die Kolonien insgesamt verankert. Seit den 1930er Jahren, so die These, verschob sich der Maßstab, innerhalb dessen die Kolonie Kenia verortet wurde, von einem imperialen auf einen internationalen. Die Umdeutung des Bevölkerungswachstums von einem erwünschten zu einem problematisierten Phänomen und von lokaler Bevölkerungsverdichtung zu globaler Überbevölkerung ist ein Symptom dieser Maßstabsverschiebung. So lange die Kolonie Kenia in Relation zum *Empire* gedacht und als Anbaugebiet exotischer Feldfrüchte und Rohstofflieferant für Großbritannien entwickelt werden sollte, erschien eine Kolonialpolitik sinnvoll, die demographisches Wachstum innerhalb der Kolonie durch hygienische und medizinische Maßnahmen unterstützt. Die afrikanische Bevölkerung interessierte die Kolonialmacht vornehmlich unter dem Gesichtspunkt benötigter Arbeitskraft und als Steuerzahler. Diese funktionale Definition der Kolonie mit Blick auf Großbritannien ließ sich seit den 1930er Jahren immer weniger aufrechterhalten.

Die Auswirkungen der Wirtschaftskrise Ende der 1920er und Anfang der 1930er Jahre stellten die ökonomische Funktion Kenias, als Ressource zugunsten Großbritanniens entwickelt werden zu können, zunehmend in Frage. Auf Preisstürze und Massenentlassungen folgten soziale Unruhen, die die britische Kolonialmacht nicht zuletzt zu einer neuen ökonomischen, aber auch moralischen Fundierung ihres Kolonialreiches aufforderten. Im Zuge dessen änderte sich der Blick auf Bevölkerung beziehungsweise der Mechanismus der Differenzierung zwischen afrikanischen und europäischen Bevölkerungen. Manifest wird diese Veränderung in der Umdeutung des „Rassensuizid"-Topos, den führende britische Sozialwissenschaftler in den 1930er Jahren durch das professionelle Modell zu ersetzen suchten, mit dem sie zunächst den beobachteten Fertilitätsrückgang in Großbritannien erklären wollten. Dieses Modell besagte, dass die besser verdienenden und besser ausgebildeten Menschen in der britischen Gesellschaft ihre Fertilität bewusst kontrollierten, um einen hohen Lebensstandard zu erreichen beziehungsweise halten zu können. Geburtenkontrolle erschien vor diesem Hintergrund als Zivilisationsmerkmal.

Das sich im Austausch zwischen britischen und US-amerikanischen Demographen herauskristallisierende demographische Transitionsmodell inkorporierte diesen ökonomischen Erklärungsansatz eines Fertilitätsrückgangs und bettete ihn in ein umfassendes Narrativ weltgeschichtlichen historischen Wandels ein. In diesem Modell erschienen die Industrialisierungs- und Urbanisierungsprozesse der westeuropäischen Nationen im 19. Jahrhundert als historischer Dreh- und Angelpunkt. Anders ausgedrückt wurden demographische und zivilisatorische Entwicklungsstadien vor und nach diesem als Transitionsstadium bezeichneten Industrialisierungs- und Modernisierungsprozess definiert, nach denen die Weltbevölkerung differenziert wurde. Für diejenigen, die sich explizit oder implizit auf dieses Transitionsmodell beriefen, präfigurierte es einen neuen Blick auf Bevölkerung, insbesondere indem es die Kriterien verschob, nach denen zwischen Bevölkerungen unterschieden wurde. Die Wahrnehmung essentieller, biologisch oder kulturell begründeter Unterschiede zwischen afrikanischen und europäischen Bevölkerungen rückte in diesem Zusammenhang in den Hintergrund zugunsten ökonomischer Kriterien, die als veränderbar galten. Auf dieser Grundlage kristallisierte sich ein neuer politischer Ansatz für Kolonien wie Kenia heraus: Die ländlich geprägten, vorwiegend für den Eigenbedarf wirtschaftenden Kolonialbevölkerungen müssten nach westlichem Vorbild konsequent zu Marktteilnehmern und Konsumenten erzogen werden. Wer, um im zugespitzten Bild des eingangs zitierten Kolonialbeamten zu bleiben, den Kauf von Fahrrädern und Möbeln einerseits und den Unterhalt einer großen Familie andererseits als einander ausschließende Alternativen betrachte, würde die Anzahl seiner Kinder beschränken und zu einem Fertilitätsrückgang beitragen.[260]

Ob es sich die Zeitgenossen im Londoner *Colonial Office*, an Schlüsselstellen in den Kolonien oder an britischen und US-amerikanischen sozialwissenschaftlichen Lehrstühlen so leicht machten, sei in Frage oder zumindest dahin gestellt. Zentral ist aber, dass sich in dem beobachtbaren Trend, sich auf den Denkzusammenhang des Transitionsmodells zu berufen, abzeichnete, dass die Vorgänge in den Kolonien seit den 1930er Jahren immer weniger mit Blick auf deren Auswirkungen für Großbritannien betrachtet, sondern zunehmend auf einen globalen Maßstab bezogen wurden. Für den britischen Mediziner und Leiter der medizinischen Dienste in Kenia, Alexander Paterson oder den britischen Tropenmediziner Thomas Davey lieferte der Denkrahmen des demographischen Transitionsmodells die Grundlage, um die zeitgenössische Kolonialpolitik zu kritisieren und Änderungen einzufordern. Das Bevölkerungswachstum in den

---

[260] Vgl. hierzu die eingangs zitierte Sentenz „Bicycles instead of Babies, Furniture instead of Families".

tropischen Kolonien, das sie als Resultat unterschiedlicher kolonialpolitischer Initiativen begriffen, wirke sich im globalen Zusammenhang problematisch aus, weil es die Relation zwischen einer wachsenden Weltbevölkerung und der Verfügbarkeit fruchtbaren Ackerlandes sowie dem Spielraum der Nahrungserzeugung verschärfe. Mit dem Plädoyer eines umfassenden Modernisierungsprogramms für die Kolonien nach westlichem Vorbild kristallisierten sich die Umrisse eines neuen Entwicklungshorizonts kolonialer Bevölkerungen als langfristige Angleichung an westliche Lebensstandards heraus.

Zusammengefasst führt der skizzierte Prozess vor Augen, dass ein noch nicht klar definierter internationaler Rahmen den imperialen allmählich zu überformen begann. So zeigt die Diskussion um Daveys Memorandum, dass mit dem Bevölkerungsproblem als „Weltproblem" ein Thema an das *Colonial Office* herangetragen wurde, mit dem es aufgrund inhaltlicher Einwände, administrativer Strukturen und Streit um Zuständigkeiten mehrheitlich nicht umgehen konnte oder wollte. Probleme, wie das von Davey skizzierte, das die Kolonialpolitik seiner Ansicht nach selbst aufgeworfen hatte, konnten offenbar kolonialpolitisch nicht mehr bewältigt werden, nicht zuletzt, weil der Kontext, in den sie nach dem Zweiten Weltkrieg eingebettet waren, denjenigen des *Empire* transzendierte. Insgesamt zog diese Entwicklung eine neue Sichtweise auf die Kolonien nach sich, die mit neuen politischen Zielsetzungen und nicht zuletzt dem Verweis auf eine neue politische Ebene – die internationale – einherging und ein Dekolonisationsszenario vorwegnahm, das von den Reformern im *Colonial Office* in eine allzu ferne Zukunft verlegt worden war.

1.3 Von der Kolonie zum Entwicklungsland: Die Konstruktion einer Bevölkerungswachstumsrate für Kenia im Kontext der Dekolonisation

Seit den 1930er Jahren und bis zur Unabhängigkeit Kenias im Jahr 1963 koexistierten zwei gegensätzliche Narrative zur Bevölkerungsentwicklung in Kenia: das der Schrumpfung und das des Wachstums. Für diese auf den ersten Blick unwahrscheinliche Parallelität gibt es verschiedene Erklärungsansätze. Die zeitgenössischen Akteure verwiesen auf die unklare demographische Situation in der Kolonie Kenia, die es nicht zulasse, mit Gewissheit von Bevölkerungswachstum oder -schrumpfung zu sprechen. Die Forderung nach zuverlässigen Daten und Statistiken wurde zu einem permanenten Grundrauschen in allen Institutionen des britischen *Empire*, die nach dem politischen Weg in die Zukunft suchten. Jenseits der Zahlen, die zwar mit Beharrlichkeit zum eigentlichen Prüfstein aller politischen Entscheidungen erklärt wurden, scheint der politische, wirtschaftliche und gesellschaftliche Hintergrund, vor dem sie erhoben und gelesen wurden, jedoch mindestens ebenso bedeutungsvoll. Die Gleichzeitigkeit von Wachstums- und Schrumpfungsnarrativ lässt sich auch als Gleichzeitigkeit unterschiedlicher Perspektiven verstehen: Die eine nahm Bevölkerungsentwicklung als lokales, singuläres und von den örtlichen Gegebenheiten abhängiges Phänomen in den Blick; die andere legte das Konzept einer Weltbevölkerung zugrunde und begriff Bevölkerungstrends als Stadien eines historischen Prozesses, der sich zeitlich versetzt, aber weltweit gleichförmig vollziehe.

In diesem Kapitel wird der Konstruktionsprozess einer Bevölkerungswachstumsrate in der Kolonie Kenia und die politischen Ziele und Erwartungen, die an diesen Prozess geknüpft waren, in den Blick genommen. Hierzu werden die Methoden, Kategorien und Ziele analysiert, mithilfe derer Kolonialbeamte und Wissenschaftler Schätzungen und Zensuserhebungen der Bevölkerung in Kenia vornahmen. Diese Erhebungen sollten einerseits Daten liefern, um das Bevölkerungswachstum in der Kolonie genau ermitteln zu können. Andererseits nahm Bevölkerung vermittelt durch die Kategorien, die diese Erhebungen strukturierten, Gestalt an.

1.3.1 „Nothing can be said with certainty". Zur Genese von Bevölkerungswissen in der Kolonie Kenia

Robert René Kuczynski, einer der wichtigsten Protagonisten der imperialen Demographie, konstatierte 1947: „Practically nothing is known of the population trend in the whole territory of British East Africa."[261] Tatsächlich fand erst im Jahr 1948 der erste Zensus statt, der die Gesamtbevölkerung in den ostafrikanischen Kolonien Kenia, Tanganyika und Uganda erfassen sollte.[262] Dennoch hatte es auch in den Jahren davor Zählungen von Bevölkerung auf dem Territorium der Kolonie Kenia gegeben. Zu nennen sind hier insbesondere die Erhebungen, die das Be-

---

[261] Robert René Kuczynski, zitiert nach John E. Goldthorpe (Makerere College, The University College of East Africa), Appendix VII. The African Population and East Africa. A Summary of Its Past and Present Trends. A Memorandum for Submission to the Royal Commission, TNA, CO 892/4/19, E.A.R.C. Appendices Bl. 3. Das titelgebende Zitat in der Kapitelüberschrift befindet sich ebenda.
[262] Siehe hierzu: C.J. Martin, The East African Population Census, 1948. Planning and Enumeration, in: PS 3 (1949), S. 303–320, hier S. 304–307.

völkerungswachstum im Reservat der Kikuyu auf circa zwei Prozent beziffert hatten und im Kontext der Landfrage entstanden waren.²⁶³ Kuczynski zeigte sich dessen ungeachtet überzeugt: „There is no reason to assume that the population in 1940 was any larger than in 1895 or that the total population in 1895 was much smaller than in 1875."²⁶⁴ Kurzum, über die Bevölkerungsentwicklung in der Kolonie könne keine valide Aussage gemacht werden.

Die Frage, auf welcher Grundlage Kuczynski zu seiner Einschätzung kam, führt zunächst einmal hinein in eine methodische Auseinandersetzung. Sie wurde – institutionell zugespitzt – zwischen dem Londoner *Colonial Office* einerseits und der lokalen Verwaltungsebene in den Kolonien andererseits ausgetragen. Dies illustriere ich im Folgenden an zwei Beispielen. Das erste Beispiel befasst sich mit einem *Memorandum on the Rate of Population Increase of the Kikuyu Tribe*, das Sidney Fazan, der Bezirksverwalter von Kiambu, um das Jahr 1933 verfasst hatte.²⁶⁵ Darin nannte er eine Bevölkerungswachstumsrate von 1,6 Prozent. In einem Folgememorandum prognostizierte er einen Anstieg dieses Wachstums auf zwei Prozent bis zum Jahr 1941.²⁶⁶ Methodisch war er so vorgegangen, dass er die Zahl der Ehefrauen und Witwen gezählt hatte, die in den Steuerregistern der Bezirksverwaltung aufgelistet waren.²⁶⁷ Diese Steuerregister basierten auf so genannten Hüttenzählungen²⁶⁸, die in der Kolonie Kenia um das Jahr 1920 und in den 1930er Jahren durchgeführt worden waren. Da die Kolonialregierung alle afrikanischen verheirateten Männer und Witwen in Kenia besteuerte, hatten diese Zählungen in regelmäßigen Abständen stattgefunden. Die so genannten Hüttenzähler füllten Formulare aus, in die sie die Namen der männlichen Haushaltsvorstände, gefolgt von der Anzahl der Hütten sowie der Männer, Frauen und Kinder, die sie zu diesem Haushalt zählten, eintrugen. Diese Besteuerung beruhte auf der Annahme, dass in polygamen Ehen jede Frau mit ihren Kindern eine eigene Hütte bewohnte.

---

263 Sidney H. Fazan, Memorandum: An Economic Survey of the Kikuyu Reserves; Norman Humphrey, The Relationship of Population to the Land in South Nyeri in the Light of Available Statistics, Bl. 3 und 10. Siehe hierzu auch die Kapitel 1.1.3 und 1.2.2.
264 Robert René Kuczynski, zitiert nach Goldthorpe, Appendix VII: Bl. 3.
265 Dieser Text wird zitiert in: Thomas, Regulating Reproduction, S. 191; S.H. Fazan, Memorandum on the Rate of Population Increase of the Kikuyu Tribe, undatiertes Typoskript [circa 1933], Kenya National Archives [KNA]/312.8.
266 Fazan, Memorandum. An Economic Survey of the Kikuyu Reserves, S. 1012.
267 Siehe hierzu und zum Folgenden: Thomas, Regulating Reproduction, S. 191–196. Dass er Ehefrauen und Witwen berücksichtigte, aber nicht Männer, begründete Fazan mit der männlichen Arbeitsmigration, die die Erhebung zuverlässiger Zählungen verhindere (S. 191).
268 Der von der Kolonialverwaltung verwendete Begriff lautete „hut counts", siehe Thomas, Regulating Reproduction, S. 191.

Das zweite Beispiel bezieht sich auf Alexander R. Paterson. Der Direktor der medizinischen Dienste in Kenia wandte sich am 18. September 1946 schriftlich an Lord W. Malcolm Hailey, den Leiter des *African Research Survey*. Bei diesem zwischen 1929 und 1939 durchgeführten Projekt handelt es sich um die erste groß angelegte und mit wissenschaftlichem Anspruch verfolgte Studie zu den Lebensbedingungen in *British Africa*.[269] 1938 in erster Auflage erschienen, galt sie lange Zeit als Standardwerk. Paterson bezog sich in seinem Brief an Hailey auf die zweite, 1945 erschienene Auflage des *African Survey* und kritisierte, dass darin weiterhin von einem Bevölkerungsrückgang auf dem afrikanischen Kontinent die Rede sei.[270] Aus seiner Sicht sei genau das Gegenteil der Fall. Um seinen Standpunkt empirisch zu untermauern, verwies er auf statistische Erhebungen aus dem medizinischen Kontext. In einem Bezirk südlich von Mombasa seien im Jahr 1927 alle Menschen einer Hakenwurmbehandlung unterzogen und dabei gezählt worden. Zu dieser Zeit hätten in diesem Bezirk 54 000 Menschen gelebt. 1949 sei im gleichen Bezirk gegen Gelbfieber geimpft worden. Im Zuge dessen seien 74 000 Menschen gezählt worden, obgleich es laut Paterson keine Einwanderung in diesen Bezirk gegeben habe.

Es war Kuczynski, der das Kapitel über Bevölkerung im *African Survey* verantwortete.[271] Wenngleich Haileys Antwort auf Patersons Brief nicht vorliegt, lässt sich mithilfe von Aussagen Kuczynskis rekonstruieren, dass er sich von Patersons Studien und Argumenten nicht überzeugen ließ. Aus Beobachtungen, die sich aus der medizinischen Praxis in einem bestimmten Bezirk ergaben, einen repräsentativen Trend abzuleiten, entbehre jeder wissenschaftlichen Grundlage und sei lediglich eine bloße Vermutung:

> If a Medical Officer has noted numerous cases of leprosy or sleeping-sickness in a given District, his opinion on the incidence of these diseases in this District may be well-founded. But until thorough and comprehensive surveys, hitherto never undertaken, have been carried out, his opinion on the incidence of the disease in the whole Colony is a mere guess [...].[272]

Desgleichen reagierte Kuczynski auf die oben ausgeführten Erhebungen Fazans. In seinem Standardwerk *Demographic Survey of the British Empire* widersprach er dessen Berechnungen einer Bevölkerungswachstumsrate zwischen 1,6 und zwei

---

269 Siehe hierzu die einschlägige Studie von Helen Tilley, Africa as a Living Laboratory.
270 Siehe hierzu und zu Patersons Argumentation: Alexander R. Paterson an Lord Hailey, 18.9. 1964, TNA, CO 1018/29.
271 Ittmann, „Where Nature Dominates Man", S. 59–88.
272 Robert René Kuczynski, Demographic Survey of the British Colonial Empire, Bd. 1, Oxford/London/New York/Toronto 1948, S. vi.

Prozent vehement; es handle sich um eine „phantasierte" Annahme.[273] Auf dieser Grundlage sei es „absolut unmöglich", korrekte Schlüsse über das Wachstum einer Gesamtbevölkerung innerhalb eines Territoriums zu ziehen, ohne über Angaben zur Kindersterblichkeit, Veränderungen der Fertilität oder der Alterszusammensetzung dieser Bevölkerung zu verfügen.[274]

Zweifelsohne betrieb Kuczynski „boundary work":[275] Er bemühte sich um die Anerkennung der Demographie als wissenschaftlicher Disziplin, indem er andere Methoden der Bevölkerungszählung als Nicht-Wissen oder mindestens als ungenaue Schätzungen abqualifizierte. Hier ging es nicht zuletzt darum, institutionelle und politische Interessen durchzusetzen, um den lokalen Kolonialregierungen die Deutungshoheit über Bevölkerung zu entziehen und diese auf die Demographie zu übertragen.[276] Mithin ging die Auseinandersetzung um korrektes Bevölkerungswissen über methodische Fragen weit hinaus. Bevölkerungszählungen waren mitnichten neutrale empirische Übungen. Vielmehr waren sie aufs Engste mit einer politischen Agenda verbunden.

Kuczynski selbst gestand Kolonialbeamten und -politikern zu, dass sie angesichts der gegenwärtig unruhigen Situation in den Kolonien unter dem Druck stünden, in ihren Berichten Stellung zu demographischen Phänomenen beziehen zu müssen, die sie aufgrund der problematischen Datensituation gar nicht einschätzen könnten.[277] Für die Kolonialregierung in Kenia stellte eine solche Situation die weiterhin ungeklärte Landfrage dar. Da es sich um eine Auseinandersetzung zwischen den Kikuyu und den britischen Siedlern handelte, interessierte die beteiligten Beamten und Politiker in diesem Zusammenhang lediglich das Bevölkerungswachstum der Kikuyu innerhalb der Reservate Kiambu, Fort Hall und South Nyeri.[278] Sidney Fazan argumentierte in diesem Zusammenhang,

---

273 Im Original: Eine „fantastic assumption", Kuczynski, Demographic Survey, Bd. 2, S. 227.
274 Kuczynski, Demographic Survey, Bd. 2, S. 224–225.
275 Siehe hierzu: Thomas F. Gieryn, Boundary-Work and the Demarcation of Science from Non-Science: Strains and Interests in Professional Ideologies of Scientists, in: American Sociological Review 48 (1983), S. 781–795.
276 Siehe hierzu beispielsweise Rahul Nair, The Construction of a „Population Problem" in Colonial India 1919–1947, in: JICH 39 (2011), S. 227–247.
277 Kuczynski, Demographic Survey, Bd. 1, S. v: „Numerous colonial officers are, of course, aware of the inadequacy of the population and vital statistics in the area with which they are concerned. But whether or not they are aware of this state of affairs, they cannot carry on without somehow forming an idea as to whether the population is growing [...]. They are moreover expected to answer such questions in their annual reports." Siehe hierzu auch: Samuël Coghe, Tensions of Colonial Demography. Depopulation Anxieties and Population Statistics in Interwar Angola, in: Contemporanea 3 (2015), S. 472–478, hier S. 472.
278 Fazan, An Economic Survey, S. 971.

„that [...] the people are more thick on the land than is suitable to their present degree of skill, and therefore over-population exists".[279] Die *Kenya Land Commission* (1932–1934) machte sich diesen Befund Fazans zu eigen und problematisierte in der Folge die Bevölkerungsentwicklung der Kikuyu ebenso wie deren vermeintlich zerstörerischen Umgang mit dem im Reservat zur Verfügung stehenden Land.[280] Auf dieser Grundlage hatte die Kommission der Gesamtheit der Kikuyu circa 8,5 Hektar gemeinschaftlich zu bewirtschaftendes Land zur Verfügung gestellt und alle individuellen Ansprüche zurückgewiesen.[281]

Auch Alexander Patersons Versuch, im Jahr 1946 bei Lord Hailey die Anerkennung eines demographischen Wachstumstrends in Kenia zu erwirken, war durch den Landkonflikt motiviert. Zwei Jahre waren vergangen, seit die Landkommission ihren Bericht vorgelegt, den Streit dadurch aber offenbar nicht beigelegt, sondern eher neu angeheizt hatte. Paterson schilderte die Situation so: „Here in Kenya, the Kikuyu lands are now so overcrowded that the government is at its wits end to find alternative accommodation for the people."[282] Für neue politische Lösungen aber, so zeigte er sich überzeugt, sei eine solide Datenbasis von größter Wichtigkeit: „Whether [these figures] are right or wrong is a matter of first class importance as some major groups of policies which ought to be followed in the case of their being right would be the exact opposite of those which followed if they are wrong."[283] Der von Paterson artikulierte Eindruck, politisch im Dunkeln zu tappen, weil das verfügbare Wissen nicht mehr den gegenwärtigen Herausforderungen entspreche, deutet eine Verschiebung der Anforderungen an dieses Wissen an. Was hatte sich verändert?

Bis in die 1940er Jahre wurde das *British Empire* dezentral regiert. Die Erhebung von Bevölkerungswissen lag in der Verantwortung lokaler Regierungen.[284] In Kenia erfüllte die Genese von Wissen über die koloniale Bevölkerung unterschiedliche Funktionen. Vorrangig war die oben erwähnte Steuereintreibung. Sie beruhte auf so genannten *counts*, unter denen zeitgenössische Statistiker Zählungen verstanden, die Gruppen innerhalb der Bevölkerung identifizierten, wie

---

279 Fazan, Memorandum, S. 1010.
280 Siehe hierzu ausführlich das Kapitel 1.1.3.
281 Gavin Kitching, Class and Economic Change in Kenya: The Making of an African Petite-Bourgeoisie, New Haven 1980, S. 33 und S. 36–38; Bruce Berman, Control and Crisis in Colonial Kenya: The Dialectic of Domination, London 1990, S. 228; Anderson, Depression, S. 323–328.
282 Alexander R. Paterson an Lord Hailey, 18.9.1946, TNA, CO 1018/29.
283 Alexander R. Paterson an Lord Hailey, 18.9.1946, TNA, CO 1018/29.
284 Ittmann, A Problem of Great Importance, S. 51.

beispielsweise Haushalte oder Stämme.[285] Die Veranschaulichung von Bevölkerung als ethnisches Kollektiv korrelierte mit einer spezifischen Form des kolonialen Regierens.[286] Wie das Beispiel der Auseinandersetzung um die Landfrage vor Augen führt, klärte die Landkommission gerade nicht mögliche individuelle Besitzansprüche. Stattdessen sprach sie der Gesamtheit der Kikuyu Land als Gemeinschaftsbesitz zu. Männliche Arbeitskräfte hingegen wurden aufgrund des hohen Bedarfs, den die Kolonialregierung und private Unternehmen deklarierten, individuell erfasst.[287] Die Kolonialregierung führte das so genannte *kipande*-System ein, das alle männlichen afrikanischen Arbeiter dazu zwang, sich per Fingerabdruck registrieren zu lassen und immer einen Pass (*kipande*) mit sich zu führen, wenn sie sich außerhalb des ihnen zugewiesenen Reservats aufhielten.[288]

Diese Art der Erfassung von Bevölkerung spiegelt nicht allein die funktionale Sichtweise der Kolonialmacht auf die afrikanische Bevölkerung wider, sondern auch das Anliegen, die Grenze zwischen Kolonisierenden und Kolonisierten möglichst trennscharf zu definieren.[289] So wurde beispielsweise im Zensus von 1926, der in der Kolonie durchgeführt wurde, lediglich die als „non-native" bezeichnete Bevölkerung erfasst.[290] Der seit 1926 amtierende Direktor für Statistik der *East African Governor's Conference*, A. Walter, plante, den für 1931 angesetzten imperialen Zensus in Ostafrika auch dazu zu nutzen, die afrikanische Bevölkerung zu zählen.[291] Gegen dieses Vorhaben wehrten sich Verwaltungsbeamte in der Kolonie Kenia.

Sie bezweifelten, dass damit ein Wissenszuwachs gegenüber den bisher stattfindenden Hüttenzählungen im Zusammenhang mit der Steuereintreibung erreicht werden könne. Vor diesem Hintergrund argumentierten sie, dass der vergleichsweise geringe Erkenntnisgewinn ein solch überaus kostspieliges Unterfangen wie einen Zensus nicht rechtfertigen könne. Volkszählungen setzten einen hohen finanziellen Aufwand, methodische und technische Kenntnisse, eine

---

285 Siehe zu dieser Definition: Summary of Dr. Kuczynski's Conclusions, Colonial Demography Research Group. Recommendations to the Colonial Research Committee, Oktober 1943, TNA, CO 927/10/1.
286 Siehe hierzu und zum Folgenden: Frederick Cooper, Colonialism in Question, S. 143.
287 Zu diesem Bedarf und Zwangsarbeit als Konsequenz siehe auch das Kapitel 1.1.1; außerdem: Ittmann, „Where Nature Dominates Man", S. 64–65.
288 Siehe hierzu: Ittmann/Dennis D. Cordell u.a., Demographics of Empire. Zum *kipande*-System: Campbell, Race and Empire, S. 84; Neubert, Sozialpolitik in Kenia, S. 51.
289 Cooper, Colonialism in Question, S. 49.
290 Thomas, Regulating Reproduction, S. 201.
291 Siehe hierzu und zum Folgenden: Thomas, Regulating Reproduction, S. 197–203.

entsprechende Infrastruktur und geschultes Personal voraus. Auch die Logistik war anspruchsvoll, musste doch gewährleistet werden, dass die Zählung innerhalb kürzester Zeit stattfand, damit Menschen, die sich von einem Ort zu einem anderen bewegten, nicht doppelt oder gar nicht erfasst würden. Mit dem Hinweis auf kriegsbedingte Truppenbewegungen als Hindernis für eine akkurate Zählung erreichte der Gouverneur von Kenia, dass der auf der *Empire Statistical Conference* von 1920 verabredete Zensus für das Jahr 1941 in der Kolonie nicht stattfand.[292] Dass es Beamten der Provinzialverwaltung gelang, Zensuspläne zu vereiteln, kam dem *Colonial Office* zunächst entgegen. In den 1920er und 1930er Jahren sollte Kolonialpolitik in *British Africa* so kostengünstig und dezentral wie möglich sein. Die Ausweitung statistischer Maßnahmen hatte im Kampf um die ohnehin knappen Ressourcen, die für Kolonialpolitik zur Verfügung standen, in der britischen Kolonialpolitik keine hohe Priorität.[293]

Zugleich gewannen in den 1930er und 1940er Jahren Experten als kolonialpolitische Akteure an Bedeutung, die für die Bearbeitung bestimmter Themenbereiche herangezogen wurden.[294] Lokale Verwaltungsbeamte fühlten sich von diesen Spezialisten herausgefordert, wie die Debatte um Nutzen und Nachteil eines Zensus in Kenia zu illustrieren vermag.[295] Sie pochten auf ihr lokales Wissen, wenn sie mit Blick auf die Zensuspläne Walters argumentierten, dass diese am Widerstand der afrikanischen Bevölkerung scheitern würden. Dass die Skepsis der so genannten „native population" Zählungen und Erfassungen gegenüber auch daher rühren konnte, dass diese in der Vergangenheit mit Besteuerung und Zwangsarbeit einhergegangen waren, blieb hier unerwähnt. Afrikaner, so zeigten sich lokale Beamte und Politiker hingegen überzeugt, würden sich aufgrund ihres Aberglaubens und ihrer traditionellen Denkweisen einer Bevölkerungszählung entziehen.[296] Dies war ein durchaus häufig bemühter Topos lokaler Verwaltungsbeamter.[297] Er erfüllte auch die Funktion, den Zensus als Gradmesser von Modernität auszuweisen und mithin als Instrument, das für

---

292 Minutes of Population Census Conference, held at Impala House, Pretoria, 7.2.1940, TNA, CO 539/10, Bl. 1; Telegramm 199 und Kommentar, Governor of Kenya an Secretary of State for the Colonies, 20.4.1940, TNA, CO 539/10.
293 Ittmann, A Problem of Great Importance, S. 114–115.
294 Siehe hierzu auch das Kapitel 1.1.3. Außerdem maßgeblich: Hodge, Triumph of the Expert.
295 Bruce Berman, Bureaucracy and Incumbent Violence: Colonial Administration and the Origins of the Mau Mau Emergency, in: Berman/Lonsdale, Unhappy Valley, S. 227–264.
296 Entsprechend ist von „superstitions and beliefs of natives" die Rede in einem von Kuczynski in der Kolonie Kenia erstellten *Medical Report* von 1931, siehe: Kuczynski, Demographic Survey, Bd. 2, S. 132.
297 Thomas, Regulating Reproduction, S. 102.

vermeintlich primitive Bevölkerungen ungeeignet sei. So formulierte ein Mitglied des *Legislative Council* der Kolonie Kenia während einer Debatte zu der Frage, wen künftige Zensuserhebungen adressieren sollten:

> I am not wrong in saying that in certain sections of the native population there has been trouble when it was necessary to count the heads of their cattle. It [a census] is not only against their superstitions but it is liable to create all sorts of suspicion in their minds. Again I say [...] we need not necessarily inflict what is a modern method of preparing these records on primitive people like natives of this Colony.[298]

Sozialwissenschaftler als Experten setzten im Londoner *Colonial Office* in den 1940er Jahren hingegen durch, dass kolonisierte Bevölkerungen durchaus mit dieser Methode, die sie indes auch für modern hielten, gezählt werden sollten. Der erste Zensus, der die Gesamtheit der Bewohner der ostafrikanischen Kolonien Kenia, Uganda und Tanganyika erfassen sollte, wurde 1948 durchgeführt und ist ein Produkt dieses Engagements.

Mit Blick auf das *Empire* war das eine späte Entwicklung. In Indien beispielsweise hatten die ersten Zensuserhebungen, die die gesamte Kolonie berücksichtigten, in den Jahren 1871 und 1872 stattgefunden.[299] Dieser zeitliche Abstand zum ersten ostafrikanischen Zensus im Jahr 1948 zeugt von erheblichen politischen Verschiebungen, die eine neue Perspektive des *Colonial Office* auf die britischen Kolonien auf dem afrikanischen Kontinent zur Folge hatten. Die Historiker D. Anthony Low und John Lonsdale haben diesen Prozess auf den vielzitierten Begriff der „second colonial occupation"[300] gebracht.[301] Er beschrieb ein stärkeres Intervenieren seitens der Kolonialmacht in *British Africa* seit den späten 1940er Jahren, das die vormals dezentrale Verwaltungsstruktur des *Empire* zu überlagern begann. Die Ursprünge dieses Prozesses werden in der Historiographie auf die große Wirtschaftsdepression im Allgemeinen und die in den *West Indies* in den 1930er Jahren ausbrechenden Unruhen im Besonderen zurückgeführt.[302] Nach dem Verlust der Kolonien in Asien rückte der afrikanische Konti-

---

298 Hon. Shams-Ud-Deen, Legislative Council Debates 1925, Vol. ii, S. 535–536, zit. nach: Kuczynski, Demographic Survey, Bd. 2, S. 130.
299 Bernard S. Cohn, The Census, Social Structure, and Objectification in South Asia, in: Bernard S. Cohn, An Anthropologist among the Historians and Other Essays, Delhi 1987, S. 224–254, hier S. 238.
300 D. Anthony Low/John M. Lonsdale, Introduction. Towards the New Order 1945–1963, in: D. Anthony Low/Alison Smith (Hrsg.), History of East Africa, Bd. 3, Oxford 1976, S. 1–63, hier S. 12.
301 Ittmann, „Where Nature Dominates Man", S. 60.
302 Siehe hierzu und zum Folgenden: Low/Lonsdale, Introduction. Towards the New Order, S. 13; Ittmann, Demography as Policy Science S. 430.

nent ins Zentrum des Imperiums.[303] Dort sollten Ressourcen effizienter erschlossen werden, um Großbritanniens wirtschaftliche Situation zu verbessern, und andererseits „koloniale Herrschaft [durch Sozialreformen] neu legitimiert" werden,[304] um nicht zuletzt einen Aufstand der Kolonialbevölkerung zu verhindern.[305] Herzstück dieser Initiative war ein Fonds, aus dem entsprechende Entwicklungs- und Wohlfahrtsmaßnahmen finanziert werden sollten. Es handelte sich um den 1940 verabschiedeten und 1945 erneuerten und erweiterten *Colonial Development and Welfare Act*.[306]

Dieser Akt kodifizierte eine veränderte Haltung gegenüber den Kolonien: Er kann als eine Verknüpfung metropolitaner und kolonialer Sozialpolitik verstanden werden. Einer der zentralen Wegbereiter des Gesetzes war der Labour-Politiker Malcom MacDonald.[307] Geprägt von den Auswirkungen der Weltwirtschaftskrise in den 1930er Jahren beschäftigte ihn unter anderem in seiner Antrittsrede als Abgeordneter im britischen Unterhaus die Armut britischer Arbeiterfamilien und ihre elenden Lebensbedingungen. Parallel erschütterte der Ausbruch sozialer Unruhen zwischen 1935 und 1938 insbesondere in der britischen Karibik das *Empire*. In dieser Zeit entstanden eine Reihe von Berichten und Studien, die Missstände in den Kolonien benannten, auf die gravierenden Auswirkungen der Weltwirtschaftskrise aufmerksam machten und die Notwendigkeit sozialer und wirtschaftlicher Reformen anmahnten. Für die afrikanischen Kolonien hatte dies Lord Hailey übernommen, dessen *African Survey* 1938 erschien. Als Kolonialminister (1938–1940) arbeitete MacDonald unter anderem mit Lord Hailey an möglichen Lösungen. Auf dieser Grundlage formulierte MacDonald die Notwendigkeit einer kolonialen Entwicklungspolitik ebenso wie eine finanzielle Verantwortung Großbritanniens für das *Empire*.[308] Ansätze einer solchen Politik wurden nicht zuletzt aus Erkenntnissen über die Auswirkungen der Weltwirt-

---

[303] Siehe hierzu und zum Folgenden: Andreas Eckert, „We Are All Planners Now". Planung und Dekolonisation in Afrika, in: GG 34 (2008), S. 375–397, hier S. 378–380.
[304] Eckert, „We Are All Planners Now", S. 378.
[305] Hodge, Triumph of the Expert, S. 179–180.
[306] Siehe zum *Colonial Development and Welfare Act:* Havinden/Meredith, Colonialism and Development, S. 218–225; Stephen Constantine, The Making of British Colonial Development Policy, 1914–1940, London 1984; Eckert, Exportschlager Wohlfahrtsstaat; Low/Lonsdale, Introduction. Towards the New Order, S. 13; Hodge, Triumph of the Expert, S. 192.
[307] Siehe hierzu und zum Folgenden: Lewis, Empire State-Building, S. 42–43.
[308] Daniel Maul, Menschenrechte, Sozialpolitik und Dekolonisation. Die Internationale Arbeitsorganisation (IAO) 1940–1970, Essen 2007, S. 59.

schaftskrise auf die englische Arbeiterklasse sowie den entsprechend formulierten Reformen abgeleitet.[309]

Wegbereitend war in diesem Zusammenhang die Reformeugenik. Wichtige Protagonisten dieser Bewegung waren Alexander Carr-Saunders und Carlos Paton Blacker, beide Mitglieder der *Eugenics Society*.[310] Auf ihr Betreiben wurde im Jahr 1936 das *Population Investigation Committee* gegründet und an die *London School of Economics* angegliedert. Es entwickelte sich in den folgenden zwei Jahrzehnten zu einem Zentrum für Bevölkerungsforschung in Großbritannien. Eine der Hauptaufgaben dieses Instituts sollte es sein, die Faktenlage hinsichtlich des Befundes der differentiellen Fertilität[311] genauer zu erforschen. Dieser Befund postulierte eine umgekehrte Korrelation zwischen Fertilität und sozioökonomischem Status: Besser ausgebildete, ökonomisch erfolgreiche Angehörige der Mittel- und Oberschicht einer Gesellschaft bekämen weniger Kinder als Angehörige der armen Unterschicht.[312] Nicht zuletzt über diesen Befund waren in der Eugenik britischer Denktradition die Bevölkerungsentwicklung in Großbritannien einerseits und in den Kolonien andererseits seit den 1930er Jahren aufeinander bezogen worden.[313] Es gelte, die Gründe zu klären, ob, und wenn ja warum es zutrifft, dass ärmere Menschen mehr Kinder bekämen. Dies umso mehr, als Carr-Saunders neben anderen Mitgliedern der *Eugenics Society* einen Rückgang des Bevölkerungswachstums in Großbritannien feststellte, während zugleich ver-

---

309 Dies ist eine der Hauptthesen von Joanna Lewis, Empire State-Building, S. 7. Der Vergleich zwischen der Situation der englischen Arbeiterklasse und derjenigen von Kolonialbevölkerungen wurde in der Zwischenkriegszeit nicht zum ersten Mal angestellt. In ihrem Essay „Hegel und Haiti" weist die Philosophin Susan Buck-Morss darauf hin, dass im 17. und 18. Jahrhundert gewissermaßen in umgekehrter Blickrichtung einige zeitgenössische Beobachter die Sklavenarbeit in den Faktoreien der Kolonien als Vorläufer der Niedriglohnarbeit in englischen Fabriken darstellten. Buck-Morss skizziert eine Analogie „zwischen moderner Sklavenarbeit und moderner Lohnarbeit" (S. 139–140) und schreibt: „Man kann durchaus so weit gehen, die ersten Fabriken in Manchester als eine Ausdehnung des Kolonialsystems zu verstehen, das nun auch auf das Mutterland überzugreifen begann" (S. 137): Susan Buck-Morss, Hegel und Haiti. Für eine neue Universalgeschichte, Frankfurt a. M. 2011.
310 Siehe hierzu und zum Folgenden: Grebenik, Demographic Research in Britain, S. 9; Soloway, Demography and Degeneration, S. 247–248.
311 Siehe hierzu und zum Folgenden: Soloway, Demography and Degeneration, S. 10.
312 Siehe zu diesem Befund, dessen Wirkungsgrad sowie zu dem Zusammenhang von „Entvölkerungspanik" und dem Topos des „Rassensuizids" auch das Kapitel 1.2.2.
313 In ihrer Untersuchung zur Eugenik im kolonialen Kenia legt Chloe Campbell als These zugrunde, dass Eugenik und Imperialismus aufs Engste miteinander verflochten waren und dass die Eugenik gar als „wissenschaftliches Bollwerk" diente, um die Ideologie des Imperialismus zu untermauern, siehe: Campbell, Race and Empire, S. 3.

mutet wurde, dass die Bevölkerung in den Kolonien wachse.[314] Vor diesem Hintergrund schien es geboten, diese Vermutungen anhand von Zensuserhebungen sowohl in Großbritannien als auch in den Kolonien zu überprüfen. Nur mithilfe dieser Methode würde es möglich sein, Gesellschaften lesbar zu machen, Gründe für bestimmte Bevölkerungsentwicklungen zu identifizieren und auf dieser Grundlage politische Lösungen zu entwickeln, so die Vorstellung.[315] Carr-Saunders bemängelte in diesem Zusammenhang, dass in der Eugenik das Augenmerk viel zu sehr auf qualitativen Studien gelegen habe.[316] Von Ansätzen, die die Kategorie der Rasse bemühten, um gesellschaftliche Phänomene zu erklären, wollte er sich verabschieden. Stattdessen entwickelte er einen gleichsam soziologischen Ansatz, mit dem er die strukturellen Grundlagen von Gesellschaften quantitativ erfassen wollte: ihren Aufbau nach Alter und Geschlecht, Familiengröße, geographischer Verteilung, Wohnsituation, Beschäftigung, Klassenzugehörigkeit, Bildungsstand, Kriminalität et cetera.[317]

Diese empirische Vorgehensweise hatte sich auch Robert René Kuczynski zu eigen gemacht, der von Carr-Saunders, Carlos Paton Blacker und Julian Huxley als Protagonist imperialer Demographie in Stellung gebracht worden war. Kuczynski hatte sich erst zu einem späten Zeitpunkt in seiner beruflichen Laufbahn der Bevölkerungsentwicklung in den Kolonien zugewandt.[318] Nach einem Studium der Rechts- und Wirtschaftswissenschaften und verschiedenen Stationen in Deutschland und den USA leitete er die deutschen statistischen Ämter in Elberfeld und Schöneberg. Im Jahr 1933 verließ er Deutschland aufgrund seines jüdischen Glaubens in Richtung London. Dort fand er an der *London School of Economics* eine neue professionelle Heimat. Bis 1937 arbeitete er als wissenschaftlicher Mitarbeiter im *Department of Social Biology*, anschließend erhielt er ebenfalls an der LSE die erste Dozentenstelle für Demographie, die an einer Universität in Großbritannien eingerichtet worden war.[319] Als Mitglied des Planungs- und Aufsichtsgremiums des *African Survey* brachte Julian Huxley Kuczynski mit Lord

---

314 Siehe hierzu: Hodge, Triumph of the Expert, S. 182–183; Soloway, Demography and Degeneration, S. 241.
315 Als zentralen Text zum Zensus als Instrument moderner Gouvernementalität siehe: Michel Foucault, Sicherheit, Territorium, Bevölkerung. Geschichte der Gouvernementalität I. Vorlesung am Collège de France 1977–1978, Frankfurt a. M. 2006, S. 161.
316 Grebenik, Demographic Research, S. 9.
317 Siehe hierzu und zum Folgenden: Thomas Osborne/Nikolas Rose, Populating Sociology: Carr-Saunders and the Problem of Population, in: SR 56 (2008), S. 552–578, hier S. 564–568.
318 Zu Kuczynskis Biographie siehe u. a. den Nachruf von David Glass, Robert René Kuczynski, 1876–1947, in: Journal of the Royal Statistical Society 110 (1947), S. 383–384.
319 Ralf Dahrendorf, LSE. A History of the London School of Economics and Political Science, 1895–1995, Oxford 1995, S. 337; Grebenik, Demographic Research, S. 7–10, hier S. 8.

Hailey in Verbindung.³²⁰ Hailey beauftragte Kuczynski in diesem Zusammenhang, demographisches Material für den *African Survey* zusammenzutragen. Kuczynskis erste Studie zu kolonialen Bevölkerungsstatistiken, die er 1937 fertigstellte, wurde durch das *Population Investigation Committee* finanziert.³²¹ Carr-Saunders und Huxley gelang es schließlich, das *Colonial Office* zur Unterstützung von Kuczynskis Forschung zu kolonialen Bevölkerungen zu bewegen und ihm Zugang zu dessen Bibliothek zu ermöglichen. Nach Beendigung seiner Tätigkeit als Dozent für Demographie an der LSE wurde Kuczynski schließlich 1941 aus Mitteln des *Colonial Development and Welfare Fund* als demographischer Berater des *Colonial Office* eingestellt.³²² Diese Funktion führte er bis zu seinem Tod im Jahre 1947 aus. In dieser Zeit gehörte es zu seinen Hauptaufgaben, den *Demographic Survey of the British Colonial Empire* voranzutreiben.³²³ Mithin wurde der Zensus als imperiales Instrument in einem reformeugenischen und sozialreformerischen Klima in Großbritannien etabliert, das konzeptionell auf der Annahme struktureller Ähnlichkeiten zwischen der Situation der Arbeiterklasse in Großbritannien und derjenigen kolonialer Bevölkerungen beruhte. Dies zeigt sich insbesondere daran, dass Kategorien, mit denen europäische Gesellschaften beschrieben wurden, Eingang in Zensuserhebungen in den Kolonien fanden, wie die folgende Analyse des ersten ostafrikanischen Zensus von 1948 zeigen soll.

1.3.2 Der Zensus von 1948 als Transformationsprojekt oder: Perspektiven auf eine afrikanische Bevölkerung auf dem Sprung in die Moderne

Die Organisation des ostafrikanischen Zensus von 1948, der in Kenia, Uganda sowie Tansania und Sansibar durchgeführt werden sollte, oblag C.J. Martin, dem Direktor des 1945 gegründeten und in Nairobi angesiedelten *East African Statistical Office*. Martins ausführlicher Bericht über die seit 1946 laufenden Vorbereitungen sowie die Durchführung dieser Volkszählung erschien in der Hauszeitschrift des *Population Investigation Committee*, den *Population Studies*.³²⁴ Darin beschrieb er den Zensus als Neubeginn und nutzte die ersten Seiten, um ausführlich darzulegen, warum alle bisherigen Bemühungen, sich ein Bild von der

---

320 Siehe hierzu und zum Folgenden: Ittmann, A Problem of Great Importance, S. 28–29. Zur Zusammensetzung dieses Gremiums siehe Tilley, Africa as a Living Laboratory, S. 72.
321 Robert René Kuczynski, Colonial Population, London 1937; siehe hierzu: Ittmann, A Problem of Great Importance, S. 28–29.
322 Ittmann, A Problem of Great Importance, S. 73–74.
323 Ittmann, Demography as Policy Science, S. 431–432.
324 Martin, The East African Population Census, S. 303–320.

Bevölkerungsentwicklung in Ostafrika zu machen, lediglich grobe und wenig verlässliche Schätzungen gewesen seien:

> Many demographic and statistical terms are loosely in the East African Territories, and any method of organized counting of the population is often referred to as a Census. [...] these so-called censuses were nothing but rather elaborate forms of counts, usually based on existing information. Thus, in 1946, the information available on the population of the East African Territories was extremely meagre. [...] For planning purposes there was little information which could be used and the whole organization had to be built up from the beginning.[325]

Von dieser Vorgeschichte grenzte Martin den Zensus von 1948 gleichsam als „Stunde Null" der ostafrikanischen Demographie ab. Die Akribie Martins, von der die Fortsetzung seines Berichts zeugt, in der er *en détail* schildert, wie er den Zensus plante und durchführte, verstärkt den Kontrast, den er zwischen den früheren Schätzungen und einer neu zu schaffenden methodischen Genauigkeit und empirischen Verlässlichkeit herstellen wollte.

Neben der Methode unterschied sich von früheren Zählungen auch die Art des Wissens, die generiert werden sollte. Ein zentraler Unterschied, den der Zensus von 1948 tatsächlich machte, war der Anspruch, die Bevölkerung in der Kolonie Kenia in ihrer Gesamtheit zu erfassen. In der Art und Weise, diesen Anspruch in Formulare umzusetzen, war der Zensus eine Mischform zwischen früheren Zählungen in der Kolonie und solchen europäischer Staaten. Zwar sollten alle Bewohner der Kolonie gezählt werden. Bei der tatsächlichen Erfassung wurde aber zwischen drei Bevölkerungsgruppen unterschieden. Der als „non-native" klassifizierte Anteil wurde individuell erfasst, das heißt, es gab für jede Person eine Zeile im Formular, zu der weitere spezifische Angaben gemacht werden sollten.[326] Demgegenüber sollte der als „native" klassifizierte Bevölkerungsanteil pro Hütte angegeben werden. Hierzu diente ein anderes Formular, in dem es für jede Hütte eine Zeile gab. Die entsprechenden Spalten definierten zunächst die Stammeszugehörigkeit, die für die gesamte Hütte vorausgesetzt wurde, sowie die Anzahl der Personen, die in der Nacht vor dem Zensus in der Hütte geschlafen hatten, geordnet nach Geschlecht und Alter.[327] Schließlich gab es noch ein drittes Szenario. Da Bezirksverwalter Martin darauf hingewiesen hätten, dass in den Städten die Haus- und Hüttenbewohner nicht nach Stämmen getrennt lebten, sollten

---

325 Martin, The East African Population Census, S. 304–307.
326 „This census will be on an individual basis and details for each person in the house will be included." Martin, The East African Population Census, S. 311.
327 Martin, The East African Population Census, Formular 3.

diese ebenfalls individuell gezählt werden.[328] Anders als die als nicht-afrikanisch klassifizierte Bevölkerung imaginierte der Zensus Afrikaner als Mitglieder eines Kollektivs.[329] Zugleich dynamisierte sich diese Vorstellung für Stadtbewohner.

Vor allem aber wurde der hier skizzierte allgemeine Zensus durch eine Stichprobenerhebung ergänzt. Dies hatte nicht zuletzt pragmatische Gründe. Martin sah sich mit einer Reihe von Herausforderungen konfrontiert: Wie kann es gelingen, auf einem so großen Gebiet in kurzer Zeit alle Menschen zu erfassen? Gibt es ausreichend lese- und schreibfähiges Hilfspersonal? Wie kann der vermeintlichen Skepsis der Afrikaner solchen Erfassungen gegenüber begegnet werden?[330] Auf dieser Grundlage hielt er eine individuelle Befragung der Gesamtbevölkerung für ein aussichtsloses Unterfangen. Stattdessen fand innerhalb eines Zeitraums von sieben Tagen zunächst der allgemeine Zensus statt. Daran schloss sich eine stratifizierte Stichprobe an.[331] Dies bedeutete, dass jeder Bezirk Ostafrikas nach Stamm, Terrain und Haupttätigkeit der Stämme unterteilt wurde und jeweils zehn Prozent jeder Klassifizierung berücksichtigt wurden. Ebenso wurde für Minen, landwirtschaftlichen Großgrund und Städte vorgegangen. Im Rahmen dieser Stichprobe handelte es sich um einen individuellen Zensus.[332]

Dies bedeutete einen qualitativen Unterschied zum allgemeinen Zensus, vor allem aber zu früheren Zählungen, die in der Kolonie Kenia stattgefunden hatten. Überspitzt ausgedrückt liegt dieser Unterschied darin, dass der zählende Akteur als Vertreter der Kolonialmacht im Fall des allgemeinen Zensus Gruppen beschreibt, von der sich die Kolonialmacht mithilfe der Kategorien Rasse oder Stamm abgrenzt, im Fall der Stichproben aber Individuen, deren Verhalten sie sich bemüht, mithilfe bestimmter Kategorien verstehbar zu machen.[333] Oder, um es in Martins Worten zu sagen: „[...] it was decided to divide the census into two parts: (a) a total count of the population by hut, for the purpose of obtaining a territory-wide statement of the population by sex, age group and tribe; and (b) a sample census giving the detailed information required by the different Government Departments."[334] Der Politikwissenschaftler und Anthropologe Ja-

---

328 Martin, The East African Population Census, S. 312.
329 Siehe hierzu: Vaughan, Curing their Ills, S. 202.
330 Martin, The East African Population Census, S. 307.
331 Siehe hierzu: Martin, The East African Population Census, S. 318.
332 „It will be observed that this was a census by individuals and information was provided separately for each person residing in each hut." Martin, The East African Population Census, S. 318.
333 Siehe hierzu: Cooper, Colonialism in Question, S. 49; Vaughan, Curing their Ills, S. 202.
334 Martin, The East African Population Census, S. 308.

mes C. Scott hat in seiner Studie *Seeing Like a State* postuliert, dass die Art und Weise, wie Gesellschaften lesbar gemacht werden, Auswirkungen auf diese Gesellschaften habe und zu ihrer tiefgreifenden Umgestaltung beitrüge.[335] Daran anschließend argumentiere ich, dass der Zensus von 1948 insbesondere angesichts der Stichprobenerhebung das Ziel einer Transformation der Kolonie Kenia in eine nach Maßstäben der Kolonialmacht moderne Gesellschaft implizierte. Dies spiegelt sich, wie zu zeigen sein wird, in den Grenzziehungen, innerhalb derer Bevölkerung verortet wurde, in den Kategorien, die in der Stichprobe des Zensus von 1948 zugrunde gelegt wurden, sowie in der Art und Weise, wie das Unternehmen vorbereitet und durchgeführt wurde, wider. In diesen Parametern drückte sich also eine Entwicklungserwartung für die Kolonie aus. Entsprechend heißt es in einem Memorandum mit dem Titel *Demography and Census in the Colonies* von 1946:

> [I]t is true that censuses are an imperative necessity for the administration of complex „Western" Communities. It is however no less true that they are equally essential for the economical and efficient formulation and execution of general policy in respect to the Colonies, or any communities, advanced or not, which are undergoing rapid social and economic change under the pressure of world trends and the stimulus of deliberate policies and development.[336]

Insgesamt ging es im Zensus von 1948 also weniger darum, ethnische Gruppen zu spezifizieren, als vielmehr darum, die afrikanische Bevölkerung der Kolonie Kenia in Kategorien zu ordnen und zu denken, die überwiegend an europäischen Volkszählungen orientiert waren und ermöglichen sollten, Kenia zukünftig an den Maßstäben transatlantischer Industriegesellschaften zu messen.

Dies zeigt sich zum einen an der Tatsache, dass es ein wichtiges Ziel war, die Gesamtbevölkerung des kenianischen Territoriums zu erfassen, um daraus langfristig einen demographischen Trend ableiten und diesen mit anderen Kolonien beziehungsweise Staaten vergleichen zu können. Zum anderen geben die in der Stichprobenerhebung abgefragten Kategorien Aufschluss über eine Orientierung an Volkszählungen in Europa. Das entsprechende Formular verlangte Angaben zu Name, Wohnort, Alter, Geschlecht, Familienstand, Religion und Geburtsort. Anders als bei europäischen Zensuserhebungen hingegen sollte entweder die Na-

---

335 Siehe die Bemerkung zum ersten Kapitel seines Buches: „Much of the first chapter is intended to convey how thoroughly society and the environment have been refashioned by state maps of legibility." (Scott, Seeing Like a State, S. 3)
336 Demography and Census in the Colonies. Memorandum by the Social Science Research Council in Consultation with Dr. R.R. Kuczynski (Printed for the Colonial Office), Juni 1946, TNA, CO 927/10/3.

tionalität oder die Stammeszugehörigkeit angegeben werden. Im Sinne des unterstellten modernen Projekts von Bedeutung sind jedoch vor allem Fragen zur Beschaffenheit der Behausung. Hier gab es die bemerkenswerte Gegenüberstellung „native" oder „stone" im Zusammenhang mit dem Typ des Hauses, außerdem wurde die Anzahl der Stockwerke, die Anzahl der Räume, das Vorhandensein einer Latrine, einer Waschvorrichtung sowie einer Küche abgefragt. Jenseits dessen standen Fragen nach der Fertilität sowie nach der Lesefähigkeit und mithin dem Bildungsgrad im Zentrum der Erhebung.[337]

Dass der Konzeption des Zensus ein westlicher Gesellschaftsentwurf zugrunde lag, zeigt in besonderer Deutlichkeit Martins Bemerkung, dass Fragen zum Lohn und zu einer bezahlten Beschäftigung nur von männlichen Erwachsenen, die in städtischen Strukturen lebten, beantwortet werden sollten.[338] Dieser Vorstellung lag eine Lebensweise zugrunde, die tief verwurzelt war in englischen und europäischen Idealen von Arbeit und Familie.[339] Sie unterstellten, dass eine Familie allein von der männlichen Erwerbsarbeit lebt und die Tätigkeiten von Frauen sich auf Hausarbeit und Pflege konzentrieren. Sowohl die Entlohnung männlicher Erwerbsarbeit in einer Höhe, die für eine Familie ausgereicht hätte, als auch den Ausschluss von Frauen aus der Lohnarbeit hatten mit der Lebensrealität vieler Menschen in Kenia zu diesem Zeitpunkt wenig zu tun. Männer, die in die Städte migrierten, um dort zu arbeiten, blieben in aller Regel eingebunden in die ländliche Wirtschaftsstruktur und davon abhängig, dass ihre Familie ein Stück Land besaß, um dort Feldfrüchte anzubauen.[340] Ähnlich verhielt es sich für Frauen, die in Nairobi – einer Stadt ohne industrielle Strukturen – angesichts der Abwesenheit eines offiziellen Arbeitsmarktes Geld als Prostituierte oder Bedienstete verdienten. Nicht selten erwarben sie für das so verdiente Geld größere Ländereien.[341] Dieser Situation ungeachtet gingen progressive Kolonialbeamte, die sich in den 1940er Jahren einer imperialen Modernisierung[342] verschrieben hatten, davon aus, dass eine effiziente afrikanische Arbeiterschicht nur etabliert werden könne, wenn männliche Arbeiter nicht mehr von ihrer Heimat in den Reservaten aus für eine längere Zeit in die Städte pendeln müssten. Stattdessen

---

337 Martin, The East African Population Census, Formular 4.
338 Martin, The East African Population Census, Formular 4.
339 Siehe hierzu und zum Folgenden: Frederick Cooper, Decolonization and African Society. The Labor Question in French and British Africa, Cambridge 1996, S. 357.
340 Cooper, Decolonization and African Society, S. 326.
341 Luise White, The Comforts of Home. Prostitution in Colonial Nairobi, Chicago/London 1990, S. 1.
342 Zum Begriff der „imperial modernization" siehe Cooper, Decolonization and African Society, u. a. S. 401.

sollten sie mit ihren Familien nahe des Arbeitsortes leben und auf diese Weise die nächste Generation in einem urbanen, industrialisierten Umfeld sozialisieren.[343] Ihr Bild einer modernen afrikanischen Gesellschaft wurde in dieser Zeit aufs Engste verknüpft mit einer klaren Rollenverteilung zwischen den Geschlechtern: Frauen sollten ausschließlich für die Reproduktion, Männer für die Produktion zuständig sein.

Die Übertragung einiger der genannten Kategorien in den ostafrikanischen Kontext stellte die Planer des Zensus vor Herausforderungen. C.J. Martin illustrierte diese Problematik an der Bestimmung des Alters, da diese Kategorie nach seiner Einschätzung für die afrikanische Bevölkerung keine Rolle spiele. 15 und 50 könnten für einen Afrikaner ein und dasselbe bedeuten, so zeigte sich Martin überzeugt. Die zu bewältigende Schwierigkeit bestehe darin, „to get into the minds of the African an idea of what was wanted".[344] Martin schlug eine Einteilung in Altersgruppen vor, der sich die Befragten mithilfe von bildlichen Darstellungen oder durch Orientierung an (historischen) Ereignissen, wie beispielsweise dem Bau der Uganda-Bahn oder der eigenen Beschneidung, zuordnen sollten. Dass der Transfer als schwierig dargestellt wurde, betont somit auch den großen Abstand, der zwischen afrikanischen und europäischen Bevölkerungen wahrgenommen wurde.

Davon zeugt auch Martins Darstellung der Vorbereitung des Zensus. Sie illustriert, inwiefern bereits die Organisation des Zensus die afrikanische Bevölkerung mit zentralen Konzepten der westlichen Moderne – Planung und *social engineering* – konfrontierte.[345] Für die tatsächliche Zählung der Gesamtbevölkerung, die innerhalb eines Zeitraums von sieben Tagen im August 1948 stattfinden sollte, wurden Heerscharen von Helfern, so genannte *enumerators* benötigt, die zuvor geschult werden mussten. Martin widmete dem Auswahl- und Schulungsprozess dieses Personals einen ganzen Absatz, in dem er den idealtypischen *enumerator* als Inbegriff des gewissenhaften, disziplinierten, pünktlichen und effizienten westlichen Arbeiters stilisierte und mit seiner Befürchtung kontrastierte, dass Afrikaner nicht in der Lage sein könnten, dieses Ideal auszufüllen:

> The problem of obtaining enumerators was one of finding sufficient literate staff. It was also necessary to be sure that the African chosen would undertake his work efficiently and successfully, as with a period of only a few days to be employed he might be tempted

---

343 Cooper, Decolonization and African Society, S. 351.
344 Martin, The East African Population Census, S. 84.
345 Siehe zu beiden Konzepten: Etzemüller, *Social Engineering*; Lewis, Empire State-Building, S. 7 und S. 79; van Laak, Planung, S. 305–326; Doering-Manteuffel, Ordnung jenseits der politischen Systeme, S. 398–406.

to sit under a banana tree and write the first figures which came into his head. For that reason it was necessary to obtain as large a number of enumerators as possible over whom effective control could be exercised. These were particularly government servants, schoolmasters and schoolchildren.³⁴⁶

Insofern verkörperte die Unternehmung des Zensus selbst einen Erziehungs- und Entwicklungsanspruch, der an Vorstellungen westlicher Überlegenheit orientiert war.

Dass die Volkszählung Entwicklungsziele definierte, suggerieren auch die geplanten Informationskampagnen im Umfeld des Zensus, die die afrikanische Bevölkerung von der Nützlichkeit und Notwendigkeit des Vorhabens überzeugen sollten. A. Walter, Martins Vorgänger im Amt des *Director of Statistics* in Nairobi, schlug in einem Memorandum aus dem Jahr 1944 vor, sich eines Slogans zu bedienen, der mehrere Monate vor dem Zensus in Umlauf gebracht werden sollte: „The Government, in order to ensure proper feeding arrangements in times of shortage, proper care of the women and children in times of sickness, hospitals for the care of the sick and schools for the education of the children, must know how many people there are and intends to count them."³⁴⁷ Seiner Ansicht nach seien darin die drei Dinge enthalten, die für Afrikaner am wichtigsten seien: „food, family, and future welfare". Ganz ähnliche Hinweise finden sich auch in Martins Bericht, wenn er empfahl, Afrikaner für die Teilnahme am Zensus zu gewinnen, indem dessen Verkopplung mit Entwicklungszielen kommuniziert würde. Die Menschen würden dann den Grund für den Zensus verstehen, wenn man ihnen das Prinzip der Altersgruppenabfrage erkläre.³⁴⁸ Dann könnten sie erkennen, dass der Zensus nicht allein mit männlicher Besteuerung verknüpft sei, sondern dass es vor allem darum gehe, den gegenwärtig beschulten und zukünftig zu beschulenden Bevölkerungsanteil zu ermitteln.³⁴⁹ Kurz gesagt, der Zensus sollte der Bevölkerung als Grundlage für eine Bildungsinitiative vermittelt werden. Um diese Botschaft möglichst weit zu verbreiten, wurde ein vierstündiges *Curriculum* ausgearbeitet, das an jede Schule in den ostafrikanischen Kolonien geschickt wurde. Lehrer sollten auf dieser Grundlage ihre Schüler darin unterweisen, wie

---

346 Martin, The East African Population Census, S. 315.
347 A. Walter, Memorandum on Proposals for a General Census of East Africa, Nairobi, March 1944, TNA, CO 859/126/1.
348 Martin, The East African Population Census, S. 315.
349 Im Original: „It was also noticed that people appreciated the reason of the census when the age groups were explained to them, as they could see that the census was not simply connected with male taxation, since it was obvious that questions were being asked of the present school population and of the population who were going to go to school in the years to come." Martin, The East African Population Census, S. 315.

die Methode des Zensus funktioniert und wie die entsprechenden Fragen richtig beantwortet werden.[350] Die Schüler sollten das Wissen dann an ihre Eltern weitergeben. Der Zensus wollte offenbar gelernt sein. Indem Martin dies als herausfordernden, die afrikanische Bevölkerung möglicherweise überfordernden Anspruch beschreibt, fungiert die Methode des Zensus selbst als Distinktionsmechanismus.

Aus der Perspektive Martins beruhte das Anliegen, gegenwärtige und künftige Schülergenerationen numerisch zu erfassen, auch auf der Vorstellung der Vergleichbarkeit statistischen Datenmaterials. Auch dieser Aspekt sollte der afrikanischen Bevölkerung transparent gemacht werden: „Teachers [...] instructed the children on the method of completing the census schedule and asked why and how these questions and population figures were comparable with other parts of the world."[351] Dieser Vergleich zwischen Gesellschaften erfolgte auf der Grundlage von Kategorien wie Schulbildung oder der Bevölkerungswachstumsrate und sollte langfristig ermöglichen, Kenia anhand der Parameter westlicher Industrienationen auf einer Entwicklungsskala zu verorten. So bleibt festzuhalten, dass der Zensus von 1948 vor allem hinsichtlich der Perspektive aufschlussreich ist, die er mit Blick auf die afrikanische Bevölkerung einnahm. Die Bevölkerung sollte explizit informiert werden, dass das zu sammelnde Wissen über ihre Größe und Beschaffenheit sozialen und wohlfahrtsstaatlichen Zielen diene. Alphabetisierung wurde implizit als Entwicklungshorizont formuliert, deren Realisierung künftig anhand der Diskrepanz zu den entsprechenden Zahlen in europäischen Staaten gemessen werden könne.

Eine unmittelbare politische Relevanz ergab sich indes für die Zeitgenossen aus den 1948 erhobenen Daten zunächst nicht. Zwar hatte Robert René Kuczynski die Frage, ob und in welchem Maße die Bevölkerung und insbesondere die afrikanische Bevölkerung wachse, zur wichtigsten für die Nachkriegsplanung erklärt.[352] Der Zensus sollte daher auch Angaben darüber erheben, wie viele Kinder eine Frau geboren hat und wie viele davon noch lebten. Im Ergebnis schien die afrikanische Bevölkerung dann auch größer zu sein, als zuvor erfolgte Schätzungen vermuten ließen. Über die Frage, inwieweit diese Diskrepanz der Ungenauigkeit dieser Schätzungen geschuldet war, herrschte jedoch Uneinigkeit.[353]

---

350 Martin, The East African Population Census, S. 315.
351 Martin, The East African Population Census, S. 315.
352 Robert René Kuczynski, File Notes: Comments on Memorandum, undatiert sowie Appendices on Proposal for a General Census of East Africa, 1.1.1945, TNA, CO 859/126/1.
353 William Brass/Carole L. Jolly (Hrsg.), Population Dynamics of Kenya (Working Group on Kenya. Panel on the Population Dynamics of Sub-Saharan Africa. Committee on Population.

Wenngleich die meisten Zeitgenossen – ebenso wie heutige geschichtswissenschaftliche Studien[354] – den Zensus von 1948 als Zäsur begriffen, weil er erstmals weitgehend verlässliche Daten zur Verfügung gestellt habe, problematisierten sie, dass es erst nach einer zweiten Volkszählung möglich sei, die Bevölkerungswachstumsrate genau zu ermitteln.[355] Die Diskussion um die Frage, ob und in welchem Maße die afrikanische Bevölkerung in Kenia wächst, beendete die Volkszählung von 1948 daher nicht.

Die eingeschränkte Aussagekraft des Zensus kam aber Martin zufolge auch dadurch zustande, dass die Regierungen 1949 entschieden, nicht mehr Geld für die Analyse der Daten zur Verfügung zu stellen.[356] Er zeigte sich überzeugt davon, dass bereits 5000 Pfund ausgereicht hätten, um Studien zu Geburten- und Sterberaten in vielen Bezirken Ostafrikas anzufertigen. Dieses Geld sei aber nicht geflossen. Daran lässt sich auch ablesen, was Historiker wie Karl Ittmann oder Frederick Cooper für die demographischen Initiativen im *Empire* für die 1950er Jahre insgesamt konstatieren: Der Einfluss imperialer Demographie sei dadurch massiv eingeschränkt worden, dass Initiativen inhaltlich und methodisch überladen, nicht ausreichend finanziert oder schlecht ausgeführt worden seien.[357] Angesichts der fragmentarischen und inkohärenten Umsetzung nicht nur der demographischen Kolonialpolitik vermitteln diese Initiativen ein höchst ambivalentes Bild. Sie definierten Bevölkerungen und Praktiken als primitiv, differenzierten zwischen vermeintlich traditionalem (Aber-)Glauben und vermeintlich modernem Wissen. Damit fungierte Moderne zugleich als Zielhorizont und Ausdruck einer noch großen, nur möglicherweise zu überwindenden Kluft. In der

---

Commission on Behavioral and Social Sciences and Education, National Research Council), Washington D.C. 1993, S. 16–17; Martin, The East African Population Census, S. 317–318.
354 Siehe u. a.: Anderson, Eroding the Commons, S. 136; Brass/Jolly, Population Dynamics of Kenya, S. 16–17; Thomas, Politics of the Womb, S. 7–8.
355 Siehe hierzu u. a.: J.E. Goldthorpe (Makerere College, The University College of East Africa): Appendix VII: The African Population of East Africa: A Summary of Its Past and Present Trends. A Memorandum for Submission to the Royal Commission, TNA, CO 892/4/19, Bl. 2: „There has been one adequate census in 1948. Until a second census has been taken we can have no direct comparison which would enable incontrovertible statements about increase or decrease to be made. Birth and death registration, where it exists at all for Africans, is known to be incomplete; while migration statistics too are imperfect." A. M. Bruce Hutt (East Africa High Commission) an Alan T. Lennox-Boyd: East Africa High Commission. Despatch on the Royal Commission Report, 10. 2.1956, TNA, CO 822/1118: „The first full population census ever taken in East Africa was held in 1948. For a variety of reasons it has not been possible to take a full population census of Africans since then." Paterson, The Human Situation in East Africa – Part I, S. 84.
356 Memorandum des Direktors (East African Statistical Department), Organisation of the East African Statistical Department, TNA, CO 892/1/3.
357 Ittmann, A Problem of Great Importance, S. 2–3.

Praxis scheiterte die Gestaltung von Transformationsprozessen seitens der Kolonialmacht im Sinne einer Verbesserung der konkreten Lebensbedingungen indes häufig an Faktoren wie Uneinigkeit, halbherziger Ausführung oder fehlender Finanzierung. Als Begründung für das Scheitern wurde hingegen nicht selten ein vermeintlich unverbesserlicher Primitivismus der afrikanischen Bevölkerung angeführt, wie das folgende Kapitel illustriert.[358]

1.3.3 Bevölkerung in Kenia zwischen „Stamm" und „Staat"

Die Operation des Zensus von 1948 hatte die Glaubwürdigkeit aller bisher erhobenen Daten massiv in Zweifel gezogen, selbst aber keine verlässlichen neuen Zahlen hinsichtlich der Bevölkerungsentwicklung geliefert. Ob die Bevölkerung in der Kolonie Kenia nun wuchs oder nicht, blieb also weiterhin umstritten. Zugleich stand die Volkszählung selbst für eine Erweiterung der britischen Perspektive auf die koloniale Bevölkerung in Kenia angesichts der Kategorien, die verwendet wurden und des Wissens, das produziert werden sollte. Die im Rahmen des Gesamtzensus mit wenigen Ausnahmen erfolgte Erfassung der afrikanischen Bevölkerung in Form einer Hüttenzählung setzte weiterhin den Stamm als zentrale gesellschaftliche Organisationsform dieser Bevölkerung voraus. Demgegenüber ging es bei der Stichprobenerhebung darum, Faktoren wie Lesefähigkeit, Fertilität und männliche Lohnarbeit individuell zu erfassen, um daraus einen gesamtkolonialen, stammesübergreifenden Trend abzuleiten. Wenn man so will deutet sich hier eine Tendenz an, die Gesamtbevölkerung der Kolonie innerhalb eines territorial und administrativ abgegrenzten Gebiets staatsähnlich zu denken und von Stammeszugehörigkeiten abzusehen. Von den 1940er Jahren bis zur Dekolonisation blieben beide Perspektiven präsent.

Der politische Kontext in Kenia um 1948 war geprägt von einem massiven Anstieg von Unruhen, Streiks und Aufständen, die schließlich in den zwischen 1952 und 1960 geführten Mau-Mau-Krieg mündeten. Konflikte entzündeten sich nach wie vor an der durch die zwischen 1932 und 1934 eingesetzten *Kenya Land Commission* nicht einvernehmlich beigelegten Landfrage. Ein zentraler Streitpunkt war der Beschluss der Kommission, das so genannte weiße Hochland weiterhin exklusiv den britischen Siedlern zu überlassen und der afrikanischen Bevölkerung jeglichen Landbesitz in diesem Gebiet zu verweigern. Die Tatsache, dass diesen Siedlern, die lediglich circa 0,25 Prozent der Gesamtbevölkerung der Kolonie stellten, nahezu ein Drittel der in der gesamten Kolonie landwirtschaftlich

---

[358] Cooper, Colonialism in Question, S. 145.

nutzbaren Fläche vorbehalten sein sollte, schien nicht nur zahlreichen Kikuyu, deren Reservat an das weiße Hochland grenzte und die den Konflikt um das Land in den 1930er Jahren mit ausgelöst hatten, immer fragwürdiger.[359] Auch linksgerichtete britische Lobbygruppen, Kolonialpolitiker und Berater des Kolonialamts forderten eine Revision der Beschlüsse der Landkommission. Die weißen Siedler hingegen, die das Hochland für sich beanspruchten, befanden sich Mitte der 1940er Jahre auf dem Höhepunkt ihres politischen Einflusses. Weil der Zweite Weltkrieg einerseits angesichts der Nachfrage nach Rohstoffen, die sie monopolitisch anbauten, einen Wirtschaftsboom ausgelöst und andererseits die personelle Besetzung und Effizienz der kolonialen Verwaltung eingeschränkt hatte, involvierten sich die Siedler mehr als zuvor in die Regierung der Kolonie.[360] Die Kolonialregierung wiederum, die seit 1944 durch den Gouverneur Sir Philip Mitchell geleitet wurde, ergriff weder Maßnahmen, um den Einfluss der Siedler zu beschränken, noch schickte sie sich an, die Landverteilung tatsächlich zu verändern. Stattdessen wurde eine neue Kommission einberufen, die das Verhältnis von Land und Bevölkerung erneut prüfen sollte.

Ausgangspunkt war ein *Despatch on Land and Population in East Africa*, den Gouverneur Mitchell am 16. Februar 1951 an den Kolonialminister in London gesandt hatte. In diesem Schreiben formulierte er seine Überzeugung, dass „due to the rapid but at present not exactly known rate of increase of parts of the African population, there is acute local congestion on the land and excessive pressure of people and livestock in some districts in all the Territories".[361] Er drängte auf die Einberufung einer Untersuchungskommission, die die Herausforderungen dieser demographischen Entwicklung in wirtschaftlicher, industrieller und sozialer Hinsicht ermessen sollte.[362] Die zur Klärung dieser Fragen eingesetzte *East Africa*

---

359 David W. Throup, Economic and Social Origins of Mau Mau, London 1987, S. 38–39.
360 Siehe hierzu und zum Folgenden: Frank Furedi, The Mau Mau War in Perspective, Oxford/Nairobi 2003 (EA 1989), S. 31–32; Robert Holland, European Decolonization 1918–1981: An Introductory Survey, Basingstoke 1985, S. 144; John Springhall, Decolonization since 1945, Basingstoke 2001, S. 157.
361 Aus dem *Despatch on Land and Population in East Africa* No. 193 von Philip Mitchell, 16.11. 1951, §55, zit. nach: East Africa Royal Commission Report, 1953–55. Presented by the Secretary of State for the Colonies to Parliament by Command of Her Majesty, London 1955, S. 2: http://kenyalaw.org/kl/fileadmin/CommissionReports/E-A-Royal-Commission-1953–1955.pdf (letzter Zugriff am 2.6.2019).
362 Siehe zu Mitchells Schreiben und der Einberufung der *East Africa Royal Commission*: Kivuto Ndeti/Cecilia Ndeti, Cultural Values and Population Policy in Kenya, Nairobi 1977, S. 20; Francis D. Corfield, Historical Survey of the Origins and Growth of Mau Mau, London 1960, S. 21–22; Macmillan, Appendix I: The East Africa Royal Commission, in: Low/Smith, History of East Africa, Oxford 1967, Bd. 3, S. 544–557.

Royal Commission on Land and Population tagte zwischen 1953 und 1955. Sie bestand aus acht Männern. Als Vorsitzender wurde Sir Hugh Dow benannt, der 1909 in die Kolonialverwaltung in Indien eingetreten und dort in verschiedenen Funktionen tätig gewesen war. Auch andere Kommissionsmitglieder, darunter Arthur Gaitskell, Rowland Skeffington Hudson, Daniel Thomas Jack und Frank Sykes, hatten diverse Verwaltungs- und Beratertätigkeiten im *Empire* ausgeübt. Mit Sally Herbert Frankel und Daniel Thomson Jack waren außerdem zwei Professoren in dem Gremium vertreten. Dieser lehrte Ökonomie an der Universität in Durham, jener *Colonial Economic Affairs* an der Universität in Oxford. Einziges afrikanisches Mitglied war Kidaha Makwaia, der in Tansania dem ethnischen Verband der Sukuma vorstand. Er hatte ein Studium der Landwirtschaft an der Makerere-Universität in Uganda sowie der Philosophie und der Politikwissenschaft am Lincoln-College in Oxford absolviert.[363]

Der Abschlussbericht der Kommission ist bemerkenswert hinsichtlich des Bildes, das er zu diesem Zeitpunkt von der kenianischen Gesellschaft entwarf.[364] Zunächst einmal relativierte die Kommission die Einschätzung Mitchells zum Bevölkerungswachstum in der Kolonie.[365] Sie berief sich hierbei auf ein Memorandum, das sie bei dem an der Makerere-Universität in Uganda tätigen Soziologen John Goldthorpe in Auftrag gegeben hatte. Goldthorpe kam darin zu dem Schluss, dass über die Bevölkerung in Kenia zuverlässig nicht viel mehr ausgesagt werden könne, als dass die Wachstumsrate zwischen einem und zwei Prozent liege.[366] Es spreche daher manches dafür, mit Sir Philip Mitchell davon auszugehen, dass das jährliche Wachstum auf bis zu zwei Prozent in einigen Gebieten beziffert werden könne.[367] Die Wachstumsrate, die Mitchell in seinem Schreiben verwendet hatte, orientierte sich an dem Bericht der *Kenya Land Commission* und bezog sich streng genommen lediglich auf die so genannten *Kikuyu Lands* Kiambu, Fort Hall und Nyeri.[368] Was Goldthorpe, anders als Mitchell, bezweifelte, war die Möglichkeit, den für diese Gebiete auf zwei Prozent bezifferten Wachstumstrend auf die Bevölkerung der gesamten Kolonie übertragen zu können.

---

363 Siehe hierzu u.a.: Awam Ampka, Obituary: Chief David Kidaha Makwaia. Tanzanian Politician, Businessman and Head of the Sukuma, in: The Guardian, 31. Mai 2007, https://www.theguardian.com/news/2007/may/31/guardianobituaries.obituaries1 (letzter Zugriff am 8.10.2018).
364 Cooper, Decolonization and African Society, S. 358.
365 Macmillan, The East Africa Royal Commission, S. 548–550; East Africa Royal Commission Report, S. 31.
366 Goldthorpe, Appendix VII: A Memorandum for Submission to the Royal Commission, Bl. 12.
367 Im Original: „There thus seems good reason to confirm Sir Philip Mitchell's statement that the annual increase may amount to 2 per cent in the most favourable areas." [Sir Philip Mitchell, Despatch on Land and Population in East Africa, HMSO Colonial no. 290, para. 6]
368 Thomas, Regulating Reproduction, S. 190–191.

Anstatt dieses Wachstum als repräsentativ zu verstehen, nivellierte Goldthorpe diese Wachstumstendenz mit Blick auf die gesamte Kolonie.[369] Dieser Einschätzung folgte die *East Africa Royal Commission* in ihrem Abschlussbericht.

Auf dieser Grundlage distanzierte sich die Kommission zugleich von den politischen Lösungen, die die *Land Commission* formuliert hatte. Dies geschah, indem sie Land und die Verteilung von Land von Kategorien wie Ethnie oder Rasse zu lösen versuchte: „Throughout our Report we insist that the approach on a tribal basis to questions of land tenure and land use is incompatible with the development of a modern economy, and this applies equally to a purely racial approach to the Highlands question."[370] Die Empfehlungen der Kommission betrachteten die Reservatsgrenzen als überkommene, einer modernen Wirtschaft hinderliche Einrichtung. Einer ihrer umstrittensten politischen Vorschläge bezog sich darauf, den Bevölkerungsdruck auf das Land in den Reservaten der Kamba und Kikuyu durch die Verpachtung von Land in den britisch besiedelten *White Highlands* zu vermindern.[371] Denn das Problem der Kolonie, so zeigte sich die Kommission überzeugt, sei nicht Überbevölkerung, sondern eingeschränkte Bewegungsfreiheit. Diese Ansicht unterbreitete die Kommission indes unter der Voraussetzung, dass ein Abschied von der Subsistenzwirtschaft zugunsten einer modernen Ökonomie einzuleiten sei. Dazu gehöre auch die Modernisierung landwirtschaftlicher Techniken zur Steigerung der Produktivität sowie die Ansiedlung neuer Industrien. Insgesamt folgt daraus, dass die *Royal Commission* den Nexus von Bevölkerung und Land auflöste und Bevölkerung stattdessen auf die Ökonomie bezog. Damit schrieb sie Kenia und die ostafrikanischen Kolonien insgesamt in eine Logik der Entwicklung und Modernisierung ein, die bereits dem Projekt des Zensus von 1948 zugrunde gelegen hatte.

Der Bericht der *East Africa Royal Commission* verkörperte den Stand der kolonialpolitischen Reformdebatte und die Zielsetzungen für koloniale Gesellschaften, wie sie zu diesem Zeitpunkt im Londoner *Colonial Office* diskutiert wurden. Aus der Sicht der Kolonialregierung in Kenia ließen sie sich nicht um-

---

369 „Whether the rate in the Colony as a whole is so high is more doubtful. […] High as this is, it is a somewhat smaller rate than is sometimes suggested; and indeed it does seem likely that a tendency exists to exaggerate the increase." Goldthorpe, Appendix VII: A Memorandum for Submission to the Royal Commission, Bl. 12.
370 East Africa Royal Commission Report, S. 60.
371 Siehe hierzu und zum Folgenden: E.A.R.C.: Chapter 3, Population. 1955, TNA, CO 892/3/10, Colonial Office, Dow Commission: Correspondence and Papers, Preparation of the Report. [Die *East Africa Royal Commission* firmierte nach ihrem Vorsitzenden Hugh Dow auch unter *Dow Commission*, Anm. M.D.]. Macmillan, The East Africa Royal Commission, S. 550–557.

setzen. Der Nachfolger Philip Mitchells im Amt des Gouverneurs, Sir Evelyn Baring, wandte sich diesbezüglich am 17. Februar 1956 an den Kolonialminister Alan Lennox-Boyd.[372] Das Land, so stellte er klar, sei noch nicht darauf vorbereitet, Empfehlungen der Kommission zu realisieren, die auf eine Herauslösung von Afrikanern aus ihrer traditionellen tribalen Lebensweise hinausliefen. Kein Schritt, so fuhr er fort, sollte dahingehend unternommen werden, Grenzziehungen zwischen Stämmen aufzugeben. Ihm gehe es hier insbesondere um diejenigen Grenzen, die Landareale, welche bestimmten Gruppen und Stämmen zugesprochen und vorbehalten seien, voneinander unterschieden. Er warnte vor voreiligen Schritten und mahnte zur Geduld: Jeder Schritt in diese Richtung könne einen Vertrauensverlust seitens der Landwirte „aller Rassen" nach sich ziehen und sich destruktiv auf die Wirtschaft des Landes auswirken. Überdies sei die Umstellung von einem Konzept kollektiver auf eines individueller Verantwortung eine große Herausforderung für Afrikaner. Zweifelsohne müsse dieser Wandel vollzogen werden, aber eben unter Aufbietung der notwendigen Geduld.

Zu dem Zeitpunkt, als Baring in diesem Schreiben über mögliche Folgen einer Auflösung des Nexus von Ethnie und Land nachdachte und davor warnte, dass voreilige Schritte in Gewalt münden könnten, tobte in der Kolonie ein gewaltsamer Konflikt.[373] Aus der Mitte der *squatter* hatte sich eine Widerstandsbewegung gegen die Kolonialherrschaft formiert. *Squatter*, wie diejenigen bezeichnet wurden, die als Arbeitskräfte der britischen Siedler im fruchtbaren Hochland arbeiteten, waren in einem System totaler Abhängigkeit gefangen.[374] Sie verfügten über keinerlei politische Rechte und das Land, das sie gegen unbezahlte Arbeit auf den Farmen der Weißen bewirtschafteten, gehörte ihnen nicht. Angesichts der Selbstjustiz, die viele Siedler gegen sie verübten, waren die *squatter* in besonderem Maße der Erfahrung von Gewalt und Willkürherrschaft ausgesetzt. Überdies kam es zu Massenvertreibungen, wenn beispielsweise weiße Siedler ihre landwirtschaftliche Produktionsweise technisierten und weniger Arbeitskräfte benötigten, wie es in den 1930er Jahren der Fall war.[375] Oder wenn sich die Siedler wie beispielsweise während des kriegswirtschaftlichen Booms zwischen 1940 und 1946 verstärkt dafür einsetzten, mehr weiße Siedler anzuwerben und im Hochland

---

372 Evelyn Baring (Gouverneur der Kolonie Kenia) an Alan T. Lennox-Boyd (Kolonialminister, London), Kenya Despatch at the Royal Commission Report, 17.2.1956, TNA CO 822/1119, Absätze 10–11.
373 Für einen Überblick zur Vorgeschichte des Konflikts, der Verhängung des Notstands und dem Krieg selbst siehe: Fabian Klose, Menschenrechte im Schatten kolonialer Gewalt. Die Dekolonisierungskriege in Kenia und Algerien 1945–1962, München 2009, S. 78–97.
374 Siehe hierzu und zum Folgenden: Klose, Menschenrechte, S. 81.
375 Siehe hierzu und zum Folgenden: Anderson, Histories of the Hanged, S. 25–28.

anzusiedeln und im Zuge dessen immer mehr afrikanische Arbeitskräfte außerhalb des Hochlands verwiesen. Für diese Gruppe vertriebener Kikuyu gab es in ihrer alten Heimat im Bezirk Kiambu, den sie zum Teil vor über 40 Jahren verlassen hatten, kein Land mehr, das sie bewirtschaften konnten. Angesichts des Unmuts und der Verzweiflung über diese Situation formierten sie sich zu einer Bewegung, die sie selbst als *Land Freedom Army*,[376] die Briten als Mau-Mau-Bewegung titulierten.[377] Deren gewaltsame Niederschlagung seitens der britischen Kolonialmacht mündete in einen „Krieg ohne Regeln",[378] der durch den seit 1952 von Baring selbst verhängten und erst 1960 aufgehobenen Notstand (*state of emergency*) geprägt wurde.[379] In diesem Rahmen bediente sich die Kolonialregierung mit Unterstützung des Londoner Kolonialamts einer für die Kolonialzeit typischen Herrschaftspraxis: der kollektiven Bestrafung auf der Basis einer ethnischen Perspektive auf Bevölkerung.[380] Die Kikuyu wurden in Sippenhaft genommen. Die Kolonialregierung erließ drakonische so genannte Anti-Terror-Gesetze, die Folter, Willkür, Massentötungen, Internierung in Lagern und Zwangsumsiedlungen nach sich zogen.[381] Laut Schätzungen befand sich zwischen 1952 bis 1958 jeder vierte männliche Kikuyu in britischer Internierungshaft; demnach waren 1 077 500 Kikuyu zwangsumgesiedelt und in 854 neue Dörfer innerhalb des Reservatsgebiets gebracht worden.[382] In der offiziellen Rhetorik der britischen Kriegspropaganda wurde die Lagerhaft als notwendige Umerziehung beschrieben, um die Kikuyu wieder an die Zivilisation heranzuführen; Zwangsarbeit im Rahmen von Straßen-

---

[376] Daniel Branch, The Enemy Within. Loyalists and the War Against Mau Mau in Kenya, in: JAH 48 (2007), Nr. 2, S. 291–315, hier S. 295.
[377] Die Bezeichnung Mau-Mau, die den Unruhen ihren Namen gab, wurde nicht von der Bewegung selbst benutzt. Der Ausdruck findet sich weder im Swahili noch im Kikuyu. Spekulationen besagen, dass es sich um ein Anagramm von „uma uma" handelt, das soviel hieß wie „weg hier, weg hier" und das angeblich von Polizisten aufgeschnappt wurde, als sie eine Versammlung von militanten Rebellen stürmten. Siehe: Kyle, The Politics of Independence, S. 48.
[378] Klose, Menschenrechte, S. 147.
[379] Carl Rosberg/John Nottingham, The Myth of Mau Mau: Nationalism in Kenya, New York 1966, S. 277.
[380] Frederick Cooper argumentiert, dass diese Form der Bestrafung aus Foucault'scher Perspektive das Prinzip der modernen Gouvernementalität, das Individuen ins Verhältnis zum Staat setzte und aus dieser Perspektive bestrafte, unterlief: Cooper, Colonialism in Question, S. 143. An anderer Stelle schreibt Cooper: „They [British Officials] did not have a better category than ethnicity to define the dangerous." (Cooper, Decolonization and African Society, S. 35.)
[381] Anderson, Histories of the Hanged, S. 4–5; Frederick Cooper, Writing the History of Development, in: Journal of Modern European History 8 (2010), S. 5–23, hier S. 13; Andreas Eckert, Kolonialismus, Frankfurt a. M. 2006, S. 92.
[382] Klose, Menschenrechte, S. 194–195 und S. 201.

bau, Landterrassierung und Aufforstung wurde als koloniale Entwicklung definiert.[383]

Entsprechend bewegte sich die offizielle Deutung des Konflikts innerhalb eines starren Schemas von Moderne und Tradition. Die Traditionalisierung der afrikanischen Bevölkerung diente durchaus als Vorwand, sich nicht an geltendes Völkerrecht zu halten.[384] Ähnlich wie Baring in dem oben zitierten Schreiben an Lennox-Boyd deutete der ehemalige Kolonialbeamte Francis D. Corfield in seinem *Historical Survey of the Origins and Growth of Mau Mau* den Widerstand seitens der *Land Freedom Army* als Ausdruck einer Wesensentfremdung des Afrikaners angesichts moderner Einflüsse:

> The comforting cloak of his tribalism has disappeared and he is left to act as an individual and has to make his decisions as an individual – a new state of affairs which places upon him a great strain. [...] This rapid transition has also produced a schizophrenic tendency in the African mind – the extraordinary facility to live two separate lives with one foot in this century and the other in witchcraft and savagery. This has often been noticed, but Mau Mau revealed the almost inexplicable length to which it could go. A Kikuyu leading an apparently normal life would, in one moment, become a being that was barely human.[385]

Ökonomische und soziale Faktoren als mögliche Ursachen des Widerstandes wurden ausgeblendet. Für einen Teil der afrikanischen Bevölkerung der Kolonie bestand ein zentrales Problem darin, dass die Lebensgrundlage insbesondere im Reservat der Kikuyu angesichts des knapper werdenden landwirtschaftlich nutzbaren Landes für einige problematisch zu werden begann. Zugleich bot das so gut wie nicht industrialisierte Nairobi als größte Stadt keinen offiziellen Arbeitsmarkt, mithilfe dessen sich eine sich selbst finanzierende afrikanische Arbeiterschicht hätte bilden können.[386] Zwar gab die britische Kolonialregierung den Zielhorizont einer modernen, auch industrialisierten Gesellschaft vor und sah als größtes Hindernis dafür einen angeblich stabilen Primitivismus afrikanischer Ethnien. Dennoch wurden in der politischen Praxis die meisten Bestrebungen der

---

383 Klose, Menschenrechte, S. 195.
384 Siehe zu der Propagandastrategie der britischen Kolonialmacht in diesem Krieg das Kapitel „Der Gehörnte Schatten des Leibhaftigen Teufels" – Die erfolgreiche Dämonisierung der Mau Mau, in: Klose, Menschenrechte, S. 247–256. Zwei im Jahr 2005 erschienene Publikationen, die die britischen Kriegsverbrechen in Kenia im Vorfeld der Dekolonisation ausführlich darstellten, lösten eine große öffentliche Debatte aus: Anderson, Histories of the Hanged. The Dirty War in Kenya and the End of Empire, London/New York 2005; Caroline Elkins, Britain's Gulag. The Brutal End of Empire in Kenya, London 2005.
385 Corfield, Historical Survey of the Origins and Growth of Mau Mau, S. 8–9.
386 Cooper, Decolonization and African Society, S. 349.

afrikanischen Bevölkerung, selbstorganisiert für ihre Rechte einzutreten, torpediert. Gewerkschaften, wie sie sich erstmals während des großen Streiks 1947 in Mombasa bildeten, zerschlug das Kolonialregime.[387] Die 1944 gegründete *Kenya African Union* (KAU), die zwar von Kikuyu dominiert, als eine der wenigen Organisationen dieser Zeit aber über eine multiethnische Mitgliederbasis verfügte, kritisierte den Einfluss der weißen Siedler und entwickelte erste konstitutionelle Ansätze.[388] Sie wurde 1953 verboten.

Während in der Historiographie unterschiedliche Deutungen der Mau-Mau-Bewegung existieren, wenn einerseits von einem Bürgerkrieg die Rede ist, andererseits von einem nationalen Befreiungskrieg, ist unstritten, dass die Kolonialregierung alles daran setzte, die Kontrolle über die afrikanische Bevölkerung zu behalten und den Aufbau einer afrikanischen politischen und ökonomischen Elite selbst zu gestalten.[389] Die brutale und zügellose kollektive Bestrafung der Kikuyu wurde ergänzt durch eine Strategie, afrikanische Gegnerschaft zu Mau-Mau als Loyalität zur Kolonialregierung zu belohnen. Die Beschränkungen für den Anbau von *cash crops*, der bis dato weißen Siedlern vorbehalten war, wurden gelockert. Groß angelegte Landwirtschaftsreformen wie der *Swynnerton*-Plan von 1954 zielten darauf, eine wohlhabende afrikanische Elite sowie einen bäuerlichen Mittelstand zu etablieren. Dieser sollte in Kleinbetrieben dazu ausgebildet werden, über den eigenen Bedarf hinaus für den Markt zu produzieren.[390]

Nicht allein in ökonomischer, sondern auch in politischer Hinsicht stellte die Kolonialmacht die entscheidenden Weichen für die Zukunft. Nach und nach

---

387 Siehe hierzu: Cooper, Decolonization and African Society, S. 234–241.
388 Siehe hierzu u. a.: Bethwell A. Ogot, The Decisive Years 1956–63, in: Bethwell A. Ogot/William R. Ochieng' (Hrsg.), Decolonization and Independence in Kenya, London 1995, S. 48–79, hier S. 52; Lewis, Empire State Building, S. 247; Clough, Fighting Two Sides, S. 179; Richard J. Reid, A History of Modern Africa: 1800 to the Present, Chichester ²2012, S. 285–286; Daniel Branch/Nicholas Cheeseman, The Politics of Control in Kenya. Understanding the Bureaucratic-Executive State, 1952–78, in: Review of African Political Economy 33 (2006), S. 11–31, hier S. 19; Anderson, Histories of the Hanged, S. 333.
389 Siehe zu den unterschiedlichen Deutungen der Ereignisse um Mau-Mau: Cooper, Decolonization and African Society, S. 348–349; John Lonsdale, KAU's Cultures: Imaginations of Community and Constructions of Leadership in Kenya after the Second World War, in: Journal of African Cultural Studies 13 (2000), Nr. 1, S. 107–124; Rosberg/Nottingham, Myth of Mau Mau; Daniel Branch, Defeating Mau Mau, Creating Kenya. Counterinsurgency, Civil War and Decolonisation, Cambridge 2009.
390 Daniel Speich, The Kenyan Style of „African Socialism". Development Knowledge Claims and the Explanatory Limits of the Cold War, in: Diplomatic History, 33 (2009), S. 449–466, hier S. 457; Hodge, Triumph of the Expert, S. 248–249; Ogot, The Decisive Years 1956–63, S. 49–50.

wurde die politische Macht auf loyale afrikanische Führungspersonen übertragen. Sie wurden bei den Wahlen zum Legislative Council 1957 und 1958 unterstützt und auch bevorzugt, als es um die Afrikanisierung der Provinzialverwaltung ging. Zudem erhielten sie stets bessere wirtschaftliche Möglichkeiten. Die Kolonialregierung manipulierte das Wahlsystem dergestalt, dass in der Zentralprovinz, dem Kerngebiet der Rebellion, nur 7,4 Prozent der Bevölkerung überhaupt wählen durfte.[391] Auf diese Weise konstituierte sich eine wohlhabende, landbesitzende, weitgehend loyale Elite, die nach der Dekolonisation die weißen Siedler quasi ersetzte. Die wirtschaftlichen und politischen Strukturen, die in dieser Zeit geschaffen wurden, blieben auch nach 1963 weitgehend intakt.

Ein Pfeiler dieses Übergangs war der Aufbau und die Förderung gewerkschaftlichen Engagements. Nachdem im Zuge der Verhaftungswelle von Kikuyu seit dem Oktober 1952 die von der Kolonialregierung ohnehin bekämpften alten gewerkschaftlichen Organisationsstrukturen zusammen gebrochen waren, unterstützte sie die Gründung der *Kenya Federation of Registered Trade Unions* als neuem gewerkschaftlichem Dachverband.[392] Die Organisation blieb so lange schwach, bis die Kolonialregierung eine starke afrikanische Führung an ihrer Spitze zuließ. Indes erwies sich diese neue Initiative zur Unterstützung der Gewerkschaftsbewegungen für die britische Kolonialregierung Anfang der 1950er Jahre durchaus als ein ambivalentes Projekt. Die Gewerkschaften waren in dieser Zeit Teil einer internationalen Bewegung, in der die Vereinigten Staaten begannen, die Führungsrolle zu übernehmen. Im Zuge des Kalten Krieges trieb die *American Federation of Labor* (AFL) die Diskreditierung der 1945 gegründeten *World Federation of Trade Unions* (WFTU) als kommunistisch voran und besiegelte deren Spaltung durch die Gründung einer explizit anti-kommunistischen *International Confederation of Free Trade Unions* (ICFTU) im Jahr 1949.[393] Die Einbettung der Gewerkschaftsbewegung in die Dynamik des Kalten Krieges bewirkte, dass anti-koloniale Tendenzen wieder stärker in den Vordergrund rückten, die zuvor von den Kolonialmächten weitgehend unter Kontrolle gehalten werden konnten. Als der ICFTU begann, in Asien und Afrika um die ideologische Vorherrschaft gegen den WFTU zu konkurrieren, war es jedoch mit dieser Kontrolle vorbei. Die *International Conference of Free Trade Unions* suchte gezielt die Zusammenarbeit mit Gewerkschaftsverbänden in Kolonien und „Entwicklungslän-

---

391 Branch/Cheeseman, The Politics of Control in Kenya, S. 19; Anderson, Histories of the Hanged, S. 333.
392 Siehe hierzu und zum Folgenden: Cooper, Decolonization and African Society, S. 355–356.
393 Siehe hierzu und zum Folgenden: Anthony Carew, Conflict within the ICFTU. Anti-Communism and Anti-Colonialism in the 1950s, in: International Review of Social History 41 (1996), S. 147–181, hier S. 148–149; Maul, Menschenrechte, S. 217–221.

dern". Auch der 1952 neu gegründete kenianische Gewerkschaftsbund wurde ein Dachverband des ICFTU.[394] Im Gegenzug entsandte die internationale Organisation mit dem Kanadier Jim Bury einen Repräsentanten und Berater nach Kenia, der dort eng mit Tom Mboya zusammenzuarbeiten begann und die kenianische Kolonialregierung durchaus kritisierte.

Die Frage, warum sich die Briten auf diese Situation einließen, beantwortet der Historiker Frederick Cooper mit dem Verweis darauf, dass sie in den 1950er Jahren einen internationalen Einfluss nicht mehr gänzlich ausschließen konnten, den sie seit den 1930er Jahren absichtsvoll eingeleitet hatten, indem sie beispielsweise Konventionen der *International Labor League* zur kolonialen Arbeitspolitik zustimmten.[395] Hinter dieser Möglichkeit, sich auf internationale Standards berufen zu können, stand die Strategie, die moralische Position des *Empire* innerhalb einer sich internationalisierenden politischen Weltordnung zu verbessern. Anders als noch in den 1930er und 1940er Jahren ließen sich die Einflüsse internationaler Organisationen in den 1950ern jedoch nicht mehr so erfolgreich eindämmen oder kontrollieren.

Die ethnische Perspektive auf Bevölkerung, die die britische Kolonialregierung während des Mau-Mau-Krieges einnahm, wurde ergänzt von einer internationalen Dynamik, die den Dekolonisationsprozess zunehmend beeinflusste.[396] In ihrem Windschatten setzte sich langfristig eine die internationale Perspektive ergänzende nationale Sicht auf die Bevölkerung in Kenia durch. Aus den Ansätzen eines kolonialen Entwicklungsprogramms wurde die Thematisierung von Unterentwicklung auf internationaler Ebene; aus Kolonien wurden „Entwicklungsländer". Diese Verschiebung lässt sich nicht zuletzt an der Deutung von Bevölkerungsstatistiken ablesen.

Während der Zeit des Ausnahmezustands fand in Kenia kein weiterer Zensus statt. Auch der Bericht der *East Africa Royal Commission* wurde vorerst nicht weiter diskutiert und seitens der *British High Commission* mit dem Label „fragwürdige Datengrundlage" versehen, wie diese Nachricht des afrikanischen Hochkommissars an den britischen *Colonial Secretary* Alan Lennox-Boyd aus dem Jahr 1956 unterstreicht:

---

394 Siehe hierzu und zum Folgenden: Cooper, Decolonization and African Society, S. 437.
395 Siehe hierzu und zum Folgenden: Cooper, Decolonization and African Society, S. 439; zum Einfluss der *International Labor League* und der internationalen Gewerkschaftsbewegung auf die Kolonialmächte seit den 1940er Jahren siehe: Maul, Menschenrechte, S. 89–117.
396 Siehe hierzu insbesondere das nach wie vor maßgebliche Buch von Daniel Maul, der die Geschichte der IAO mit dem aufkommenden Menschenrechtsdiskurs verknüpft und aufzeigt, wie internationale Akteure Einfluss auf das Dekolonisationsgeschehen und insbesondere die Zeit nach der Dekolonisation nahmen: Maul, Menschenrechte.

> Without disputing the conclusions on population growth arrived at by the Royal Commission, it is worth noting [...] that the basic data available for the examination of the problem were meagre. The first full population census ever taken in East Africa was held in 1948. For a variety of reasons it has not been possible to take a full population census of Africans since then. It is hoped to carry this out [...] probably in Kenya in 1959. Much further information should then become available.[397]

Während der Zensus von 1948 Demographen veranlasste, die Fragwürdigkeit bisher erhobener Schätzungen zu betonen und gleichzeitig darauf hinzuweisen, dass bis zur Durchführung eines nächsten Zensus keine validen Angaben zur Bevölkerungsentwicklung in Kenia gemacht werden könnten, fand die Interpretation des Folgezensus in einer anderen Dynamik statt. Die Vereinten Nationen hatten in den 1950er und 1960er Jahren mit ihrem Anspruch, Normen guten Regierens zu definieren und diese im statistischen Vergleich zwischen Nationalstaaten zu überprüfen, einen „technischen Internationalismus" etabliert.[398] Als zentraler Faktor, um die Entwicklung eines Landes messen zu können, galt das Wachstum der Wirtschaft, das auf die Entwicklung des nationalen Einkommens pro Kopf bezogen wurde. Vor diesem Hintergrund erschien auch die Ermittlung des Bevölkerungswachstums von großer Wichtigkeit.[399]

Die Korrelation von Bevölkerungswachstum und Wirtschaftswachstum zur Ermittlung von Entwicklungspotentialen hatte sich Anfang der 1960er Jahre durchgesetzt und lässt sich auf die einflussreiche Studie *Population Growth and Economic Development in Low-Income Countries* von 1958 zurückführen, die der Demograph Ansley J. Coale und der Ökonom Edgar Hoover im Auftrag der *Weltbank* und des *Office of Population Research* in Princeton durchgeführt hatten. Eine Kernaussage der Studie lautete: „The significant feature of population growth as such is that a higher rate of population growth implies a higher level of needed investment to achieve a given per capita output."[400] Coale und Hoover illustrierten ihre These an einem Rechenbeispiel:

> Now consider two populations equal, at a given moment, in size, in accumulated capital, and in output. Assume that population A is growing at a rate of 1 per cent per annum, and

---

397 A. M. Bruce Hutt (East Africa High Commission) an Alan T. Lennox-Boyd: East Africa High Commission. Despatch on The Royal Commission Report, 10.2.1956, TNA, CO 822/1118.
398 Siehe zu diesem Begriff im Kontext statistischer Erhebungen und zum Folgenden: Daniel Speich Chassé, Les statistiques comme mode de communication politique. Le cas des premiers plans de développement au Kenya, in: Politique africaine 1 (2017), Nr. 145, S. 85–108, hier S. 98.
399 Daniel Speich Chassé, Die Erfindung des Bruttosozialprodukts. Globale Ungleichheit in der Wissensgeschichte der Ökonomie, Göttingen 2013, S. 16.
400 Ansley J. Coale/Edgar M. Hoover, Population Growth and Economic Development in Low-Income Countries A Case Study of India's Prospects, Princeton, NJ 1958, S. 19.

population B at three per cent. If the ratio of capital stock to current annual output is 3 to 1, population A must invest 3 per cent of the current output to maintain its per capita increase, while population B must invest 9 per cent of current output.[401]

In diesen Zeilen erscheint das Bevölkerungswachstum von drei Prozent als abstrakter Indikator, um Niedriglohnländer oder „Entwicklungsländer" zu klassifizieren. Der Nexus von Wirtschafts- und Bevölkerungswachstum wird hier als Indikator für den Entwicklungsstatus eines Landes etabliert.

Für die Verortung Kenias in der UN-Statistik hatte dies zwei Konsequenzen. Die Wachstumsraten für Wirtschaft und Bevölkerung bezogen sich beide auf die territoriale Einheit des Nationalstaats, unabhängig davon, ob dies in der Zeit des späten Kolonialismus oder der Dekolonisation die relevante Einheit für sozioökonomische oder politische Interaktionen war.[402] Insofern stellte der Indikator der Bevölkerungswachstumsrate erstens gewissermaßen eine Nationalisierung *avant la lettre* dar, nämlich vor Kenias Unabhängigkeit. Zweitens führte die Dynamik, Nationalstaaten auf der Grundlage ihrer statistischen Merkmale zu vergleichen, welche insbesondere durch die Praxis der *Vereinten Nationen* oder der *Weltbank* katalysiert wurde,[403] dazu, dass sich die Beschreibung Kenias zunehmend von der einer britischen Kolonie zu der eines „Entwicklungslandes" wandelte.

Im Jahr 1962 wurde schließlich ein neuer Zensus noch durch die Kolonialregierung durchgeführt. Britische und US-amerikanische Demographen ermittelten auf der Grundlage der erhobenen Bevölkerungsdaten eine Bevölkerungswachstumsrate von bis zu drei Prozent pro Jahr.[404] Der US-amerikanische Wirtschaftswissenschaftler und Regierungsberater im Auftrag der *Ford Foundation*, Edgar O. Edwards, erklärte diese drei Prozent zur höchsten Bevölkerungswachstumsrate auf dem afrikanischen Kontinent, wenn nicht gar weltweit.[405] Übersetzt auf Kenias Zukunftsaussichten bedeute dies, so Edwards, dass „the output of the economy must increase by more than three per cent per annum if income per capita is to increase at all".[406] Der *government demographer* und Hauptinterpret des Zensus

---

401 Coale/Hoover, Population Growth and Economic Development, S. 19.
402 Speich, Die Erfindung, S. 17; Timothy Mitchell, Das Objekt der Entwicklung, in: Shalini Randeria/Andreas Eckert (Hrsg.), Vom Imperialismus zum Empire, Frankfurt a. M. 2009, S. 163–207, hier S. 190.
403 Mitchell, Das Objekt der Entwicklung, S. 190.
404 R.M.A. Zwanenberg, An Economic History of Kenya and Uganda, 1800–1970, Plymouth 1975, S. 19.
405 Edwards, The Growth of the Economy 1954–1962, Dezember 1963, Ford Foundation Archives [FFA], Report #001205.
406 Edwards, The Growth of the Economy.

von 1962, J.G.C. Blacker, teilte die Ansicht, dass Kenias soziale und wirtschaftliche Zukunft auf dem Spiel stünde, wenn nicht alles dafür getan würde, das Bevölkerungswachstum zu senken.[407]

1.3.4 Zusammenfassung

Der Ermittlungsprozess einer kenianischen Bevölkerungswachstumsrate und die Identifikation Kenias als „Entwicklungsland" verstärkten sich wechselseitig. Die ersten Schätzungen des Bevölkerungswachstums in der Kolonie Kenia auf der Basis von Erhebungen auf der Mikroebene im lokalen Raum wurden von einer sich institutionalisierenden britischen Demographie stets in Frage gestellt. In dieser Zeit legitimierten Vertreter der Vorstellung einer wachsenden statt einer schrumpfenden Bevölkerung in Kenia ihre These, indem sie die wenigen Zahlen zur demographischen Situation in Kenia in den größeren Trend einer scheinbar weltweit wachsenden Bevölkerung, der hauptsächlich für Asien tatsächlich beobachtet wurde, einordneten. In den 1940er und 1950er Jahren sprachen die Anhänger der Diagnose vom kenianischen Bevölkerungswachstum noch von einem weltweiten Wachstumstrend. In den 1960er Jahren differenzierte sich diese Perspektive aus, als das *Colonial Office* und die *Vereinten Nationen* sich für weltweite und simultane Volkszählungen starkmachten. Das *Colonial Office* setzte sich im Kontext seiner Entwicklungspolitik für die Erhebung dieser Zahlen ein, den *Vereinten Nationen* ging es um internationale Vergleichbarkeit.

Die Zählungen von 1948 und 1962 trugen einerseits zur Konstruktion einer kenianischen Bevölkerung *avant la lettre* – also vor der Staatsgründung im eigentlichen Sinne – bei. Anderseits verselbständigte sich die Schätzung von drei Prozent im internationalen Kontext als vermeintlich durchschnittliches Bevölkerungswachstum von „Entwicklungsländern". Im Zuge dessen wurde die Annahme, dass Kenia ein Bevölkerungsproblem habe, zu einer Tatsache jenseits von Statistiken.

---

[407] Siehe hierzu Ndeti/Ndeti, Cultural Values, S. 31.

1.4 Zwischenfazit 1. Teil: Konzeptionelle Voraussetzungen der Wahrnehmung vormals „leerer" als „überfüllte" Räume in Kenia

Der Blick auf Bevölkerung in Kenia veränderte sich in Abhängigkeit zu einer veränderten Konzeption dieses Raumes, der in der Zeit zwischen den 1930er und den 1950er Jahren zunächst als Kolonie, dann als Nation *avant la lettre* und schließlich als „Entwicklungsland" definiert wurde. Entscheidend für die Wahrnehmung Kenias als leer oder überfüllt war die Art und Weise, wie unterschiedliche Akteure Bevölkerung und Raum aufeinander bezogen. Konkret zeigte sich, dass die britische Kolonialmacht zum Zeitpunkt ihrer Kolonisierung Zentralafrikas um die Wende zum 20. Jahrhundert das als besonders fruchtbar geltende Hochland gerade nicht in Beziehung zu der dort lebenden indigenen Bevölkerung, sondern zur weißen Bevölkerung setzte. Anders ausgedrückt definierte sie bestimmte Räume innerhalb Zentralafrikas als leer – unabhängig von der darin lebenden Anzahl indigener Bewohner, die sie nicht kannte und um deren quantitative Erfassung sie sich zunächst auch nicht bemühte. Stattdessen betrachtete sie das Hochland als Ressource für das *Empire* und als Aufnahmeraum für britische Siedler.

Die Londoner Kolonialadministration verknüpfte auf diese Weise Bevölkerung und Territorium über den Begriff des Eigentums. Auf der Grundlage des juristischen Konstrukts des *waste land* erkannte sie die afrikanische Bevölkerung nicht als Landeigentümerin an, weil sie diese Eigenschaft an das Kriterium einer sesshaften, flächendeckenden und marktorientierten landwirtschaftlichen Kultivierung koppelte. Der normative Topos des „leeren Raumes" war symptomatisch für die essentielle Differenzierung zwischen europäischen und afrikanischen Bevölkerungen, die die britische Kolonialmacht voraus- und durchsetzte. Auf diese Weise präfigurierte er die Wahrnehmung einer vermeintlich rückständigen afrikanischen Bevölkerung in ethnischer Gestalt, deren Entwicklung bis in die 1930er Jahre hinein als spezifisch und andersartig gegenüber derjenigen des Westens skizziert wurde. Das so konzipierte Verhältnis zwischen europäischen Siedlern und afrikanischen Bewohnern der Kolonie Kenia manifestierte sich in der grundlegenden Neuordnung des Raumes im Sinne einer Erklärung des Hochlandes zum Territorium der weißen Siedler und einer Abgrenzung unterschiedlicher Reservate, die die darin lebenden afrikanischen Bewohner unter dem Rubrum der gleichen Stammeszugehörigkeit zu einer ethnischen Bevölkerung verband.

Eine konzeptionelle Transzendierung dieser ethnisch oder rassisch definierten Grenzen zwischen unterschiedlichen afrikanischen Bevölkerungsgruppen und den europäischen Siedlern deutete sich auf theoretischer Ebene mit der ersten allgemeinen Volkszählung in Kenia von 1948 an. Jenseits einer Beschreibung postulierter ethnischer, hierarchischer oder zivilisatorischer Unterschiede zwischen Bevölkerungen in Kenia setzten es sich die Planer des Zensus zum Ziel, Aufschluss über das Wachstum der Gesamtbevölkerung der Kolonie Kenia zu erhalten. Dies bedeutete freilich nicht, dass diese Unterschiede im politischen Leben keine Rolle mehr spielten. Im Gegenteil: Nicht zuletzt im Zuge des Mau-Mau-Krieges wurden sie von allen Parteien umso vehementer betont. Gleichwohl schuf die quantitativ und nicht qualitativ definierte Vorstellung einer Entsprechung von Bevölkerung und Territorium innerhalb der Grenzen der Kolonie Kenia die konzeptionellen Voraussetzungen für eine veränderte Betrachtung dieses Territoriums und der demographischen Entwicklung der darin lebenden Bevölkerung.

Diese Vorstellung hing mit einer allmählichen Verschiebung des konzeptionellen Rahmens globaler Machtpolitik von einer imperialen auf eine seit den 1930er Jahren im Entstehen begriffene internationale Ebene zusammen. Entscheidend war, dass innerhalb dieses internationalen Denkrahmens die Nation als allgemeine Grundeinheit von Bevölkerungen zur Norm erhoben wurde. Das Konzept einer potentiellen Gleichwertigkeit und Unabhängigkeit aller Nationen, das die *Ständige Mandatskommission* zumindest auf dem Papier vertrat und damit die Dekolonisation denkbar erscheinen ließ, veränderte die Perspektive auf die Differenz zwischen Bevölkerungen. Das Postulat der Rückständigkeit, unter dem seit Anfang der 1950er Jahre die (ehemaligen) Kolonien und neuen Nationen als Dritte Welt zusammengefasst wurden, hatte weniger eine essentialistische als eine dynamische Konnotation. Illustrieren lässt sich dies am Beispiel des demographischen Transitionsmodells. Im Rahmen dieses Modells erschien Rückständigkeit gegenüber dem westlichen Zivilisations- und Lebensstandard als notwendiges transitorisches Stadium der Entwicklung aller Gesellschaften hin zu einer modernen und durch den Westen personifizierten Zivilisation. Als Indikatoren dieser überwiegend ökonomisch definierten Entwicklungsstadien galten demographische Wachstumstrends. Im Zuge dessen wurde den aus der Dekolonisation hervorgegangenen so genannten Entwicklungsländern seitens Demographen, Politikern und Bevölkerungsaktivisten auf einer weitgehend angloamerikanisch geprägten internationalen Ebene das Potential eines explosiven Bevölkerungswachstums zugeschrieben. Die politischen Auswirkungen der hier skizzierten konzeptionellen Weichenstellungen, die die imperiale Wahrnehmung eines vermeintlich leeren Raumes in die internationale eines vermeintlich überfüllten „Entwicklungslandes" verwandelten, sind Gegenstand des folgenden, zweiten Teils.

2 Bevölkerungspolitik als Modernisierungspolitik?

Es ist in der Literatur weitgehend unumstritten, dass sich zwischen den 1950er und den 1970er Jahren eine einflussreiche, US-amerikanisch dominierte Akteursformation herausbildete, die Bevölkerungspolitik mit Modernisierungspolitik gleichsetzte. Konkret handelte es sich um die in unterschiedlichen Facetten geäußerte Vorstellung, dass ein durch Familienplanungsmaßnahmen induzierter Fertilitätsrückgang selbst Instrument einer aktiven Modernisierungspolitik in „Entwicklungsländern" sein könne.[1] Die Historikerin Alison Bashford hat in ihrem Buch „Global Population" den globalen Anspruch dieser Idee, die die Weltregionen nach ihrer demographischen Entwicklung hierarchisierte, auf den Punkt gebracht: „The world was discursively regionalized by its demographic status, its relational and comparative birth and death rates. This was global ‚modernization' in which the aspiration was for the whole world to become ‚the West', with its higher standard of living."[2] Es geht hier um nicht weniger als die Vorstellung eines objektiven und nicht hinterfragbaren Zusammenhangs zwischen demographischen Trends und Modernisierungserfolgen im Sinne der Verheißung einer weltweiten Angleichung an den so genannten westlichen Lebensstandard. Als Träger dieser Idee machte der Historiker Matthew Connelly eine grenzüberschreitende Initiative von Wissenschaftlern und Aktivisten aus, die weltweit eine kollektive Norm reproduktiven Verhaltens durchzusetzen versuchten, deren Kern die rationale Regulierung von Fertilität gewesen sei.[3] Connelly erkennt darin eine neue Art globalen Regierens, deren Vertreter antraten, um die Bevölkerung der Welt zu kontrollieren „without having to answer to anyone in particular".[4] Die Vorstellung, dass sich diese Akteure vor niemandem nennenswert rechtfertigen mussten, lenkt das Augenmerk auf die Zielgruppen dieser Bevölkerungspolitik und auf deren Reaktionen. Der Historiker Marc Frey nannte mit Blick auf das „sub-saharische" Afrika zwei einander ergänzende Arten des Umgangs mit „internationalen" bevölkerungspolitischen Initiativen. Sie seien zum einen als „Teil einer

---

[1] Siehe hierzu beispielsweise: Szreter, The Idea of Demographic Transition, S. 661–662; Harkavy, Curbing Population Growth, S. 16; Heim/Schaz, Berechnung und Beschwörung; Susanne Schultz, Hegemonie – Gouvernementalität – Biomacht: Reproduktive Risiken und die Transformation internationaler Bevölkerungspolitik, Münster 2006.
[2] Alison Bashford, Global Population. History, Geopolitics, and Life on Earth, New York, NY 2014, S. 237.
[3] Connelly, Fatal Misconception, S. 6–7.
[4] Connelly, Fatal Misconception, S. 6–7.

‚neo-kolonialen' Politik" aufgefasst worden, „die die asymmetrischen Beziehungen zwischen dem Westen und dem Afrika der Kolonialzeit unter biopolitischen Vorzeichen fortschrieb", zum anderen hätten Politiker der Dritten Welt überwiegend weiterhin einer notwendigen Bevölkerungsvermehrung als Machtressource das Wort geredet.[5]

Dem Narrativ, das sich aus den zitierten Äußerungen der Historiker zusammensetzt, lässt sich zunächst leicht zustimmen. In der Tat entspricht das Bild, das im ersten Kapitel dieses zweiten Teils auf der Grundlage einer Beschäftigung mit den Schlüsselinstitutionen und Protagonisten des „population movement"[6] entsteht, weitgehend der Vorstellung von einem modernisierungstheoretisch grundierten und mit globalem Anspruch vertretenen bevölkerungspolitischen Modell als einem der dominanten Interpretamente seit den 1950er Jahren. Indem dieses Kapitel beleuchtet, wie US-amerikanische Demographen und Bevölkerungswissenschaftler zu international gefragten Experten wurden, skizziert es den Ausgangspunkt, von dem aus diese Akteure in ihrer Doppelfunktion als Forscher und Berater selbst zu einer globalen Durchsetzung ihrer politischen Vorstellungen beizutragen versuchten.

Ein im zweiten Kapitel vollzogener Perspektivwechsel weg vom US-amerikanischen Universitätscampus hinein in die politische und wissenschaftliche Sphäre in Kenia bestätigt, dass sich zweifelsohne auch in den politischen Zukunftsentwürfen der Republik Kenia Spuren des zuvor skizzierten Narrativs auffinden lassen, sei es in der ökonomischen Definition von Entwicklung, dem angedeuteten Nexus von Bevölkerungs- und Wirtschaftsentwicklung oder der durchscheinenden Erwartungshaltung, zeitnah eine Erhöhung des gesamtgesellschaftlichen Lebensstandards in Kenia gewärtigen zu können. Nichtsdestoweniger blieben diese Zukunftsvisionen nicht alternativlos, wie das Beispiel eines Entwicklungsmodells für Kenia zeigt, das sich eher an einer in der Kolonialzeit überaus prominenten Vorstellung von Kenia als Residuum traditionaler, kleinbäuerlich geprägter Lebensweisen orientierte denn an bevölkerungspolitisch befeuerten Industrialisierungs- und Modernisierungsvisionen.

Schließlich fragt das dritte Kapitel nach den konkreten politischen Konsequenzen der im zweiten Kapitel vorgestellten Entwicklungsvisionen und Modelle. Hier zeigt sich, dass es zwischen dem von Connelly insinuierten Durchregieren der internationalen Bevölkerungsbewegung ohne Korrektiv und der von Frey ins

---

[5] Frey, Experten, Stiftungen und Politik. Zur Genese des globalen Diskurses über Bevölkerung seit 1945, in: ZF/SCH 4 (2007), S. 1–18, hier S. 12.
[6] Diese Bezeichnung entsprach einer Selbstbeschreibung und mithin dem eigenen Selbstverständnis der Akteure. Siehe hierzu den einschlägigen Titel des *Ford Foundation*-Mitarbeiters Harkavy, Curbing Population Growth.

Spiel gebrachten, durchaus relevanten totalen Ablehnung einer auf einen demographischen Rückgang zielenden internationalen Bevölkerungspolitik in Kenia durch Eliten Zwischentöne gab. Hier geht es weniger darum, Gegenreaktionen oder abweichenden Meinungen zur Geltung zu verhelfen, als die spezifische Dynamik zu beleuchten, die in Kenia insbesondere auf der Ebene der Verwaltung entstand, als die Ansprüche internationaler Experten auf die Gestaltungsmöglichkeiten, Prioritäten und Machtkämpfe von Politikern und Verwaltungsbeamten vor Ort trafen. Insgesamt vermögen die Erkenntnisse dieses Kapitels den Eindruck einer Deutungshoheit derjenigen, die Bevölkerungspolitik als Modernisierungspolitik auffassten und propagierten, nicht grundlegend zu erschüttern. Aber sie zeichnen ein differenzierteres Bild und ermöglichen vor allem eine pragmatischere Sicht auf die Entwicklungspolitik dieser Zeit jenseits ihres universalen Anspruchs und ihrer umfassenden Verheißungen. Und schließlich zeigt sich, dass das Aushandeln und Gestalten konkreter Vorstellungen von Entwicklung und Modernität zwar ungleich, aber nicht einseitig vonstattenging.[7]

2.1 Modernisierung als Praxis: Familienplanung als Motor der Transition

„Join Demography and See the World!"[8] Mit dieser programmatischen Aussage blickte der 1917 in den Vereinigten Staaten geborene Demograph Ansley J. Coale in seiner im Jahr 2000 erschienen Biographie auf ein Leben zurück, das ihn durch seine berufliche Tätigkeit in circa 70 Länder, darunter auch mehrmals nach Kenia, geführt hatte. Er beschrieb damit zugleich eine spezifische Perspektive auf die Welt. Es ist diejenige der Demographie. Das Interesse an der Demographie teilte er zwischen den 1940er und 1960er Jahren mit einer ganzen Reihe anderer vorwiegend junger US-amerikanischer Bevölkerungswissenschaftler. In dieser Zeit stellte die Demographie auch Politikern, Beratern und Verantwortlichen in philanthropischen Stiftungen und internationalen Organisationen einen Ansatz zur Deutung und Ordnung der Welt zur Verfügung. Warum es der Demographie zukam, eine solche Schlüsselposition für die Formulierung von Problemen und Lösungen zu besetzen, soll mit dem Konzept der „epistemic community" von Peter M. Haas beleuchtet werden.[9] Das Ziel dieses Ansatzes besteht darin, die Herausbildung

---

7 Siehe hierzu die einschlägige Formel von Frederick Cooper, Colonialism in Question, S. 149: „The struggles were unequal but they were not one-sided."
8 Ansley J. Coale, An Autobiography, Philadelphia, PA 2000, S. 62.
9 Peter M. Haas, Introduction. Epistemic Communities and International Policy Coordination, in: Peter M. Haas (Hrsg.), Knowledge, Power, and International Policy Coordination. A Special Issue

von politischen Strukturen jenseits nationaler Grenzen und rein staatlicher Prozeduren transparent zu machen.[10] Nach Haas beschreiben „epistemische Gemeinschaften" Expertennetzwerke von Forschern, deren Wissen und Kompetenzen auf einem bestimmten Gebiet von der Politik als relevant betrachtet werden. Entscheidungsträger trauen ihnen insoweit Deutungshoheit und politische Verantwortung zu, als sie dieses Wissen als Kompetenz zur Lösung politischer Probleme betrachten.[11] Im Folgenden soll mithilfe dieses Ansatzes beleuchtet werden, wie seit den 1940er Jahren aus Demographen Entwicklungsexperten wurden.

Die Dynamiken, die Haas bei der Entstehung einer wissensbasierten Politik am Werk sieht, sind „uncertainty", „institutionalization" und „interpretation".[12] Verkürzt lässt sich die Wechselwirkung dieser Komponenten so begreifen, dass Politiker sich des Expertenwissens zur Vereindeutigung und Lösung unklarer politischer Situationen bedienen und auf diese Weise die Institutionalisierung und Popularisierung dieser Wissensform begünstigen. Mit Blick auf die Demographie sollen im Folgenden der Verwissenschaftlichungs- und Institutionalisierungsprozess des Fachs, die sich für die Zeitgenossen aus der politischen Großwetterlage ergebenden „Ungewissheiten" und die Interpretamente, welche die Demographie in diesem Zusammenhang anzubieten hatte, dargestellt werden. „Institutionalisierung", „Ungewissheit" und „Interpretation" werden wiederum auf die drei Komponenten der eingangs zitierten Aussage von Ansley J. Coale, „Demographie", „Welt" und „sehen" bezogen, die das Kapitel strukturieren.

2.1.1 Die Institutionalisierung der Demographie

Im frühen 20. Jahrhundert gehörte die Demographie in den Vereinigten Staaten noch nicht zum Kanon der universitär etablierten Wissenschaften.[13] Ihre Institutionalisierung begann an Instituten, die mit privatem Stiftungskapital finanziert

---

of International Organization, 1992, S. 1–35. Als ein möglicher Ansatz zur Erschließung der Netzwerke von Bevölkerungsexperten wurden „epistemic communities" bereits unter anderem von Diana Hummel und Marc Frey diskutiert. (Diana Hummel, Der Bevölkerungsdiskurs. Demographisches Wissen und politische Macht, Opladen 2000, S. 25–26; Frey, Experten, Stiftungen und Politik, S. 5.) Frey betrachtet mit diesem Begriff nicht allein die Demographie, sondern die „Gemeinschaft der Bevölkerungsexperten" (S. 12).
10 Siehe hierzu und zum Folgenden: Haas, Epistemic Communities, S. 3–4.
11 Haas, Epistemic Communities, S. 4.
12 Haas, Epistemic Communities, S. 3–4.
13 Susan Greenhalgh, The Social Construction of Population Science, S. 26–66 und S. 30.

und häufig auf Betreiben finanzkräftiger, an Bevölkerungsfragen interessierter Lobbyisten eingerichtet wurden. Eines der frühesten, bekanntesten und einflussreichsten war das 1936 gegründete *Office of Population Research* in Princeton. Für viele Jahrzehnte blieb es *das* Zentrum der Konsolidierung einer epistemischen Gemeinschaft von Demographen nach innen und einer bemerkenswerten Deutungs- und Handlungsmächtigkeit nach außen. Das auf Initiative von Frederick Osborn hin gegründete und mit Mitteln des *Milbank Memorial Funds* ausgestattete Bevölkerungsbüro wurde als eigene Institution im Gebäude der *Woodrow Wilson School of Public and International Affairs* an der Universität Princeton angesiedelt.[14]

Frederick Osborn, ein in die New Yorker Finanzelite hineingeborener Millionär, hatte mit Anfang 40 eine erfolgreiche Karriere an der *Wall Street* beendet, um sich ganz seinem Interesse für Bevölkerungsfragen, insbesondere hinsichtlich des Aspekts der „Bevölkerungsverbesserung", zuzuwenden.[15] Er war nahezu in allen wichtigen Foren, in denen dieses Thema diskutiert wurde, präsent und an der Gründung zahlreicher Institutionen zu dessen Vertiefung, Erforschung und Popularisierung beteiligt. Wie die meisten Bevölkerungswissenschaftler, Experten und Lobbyisten der 1930er Jahre, die sich mit Bevölkerungsthemen beschäftigten, war er Mitglied der *American Eugenics Society* – und zwischen 1946 und 1952 auch deren Präsident. Indes galt er als Schlüsselfigur der Reformeugenik, deren Anhänger die Glaubenssätze der klassischen Eugenik an rassische Überlegenheit und biologischen Determinismus durch die Annahme ersetzten, dass menschliche Vererbung stärker im Zusammenhang mit sozialen und umweltbedingten Faktoren gesehen werden müsse.[16] Überdies war Osborn ein einflussreiches Mitglied des ersten US-amerikanischen bevölkerungswissenschaftlichen Berufsverbandes, der 1931 gegründeten *Population Association of America*.[17] Schließlich war Osborn wesentlich in die Gründung des *Population Council* 1952 involviert, einer privaten Organisation die dezidiert Bevölkerungswissen mit aktiver Bevölkerungspolitik auf einer internationalen Ebene verband.[18] Als Absolvent und

---

14 Szreter, The Idea of Demographic Transition, S. 677.
15 Stefan Kühl, Die Internationale der Rassisten. Aufstieg und Niedergang der internationalen Bewegung für Eugenik und Rassenhygiene im 20. Jahrhundert, Frankfurt a. M. 1997, S. 113; Harkavy, Curbing Population Growth, S. 19. Coale, An Autobiography, S. 18.
16 Soloway, Demography and Degeneration, S. 187. Zur Rolle der Eugenik im bevölkerungswissenschaftlichen Feld seit der Zwischenkriegszeit siehe: Edmund Ramsden, Eugenics from New Deal to the Great Society. Genetics, Demography and Population Quality, in: Studies in History and Philosophy of Biological & Biomedical Sciences (2008), S. 391–406.
17 Kühl, Die Internationale der Rassisten, S. 113.
18 Kühl, Die Internationale der Rassisten, S. 203.

späterer *trustee* der Universität in Princeton und mit einem Vater im Hintergrund, der gemeinsam mit dem Juristen, Unternehmer und Begründer des *Milbank Memorial Fund* (MMF), Albert G. Milbank, dazu beigetragen hatte, die *Woodrow Wilson School* auf dem Princetoner Campus zu etablieren, gelang es Osborn, die Universität Princeton und den MMF zur Realisierung des Bevölkerungsbüros zusammenzubringen.[19]

Der *Milbank Memorial Fund* stand in der Tradition europäischer Ideen zur Sozialmedizin und betonte insbesondere in der Person des führenden *public health*-Statistikers der USA in Diensten des MMF, Edgar Sydenstricker, dass die Wirkungen von Maßnahmen öffentlicher Gesundheitsvorsorge in enger Verbindung mit der physischen und mentalen Zusammensetzung von Bevölkerung stünden.[20] In diesem Zusammenhang begann die Stiftung, in Forschung zu den Ursachen differentieller Fertilität zu investieren. Studien, die beispielsweise der Biologe Raymond Pearl oder der Sozialwissenschaftler Frank W. Notestein für den *Fund* durchführten, erklärten Fertilitätsunterschiede zwischen sozialen und ethnischen Gruppen mit Unterschieden in der Geburtenkontrollpraxis.[21]

Die Gründung des *Office of Population Research* (OPR) war mithin durch das politisch motivierte gemeinsame Interesse reformeugenischer, geburtenkontrollaktivistischer, sozialwissenschaftlicher und *public health*-orientierter Ansätze an der Frage geprägt, wie Bevölkerungsdynamiken in Form von Wachstum oder Rückgang *en détail* erklärt werden könnten. Als ersten Direktor des OPR setzte der MMF Frank W. Notestein ein, der seit 1928 in der Forschungsabteilung der Stiftung gearbeitet hatte. Notestein war als Ökonom und Statistiker an der *Cornell University* ausgebildet worden und hatte für den *Milbank Fund* hauptsächlich Studien zur differentiellen Fertilität durchgeführt.[22] Das *Office of Population Research* war mit einem Direktor, einem Sekretariat, einem wissenschaftlichen Mitarbeiter und einem mit einem MMF-Stipendium versorgten Doktoranden[23] zunächst eine kleine Institution, die unter Notesteins Führung eine Fülle von Funktionen übernahm. Die zentralste bestand darin, einen demographischen Ansatz zu popularisieren, der nach den ökonomischen, politischen, medizinischen, psychologischen und

---

19 Frank W. Notestein, Demography in the United States. A Partial Account of the Development in the Field, in: PDR 8 (1982), Nr. 4, S. 651–687, hier S. 660.
20 Paul Weindling, Modernizing Eugenics. The Role of Foundations in International Population Studies, in: Giuliana Gemelli/Roy MacLeod (Hrsg.), in: American Foundations in Europe. Grant-Giving Policies, Cultural Diplomacy and Trans-Atlantic Relations, 1920–1980, Brüssel/Bern/Berlin 2003, S. 167–179, hier S. 173–174.
21 Harkavy, Curbing Population Growth, S. 19.
22 Bashford, Global Population, S. 270; Harkavy, Curbing Population Growth, S. 19.
23 Coale, An Autobiography, S. 18.

kulturellen Faktoren fragte, welche hinter den in den Statistiken ablesbaren Phänomenen von Wandel in der Bevölkerungsentwicklung stünden.²⁴

Mit Notestein nahm der erste offizielle Professor für Demographie in den Vereinigten Staaten seine Arbeit auf, die nun auch in der Ausbildung von Doktoranden in diesem Fach bestand.²⁵ Ansley J. Coale sollte als zweiter MMF-Stipendiat im OPR einer seiner einflussreichsten Schüler werden und ihm 1959 als Direktor des *Office* nachfolgen.²⁶ Der demographische Ansatz, der im OPR praktiziert und gelehrt wurde, war durchaus prägend für eine ganze Generation von Demographen in einer Zeit, in der sich das Fach allmählich das „wissenschaftliche Monopol in der Bevölkerungsanalyse"²⁷ eroberte. Die beiden Säulen dieses Ansatzes umschrieb Coale, als er begründete, warum er in der Demographie seine Berufung und seine professionelle Heimat gefunden hatte: „[...] demography has met two of my intellectual drives: the analytical urge that led me to emphasize the study of math and physics when I entered college and the interest in social problems that contributed to my choice of economics as a major when I finished my second year as an undergraduate."²⁸ Demographie, wie sie im OPR betrieben wurde, vereinte also eine analytische, an der Mathematik und Physik ausgerichtete Methodik mit einer sozialwissenschaftlich geprägten Perspektive auf Bevölkerung.

Die Fundierung analytischer Methoden im bevölkerungswissenschaftlichen Bereich lässt sich maßgeblich auf den Biologen Raymond Pearl und den Versicherungsmathematiker und Statistiker Alfred Lotka zurückführen. Pearl, Direktor des Instituts für Biologie an der *Johns Hopkins University*, hatte am Vorabend des Ersten Weltkriegs anhand von Experimenten mit Fruchtfliegen ein Modell zur Beschreibung von Wachstumsrhythmen entwickelt, das ihm auf Populationen tierischer Organismen und menschliche Bevölkerungen gleichermaßen anwendbar schien.²⁹ Die so genannte „logistische Kurve" beschrieb für jede Bevölkerung

---

24 Edmund Ramsden, Frank W. Notestein, Frederick H. Osborn, and the Development of Demography in the United States, in: Friends of the Princeton Library. The Princeton University Library Chronicle 65 (2004), Nr. 2, S. 282–316, hier S. 282–283.
25 Hodgson, The Ideological Origins of the Population Association of America, S. 27.
26 Ansley J. Coale, Career Highlights, in: Jean van der Tak (Hrsg.), Demographic Destinies. Interviews with Presidents and Secretary-Treasurers of the Population Association of America, PAA Oral History Project, Bd. 1 – Presidents, Nr. 2, 2005, http://www.populationassociation.org/wp-content/uploads/PAA_Presidents_1961–76.pdf (letzter Zugriff am 31.05.2019), S. 135.
27 Paul-André Rosental geht in einem Aufsatz der Frage nach, wie sich diese Gleichsetzung von Bevölkerungsanalyse und Demographie seit den 1920er Jahren vollzog: Rosental, Wissenschaftlicher Internationalismus, hier S. 256.
28 Coale, An Autobiography, S. 51.
29 Siehe hierzu und zum Folgenden: Rosental, L'intelligence démographique, S. 179–184.

drei Phasen: von langsamem zu beschleunigtem Wachstum bis hin zur Quasi-Stabilität. Sie konnte in einer einfachen mathematischen Formel dargestellt werden und begründete Pearl zufolge ein verallgemeinerbares statistisches Gesetz. Pearls Modell fand eine breite Resonanz und wurde zwischen den 1920er und 1930er Jahren in allen Disziplinen diskutiert, die sich mit Bevölkerungsfragen beschäftigten. Die große Aufmerksamkeit, die dem Modell zuteilwurde, lässt sich möglicherweise mit der Tatsache erklären, dass es zwei von den Zeitgenossen als konträr wahrgenommene Phänomene, das vermeintlich rasche Bevölkerungswachstum im globalen Süden und die Stagnation der Bevölkerungsentwicklung in den industrialisierten Ländern, integrieren konnte. Zugleich rief es kritische Stimmen hervor, weil es einen biologistischen Determinismus verkörperte, der unterschiedliche Fertilitätsdynamiken innerhalb von Bevölkerungen auf tief verwurzelte, angeborene biologische Unterschiede zurückführte.[30]

Im Kontext des sozialreformerischen Klimas des *New Deal* in den Vereinigten Staaten stieß der Verweis auf Bevölkerungstrends als biologisch determinierte Phänomene auf wenig Gegenliebe. Stattdessen hatten die gravierenden Auswirkungen der Weltwirtschaftskrise den Sozialwissenschaften gegenüber der Biologie einen Schub verliehen, weil von ihnen erwartet wurde, die Expertise für eine effektive und gesellschaftsverändernde Sozialplanung zur Verfügung stellen zu können.[31] Vor diesem Hintergrund erschien die Vorstellung neuralgisch, dass Gesellschaften steuer- und beeinflussbar seien. Notestein und Coale selbst verwiesen bezüglich ihres analytischen Ansatzes auf Alfred Lotka, Versicherungsmathematiker im Dienst der *Metropolitan Life Insurance Company* und Mitglied in der *Population Association of America*.[32] Lotka begründete eine Art mathematische Demographie, deren Ziel es war, Bevölkerungstrends ohne empirische Datengrundlage berechnen zu können. Die Demographie insgesamt betrachtete er weniger als Wissenschaft, denn als Ansatz, um biologische Phänomene zu verstehen.[33] Notestein und Coale wiederum konnten sich auf Lotka berufen, um die Demographie als Wissenschaft zu begründen, deren Aufgabe es war, Modelle zu entwickeln, um auf deren Grundlage verallgemeinerbare, auf alle Bevölkerungen anwendbare Aussagen zu treffen.

---

30 Harkavy, Curbing Population Growth, S. 19; Coale, An Autobiography, S. 15–16.
31 Hodgson, The Ideological Origins of the Population Association of America; Szreter, The Idea of Demographic Transition, S. 664.
32 Coale selbst äußert sich in seiner Autobiographie zu diesem Ansatz: „My work in analytical demography has taken diverse forms. The most abstract form of such analysis that I have undertaken began with Notestein's initiation of his graduate students into the mathematics of stable populations associated with his friend Alfred J. Lotka." (Coale, An Autobiography, S. 51)
33 Ramsden, Eugenics, S. 393.

Inhaltlicher Kern dieser Begründung der Demographie als Wissenschaft war das Modell der demographischen Transition, das Frank W. Notestein und Kingsley Davis Mitte der 1940er Jahre im *Office of Population Research* neu formuliert hatten.[34] Zugleich blieben die Princetoner Demographen diesem Bevölkerungsmodell durch eine private Stiftung mit bevölkerungspolitischen Interessen verpflichtet. Im skizzierten Kontext des *New Deal* schufen Regierungen, Stiftungen und internationale Organisationen den Markt für die Ergebnisse bevölkerungswissenschaftlicher Forschung.[35] So fungierte das *Office of Population Research* als einer der wichtigsten Ansprech- und Kooperationspartner für Bevölkerungsfragen seitens der Politik. Dies zeigte sich beispielsweise mit Blick auf die *League of Nations*, deren demographischer Ausschuss nach Ausbruch des Zweiten Weltkriegs von Genf nach Princeton transferiert wurde. Die Gruppe, die sich dort um Notestein formierte, wurde zum Kern der 1946 neu eingerichteten *United Nations Population Division*.[36] Überdies beauftragte beispielsweise die *Rockefeller Foundation* das Personal des OPR mit Erkundungsreisen in den Fernen Osten, die *Weltbank* gab Studien in Auftrag und Frank Notestein selbst war 1952 Mitbegründer des *Population Council*, der einen wissenschaftlichen Anspruch mit technischer Hilfe in der Dritten Welt verband. Die Demographen trugen dem Rechnung, indem sie nach sozialwissenschaftlichen Erklärungen für Bevölkerungstrends suchten und Modelle entwickelten, die Ansätze zur politischen Steuerbarkeit von Bevölkerung aufzeigten. Die Historikerin Susan Greenhalgh hat die im Folgenden konkreter zu illustrierende Kombination mathematischer Methoden mit sozialwissenschaftlichen und politikkompatiblen Ansätzen auf die Formel „Demography as Mathematics and Modernization"[37] gebracht.

2.1.2 Die Welt als Demograph deuten (sehen)

Ansley Coales eingangs zitierte Überzeugung, dass die Demographie das „Sehen" der Welt ermögliche, kann in einem doppelten Sinne verstanden werden. „Sehen" als „Welt deuten" einerseits und „sehen" als „Welt bereisen" andererseits. Zwar

---

34 Zu diesem Modell siehe Kapitel 1.2; zur Bedeutung dieser Theorie für die Demographie siehe: Greenhalgh, The Social Construction of Population Science; Szreter, The Idea of Demographic Transition; John C. Caldwell, Toward a Restatement of Demographic Transition Theory, in: PDR 2 (1976), Nr. 3/4, S. 321–366.
35 Greenhalgh, The Social Construction of Population Science, S. 26–66.
36 Bashford, Global Population, S. 270; Richard Symonds/Michael Carder, The United Nations and the Population Question 1945–1970, London 1973, S. 40–51.
37 Greenhalgh, The Social Construction of Population Science, S. 26.

beeinflussten sich beide Formen des Sehens durchaus wechselseitig. Der Denk- oder Wahrnehmungsrahmen, innerhalb dessen diese Beeinflussung stattfand, blieb jedoch stabil. Etwa so, als würde die Welt durch ein Kaleidoskop betrachtet, in dem sich Kombinationen ändern können, das Kaleidoskop und mithin die Komponenten, welche die unterschiedlichen Kombinationen ermöglichen, aber ein und dasselbe bleiben. Daher hat es Sinn, zunächst die Grundform – die demographischen Modelle – und anschließend deren Variationen zu betrachten.

Kingsley Davis, einer der Urheber des demographischen Transitionsmodells, sagte in einem Interview: „I've never been more than six weeks away from a university campus. You don't need that long to understand a country."[38] Auch Coale sah die Welt gewissermaßen vom Princetoner Campus aus. Lediglich vier Jahre seines Studenten- und Berufslebens hatte er nicht in Princeton, sondern kriegsbedingt zwischen 1942 und 1947 in Harvard verbracht. Für die Jahre von 1947 bis 1954 kehrte er zunächst als Professor für Ökonomie nach Princeton zurück. Ab 1954 arbeitete er wieder im OPR als wissenschaftlicher Mitarbeiter, dann als Direktor von 1959 bis 1975. 1986 wurde er emeritiert. Der Einfluss, den Coale in dieser Zeit entfaltete, ging über innerfachliche Grenzen weit hinaus. Ein wichtiger und früher Baustein dieses Einflusses war eine Studie, an der er gemeinsam mit dem Ökonom Edgar Hoover seit 1956 gearbeitet hatte und die 1958 unter dem Titel *Population Growth and Economic Development in Low-Income Countries: A Case Study of India's Prospects*[39] publiziert worden war. Seit ihrem Erscheinen wurde sie als einer der wichtigsten Grundlagentexte für das Verständnis von Bevölkerungspolitik als Entwicklungspolitik rezipiert.[40]

Bei der Studie handelte es sich um eine Auftragsarbeit für die *Weltbank*. In den Worten von Ansley Coale liest sich die Ausgangssituation so:

> [...] the International Bank [World Bank] said they wanted a kind of pamphlet. Eugene Black was president of the Bank at that time and he was concerned about population. He wanted to go to an African country which asked for a loan and say, „If you want a loan, you ought to be concerned about your birth rate." He asked Frank Notestein to write a pamphlet he could hand out. Frank told him there wasn't enough known in this field to make an authoritative statement. So the Bank offered to fund a research project to look into it. Frank hired Ed Hoover to be the Washington economist and I was the Prince-

---

38 Jean van der Tak, Interview mit Kingsley Davis am 1.5.1989, in: Jean van der Tak (Hrsg.), Demographic Destinies, Bd. 1 – Presidents, Nr. 1, 2005, http://populationassociation.org/wp-content/uploads/PAA_Presidents_1947–60.pdf (letzter Zugriff am 31.05.2019), S. 13–38, hier S. 38.
39 Coale/Hoover, Population Growth and Economic Development.
40 Siehe hierzu: Szreter, Fertility, S. 24; Piotrow, World Population Crisis, S. 14–15; Sharpless, World Population Growth, S. 83.

ton demographer. We went to India and made a study of the Indian situation and then to Mexico. It was a kind of economic-demographic model.[41]

Zunächst sticht hier ins Auge, wie komplexitätsbefreit der Sachverhalt geschildert wurde. Dieser Eindruck entsteht erstens, weil Entwicklungspolitik auf eine einfache Kausalkette reduziert wird. Die drei Komponenten dieser Kette entsprächen dem Darlehen eines Gebers, das an die Erfüllung von Konditionen des Nehmers geknüpft wird, die wiederum durch die Autorität eines wissenschaftlich begründeten Modells legitimiert werden.

Zweitens wird die Interaktion zwischen den beteiligten Institutionen auf einen Kontakt beziehungsweise eine Reaktion innerhalb etablierter personeller US-amerikanischer Netzwerke reduziert. Die *Weltbank*, personifiziert durch ihren Präsidenten, Eugene Black, benötigte als Legitimation ihrer Entwicklungspolitik eine wissenschaftlich fundierte Bestätigung des Nexus zwischen Bevölkerungs- und Wirtschaftsentwicklung, von dem sie bereits ausging. Der angesprochene Frank Notestein, der das *Office of Population Research* repräsentierte, verwies darauf, dass bisher keine belastbaren empirischen Befunde diesen Nexus bestätigt hätten. Daraufhin wurden mit Ansley Coale und Edgar Hoover zwei Forscher damit beauftragt, eine zweijährige Studie durchzuführen, die diese Wissenslücke schließen sollte. Das Ergebnis der Studie wurde also in der Erwartungshaltung des Weltbankpräsidenten gleichsam vorweggenommen. Sie sollte den im Modell der demographischen Transition postulierten umgekehrt proportionalen Zusammenhang zwischen Bevölkerungs- und Wirtschaftswachstum empirisch belegen. Anders ausgedrückt lag der Studie eine klare Fragestellung zugrunde, die Notestein im Vorwort der Publikation benannte: Welchen ökonomischen Unterschied würde es machen, wenn die Geburtenrate eines Landes nicht gleich bliebe, sondern innerhalb einer Generation drastisch reduziert würde?[42]

Drittens schließlich suggeriert Coales oben zitierte Schilderung, dass alle potentiellen Empfänger von Darlehen der *Weltbank* das gleiche Entwicklungsproblem einer zu hohen Geburtenrate teilten. Während Black Coale zufolge

---

41 Anders Lunde, Interview mit Ansley J. Coale am 27.4.1979, in: Jean van der Tak (Hrsg.), Demographic Destinies. Interviews with Presidents and Secretary-Treasurers of the Population Association of America, PAA, Oral History Project, Bd. 2 – Presidents, Nr. 2, S. 135–163, hier S. 144.
42 „What difference would it make in economic terms if the birth rate, instead of remaining unchanged, should be cut drastically in this generation?" (Frank W. Notestein, Foreword, in: Coale/Hoover, Population Growth and Economic Development, S. v.) In Zahlen ausgedrückt fragten Coale/Hoover, welchen Unterschied es machen würde, wenn die Geburtenrate eines Landes entweder 30 Jahre stabil bliebe oder sich in dieser Zeit um 50 Prozent reduzieren würde. (Siehe: Coale, An Autobiography, S. 35)

die „afrikanischen Länder" im Blick hatte, nutzte die von Coale und Hoover tatsächlich durchgeführte Studie Indien als *pars pro toto*. Anspruch der Initiatoren und Autoren der Studie war es, verallgemeinerbare Schlussfolgerungen über die Situation in den „unterentwickelten Ländern" insgesamt ziehen zu können.[43] Es ging explizit um die Produktion von entkontextualisiertem Wissen, das *idealiter* universal anwendbar sein sollte. Eine solchermaßen verallgemeinerte Kernaussage der Studie lautete, dass ein Rückgang der Fertilität ökonomischem Wachstum zuträglich sei, weil ein größerer Anteil des „national product" eines Landes für Entwicklungsmaßnahmen aufgewendet werden könne.[44]

Zweifelsohne mag der simplifizierende Eindruck, den Coales Zitat hinterlässt, auch dem Umstand geschuldet sein, dass es aus einem Interview, also einer mündlichen Gesprächssituation stammte. Es handelte sich um einen als Lebenserinnerung geschilderten Sachverhalt, den der 62-jährige Coale mit einem über 20-jährigen Abstand zum Geschehen in einem Interview ausführte, das der Demograph Jean van der Tak im Rahmen eines *oral history*-Projekts für die *Population Association of America* mit ehemaligen Präsidenten und Schatzmeistern der Organisation geführt hatte. Aufschlussreich ist das Zitat aber mindestens mit Blick auf die Erwartungshaltung Coales bezüglich entwicklungspolitischer Prozesse. Sachverhalte wurden in ihrer Komplexität reduziert, indem sie in Form von Modellen ausgedrückt wurden. Diese Modelle wiederum konnten potentiell für alle Länder, denen ähnliche Merkmale zugeschrieben wurden, Gültigkeit haben und angewandt werden.

Das Coale/Hoover-Modell erklärte die Geburtenrate zu einer Variablen, deren Regulierung nicht nur ökonomisch sinnvoll, sondern auch möglich erschien. Dem war Ende der 1940er Jahre ein Wandel in den Annahmen des demographischen Transitionsmodells vorausgegangen. Der Historiker Simon Szreter hat diesen Wandel insbesondere anhand der Äußerungen und Schriften Frank W. Notesteins untersucht und dargestellt.[45] Den entscheidenden Unterschied zwischen Notesteins ersten Formulierungen des Transitionsmodells Mitte der 1940er

---

43 Vgl. Notestein, Foreword, S. v.
44 Coale/Hoover, Population Growth and Economic Development, S. 315. An anderer Stelle wird dieses Argument mathematisch ausgeführt: „The economic advantages of reduced fertility thus begin immediately and cumulate for an indefinite period into the future. The immediate advantages are substantial: a 50 per cent linear reduction in fertility in twenty-five years provides in 3 decades an income per consumer some 38–50 per cent higher than would occur with sustained fertility. In 25 more years, reduced fertility would yield an income per consumer about twice as high as with continued high fertility." (Coale/Hoover, Population Growth and Economic Development, S. 334–335)
45 Szreter, The Idea of Demographic Transition.

Jahre und dessen Neufassung Ende der 1940er/Anfang der 1950er Jahre erkennt Szreter darin, dass Fertilität nicht mehr als abhängige, sondern als unabhängige Variable konzipiert wurde, die mithin durch politische Interventionen isoliert von anderen Variablen verändert werden könne.[46] Dieser konzeptionelle Wandel von einer abhängigen zu einer unabhängigen Variable bezieht sich auf den demographischen Transitionsprozess, mithin auf die Phase, in der sich das zu hoher Fertilität tendierende Reproduktionsverhalten sich modernisierender Länder an die gesunkene Sterblichkeit anpasse. In Notesteins erster Formulierung des Modells wurde diese Anpassung als Folge eines umfassenden gesamtgesellschaftlichen Modernisierungsprozesses imaginiert. Demnach sei der Wandel im Fertilitätsmuster abhängig von Faktoren wie Industrialisierung, Wirtschaftswachstum, Bildung, Geburtenkontrolle, einem gut ausgestatteten Gesundheitssystem sowie einem kulturellen Wandel von traditionalen zu modernen Verhaltensmustern. Im abgewandelten Modell wurde der Wandel der Fertilität nicht mehr als abhängig von der Realisierung aller Faktoren von Modernisierung verstanden, sondern als unabhängige Variable, die beispielsweise selbst wiederum wirtschaftliches Wachstum im Sinne von Befördern oder Bremsen beeinflussen könne. Ein Fertilitätsrückgang galt nun als Voraussetzung für und nicht mehr als Reaktion auf wirtschaftliches Wachstum. Damit einher ging die in der *rational choice*-Theorie verankerte Überzeugung, dass die Regulierung der Fertilität durch Geburtenkontrolle weniger eine Folge gesellschaftlicher Veränderungen sei, als dass sie auf der rationalen Entscheidung von Paaren beruhe.[47] Mithin etablierte sich die Vorstellung, dass reproduktiver Wandel von außen angestoßen werden könne, ohne zuvor das gesamte kulturelle System verändern zu müssen. Es gelte lediglich, Individuen von den ökonomischen Vorteilen der Geburtenkontrolle zu überzeugen.[48]

Insgesamt versprach diese Wendung des Modells den langen Weg zur gesamtgesellschaftlichen Modernisierung abkürzen zu können. So stellte Frederick Osborn 1958 fest, dass die westliche Erfahrung zwar gezeigt habe, dass der Prozess der Industrialisierung selbst einen Geburtenrückgang indiziere. Asien könne aber nicht mehr ähnlich viel Zeit erübrigen, wie die Transitionsphase im Westen angedauert hatte.[49] Die Idee, dass die Verkürzung der Transitionsphase mithilfe

---

46 Szreter, The Idea of Demographic Transition, S. 670.
47 Siehe hierzu: Ramsden, Frank W. Notestein, S. 294; Szreter, The Idea of Demographic Transition, S. 669.
48 Szreter, The Idea of Demographic Transition, S. 668–674.
49 Frederick Osborn, An International Dilemma, Princeton, NJ 1958. Neu aufgelegt in: Thomas Malthus/Julian Huxley/Frederick Osborn, On Population: Three Essays, New York, NY 1960, S. 119;

von Geburtenkontrolle möglich sei, veränderte die Vorstellung von Modernisierung von einem immanenten, sich automatisch vollziehendem Prozess zu einer intentionalen, aktiv indizierten Praxis – eine Umkehrung, die der Modernisierungstheorie eigentlich fundamental widersprach.[50]

Freilich fand die skizzierte Abwandlung des Transitionsmodells nicht im luftleeren Raum statt. In der Literatur wird sie einerseits in den ereignispolitischen Kontext des Kalten Krieges[51] und andererseits in den damit eng verbundenen US-amerikanischen wissenschaftshistorischen Kontext von Kybernetik, Behavioralismus und *rational choice*-Modellen[52] eingeordnet. Mit Blick auf die Nachkriegszeit und den Kalten Krieg spielte das Beispiel Japans eine große Rolle. Während der US-amerikanischen Besatzung nach dem Zweiten Weltkrieg hatte sich dort die Geburtenwachstumsrate innerhalb weniger Jahre drastisch reduziert durch die weite Verbreitung von Abtreibungen und Kontrazeptiva.[53] Für Frank Notestein selbst schien eine Reise ausschlaggebend gewesen zu sein, die er im Auftrag der *Rockefeller Foundation* 1948 nach Ost- und Südostasien unternommen hatte.[54] In seinem Abschlussbericht nach der Reise hatte sich Notestein für die Einführung einer regierungsfinanzierten Geburtenkontrollpolitik im asiatischen Raum ausgesprochen. Aus der Perspektive einiger US-amerikanischer Wissenschaftler und Politiker hatte die schnelle Ausbreitung des Kommunismus in dieser Zeit die Anforderungen an politische Maßnahmen verändert. Nach der chinesischen Revolution von 1949 und dem damit verbundenen Übertritt des Landes in das sozialistische Lager wandte sich das *Office of Population Research* in seinen Forschungsinteressen verstärkt Asien zu. Um den vielzitierten Kampf um die Köpfe und Herzen der Menschen in der so genannten Dritten Welt zu gewinnen, sollten Wege zum wirtschaftlichen Wachstum für landwirtschaftlich geprägte Gesellschaften aufgezeigt werden, deren Armut den Kommunisten in die

---

Thomas Robertson, The Malthusian Moment. Global Population Growth and the Birth of the American Environmentalism, New Brunswick 2012, S. 69.
50 Frey, Experten, Stiftungen und Politik, S. 4.
51 Siehe beispielsweise Robertson, The Malthusian Moment, S. 68–69; Bashford, Global Population, S. 268–269; Szreter, The Idea of Demographic Transition; Matthew Connelly, To Inherit the Earth. Imagining the World Population, from the Yellow Peril to the Population Bomb, in: JGH 1 (2006), S. 299–319.
52 Siehe hierzu wegweisend: Corinna R. Unger, Family Planning – A Rational Choice? The Influence of Systems Approaches, Behavioralism, and Rational Choice Thinking on Mid-Twentieth-Century Family Planning Programs, in: Heinrich Hartmann/Corinna R. Unger (Hrsg.), A World of Populations. Transnational Perspectives on Demography in the Twentieth Century, New York/Oxford 2014, S. 58–82.
53 Connelly, Fatal Misconception, S. 243
54 Siehe hierzu und zum Folgenden: Szreter, The Idea of Demographic Transition, S. 672–679.

Hände zu spielen schien. Vor diesem Hintergrund stellte Notestein fest, dass, je länger ein Fertilitätsrückgang auf sich warten ließe, desto weniger Möglichkeiten bestünden, zu investieren und Kapital zu akkumulieren. Dieses Argument griff die Coale/Hoover-Studie auf.

Bestechend an der Abwandlung des Modells erschien vielen Zeitgenossen der Umstand, dass Familienplanung nun als Schlüssel verstanden werden konnte, um die Tür zu einer Lösung des Problems der Armut in den neu entstehenden Nationen im postkolonialen Raum zu öffnen. Damit erwies sich das demographische Transitionsmodell als Teil der Antwort, welche Sozialwissenschaftler auf die sich herauskristallisierende ideologische Herausforderung durch die Sowjetunion anboten. Um in der Diktion des Modells der „epistemic community" von Haas zu bleiben, beschrieben und deuteten („interpretation") Demographen gesellschaftliche Wirklichkeit in einer Zeit, in der diese Wirklichkeit für viele Zeitgenossen unscharf („uncertainty") geworden war.[55] Indem Demographen ihr „Wissen im Anwendungskontext" präsentierten und die „praktische Relevanz des wissenschaftlichen Wissens" zu illustrieren vermochten, empfahlen sie sich als Experten.

Es würde zu kurz greifen, diese Funktionalisierung von Wissen gleichsam als politische Auftragsforschung zu verstehen. Vielmehr vollzog sie sich innerhalb eines sozialwissenschaftlichen Denkraums, in dem es gleichermaßen der Anspruch der Sozialwissenschaftler war, eine „universelle und allgemeine Wissenschaft von der Gesellschaft und dem menschlichen Verhalten"[56] zu begründen, wie es der Anspruch seitens der Politik war, das eigene Handeln wissenschaftlich legitimieren zu können. Zentrale Einflüsse in diesem Denkraum, in den die Demographen am *Office of Population Research* anfangs eingebunden waren, gingen auf die von Talcott Parsons mitbegründete behavioralistische Soziologie sowie kybernetisch grundiertes *rational choice*-Denken zurück. Spätere Kollegen Notesteins im OPR wie insbesondere Kingsley Davis und Marion Levy hatten bei Parsons, einem der zentralen Vordenker der Modernisierungstheorie, studiert.[57] Ansley Coale wiederum hatte die Jahre zwischen 1942 und 1947 kriegsbedingt in Harvard verbracht, wo er am *Massachusetts Institute of Technology* (MIT) Kurse über Radar unterrichtete. Anschließend arbeitete er zeitweise als Berater für die *RAND-Corporation*, wo ihm eine dauerhafte Anstellung angeboten wurde, die er jedoch nicht annahm.[58] Sowohl das MIT als auch die *RAND-Corporation* gelten als

---

55 Haas, Epistemic Communities, S. 3.
56 Gilman, Mandarins, S. 77.
57 Gilman, Mandarins, S. 76–89; Szreter, The Idea of Demographic Transition, S. 673.
58 Jean van der Tak, Interview mit Ansley J. Coale (11.5.1988), in: Jean van der Tak (Hrsg.), Demographic Destinies, Bd. 1 – Presidents, Nr. 2, S. 142–143.

Schlüsselinstitutionen und die Radartechnik als Schlüsseltechnologie der Kybernetik.[59] Michael Hagner und Erich Hörl beschreiben die Kybernetik mit Hans Blumenberg als einen „imaginäre[n] Standort [...], an dem ein bestimmter Erkenntnistypus Gestalt annahm, ein gewisses Wirklichkeitsverständnis Kontur gewann und eine Wissenslandschaft entworfen wurde [...]".[60] Dass Behavioralismus und kybernetisches *rational choice*-Denken in der Demographie einen Resonanzraum fanden, manifestiert sich insbesondere in „technisch-mathematischen Grundbegriffen wie Steuerung, Kontrolle, Information und System", die nun „auf die humane Welt angewendet wurden und diese zu restrukturieren begannen".[61]

Bei Notestein erfolgte diese Restrukturierungsleistung im Zuge der Begegnung mit Bewohnern chinesischer Dörfer während seiner durch die *Rockefeller Foundation* angeregten Asienreise im Jahr 1948. Aus Gesprächen mit diesen behielt er den Eindruck zurück, dass viele von ihnen kleinere Familien wollten, als sie tatsächlich hatten. Daraus schloss er, dass es möglich sei, einen Geburtenrückgang anzustoßen, indem die Dorfbewohner mit den notwendigen Informationen und den technischen Mitteln versorgt würden. Der Familienplanungsansatz erschien ihm als Möglichkeit, reproduktives Verhalten zu modifizieren, ohne vorher das kulturelle Fundament einer Gesellschaft ändern zu müssen, und dadurch einen sozioökonomischen Wandel in ländlichen Regionen zu induzieren.[62] Darin spiegelt sich die Überzeugung, dass soziale Systeme jenseits vermeintlich kultureller Unterschiede miteinander vergleichbar seien, so dass technologische Innovationen von einem in das andere System transferiert werden könnten.[63] Diese Vorstellung passte in eine Zeit, in der Wissenschaftler und Experten die Ordnung der Welt als ein „komplexes soziales System" imaginierten, das „beherrschbar und steuerbar war, sofern und solange es als struktureller Zusammenhang, als ‚Struktur' begriffen wurde und nicht als Konfiguration individueller Gruppen, Milieus und Interessen".[64] Geburtenkontrolle in der Gestalt

---

59 Unger, Family Planning, S. 64; Wolfgang Pircher, Im Schatten der Kybernetik. Rückkopplung im operativen Einsatz: ‚operational research', in: Michael Hagner/Erich Hörl (Hrsg.), Die Transformation des Humanen. Beiträge zur Kulturgeschichte der Kybernetik, Frankfurt a.M. 2008, S. 348–376.
60 Erich Hörl/Michael Hagner, Überlegungen zur kybernetischen Transformation des Humanen, in: Hagner/Hörl (Hrsg.), Die Transformation des Humanen, S. 7–37, hier S. 7.
61 Hörl/Hagner, Überlegungen, S. 11.
62 Szreter, The Idea of Demographic Transition, S. 673–674.
63 Unger, Family Planning, S. 63–65.
64 Anselm Doering-Manteuffel, Konturen von „Ordnung" in den Zeitschichten des 20. Jahrhunderts, in: Thomas Etzemüller (Hrsg.), Die Ordnung der Moderne. Social Engineering im 20. Jahrhundert, Bielefeld 2009, S. 41–66, hier S. 57.

von Familienplanung wurde in diesem Zusammenhang als Technologie aufgefasst,[65] für die sich Individuen auf der Grundlage hinreichender und adäquater Informationen rational – im ökonomischen Sinne – entscheiden würden. Familienplanung wurde zu einer „technizistische[n] Zukunftsvision" und löste den Bereich der Reproduktion gleichsam aus seinem „organizistischen" Zusammenhang.[66] In einem Interview äußerte sich auch Coale zu dieser Vision:

> Well in general the kind of policy that appeals to me, as a staunch libertarian, is having maximum freedom of choice. I would like to have everyone informed about the possibilities of controlling fertility. The means of effective control should be made available to those who might not otherwise have them. Then policies could be aimed at influencing decisions at the margin.[67]

Familienplanung wurde mithin zu einem technokratischen Projekt, das den Fortschritt selbst verkörperte und das Mittel, durch das er erreicht werden sollte – die Planung – semantisch in sich trug.

Die Berichte, Vorträge und Studien, die im Umfeld von Frank Notestein und Ansley Coale in dieser Zeit im OPR entstanden, boten politischen Akteuren Anknüpfungspunkte, um konkrete Maßnahmen zu ergreifen. Die Coale/Hoover-Studie legitimierte maßgeblich den Ansatz, in „Entwicklungsländern" auf einen Geburtenrückgang hinwirken zu wollen, um deren Aussicht auf wirtschaftliches Wachstum zu verbessern. Eine Reihe von so genannten *Knowledge-Attitudes-Practices*-Studien (KAP), die seit den 1950er Jahren in verschiedenen Ländern durchgeführt wurden,[68] griff Notesteins Beobachtung von einer Diskrepanz zwischen einer gewünschten oder idealen Fertilität und einer tatsächlichen auf.[69] In diesem Sinne postulierten diese Studien ein „unmet need in family planning",[70]

---

65 Zum technologischen Aspekt von Familienplanung und Geburtenkontrolle siehe als Einstieg und Überblick: Jesse Olszynko-Gryn, Contraceptive Technologies, in: The Demography Network (Hrsg.), Twentieth Century Population Thinking. A Critical Reader of Primary and Secondary Sources, New York, NY 2016, S. 172–179.
66 Michael Hagner bewertet diese Entwicklung auch als Effekt der „vollständigen Desavouierung von Eugenik und Rassenhygiene, Höherzüchtung und Rassenreinheit, allesamt organizistische Kategorien der Anthropologie"; vor diesem Hintergrund habe „eine technizistische Zukunftsvision zunächst einmal nichts Befremdendes" gehabt: Michael Hagner, Vom Aufstieg und Fall der Kybernetik als Universalwissenschaft, in: Hagner/Hörl (Hrsg.), Die Transformation des Humanen, S. 38–71, hier S. 52.
67 Van der Tak, Interview mit Ansley J. Coale (11.5.1988), S. 233.
68 Siehe hierzu: Caldwell, Toward a Restatement, S. 330–331; Hartmann, A Twofold Discovery of Population, S. 178–200.
69 Ramsden, Frank W. Notestein, S. 297.
70 Szreter, The Idea of Demographic Transition, S. 673–674.

das sie empirisch belegen wollten. Die aus einer ökonomischen Perspektive nahegelegte Nützlichkeit von Familienplanung wurde so zu einem Nexus mit der postulierten, bisher jedoch weitgehend unbefriedigten Nachfrage nach Familienplanung verbunden. Auf diese Weise stellten Demographen wie Coale in den 1950er Jahren eine wissenschaftliche Brille zur Verfügung, um die vermeintlichen Probleme der Zeit zu sehen und zu lösen. Zugleich öffnete sich ihnen dadurch ein Tor zur Welt, durch das sie als Experten hindurchgingen.

2.1.3 Die Welt als Demograph bereisen (sehen)

> Demographers engaged in family planning work [...] live[d] a dual life, and a rather glamorous and exciting one at that. While serving as university professors, they were also part of „the population establishment" – the interconnected network of foundations and government organizations that funded numerous trips for conferences, workshops, consultations, site visits and so forth.[71]

Ansley Coale reiste in dieser doppelten Funktion in den 1963 neu gegründeten Nationalstaat Kenia. Einerseits als Wissenschaftler und Demograph, weil seine gemeinsam mit Hoover veröffentlichte Studie *Population Growth and Economic Development* dort von einigen Politikern, Beamten und auswärtigen Beratern rezipiert wurde, und andererseits als Berater – zum ersten Mal im Sommer 1965. An beiden Reisemodi war der private US-amerikanische *Population Council* als Mittlerorganisation beteiligt. Seit ihrer Gründung im Jahr 1952 hatte diese Organisation enge Kontakte zum *Office of Population Research* unterhalten, nicht zuletzt weil Frank Notestein zu den ersten *trustees* gehörte und seit 1959 auch als Präsident des *Population Council* fungierte. An dieser Vernetzung zeigt sich, wie die Demographie als epistemische Gemeinschaft Gestalt annahm, weil Demographen das Wissen, das sie produzierten, als Experten in beratenden Körperschaften und auf der Verwaltungsebene selbst zu verbreiten begannen.[72]

Der *Population Council* war auf Initiative John D. Rockefellers III gegründet worden.[73] Die Organisation sollte *think tank*, Forschungsinstitution und Exper-

---

[71] Greenhalgh, The Social Construction of Population Science, S. 46.
[72] Siehe zu diesen Kriterien: Haas, Epistemic Communities, S. 27–30.
[73] Zum Kontext der Gründung siehe: Bashford, Global Population, S. 287–294. Zur Gründungserzählung siehe: Mario Faust-Scalisi, Die Ford Foundation und der Population Council. Zwei Institutionen, die gemeinsam globale Bevölkerungsdiskurse prägten, in: Thomas Etzemüller (Hrsg.), Vom „Volk" zur „Population". Interventionistische Bevölkerungspolitik in der Nachkriegszeit, Münster 2015, S. 54–78. Zur Selbstdarstellung siehe: Elaine Moss, The Population Council – A Chronicle of the First Twenty-Five Years 1952–77, New York, NY 1978.

tengremium zugleich sein und verschrieb sich der Beschäftigung mit dem „Bevölkerungsproblem".[74] Sie definierte zwei Felder für ihr Engagement: die Demographie und die Reproduktionsphysiologie. Mit dieser Ausrichtung verkörperte die Organisation programmatisch die Verbindung von Transitionsdemographie, Entwicklungsökonomie und Familienplanung.[75] Seit der Präsidentschaft Notesteins verstand sich der *Population Council* nicht mehr allein als Forschungsinstitution und Beratergremium, sondern nahm aktive technische Hilfe in den so genannten Entwicklungsländern in sein Programm auf. Diese Tätigkeit begann 1955 mit einer so genannten *Advisory Mission* nach Indien, auf die viele weitere solcher Unternehmungen in andere Länder und nach einem ganz ähnlichen Muster folgen sollten.[76] 1963 wurde mit der Einrichtung einer *Technical Assistance Division*, die weitgehend von der *Rockefeller Foundation* finanziert wurde und deren Direktor Richmond K. Anderson aus der Abteilung für Medizin und Naturwissenschaften der *Rockefeller Foundation* stammte,[77] diese neue entwicklungspolitische Linie fest in der Organisationsstruktur des *Population Council* verankert. Die Abteilung für technische Hilfe spielte eine wichtige Rolle für die Verbreitung der Coale/Hoover-Studie, die unentgeltlich an Politiker, Berater und Demographen in Asien, Lateinamerika und Afrika verteilt wurde.[78] Für den *Population Council* hatte die Studie durchaus eine programmatische Bedeutung, diente sie doch nicht zuletzt dazu, den eigenen Ansatz, Familienplanung als entwicklungspolitische und wirtschaftsfördernde Maßnahme popularisieren zu wollen, zu rechtfertigen.[79] Dieser Ansatz wiederum wurde von den Beraterteams verkörpert, die ihn während der *Advisory Missions* in verschiedene Länder an Regierungsmitglieder vermitteln wollten. Bevor vier durch den *Population Council* entsandte Experten zu einer solchen Reise im Sommer 1965 nach Kenia aufbrachen, hatten derartige *Missions* 1959 nach Pakistan, 1961 nach Taiwan, 1962 nach

---

74 Ilana Löwy, Defusing the Population Bomb in the 1950s. Foam Tablets in India, in: Studies in History and Philosophy of Science Part C 43 (2012), S. 583–593, hier S. 585.
75 Szreter, Fertility, S. 24.
76 In der Chronik des *Population Council* wird betont, dass die Entsendung dieser *Mission* auf eine Anfrage seitens der indischen Regierung hin erfolgt sei (The Population Council. A Twenty-Five Year Chronicle 1952–1977. Draft 2/78. 002.1978, Rockefeller Archives Center [RAC], Rockefeller Foundation Record Group 5, Series 3: Office and Homes Files, Sub-Series 4: Population Interests, Box 72, Folder 490: Population Council History 1978, S. 44–45), Löwy widerspricht: „In fact it was fully engineered by representatives of the *Ford Foundation*, *Rockefeller Foundation* and *Population Council*, who wished to reinforce population control in India." (Löwy, Defusing, S. 585) Zu dieser Frage in Bezug auf Kenia siehe: Kapitel 2.2.
77 Population Council, Chronicle, S. 55.
78 Sharpless, World Population Growth, S. 83.
79 Piotrow, World Population Crisis, S. 14–15.

Südkorea und 1963 in die Türkei stattgefunden.[80] Neben diesen kürzeren Erkundungs- und Beratungsreisen begann der *Council* 1960, auch *resident advisors* für einen Zeitraum von mehreren Jahren in einzelnen Ländern zu installieren, und arbeitete hierbei eng mit der *Ford Foundation* zusammen.

Anhand dieser Reisen lässt sich illustrieren, dass der *Population Council* das theoretische und abstrakte Modell der demographischen Transition mit dem praktischen Ansatz der Familienplanung zu einer vermeintlich universal anwendbaren Modernisierungsformel verband.[81] Angelegt ist diese Verbindung bereits in dem Schema, dem die *Missions* folgten und das sich aus drei Komponenten zusammensetzte: einer offiziellen Einladung durch die Regierung des jeweiligen Landes, einer kurzen Reise der Experten und der abschließenden Vorlage eines Berichts. Für Kenia war diese Einladung im April 1965 seitens des Wirtschaftsministeriums erfolgt.[82] Frank Notestein, der den Brief beantwortete, stellte in Aussicht, dass eine *Advisory Mission* Ende Juni nach Kenia kommen könne. Unter Verweis auf die große Erfahrung mit derartigen Aufträgen in anderen Ländern sei das Expertenteam in der Lage, die Arbeit vor Ort innerhalb von drei Wochen zu erledigen.[83] Ansley Coale war Teil der vierköpfigen Gruppe, die im Sommer 1965 nach Kenia aufbrach und dort neben Nairobi mit Ausnahme der Eastern Province alle Provinzhauptstädte besuchte und um die 25 Regierungsbeamten traf.[84]

Die Hintergründe der kenianischen Einladung, ebenso wie die Konsequenzen, die der Besuch der Bevölkerungsexperten für Kenia haben sollte, werden im nächsten Kapitel erörtert. Hier soll der Abschlussbericht, den die Experten nach ihrer Reise vorlegten, Gegenstand der Betrachtung sein. Denn der Inhalt dieses Berichts verrät zunächst mehr über das Programm des *Population Council* als über die Bedingungen, welche die Experten in Kenia vorfanden. Zwei zentrale Empfehlungen strukturierten diesen Bericht: Erstens solle sich die kenianische Regierung im Sinne der Coale/Hoover-Studie öffentlich zu einer Politik bekennen,

---

80 Population Council, Chronicle, S. 48–54.
81 Das Folgende war auch Gegenstand des Aufsatzes: Maria Dörnemann, Die „Bevölkerungsexplosion" in Kenia als Verflechtungsgeschichte. Ein nationales Familienplanungsprogramm im Rahmen internationaler Politik (1967–1972), in: Thomas Etzemüller, Vom „Volk" zur „Population". Interventionistische Bevölkerungspolitik in der Nachkriegszeit, Münster 2015, S. 54–78.
82 Titus K.B. Mbathi an John F. Kantner (The Population Council), 8.4.1965, RAC, RG IV3B4.3a, T65.86, Box 65, Folder 1137.
83 Frank W. Notestein an Titus K.B. Mbathi, 15. April 1965, RAC, RG IV3B4.3a, T65.86, Box 65, Folder 1137.
84 Coale, An Autobiography, S. 66.

die auf eine reduzierte Bevölkerungswachstumsrate abziele. Diese Politik könne zweitens mithilfe der Einrichtung eines nationalen Familienplanungsprogramms auf den Weg gebracht werden.[85] Wie sehr die Perspektive, die die Experten mit Blick auf Kenia einnahmen, durch den oben skizzierten transitionsdemographischen sowie kybernetisch grundierten Denkrahmen vorstrukturiert war, zeigt auch das Ziel, mit dem sie die Einführung eines nationalen Familienplanungsprogramms in Kenia begründeten. In dem Bericht heißt es: „We believe that the immediate object of a national program should be [...] to make every pregnancy the result of a voluntary choice."[86]

Die Experten beriefen sich in ihrer Begründung für dieses Ziel auf das Ergebnis von KAP-Studien, die in den 1950er Jahren in Ländern wie Pakistan, Indien oder der Türkei durchgeführt worden waren und schrieben: „Studies in other developing countries have almost invariably shown that although family planning is very little practiced by most of the people, the majority would welcome information, would like to limit the size of their families and would favor a Government-sponsored program."[87] Die Tatsache, dass die Ergebnisse solcher Studien aus anderen Ländern nach Kenia übertragen wurden, illustriert die Annahme der Experten, dass es sich bei den so genannten Entwicklungsländern um Gesellschaften strukturell gleichen Typs handelte.[88]

Es mag kaum verwundern, dass der Abschlussbericht eines personell gänzlich anders zusammengesetzten Teams, das im Auftrag des *Population Council* ein Jahr später das Gesundheitsministerium in Teheran beriet, nahezu bis in den Wortlaut mit demjenigen für Kenia übereinstimmte.[89] Diese Übereinstimmung weist den Bericht als typischen Text des Entwicklungsdiskurses aus, weil politische Konflikte und sozioökonomische Kontexte weitgehend ausgeblendet wurden. Problemdiagnosen wurden so gestellt, dass sie mit den Instrumentarien, über die der *Population Council* verfügte, lösbar erschienen. Die Konzentration lag auf den technologischen Aspekten des definierten Problemzusammenhangs.[90]

---

[85] Frank W. Notestein an Titus K. Mbathi: Family Planning in Kenya. Report of the Advisory Group, 13. August 1965, RAC, RG IV3B4.3a, Box 65, Folder 1137.
[86] Report of the Advisory Group, S. 3.
[87] Report of the Advisory Group, S. 6.
[88] Siehe hierzu auch ein Zitat aus der Chronik des Population Council: „During the early 1960s, the Council viewed KAP-studies as important indicators for policymakers that the populations of poor areas were not hostile to the idea of birth control and would, in fact, welcome information and services concerned with family size." (Moss, The Population Council, S. 4)
[89] Connelly, Fatal Misconception, S. 235.
[90] James Ferguson, The Anti-Politics Machine. „Development", Depoliticization, and Bureaucratic Power in Lesotho, Cambridge 1990, S. 69–70.

Beispielsweise verwies der Bericht auf das Intrauterinpessar als Kontrazeptivum, durch das der Aufbau des Familienplanungsprogramms maßgeblich ermöglicht werden sollte. Indes war es der *Population Council*, der erhebliche finanzielle Mittel investiert hatte, um dieses Kontrazeptivum zu entwickeln.[91] Auf diese Weise lässt sich der *Population Council* in dieser Zeit als eine Organisation beschreiben, die das Bevölkerungsproblem im Kontext des eigenen Denkrahmens definierte und Lösungen im Rahmen der eigenen Möglichkeiten fand.

2.1.4 Zusammenfassung

Mit dem durch das *Office of Population Research* in Princeton popularisierten demographischen Ansatz entwickelten Demographen eine spezifische Perspektive auf die Welt. Im Zeichen des Kalten Krieges stellte sich das Problem der Entwicklung der Dritten Welt auf eine neue und dringliche Weise. Die Antworten, welche Demographen im wissenschaftshistorischen Kontext von Modernisierungstheorie, Behavioralismus und kybernetischem *rational choice*-Denken skizzierten, definierten den Entwicklungsspielraum dieser Dritten Welt als Differenz zwischen Wirtschafts- und Bevölkerungswachstum. Ein auf der Grundlage dieser Gleichung postulierter anzustrebender Geburtenrückgang durch Familienplanung ließ Entwicklung in der Gestalt von Modernisierung weniger als immanenten Prozess, denn als intentionale Praxis erscheinen. Mit der Verkopplung von demographischem Transitionsdenken und Geburtenkontrolle stellten Demographen anwendbares Wissen zur Verfügung, das sie selbst auf einer politischen Ebene zu gefragten Experten und Beratern werden ließ.

Mithin sahen sie die Welt in einem zweifachen Sinne: als Weltdeuter von ihrem Universitätscampus aus und als Experten, die für kurze Zeit und mit einem politischen Interesse verschiedene Länder bereisten und berieten. Dieser zweifache Zugriff auf die Welt fand auf unterschiedlichen Ebenen statt. Die Demographen im *Office of Population Research* definierten die eigene Zuständigkeit für Bevölkerung als Gegenstand ihrer Wissenschaft auf einer globalen Ebene, weil sie für ihre Modelle den Anspruch universaler Gültigkeit erhoben.[92] Zugleich sahen sie Bevölkerung vermittelt durch die Bevölkerungswachstumsrate in einer nationalen Gestalt. Auf diese Weise definierte der Nationalstaat den Rahmen, innerhalb dessen der politische Zugriff auf Bevölkerung möglich erschien, und

---

91 Chikako Takeshita, The Global Biopolitics of the IUD. How Science Constructs Contraceptive Users and Women's Bodies, Cambridge, MA/London 2011, S. 13.
92 Siehe hierzu auch Ramsden, Frank W. Notestein, S. 290.

mithin den Rahmen, in dem Modernisierung als Praxis stattfinden sollte.[93] In ihrer Rolle als Experten, die Demographen in Organisationsformen wie dem *Population Council* einnahmen, agierten sie indes auf einer transnationalen Ebene. Insofern stellt sich die Frage, auf welche Weise das „Welt sehen" durch Demographen Konsequenzen für diese Welt hatte und sich auf den verschiedenen Ebenen auswirkte.

2.2 Entwicklungspläne für das postkoloniale Kenia im Lichte des diagnostizierten Bevölkerungswachstums

Internationale Organisationen wie der *Population Council* propagierten Bevölkerungspolitik als Modernisierungspolitik, weil sich ihre Wahrnehmung einer drohenden „Bevölkerungsexplosion" in der Dritten Welt im Kontext der beiden zentralen Dynamiken der Mitte des 20. Jahrhunderts ausgebildet hatte, der Dekolonisation und des Kalten Kriegs. Grundlage dieser Wahrnehmung war das demographische Transitionsmodell,[94] weil es erlaubte, die Bevölkerungsentwicklung im (post-)kolonialen Raum in eine Entwicklungsperspektive nach westeuropäischem Vorbild einzubetten. Das Modell erfüllte entwicklungspolitisch eine doppelte Funktion. Einerseits erklärte es das teilweise empirisch beobachtete, teilweise prognostizierte Bevölkerungswachstum in der sich konstituierenden Dritten Welt als typisches Entwicklungsstadium gesellschaftlicher Modernisierung. Andererseits verhieß es Modernisierung im Sinne der Realisierung eines höheren, dem Westen vergleichbaren Lebensstandards als Entwicklungsperspektive.[95] In diesem doppelten Anspruch, Vergangenheit und Gegenwart des postkolonialen Raumes zu analysieren und Zukunft zu prognostizieren, waren das demographische Transitionsmodell und die Modernisierungstheorie eng verwandt. Sie stellten in den 1950er Jahren sich in ihrer Deutungshoheit wechselseitig verstärkende analytische Denkrahmen zur Verfügung.[96]

Die Modernisierungstheorie kann als Antwort US-amerikanischer Sozialwissenschaftler auf das revolutionäre Potential, das sie dem Dekolonisationsprozess

---

93 Zum Nationalstaat als vermeintlich einzig denkbarem Rahmen von Modernisierung als politischem Projekt siehe auch Doering-Manteuffel, Konturen von „Ordnung", S. 47.
94 Siehe hierzu das Kapitel 1.2.2.
95 Zu dieser doppelten Funktion des demographischen Transitionsmodells, die Vergangenheit verstehen und erklären zu wollen und die Zukunft prognostizieren zu können, siehe: Szreter, The Idea of Demographic Transition, S. 659–701. Zur vergleichbaren Funktion der Modernisierungstheorie: Latham, Modernization, S. 2.
96 Gilman, Mandarins, S. 104.

beimaßen und das sie mit Blick auf den Systemkonflikt als besonders kritisch bewerteten, verstanden werden. Zwei der bekanntesten Modernisierungstheoretiker, Max Milikan und Walt Whitman Rostow, siedelten dieses revolutionäre Potential in ihrem Konzeptpapier *An American Policy for the Next Decade* in einem veränderten Erwartungshorizont der Menschen in den Kolonien an.[97] Die Semantik des Revolutionären speiste sich aus der westlichen Entwicklungserzählung, und auf diese Erzählung bezog sich auch, so die Überzeugung der zeitgenössischen Modernisierungstheoretiker, die veränderte Entwicklungserwartung der Menschen im sich dekolonisierenden Raum. Der Demograph Alfred Sauvy verglich 1952 die kolonialen Gesellschaften mit dem Dritten Stand, dem *Tiers État*, der die Französische Revolution ausgelöst habe, und prägte auf dieser Grundlage den Begriff der *Tiers Monde*, der Dritten Welt.[98] Damit setzte er die zeitgenössische Situation der kolonialen Gesellschaften analog zu derjenigen der europäischen Gesellschaften im Moment ihres Eintretens in die Moderne. Er tat dies nicht, ohne die Ambivalenz dieses Prozesses im Hinblick auf die freigesetzten Gewaltpotentiale und damit einhergehenden Umverteilungsprozesse zu reflektieren. Diese führte er wesentlich zurück auf einen wachsenden Bevölkerungsdruck, den er der Dritten Welt als kollektives Charakteristikum zuschrieb. Sauvys Konzept der Dritten Welt sowie das demographische Transitionsmodell und die diesem zugrunde liegende Modernisierungstheorie US-amerikanischer Sozialwissenschaftler und Demographen teilten somit die Annahme, dass der wachsende Bevölkerungsdruck in der Dritten Welt auch als Ausdruck eines gesellschaftlichen Transformationsprozesses im Sinne von Dekolonisation als Modernisierung gedeutet werden könne. Milikan und Rostow beispielsweise erklärten die Dekolonisation als „Resultat [...] der Modernisierung unterentwickelter Gesellschaften".[99]

Der Kalte Krieg bildete den Rahmen, vor dem insbesondere US-amerikanische Wissenschaftler und Experten argumentierten, dass der einem (demographischen) Wandel unterworfene postkoloniale Raum nicht sich selbst überlassen bleiben dürfe. Die Begründung dieser Politik wird gemeinhin dem US-amerikanischen Präsidenten Harry S. Truman zugeschrieben. In der Antrittsrede zu seiner zweiten Amtszeit am 20. Juni 1949 hatte er einen Zusammenhang hergestellt zwischen der Armut der Menschen in den ehemaligen Kolonien und der Bedro-

---

97 Sönke Kunkel, Systeme des Wissens, Visionen von Fortschritt, in: Archiv für Sozialgeschichte 48 (2008), S. 155–182, hier S. 160.
98 Alfred Sauvy, Trois mondes, une planète, in: L'Observateur vom 14.8.1952; Christoph Kalter, Die Entdeckung der Dritten Welt. Dekolonisierung und neue radikale Linke in Frankreich, Frankfurt a. M. 2011, S. 53–59.
99 Kunkel, Systeme des Wissens, S. 160.

hung, die diese Armut für sie selbst, aber auch für den „entwickelten", wohlhabenderen Teil der Welt bedeute.[100] Auch um zu verhindern, dass die „unterentwickelten" Gesellschaften sich für den Weg des Kommunismus entschieden, gelte es, diesen Wandel zu gestalten. Die in dieser Zeit im Zeichen der Modernisierungstheorie als Sicherheitspolitik entworfene Entwicklungspolitik war Ausdruck dieses Gestaltungsimpetus. Die Modernisierungstheorie orientierte die mit dem Dekolonisationsprozess verknüpfte „Revolution der Erwartungen"[101] der Kolonialbevölkerungen an den ökonomischen und sozialen Standards des Westens und fungierte so auch als sicherheitspolitische Strategie.

Bevölkerungspolitik im Sinne des *Population Council* als Entwicklungspolitik zu verstehen, setzte mithin dreierlei voraus. Erstens, rapides Bevölkerungswachstum als ein konstitutives Charakteristikum der Dritten Welt zu begreifen. Zweitens, dieses Bevölkerungswachstum auf der Grundlage eines historischen Narrativs für westeuropäische Industriegesellschaften als Entwicklungsstadium zu interpretieren, das den Eintritt in die Moderne markiere, und daraus zugleich ein revolutionäres Potential abzuleiten, das insbesondere in der Nachkriegskonstellation von Dekolonisation und Kaltem Krieg als Bedrohung für den Westen gedeutet werden konnte. Drittens, die Eindämmung des Bevölkerungswachstums angesichts dieser Konstellation als entwicklungspolitische Waffe im Kalten Krieg zu propagieren, nämlich als Schlüssel zur Realisierung eines Lebensstandards nach westlichem Vorbild.

Die Übertragung dieses bevölkerungspolitischen Ansatzes auf das postkoloniale Kenia, die mit den Empfehlungen des *Population Council* für ein nationales Familienplanungsprogramm ihren Anfang nehmen sollte, beruhte somit auf der Prämisse, dass die gegenwärtigen Probleme Kenias und die zukünftige Entwicklung des Landes nicht aus einer Interpretation der kenianischen Vergangenheit, sondern aus einer Interpretation der Vergangenheit der westeuropäischen Industrienationen hergeleitet wurde. Das folgende Kapitel stellt die Frage, in welche Entwicklungsvisionen kenianische Politiker beziehungsweise die kenianische Regierung diesen bevölkerungspolitischen Ansatz einbetteten. Aus welcher Interpretation von Vergangenheit, Gegenwart und Zukunft speisten sich diese Visionen und was versprach die Bevölkerungspolitik des *Population Council* in diesem Zusammenhang? Welche alternativen Entwicklungspläne wurden im Zuge der kenianischen Unabhängigkeit von Großbritannien seit 1963 mit Blick auf die

---

100 Harry S. Truman, Inaugural Address, 20.1.1949, https://www.trumanlibrary.org/whistlestop/50yr_archive/inagural20jan1949.htm (letzter Zugriff am am 8.10.2018); siehe zur Begründung von Bevölkerungspolitik als Entwicklungs- und Sicherheitspolitik außerdem: Huhle, Bevölkerung, Fertilität und Familienplanung in Kolumbien, S. 17–18.
101 Raymond F. Betts, Decolonization, New York ⁴2004, S. 65.

demographische Frage diskutiert und wie verhielten sie sich zum Programm des *Population Council?*

2.2.1 Economy first: Ein Entwicklungskonzept für Kenia nach der Dekolonisation

Wer nach der Entwicklungsvision der kenianischen Regierung nach der Unabhängigkeit fragt, stößt rasch auf ein Papier, das im April 1965 im kenianischen Parlament verabschiedet wurde und das der erste kenianische Präsident Jomo Kenyatta daraufhin der Presse präsentierte: *Sessional Paper No. 10. African Socialism and Its Application to Planning.*[102] Bei diesem Text handelte es sich dem Anspruch nach um ein Regierungsprogramm, mit dem die Einheitspartei *Kenya African National Union* (KANU) ihre politische und wirtschaftliche Philosophie und ihre Entwicklungsprioritäten für die nächsten Jahre darlegte. Bemerkenswert ist, dass erstmals in einem Dokument der afrikanisch geführten Regierung das Bevölkerungswachstum in Kenia problematisiert wird.[103] Eine genauere Betrachtung des Kontexts, in dem diese Problematisierung zustande kam, ist Gegenstand des nächsten Unterkapitels. Zuvor soll hier das Argument ausgeführt werden, dass das *Sessional Paper* das Konfliktpotential um die Landverteilung, das die Kolonie Kenia in der Vergangenheit bis in den Dekolonisationsprozess hinein geprägt hatte, zu entschärfen versuchte. Anders ausgedrückt ist die Grundannahme der folgenden Ausführungen, dass das Papier die Aufmerksamkeit von der als problematisch wahrgenommenen Relation zwischen Bevölkerung und Land auf diejenige zwischen Bevölkerung und Wirtschaft verlagerte.

Die zentrale Botschaft des Papiers war, dass wirtschaftliches Wachstum die Voraussetzung dafür sei, alle anderen politischen Probleme zu lösen: „If growth is given up in order to reduce unemployment, a growing population will quickly

---

102 Republic of Kenya, African Socialism and Its Application to Planning in Kenya. Sessional Paper No. 10 of 1963/65, Nairobi 1965. Siehe zur Bedeutung dieses Papiers u.a.: William R. Ochieng', The Kenyatta Era. Structural and Political Changes, in: Bethwell A. Ogot/William R. Ochieng' (Hrsg.), Decolonization and Independence in Kenya, London 1995, S. 83–109, hier S. 83–85; Daniel Speich, The Kenyan Style of „African Socialism". Development Knowledge Claims and the Explanatory Limits of the Cold War, in: Diplomatic History 33 (2009), S. 449–466; Neubert, Sozialpolitik in Kenia, S. 104–109; Goldsworthy, Tom Mboya, S. 234–235.
103 David Radel, Elite Perceptions of Population Problems and Potential Solutions. Research Guide to an Elite Oriented Population Education Program in Kenya. A Thesis Submitted to the Faculty of the Graduate School of the University of Minnesota (in Partial Fulfillment of the Requirements for the Degree of Doctor of Philosophy), December 1973, S. 52 [Quelle: popline.org]; Kivuto Ndeti/Cecilia Ndeti, Cultural Values and Population Policy in Kenya, Nairobi 1977, S. 37.

demonstrate how false that policy is; if Africanization is undertaken at the expense of growth, our reward will be a falling standard of living; if free primary education is achieved by sacrificing growth, no jobs will be available for the school leavers."[104] Arbeitslosigkeit, ein sinkender Lebensstandard oder ein Missverhältnis zwischen der Anzahl der Schulabgänger und der verfügbaren Jobs lassen sich hier als Variation eines Themas lesen, das die Bevölkerungsgröße Kenias ins Verhältnis zum Wirtschaftswachstum setzte. Als politische Konsequenz unterstrich das Papier die Notwendigkeit einer raschen Steigerung des wirtschaftlichen Wachstums: „The only permanent solution to all of these problems rests on rapid growth." Mit dem gleichen Grundtenor präzisierte das Papier an anderer Stelle, dass die Regierung es sich nach der Unabhängigkeit durchaus zum Ziel gesetzt habe, wohlfahrtsstaatliche Leistungen anzubieten, also medizinische Versorgung, Altersvorsorge, kostenfreie und allgemeine Schulbildung, Arbeitslosenhilfe sowie finanzielle Unterstützung für die Universitäten. Zum jetzigen Zeitpunkt allerdings würde die kostenfreie und flächendeckende Verfügbarmachung dieser Leistungen die Nation Kenia in den Bankrott führen und eine Schuldenlast für mehrere Generationen aufbauen.[105] Die Entwicklung der Nation im Sinne einer allgemeinen Verbesserung des Wohlfahrtsniveaus und des Lebensstandards wurde also unmissverständlich an die Voraussetzung wirtschaftlichen Wachstums geknüpft.

Die Annahme, dass wirtschaftliches Wachstum automatisch eine Anhebung des Lebensstandards der kenianischen Gesamtbevölkerung zur Folge habe, erscheint erklärungsbedürftig. Im Kontext der innenpolitischen Debatte in Kenia im Zuge der Dekolonisation repräsentierte sie das Entwicklungsdenken eines Flügels innerhalb der regierenden KANU-Partei. Als Kernaussage des *Sessional Paper* sollte sie dazu beitragen, dem schwelenden innenpolitischen und zugleich innerparteilichen Konflikt um die sozioökonomische Ausrichtung des Staates nach der Dekolonisation ein Ende zu setzen.[106] Dieser Konflikt ergab sich aus der Art und Weise, wie die britische Regierung mit politischen Vertretern Kenias die Unabhängigkeit ausgehandelt hatte. Um ihn zu verstehen, sollen die wesentlichen Stationen dieses Weges im Folgenden skizziert werden.

---

104 Sessional Paper No. 10, S. 18, Abschnitt 53. Das folgende Zitat findet sich ebenda.
105 Sessional Paper No. 10, S. 30, Abschnitt 85.
106 Zu dieser politischen Funktion des *Sessional Paper* und zum Folgenden: Ochieng', The Kenyatta Era, S. 91–98; Goldsworthy, Tom Mboya, S. 234–235; Michael P. Cowen/Robert W. Shenton, Doctrines of Development, London/New York 1996, S. 325.

Kenias Weg in die Unabhängigkeit war stark von dem von beiden Seiten mit äußerst brutalen Mitteln ausgefochtenen Mau-Mau-Krieg geprägt.[107] Gleichwohl kann diese Auseinandersetzung nicht ausschließlich als Unabhängigkeitskrieg verstanden werden, weil die britische Regierung die Dekolonisation überwiegend mit afrikanischen Repräsentanten, die ihrer Ansicht nach nicht in die Mau-Mau-Bewegung involviert waren, bürokratisch ausgehandelt hatte.[108] Die wichtigsten Stationen dieses Prozesses waren die *Lyttelton Constitution* von 1954, die *Legislative Council*-Wahlen von 1957, die *Lennox-Boyd Constitution* und schließlich die drei *Lancaster House*-Konferenzen zwischen 1960 und 1963.

Das Jahr 1954 markierte den Beginn einer kolonialen Politik, die einerseits darauf ausgerichtet war, die Unruhen und kriegerischen Auseinandersetzungen im Zuge des Mau-Mau-Aufstandes aggressiv zu bekämpfen, und andererseits politische und wirtschaftliche Reformen anstrengte, um das gegen die Kolonialmacht gerichtete revolutionäre Potential einzudämmen.[109] Zum einen verhängte die britische Kolonialregierung in diesem Jahr den Notstand. Aus der Tatsache, dass sie die Bedrohung, die von dem Mau-Mau-Krieg auf die Stabilität der Kolonie auszugehen schien, ethnisch definierte, folgte die Maßgabe, alle Kikuyu zu verhaften, um sie auf ihre Zugehörigkeit zu Mau-Mau zu überprüfen.[110] Bis zur Auf-

---

[107] Zu diesem Krieg als einem kolonialen Konflikt, der mehr Todesopfer forderte, als jeder andere, einschließlich demjenigen in Algerien siehe: Eckert, Kolonialismus, S. 92; außerdem: Anderson, Histories of the Hanged. The Dirty War in Kenya and the End of Empire, New York/London 2005; Caroline M. Elkins, Imperial Reckoning. The Untold Story of Britain's Gulag in Kenya, New York, NY 2005.
[108] E.S. Atieno Odhiambo, The Production of History in Kenya. The Mau Mau Debate, in: CJAS/RCEA 25 (1991), S. 300–307; E.S. Atieno Odhiambo, The Formative Years 1945–1955, in: Ogot/Ochieng' (Hrsg.), Decolonization, S. 25–47, hier S. 26, S. 32–33 und S. 42–44.
Der erste Präsident Kenias, Jomo Kenyatta, ist hier ein Sonderfall, weil er zwar während der ersten Verhaftungswelle im Kontext der Mau-Mau 1952 von den Briten inhaftiert worden war; die Rolle, die er innerhalb dieser Bewegung spielte, ist aber hoch umstritten. (Siehe hierzu: Kyle, The Politics of Independence of Kenya, S. 46; Anderson, Histories of the Hanged, S. 40 und S. 59–60; Ronald Hyam, Britain's Declining Empire. The Road to Decolonisation 1918–1968, Cambridge 2006, S. 190–191.) Entscheidend ist, dass er Mitte der 1940er Jahre in die einflussreiche Koinange-Familie eingeheiratet hatte und damit zur landbesitzenden afrikanischen Elite gehörte und dass er sich als Vorsitzender der KANU-Partei und erster Präsident Kenias einen engen Kreis von Vertrauten aufbaute, die nicht der Mau-Mau-Bewegung zugerechnet werden können. Insgesamt bestand auch die KANU-Partei nicht exklusiv aus „Loyalen", gleichwohl dominierten die moderaten Kräfte, die als Gegner von Mau-Mau hervorgetreten waren. (Anderson, Histories of the Hanged, S. 29–30 und S. 332–335.)
[109] Siehe hierzu und zum Folgenden: Hyam, Britain's Declining Empire, S. 192.
[110] Frederick Cooper, Decolonization and African Society. The Labor Question in French and British Africa, Cambridge 1996, S. 355.

hebung des Notstands 1960 wurden Kikuyu überdies systematisch vom politischen und ökonomischen Geschehen in der Kolonie ausgeschlossen.[111] Zum anderen finanzierte die Kolonialmacht im Zeichen des *Swynnerton*-Plans parallel ein Programm von Landreformen, mit dem sie die afrikanischen Gegner von Mau-Mau stärken wollte.[112] In politischer Hinsicht schließlich setzte die *Lyttelton Constitution* ein erstes Zeichen, dass die Dominanz der weißen Siedler in Kenia zu Ende ging.[113] Sie verfügte, dass Afrikaner und Asiaten an der Regierung beteiligt werden müssten, und übertrug den Ministerposten für *Community Development*[114] an einen Afrikaner. Eine Dekolonisationsperspektive freilich lag zu diesem Zeitpunkt noch in weiter Ferne.[115]

Der *Swynnerton*-Plan, benannt nach Roger Swynnerton, dem stellvertretenden Direktor in der Abteilung für Landwirtschaft, der zwischen 1954 und 1959 implementiert wurde, verfolgte zwei Ziele. Erstens sollte die politische Lage in der Kolonie und mithin auch die koloniale Herrschaft stabilisiert werden.[116] Hierzu brach die koloniale Regierung in Kenia mit der bisherigen politischen Linie, die Landwirtschaft der britischen Siedler im Hochland zu privilegieren und zu protegieren. Restriktionen für Afrikaner, lukrative Exportprodukte anzubauen, wurden schrittweise abgeschafft und auch der Grundsatz, Afrikanern lediglich kommunalen Landbesitz zuzugestehen, wurde mit der Vergabe individueller Landtitel allmählich aufgehoben.[117] Der Zugang zu individuellem Landbesitz wurde denjenigen ermöglicht, die sich während des Mau-Mau-Aufstandes der Regierung gegenüber loyal verhalten hatten, darunter insbesondere loyalen Ki-

---

111 Kyle, The Politics of Independence, S. 75–76.
112 Siehe hierzu auch: Michael McWilliam, The Managed Economy. Agricultural Change, Development, and Finance in Kenya, in: D. Anthony Low/Alison Smith (Hrsg.), History of East Africa, Bd. 3, Oxford 1976 S. S. 251–289, hier S. 283–284.
113 Hyam, Britain's Declining Empire, S. 192; George Bennett/Alison Smith, Kenya. From „White Man's Country" to Kenyatta's State 1945–1963, in: Low/Smith, History of East Africa, Bd. 3, S. 109–155, hier S. 136.
114 Zu *Community Development* als Inbegriff entwicklungs- und sicherheitspolitischer Praxis der USA sowie internationaler Organisationen im ländlichen Raum seit den 1940er Jahren siehe: Nick Cullather, The Target is the People. Representations of the Village in Modernization and U.S. National Security Doctrine, in: Cultural Politics 1 (2006), S. 29–48; Nicole Sackley, The Village as Cold War Site. Experts, Development and the History of Rural Reconstruction, in: JGH 6 (2011), S. 481–504.
115 Ogot, The Decisive Years 1956–63, S. 53.
116 Siehe hierzu und zum Folgenden: Speich, The Kenyan Style, S. 457; Hodge, Triumph of the Expert, S. 248–249.
117 Joseph Hodge, British Colonial Expertise, Postcolonial Careering and the Early History of International Development, in: JMEH 8 (2010), Nr. 1, S. 24–46, hier S. 35; Frederick Cooper, Writing the History of Development, in: JMEH 8 (2010), Nr. 1, S. 13.

kuyu in der Zentralprovinz.[118] Um diese Loyalität zu belohnen und zugleich ein Anwachsen der Mau-Mau-Bewegung zu verhindern, galt es, die wirtschaftliche Situation dieser Kikuyu zu verbessern. Die Maßnahmen förderten die Bildung einer wohlhabenden afrikanischen Mittelschicht von Grundbesitzern und sollten die reine Subsistenz- zugunsten einer kommerziellen Landwirtschaft überwinden.[119] Die Regierung stellte hierzu Pflanzen, Informationen zu Darlehen ebenso wie Beratungsdienste für Anbautechniken und Vermarktung zur Verfügung.[120] Wirtschaftlich schlugen sich diese Entwicklungsanstrengungen darin nieder, dass der Wert der vermarkteten Produkte aus kleinbäuerlicher Landwirtschaft sich nahezu verdreifachte.[121]

Der Leitspruch, unter dem die Mau-Mau-Kämpfer seit 1952 angetreten waren, die Verhältnisse in der Kolonie zu verändern, war „Land und Freiheit", besser verstanden als „Selbstregierung durch Landbesitz".[122] Nur zwei Jahre später hatte sich herauskristallisiert, dass es die so genannten Loyalen waren – also Afrikaner, die sich nicht an den Unruhen beteiligten oder die Mau-Mau aus verschiedenen Gründen bekämpften –, denen die Bürgerkriegssituation und der durch die britische Regierung verhängte Notstand zu Landbesitz verholfen hatte. Vermeintliche oder tatsächliche Sympathisanten der Mau-Mau-Bewegung hingegen waren in befestigte Dörfer in der Zentralprovinz zwangsumgesiedelt oder verhaftet worden. Das Land, das sie besiedelt hatten, wurde konfisziert und im Zuge des *Swynnerton*-Plans neu vergeben. Langfristig ergab sich daraus eine Teilung der kenianischen Gesellschaft in eine wohlhabende afrikanische Mittelschicht aus Grundbesitzern auf der einen und landlosen Bauern auf der anderen Seite.[123]

Die wirtschaftliche Konsolidierung einer loyalen afrikanischen Mittelschicht suchte die Kolonialregierung in den folgenden Jahren auch politisch abzusichern, indem sie diese Gruppe allmählich an der politischen Macht beteiligte.[124] Ein erster Schritt waren die Wahlen zum *Legislative Council* 1957, bei denen erstmals sowohl afrikanische Wähler als auch afrikanische Kandidaten zugelassen waren. Der *Legislative Council* war 1907 eingerichtet worden. Er war Teil der für die

---

118 Odhiambo, The Formative Years, S. 43; Anderson, Histories of the Hanged, S. 294.
119 Hodge, British Colonial Expertise, S. 35.
120 Hodge, British Colonial Expertise, S. 31–32.
121 David K. Leonard, African Successes. Four Public Managers of Kenyan Rural Development, Berkeley/Los Angeles/Oxford 1991, S. 90.
122 Im Original bei Daniel Branch: „self-mastery through land". Siehe hierzu und zum Folgenden: Daniel Branch, The Enemy Within. Loyalists and the War Against Mau Mau in Kenya, in: JAH 48 (2007), Nr. 2, S. 291–315, hier S. 292.
123 Siehe hierzu: Anderson, Histories of the Hanged, S. 294; Ogot, The Decisive Years, S. 49–50; Leonard, African Successes, S. 90.
124 Branch/Cheeseman, The Politics of Control in Kenya, S. 19.

meisten Kolonien typischen, Großbritannien entlehnten Verwaltungsstruktur und entsprach in etwa einem Parlament, das über Gesetzgebung und Haushaltsfragen entschied.[125] Neben den offiziellen Mitgliedern aus der Kolonialverwaltung hatten sich die britischen Siedler durch inoffizielle Vertreter eine starke Position in diesem Gremium erarbeitet.[126] Erst 1944 wurde mit Eliud Mathu das erste afrikanische Mitglied des *Legislative Council* bestimmt, bis zum Ende des Jahres 1956 waren insgesamt acht sorgfältig von der Kolonialregierung ausgewählte Afrikaner in diesem Gremium vertreten.[127] Die ersten Wahlen zu diesem Gremium unter afrikanischer Beteiligung von 1957 wurden stark von der Kolonialregierung gesteuert. Viele der Kandidaten für die acht zu wählenden afrikanischen Vertreter waren von lokalen Kolonialbeamten ausgewählt und vorgeschlagen worden und traten als Individuen an, nicht als Vertreter von Parteien.[128] Das Stimmrecht wurde lediglich loyalen Afrikanern erteilt, gestaffelt nach Einkommen und Bildungsgrad.[129] In der von den Mau-Mau-Unruhen am meisten betroffenen Zentralprovinz durften beispielsweise lediglich 7,4 Prozent der erwachsenen Bevölkerung wählen.[130]

Nach den Wahlen betrat eine neue Generation afrikanischer Politiker die Bühne, darunter Thomas J. Mboya, Oginga Odinga oder Daniel T. arap Moi, die an den Unabhängigkeitsverhandlungen entscheidend beteiligt waren und in der ersten afrikanischen Regierung nach der Unabhängigkeit wichtige Positionen übernahmen.[131] Zunächst aber schlossen sich die neu gewählten afrikanischen Vertreter im *Legislative Council* unter der Führung Tom Mboyas zusammen, um Forderungen zu stellen. Sie lehnten die *Lyttelton Constitution* ab und verweigerten die Übernahme von Ministerposten, bis Afrikanern weitere Sitze im *Legislative Council* zugestanden würden, um eine Mehrheit gegenüber den europäischen und asiatischen Mitgliedern des Gremiums erzielen zu können. Sie entsandten eine Delegation nach London und erreichten, dass die *Lyttelton Constitution* durch die *Lennox-Boyd Constitution* ersetzt wurde. Im Zeichen dieser neuen Verfassung fanden 1958 erneut Wahlen statt, bei denen sechs zusätzliche afrikanische Mit-

---

125 Siehe hierzu: Charles Jeffries, The Colonial Office, London 1965, hier S. 32–33 und S. 70.
126 Lewis, Empire State-Building, S. 30.
127 Branch/Cheeseman, The Politics of Control in Kenya, S. 18–19; Lewis, Empire State-Building, S. 107; Goldsworthy, Tom Mboya, S. 68.
128 Anderson, Histories of the Hanged, S. 333.
129 David M. Anderson, „Yours in Struggle for Majimbo". Nationalism and the Party Politics of Decolonization in Kenya, 1955–64, in: Journal of Contemporary History 40 (2005), Nr. 3, S. 547–564, hier S. 549–550.
130 Branch/Cheeseman, The Politics of Control, S. 19.
131 Siehe hierzu und zum Folgenden: Ogot, The Decisive Years, S. 51–75.

glieder in den *Legislative Council* gewählt wurden, so dass eine Parität zwischen europäischen und afrikanischen Mitgliedern realisiert war.

Die nächsten Schritte zu einer weiteren Übertragung von Regierungsverantwortung auf afrikanische Politiker wurden im Jahr 1959 mit den Wahlen in Großbritannien angebahnt. Der Wahlsieger Harold Macmillan erklärte die Absicht Großbritanniens, sich aus allen verbleibenden Kolonien zurückzuziehen und der neue Kolonialstaatssekretär Iain Macleod stellte Kenia die Unabhängigkeit innerhalb der nächsten drei Jahre in Aussicht.[132] Die Bedingungen dieser Unabhängigkeit sollten durch die Einberufung einer verfassungsgebenden Konferenz, die auf mehrere Sitzungen verteilt in den Jahren 1960, 1962 und 1963 in *Lancaster House*, London, stattfand, ausgehandelt werden.

Die erste Konferenz 1960 war geprägt von zwei zentralen Dynamiken. Erstens waren seit 1956 und bis zur Aufhebung des Notstands im Januar 1960 in Größenordnungen von jeweils mehreren Zehntausenden mutmaßliche Mau-Mau-Kämpfer aus der Haft entlassen worden.[133] Sie strömten zurück in ihre alte Heimat in der Kikuyu-Region, um mehrheitlich festzustellen, dass das Land, auf dem sie gesiedelt hatten, während ihrer Haft konfisziert und im Zuge des *Swynnerton-Planes* neu verteilt worden war. Dieser Teil der Bevölkerung war land- und arbeitslos. Zweitens führte die Ankündigung der britischen Regierung, dass in Kenia die Übernahme der politischen Geschäfte durch eine afrikanische Regierung vorbereitet werde, zu einem Massenexodus weißer Siedler.[134] Viele gaben ihre Betriebe und Plantagen im Hochland auf und verließen die Kolonie. Die Situation mündete in eine tiefgreifende wirtschaftliche Krise, da die britisch geführten landwirtschaftlichen Betriebe einen Anteil von 80 Prozent an der gesamten Exportproduktion gehabt hatten, die bis ins Jahr 1964 andauerte. Das Ausmaß der Kapitalflucht aufgrund ausbleibender Investitionen, entlassener Arbeitskräfte und dem Versuch britischer Siedler, ihre Vermögenswerte zu Geld zu machen, wurde auf eine Million Pfund pro Monat geschätzt.[135] Die Börse in Nairobi verzeichnete dramatische Verluste, die Bauindustrie kollabierte und die Arbeitslosigkeit stieg drastisch an.

---

132 Bennett/Smith, Kenya, S. 143–146; Ogot, The Decisive Years, S. 51–75.
133 Anderson, Histories of the Hanged, S. 332; Gary Wasserman, Continuity and Counter-Insurgency. The Role of Land Reform in Decolonizing Kenya 1962–1970, in: CJAS/RCEA 7 (1973), Nr. 1, S. 133–148, hier S. 136.
134 Siehe hierzu und zum Folgenden: Colin Leys, Underdevelopment in Kenya. The Political Economy of Neo-Colonialism 1964–1971, Berkeley/Los Angeles 1974, S. 58; Speich, The Kenyan Style, S. 452–453.
135 McWilliam, The Managed Economy, S. 286–289; Ogot, The Decisive Years, S. 63; Leys, Underdevelopment in Kenya, S. 58.

Die Unabhängigkeitsverhandlungen begannen also in der Wahrnehmung eines zweifachen Problems. Der von zahlreichen aus der Haft zurückgekehrten Kikuyu beklagte Verlust von Land und die zunehmende Arbeitslosigkeit drohten, die Kolonie kurz nach den Mau-Mau-Unruhen erneut in eine vergleichbare soziale Krise zu stürzen.[136] Zugleich galt es, die Exportwirtschaft aufrechtzuerhalten und zu verhindern, dass sich Gläubiger aus dem Ausland zurückzogen. In dieser Situation griff die britische Kolonialregierung auf ein mit dem *Swynnerton*-Plan bereits erprobtes Verfahren des Landtransfers zurück.[137] Unter Zustimmung der Mehrheit der afrikanischen Delegation verständigte sich die erste *Lancaster House*-Konferenz auf das so genannte *Million Acre Scheme*.[138] Diese Maßnahme sollte einen reibungslosen Transfer des Landbesitzes in der Kolonie Kenia von Europäern auf Afrikaner gewährleisten. Einerseits sollte sie afrikanische Bauern in die Lage versetzen, kommerzielle Landwirtschaft zu betreiben, ohne andererseits die hauptsächlich auf die landwirtschaftliche Produktion der weißen Siedler ausgerichteten ökonomischen Strukturen zu gefährden, von denen die kenianische Wirtschaft nach Ansicht der zeitgenössischen Experten abhing.[139]

Dreh- und Angelpunkt der Maßnahme war eine Kompensationsregelung: Die neuen Besitzer mussten das Land der Siedler, die Kenia verließen, zum vollen Marktpreis erwerben.[140] Die kenianische Regierung finanzierte diese Umsiedlung mithilfe von Darlehen seitens der *Weltbank* und der britischen Regierung, die sie über ein *Central Land Board* an die neuen afrikanischen Landbesitzer weitergab. Zwar bezog die Maßnahme in einem zweiten Schritt seit 1962 auch Kleinbauern ein, die vor dem *Land Board* weder Vermögens- noch Ausbildungsnachweise vorlegen mussten. In erster Linie richtete sie sich aber an so genannte progressive Farmer, also eine eher kleine Gruppe von Afrikanern, denen zugetraut wurde, wirtschaftliches Wachstum zu generieren, weil sie sich in der Kolonialzeit bereits als landwirtschaftliche Unternehmer bewährt und Bildung und Wohlstand akkumuliert hätten.[141] In der Zentralprovinz durften ausschließlich diejenigen Land erwerben, die sich während der Mau-Mau-Unruhen loyal gegenüber der Regie-

---

136 Anderson, Histories of the Hanged, S. 331–332.
137 Hodge, British Colonial Expertise, S. 32.
138 Goldsworthy, Tom Mboya, S. 192. Zum *Million Acre Scheme* siehe insbesondere: Christopher Leo, The Failure of the „Progressive Farmer" in Kenya's Million-Acre Settlement Scheme, in: The Journal of Modern African Studies 16 (1978), Nr. 4, S. 619–638; außerdem: Hodge, British Colonial Expertise; Anderson, Histories of the Hanged.
139 Leys, Underdevelopment in Kenya, S. 73.
140 Siehe hierzu und zum Folgenden: Leys, Underdevelopment in Kenya, S. 63–65 und S. 254.
141 Leo, The Failure of the „Progressive Farmer", S. 621.

rung verhalten hatten.[142] In dieser Hinsicht setzte die britische Regierung die Strategie des *Swynnerton*-Plans, ihre loyalen Unterstützer zu entlohnen und eine politisch privilegierte landbesitzende afrikanische Elite zu etablieren, fort.[143] Im Ergebnis trugen die Maßnahmen dazu bei, eine Investorenpanik vor einem wirtschaftlichen Kollaps zu vermeiden. Zugleich verhalfen sie insgesamt einem eher kleinen Teil der Bevölkerung zu Landbesitz. Viele Landlose und insbesondere ehemalige Mau-Mau-Kämpfer gingen leer aus.[144]

An diesen zwei Aspekten machten die Mitglieder der afrikanischen Delegation in *Lancaster House* und Vertreter der afrikanischen Unabhängigkeitsregierung ihre Zustimmung oder Kritik an Kenias Weg in die Unabhängigkeit fest. Für Tom Mboya, dem Sekretär der afrikanischen Delegation sowie dem späteren Minister zunächst für Arbeit, danach für Planung und wirtschaftliche Entwicklung, entsprach die Art des Landtransfers auf der Grundlage von Kaufverträgen zwischen ehemaligen weißen Siedlern und einer neuen afrikanischen Mittelschicht und landbesitzenden Elite seiner wirtschaftlichen Überzeugung.[145] Seiner Ansicht nach gründete sich Kenias Exporteinkommen auf den Ertrag des zur Disposition stehenden Landes. Wäre das Land enteignet und daraufhin vollkommen neu geordnet, parzelliert und an ehemalige Mau-Mau-Kämpfer oder an Stämme, die historische Ansprüche nachweisen zu können glaubten, verteilt worden, so sein Argument, hätte dies die wirtschaftliche Stabilität des unabhängigen Kenia fahrlässig aufs Spiel gesetzt. Den Eigeninteressen des ersten Präsidenten des unabhängigen Kenia, Jomo Kenyatta, und seines Führungszirkels, allesamt Kikuyu, kam es wiederum entgegen, dass das Prozedere des Landtransfers wohlhabende und loyale Kikuyu begünstigte.[146] Damit ließ es Kenyatta zugleich auf eine Spaltung innerhalb der Kikuyu ankommen. Indem er loyale Kikuyu mit einflussreichen Positionen in der Verwaltung der kenianischen Provinzen betraute, verprellte er ehemalige Mau-Mau-Kämpfer und deren Sympathisanten. Bis zu seinem Tod 1969 warfen ihm zahlreiche Kikuyu vor, die Mau-Mau verraten zu haben und machten dies unter anderem an seiner Zustimmung zum *Million Acre Scheme* fest.

---

142 Hodge, British Colonial Expertise, S. 32; Anderson, Histories of the Hanged, S. 331–332.
143 Leys, Underdevelopment in Kenya, S. 116; Branch, Politics of Control, S. 19.
144 Hodge, British Colonial Expertise, S. 33.
145 Siehe hierzu und zum Folgenden: Goldsworthy, Tom Mboya, S. 192–193.
146 Siehe hierzu und zum Folgenden: Goldsworthy, Tom Mboya, S. 193; Githu Muigai, Jomo Kenyatta & the Rise of the Ethno-Nationalist State in Kenya, in: Bruce J. Berman/Dickson Eyoh/Will Kymlicka (Hrsg.), Ethnicity & Democracy in Africa, Oxford 2004, S. 200–217, hier S. 211–212; Leys, Underdevelopment in Kenya, S. 60–62.

Die Kritiker des Transferprogramms waren in der Minderheit. Ihr Fürsprecher, der Vizepräsident der Unabhängigkeitsregierung, Oginga Odinga, stellte in Frage, warum Kenia den eigenen Staatshaushalt mit dem Ankauf von Land britischer Siedler belasten müsse, wenn es dieses Land ebenso gut als eigenen Besitz begreifen könne.[147] Neben der Tatsache der Kompensation an sich, kritisierte Odinga den Modus der Verteilung. Er und weitere Vertreter dieser Position argumentierten, dass die Umsiedlungsverfahren loyale Kikuyu privilegiert hätten, anstatt auf eine gerechte Verteilung hinzuwirken, die auch Afrikaner anderer Stämme und ehemalige Mau-Mau-Kämpfer in einem viel höheren Maße berücksichtigte. Ideologisch berief sich Odinga auf den Sozialismus. Er unterhielt Kontakte zur Sowjetunion und zu China. 1964 war es ihm gelungen, mit sowjetischem Geld eine Ausbildungsstätte für Führungspersönlichkeiten der KANU einzurichten, das so genannte *Lumumba Institute*, an dem – nicht zuletzt mithilfe von sowjetischem Personal – die Vermittlung des wissenschaftlichen Sozialismus das Curriculum dominieren sollte.[148] Odinga nahm für sich in Anspruch, politisch den Afrikanischen Sozialismus zu vertreten, den er mit dem Kommunismus in eins setzte.[149]

Die Idee des Afrikanischen Sozialismus stammte ursprünglich aus dem Kontext der pan-afrikanischen Bewegung und fand auf dem ganzen afrikanischen Kontinent Verbreitung.[150] Angesichts der vielfältigen Aneignungen des Afrikanischen Sozialismus seitens afrikanischer politischer Führungspersönlichkeiten handelt es sich um ein eher flexibles Konzept, das nichtsdestoweniger von den gemeinsamen Themen, Grundannahmen und Herausforderungen geprägt war, den Weg in eine postkoloniale Zukunft zu definieren.[151] Hierzu gehörten in erster Linie die Definition einer gemeinsamen Identität als afrikanisch, die Frage,

---

147 Speich, The Kenyan Style, S. 454.
148 Speich, The Kenyan Style, S. 455–456; Goldsworthy, Tom Mboya, S. 234.
149 Dies geht aus einem Interview hervor, das der britische Journalist Hector Alastair Hetherington im Mai 1965 mit Bill Bailey, einem britischen Politiker, der zehn Jahre Funktionen in der Kolonialregierung in Kenia ausgefüllt hatte, zur kenianischen Innenpolitik führte. Bailey war zum Zeitpunkt des Interviews stellvertretender Staatssekretär und stand kurz vor der Rückkehr nach Großbritannien, weil seine Position afrikanisiert werden sollte. Hector Alastair Hetherington, Points From a Meeting with Bill Bailey (Under-Secretary for Commerce and Industry), LSE Hetherington/9 (24.5.1965).
150 Siehe hierzu: Cowen/Shenton, Doctrines of Development, S. 325; Robert J. Young, Postcolonialism. An Historical Introduction, Malden, MA 2001, S. 242; Priya Lal, African Socialism in Postcolonial Tanzania. Between the Village and the World, Cambridge 2015, S. 37–44.
151 William H. Friedland/Carl Gustav Rosberg, The Anatomy of African Socialism, in: William H. Friedland/Carl Gustav Rosberg (Hrsg.), African Socialism, Stanford, CA 1965, S. 1–14, hier S. 2–4; Lal, African Socialism, S. 39.

wie wirtschaftliche Entwicklung ermöglicht werden könne, und schließlich der Umgang mit der großen strukturellen Kontinuität zwischen Kolonialismus und Postkolonialismus, der nahezu alle neuen afrikanischen Nationen betraf.[152] Während dem Afrikanischen Sozialismus in Ländern wie Ghana, Guinea und Tansania als Staatsdoktrin eine große Bedeutung zukam, war der Rekurs auf dieses Konzept in Kenia eher oberflächlicher Natur.[153] Daher erscheint es für den kenianischen Zusammenhang überzeugend, die Inanspruchnahme des afrikanischen Sozialismus funktionalistisch zu deuten.[154]

Für die afrikanische politische Führungselite Kenias scheint der Afrikanische Sozialismus eine starke legitimatorische Funktion erfüllt zu haben. Die politische Richtung, die ihn für sich in Anspruch nehmen konnte, suggerierte damit zugleich, den afrikanischen und mithin auch den legitimen, anti-kolonialen Weg in die Zukunft zu weisen und die afrikanische Bevölkerung hinter sich zu einen. Tom Mboya und Jomo Kenyatta begriffen Odingas sozialistisch gefärbte Kritik am Dekolonisationsprozess sowie seine Ansicht, sich damit auf den Afrikanischen Sozialismus berufen zu können, als politischen Sprengstoff.[155] Dies war der Kontext, in dem Kenyatta Mboyas Ministerium damit beauftragte, das *Sessional Paper* zum Afrikanischen Sozialismus zu verfassen.

Inhaltlich kombinierte das Papier die Sprache des Afrikanischen Sozialismus mit derjenigen der Modernisierungstheorie. Typisch für den Afrikanischen Sozialismus war der Verweis auf „zwei afrikanische Traditionen", die „politische Demokratie" und eine „gegenseitige soziale Verantwortung", die afrikanische Gemeinschaften seit der vorkolonialen Zeit geprägt hätten.[156] Daran anknüpfend skizzierte das Papier einen spezifisch afrikanischen dritten Weg, der weder dem marxistischen Sozialismus, noch dem Kapitalismus entspreche.[157] Auch hier handelte es sich um eine typische Auslegung des Afrikanischen Sozialismus.[158] Mit Blick auf die innenpolitische Situation in Kenia erscheint die Argumentation, derer sich die Autoren des *Sessional Paper* um Tom Mboya bedienten, bemerkenswert. Sie historisierten sowohl den Sozialismus marxistischer Prägung, als auch den *laisser faire*-Kapitalismus als europäische Phänomene des 19. und 20. Jahrhunderts, die mit den wirtschaftlichen Systemen der heutigen Zeit keine Gemeinsamkeiten mehr aufwiesen und deren Prognoseinstrumente daher versagt

---

152 Friedland/Rosberg, The Anatomy, S. 3–7.
153 Lal, African Socialism, S. 39 und S. 43.
154 Friedland/Rosberg, The Anatomy, S. 9; Cowen/Shenton, Doctrines of Development, S. 325.
155 Hetherington, Points From a Meeting with Bill Bailey; Speich, The Kenyan Style, S. 455–456.
156 Sessional Paper No. 10, S. 3; Lal, African Socialism, S. 43–44.
157 Siehe hierzu und zum Folgenden: Sessional Paper No. 10, S. 6–9, Abschnitte 19–22.
158 Friedland/Rosberg, The Anatomy, S. 4.

hätten.¹⁵⁹ So habe sich der Kapitalismus zwar nicht in einen Marx'schen Sozialismus transformiert. Gleichwohl hätten moderne Staaten ihre Verantwortung für den Aufbau sozialer Systeme akzeptiert und Steuern eingetrieben zugunsten des Allgemeinwohls; eine Entwicklung, so zeigten sich Mboya und seine Mitautoren überzeugt, die Marx gutgeheißen hätte. Mit dieser Argumentation lösten sie den ideologischen Antagonismus zwischen Sozialismus und Kapitalismus auf und besetzten damit gleichsam eine postideologische Position. Zugleich erschien dadurch Odingas marxistisch geprägter Sozialismus als obsolet, weil dessen Analyseinstrumentarien auf die kenianische Gesellschaft, deren Traditionen – so die Autoren – keinerlei Parallelen zur europäischen feudalen Gesellschaft aufwiesen, nicht angewandt werden könnten.¹⁶⁰ Vielmehr inszenierten sie Kenia im Sinne dieses vermeintlich postideologischen Ansatzes als Nation, die sich ebenso wie alle anderen wirtschaftlichen und politischen Systeme unabhängig von ihren historischen Voraussetzungen an die sich wandelnden Umstände und den modernen Kontext anpassen könne.¹⁶¹

Der Anspruch des *Sessional Paper*, mit diesem Ansatz die Nation nach innen zu einen, bezog sich in einem zweiten Schritt auch auf den Aspekt der Umverteilung, den Odinga und seine politischen Mitstreiter mit Blick auf das Land angemahnt hatten. Das Papier stellte klar, dass für die Anhebung des allgemeinen Lebensstandards die Besitzstrukturen nicht das Entscheidende seien und bekräftigte: „What is now urgently needed is development, not merely land transfer. Consolidation and registration will make farm credit and modern methods of agriculture possible and should expand employment much more rapidly than settlement can, by bringing more land into productive use."¹⁶² Mboya und seine Mitautoren zeigten sich überzeugt, dass Entwicklung gleichbedeutend mit wirtschaftlichem Wachstum sei. Indem sie als Entwicklungsziel „high and growing *per capita* incomes, equitably distributed",¹⁶³ ausgaben, suggerierten sie, dass das statistisch als Pro-Kopf-Einkommen gemessene Wirtschaftswachstum gleichmäßig auf die Gesellschaft verteilt würde.¹⁶⁴

---

159 Sessional Paper No. 10, S. 6–9, Abschnitte 19–22.
160 Sessional Paper No. 10, S. 6–9, Abschnitte 19–22.
161 Sessional Paper No. 10, S. 6–9, Abschnitte 19–22.
162 Sessional Paper No. 10, S. 37, Abschnitt 102 [Hervorh. i. Orig.].
163 Sessional Paper No. 10, S. 2, Abschnitt 4.
164 Zu Mboyas Interpretation von Sozialismus im Zusammenhang mit dem Afrikanischen Sozialismus als Entwicklungsideologie, die dem Wirtschaftswachstum die oberste Priorität einräumt, um keine „Gleichheit in der Armut", sondern – zugespitzt und im Umkehrschluss – im Wohlstand zu erreichen siehe: Ali A. Mazrui, Tom Mboya. Underdevelopment and I, in: East Africa Journal 6 (1969), Nr. 9, S. 19–29, hier S. 29.

Diese Überzeugung teilten in den 1940er und 1950er Jahren eine Reihe von Ökonomen, insbesondere bei der *Weltbank*.[165] Sie gründete sich auf das Instrument der volkswirtschaftlichen Gesamtrechnung, das mithilfe des Bruttosozialprodukts eine spezifisch ökonomische Vorstellung von Ungleichheit in globalem Maßstab hervorbrachte und zugleich den Eindruck erweckte, diese auch in der wirtschaftlichen Sphäre bewältigen zu können.[166] Entscheidend mit Blick auf die Intention des *Sessional Paper* war es, dass zur Ermittlung des Bruttosozialprodukts die Einheit der Nation zugrunde gelegt wurde.[167] Die Vergleichsebene von Ungleichheit wurde mithin von einer nationalen auf die internationale verlegt. Anders ausgedrückt trat die Diskussion von Fragen einer ungleichen Landverteilung in den Hintergrund zugunsten der Verortung Kenias im internationalen Vergleich. Mboya und seine Mitautoren stellten fest, dass andere Länder weiter fortgeschritten seien. Dies sei aber keine Angelegenheit von Konkurrenzdenken, sondern eröffne die Chance, im Geiste des entwicklungspolitischen Gedankens Unterstützung mit Blick auf finanzielle und personelle Ressourcen einzufordern.[168] Auf der Grundlage der Sprache und der Konzepte der Modernisierungstheorie Rostow'scher Prägung gingen sie davon aus, dass „the ultimate objectives of all societies are remarkably similar and have a universal character", und verorteten Kenia „in a period of multiple transition".[169] Die unabhängig gewordene Nation befinde sich an der Schwelle von einer Subsistenz- zu einer Geldwirtschaft, von einer wirtschaftlichen Abhängigkeit von der Landwirtschaft zu einem auf mehrere Sektoren gegründeten Wirtschaftswachstum und von einer Entwicklung natürlicher Ressourcen für andere zu der Entwicklung menschlicher und natürlicher Ressourcen zum Wohle Kenias.[170] Auf diese Weise wurde Kenia als Nation innerhalb einer internationalen Gemeinschaft von Nationen präsentiert, die Ansprüche auf die gleiche Entwicklung wie die reichsten und fortschrittlichsten Nationen erheben und hierzu die Unterstützung internationaler Organisationen

---

[165] Sie lässt sich insbesondere auf Simon Kuznets zurückführen: Bergeron, Fragments of Development, S. 42; siehe außerdem: Gilman, Mandarins, S. 34–36; Amy L.S. Staples: The Birth of Development. How the World Bank, Food and Agriculture Organization, and World Health Organization Changed the World, 1945–1965, Kent, OH 2006, S. 42.
[166] Siehe zum Instrument der volkswirtschaftlichen Gesamtrechnung: Speich Chassé, Die Erfindung des Bruttosozialprodukts, zum Folgenden insbesondere S. 14–21.
[167] Speich Chassé, Die Erfindung des Bruttosozialprodukts, S. 17.
[168] Sessional Paper No. 10, S. 9, Abschnitt 25.
[169] Sessional Paper No. 10, S. 1, Abschnitte 4 und 2. Zur Bedeutung des Transitionsbegriffs für die Modernisierungstheorie siehe: Gilman, Mandarins, S. 87–88; Cooper, Colonialism in Question, S. 120.
[170] Sessional Paper No. 10, S. 1, Abschnitt 2.

in Anspruch nehmen könne.¹⁷¹ Zugleich wurde dadurch das Thema der Ungleichheit auf eine internationale Ebene verlagert, was einen Teil der Verantwortung zur Bekämpfung dieser Ungleichheit an internationale Organisationen delegierte und von der kenianischen Innenpolitik ablenkte.

Abschließend lässt sich festhalten, dass Kenias Weg in die Unabhängigkeit ganz im Zeichen des Konflikts um die Landverteilung gestanden hatte. Die Aussage des *Sessional Paper* lässt sich so verstehen, dass die Weichen für die Zukunft einer prosperierenden Nation jenseits von Verteilungsfragen allein mit Blick auf das nationale wirtschaftliche Gesamtvolumen gestellt werden könnten. In der Praxis führten die Ausführungen des Papiers nicht zu einer Beilegung des Konflikts. Im Gegenteil: Die Fronten verhärteten sich. Oginga Odinga und Politiker mit ähnlichen Ansichten traten aus der KANU-Partei aus und gründeten die *Kenya Peoples Union* (KPU), die jedoch 1969 von Präsident Kenyatta verboten wurde.¹⁷² Die Darstellung und Beurteilung der Folgen dieser Entwicklung stehen auf einem anderen Blatt. Entscheidend für den hier erörterten Zusammenhang ist, dass das Wirtschaftsverständnis, von dem das *Sessional Paper* durchdrungen war, den Kontext darstellte vor dem in Kenia erstmals öffentlich von afrikanischen Politikern über ein politisch gefördertes Familienplanungsprogramm nachgedacht wurde.

2.2.2 Grundlagen der Problematisierung von Bevölkerungswachstum in Kenia

Das *Sessional Paper* ist eines der ersten offiziellen Regierungspapiere der afrikanischen Regierung, in dem der politische Wille artikuliert wurde, ein Familienplanungsprogramm zu fördern. „A programme of family planning education will be given high priority", heißt es dort.¹⁷³ Indes handelt es sich um den einzigen Hinweis auf ein solches Programm im ganzen Papier, der sich zudem auch erst im Abschnitt 86 findet, also gerade nicht an prominenter Stelle platziert wurde. Zugleich kann vorweggenommen werden, dass die politischen Konsequenzen dieser Absichtsäußerung bis zum Ende der 1970er Jahre begrenzt blieben.¹⁷⁴ Nichtsdestoweniger lohnt es sich, der Frage nachzugehen, auf welche Weise und in welchem Zusammenhang diese Absicht ihren Weg in das Papier fand. Denn diese Spurensuche, die in Tom Mboyas *Ministry of Economic Planning and Deve-*

---

171 Cooper, Writing the History of Development, S. 14–15.
172 Ochieng', The Kenyatta Era, S. 98; Clough, Fighting Two Sides, S. 182.
173 Sessional Paper No. 10, S. 31, Abschnitt 86.
174 Siehe zur Entwicklung und Bedeutung eines nationalen Familienplanungsprogramms in Kenia das folgende Kapitel 2.3.

lopment (MEPD) führt, wird zeigen, dass die politische Annäherung an das Thema Familienplanung im *Sessional Paper* über die Ökonomie stattfand. Anders ausgedrückt war der Hinweis auf ein geplantes Familienplanungsprogramm die Konsequenz der Entwicklungsstrategie, die die Autoren des *Sessional Paper* verfolgten.

Die Essenz dieser Entwicklungsstrategie bestand in dem Postulat, dass die Wirtschaftswachstumsrate nicht langsamer ansteigen dürfe, als die Rate des Bevölkerungswachstums. Vor diesem Hintergrund problematisierte das Papier „our high rate of population growth [...] [which] means a large dependent population, reduces the money available for development, lowers the rate of growth and makes exceedingly difficult the task of increasing social services".[175] Bevölkerungswachstum wurde hier in Abhängigkeit zu und mithin als Hindernis für wirtschaftliches Wachstum verstanden. Diese Annahme beruhte auf einer vergleichenden Rechnung:

> With population growing in excess of 3 per cent per annum nearly seven million jobs will be needed by the year 2000 and over 230,000 adult males will at that time be added to the labour force each year. A more moderate rate of population growth of 1.7 per cent per annum, approximating the world rate, would mean a male labour force of 4.5 million growing at 60,000 per annum in the year 2000.[176]

Bemerkenswert ist, dass diese Rechnung diejenige wiederholte, die der Demograph Ansley Coale und der Ökonom Edgar Hoover in ihrer einschlägigen Studie *Population Growth and Economic Development* von 1958 angestellt hatten, in der sie den Nexus von Wirtschafts- und Bevölkerungswachstum als Indikator für den Entwicklungsstand einer Gesellschaft etabliert hatten.[177] Auf der Grundlage von Berechnungen für Indien hatten sie abgeleitet, dass es einem Land mit einem Prozent Bevölkerungswachstum wirtschaftlich besser ginge und es einen höheren Lebensstandard zu erwarten hätte, als dies in einem Land mit einer Bevölkerungswachstumsrate von drei Prozent der Fall sein könnte. Wie gelangte dieses Argument in das Grundsatzpapier der kenianischen Regierung?

Diese Frage lenkt den Blick auf die Institution, in der das *Sessional Paper* konzipiert und formuliert wurde, das 1964 neu gegründete Wirtschafts- und Planungsministerium, MEPD, dem Tom Mboya als Minister vorstand. In den Jahren zwischen der Gründung des Ministeriums und seiner Ermordung im Jahr 1969 richtete Mboya den Aufbau dieser Institution an seinem Entwicklungsden-

---

175 Sessional Paper No. 10, S. 31.
176 Sessional Paper No. 10, S. 31.
177 Coale/Hoover, Population Growth and Economic Development.

ken aus und machte es zu einer Institution, die sehr stark mit seinem Namen in Verbindung gebracht wurde.[178] Dieser Umstand wird nicht zuletzt daran deutlich, dass das Ministerium Mboya um kein Jahr überlebte und nach 1969 ins Finanzministerium integriert wurde.[179] Als einer der prominentesten Fürsprecher eines liberalen Kapitalismus innerhalb der neuen afrikanischen Regierung propagierte Mboya die Akquise von auswärtigem Kapital und die Expertise westlicher Berater als unabdingbar für Kenias Entwicklung.[180]

Die Gründung des MEPD trug diesem Anspruch auch formal Rechnung, weil es sich den Leitbegriff des Jahrzehnts, die Planung, auf die Fahnen schrieb.[181] Planung fungierte gleichsam als Scharnierkonzept, mit dem die Modernisierungsutopien in zeitnahe Realitäten überführt werden sollten. Sie kann in diesem Zusammenhang als „conditio sine qua non der Modernisierung" bezeichnet werden, über die die „Allokation der Hilfsgelder" geregelt und „Entwicklungsziele" definiert wurden.[182] So war der Nachweis eines auf dem Prinzip der Planung errichteten Verwaltungsapparats nicht zuletzt eine notwendige Voraussetzung, um als Empfängerland für westliche Entwicklungshilfe, beispielsweise in der Form von Darlehen der *Weltbank*, in Frage zu kommen.[183]

In diesem Sinne vereinte Mboya in seinem Ministerium drei zentrale Einflüsse. Erstens setzte er auf die Verwaltungsexpertise ehemaliger Kolonialbeamter. Zweitens stellte Mboya junge afrikanische Ökonomen ein, die ihre Ausbildung während der Kolonialzeit vorwiegend im Ausland erhalten hatten. Mwai Kibaki, kurzzeitig Mboyas Stellvertreter, hatte beispielsweise an der *London School of Economics* studiert. Schließlich waren im MEPD eine ganze Reihe auswärtiger Berater auf Vertragsbasis angestellt, die von philanthropischen Stiftungen oder bilateralen Entwicklungsorganisationen finanziert wurden. Hier ist insbesondere der US-Amerikaner Edgar O. Edwards zu nennen, der als Ökonom an der *Rice University* in Texas lehrte und im Auftrag der *Ford Foundation* für das MEPD in Nairobi arbeitete.

---

178 Speich, The Kenyan Style, S. 450.
179 Goldsworthy, Tom Mboya, S. 249.
180 Siehe hierzu und zum Folgenden: David William Cohen/E.S. Atieno Odhiambo, The Risks of Knowledge. Investigations into the Death of the Hon. Minister John Robert Ouko in Kenya, 1990, Athens, OH 2004, S. 181–182; Goldsworthy, Tom Mboya, S. 251; Speich, The Kenyan Style, S. 457–458.
181 Zur „Planungseuphorie" der 1950er und 1960er Jahre siehe: van Laak, Planung, S. 305–326. Zum Zusammenhang von Planung, Dekolonisation und Entwicklungsökonomie in Afrika, siehe: Andreas Eckert, „We Are All Planners Now", S. 375–397.
182 Kunkel, Systeme des Wissens, S. 163; siehe hierzu auch: Bergeron, Fragments of Development, S. 42–43.
183 Goldsworthy, Tom Mboya, S. 248.

In einigen Texten und politischen Papieren, die Mitte der 1960er Jahre von Mitarbeitern des MEPD verfasst wurden, nimmt Bevölkerungspolitik im Sinne von nationalen Familienplanungsprogrammen zur Reduktion des Bevölkerungswachstums eine zentrale Rolle ein. Inhaltlich wird sie als notwendige Voraussetzung diskutiert, um das Wirtschaftswachstum Kenias zu ermöglichen, formal wird sie als Möglichkeit propagiert, um Devisen und Experten zu akquirieren. Grundlegend in dieser Hinsicht war ein Memorandum, das im MEPD ausgearbeitet und im Januar 1965 dem *Development Committee* der kenianischen Regierung vorgelegt worden war. Der Entwurf des Textes stammte aus der Feder des US-Amerikaners Edwards, dessen Rolle im MEPD über die eines Beraters erheblich hinausging.[184] De facto fungierte Edwards in der ersten Hälfte des Jahres 1965 als Leiter der Planungsabteilung und zeichnete mithin verantwortlich für die Definition von Planzielen und die Erstellung von Entwicklungsplänen. In dieser Funktion war die Bevölkerungsentwicklung Kenias für ihn ein zentrales Thema, das er in besagtem Memorandum ausarbeitete. Von Edwards ging die Initiative aus, das Bevölkerungsthema im *Development Committee* diskutieren zu lassen. So vermerkte er in einer Notiz zum Entwurf des Memorandums, die Minister Tom Mboya sowie den im Entwicklungs- und Planungsministerium angestellten Ökonomen Mwai Kibaki und Titus Mbathi vorgelegt wurde: „You will find attached to this file a draft paper on Population Growth and Economic Development. If you agree with the approach taken in this paper, I would like to put it on the agenda for the Development Committee meeting scheduled for the 14[th January]."[185] Dieser Kommentar illustriert, dass Edwards innerhalb des Ministeriums durchaus in der Position war, Themen zu definieren und auf die politische Agenda zu setzen. Die in der Akte vermerkten Kommentare von Mbathi, Kibaki und Mboya drücken zwar ein grundsätzliches Einverständnis mit den Ausführungen aus. So vermerkte Mboya: „I have now studied the paper and agree with the general approach."[186] Gleichwohl ist es bemerkenswert, dass die Wahrnehmung der kenianischen Bevölkerungsentwicklung aus ökonomischer Perspektive ein Thema ist, das in diesen frühen Jahren der kenianischen Unabhängigkeit eng mit dem Namen Edwards verbunden ist.

Das Papier selbst war in seiner Herangehensweise der 1958 publizierten Studie von Ansley Coale und Edgar Hoover verpflichtet. Dies wird zum einen am

---

[184] Siehe hierzu und zum Folgenden: Goldsworthy, Tom Mboya, S. 251.
[185] Edgar O. Edwards an Mr. Mboya, Mr. Kibaki, Mr. Mbathi, 5. Januar 1965, KNA, AMB/1/4 File No. C/305, Ministry of Economic Planning and Development 1965–66.
[186] Handschriftlicher Kommentar von Tom Mboya zu Edwards' Entwurf des Memorandums „Population Growth and Economic Development", 11. Januar 1965, KNA, AMB/1/4 File No. C/305, Ministry of Economic Planning and Development 1965–66.

174 —— 2 Bevölkerungspolitik als Modernisierungspolitik?

Titel deutlich, *Population Growth and Economic Development*, den das Memorandum der Studie entlehnte. Zum anderen nahm Edwards explizit auf die Argumentation von Coale und Hoover Bezug, als er das Wirtschafts- und das Bevölkerungswachstum in zwei Szenarien gegeneinander aufrechnete, einmal mit konstant bleibender Bevölkerungswachstumsrate, einmal mit einer rückläufigen. „The Coale-Hoover analysis suggests that there is much to be gained in both total and per capita incomes and therefore in economic influence, prestige and power from a reduction in the rate of population growth."[187] Dieser Berechnung zugrunde legte er die in der Volkszählung von 1962 ermittelte Bevölkerungswachstumsrate von drei Prozent pro Jahr. Zugleich waren diese drei Prozent Bevölkerungswachstum auch die Zahl, mit der Coale und Hoover ihre Berechnungen für Indien als *pars pro toto* aller „Entwicklungsländer" durchführten. Edwards bezog sich konkret auf die Schulbildung und argumentierte, dass die potentiellen Ersparnisse in diesem Bereich durch eine rückläufige Bevölkerungswachstumsrate für die wirtschaftliche Entwicklung in anderen Sektoren genutzt werden könnten. Abschließend kam er zu dem Ergebnis: „As compared with most other countries Kenya does have a population problem."[188] Als Lösung für dieses Problem empfahl er „a programme of voluntary birth control conducted within the various religious prescriptions". Und ergänzte: „A comprehensive educational campaign of the advantages of smaller families could be coupled with active support for planned parenthood clinics." Zusammenfassend bezog sich Edwards auf die im *Office of Population Research* entstandene Studie von Ansley Coale und Edgar Hoover, um erstens festzustellen, dass Kenia mit einem Bevölkerungswachstum von drei Prozent ein Bevölkerungsproblem habe. Zweitens suggerierte er, dass sich das Wirtschaftswachstum des Landes durch eine niedrigere Bevölkerungswachstumsrate erhöhen könne. Schließlich legte er drittens nahe, dass eine politische Lösung des Problems in der Senkung der Bevölkerungswachstumsrate durch Familienplanung gesucht werden könne.

Insofern der eingangs zitierte Absatz im Regierungspapier *African Socialism and Its Application to Planning in Kenya* das von Edwards entworfene Memorandum prägnant zusammenfasste, liegt der Schluss nahe, dass zwischen beiden Texten ein Zusammenhang besteht. Dies umso mehr, als auch der erste Entwurf

---

[187] Population Growth and Economic Development. Memorandum by the Minister for Economic Planning and Development, 14.1.1965, KNA, AMB/1/4, Ministry of Economic Planning and Development 1965–66, Abschnitt 5. Zum Folgenden siehe auch den Abschnitt 4. Zur Kostenkalkulation der Schulbildung siehe ebenda, Abschnitt 20.
[188] Population Growth and Economic Development, Abschnitt 17. Die folgenden Zitate finden sich ebenda: Abschnitt 24.

des *Sessional Paper* Edwards zugeschrieben wurde.[189] Zugleich kann davon ausgegangen werden, dass der zuständige Minister Tom Mboya der Aufnahme des Passus zum problematischen Bevölkerungswachstum in Kenia in das *Sessional Paper* zugestimmt haben mag, weil er Edwards ökonomische Perspektive auf Bevölkerung teilte. So führte er in seinem Text *A Development Strategy for Kenya* im Jahr 1967 aus: „Let's face it – the developing countries are in the greatest danger of not developing at all. Hampered by bare subsistence-level incomes, domestic capital can scarcely be accumulated, even with the strictest of taxation measures, at a rate sufficient to maintain per capita incomes in the face of growing populations."[190] Für Mboya, so die These, schien das von Edwards ins Spiel gebrachte Familienplanungsprogramm eine Möglichkeit zu eröffnen, ausländische Devisen und Berater nach Kenia zu holen. In einer Parlamentsrede vom 4. Mai 1965, in der er den Antrag auf die Verabschiedung des *Sessional Paper on African Socialism and Its Application to Planning in Kenya* stellte, ging er auf die „role of foreign capital in our development"[191] ein:

> The incomes of the people of Kenya are very low. If we tried to depend solely on domestic capital and tax surplus, our growth rate might not even keep pace with our rapidly increasing population. Consequently, we have to depend on other countries' co-operation and assistance in order to stimulate our own development. Although our aim is to be able to rely on our own resources eventually and to reduce the role of foreign capital and investments, in the initial period, such as this stage in our development, we need this co-operation. To give up use of foreign capital, as some people have suggested, at this stage is almost tantamount to give up development itself.

In diesem Zitat stellte Mboya zwar einen Zusammenhang von Wirtschafts- und Bevölkerungswachstum her, indem er anführte, dass das Binnenkapital Kenias nicht ausreiche, um Schritt mit der ständig wachsenden Bevölkerung zu halten. Die Konsequenz, die er in seiner Parlamentsrede daraus zog, war indes nicht, sich für eine Reduktion des Bevölkerungswachstums auszusprechen, sondern stattdessen die Angewiesenheit auf auswärtiges Kapital zu unterstreichen.

Dass Mboya ein Bremsen des Bevölkerungswachstums als politisches Instrument vor dem kenianischen Parlament nicht explizit thematisierte, kann auf unterschiedliche Beweggründe zurückgeführt werden. Familienplanung und eine Eindämmung von Bevölkerungswachstum waren in der kenianischen Öffent-

---

189 Goldsworthy, Tom Mboya, S. 251; Leys, Underdevelopment in Kenya, S. 221.
190 Tom Mboya, A Development Strategy for Africa. Problems and Proposals, Kenya 1967, S. 3.
191 Tom Mboya, African Socialism and Its Application to Planning in Kenya, in: Tom Mboya, The Challenge of Nationhood. A Collection of Speeches and Writings, London 1970, S. 73–105, hier S. 89. Das folgende Zitat findet sich ebenda.

lichkeit hoch umstrittene Themen, für die sich insbesondere in den Anfangsjahren der kenianischen Republik so gut wie kein Politiker öffentlich engagierte.[192] Insofern lässt sich nicht abschließend klären, ob Bevölkerungspolitik im Sinne einer Verlangsamung von Bevölkerungswachstum für Mboya inhaltlich eine hohe Priorität hatte, die er öffentlich mit der Akquise von Entwicklungshilfsgeldern und Experten legitimierte, da diese im bevölkerungspolitischen Bereich vergleichsweise üppig verfügbar waren. Oder ob ihm selbst die Notwendigkeit eines politisch implementierten Familienplanungsprogramms zur Senkung der Bevölkerungswachstumsrate inhaltlich weniger einleuchtete als die Möglichkeit, in dieser Angelegenheit finanzielle Unterstützung durch entwicklungspolitische Organisationen zu erhalten.

Fest steht, dass sich Mboyas Ministerium in Form eines Schreibens des Staatssekretärs Titus Mbathi mit der Betreffzeile „Population Growth and Economic Development" am 8. April 1965 an den *Population Council* in New York wandte.[193] Darin hieß es: „The Kenya Government has recently decided to ‚pursue vigorously policies designed to reduce the rate of population growth through voluntary means and within religious prescriptions'. We are reliably informed that the Population Council has done extensive research in population problems and would greatly appreciate your assistance in this matter." Über die Hintergründe und die Motivation dieser Anfrage an den *Population Council* gibt es in den konsultierten Quellen des MEPD keinerlei Hinweise. Indes zeigte sich in den Archiven der *Ford Foundation* und des *Population Council*, dass Mitarbeiter dieser Organisationen durchaus auf diese Aspekte eingingen und in diesem Zusammenhang auf Gespräche mit Edwards oder mit Beamten des MEPD verwiesen. So lässt sich der internen Stiftungskorrespondenz der *Ford Foundation* entnehmen, dass es Edwards gewesen sein muss sei, der Mboya davon überzeugt hat, Berater des *Population Council* mit Blick auf die Konzeption eines nationalen Familienplanungsprogramms nach Kenia einzuladen.[194] Das von Edwards verantwortete Memorandum *Population Growth and Economic Development* sowie seine Betei-

---

192 Siehe hierzu ausführlicher das Kapitel 2.3.
193 Titus K. Mbathi (Ministry of Economic Planning and Development, Nairobi) an John F. Kantner (Population Council, New York), 8.4.1965, RAC, RG IV3B4.3a, T65.86, Box 65, Folder 1137, Government of Kenya, Advisory Commission. Das folgende Zitat findet sich ebenda.
194 Siehe hierzu: Courtney Nelson an Donald J. Kingsley, The Ford Foundation. Inter-Office Memorandum: Request for Grant-Action, 7.6.1967, FFA, Reel 1151, Grant 670–453, Section 4: General Correspondence, Family Planning in Kenya. Diese Ansicht vertrat auch der Direktor des Bevölkerungsprogramms der *Ford Foundation*, Oscar Harkavy: In einer Notiz während eines Kenia-Aufenthaltes im Januar 1967 erwähnte er, dass er Edwards getroffen habe, der „in fact first put family planning concern into the blueprint for socialist development in Kenya". Oscar Harkavy, Log Notes on Kenya, 13.-17.1.1967, FFA, Unpublished Report #003077, Bl. 5.

ligung am *Sessional Paper* mögen dieser zeitgenössischen Stellungnahme zusätzliches Gewicht verleihen. Andererseits kann der explizite Hinweis auf eine verantwortliche und prägende Rolle Edwards im MEPD seitens der *Ford Foundation* auch so gelesen werden, dass Mitarbeiter der Stiftung die Relevanz des eigenen Engagements im bevölkerungspolitischen Feld hervorheben wollten. Denn während die *Ford Foundation* seit 1954 der wichtigste Geldgeber für den *Population Council* war, über den sie alle Projekte im Bereich Geburtenkontrolle und Familienplanung operationalisierte, drängten seit Mitte der 1960er Jahre zunehmend mehr Organisationen in dieses entwicklungspolitische Feld hinein.[195] Angesichts des wachsenden Interesses und Engagements der *Vereinten Nationen*, der *Weltbank* und von USAID musste die *Ford Foundation* ihre Position eines Pioniers allmählich gegen die eines Juniorpartners eintauschen.[196] In dieser Situation konnte es den Mitarbeitern der Ford-Stiftung im Bevölkerungsbereich sinnvoll erscheinen, auf Verdienste und Erfolge von stiftungsfinanzierten Mitarbeitern in diesem enger werdenden Feld hinzuweisen.

Jenseits dieser interessenspolitischen Deutung der Inanspruchnahme von Edwards für bevölkerungspolitische Anliegen bleibt die Frage nach dem Verhältnis von Edwards und Mboya und dem Einfluss, den der auswärtige Berater auf den Minister ausüben konnte. Mboyas Biograph David Goldsworthy betonte diesbezüglich, dass Edwards weniger eine „éminence grise" gewesen sei, als „a man ideologically in tune with Mboya".[197] Und der Politikwissenschaftler Colin Leys stellte 1974 fest, dass es keine Rolle spiele, wer das *Sessional Paper* entworfen habe, weil darin letztlich lediglich Gedanken und Ansichten verschriftlicht worden seien, die die Elite der KANU-Partei und insbesondere Tom Mboya bereits auf unterschiedlichen Wegen und bei zahlreichen Gelegenheiten geäußert hätten.[198] Übertragen auf den hier verhandelten Zusammenhang lässt sich zusammenfassend festhalten, dass Mboyas und Edwards' Ansichten zur Identität von Wirtschaft und Entwicklung sich vermutlich stark ähnelten. Edwards mag eine trei-

---

[195] Gary R. Hess, Waging the Cold War in the Third World. The Foundations and the Challenges of Development, in: Lawrence J. Friedman/Mark D. McGarvie (Hrsg.), Charity, Philanthropy, and Civility in American History, Cambridge 2003, S. 319–339, hier S. 331. Oscar Harkavy, langjährige Führungskraft im Bevölkerungsprogramm der *Ford Foundation*, spricht von der „Ford-Rockefeller-Population Council coalition" (Harkavy, Curbing Population Growth, S. 59).
[196] Zu dieser veränderten Rolle der *Ford Foundation* zwischen den 1950er und 1960er Jahren siehe: Kathleen McCarthy, From Government to Grassroots Reform. The Ford Foundation's Population Programs in South Asia, 1959–1981, in: Soma Hewa/Philo Hove (Hrsg.), Philanthropy and Cultural Context. Western Philanthropy in South, East, and Southeast Asia in the 20th Century, Lanham 1997, S. 129–156, hier S. 139–140.
[197] Goldsworthy, Tom Mboya, S. 251.
[198] Leys, Underdevelopment in Kenya, S. 221.

bende Kraft hinter dem Schreiben an den *Population Council* gewesen sein, nicht zuletzt, weil er die Kanäle kannte, über die diese Art von Entwicklungshilfe beantragt werden konnte. Andererseits mag genau das ein Grund gewesen sein, warum Mboya Edwards' Potentiale in Anspruch nahm. Denn der Minister war überzeugt, „that the more we can contribute to development, the more aid and foreign capital we can attract. We would also be in a position to bargain for better terms."[199]

Diese Kultur eines Primats des Ökonomischen, die sich innerhalb des MEPD insgesamt herausbildete, prägte die Perspektive auf Bevölkerung der Mitarbeitenden also ungeachtet der Frage, ob es sich um auswärtige Berater oder kenianische Politiker handelte. Die Konsequenzen dieses ökonomisch orientierten Denkens zeigten sich zunächst eher auf der theoretischen Ebene. So gab der Leiter der Erkundungsmission, die der *Population Council* als Reaktion auf die Anfrage des MEPD im Sommer 1965 nach Kenia entsandt hatte, eine Aussage Titus Mbathis, des Staatssekretärs des MEPD, wie folgt wieder: „[...] that the Council was asked to send a mission because they understood we were interested not merely in birth control but would consider population in the context of its relationship to economic development".[200] Zusammenfassend lässt sich festhalten, dass Mitarbeiter des MEPD und Experten des *Population Council* in der Definition eines Bevölkerungsproblems im Sinne eines raschen Bevölkerungswachstums als ökonomisches Entwicklungshindernis weitgehend übereinstimmten. Inwieweit diese Übereinstimmung auch die Lösungsansätze betraf, steht indes auf einem anderen Blatt.

2.2.3 Die Empfehlungen des *Population Council* als Bruch mit dem dominanten bevölkerungspolitischen Denken der späten Kolonialzeit in Kenia

Die vier US-amerikanischen Experten – Richmond K. Anderson, Ansley J. Coale, Howard C. Taylor und Lyle Saunders –, die der *Population Council* Ende Juni 1965 für drei Wochen nach Kenia entsandt hatte, legten der kenianischen Regierung einen Abschlussbericht vor, der Land im Sinne des landwirtschaftlich kultivierbaren Bodens nicht mehr als sinnvolle Bezugsgröße für Bevölkerung in Betracht zog. Diese Wahrnehmung brach mit dem agrarökonomisch definierten Bevölke-

---

199 Mboya, African Socialism in Kenya, S. 89.
200 Richmond K. Anderson, Diary, Eintrag vom 20.6.1965 in Nairobi, RAC, RG IV3B4.3a, T65.86, Box 65, Folder 1137, Government of Kenya, Advisory Commission, Bl. 2.

rungsproblem aus der Kolonialzeit, in dessen Mittelpunkt eine Bevölkerungsverdichtung auf dem verfügbaren landwirtschaftlich nutzbaren Boden gestanden hatte. So hatten Verteilungskonflikte um Land jahrzehntelang die kenianische Politik dominiert und den Weg in die Dekolonisation geprägt und waren mithin als Dreh- und Angelpunkt des Bevölkerungsproblems verstanden und behandelt worden.[201] Der Bericht der *Population Council*-Experten hingegen suchte die Lösung für dieses Bevölkerungsproblem nicht mehr in der Umverteilung von Land, sondern in der Reduktion von Bevölkerungswachstum.

Dieser veränderte Lösungsansatz des *Population Council* lässt sich darauf zurückführen, dass sich die zentrale Entwicklungsverheißung eines höheren gesellschaftlichen Lebensstandards mit den Assoziationen, die die Experten mit einer ländlichen Lebensweise verbanden, nicht in Einklang bringen ließ: „If land were freely available, the best that could be hoped for with such a rapid rate of population growth would be the expansion of primitive agriculture and the geographical spread of a larger population at levels of living not very different from today's."[202] Hier zeigt sich, dass die *Population Council*-Experten die freie Verfügbarkeit von Land vor dem Hintergrund der hohen Bevölkerungswachstumsrate mit der Ausbreitung primitiver landwirtschaftlicher Praktiken in Verbindung brachten, die das Erreichen eines höheren Lebensstandards verhinderten. Der ländliche Raum galt ihnen als Residuum traditionaler Haltungen und Wertsysteme:

> Traditional attitudes and values – although likely to change rapidly in the relatively near future – will probably be a hindrance to family planning in Kenya for some time. Particularly relevant are value systems that assign a subservient status to women, that favor high fertility, that rely on land and family relations for social security, and that are oriented more toward maintaining the past than improving the future.[203]

So stellten die Experten in ihrem Bericht eine Assoziationskette her, die einen niedrigen Stellenwert der Frau in der Gesellschaft, eine hohe Fertilität sowie die Abhängigkeit von einer landwirtschaftlichen Subsistenzwirtschaft und familiären Großverbänden als soziales Sicherheitsnetz mit der „Bewahrung von Vergangenheit" zusammenbrachte. Die „Verbesserung der Zukunft" hingegen, die der Bericht in Aussicht stellte, schien nur um den Preis eines Abschieds von dieser ländlichen Lebensform zu haben zu sein.

---

201 Siehe hierzu insbesondere Kapitel 1.2 und 2.2.
202 Frank W. Notestein an Titus K. Mbathi: Family Planning in Kenya. Report of the Advisory Group, 13. 8. 1965, RAC, RGIV3B4.3a, Box 65, Folder 1137, Bl. 37.
203 Notestein an Mbathi, Family Planning in Kenya, Bl. 47.

Der Lösungsansatz des *Population Council* implizierte diesen Abschied, indem die Experten die Durchsetzung von Maßnahmen zur Reduktion der Bevölkerungswachstumsrate an die Existenz einer überwiegend industrialisierten und urbanisierten sozioökonomischen Gesellschaftsstruktur koppelten. Sie deuteten eine sich verändernde Familienstruktur im Rahmen des Modernisierungsprozesses vorindustrieller Gesellschaften als Seismographen dieser Transformation:

> In pre-industrial societies this [extended] family system performed the important and necessary function of giving the individual adult and child access to the affectional and material resources of enough other people to assure some measure of security. In societies that are modernizing the system becomes burdensome for individuals – as in the case of a city wage earner being expected to help support his numerous relatives and provide food and shelter for any of them who may decide to visit him – and tends to be replaced by a greater emphasis on the nuclear family of husband, wife, and children [...].[204]

Die Kernfamilie wird hier explizit als Modell eingeführt, das der neuen Lebensrealität von Lohnarbeitern in den Städten entspreche, nicht aber derjenigen von Bauern im ländlichen Raum. Diese Unterscheidung geht auf den US-amerikanischen Soziologen Talcott Parsons zurück, der in den 1950er Jahren das Konzept der *isolated nuclear family* geprägt hatte. Darunter verstand er *idealiter* einen erwerbstätigen Vater und eine sich um die zwei bis drei Kinder kümmernde Hausfrau und Mutter.[205] „Isoliert" markiert in diesem Zusammenhang das von Parsons skizzierte Gegenmodell zur Großfamilie, deren Mitglieder üblicherweise alle unter einem Dach lebten, wohingegen die Kernfamilie von der eigenen Verwandtschaft getrennte Räumlichkeiten bewohne. Parsons bezeichnete die Großfamilie als Charakteristikum vormoderner Dorfgemeinschaften. Die Kernfamilie verstand er demgegenüber als die den Anforderungen einer industrialisierten Gesellschaft am besten angepasste Lebensform.[206] Parsons hatte als Hochschullehrer namhafte Demographen im *Office of Population Research* geprägt, deren modernisierungs-

---

204 Notestein an Mbathi: Family Planning in Kenya, Bl. 47.
205 Siehe hierzu und zum Folgenden: Isabel Heinemann, Preserving the Family and the Nation. Eugenic Masculinity Concepts, Expert Intervention, and the Hegemonic American Family in the United States, 1900–1960, in: Pablo Dominguez/Simon Wendt (Hrsg.), Masculinities and the Nation in the Modern World, 1800–1945, New York, NY 2015, S. 71–92, hier S. 71; Claudia Roesch, Umstrittene Familienkonzepte. Repräsentationen von Familienwerten US-amerikanischer Experten und mexikanisch-amerikanischer Bürgerrechtsaktivisten, in: Meike S. Baader u. a. (Hrsg.), Familientraditionen und Familienkulturen. Theoretische Konzeptionen, historische und aktuelle Analysen, Wiesbaden 2013, S. 264–265.
206 Roesch, Umstrittene Familienkonzepte, S. 264–265; Talcott Parsons, The American Family. Its Relations to Personality and to the Social Structure, in: Talcott Parsons/Robert F. Bates (Hrsg.), Family, Socialization and Interaction Process, New York, NY 1955, S. 3–34.

theoretische Denkweise wiederum stark in die Institution und Politik des *Population Council* hineinwirkte.[207]

Die Experten des *Population Council* zeigten sich in ihrem Bericht für Kenia davon überzeugt, dass die Anpassung des Familienmodells im Zuge der Transitionsphase von der vor- zur industriellen Gesellschaft wesentlich durch das Instrument der Familienplanung bewerkstelligt werden könnte: „As these changes take place, the advantages of family planning become more apparent to couples and the practice of family planning can be expected to increase."[208] Vor diesem Hintergrund gingen sie davon aus, dass Familienplanung im städtischen Raum willkommener sei als in ländlichen Gemeinschaften. Ein nationales Familienplanungsprogramm müsse daher in den Städten ansetzen, um sich von dort aus in ländlichere Gegenden auszubreiten.[209] „The fact that a large proportion of the population is rural tends to perpetuate traditional values, relationships, and practices; but recent trends in internal migration are increasing the extent of contact between rural and urban ways and are producing strong forces for rural change."[210] Die Empfehlung eines nationalen Familienplanungsprogramms für Kenia setzte also die Vorstellung einer Gesellschaft im Wandel voraus. Die Richtung dieses Wandels deklinierte der Abschlussbericht der Experten für den Fall einer Reduktion des Bevölkerungswachstums durch verhinderte Geburten für die Bereiche Bildung, Arbeit und nationales Pro-Kopf-Einkommen durch. So rechnete der Bericht konkret vor, wie viele Tausende von Kindern zwischen sechs und zwölf Jahren in den Genuss schulischer Bildung kämen, wenn die Fertilität in den nächsten 15 Jahren um 50 Prozent gesenkt werden könnte.[211] Desgleichen lieferte der Bericht Zahlen für das Ausmaß des Anstiegs männlicher Erwerbsloser im Falle einer gleichbleibenden Fertilität. Und abschließend stellte er in Aussicht, dass eine Bevölkerung mit einem derart reduzierten Wachstum nach 25 oder 30 Jahren ein um 40 bis 50 Prozent höheres Pro-Kopf-Einkommen erzielen könnte, als bei gleichbleibender Geburtenrate. An diesen Berechnungen und Prognosen zeigt sich sehr deutlich, dass die Perspektive auf die kenianische Gesellschaft, welche die Experten einnahmen, die einer modernisierten Industriegesellschaft war, wie

---

207 Zu diesen Verbindungen siehe: Szreter, The Idea of Demographic Transition, S. 673; Donaldson, Nature against Us, S. 21. Ausführlicher hierzu siehe das Kapitel 2.1.
208 Frank W. Notestein an Titus K. Mbathi: Family Planning in Kenya. Report of the Advisory Group, 13.8.1965, RAC, RGIV3B4.3a, Box 65, Folder 1137, Bl. 47.
209 Frank W. Notestein an Titus K. Mbathi: Family Planning in Kenya, Bl. 44.
210 Frank W. Notestein an Titus K. Mbathi: Family Planning in Kenya, Bl. 47.
211 Siehe hierzu und für das Folgende: Frank W. Notestein an Titus K. Mbathi: Family Planning in Kenya, Bl. 27–31.

sie beispielsweise Talcott Parsons mit den einschlägigen Konzepten der Individualisierung, Rationalisierung, Differenzierung und Domestizierung ausbuchstabiert hatte.[212]

In der Definition des Bevölkerungsproblems als Differenz zwischen einer nationalen Wirtschafts- und einer nationalen Bevölkerungswachstumsrate spiegelte sich eine gänzlich andere Erwartung an die zukünftigen Entwicklungsmöglichkeiten Kenias, als dies in der Kolonialzeit der Fall gewesen war. In den 1930er Jahren hatte die Bewertung der demographischen Entwicklung Kenias weitgehend im Zeichen seiner Bewahrung als ländlich und dörflich organisierte Agrarökonomie gestanden und sich vornehmlich auf das Kriterium der Bevölkerungsdichte beziehungsweise der *carrying capacity* des Bodens bezogen.[213] Die Diskussion von Lösungsansätzen richtete sich insbesondere auf Umsiedlungsszenarien und Landreformen. Der Vision der *Population Council*-Experten ungeachtet war dieser auf den ländlichen Raum konzentrierte Ansatz Mitte der 1960er Jahre in Kenia indes keineswegs Geschichte. Ein entsprechendes Entwicklungskonzept skizzierte der australische Ökonom Dan M. Etherington während seines Aufenthaltes am *University College Nairobi* im Juni 1965 in einem Aufsatz, den auch das MEPD zur Kenntnis nahm.[214]

Etherington ging ebenso wie der *Population Council* davon aus, dass Kenias Bevölkerung jährlich um drei Prozent zunehme, und nannte diesen Trend „alarmierend". So bezog er sich auf die selbe und einzig verfügbare Datengrundlage wie der *Population Council*, die Schätzungen des britischen Demographen im Dienste der Kolonialregierung in Kenia auf Basis der Volkszählungen von 1948 und 1962, zog aber gänzlich andere Schlüsse daraus.[215] Denn er zeigte sich überzeugt, dass es nicht möglich sei, die demographische Entwicklung des Landes zu beeinflussen: „[...] this paper, in using the official projections which are based on an increasing rate of growth from about 3.1 % in the 1960s to about 3.5 %

---

212 Talcott Parsons, Gesellschaften: evolutionäre und komparative Perspektiven, Frankfurt 1975; Hans van der Loo/Willem van Reijen, Modernisierung. Projekt und Paradox, München 1992, S. 28–34.
213 Siehe hierzu beispielsweise: Anderson, Eroding the Commons, S. 139.
214 Ein Entwurf dieses Aufsatzes findet sich in der Akte *Population Growth and Economic Development* des Wirtschaftsministeriums aus den Jahren 1965–66, die in den *Kenya National Archives* in Nairobi aufbewahrt wird: Dan M. Etherington (University College Nairobi), Projected Changes in Urban and Rural Population in Kenya and the Implications for Develpment Policy, 1965, KNA AMB/1/4, Ministry of Economic Planning and Development 1965–1966, Population Growth and Economic Development). Der Artikel erschien in: Eastern Africa Economic Review 1 (1965), S. 65–83.
215 Zur Bezugnahme auf diese Daten siehe: Etherington, Projected Changes in Urban and Rural Population, Bl. 2; Notestein an Mbathi, Family Planning in Kenya, S. 24.

in the 1980s, does make the assumption that population growth is not capable of being manipulated."[216] Daraus leitete er ab, dass die Wirtschaftsplanung Kenias nicht unter der Voraussetzung einer Senkung des Bevölkerungswachstums stattfinden könne, sondern mit gleichbleibend hohem Wachstum rechnen müsse: „[...] it is therefore more sensible to plan one's economy on the assumption that the present high rate will continue for a considerable time. It would be foolhardy for any government to underestimate the effects that a rapidly growing population may have [...]."[217] Während der Bericht des *Population Council* suggerierte, dass eine Reduktion des Bevölkerungswachstums eine *conditio sine qua non* von Entwicklung überhaupt sei, verankerte Etherington seine Überlegungen zu möglichen Verfahrensweisen angesichts des Bevölkerungsproblems in der kolonialen Entwicklungspolitik der vergangenen Jahrzehnte in Kenia.

Diese unterschiedliche Konzeption von Entwicklung hängt mit einer unterschiedlichen Herleitung von Entwicklungspotentialen zusammen. Im Bericht des *Population Council* spielt die Vergangenheit Kenias nahezu keine Rolle. Stattdessen verweist er auf andere „Entwicklungsländer" im Sinne von Gesellschaften strukturell gleichen Typs, in denen sich der *Population Council* rund ein Jahrzehnt früher engagiert hatte, insbesondere Indien. „Kenya shares with other developing countries the problems associated with a rapid (3% or over) rate of population increase and the prospect of further acceleration with the further reductions in mortality which are certain to take place."[218] Etherington indes systematisierte nach anderen Kriterien und unterschied Länder mit einem hohen Pro-Kopf-Einkommen und auch Indien von Ländern Zentralafrikas mit Blick auf Industrialisierungsprozesse. So stellte er fest:

> Unlike the high income countries, or even India for that matter, most of the countries of middle Africa are facing rapid rates of population growth before any significant industrialization has taken place. The problems thus presented require us to do a great deal more research and analysis of the agricultural sector so as to enable maximum use to be made of land resources that are currently being used at very low levels of efficiency.[219]

---

216 Etherington, Projected Changes, Bl. 3.
217 Etherington, Projected Changes, Bl. 2.
218 Frank W. Notestein an Titus K. Mbathi: Family Planning in Kenya. Report of the Advisory Group, 13.8.1965, RAC, RG IV3B4.3a, Box 65, Folder 1137, Bl. 1. Darüber hinaus werden die Ergebnisse von KAP-Studien anderer Länder auf Kenia übertragen (Bl. 6) und die Bevölkerungsdichte Kenias wird mit derjenigen Indiens verglichen (Bl. 2). Zu einer Einbettung und Analyse dieser Bezugnahmen siehe auch Kapitel 2.3.
219 Etherington, Projected Changes, Bl. 9.

Er zeigte sich also überzeugt, es in Kenia auf Jahre hinaus nicht mit einer sich industrialisierenden und urbanisierenden, sondern mit einer von der Landwirtschaft abhängigen Gesellschaft zu tun zu haben. Mit Verweis auf die Volkszählungen von 1948 und 1962 ging er davon aus, dass lediglich ein Anteil von 7,8 Prozent der Gesamtbevölkerung Kenias in Städten lebe, darunter zwei Drittel in Nairobi und Mombasa.[220] Indes sei die landwirtschaftlich nutzbare Fläche begrenzt auf lediglich 17 Prozent des circa 570 000 Quadratkilometer großen Landes aufgrund von klimatischen Einschränkungen, der unterschiedlichen Qualität der Böden oder der Verbreitung der Tsetsefliege.[221] Daher müssten Entwicklungsmaßnahmen auf der Grundlage konzipiert werden, das Bevölkerungsproblem im Agrarsektor zu bewältigen, anstatt darauf zu setzen, dass sich Überbevölkerung durch Abwanderung in die Städte von selbst erledige.[222] Allein unter der Voraussetzung landwirtschaftlicher Entwicklung sei ein Anstieg des Pro-Kopf-Einkommens denkbar.

Etherington knüpfte mit seinen Vorschlägen zur Bewältigung des Problems an kolonialpolitische Initiativen seit den 1930er Jahren an. Ausgehend von einem Nexus von Bevölkerung und Land und seiner Prämisse, dass das Bevölkerungswachstum allein durch den landwirtschaftlichen Sektor aufgefangen werden müsse, konzentrierte er seine Lösungsansätze auf die Frage, wie in diesem Bereich sowohl die Produktivität als auch der Ertrag gesteigert werden könnten. Etherington definierte das Problem zunächst im Sinne der Aussage eines *District Commissioners* vor der *Kenya Land Commission* (1932–1934), den er in seinem Aufsatz wörtlich zitierte:

> The future of the next thirty years or so may be imagined as a race between the tendency of a growing population to congest the land and a growing skill to make the same land support a larger population. During the earlier years of the period skill will be in the lead and will result in greater individual prosperity, but the rate of betterment will decline and it seems likely that in about 20 years from now (unless remedial measures are taken), approaching congestion will decrease the standard of life, as much as growth in skill will raise it.[223]

Mögliche Umgangsweisen mit diesem Problem lotete Etherington wiederum explizit innerhalb des Denkrahmens aus, den die *East Africa Royal Commission* aufgezeigt hatte. Er verwies auf deren Abschlussbericht von 1955, in dem die

---

220 Etherington, Projected Changes, Bl. 3.
221 Etherington, Projected Changes, Bl. 7.
222 Siehe hierzu und zum Folgenden: Etherington, Projected Changes, Bl. 5.
223 Land and Population: East African Colonial 290 HMSO 1952, S. 2, zit. nach: Etherington, Projected Changes, Bl. 6.

Kommission weniger das Wachstum der Bevölkerung problematisierte, als die ungleiche Verteilung von Land und wirtschaftlicher Teilhabe.[224] Der Bericht kritisierte die in Kenia vorherrschende *dual economy*. Unter diesem Konzept verstanden die Kommissionsmitglieder die Spaltung der Ökonomie Kenias in zwei Sektoren.[225] Einerseits einen afrikanischen Sektor, der auf die bäuerliche Landwirtschaft, das Handwerk sowie kleine industrielle Betriebe begrenzt blieb und der vornehmlich auf Subsistenz oder allenfalls den Binnenmarkt ausgerichtet war. Andererseits ein von den weißen Siedlern dominierter, wenngleich nicht mehr vollständig beherrschter Sektor, innerhalb dessen auf Plantagen, landwirtschaftlichen Großbetrieben und in größeren Industriebetrieben für den Export produziert wurde. Etherington teilte die Ansicht der Mitglieder der *Royal Commission*, dass es gelingen müsse, die bäuerliche Subsistenzwirtschaft des ersten Sektors allmählich in die moderne kapitalistische Weltwirtschaft einzubinden.[226]

Die Prämisse, die nicht nur dem Bericht der *East Africa Royal Commission*, sondern auch Etheringtons Überlegungen zugrunde lag, war die einer erheblichen Steigerung der Anzahl von wirtschaftlich produktiven Kleinbetrieben in afrikanischer Hand, die wiederum die Umsiedlung und Umverteilung von Land innerhalb der Kolonie und jenseits ethnisch definierter Reservatsgrenzen voraussetzte. Eine solche Umverteilung hatte der *Swynnerton*-Plan im Jahr 1955 ins Werk zu setzen versucht: 600 000 von Afrikanern betriebene ländliche Wirtschaftseinheiten sollten etabliert und deren Erträge um circa 100 Pfund pro Familie pro Jahr gesteigert werden.[227] Etherington, der diesen Plan zitierte, beurteilte ihn zugleich als zu optimistisch. Die rasch wachsende Bevölkerung müsse berücksichtigt werden, um die Kapazität des Bodens neu zu berechnen, ebenso die Tatsache, dass die Fläche des kultivierbaren Bodens nur marginal ausgeweitet werden könne. Hier brachte er Ansätze wie die Ausrottung der Tsetsefliege oder großflächige Bewässerungsmaßnahmen ins Spiel und verwies auf entsprechende Berechnungen der *Weltbank*.[228]

---

224 Etherington, Projected Changes, Bl. 6–7.
225 Siehe hierzu und zum Folgenden: Henry Bienen, The Economic Environment, in: Goran Hyden/Robert H. Jackson/John J. Okumu (Hrsg.), Development Administration. The Kenyan Experience, Nairobi 1970, S. 43–62, hier S. 43–44.
226 Siehe hierzu auch: Ogot, The Decisive Years, S. 49–50.
227 A Plan to Intensify the Development of African Agriculture in Kenya, compiled by R.T.M. Swynnerton, Assistant Director of Agriculture, Government Printer, Nairobi 1955, S. 12, erwähnt in: Etherington, Projected Changes, Bl. 7.
228 Etherington, Projected Changes, Bl. 7.

As far as Kenya is concerned there is undoubtedly considerable potential for irrigation schemes in the Yala swamp area and on the Kano plains. The World Bank report and the Kenya Development plan estimate that some 50,000 acres could be irrigated. This would settle about 17,000 families with 3 acres each [...]. Assuming a previous population density of 22 per square mile for these areas, the net additional population that could be settled would be about 134,000 persons."[229]

Nichtsdestoweniger schätzte Etherington den Erfolg möglicher weiterer Umsiedlungen und Technisierungen ungeachtet des Einflusses dieser Maßnahmen auf die demographische Entwicklung als eher gering ein: „The effects on population are likely to be marginal."[230] So blieb es letztlich bei seiner eingangs getätigten Feststellung: „An absolute decline in Kenya's agricultural population is only a distant theoretical possiblity."[231] Etherington konfrontierte schließlich sein Fazit, dass sich die demographische Entwicklung Kenias voraussichtlich auf einem hohen Niveau stabilisieren werde und die Folgen dieses Wachstums im ländlichen Raum und auf der Grundlage einer Agrarökonomie aufgefangen werden müssten, mit einer veränderten Erwartungshaltung kenianischer Politiker sowie der Öffentlichkeit, alsbald mit einem höheren Lebensstandard rechnen zu können: „If one adds the expectation (and aim) of increased per capita incomes, that is to say that the increased population will have to be fed, clothed and housed better, then the potential seriousness, on health, welfare, and political grounds, of the population problem begins to be seen."[232] Das Bevölkerungsproblem, das er Kenia in seinem Fazit attestierte, führte er also nicht zuletzt auf die Diskrepanz zurück zwischen einem veränderten Erwartungshorizont in Kenia die eigene Entwicklung nach der Dekolonisation betreffend einerseits und die strukturellen Hindernisse, die wachsende Bevölkerung und die in der Kolonialzeit gestellten agrarökonomischen Weichen andererseits miteinander in Einklang zu bringen.

Zusammenfassend lässt sich der wesentliche Unterschied in den Entwicklungshorizonten, die der Bericht des *Population Council* und Etheringtons Text jeweils aufzeigten, darin erkennen, wie sie die Möglichkeiten einer Eindämmung des demographischen Wachstums einschätzten. Die US-amerikanischen Experten im Dienste des *Population Council* rechneten mit einer konkreten Halbierung der Bevölkerungswachstumsrate in den nächsten 15 Jahren, sofern eine bestimmte Anzahl von Frauen sich für Verhütungsmethoden wie insbesondere das Intrauterinpessar entschieden – eine Zahl, die sie in ihrer Höhe gleichwohl als große Herausforderung beschrieben. Dennoch erweckte der Bericht gerade durch

---

229 Etherington, Projected Changes, Bl. 8.
230 Etherington, Projected Changes, Bl. 8.
231 Etherington, Projected Changes, Bl. 1.
232 Etherington, Projected Changes, Bl. 9.

die Konkretisierung von Zahlen und Handlungsansätzen den Eindruck, dass eine Anhebung des Lebensstandards in Kenia absehbar und greifbar sei. Ganz anders Etherington, der die Möglichkeit einer Veränderung des demographischen Wachstumstrends vorerst ausschloss und daraus folgend auch einen zeitnahen Anstieg des Lebensstandards.

Aus den sehr unterschiedlichen Umgangsweisen, die die Texte mit dem Bevölkerungsproblem empfahlen, lassen sich zugleich sehr unterschiedliche Gesellschafts- und Entwicklungsentwürfe für Kenia ableiten. Der Bericht des *Population Council* entwarf das postkoloniale Kenia gleichsam als *tabula rasa*. Anders ausgedrückt erschien das Land als Fläche, auf die die Experten den westlichen Entwicklungshorizont als Maßstab für die Zukunft projizierten, während sie die strukturellen Gegebenheiten von „Entwicklungsländern" vermeintlich gleichen Typs wie beispielsweise Indien zum Ausgangspunkt ihrer Überlegungen nahmen. Etherington hingegen leitete die Kriterien, mit denen er auf Kenia blickte, aus den Spezifika ab, die er dem zentralafrikanischen Raum insgesamt zuschrieb. Auf diese Weise stand er in der Kontinuität eines kolonialpolitischen Blicks auf Kenia als einen im Unterschied zu den westeuropäischen Industrienationen spezifisch ländlich strukturierten Raum.

Freilich zeigen diese unterschiedlichen Perspektiven, die die Texte hinsichtlich Kenia einnahmen, zunächst lediglich, dass die bevölkerungspolitische Modernisierungsformel, die der *Population Council* propagierte, in den 1960er Jahren mit Blick auf Kenia keineswegs alternativlos war. Allerdings stellte Etherington selbst fest, dass die Beschäftigung mit den Entwicklungsperspektiven einer mehrheitlich landwirtschaftlichen Bevölkerung mehr und mehr drohe, als exklusives Spezialgebiet einer kleinen Gruppe von Experten behandelt zu werden.[233] Das *gros* der Experten, so könnte man hinzufügen, betrachtete Agrargesellschaften hingegen zunehmend als ein Phänomen der Vergangenheit. Welche konkrete Bedeutung den skizzierten Entwicklungsvorstellungen indes zukam und inwiefern sie Wirkung entfalteten, soll im folgenden Kapitel mit Blick auf den Mitte der 1960er Jahre in Angriff genommenen Aufbau eines nationalen Familienplanungsprogramms für Kenia erörtert werden.

2.2.4 Zusammenfassung

Weder Etheringtons Überlegungen, die kolonialpolitische Initiativen wie diejenige der Landkommissionen weiterdachten, noch die Empfehlungen des *Popu-*

---

[233] Etherington, Projected Changes, Bl. 9.

lation Council oder diejenigen des *Sessional Paper* bezogen den politischen Kontext während und nach dem Dekolonisationsprozess in Kenia mit ein. Dennoch waren alle drei 1965 präsentierten Entwicklungskonzeptionen von diesem historischen Kontext geprägt. Letztlich bestand womöglich genau darin eine Gemeinsamkeit, die alle drei Entwürfe miteinander verband und in dem spezifischen entwicklungspolitischen Zeitgeist verortete. So ergänzten sich der Ansatz des *Sessional Paper* und derjenige des *Population Council* insofern, als dass beide die gegenwärtigen Probleme Kenias nicht aus der kolonialen, sondern aus einer fiktionalen Vergangenheit der Industrienationen ableiteten. Auf dieser theoretischen Basis propagierte die neue kenianische Führungselite ein Entwicklungsversprechen, das es ihr erlaubte, die gegenwärtige Verteilung von Ressourcen und auch die Kontinuität des sozioökonomischen Systems seit der Kolonialzeit nicht zur Diskussion zu stellen. Wie sich die Folgen dieses Entwicklungsdenkens zwischen der Mitte der 1960er und dem Anfang der 1970er Jahre auf die junge Nation auswirkten, soll im Folgenden am Beispiel des Aufbaus eines nationalen Familienplanungsprogramms untersucht werden.

2.3 Ein Familienplanungsprogramm für Kenia: Konzeptioneller Rahmen und praktische Umsetzung

Entwicklungspolitik ist keine Einbahnstraße, die lediglich eine Richtung des Transfers – diejenige von den Gebern zu den Empfängern – kennt.[234] Vielmehr gilt es, die Austauschbeziehungen und die Zirkulation von Wissen in den Mittelpunkt zu rücken. Denn dadurch zeigt sich, dass die Geber keineswegs vollständig steuern konnten, was mit Entwicklungsdarlehen und Geldern für Hilfsprojekte passierte oder welche Aspekte dieser Projekte auch tatsächlich umgesetzt wurden. So beruht das folgende Kapitel auf der Grundannahme, dass die neuen Nationen technische und finanzielle Entwicklungshilfe nicht passiv in Anspruch nahmen, sondern sich Handlungsräume erschlossen und Gestaltungsspielräume nutzten und damit nicht selten die politischen Erwartungen der Entwicklungsorganisationen und Geberinstitutionen unterliefen.[235] Der folgende Blick auf den Aufbau eines nationalen Familienplanungsprogramms in Kenia berücksichtigt

---

234 Frederick Cooper, Introduction, in: Frederick Cooper/Randall Packard (Hrsg.), International Development and the Social Sciences, Berkeley/Los Angeles/London 1997, S. 1–41, hier S. 1–2.
235 Siehe hierzu den Abschnitt „Donors and Receivers of Development Aid" (S. 16–18) in: Corinna R. Unger, Histories of Development and Modernization. Findings, Reflections, Future Research, in: H-Soz-Kult, http://www.hsozkult.de/literaturereview/id/forschungsberichte-1130 (letzter Zugriff am 27.10.2016).

daher nicht allein Wissensbestände, Handlungsstrategien und Erwartungshaltungen von bevölkerungspolitisch in Kenia engagierten Organisationen wie beispielsweise dem *Population Council* oder der *Ford Foundation*, sondern auch Interessen, Prioritäten oder Handlungszwänge von Akteuren in Kenia.

Davon ausgehend soll im Folgenden auf der Grundlage der Austauschprozesse und Handlungsmuster der Akteure der Aufbau bevölkerungspolitischer Strukturen in Kenia untersucht werden.[236] Ein erster Schritt gilt der Analyse der Erwartungshaltung an das Familienplanungsprogramm seitens der internationalen Organisationen im Rahmen eines spezifischen Entwicklungsdiskurses. Hier sind die Studien, Anträge und Berichte maßgeblich, aus denen die Vorstellungen der Bevölkerungsexperten hervorgehen, wer im bevölkerungspolitischen Feld auf welche Art und Weise handeln soll. Vor dieser theoretischen Folie wird in einem zweiten Schritt die konkrete Umsetzung des nationalen Familienplanungsprogramms zwischen 1967 und 1972 untersucht. In einem dritten Schritt wird gezeigt, dass ein organisatorischer Raum der Bevölkerungspolitik in Kenia im Sinne einer „transnationalen Ebene"[237] entstand *zwischen* einer internationalen Ebene, auf der sich die Bevölkerungsexperten und die entwicklungspolitischen Organisationen ansiedelten, und einer nationalen Ebene, auf der eben jene das Bevölkerungsproblem und dessen Lösung verorteten. Bevölkerungspolitik in Kenia, so die Annahme, lässt sich weder allein auf den Druck internationaler Organisationen zurückführen, noch als ein Ergebnis einer autonomen, nationalen Politik Kenias begreifen, als das es in Anträgen und publizierten Berichten von Entwicklungsorganisationen zuweilen dargestellt wurde.

2.3.1 Wer entwickelt? Zur Frage des Akteurs im Entwicklungsdiskurs

Als das Wirtschaftsministerium in Kenia als Reaktion auf den Bericht des *Population Council* im Frühjahr 1966 die Einrichtung eines nationalen Familienplanungsprogramms ankündigte, mussten Modellannahmen in einen konkreten Kontext transferiert werden. Mitarbeiter des *Population Council* und der *Ford Foundation* zeichneten ein spezifisches Bild dieses Kontextes in ihren Berichten, Studien und Anträgen. Es gibt Aufschluss über die Art und Weise, welche Prämissen die Organisationen diesem anvisierten Transfer zugrunde legten. Eine

---

[236] Siehe hierzu: Maria Dörnemann, Die „Bevölkerungsexplosion" in Kenia als Verflechtungsgeschichte, S. 54–78.
[237] Werner/Zimmermann, Vergleich, Transfer, Verflechtung, S. 628–630.

zentrale Gemeinsamkeit dieser Texte besteht darin, dass sie Kenia in den ersten Absätzen mithilfe arithmetischer Parameter wie der Landoberfläche, der Bevölkerungszahl und Wachstumsraten wie eine Art Landkarte skizzierten.[238] In einem Bericht über Kenia, den der in Nairobi als Berater tätige und durch den *Population Council* entsandte schottische Gynäkologe Dr. John Gill 1970 vorlegte, liest sich das so:

> The Republic of Kenya came into being following Independence from British rule in December 1963. Kenya is a large country of 294,000 square miles and is situated on the east coast of Africa, with the equator bisecting the country. It has boundaries with the Sudan, Somalia and Ethiopia to the north, Tanzania to the south and Uganda to the west. Large tracks of the country are desert or semi-desert and 80 % of its now 10 million population live in 15 – 20 % of the land – that is in areas where the rainfall is adequate for cultivation. [...] The crude birth rate is estimated at 50 per 1000, the crude death rate at 20 per 1000, giving a 3 % natural increase and a doubling of the population in 23 years. The crude death rate is still falling and if no decline in the crude birth rate takes place in the next 20 years, we can expect the natural increase to rise to about 4 %.[239]

Gill vermisst hier einerseits Kenias Außengrenzen zu den Nachbarstaaten und andererseits die inneren Begrenztheiten des Territoriums. Das verfügbare Ackerland wird gegenüber der in Kenia lebenden Bevölkerung in einem Verhältnis von 20 zu 80 Prozent dargestellt: Da ein Großteil des Landes nicht landwirtschaftlich nutzbar ist, leben 80 Prozent der Menschen auf 20 Prozent der Landesfläche. Überdies weist Gill auf eine unvermeidlich erscheinende Zuspitzung der Situation in den nächsten 23 Jahren durch eine Verdopplung der Bevölkerung und einen zu erwartenden Anstieg der Bevölkerungswachstumsrate von drei auf vier Prozent hin. Indem die Topographie und die Demographie des Landes in ein Spannungsverhältnis gesetzt werden,[240] impliziert Gill ein Bevölkerungsproblem in Kenia, ohne es explizit zu thematisieren.

In ganz ähnlicher, geradezu stereotyper Weise begann der für die *Ford Foundation* in Nairobi als familienplanerischer Berater tätige US-amerikanische Soziologe David Radel seine Darstellung Kenias in seiner Doktorarbeit von 1973. Unter der Überschrift „Kenya, the land, the people, and its population" schilderte

---

238 Timothy Mitchell hat dies in seinen Untersuchungen zu Ägypten als ein zentrales Merkmal des Entwicklungsdiskurses beschrieben. Dieses Teilkapitel beruht wesentlich auf den Thesen seines Aufsatzes: Mitchell, Das Objekt der Entwicklung, S. 163–207.
239 Dr. John Gill, „Situation Report" über Kenia für die *International Planned Parenthood Federation* [IPPF], Februar 1970, RAC, Population Council Acc. II Admin Files PC-AD 61, Kenya General Reports.
240 Siehe hierzu auch Mitchell, Das Objekt der Entwicklung, S. 163.

er ebenfalls im Bild der Landkarte bleibend topographische und klimatische Bedingungen, um sich schließlich demographischen Aspekten zuzuwenden. Abschließend stellte er fest: „[...] the official view is that Kenya's population is now growing approximately 3.3 percent per annum, which is probably the highest growth rate for any country on the continent."[241] Die eigentliche Problematisierung dieser Zahl entsteht durch den Vergleich mit anderen Ländern auf dem afrikanischen Kontinent.

In einem dritten Bericht schließlich, den John Gill gemeinsam mit Neville Rex Fendall, einem ehemaligen britischen *Director of Medical Services* in der Kolonie Kenia und amtierenden Regionaldirektor für Afrika und den Mittleren Osten beim *Population Council* verfasste und im Februar 1970 unter dem Titel „Establishing Family Planning Services in Kenya" in den *Public Health Reports* veröffentlichte, heißt es unter der Überschrift „Family Planning and Rural Africans":

> Kenya today remains predominantly (93 percent) rural. The peasant population has its roots in the soil, and its cultural mores still are vested in tribal tradition and animistic beliefs. The agricultural revolution – from hunting, fishing, and shifting agricultural methods to settled agricultural practices – has only recently been completed. Industrialization of the country is just commencing. [...] Family limitation is not inherently African, though family spacing through tribal taboos and polygamy are traditional. [...] The change to monogamy, some breakdown in tribal behavioural patterns, and lowered childhood mortality rates naturally led to large families with one wife.[242]

Die Darstellung suggeriert zunächst Zeitlosigkeit. Bis heute sei Kenia vornehmlich ländlich strukturiert geblieben. Oder, um es mit dem Politikwissenschaftler Timothy Mitchell zu sagen: „Der geographische Determinismus des Bildes unterstellt eine agrarische Ordnung, die in wesentlichen Punkten seit der Antike unverändert geblieben sein soll."[243] Für die jüngste Zeit indes ist in der zitierten Passage von einem sich ankündigenden Wandel die Rede, der mithilfe des Vokabulars der Modernisierung skizziert wird. Während die bäuerliche Bevölkerung, die tief im Boden verwurzelt sei, weiterhin einer traditionalen Sphäre zugeordnet bleibt, konstatierten Gill und Fendall eine allmähliche und parallel stattfindende Entwicklung zu moderneren Lebensformen auf der Grundlage eines Stadienmodells. Kürzlich sei die Agrarrevolution abgeschlossen worden, die Industrialisierung stehe gerade erst am Anfang.

---

241 Radel, Elite Perceptions of Population Problems, S. 38.
242 Neville R.E. Fendall/John Gill, Establishing Family Planning Services in Kenya. A Review, in: Public Health Reports 85 (1970), S. 131–139, hier: S. 134–135.
243 Mitchell, Das Objekt der Entwicklung, S. 180.

Drei Aspekte sind in diesen hier kurz skizzierten Darstellungen bemerkenswert. Erstens vermittelt die landkartengleiche, an arithmetischen Parametern orientierte Darstellung Kenias den Eindruck, dass auch das Bevölkerungsproblem ein natürliches Phänomen sei. Historische Kontexte, politische Vorgänge oder sozioökonomische Differenzen werden ausgeblendet. Zweitens wird das Bevölkerungsproblem als ein nationales behandelt. Topographie und Demographie erscheinen in einem Spannungsverhältnis, die Bevölkerungswachstumsrate im Ländervergleich innerhalb des afrikanischen Kontinents außergewöhnlich hoch.[244] Die auf der Grundlage statistischer Daten suggerierte Vergleichbarkeit zwischen Nationen verstärkt hier den Eindruck, es mit isolierten Containern zu tun zu haben, deren Probleme nicht nur innerhalb dieser Grenzen definiert, sondern auch gelöst werden müssen.

Drittens unterstützt die durchgängig im Passiv gehaltene Darstellung Gills und Fendalls einer sich allmählich Bahn brechenden Modernisierung sowohl in ökonomischer als auch in sozialer Hinsicht – von der Polygamie zur Monogamie – den Eindruck, es mit einem gleichsam natürlich ablaufenden Prozess zu tun zu haben: „The change to monogamy, some breakdown in tribal behavioral patterns, and lowered child mortality rates *naturally* led to large families with one wife."[245] Umso bemerkenswerter erscheint vor diesem Hintergrund der Schlusssatz des oben zitierten Abschnitts: „Perhaps the change will be most influenced by identifying sections of the population that are in a transitional state." Wer diese Rolle des Identifizierens übernehmen soll, präzisieren die Autoren nicht. Im Kontext des Abschnitts erscheint es so, dass Gill und Fendall Akteure von außen im Sinn haben. Da sie zuvor Verhütungsmethoden zur Begrenzung der Familiengröße als „not inherently African" bezeichneten und demgegenüber die Wahrung von Abständen zwischen möglichen Schwangerschaften und Geburten als traditional klassifizierten, legten sie eine Gleichsetzung von „afrikanisch" und „traditional" nahe und suggerierten mithin, dass moderne Einflüsse von außen gekommen sein müssen. Auf diese Weise entfaltet die modernisierungstheoretische Geschichtskonstruktion hier die in ihr angelegte Ambivalenz, dass stets in der Schwebe bleibt, ob sie als ein sich natürlich vollziehender Prozess oder als aktiv gestalt-

---

244 Dies hing eng damit zusammen, dass (wirtschaftliche) Entwicklung spätestens seit der Mitte des 20. Jahrhunderts auf die Einheit des Nationalstaats bezogen wurde. Siehe hierzu u. a.: Bergeron, Fragments of Development, S. 1–3; James Ferguson, Transnational Topographies of Power. Beyond „the State" and „Civil Society" in the Study of African Politics, in: James Ferguson, Global Shadows. Africa in the Neoliberal World Order, Durham/London 2006, S. 89–112, hier S. 95; Mitchell, Das Objekt der Entwicklung, S. 188; Speich-Chassé, Die Erfindung des Bruttosozialprodukts, S. 17–18.
245 Fendall/Gill, Establishing Family Planning Services, S. 135. [Hervorhebung durch die Verf.]

barer Wandel imaginiert wird. Wer die Akteure eines solchen Wandels sein können, wird aber nicht präzisiert.

Dies hatte auch den Effekt, dass sich die Bevölkerungsexperten selbst nicht als Akteure ins Spiel brachten. Wenn ein konkreter Akteur benannt wurde, so war dies in den offiziellen Berichten und Anträgen der Entwicklungsorganisationen immer die kenianische Regierung. Beispielsweise verwendete ein Mitarbeiter der *Ford Foundation* in Nairobi, Courtney Nelson, in einem von ihm im Juni 1967 verfassten Antrag auf Unterstützung des kenianischen Familienplanungsprogramms an die Zentrale der Stiftung in New York folgenden einleitenden Passus, um die Geschichte der Anbahnung des Programms zu skizzieren:

> The Government of Kenya has realized at an early stage in its planned development the importance of an effective Family Planning Programme if the country is to succeed in its economic and social development. [...] The desire for a solution to this problem precipitated the Kenya Government's request to the Population Council Inc. to furnish an expert study team.[246]

Die Rollen sind hier scheinbar klar verteilt: Die kenianische Regierung entschied sich selbst auf der Grundlage der Einsicht, dass nur ein effektives Familienplanungsprogramm die erfolgreiche wirtschaftliche und soziale Entwicklung des Landes gewährleisten könne, ein auswärtiges Expertenteam hinzuzuziehen. Während das Heft des Handelns in den Händen der kenianischen Regierung lag, erfüllte der *Population Council* lediglich eine beratende Funktion.

Ganz anders der Tenor des internen Begleitschreibens, das Courtney Nelson dem offiziellen Antrag beifügte. Darin betonte er die zentrale Rolle der *Ford Foundation* für die Anbahnung des Familienplanungsprogramms in Kenia:

> Attached is a draft grant request for the funds we discussed in New York in May. [...]. The family planning program in Kenya is, as you know, much more a product of Foundation effort than appears from looking at grants we have made or personnel assigned. The Minister of Economic Planning and Development, Mr. Tom Mboya, was initially hostile to the family planning concept but was persuaded by the economic arguments on the effect of the rate of population rise in Kenya by Ed Edwards. The invitation to the Population Council was in fact stimulated by Edwards and Frank Sutton [...]. It would be a mistake to claim that the program is now going ahead in high gear. There is not real enthusiasm for it in the Ministry of Health [...]. The program is a good example of Foundation leadership in the aid field. In a way it is ideal in that our leading role is recognized by other donors but we

---

246 Courtney A. Nelson an J. Donald Kingsley: Request for Grant-Action – Family Planning in Kenya, 7.6.1967, FFA, Reel 1151, Section 4: General Correspondence, Grant Number 06700453.

are not required to commit major resources. The success of the program will of course remain contingent on very active cooperation from the government [...].[247]

Im Gegensatz zum Antrag scheinen hier die Rollen vertauscht worden zu sein: Der untermauerte Führungsanspruch der *Ford Foundation* im Feld der Entwicklungshilfe steht in einem starken Kontrast zu dem unterstellten mangelnden Enthusiasmus des kenianischen Gesundheitsministeriums für das Familienplanungsprogramm. Die inhaltliche Diskrepanz zwischen der zitierten Passage aus dem Antrag und derjenigen aus dem inoffiziellen Begleitschreiben besteht maßgeblich darin, dass die kenianische Regierung im ersten Fall als handelnder und entscheidender Akteur und im zweiten lediglich als aktiver Kooperationspartner der handelnden und entscheidenden Entwicklungsorganisationen vorgesehen ist. Darin spiegelt sich einerseits die Diskrepanz zwischen der Vorstellung Kenias als eines eigenständigen, klar nach außen abgegrenzten Nationalstaats und andererseits dem Einfluss, den Entwicklungsorganisationen auf die Vorgänge in diesem Staat zu nehmen versuchten, wider. Wie sich die Umsetzung des nationalen Familienplanungsprogramms in Kenia vor dem Hintergrund gestaltete, dass die Frage des Akteurs nicht eindeutig bestimmt wurde, ist Gegenstand der folgenden Ausführungen.

2.3.2 Die Entstehung eines organisatorischen Raumes der Bevölkerungspolitik zwischen nationaler und internationaler Ebene

In dieser in den Berichten und Schriften der Experten theoretisch recht vage gehaltenen Ausgangslage, in der ein vermeintlich objektiver Wissensbestand das Handeln aller Beteiligten orientieren sollte, kam den auswärtigen Beratern, die von Geberorganisationen nach Kenia entsandt wurden, eine Schlüsselrolle zu. Im Folgenden stehen sie als Mediatoren zwischen der Situation vor Ort und den Erwartungen ihrer Auftraggeber im Mittelpunkt der Untersuchung. Beleuchtet werden ihre Strategien, mit denen sie sich ihr Tätigkeitsfeld erschlossen, und die Aushandlungsprozesse um das bevölkerungspolitische Projekt in Kenia, um aufzuzeigen, dass die Berater vor Ort sehr viel tiefer in die politischen und administrativen Realitäten verstrickt waren, als es ihre Expertenrolle suggerierte.

Als eine zentrale Strategie auswärtiger Berater in Kenia kann die Suche nach und der Aufbau von kenianischen Kooperationspartnern benannt werden. Wie sich das konkret gestaltete, soll im Folgenden auf der Grundlage der Korrespon-

---

[247] Nelson an Kingsley, Family Planning in Kenya, 7.6.1967.

denz untersucht werden, die zwischen dem *Population Council* bzw. der *Ford Foundation* und den von ihnen für wenige Wochen oder mehrere Jahre nach Nairobi entsandten auswärtigen Beratern stattfand. Im Zentrum stehen hierbei insbesondere zwei Gynäkologen, die der *Population Council* an das kenianische Gesundheitsministerium abgeordnet hatte. John Gill war ein schottischer Arzt, der bereits Erfahrungen in Familienplanungsprojekten in Jamaika und Kanada gesammelt hatte. Seine Ankunft im November 1966 in Kenia war eine direkte Konsequenz des Berichts der *Advisory Mission*, in dem die Abordnung eines „principal advisor to the Kenya Government"[248] seitens des *Population Council* angekündigt worden war. Gill bezog ein Büro im Gesundheitsministerium und sollte von dort aus einen wesentlichen Beitrag dazu leisten, ein Familienplanungsprogramm in Kenia aufzubauen. Im Juni 1969 wurde er durch den an der *Johns Hopkins University* ausgebildeten Gynäkologen James Russell ersetzt, der Nairobi seinerseits im Oktober 1972 verließ.

Nachdem das Gesundheitsministerium seit 1967 von der kenianischen Regierung mit der Koordination des Programms betraut worden war, rückte das Personal innerhalb dieser Behörde ebenso wie ausgewählte kenianische Ärzte in den Mittelpunkt der Aufmerksamkeit des *Population Council*. Dies betraf insbesondere den Arzt Jason C. Likimani, der als Direktor der medizinischen Dienste und Staatssekretär im Gesundheitsministerium 1967 zum Koordinator des nationalen Familienplanungsprogramms ernannt worden war. Dass er dadurch zu einer Schlüsselperson für die auswärtigen Berater geworden war, zeigen zahlreiche Einschätzungen Likimanis in den Berichten, welche die Repräsentanten von *Population Council* und *Ford Foundation* an die Organisationszentralen in New York sandten. Der Leiter des Bevölkerungsprogramms der *Ford Foundation* in New York, Oscar Harkavy, notierte in seinen Reiseaufzeichnungen aus Nairobi über ein Gespräch mit Likimani im Januar 1967:

> I asked him whether he regarded family planning as a high priority health problem or whether there are other problems that are more important to him. Likimani responded that he doesn't regard it as a major health problem, but he did make a very sophisticated statement about the effect of a high rate of population growth on the ability of Kenya to provide medical services as well as all other social services for population. He said that it is difficult to see a solution of problems of development without family planning.[249]

An diesem Zitat wird deutlich, dass es in den Gesprächen zwischen auswärtigen Experten und Kenianern um die Arbeit an einem gemeinsamen Wissensbestand

---

248 Oscar Harkavy, Log Notes on Kenya, Bl. 1.
249 Oscar Harkavy, Log Notes on Kenya, Bl. 7.

ging. Dass Likimani Familienplanung als Voraussetzung für Kenias Entwicklung definiert haben soll, deutete Harkavy nicht nur als qualifizierte Stellungnahme, sondern auch als Voraussetzung dafür, Likimani als möglichen wertvollen Kooperationspartner im Blick zu behalten. Dies umso mehr, als Harkavy ebenfalls betonte, dass den Worten bisher nicht unbedingt Taten gefolgt seien. Der Berater John Gill habe vielmehr Probleme, „to get Likimani cornered to make decisions on family planning in the midst of his other activities".[250] Gill selbst klagte anfangs in der Tat über eine mühselige Zusammenarbeit mit Likimani. Dieser würde sein Fähnchen in den Wind hängen und jeden Tag andere Positionen beziehen. Dennoch waren sich die Berater des *Population Council* um 1970 einig: „During all of the years of the national family planning effort in Kenya up to the present, the chief push has come from [...] Dr. Likimani himself."[251] Diese Einsicht wurde jedoch in einem Moment geäußert, als Likimani aufgrund eines politischen Umbruchs im Gesundheitsministerium nach den Wahlen von 1969 allmählich seinen Einfluss zu verlieren schien. Er hatte seinen Posten als Staatssekretär im Gesundheitsministerium an den ehemaligen Staatssekretär des Präsidialamts, John Kyalo, abgeben müssen, der dies wiederum nach Auskunft James Russells als Degradierung empfand, weil das Gesundheitsministerium als wenig bedeutsam galt.[252] Unter Kyalo, so Russell, habe sich das Ministerium in zwei Lager gespalten. Daher sahen sich Russell und der *Population Council* mit der Situation konfrontiert, entscheiden zu müssen, auf welche Seite sie setzen sollten. Sie erkannten einerseits Likimanis politischen Machtverlust, fragten sich aber andererseits, ob Kyalo überhaupt bereit war, sich in derselben Weise für das Familienplanungsprogramm zu engagieren, wie sie es letztlich Likimani zugestanden. Letzterer indes versicherte Russell, dass weiterhin alle das Programm betreffenden Angelegenheiten mit ihm besprochen werden sollten, da er als Koordinator im Amt bleibe. Russell hingegen äußerte den Eindruck, in einem „Vakuum" zu agieren, weil Likimani zunehmend die Verantwortung entzogen werde. Er bilanzierte schließlich, auf die falsche Person gesetzt zu haben, wodurch der *Population Council* und der Familienplanungsbereich insgesamt erheblich an Einfluss ver-

---

250 Harkavy, Log Notes.
251 Clifford Pease an Donald Heisel: Briefing for Visit to Kenya. 24.9.1970, RAC, PC Acc. II AD 61.
252 James Russell: Confidential Report, Population Council, Januar 1971, RAC, PC Acc II AD 61, Bl. 1. Donald F. Heisel in seinen Diary Notes zu dieser Angelegenheit: „I was told that Mr. Kyalo had made some kind of blunder in dealing with a foreign policy issue – something about Kenya's relationship with Mainland China – and had been sent to the Ministry of Health as a punishment." (Donald F. Heisel: DFH Diary Notes. 18.-21.1.1971, RAC, Population Council, Acc. II, Administration Files, AD 61: Montague Country Files, Kenya PC Office/Memos)

lören.²⁵³ Problematisch sei zudem, dass der neue Staatssekretär Kyalo offenbar weder bereit sei, mit den auswärtigen Beratern zu kooperieren, noch, sich aktiv um einen Ausbau der Familienplanungsmaßnahmen zu bemühen.²⁵⁴

Einen ganz ähnlichen Rückschlag erlebten die Berater des *Population Council* mit dem Arzt Taylor Ndabari. Bei einem Treffen im Gesundheitsministerium im Januar 1968 wurde vereinbart, dass er ins Ministerium berufen werden solle, um sich um das Tagesgeschäft des Familienplanungsprogramms zu kümmern.²⁵⁵ Zu diesem Zeitpunkt nahm Ndabari an einem Kurs zu Bevölkerung und Gesundheit in London teil, im Rahmen dessen er eine Seminararbeit zum Thema Familienplanung anfertigte. Der *Population Council* ermöglichte Ndabari daraufhin weitere Teilnahmen an Kursen ebenso wie Reisen in Länder mit einem Familienplanungsprogramm. Von August bis Oktober 1968 reiste Ndabari nach Pakistan, um sich mit den dortigen Bemühungen um Familienplanung vertraut zu machen.²⁵⁶ Von Juni bis September 1969 besuchte er einen Familienplanungsworkshop in Chicago und die letzten Januartage des Jahres 1970 verbrachte er in Addis Abeba, um an einem Arbeitstreffen über *Fertility Studies and Evaluation of Population Programmes* teilzunehmen. Die seitens des *Population Council* mit der Finanzierung dieser Reisen verbundenen Hoffnungen brachte John Gill in einem Brief an seine Vorgesetzten in New York auf den Punkt: „I think if we keep him interested in family planning this is probably the answer for a Kenyan to take the top role in the Programme."²⁵⁷ Dazu sollte es jedoch nicht kommen, weil Staatssekretär Kyalo die tatsächliche Abordnung Ndabaris von seiner ärztlichen Tätigkeit in Nyeri ins Gesundheitsministerium jahrelang hinauszögerte. Überdies habe Kyalo Ndabari als einen der ersten Ärzte für die Bekämpfung einer Choleraepidemie eingeteilt.²⁵⁸

Als James Russell Anfang der 1970er Jahre realisierte, dass die Kooperationspartner, auf die er langfristig gesetzt hatte, sich innerhalb der Familienplanungsstruktur nicht durchsetzten, begann er, sich direkt an den 1969 zum Gesundheitsminister ernannten Isaac Omolo-Okero zu wenden, um den Staats-

---

253 James Russell: Confidential Report, Population Council, Januar 1971, RAC, PC Acc II AD 61.
254 James Russell an Donald Heisel, Meeting with the Minister, 3.3.1971, RAC, PC Acc. II AD 61.
255 Minutes of a Meeting on Family Planning held on the 19th January 1968 at the Ministry of Health, Nairobi. 19.1.1968, KNA, BY/58/7, Ministry of Health, 1968–1970, National Family Planning Council, 1. Working Committee, 2. Agenda and Minutes.
256 Siehe hierzu und zum Folgenden: Brief von Taylor Ndabari, 29.4.1970, KNA, BY/58/6, Ministry of Health, 1969–1970, National Family Planning Council, 1. Working Committee, 2. Agenda and Minutes.
257 John Gill an Richmond K. Anderson: Kenya, 25.6.1969, RAC, Population Council, Acc. II, Foreign Correspondence, PC-F24: FC-Kenya: John Gill 67–68.
258 James Russell: The Population Council – Nairobi/Kenya, Monthly Report, März 1971, RAC, PC Acc. II AD 61.

sekretär Kyalo zu umgehen.²⁵⁹ Das Hauptargument, das er vortrug, um das Gesundheitsministerium zu einer entschlosseneren Haltung und entschiedeneren Maßnahmen in Bezug auf das Familienplanungsprogramm zu bewegen, war der immer häufiger geäußerte Hinweis, dass die Geberorganisationen das Interesse an der Unterstützung des Programms verlieren könnten.²⁶⁰ Auch den Verantwortlichen des *Population Council* in New York gegenüber insistierte Russell auf der aus seiner Sicht zunehmend auswegslosen Lage, in der er sich dazu veranlasst gesehen habe, mit dem Entzug von Hilfsgeldern zu drohen. In einem Brief an Donald F. Heisel schrieb Russell im März 1971:

> As I have alluded to the only other possible thing to do is to call a meeting of donor agency representatives who would simply have to put it to the Ministry of Health that either a programme is to move ahead or the whole status of foreign aid will have to be reviewed. This I realise is strong talk but I honestly feel it is needed at this time. If the Minister does not see the programme move ahead, then as I have said, he does not want it in his Ministry.²⁶¹

Inwieweit die Drohung mit dem Entzug dieser Gelder tatsächlich den Ausschlag gegeben hat, Staatssekretär Kyalo mehr Aufmerksamkeit für den Familienplanungsbereich zu verordnen, bleibt Spekulation. Nichtsdestoweniger lässt sich feststellen, dass insbesondere im Bereich des Personals Bewegung in das Familienplanungsprogramm kam. Der bereits drei Jahre zuvor als für das nationale Familienplanungsprogramm verantwortlich designierte Arzt Taylor Ndabari wurde erstmals von Kyalo tatsächlich aus Nyeri in die *Family Planning Section* des Gesundheitsministeriums abgeordnet. Zugleich beförderte Kyalo jedoch Jeremiah Owuor zum Leiter dieser Abteilung und degradierte dadurch den Arzt Ndabari zu dessen medizinischem Berater.²⁶² Der wiederum zog sich bereits drei Monate später frustriert zurück und nahm eine andere Stelle als *Deputy Medical Officer of Health* im *Nairobi City Council* an.²⁶³ Dieser Rückzug bedeutete insofern auch einen Rückschlag für den *Population Council* als die Berater John Gill und James Russell jahrelang darauf hingearbeitet hatten, den fehlenden kenianischen Leiter der Familienplanungssektion mit Taylor Ndabari zu besetzen und diesen mit entsprechenden Weiterbildungsmaßnahmen im Bereich Familienplanung auf diese Tätigkeit in ihrem Sinne vorzubereiten versucht hatten. Entsprechend kri-

---

259 James Russell, Confidential Report, Februar 1971, RAC, PC Acc. II AD 61, Bl. 1–2.
260 James Russell an Donald Heisel, Meeting with the Minister, 3.3.1971, RAC, PC Acc. II AD 61.
261 Russell an Heisel, Subject: Meeting with the Minister, 3.3.1971.
262 James J. Russell, The Population Council – Confidential Report, 6.11.1971, RAC, Pop Council Acc. II AD 61, Kenya PC Office Correspondence.
263 James J. Russell: The Population Council, Nairobi/Kenya, Monthly Report, Dezember 1971, RAC, Population Council, Acc. II AD 61: Montague Country Files, Kenya PC Office Correspondence.

tisch reagierte Russell auf Jeremiah Owuor, dem Kyalo 1971 schließlich den Vorzug gegenüber Ndabari gegeben hatte, indem er ihn als dessen Marionette bezeichnete.[264] Zwei Jahre später wurde Owuors Verwaltung des Familienplanungsprogramms auch von der *Weltbank* als unzureichend und inkompetent bezeichnet, wie es in einem Schreiben des Regionaldirektors des *Population Council* für Ostafrika, Joel Montague, hieß.[265]

Insgesamt lässt sich festhalten, dass die Strategie der auswärtigen Berater, gezielt kenianische Kooperationspartner aufzubauen, die das Programm in ihrem Sinne betreuen und implementieren würden, nicht aufging. Zum einen hing dies mit der Umstrukturierung des Gesundheitsministeriums nach den Wahlen 1969 zusammen, die auch die Verwaltung betraf. Zum anderen gab es weder in der Regierung noch im Gesundheitsministerium eine klare Vorgabe, wie mit dem Familienplanungsprogramm zu verfahren sei. Im administrativen Alltag des Gesundheitsministeriums genoss es keinerlei Priorität. Dies mag nicht zuletzt dem häufig konstatierten Mangel an medizinischem Personal im Land geschuldet gewesen sein, vor dessen Hintergrund es nicht unbedingt eingeleuchtet haben mag, Ärzte ausschließlich für die Verwaltung eines Familienplanungsprogramms abzuordnen.[266]

Auf ihr Scheitern, die Personalpolitik im Gesundheitsministerium beeinflussen zu können, reagierten die Berater mit der Androhung eines Entzugs von Entwicklungshilfsgeldern. Damit ging gleichsam ein Wechsel der Ebene einher. Auf der nationalen Ebene mussten sich die auswärtigen Berater in den Institutionen zurechtfinden, die sie beraten sollten, und fanden dort Bedingungen vor, die sie nicht ohne Weiteres nach ihren Vorstellungen verändern konnten und von denen ihr Verhalten durchaus geprägt wurde. Andererseits repräsentierten sie mit dem *Population Council* und der *Ford Foundation* international tätige Organisationen und insbesondere potente Geldgeber mit eigenen Interessen, die nicht nur die Entwicklung Kenias im Blick hatten, sondern sich in zahlreichen anderen Ländern engagierten und vor diesem Hintergrund aus einer vergleichenden Per-

---

264 James J. Russell, The Population Council – Confidential Report, 6.11.1971, RAC, Pop Council Acc. II AD 61.
265 Brief von Joel Montague an C.A. Pease, 12.2.1973, RAC, PC Acc. II AD 61, Montague Country Files, Kenya Memos and Site Visits.
266 Siehe hierzu die Einschätzung des Leiters des Regionalbüros der *Ford Foundation* in Nairobi: „There is not real enthusiasm [for the family planning program] in the Ministry of Health, probably because the shortage of doctors and other medical staff to cure sick people tends to make a population program appear to be of relatively lower priority." Courtney A. Nelson an J. Donald Kingsley: The Ford Foundation: Inter-Office Memorandum: Request for Grant-Action – Family Planning in Kenya, 7.6.1967, FFA, Reel 1151, Grant Number: 06700453 Section 4: General Correspondence.

spektive dachten und agierten. Am Beispiel der Berater John Gill und James Russell lässt sich illustrieren, dass sich konkrete Entwicklungspolitik vor Ort zwar durchaus lokalen Gegebenheiten beugen musste. Andererseits gewährleisteten gut vernetzte Organisationen in ihrem Hintergrund Beratern die Möglichkeit, auf Konsequenzen auf der internationalen Ebene, wie beispielsweise den Entzug von Hilfsgeldern, zu verweisen.

Dessen ungeachtet blieb die Situation vor Ort für die Berater häufig undurchschaubar und arbiträr. Überdies konnten sie, wie am Beispiel von Gill und Russell gezeigt wurde, keineswegs unbegrenzt Macht ausüben, sondern allenfalls Spielräume nutzen, die sich gelegentlich ergaben. So wurde die Korrespondenz der in Kenia bevölkerungspolitisch engagierten Organisationen zum Ende der 1960er und Anfang der 1970er Jahre von den Topoi der Konfusion und des Chaos bestimmt. Ein Mitarbeiter des *Population Council* berichtete 1968 aus Kenia an die Zentrale der Organisation in New York: „There is apparently a complete confusion as to who is to do what with regard to family planning clinic services in Kenya."[267] Insgesamt verfestigte sich bei einer Vielzahl der auswärtigen Berater der Eindruck, sich in einem experimentellen Raum ohne klar festgelegte Zuständigkeit zu bewegen. In diesem Rahmen zeigten sich manche enttäuscht angesichts der geringen Wirkmächtigkeit der von ihnen angestoßenen Maßnahmen.

2.3.3 Konturen eines „nationalen" Familienplanungsprogramms in Kenia

Bereits in den ersten beiden Jahren zwischen der *Advisory Mission* des *Population Council* 1965 und der offiziellen Ankündigung eines nationalen Familienplanungsprogramms durch ein Mitglied der kenianischen Regierung 1967 zeichnete sich ab, dass die Umsetzung dieses Programms weit hinter den Erwartungen der sich immer zahlreicher in Kenia bevölkerungspolitisch engagierenden Geberorganisationen zurückbleiben würde. Zwischen den Empfehlungen des Abschlussberichts der durch den *Population Council* entsandten Bevölkerungsexperten und der Art und Weise, wie das nationale Familienplanungsprogramm aufs Gleis gesetzt wurde, bestanden drei signifikante Diskrepanzen. Die erste bezog sich auf die Hierarchieebene, auf der die Verantwortung für das Programm angesiedelt werden sollte, die zweite auf die Zielsetzung des Programms und die dritte auf die öffentliche Haltung der Regierung gegenüber dem Programm.

Die Gruppe der Berater hatte im Sommer 1965 empfohlen, dass ein überministerielles Gremium zur Verwaltung des Programms eingerichtet werden sollte.

---

267 Rex Fendall: Diary, 31.3.1968, RAC, PC Acc. II FC 24.

2.3 Ein Familienplanungsprogramm für Kenia — 201

In diesem *National Family Planning Council* sollten neben Vertretern zahlreicher Ministerien und kenianischer Provinzen auch Repräsentanten medizinischer Verbände, der Universität, der religiösen Glaubensgemeinschaften und privater Organisationen wie Frauenverbänden oder der *Family Planning Association of Kenya* vertreten sein.[268] Im Februar 1966 hatte ein Sprecher des *Ministry of Economic Planning and Development* die Einrichtung eines solchen Rates zur Organisation und Koordination des Familienplanungsprogramms gegenüber dem *Population Council* auch tatsächlich angekündigt.[269] Eineinhalb Jahre später, im Oktober 1967, schaffte Präsident Kenyatta das Gremium mithilfe eines Kabinettsbeschlusses wieder ab.[270] In der offiziellen Begründung hieß es – so John Gill, Berater des *Population Council* in Kenia – dass die Abschaffung aus der Sorge heraus erfolgt sei, es würde innerhalb des *Council* zu Zerwürfnissen zwischen einzelnen Ministern kommen. Wenngleich die genauen Umstände aus Mangel an internen Dokumenten aus Regierungskreisen nicht geklärt werden können, geht dennoch aus Berichten auswärtiger Berater hervor, dass die Aktivitäten des *Population Council* bei zahlreichen Akteuren in Kenia auf wenig Gegenliebe stießen. Als Philip Ndegwa, der Leiter der Planungsabteilung im *Ministry of Economic Planning and Development*, einen Planungsexperten aus seinem Stab an den *National Family Planning Council* abordnen sollte, lehnte er dies ab „because of many high priority tasks that they were doing for him".[271] Offensichtlich genoss Familienplanung als politisches Programm in Kenia zu diesem Zeitpunkt keine hohe Priorität.

Insgesamt fand die Abschaffung des *National Family Planning Council* in einem politischen Klima statt, in dem die Einladung des *Population Council* und auch die Annahme der Empfehlung, ein nationales Familienplanungsprogramm einzurichten, hoch umstritten war. Dies hatte nicht zuletzt mit der Herkunft der Experten zu tun. Dahinter stand die Frage, welches Interesse westliche Politiker und Organisationen daran haben könnten, das Bevölkerungswachstum in Kenia zu reduzieren. In einem Schreiben an das Wirtschaftsministerium, von dem die

---

268 Frank W. Notestein (Direktor des *Population Council*) an Titus K. Mbathi (Staatssekretär im *Ministry of Economic Planning and Development*), Family Planning in Kenya. Report of the Advisory Group, 13.8.1965, RAC, RG IV3B4.3a, Box 65, Folder 1137, Bl. 8.
269 Brief von Titus K.B. Mbathi (Staatssekretär im *Ministry of Economic Planning and Development*) an Richmond K. Anderson (Technical Assistance Division, Population Council), 14.2.1966, RAC, RG IV3B4.3a, Box 65, Folder 1137.
270 So berichtete es der durch den *Population Council* im November 1966 an das Gesundheitsministerium in Nairobi entsandte Gynäkologe und Berater für das nationale Familienplanungsprogramm John Gill nach New York: John Gill an Rex Fendall (*Population Council*), 2. November 1967, RAC, PC Acc. II FC 25, FC-O-Kenya 1967, S. 3. Siehe auch zum Folgenden.
271 Oscar Harkavy, Log Note on Kenya, FFA, Unpublished Report, #063077.

Einladung an den *Population Council* ausgegangen war, beschwerte sich ein Beamter des Außenministeriums darüber, von der Ankunft der *Advisory Mission* aus der Zeitung erfahren zu haben. Er äußerte den Verdacht, dass hinter den Empfehlungen der US-amerikanischen Organisation lediglich die Motivation stünde, den Wohlstand der USA zu erhalten.[272] Darüber hinaus gab er zu bedenken, dass der Anteil, den die Vereinigten Staaten an der wachsenden Weltbevölkerung hätten, wesentlich höher sei als derjenige Kenias: „200 million against 9 million". Hinzu komme außerdem eine deutlich höhere Lebenserwartung. Der kenianische Oppositionspolitiker Oginga Odinga oder der Botschafter Liberias in Kenia brachten Geburtenkontrolle mit einem rassistischen Hintergrund in Verbindung.[273]

Streit gab es außerdem um die Frage, wie ein Bevölkerungsproblem in Kenia begründet werden könne. Wenn Bevölkerung in Bezug auf den verfügbaren Raum gedacht würde, leuchte die Notwendigkeit von Geburtenkontrolle angesichts zahlreicher unbesiedelter Landstriche nicht ein. Der *Minister of Economic Planning*, Tom Mboya, und sein Stellvertreter Mwai Kibaki betonten demgegenüber, dass sich das Bevölkerungsproblem in Kenia weniger aus der Relation von Bevölkerung und Raum, als vielmehr aus der statistischen Diskrepanz zwischen Wirtschafts- und Bevölkerungswachstum ergebe.[274]

---

272 L.O. Kibinge (*Ministry of External Affairs*) an den Staatssekretär im Wirtschaftsministerium, World Population Explosion and Birth Control in Kenya, 30. Juli 1965, KNA, AMB/1/4. Das folgende Zitat findet sich ebenda.
273 Diese Ansicht des Botschafters Mr. H.B. Fanbulleh sind in folgendem Zeitungsartikel wiedergegeben: Population Control Talk ‚Pointless', East African Standard vom 6.12.1967, Bl. 4; die kenianischen Sozialwissenschaftler Kivuto und Cecilia Ndeti fassen die Perspektive Odingas zusammen, ebenfalls mit Bezug auf entsprechende Zeitungsartikel: Ndeti/Ndeti, Cultural Values, S. 41–42.
274 Auf eine Parlamentsdebatte, in der eine Mehrheit gegen das Überbevölkerungsproblem auf der Grundlage ausreichend vorhandenen Landes argumentiert habe, verweist ein internes Rundschreiben des Gesundheitsministeriums: Brief von Permanent Secretary (*Ministry of Health*) an Minister (*Ministry of Health*), Kenya National Family Planning Programme, File No. 38/1718 (34), 06. März 1970, KNA, BY/58/6, Ministry of Health; Wirtschaftsminister Tom Mboya wies in einer in der Tagespresse aufgegriffenen Rede auf der *National Conference on Social Welfare* Anfang September 1967 darauf hin, dass das heutige Kenia nicht überfüllt (‚crowded') sei, sondern dass es der Nexus zwischen Wirtschafts- und Bevölkerungswachstum nahe lege, ein Familienplanungsprogramm zu implementieren: Tom Mboya, Birth Control „Vital for Development", East African Standard vom 6.9.1967, Bl. 7; Mwai Kibaki äußerte sich am 22. Februar 1971 in einem Artikel der kenianischen Zeitung *Daily Nation*, dass die Kenianer davon überzeugt werden müssten, dass Überbevölkerung sich nicht auf die Beziehung zwischen dem verfügbaren Land und der Bevölkerung beziehe, sondern auf das Ungleichgewicht zwischen Wirtschafts- und Be-

Der Ökonom und Kabinettssekretär im Büro des Präsidenten stimmte Mboyas und Kibakis Auslegung des Problems zu, mahnte aber zugleich an, dass es sich um ein politisch hochsensibles Thema handle. In zwei Schreiben wandte er sich in dieser Angelegenheit an Titus Mbathi, den Staatssekretär im *Ministry of Economic Planning and Development*. Er stellte fest: „While the measures proposed in the report are no doubt sound it is true that the nation is not prepared for a full scale family planning as recommended in the report."[275] Vor diesem Hintergrund betonte er, dass es jetzt vor allem darauf ankomme, wie man den Kabinettsbeschluss, der in der Einladung an den *Population Council*, Kenia zu beraten, erwähnt wurde, auslege „that Government should ‚pursue vigorously policies designed to reduce the rate of population growth through voluntary means and within religious prescriptions'".[276] Wenn er diesen Satz richtig interpretiere, so Ndegwa, dann ginge es der Regierung hier nicht um Geburtenkontrolle. So lange diese Sicht nicht durch einen weiteren Kabinettsbeschluss verändert würde, könne ein Familienplanungsprogramm in dem Umfang, in dem der Bericht des *Population Council* es empfohlen habe, nicht durchgeführt werden. Vielmehr solle ein bescheidener Anfang gemacht werden.[277]

Vor diesem Hintergrund ging die Abschaffung des *National Family Planning Council* mit der Zuordnung der alleinigen Programmverantwortung an das kenianische Gesundheitsministerium einher.[278] Dies war zum einen eine deutliche Herabstufung der Priorität des Programms innerhalb der Regierungshierarchie, weil die Koordination statt wie vorgesehen einem überministeriellen Rat nun einem einzigen Ministerium überlassen wurde. Zum anderen war es Ausdruck einer veränderten Zielsetzung des Programms. Zwar hatte auch der *Population Council*-

---

völkerungswachstum, zum Wortlaut des Artikels siehe: Radel, Elite Perceptions of Population Problems, S. 72.
275 Duncan Ndegwa (Büro des Präsidenten) an Titus K.B. Mbathi (Staatssekretär im MEPD): Population Growth and Economic Development, 1.2.1966, KNA AMB/4/14, 1965–66, Ministry of Economic Planning and Development, Family Planning.
276 Ndegwa (Büro des Präsidenten) an Titus K.B. Mbathi (Staatssekretär im MEPD): Family Planning Council of Kenya, 28.2.1966, KNA AMB/4/14, 1965–66, Ministry of Economic Planning and Development, Family Planning.
277 Im Original: „Unless therefore this view is altered or modified, a family planning programme on the scale recommended in the report cannot be implemented at present. [...] It appears, therefore, that instead of mounting wholesale campaigns a beginning should be made on a modest scale." Ndegwa an Mbathi, Population Growth and Economic Development.
278 Dies geht aus einem Bericht des Soziologen und Beraters in Diensten des *Population Council* in Nairobi an seinen Auftraggeber hervor: Donald F. Heisel an Parker W. Mauldin (*Population Council*), 2.11.1967, RAC, PC Acc. II FC 25, FC-O-Kenya 1967; siehe hierzu auch: National Family Planning Programme – Position Paper, 26.1.1968, KNA, BY/58/7.

Bericht dem Gesundheitsministerium eine zentrale Rolle mit Blick auf die Operationalisierung des Programms eingeräumt.[279] Indem sie dem Gesundheitsministerium aber nicht nur die operative Ausführung, sondern auch die programmatische Ausrichtung des Programms übertrug, setzte die kenianische Regierung ein deutliches Zeichen, dass Familienplanung in erster Linie gesundheitspolitisch verstanden wurde und ökonomische Zielsetzungen in den Hintergrund gerieten. Von einer Geburtenreduktion als vordringliches Ziel des Familienplanungsprogramms, wie sie der *Population Council* in einer Größenordnung von 50 Prozent innerhalb von zehn bis 15 Jahren im Blick hatte,[280] war in offiziellen Stellungnahmen seitens der Programmbeauftragten in Kenia keine Rede. Ganz im Gegenteil: Als der kenianische Gesundheitsminister Joseph D. Otiende auf der 20. Weltgesundheitskonferenz im Mai 1967 in Genf erstmals öffentlich den Start des nationalen Familienplanungsprogramms in Kenia verkündete, betonte er, dass es hierbei keineswegs um eine Begrenzung des Bevölkerungswachstums gehe, sondern vielmehr um die Förderung der Gesundheit von Müttern und Kindern.[281] Nach dieser Definition bedeutete Familienplanung nicht das Verhindern von Geburten, sondern die Planung der Abstände (*Spacing*) zwischen diesen. Diese Formulierung wurde zu einem Standard in Otiendes rhetorischem Repertoire.[282]

Neben einer Verschiebung hinsichtlich der bevorzugten Methode im Rahmen des Familienplanungsprogramms – *Spacing* statt Geburtenkontrolle – und der veränderten Zielsetzung von Geburtenkontrolle zu Gesundheitspolitik innerhalb des politischen Gefüges in Kenia blieb auch das vom *Population Council*

---

279 Notestein an Mbathi, Family Planning in Kenya, Bl. 9.
280 Im Bericht des *Population Council* heißt es wörtlich: „We believe that the immediate objective of a national problem should be to make the means of limiting the number of their children [...] available to every family [...]. The resulting level of fertility would depend on many factors and is therefore difficult to predict, but we believe this might reduce fertility by as much as 50% in 10 to 15 years, a decrease certainly no greater than desirable." Siehe: Notestein an Mbathi, Family Planning in Kenya, Bl. 3.
281 Das Zitat des Gesundheitsministers findet sich hier: Radel, Elite Perceptions of Population Problems, S. 56–57. Siehe zur Eingliederung des Familienplanungsprogramms in die Strukturen der Gesundheitsvorsorge für Mütter und Kinder auch: Jason C. Likimani (*Director of Medical Services, Ministry of Health*), National Family Planning Programme, 13.11.1967, RAC, PC Acc. II FC 25, FC-O-Kenya 1967.
282 Siehe hierzu beispielsweise den Wortlaut einer Rede Otiendes vor der *Family Planning Association* in Kenia: „Family Planning is, in fact, a family spacing service for those married couples who want children, but have some problems in doing so." (J.D. Otiende, Speech at the FPAK General Meeting to be held at the Norfolk Hotel, Nairobi, 29.3.1969, KNA, BY/58/7, Ministry of Health, 1968–1970, National Family Planning Council, 1. Working Committee, 2. Agenda and Minutes)

dringend empfohlene Bekenntnis der kenianischen Regierungselite zu einem effizienten nationalen Geburtenreduktionsprogramm letztlich aus. So hatte es im Abschlussbericht der Delegation der US-amerikanischen Organisation geheißen: „We strongly recommend that as an initial and probably essential step the Government of Kenya clearly declare its policy regarding a reduction in the rate of population growth."[283] Eine einhellige Stellungnahme, in der die kenianische Regierung ihre Haltung zum Familienplanungsprogramm kommuniziert hätte, gab es nicht. „President Kenyatta", so überlieferte es ein Mitarbeiter der *Ford Foundation* in seinen Reisenotizen aus Kenia 1967, „has never said a word about family planning, although some have reported that in an off-the-cut speech in Swahili, he said that family planning is ‚for the birds' [...]".[284] Von kenianischen Politikern und Beamten wurde die Einstellung gegenüber dem Familienplanungsprogramm in der Regierung und im Parlament als kontrovers und ambivalent dargestellt. Diese Ambivalenz lässt sich zum einen auf inhaltliche Gründe zurückführen, wenn der Befund einer Überbevölkerung Kenias an sich in Frage gestellt wurde. Zum anderen spielte der politische Kontext eine Rolle, wenn die Zeitgenossen immer wieder betonten, wie sensibel das Thema der Familienplanung sei.

Im Kontext dieser Stimmung fand innerhalb der kenianischen Regierung hinter den Kulissen ein Aushandlungsprozess um eine offizielle Linie in Bezug auf das nationale Familienplanungsprogramm statt. Dass es sich hierbei um ein politisch äußerst sensibles Thema handele, diente beispielsweise als Argument, um das *Ministry of Economic Planning and Development* in die Schranken zu weisen. Am 28. Februar 1966 wandte sich der Kabinettssekretär und Ökonom Duncan Ndegwa aus dem Büro des Präsidenten an den Staatssekretär Titus Mbathi im *Ministry of Economic Planning and Development* und mahnte, dass Kenia nicht auf eine groß angelegte Familienplanungskampagne, wie sie der *Population Council* empfohlen habe, vorbereitet sei.[285] Überdies insistierte Ndegwa, dass das Thema formal gar nicht in den Zuständigkeitsbereich des *Ministry of Economic Planning and Development* gehöre, das zwar weiterhin seine Expertise hinsichtlich des Bevölkerungswachstums einbringen könne, politisch in dieser Hinsicht aber keinen Gestaltungsspielraum habe. Ndegwas Einwand offenbarte ein strukturelles Merkmal, welches den Einfluss des *Ministry of Economic Planning and Development* von Anfang an erheblich einschränkte. Denn dieses Ministe-

---

283 Notestein an Mbathi, Family Planning in Kenya, Bl. 4.
284 Oscar Harkavy, Log Notes on Kenya.
285 Duncan Ndegwa (*Office of the President*) an Titus K.B. Mbathi, Family Planning Council of Kenya, 28.2.1966, KNA, AMB/4/14, Ministry of Economic Planning and Development, 1965–66, Family Planning.

rium war nie ein Exekutivorgan, sondern gleichsam eine Behörde mit Dienstleistungsfunktion, die lediglich beraten, informieren oder zu überzeugen suchen konnte.[286] Der Historiker David Goldsworthy zeigte sich überzeugt, dass das Ministerium deshalb schwach gehalten wurde, weil im Hintergrund der Zahnlosigkeit dieses Ministeriums die Absicht stand, den Einfluss des Ministers Tom Mboya auf das operative Regierungsgeschäft zu beschränken. Die wachsende Opposition gegen diesen Politiker führte Goldsworthy auf dessen Erfolge im Ausland zurück, die guten Kontakte in die USA und das unerschütterliche Bekenntnis zu der Notwendigkeit auswärtiger Expertise und Devisen für Kenias Wirtschaftswachstum. Tom Mboya habe als der Mann gegolten, der Kenia an den Westen verkauft habe.[287] Umso mehr müsse sich Mbathis Ministerium bewusst sein, dass sich die Ablehnung eines bevölkerungspolitischen Programms seitens der Bevölkerung schnell gegen die Regierung selbst wenden könne.[288] Den vom Kabinett verabschiedeten Passus, „that Government should pursue vigorously policies designed to reduce the rate of population growth through voluntary means and within religious prescriptions", interpretiere er so, dass die Regierung selbst nicht in das Geburtenkontrollproblem involviert oder öffentlich mit ihm in Verbindung gebracht werden solle.

Auf diese Linie schwenkte das Ministerium durchaus ein. Als der durch den *Population Council* finanzierte und an das *Institute of Development Studies* in Nairobi abgeordnete Soziologe und Demograph Donald F. Heisel für die Durchführung seiner Studien bezüglich der Haltung in der kenianischen Bevölkerung zur Familienplanung um ein Empfehlungsschreiben des *Ministry of Economic Planning and Development* bat, lehnte der Leiter der Planungsabteilung, Philip Ndegwa, diese Bitte mit folgender Begründung ab:

> [...] as you no doubt know, family planning is not something accepted by all the officials and politicians. In fact, it was primarily because of this reason that the Family Planning Education Programme will be handled chiefly by the Family Planning Association. I think therefore, it would be rather dangerous for me to write a letter like the one you have drafted for this would more or less associate our Ministry with your research. I do not have to mention, that we, in this Ministry, will be extremely interested in seeing the results of your survey.[289]

---

286 Siehe hierzu und zum Folgenden: Goldsworthy, Tom Mboya, S. 256–257.
287 Goldsworthy, Tom Mboya, S. 258–259.
288 Ndegwa (*Office of the President*) an Mbathi, Family Planning Council of Kenya, 28.2.1966.
289 Brief von Philip Ndegwa an Donald F. Heisel, 28.5.1966, KNA, AMB/1/4, Ministry of Economic Planning and Development, 1965–1966, Population Growth and Economic Development.

In dieser Begründung kristallisiert sich zugleich schon ein Ansatz der Strategie heraus, mit der Regierungsbeamte das Familienplanungsprogramm in der Öffentlichkeit handhabten.

Erstens vermieden sie es, die Regierung direkt mit Familienplanungsmaßnahmen in Verbindung zu bringen und nutzten – wie im obigen Zitat angedeutet – die private, 1961 gegründete *Family Planning Association of Kenya*[290] als Vehikel, um die Bevölkerung über das nationale Familienplanungsprogramm zu informieren. Zweitens proklamierten sie Familienplanung weder als Selbstzweck, noch als Mittel der Geburtenreduktion, sondern als gesundheitspolitische Maßnahme. Drittens nutzten sie die hohe Verfügbarkeit von Entwicklungshilfsgeldern im Bereich der Familienplanung und behandelten beispielsweise Ressourcen, die für Familienplanung bestimmt worden waren, zuweilen als Teil des dem Gesundheitsministerium zur Verfügung stehenden Etats. Als in Kenia Anfang der 1970er Jahre eine Choleraepidemie ausbrach, wurde ein Teil der Gelder des Personals und der Fahrzeuge der Familienplanungssektion im Gesundheitsministerium zur Bekämpfung der Krankheit umgewidmet.[291]

Das große Interesse von Entwicklungsorganisationen an einem Engagement für Familienplanungsprogramme lässt sich in Kenia daran ablesen, dass in den Haushaltsjahren 1969 bis 1971 neun Geber involviert waren, die 80 Prozent des Familienplanungsbudgets abdeckten, was einer Summe von 937 940 US-Dollar im Haushaltsjahr 1969/1970 entsprach.[292] Bei diesen neun Organisationen handelte es sich um die *Overseas Development Administration* Großbritanniens, die *Ford Foundation*, die *International Planned Parenthood Federation*, die Entwicklungsdienste der Niederlande, Norwegens (NORAD) und Schwedens (SIDA) ebenso wie Oxfam, den *Population Council* und die *United States Agency for International Development* (USAID). Den Politikern in Kenia war sehr bewusst, wie leicht auswärtiges Geld für Maßnahmen, die unter der Überschrift Familienplanung liefen, verfügbar war. Beispielsweise bemerkte der Gesundheitsminister Isaac Omolo-

---

290 Zu einer chronologischen Übersicht über die Gründung dieser Organisation und ihre Einbindung in das nationale Familienplanungsprogramm siehe: David Radel an W.J. Hertz, Family Planning: The Inter-Professional Approach, 17.5.1971, FFA Reel 1151, Grant 67–453, Bl. 1.
291 So berichtete es der durch den *Population Council* finanzierte britische Gynäkologe und Berater in der Familienplanungssektion des Gesundheitsministeriums nach New York: James Russell, Report, 30.9.1971, RAC, PC Acc. II AD 61, Kenya Official Correspondence.
292 Diese Angaben entstammen einem Bericht, den der kenianische Gesundheitsminister Omolo-Okero bei dem vom *Population Council* finanzierten Berater James Russell zum gegenwärtigen Stand des nationalen Familienplanungsprogramms zu seiner Information in Auftrag gegeben hatte und den Russell an die Zentrale des *Population Council* in New York weitergeleitet hatte: James Russell an Donald F. Heisel, Meeting with the Minister, 3.3.1971, RAC, PC Acc. II AD 61.

Okero in einer handschriftlichen Notiz unter einem ministeriumsinternen Rundschreiben im März 1970: „When I spoke to UN representative on aid, I gathered there was large sums of money available for this project. We might tap this source to aid our training programme by showing that the training will provide personnel for „Family Planning Project".[293] Zugleich sprach der Vertreter einer Delegation von Bundestagsabgeordneten, die 1971 neben anderen Ländern auch Kenia bereiste, um sich über das dortige Familienplanungsprogramm zu informieren, von „einer gewissen Übersättigung Kenias mit Besuchen von [...] Delegationen und Fact-Finding-Gruppen zahlreicher Länder und internationaler Organisationen".[294] Insgesamt war die starke Präsenz auswärtiger Organisationen ein zentrales Strukturmerkmal des kenianischen Familienplanungsprogramms. Dies betraf nicht nur den Aspekt der Finanzierung, sondern auch die inhaltliche Gestaltung des Programms, wenngleich die Rahmenbedingungen zunächst von der kenianischen Regierung vorgegeben worden waren.

Das Familienplanungsprogramm, wie es zwischen 1967 und 1972 aufgebaut wurde, fußte auf drei Säulen. Erstens die klinische Praxis, in die familienplanerische Dienstleistungen integriert werden sollten. Zweitens der Bereich Schulung und Information, der einerseits die Ausbildung des medizinischen Personals und andererseits Informationskampagnen für die Öffentlichkeit organisieren sollte. Drittens schließlich die Evaluation des Programms.[295] Die Koordination des Programms wurde im Gesundheitsministerium angesiedelt und zunächst an den *Director of Medical Services* delegiert. Für die Organisation der konkreten Implementierung zeichnete die ebenfalls im Gesundheitsministerium ansässige *Family Planning Section* verantwortlich. Die Stelle des *Director of Medical Services* hatte der Kenianer Jason C. Likimani inne. Die Familienplanungssektion indes bestand bis 1972 aus zwei auswärtigen Beratern, einem durch den *Population Council* finanzierten britischen Gynäkologen und medizinischen Berater – zunächst John Gill,[296] dann James Russell[297] – und einem von SIDA finanzierten

---

293 Handschriftliche Notiz des Ministers unter dem maschinengeschriebenen Brief von Permanent Secretary (Ministry of Health) an Minister (Ministry of Health), 6.3.1970, KNA, BY/58/6, Ministry of Health, 1969–1970, National Family Planning Council, 1. Working Committee, 2. Agenda and Minutes.
294 Deutsche Botschaft Nairobi an das Auswärtige Amt, Informationsreise von Bundestagsabgeordneten zum Thema Familienplanung/Besuch in Kenia, Nairobi 14.9.1971, Politisches Archiv Auswärtiges Amt (PA-AA) Repositorium B58 III B2 Nr. 997, Bl. 2. [Die Verf. dankt Heinrich Hartmann, der ihr diese Quelle zur Verfügung gestellt hat.]
295 National Family Planning Programme – Position Paper, 26.1.1968, KNA, BY/58/7.
296 Oscar Harkavy: Log Notes on Kenya, Bl. 1.
297 Kenya PC Office Correspondence, RAC, PC-AD61, Montague Country Files, Russell to Pease, 19.6.1972.

schwedischen administrativen Berater – zunächst Jørgen Ahlinder, dann Lars-Gunnar Remstrandt.[298] Auch die klinische Arbeit lag bis Anfang der 1970er Jahre ganz überwiegend in den Händen auswärtigen Personals. Der *Pathfinder Fund*, später der *Population Council*, finanzierte die Hebamme Helen Bowman, die sich im *Kenyatta National Hospital* darum kümmern sollte, Familienplanung im *Curriculum* des medizinischen Personals unterzubringen.[299] Um das klinische Familienplanungsangebot in die Provinzen Kenias auszudehnen, finanzierte Schweden Kontrazeptiva, vornehmlich Intrauterinpessare, und sieben Vans, die ausgestattet mit jeweils einem Arzt, einer Krankenschwester und einem Fahrer im ländlichen Raum Familienplanungssprechstunden abhalten sollten.[300] Das Personal dieser Einheiten wurde zum Teil durch IPPF, zum Teil durch die Niederlande finanziert, die mit Lou Roggen den ersten Arzt eines solchen mobilen Teams zur Verfügung stellten.[301] Überdies bezahlten die Niederlande fünf Hebammen, die in Krankenhäusern kenianische Krankenschwestern in der Verschreibung und Nutzung der Pille ebenso wie im Einsetzen von Pessaren unterweisen sollten. Weil jedoch kaum kenianisches Personal für diese Arbeit zur Verfügung stand, bestritten diese Hebammen einen Großteil der in Kenia stattfindenden klinischen Familienplanungsarbeit selbst.[302] Das Team, das für die Evaluierung des Programms verantwortlich war, wurde ebenfalls von den Niederlanden finanziert, die einen Demographen und einen Statistiker zur Verfügung stellten.[303] Schließlich wurde der Schulungs- und Informationsbereich gänzlich an die private kenianische *Family Planning Association* delegiert, deren Arbeit maßgeblich durch Gelder der *Ford Foundation* finanziert wurde.[304] Neben den bereits genannten auswärtigen Beratern finanzierte USAID einen *Health Educator*, der im Gesundheitsministerium für die Vorbereitung von Familienplanungsmaterialien zuständig sein sollte.[305] Der *Population Council* bezahlte zwischen Oktober 1965 und März 1968

---

298 Russell, Monthly Report, February 1971.
299 John Gill, Kenya Report, Januar 1967, RAC, PC Acc. II PC-FC 25, Kenya 1967.
300 Neville Rex E. Fendall Diary, 31.3.1968, RAC, PC-FC 24, FC-O Kenya Correspondence, Reports, Studies 67–68.
301 NREF Diary Kenya. 31.3.1968, RAC, Population Council, Acc. II, Foreign Correspondence, PC-FC 24, FC-O Kenya Correspondence, Reports, Studies 67–68.
302 Brief von Th. A.C. Hanegraaf an John Kyalo, 8.6.1971, KNA, BY/24/61, Ministry of Health, 1970–1974, Technical Aid – Family Planning.
303 Donald F. Heisel, Diary Notes 1971, Bl. 4.
304 David Radel an W.J. Hertz: Family Planning: The Inter-Professional Approach, 17.5.1971, FFA, Grant 67–453, Reel 1151, Bl. 11.
305 Confidential Report, 15.11.1971, RAC, S. IX; Government of Kenya an U.S. Agency for International Development (USAID): Request from the Government of Kenya to the United States Agency for International Development for Aid in the Development of the National Family Plan-

den Soziologen und Demographen Donald F. Heisel, der an der Universität Nairobi nicht nur Kurse in Soziologie unterrichtete, sondern überdies eine Reihe von Studien zur Akzeptanz von Familienplanung in der kenianischen Bevölkerung durchführte.[306] Die *Ford Foundation* schließlich hatte zwei Berater im familienplanerischen Feld. Zum einen David Radel,[307] der für das Büro der Stiftung in Nairobi als Projektspezialist für Bevölkerung arbeitete, und zum anderen Luigi Laurenti, der als Berater für das kenianische *Ministry of Finance and Planning* arbeitete und dort – neben anderen Aktivitäten – als ökonomischer Berater für Bevölkerung und Familienplanung fungieren sollte.[308]

Die starke Aufwendung entwicklungspolitischer Ressourcen in diesem Feld wirft die Frage nach den Interessen der Geberorganisationen auf. Ein Hinweis darauf, warum sich seit dem Ende der 1960er Jahre nicht mehr allein auf das Bevölkerungsproblem zugeschnittene private Organisationen wie der *Population Council* oder philanthropische Stiftungen wie die *Ford Foundation*, sondern auch multilaterale Schwergewichte wie die *Weltbank* bevölkerungspolitisch engagierten, ist die in dieser Zeit zu beobachtende Zuspitzung der Probleme der so genannten Entwicklungsländer auf *ein* Bevölkerungsproblem. So zeigte sich die Schwedin Ulla Olin, die als Mitglied einer Beobachtermission der *International Labour Organization* 1972 nach Kenia gereist war, in ihrem im gleichen Jahr vorgelegten Papier *A Population Policy for Kenya* überzeugt, „that one has reason to suggest that there may be some justification in the allocation that the current generosity by donor countries towards family planning programmes is in part dictated by the hope that one may this way be relieved of much of the rest of the poverty problem".[309] Diese Tendenz lässt sich beispielsweise an Robert McNamara festmachen, unter dessen Präsidentschaft, die im April 1968 begann, die *Weltbank* erstmals eine aktive Rolle im bevölkerungspolitischen Feld übernahm und Darlehen für Bevölkerungs- und Familienplanungsprogramme zur Verfügung stellte.[310] In zahlreichen Reden zwischen 1968 und 1972 zeigte sich McNamara

---

ning Programme, undatiert (um Juli/August 1969), KNA, BY/58/7, Ministry of Health, 1968–1970, National Family Planning Council, 1. Working Committee, 2. Agenda and Minutes.
306 John Gill, Kenya Report, 1970, RAC, PC AD 61, Bl. 2.
307 Susan Fisher an David A. Anderson, Review of the Population/Family Planning Field in the East and Southern Region and Proposals for Future Activities of the Africa Ford Foundation, undatiert, FFA, #009450, Unpublished Reports, Bl. 5.
308 Fisher an Anderson, Review of the Population/Family Planning Field, undatiert, FFA, #009450, Unpublished Reports, Bl. 5.
309 Ulla Olin, A Population Policy for Kenya, 18.5.1972, RAC, PC Acc. II AD 61, Kenya General Papers, Bl. 23.
310 Siehe hierzu und zum Folgenden: Barbara B. Crane/Jason L. Finkle, Organizational Impediments to Development Assistance. The World Bank's Population Program, in: World Politics 33

überzeugt, dass das Bevölkerungswachstum das größte und einzige Hindernis für wirtschaftliche und soziale Entwicklung sei. Unter Berufung auf die von der *Weltbank* finanzierte Coale/Hoover-Studie stellte McNamara fest, dass letztlich die „Bevölkerungsexplosion" die wachsende Kluft und Ungleichheit zwischen armen und reichen Ländern provoziere. Der Terminus der „Bevölkerungsexplosion" meinte mithin ein auf der Grundlage der Diskrepanz zwischen Wirtschafts- und Bevölkerungswachstum ökonomisch definiertes Bevölkerungsproblem, das in dieser Zeit alle übrigen auf Bevölkerung bezogenen Problemdefinitionen weitgehend in den Hintergrund drängte und sich zu *dem* Bevölkerungsproblem schlechthin verfestigte.[311]

Zugleich erkannten zahlreiche Entwicklungsorganisationen und auswärtige Berater, die in Kenia aktiv waren, Anfang der 1970er Jahre, dass die Dinge nicht so einfach waren, wie es die Modernisierungsformel Wirtschaftswachstum durch Familienplanung verheißen hatte. Die Kritik, die aus dieser Erkenntnis erwuchs, äußerte sich indes zunächst weniger in einer Infragestellung der Formel, als dass sie sich auf die Art und Weise des Umgangs mit dem Familienplanungsprogramm durch die kenianische Regierung richtete. Dies betraf zunächst die Tatsache, dass eine ganze Reihe der am Programm beteiligten Akteure zwar inoffiziell einräumten, dass das Ziel die Reduktion von Geburten sei, offiziell aber weiterhin von einem Gesundheitsprogramm sprachen. In einem Brief an den Leiter des Büros der *International Planned Parenthood Federation* in Nairobi vom 23. März 1970 erläuterte der Direktor der kenianischen *Family Planning Association*, Dr. Giceha Kigondu, diese Strategie ganz explizit:

> I noticed in Thursday's East African Standard an article by Dr. Dorothy Speed. She has publicly come out with the idea that the Government of Kenya has a programme to reduce the rate of population growth which is very high – 3.3% per annum. Nobody denies the reason that this is why we have a family planning programme in the country, but we do not like making this statement publicly. I would be grateful if you took up this matter with her for this type of statement can have very serious repercussion particularly round the parliamentary group in this country. [...] Some of the new Members of Parliament have not grasped the need for family planning and a good number of them are antagonistic at this juncture. The above officials have clearly indicated to me their wish that we play cool on this issue for the time being. I am sure you will agree with me that if family planning is to be a polit-

---

(1981), Nr. 4, S. 516–553, hier S. 519–520; Harkavy, Curbing Population Growth, S. 55–56; Robertson, The Malthusian Moment, S. 100–101.
311 Marc Frey, Neo-Malthusianism and Development. Shifting Interpretations of a Contested Paradigm, in: JGH 6 (2011), S. 75–97, hier S. 77.

ical issue to be discussed in our parliament and in public platforms, by its opponents, this would be a very retrograde step.³¹²

Während sich diese Strategie seit Mitte der 1960er Jahre als weitgehend konsensfähig erwiesen hatte, änderte sich dies Anfang der 1970er Jahre. Der Ausgangspunkt der Kritik war das *Ministry of Finance and Economic Planning*, in dem das *Ministry of Economic Planning and Development* ein Jahr nach der Ermordung Tom Mboyas 1969 aufgegangen war. Federführend war hier Luigi Laurenti, ein von der *Ford Foundation* finanzierter Ökonom und Berater dieses Ministeriums. In einer ministeriumsinternen Mitteilung vom Mai 1971 äußerte er sich wie folgt zur gegenwärtigen Situation des Programms aus seiner Sicht:

> The main issue raised is whether it is adequate to have a family planning programme which does not include as its objective, either overtly or covertly, a reduction in the rate of population growth. […] It seems to me that what we now have is an undeclared policy which recognises the reduction of the population growth rate as its primary objective, while publicly maintaining mother-and-child-health as the principal consideration. There is nothing new in this really except that I fear some missionary-type officials in the MOH have come to believe quite unrealistically that we can have a successful family planning programme whose sole objective is improvement of mother-and-child-health. I think we should now have it accepted, if only internally within Government, that the policy is one of improving mother-and-child-health and reducing the rate of population growth. Obviously, the setting up of targets and their propounding in public policy statements has to be approached more cautiously.³¹³

Mit dieser Haltung vertrat Laurenti keineswegs seine Privatmeinung, sondern eine sich durchsetzende Tendenz bei den Verantwortlichen derjenigen Entwicklungsorganisationen, die Familienplanungsprogramme förderten, den Aspekt der Geburtenkontrolle wieder stärker ins Blickfeld zu rücken. Ein auf Lateinamerika spezialisierter Bevölkerungsexperte, häufig im Dienste des *Population Council*, J. Mayone Stycos,³¹⁴ äußerte sich 1973 in ganz ähnlicher Weise über die Situation der Programme in Lateinamerika: „In the public sector […] the ten-

---

312 Brief von John G. Kigondu (FPAK) an J.M. McAllan (IPPF), 23.3.1970, KNA, BY/58/6, Ministry of Health, 1969–1970, National Family Planning Council, 1. Working Committee, 2. Agenda and Minutes.
313 N. Nganga an Philip Ndegwa: Mr. Laurenti's Minute (59), 3.5.1971, KNA, AMB/6/99, 1970–71, Family Planning.
314 Ausführlich zu Stycos siehe: Teresa Huhle, „Lateinamerika ist ein Paradies für Demografen und ein Albtraum für Planer". Bevölkerungsexpertise im Kalten Krieg, in: Stefan Rinke/Delia González de Reufels, Expert Knowledge in Latin American History. Local, Transnational, and Global Perspectives, Stuttgart 2014, S. 333–358.

dency [is] to bury birth control programs in larger programs of maternal and child health where birth control efforts will not only be colorless but invisible."³¹⁵ Der US-amerikanische Demograph und Soziologe Dr. Philip M. Hauser, hatte in einer Rede vor der *International Family Planning Conference* in Pakistan 1969, die ein auswärtiger Berater im März 1970 an das kenianische Gesundheitsministerium weitergeleitet hatte, bereits über „Non-Family Planning Methods of Population Control" nachgedacht.³¹⁶ Hauser zeigte sich überzeugt:

> As long as the family planning programme objective is that of enabling couples to achieve the desired number of children, neither an adequate birth control or population control programme is possible. [...] To achieve fertility control, then, it is necessary to move beyond present family planning objectives to include recognition of abortion as at least an interim means of birth control under adequate legal and medical safeguards; and to abandon the objective of the desired number of children to a replacement level of children. It may also be necessary to develop a system of sanctions and incentives including compulsory behaviour which may be less drastic than the other alternatives which face the developing areas.

In diesen Stellungnahmen rückte die Geburtenreduktion als notwendiges Ziel bevölkerungspolitischer Programme in den Mittelpunkt. Die Ökonomie sollte die Gesundheit als maßgeblichen Fluchtpunkt des Familienplanungsprogramms ersetzen.

Anfang der 1970er Jahre zeigte sich, dass auch kenianische Beamte im *Ministry of Finance and Planning* diese Art der Kritik aufnahmen und an das Gesundheitsministerium weitergaben. Bemerkenswert ist, dass sie in ihrer Argumentation stets auf eine internationale Ebene verwiesen und die Notwendigkeit eines erheblichen Ausbaus des Familienplanungsprogramms weniger inhaltlich begründeten, als mit dem Verweis darauf, dass eine Vernachlässigung des bevölkerungspolitischen Aspekts die Bereitstellung von Entwicklungshilfsgeldern für Kenia insgesamt gefährden könnte. Ein zentraler Baustein in dieser Argumentation war der Verweis auf die Rolle der *Weltbank* als neuem, gewichtigen Akteur im bevölkerungspolitischen Feld. In einem Schreiben an das Gesundheitsministerium verwies der Staatssekretär des *Ministry of Finance and Planning*, Joseph Kibe, im März 1970 auf ein von der *Weltbank* einberufenes Treffen in Paris im Februar 1970, auf dem Mitarbeiter dieser Institution kritisiert hätten, dass die

---

315 J. Mayone Stycos, Latin American Family Planning in the 1970s, in: J. Mayone Stycos (Hrsg.), Clinics, Contraception, and Communication, New York 1973, S. 17–24, hier S. 19.
316 Dr. Philip M. Hauser, On Non-Family Planning Methods of Population Control. Paper Presented at Pakistan International Family Planning Conference, Dacca, East Pakistan, 28.1.-4.2. 1969, angehängt an einen Brief von David Radel (Ford Foundation) an J. Kyalo (*Ministry of Health*), 13.3.1970, Ministry of Health, KNA, BY/58/7. Die folgenden Zitate finden sich ebenda, Bl. 36 und 37.

im Entwicklungsplan 1970 bis 1974 angekündigte Ausweitung des Familienplanungsprogramms nicht weitgehend genug sei.[317] Laut der jüngsten Volkszählung von 1969 sei Kenias Bevölkerungswachstumsrate nicht nur höher als die bisher angenommenen drei Prozent, sondern gehöre auch zu den höchsten weltweit. Die Ökonomie sei dadurch einer kaum verkraftbaren Belastung ausgesetzt und die vorgeschlagene Ausweitung des Familienplanungsprogramms würde hier keine Lösungen anbieten. Der Leiter der kenianischen Delegation, Finanzminister Mwai Kibaki, habe sich daraufhin zu erheblichen Zugeständnissen bereit erklärt und versprochen, die Anstrengungen für einen Ausbau des Programms um 100 Prozent zu steigern, sofern die Geberorganisationen die dafür erforderlichen Hilfsleistungen in Aussicht stellten. Mit dieser Zusage, so betonte Kibe gegenüber dem Gesundheitsministerium, habe sich die kenianische Regierung nun auf internationaler Ebene verpflichtet und könne darauf festgelegt werden, nicht zuletzt weil diese Selbstverpflichtung nun in den offiziellen Berichten des Treffens schriftlich festgehalten worden sei.

2.3.4 Zusammenfassung

In diesem Kapitel wurde die Implementierung eines Familienplanungsprogramms in Kenia auf einer „transnationalen Ebene" untersucht. Es zeigte sich, dass die Reichweite von bevölkerungspolitischen Debatten und tatsächlich implementierten Maßnahmen jenseits eines nationalen Maßstabes stattfand. Vielmehr ergaben sich durch die Vernetzung der Akteure untereinander unterschiedliche Räume des Aushandelns und Handelns. Das als „national" bezeichnete Familienplanungsprogramm war geprägt von „transnationalen" Perspektiven. Um ein gemeinsames konzeptionelles Fundament bemüht, entsandten Vertreter des US-amerikanischen *Population Council* aus ihrer Sicht vielversprechende Akteure wie den Arzt Taylor Ndabari auf verschiedene Familienplanungsworkshops und wissenschaftliche Kongresse nach Großbritannien oder in die USA. Dieser Bemühungen ungeachtet blieben die auswärtigen Berater die Hauptakteure hinsichtlich der Informationsvermittlung, Schulung, der Verbreitung von Kontrazeptiva sowie der Evaluation im Rahmen des Familienplanungsprogramms. Es gelang ihnen über die Dauer ihrer Anwesenheit hinaus nicht, Nachfolger in Kenia zu finden, die die von ihnen vorgegebenen und ge-

---

[317] Joseph Gilbert Kibe (*Ministry of Finance and Planning*) an John Kyalo (*Ministry of Health*): Family Planning Programme: Targets and Implementation, 11.3.1970, KNA, BY/58/6, Ministry of Health, 1969–1970, National Family Planning Council, 1. Working Committee, 2. Agenda and Minutes.

prägten Rollen innerhalb des Programms übernahmen und es in ihrem Sinne weiterentwickelten. Vor diesem Hintergrund diente das Attribut „national", dem sich insbesondere die Akteure des *Population Council* und der *Ford Foundation* in ihren öffentlichen Stellungnahmen zu dem Familienplanungsprogramm in Kenia bedienten, auch dazu, ihre Rolle als Berater und weniger als Macher in den Vordergrund zu stellen. Das Programm sollte als eine von der kenianischen Regierung gewollte und durchgesetzte Maßnahme erscheinen. Demgegenüber hielten viele Politiker und Regierungsbeamte die Problematisierung von Bevölkerungswachstum für wenig plausibel. Die unter dem Stichwort der Geburtenreduktion propagierten Verhütungsmaßnahmen, die das Programm etablieren sollte, wurden kontrovers diskutiert. Manche Gesundheitsexperten wiederum sahen das Programm als Möglichkeit, die institutionelle Position der Gesundheitspolitik innerhalb des politischen Machtgefüges zu verbessern und an notwendige Ressourcen zu gelangen. Sie nutzten diese Ressourcen indes weniger für die Verbreitung von Geburtenkontrollmaßnahmen, als für die kurative Medizin, der sie im Zeichen eines gravierenden Ärztemangels sowie einer grassierenden Cholera-Epidemie einen höheren Stellenwert beimaßen.

Nichtsdestoweniger etablierte sich in den 1960er und Anfang der 1970er Jahre eine „transnationale Ebene" innerhalb von Bürokratie und Verwaltung. Auswärtige Experten wie Edgar O. Edwards im *Ministry of Economic Planning and Development* oder Luigi Laurenti im *Ministry of Finance and Planning* wurden zu engen Beratern von Ministern und Beamtenstab. Im Umfeld dieser Experten setzte sich die Ansicht durch, dass niedriges Bevölkerungswachstum ein Garant für wirtschaftliches Wachstum und höhere Sozialleistungen des Staates sei. Ein Minister wie Tom Mboya definierte vor diesem Hintergrund ein Familienplanungsprogramm mit dem Ziel eines niedrigen Bevölkerungswachstums auch als mögliches Instrument des *nation-building*. Anfang der 1970er Jahre wiederum bemühten sich Luigi Laurenti und der Ministerialbeamte Joseph Kibe verstärkt darum, das Gesundheitsministerium davon zu überzeugen, Geburtenreduktion als vordringliches und zentrales Ziel des Familienplanungsprogramms aufzufassen und umzusetzen.

Die wenigen auswärtigen bevölkerungspolitischen Berater, die sich zwischen 1967 und 1972 im Land aufhielten, um den Aufbau des Familienplanungsprogramms zu begleiten, konnten so bevölkerungspolitische Weichenstellungen nicht direkt, aber indirekt beeinflussen. Sie scheiterten zwar daran, Einfluss auf die Personalpolitik im Gesundheitsministerium zu nehmen oder gezielte Geburtenkontrollmaßnahmen durchzusetzen. Dennoch etablierten internationale Organisationen Machtstrukturen im bevölkerungspolitischen Bereich in Kenia. Dies war vor allem der Tatsache geschuldet, dass sie über Entwicklungshilfsgelder, das heißt über deren Verteilung und Verwendung, aber auch über deren Entzug verfügen konnten.

2.4 Zwischenfazit 2. Teil: Bevölkerungspolitik als Gesundheitspolitik

In diesem zweiten Teil wurde deutlich, dass sich bereits in der kurzen Phase von fünf Jahren – zwischen der Mitte der 1960er Jahre und dem Anfang der 1970er Jahre –, die vordergründig im Zeichen einer gemeinsamen, an der westlichen Modernisierung orientierten Entwicklungsvorstellung zu stehen schien, anhand unterschiedlicher Auslegungen bevölkerungspolitischer Möglichkeiten sowie der Funktion eines Familienplanungsprogramms Divergenzen manifestierten. Diese bildeten sich insbesondere im konkreten Aufbau des Programms ab, das sich weniger dem Ziel eines Geburtenrückgangs durch Kontrazeptiva als einem Ausbau der medizinischen Infrastruktur und einer Verbesserung der gesundheitlichen Versorgung in Kenia verschrieb. Pragmatische Gründe, die auf den Mangel an verfügbarem und für das Familienplanungsprogramm freigestelltem Personal zurückgeführt werden können, mögen hier ebenso eine Rolle gespielt haben wie strategische Überlegungen der Verantwortlichen, eine auf einen Rückgang demographischen Wachstums abzielende Geburtenkontrolle in einer von Rassismus und kolonialer Gewaltherrschaft gezeichneten Gesellschaft nicht öffentlich als Programmziel zu propagieren.

Auf den ersten Blick lässt sich diese medizinische Schwerpunktsetzung von Bevölkerungspolitik weiterhin als Teil einer Modernisierungsinitiative begreifen. Auf den zweiten Blick widersprach ein Familienplanungsprogramm, das sich nicht an erster Stelle einem stark reduzierten Bevölkerungswachstum verschrieb, aus der Perspektive von Organisationen wie dem *Population Council* der ökonomisch fundierten Entwicklungsvision für Kenia als einer sich urbanisierenden und industrialisierenden Gesellschaft, die nur auf diesem Wege einen westlichen Lebensstandard anstreben zu können schien. So offenbarte sich aus der Sicht der internationalen Bevölkerungsexperten in der Auslegung von Bevölkerungspolitik seitens der kenianischen Regierung eine Differenz zwischen Zielsetzungen und Maßnahmen, die es auf dem Papier – im Empfehlungsschreiben des *Population Council* für Kenia einerseits und im kenianischen Regierungspapier *Sessional Paper* andererseits – nicht gegeben zu haben schien.

Indem das Gesundheitsministerium das Programm und die in diesem Rahmen erhaltenen Ressourcen vor allem für gesundheitspolitische Zwecke nutzte und die dezidert familienplanerischen Aspekte – Information und Schulung zu Kontrazeptiva, Einsetzen und Verschreiben von Verhütungsmitteln, Evaluation der Reichweite des Programms – einer kleinen Riege auswärtiger Experten überließ, entstand eine Art Parallelstruktur. Als das *gros* dieser Experten Kenia 1972 verließ, wurden viele der von ihnen angestoßenen Initiativen nicht fortgesetzt. So entfaltete die Umsetzung des Programms eine Eigendynamik, die sich aus der Sicht einiger auswärtiger Experten sowie Beamten und Mitarbeitern der Ministerien für Entwicklung und Finanzen zunehmend von der von ihnen propagierten Entwicklungsvision von Bevölkerungspolitik als Modernisierungspolitik entfernte. Diese Divergenzen um den geeigneten Weg Kenias in die Moderne, bei denen es mindestens implizit auch immer um einen Konflikt um die Zuständigkeit für Entwicklung zwischen unterschiedlichen Akteuren ging, wurden im Verlauf der 1970er und insbesondere zu Beginn der 1980er Jahre immer greifbarer. Sie sind Gegenstand des folgenden dritten und letzten Teils.

3 Die Auflösung der Modernisierungsformel oder: „Development is more than what happens [...] demographically"

Die im Titel zitierte Bemerkung des Leiters der Bevölkerungsabteilung der *Weltbank*, Dr. Kandiah Kanagaratnam, dass Entwicklung mehr als das sei, was sich in demographischer Hinsicht ereigne, erstaunt weniger durch ihren Inhalt, als dadurch, dass Kanagaratnam sich bemüßigt fühlte, dies festzustellen.[1] Er äußerte sich dergestalt allerdings vor einem thematisch gleichsam vorbelasteten Publikum, nämlich vor der seit 1931 und bis zum heutigen Tag bestehenden Hauptorganisation der Demographen in den USA, der *Population Association of America*.[2] Die PAA zählt zu den in den 1920er und 1930er Jahren gegründeten Kerninstitutionen der sozialwissenschaftlichen Beschäftigung mit Bevölkerungsfragen, neben der *Scripps Foundation for Research in Population Problems* (1922), der Abteilung für Bevölkerungsforschung im *Milbank Memorial Fund* (1928) sowie dem *Office of Population Research* in Princeton (1936).[3] Institutionell und personell repräsentierten diese Institutionen mit ihren engen Verbindungen zu Stiftungen und privaten Organisationen, wie insbesondere der *Rockefeller Foundation*, dem *Population Council* und seit den 1960er Jahren auch der *Ford Foundation*, in den Vereinigten Staaten, aber auch auf internationalem Parkett bis weit in die 1970er Jahre hinein den *state of the art* der Problematisierung von Bevölkerung und mithin die Dominanz der Theorie des demographischen Übergangs.[4] Damit einher ging ihr Selbstverständnis, demographische Faktoren als besonders neuralgisch im Hinblick auf die Entwicklung von Gesellschaften zu begreifen, deren Erforschung mithin als prioritär zu behandeln und eine Vermischung bevölkerungspolitischer Fragen mit anderen Entwicklungsthemen als der Sache nicht dienlich einzustufen.[5]

---

[1] Kandiah Kanagaratnam, Realistic Pathways to Fertility Reduction in Less Developed Countries. The Prospect from the Viewpoint of Family Planning Programs. For Presentation to: Population Association of America. Annual Meeting – New York City, 19.4.1974, KNA, BY/58/19, Bl. 2.
[2] Zu dieser Organisation siehe stellvertretend: Hodgson, The Ideological Origins of the Population Association of America.
[3] Siehe hierzu: Frank W. Notestein, Demography in the United States, S. 651–687; Harkavy, Curbing Population Growth, S. 19.
[4] Siehe hierzu: Szreter, The Idea of Demographic Transition, S. 665–668; Greenhalgh, The Social Construction of Population Science, S. 42.
[5] So geschehen beispielsweise, als Frank W. Notestein auf einer Versammlung der *Population Association of America* im Jahr 1970 bemerkte, dass die Verknüpfung von Bevölkerungsfragen mit

Kanagaratnams Hinweis Mitte der 1970er Jahre, dass es notwendig sei, Entwicklungsperspektiven auch jenseits demographischer Aspekte zu verhandeln, lässt sich vor diesem Hintergrund als Anzeichen einer Trendwende lesen. Der folgende dritte und letzte Teil dieser Studie bemüht sich im Zeichen einer postulierten Auflösung der Modernisierungsformel, also der Grundannahme, dass die Verknüpfung von demographischem Transitionsmodell und Familienplanung als vermeintlicher Königsweg in die Modernisierung erodierte, diese Trendwende seit den späten 1970er Jahren auf verschiedenen Ebenen sichtbar zu machen. In chronologischer Reihenfolge widmen sich die folgenden drei Kapitel der Frage, welche Funktion dem Instrument der Familienplanung jeweils aus bevölkerungspolitischer, epistemologischer und globalökonomischer Sicht von unterschiedlichen Akteuren beigemessen wurde. Daran wird sich zeigen, dass sich der Denk- und Deutungsrahmen, in dem Familienplanung und Geburtenkontrolle als entwicklungspolitische Instrumentarien verortet wurden, derart verschob, dass die positive Konnotation von Modernisierung als Verheißung entweder aus dem Blickfeld geriet oder aber Entwicklung jenseits modernisierungstheoretischer Perspektiven beschrieben und gedacht werden wollte und sollte.

3.1 Das Familienplanungsprogramm in Kenia zwischen demographischem Transitionsmodell und ländlicher Entwicklungsdoktrin

Der Rahmen, innerhalb dessen das nationale Familienplanungsprogramm in Kenia begründet und angebahnt wurde, war das demographische Transitionsmodell. Zum Ende der 1970er Jahre zeigte sich indes deutlich, dass sich eine bevölkerungspolitische Praxis jenseits dieses Rahmens zu etablieren begann und die Tauglichkeit der Prämissen dieses Modells für Kenia aus verschiedenen Perspektiven in Frage gestellt wurden. Erstens unterstützte die *Weltbank* als größter neuer Geldgeber auf dem bevölkerungspolitischen Feld in der Praxis zunächst den von der kenianischen Regierung eingeschlagenen Kurs, Familienplanung als Bestandteil von Gesundheitspolitik im Sinne eines Ausbaus medizinischer Infrastrukturen zu verstehen. Eingebettet wurden diese Maßnahmen in die entwicklungspolitische Grundbedürfnisstrategie, bei der es weniger darum ging, nach westlichem Vorbild Industrialisierungspläne voranzutreiben, als den länd-

---

solchen des Umweltschutzes in politischer Hinsicht ernsthaften Initiativen zur Bewältigung sowohl der einen als auch der anderen dieser Problemlagen großen Schaden zugefügt habe. Zitiert in: Piotrow, World Population Crisis, S. 189.

lichen Raum als Lebensmittelpunkt einer Mehrheit der Kenianer zu stabilisieren. Zweitens kritisierten kenianische Autoren und Wissenschaftler zwei zentrale Grundannahmen des Transitionsdenkens als unvereinbar mit dem „kulturellen" Fundament Ostafrikas. Das Denken im nationalen Rahmen widerspreche der multiethnischen Realität in Kenia und die Ökonomisierung verhinderter Geburten entbehre in Ostafrika jeglicher Erfahrungsgrundlage. Schließlich vollzogen Mitarbeiter der *Ford Foundation* in Kenia einen Kurswechsel mit Blick auf den bevölkerungspolitischen Ansatz, der an die Konzeption einer afrikanischen Bevölkerung und die Gestaltung von Bevölkerungspolitik in der britischen Kolonie Kenia in den 1930er und 1940er Jahren erinnerte. Gemeinsamkeiten lassen sich hier hinsichtlich der Definition eines Bevölkerungsproblems feststellen, die erneut Bevölkerung und Land statt Bevölkerungs- und ökonomisches Wachstum aufeinander bezog, ebenso in der Aufwertung vermeintlich traditionaler ethnischer Gemeinschaften als Basiseinheit für Bevölkerung und schließlich hinsichtlich der eigenen Perspektive, mit der sie auf Kenia blickten und die sich aus dem Bewusstsein einer tiefgreifenden Krise der westlichen Ordnung in den 1930er sowie in den 1970er Jahren speiste. Zusammengenommen ergibt sich aus diesen Perspektiven eine veränderte Funktionsbestimmung von Familienplanung als Bestandteil einer Doktrin zur Entwicklung des ländlichen Raumes, die der Trias aus Urbanisierung, Industrialisierung und Modernisierung, auf der das demographische Transitionsmodell fußte, diametral entgegenzustehen schien.

3.1.1 Das nationale Familienplanungsprogramm im Spannungsfeld zwischen Zielen und Maßnahmen: Die *Weltbank* als neuer bevölkerungspolitischer Akteur in Kenia

Anfang der 1970er Jahre traten die unterschiedlichen Zielsetzungen und Erwartungshaltungen, die die Akteure mit dem Familienplanungsprogramm in Kenia verknüpften, immer deutlicher zu Tage. Das kenianische Gesundheitsministerium konzentrierte seine Aktivitäten weiterhin wesentlich auf kurative und nicht auf präventive Maßnahmen, wie beispielsweise Familienplanung, und kenianische Regierungsbeamte und Politiker blieben weiterhin insbesondere in der Öffentlichkeit äußerst zurückhaltend, wenn es darum ging, das Familienplanungsprogramm als Geburtenkontrollmaßnahme zu propagieren. Einigen Geberorganisationen wiederum fiel es in dieser Situation zunehmend schwer, ihr Engagement, das sie explizit an Familienplanungsmaßnahmen koppelten, fortzusetzen. Vor diesem Hintergrund breitete sich unter den auswärtigen Beratern eine Stimmung der Ernüchterung aus angesichts der aus ihrer Sicht unklaren Haltung des für das Programm verantwortlichen Gesundheitsministeriums, der unzureichenden

Koordinierung der zahlreichen vertretenen Geberorganisationen und der Unschlüssigkeit bezüglich ihrer eigenen Rolle.

Diese Ernüchterung manifestierte sich sowohl in Gesprächen der Berater untereinander als auch in Sondierungsberichten, in denen sie die Situation in Nairobi für ihre Entwicklungsagenturen skizzierten. Beispielsweise beschrieb Don Murray, Vertreter von USAID in Nairobi, das bevölkerungspolitische Feld 1972 als „extremely confusing and complicated".[6] Der Arzt Lou Roggen, der auf der Grundlage eines bilateralen Abkommens zwischen Kenia und den Niederlanden nach Nairobi gekommen war, äußerte seinen Eindruck, in einem „curious vacuum" zu agieren, und zeigte sich „extremely discouraged by the whole situation".[7] Joel Montague, der Regionaldirektor für den Nahen Osten und Afrika im *Population Council*, kam seinerseits zu dem Ergebnis: „[T]he family planning situation was in some state of disarray."[8]

Bezogen waren diese Äußerungen einerseits darauf, dass Anfang der 1970er Jahre eine Reihe von Beraterverträgen auslief und sich diejenigen, die im Land verblieben, zunehmend auf verlorenem Posten wähnten. Die im Rahmen des bilateralen Abkommens mit den Niederlanden entsandten fünf Krankenschwestern, die sich maßgeblich um die klinische Familienplanungsarbeit gekümmert hatten, gingen im Sommer 1972 ohne Nachfolgerinnen. Der Berater der *Ford Foundation*, David Radel, verließ Nairobi im Juni 1971, der Berater des *Population Council*, James Russell, im Herbst 1972.[9] Andererseits erschien es zunehmend schwierig, zwischen kenianischen Regierungsvertretern und Geberorganisationen Perspektiven für die bevölkerungspolitische Praxis auszuhandeln, wie sich am Beispiel des *Population Council* illustrieren lässt. Die Organisation plante, den auslaufenden Vertrag ihres Beraters Russell entgegen dem ausdrücklichen Wunsch des Gesundheitsministeriums nicht zu verlängern und auch keinen Ersatz zu finanzieren, wie Joel Montague präzisierte: „If we want to provide individuals – whether doctors, planners, demographers – they would be delighted to have them. It is dubious that they would have advisory roles – they would be

---

6 Don Murray im Gespräch mit Joel Montague, 12.9.1972, Itinerary for Joel Montague's Kenya Visit/Meetings, RAC, PC Acc. II AD 61, Montague Country Files, Kenya Memos and Site Visits.
7 Dr. Lou Roggen im Gespräch mit Joel Montague, 11.9.1972, Itinerary for Joel Montague's Kenya Visit/Meetings, RAC, PC Acc. II AD 61, Montague Country Files, Kenya Memos and Site Visits.
8 Joel Montague an Jack Caldwell (Population Council), Kenya, 30.3.1973, RAC, PC Acc. II AD 61, Montague Country Files, Kenya PC Office Correspondence.
9 David Radel an Jason C. Likimani, 22.6.1971, KNA, Ministry of Health, 1970–1971, Family Planning General, BY/58/14; James J. Russell, Confidential Report, 6.11.1971, RAC, PC Acc. II AD 61, Montague Country Files, Kenya PC Office Correspondence.

purely operational types."¹⁰ Diese Feststellung Montagues bezog sich darauf, dass die auswärtigen Experten eigentlich lediglich als Berater kenianischer *counterparts*¹¹ vorgesehen waren, denen das operative Geschäft obliegen sollte. Weil diese *counterparts* jedoch so gut wie nie besetzt worden waren, blieb die Implementierung des Familienplanungsprogramms nahezu ausschließlich den auswärtigen Beratern überlassen.¹² Anstelle einer Finanzierung weiterer Berater plante der *Population Council* die Durchführung eines Pilotprojekts in Kenia, dem so genannten *Taylor-Berelson*-Programm. Ziel dieses von Bernard Berelson, einem ehemaligen Direktor des *Population Council*, entwickelten Programms war es, die Aufklärung über Familienplanung und die Ausgabe von Kontrazeptiva mit der Vor- und Nachsorge von Müttern und Kindern im Umfeld der Geburt zu verbinden.¹³ An diesem Programm wiederum zeigten sich die kenianischen Verantwortlichen nicht interessiert, so dass die Frage nach der zukünftigen Rolle des *Population Council* im kenianischen Familienplanungsprogramm zunächst offenblieb.

Einen nicht geringen Anteil an der unübersichtlichen Situation, in der sich die Repräsentanten der Geberorganisationen in Kenia wähnten, hatte indes auch die Ankündigung der *Weltbank*, sich zukünftig in diesem Land bevölkerungspolitisch engagieren zu wollen. Als entwicklungspolitisches Schwergewicht verdrängte die Bank die im Familienplanungsbereich tätigen Pionierorganisationen *Population Council* und *Ford Foundation* und wies ihnen die Rolle zu, diejenigen Projekte zu unterstützen, welche das zwischen der *Weltbank* und der kenianischen Regierung im Rahmen eines Fünfjahresplans vereinbarte Familienplanungsprogramm für sie übrig ließ.¹⁴

---

10 Brief von Joel Montague an Clifford A. Pease, 12.2.1973, RAC, PC Acc. II AD 61, Montague Country Files, Kenya Memos and Site Visits, Bl. 4–5. Das folgende Zitat findet sich ebenda. Siehe hierzu außerdem: James J. Russell an Clifford A. Pease, 19.7.1972, RAC, PC Acc. II AD 61, Montague Country Files, Kenya PC Office Correspondence.
11 Zum entwicklungspolitischen Begriff des *counterparts* siehe beispielsweise: Hubertus Büschel/Daniel Speich, Konjunkturen, Probleme und Perspektiven der Globalgeschichte von Entwicklungszusammenarbeit, hier S. 8.
12 Siehe hierzu beispielsweise Clifford A. Pease an Donald F. Heisel, Briefing for Visit to Kenya, 24.9.1970, RAC, PC Acc. II AD 61, Montague Country Files, Kenya Memos and Site Visits, Bl. 1.
13 Siehe hierzu und zum Folgenden: Joel Montague an Clifford A. Pease, 12.2.1973, RAC, PC Acc. II AD 61, Montague Country Files, Kenya Memos and Site Visits, Bl. 4–5. Zum Taylor-Berelson-Programm siehe: Howard C. Taylor/Bernard Berelson, Maternity Care and Family Planning as a World Program, in: American Journal of Obstetrics and Gynecology 100 (1968), S. 885–893.
14 James J. Russell an Clifford A. Pease, 19.7.1972, RAC, PC Acc. II AD 61, Montague Country Files, Kenya PC Office Correspondence; Joel Montague an Clifford A. Pease, 12.2.1973, RAC, PC Acc. II AD 61. Siehe zu dem Phänomen, dass die *Weltbank* angesichts ihres rasanten Wachstums und der Tatsache, dass sie bereits fünf Jahre, nachdem Robert McNamara den Vorsitz übernommen hatte,

Mit der *Weltbank* trat zu Beginn der 1970er Jahre nicht nur eine mächtige, sondern auch eine im bevölkerungspolitischen Feld völlig neue Institution auf den Plan. Diese Mischung begünstigte, dass sich die von den in Kenia tätigen Geberorganisationen bemängelte Spannung zwischen Zielsetzungen und Maßnahmen des kenianischen Familienplanungsprogramms fortsetzte. Konkret ausgedrückt formulierte die *Weltbank* das Programmziel, das Bevölkerungswachstum in Kenia nennenswert zu reduzieren, förderte und finanzierte aber Maßnahmen, die sich vollständig auf den Ausbau der Gesundheitsversorgung und nicht explizit auf die Verbreitung von Kontrazeptiva bezogen. Diese Vorgehensweise, die aus der Perspektive vornehmlich auf Familienplanung konzentrierter Organisationen wie dem *Population Council* widersprüchlich erschien, beruhte auf einem Entwicklungsverständnis, das sich aus der spezifischen personellen, finanziellen und programmatischen Verfasstheit der *Weltbank* zu Beginn der 1970er Jahre ergab.

Der seit 1968 amtierende Präsident Robert McNamara hatte die *Weltbank* völlig neu aufgestellt und trieb bis zum Ende seiner Amtszeit 1981 deren sukzessive Umwandlung von einer Kreditanstalt zur Förderung wirtschaftlicher und infrastruktureller Investitionen in eine der einflussreichsten multilateralen Entwicklungsorganisationen voran.[15] Dies betraf eine massive Vergrößerung des Stabes von 767 Mitarbeitern bei McNamaras Amtsantritt auf circa 2000 im Jahr 1976.[16] McNamara veranlasste überdies, dass das Kreditvolumen der Bank erheblich ausgeweitet wurde, insbesondere durch den Verkauf von Anleihen außerhalb der USA. Zudem sollte die Bank ihre Kreditvergabepraxis programmatisch erweitern und sich verstärkt an Länder auf dem afrikanischen und asiatischen Kontinent wenden, die zuvor nicht die strengen Bedingungen erfüllt hatten, um ein Darlehen zu erhalten. Um dieses ambitionierte Programm umzusetzen, wurden zahlreiche Entwicklungsökonomen für die Bank gewonnen, deren professionelles Profil zuvor maßgeblich von Ingenieuren geprägt gewesen war.[17] Die Auswirkungen dieser neuen Ausrichtung lassen sich am Beispiel des ersten maßgeblich durch einen Weltbankkredit finanzierten Familienplanungsprogramms in Kenia zwischen 1972 und 1984 erläutern.

über 60 Prozent aller Gelder, die von internationalen Organisationen an „Entwicklungsländer" überwiesen wurden, zur Verfügung stellte, frühere auf ihrem Gebiet führende internationale Organisationen in die Rolle von Juniorpartnern verwies, auch Patrick A. Sharma, Robert McNamara's Other War. The World Bank and International Development, Philadelphia 2017, S. 49.
15 Staples, The Birth of Development, S. 181–182.
16 Siehe hierzu und zu diesem Absatz insgesamt: Sharma, Robert McNamara's Other War, insbesondere die Kapitel 2, Modernizing the Bank, und Kapitel 3, Developing Development.
17 Siehe hierzu: Louis Galambos/David Milobsky, Organizing and Reorganizing the World Bank, 1946–1972: A Comparative Perspective, in: Business History Review 69 (1995), Nr. 2, S. 156–190.

Unmittelbar nach seinem Amtsantritt als Weltbankpräsident thematisierte McNamara exzessives Bevölkerungswachstum als „most delicate and difficult issue of our era – perhaps of any era in history".[18] Entsprechend dieser Überzeugung setzte er durch, dass die *Weltbank* Anfang der 1970er Jahre bevölkerungspolitisch aktiv wurde, indem sie sich an der Planung von und der Kreditvergabe für Bevölkerungs- und Familienplanungsprogramme beteiligte.[19] Motiviert war dieser Einstieg nicht zuletzt durch die sicherheitspolitische Prämisse McNamaras, dass politische Instabilität eine Folge von Armut sei.[20] Geprägt durch den Vietnamkrieg, dessen Scheitern er als US-amerikanischer Verteidigungsminister maßgeblich mitverantwortet hatte und zu dem er sich nachträglich äußerte,[21] setzte er als Weltbankpräsident auf Entwicklungspolitik als strategisches außenpolitisches Instrument.[22] Die Bank sollte die Ursachen von Armut bekämpfen, indem sie sich für den ökonomischen, sozialen und politischen Fortschritt der „Entwicklungsländer" einsetzte. Gemäß des demographischen Transitionsmodells schien dieser jedoch gefährdet: Eine hohe Bevölkerungswachstumsrate, so argumentierte McNamara, könne durch ihren negativen Effekt auf das Wirtschaftswachstum die Effizienz der Weltbankinitiativen einschränken und eine optimale Nutzung knapper Entwicklungsgelder verhindern.[23]

Der neue thematische Schwerpunkt machte die Einstellung von neuem Personal in Ermangelung bankinterner Bevölkerungsexperten erforderlich.[24] 1969 war ein *Population Projects Department* mit zwölf neuen Mitarbeitern, mehrheitlich Demographen, eingerichtet worden. Sie mussten sich rasch nach prestigeträchtigen bevölkerungspolitischen Projekten umsehen. Weil Familienplanungsprogramme im so genannten sub-saharischen Afrika, wo sich die *Weltbank*

---

18 Robert S. McNamara, Address to the University of Notre Dame, Notre Dame, IN, 1.5.1969. http://documents.worldbank.org/curated/en/1969/05/15499876/address-university-notre-dame-robert-mcnamara-president-world-bank-group, (letzter Zugriff am 22.10.2015).
19 Siehe hierzu und zum Folgenden: Barbara Crane/Jason L. Finkle, Organizational Impediments to Development Assistance. The World Bank's Population Program, in: WP 33 (1981), Nr. 4, S. 516–553, hier S. 517–519.
20 Siehe hierzu: Sharma, McNamara's Other War, S. 54–55.
21 Siehe hierzu insbesondere den 2003 erschienenen Dokumentarfilm von Errol Morris, The Fog of War: Eleven Lessons from the Life of Robert S. McNamara.
22 Siehe hierzu: Devesh Kapur/John P. Lewis/Richard Webb, The World Bank. Its First Half Century, Washington D.C. 1997, Bd. 1, Kapitel 5: Poverty Moves Up, S. 215–268, hier S. 219–220.
23 George B. Simmons/Rushikesh Maru, The World Bank's Population Lending and Sector Review (Policy, Planning and Research Working Papers, WPS 94), Population and Human Resources Department (World Bank), Washington D.C. 1988, S. 2.
24 Siehe hierzu und zum Folgenden: Finkle/Crane, Organizational Impediments, S. 522 und S. 536.

McNamaras Agenda zufolge verstärkt engagieren sollte, auch Anfang der 1970er Jahre ein seltenes Phänomen waren, signalisierte die neue Bevölkerungsabteilung gegenüber dem kenianischen Finanzministerium Interesse an einer Förderung bevölkerungspolitischer Maßnahmen.[25] Auch dies stellte eine Neuerung dar. Während die Bank unter ihren vorherigen Präsidenten Anträge entgegengenommen hatte, sollte das Bankpersonal nun aktiv an mögliche Partner herantreten und geeignete Projekte identifizieren.[26]

Hinsichtlich der Umsetzung tat sich die Bank mit bevölkerungspolitischen Projekten jedoch durchaus schwer. Aus der Perspektive der Bank handelte es sich um kleine Projekte, für die ein verhältnismäßig geringes Budget benötigt wurde.[27] Für die Institution, deren Kreditvolumen innerhalb kürzester Zeit massiv gestiegen war, mussten Projekte auch finanziell umfangreich sein, damit die entsprechenden Mittel innerhalb des Berichtszeitraums ausgegeben werden konnten. Geeignete Projekte zu finden, die abstrakt auf einen Rückgang des Bevölkerungswachstums zielten, deren Erfolge schwer quantifizierbar waren und die zudem insgesamt spärlich gesät waren, erwies sich daher als eine arbeitsaufwändige Belastung für das *Population Projects Department*.

Entsprechend ihres Anspruchs, die Bank als neues Schwergewicht im bevölkerungspolitischen Feld zu positionieren, machten die Mitarbeiter in Kenia deutlich, dass sie nur an der Förderung eines Großprojekts im Umfang von mindestens drei Millionen Dollar interessiert seien.[28] Daraufhin beauftragte das kenianische Finanzministerium die zu diesem Zeitpunkt ausschließlich mit auswärtigen Beratern besetzte Familienplanungssektion im Gesundheitsministerium, einen Fünfjahresplan für den Ausbau des nationalen Familienplanungsprogramms zur Vorbereitung der Verhandlungen mit der *Weltbank* auszuarbeiten.[29] Tatsächlich stellte die Bank für das zwischen 1972 und 1984 implementierte Projekt schließlich einen Kredit von zwölf Millionen Dollar zur Verfügung. Sechs weitere Geberorganisatio-

---

25 Hodge, British Colonial Expertise, S. 37–38.
26 Siehe hierzu: Sharma, McNamara's Other War, insb. Kapitel 3: Developing Development.
27 Siehe hierzu und zum Folgenden: Sharma, McNamara's Other War, S. 50 und S. 62.
28 Jack Kisa (Ministry of Finance and Planning) im Gespräch mit Joel Montague, 13.9.1972, Itinerary for Joel Montague's Kenya Visit/Meetings, RAC, PC Acc. II AD 61, Montague Country Files, Kenya Memos and Site Visits.
29 James J. Russell, Monthly Report, November 1971, RAC, PC Acc. II AD 61, Montague Country Files, Kenya Population Council Office Correspondence; Clifford A. Pease an Files: Kenya, 25.4. 1972, RAC, PC Acc. II S117, Kenya (Taylor-Berelson-Programm); Lars Gunnar Remstrand (Family Planning Section, MOH) an Shiteni: Memorandum, 7.6.1972, KNA, BY/58/16, Ministry of Health, 1972, Family Planning General.

nen – DANIDA, SIDA, ODA, USAID, UNFPA und die GTZ – beteiligten sich an der Finanzierung ebenso wie an verschiedenen Projekten im Rahmen des Programms.³⁰ Das *Population Projects Department* der *Weltbank* formulierte klare Zielsetzungen für das Programm. Innerhalb von fünf Jahren sollten 1,16 Millionen Nutzer für Verhütungsmethoden gewonnen werden, um 228 000 Geburten zu verhindern.³¹ Indes wichen diese konkreten Zahlen in den Berichten unterschiedlicher Akteure erheblich voneinander ab.³² Vertreter anderer Geberorganisationen, insbesondere von USAID und UNFPA, hielten diese quantitativen Vorgaben zudem für hochgradig fiktiv. Dies umso mehr, als sie eine Diskrepanz zwischen diesen Zielvorgaben und der Rolle der *Weltbank* im Familienplanungsprogramm ausmachen zu können glaubten, wie ein Weltbankmitarbeiter feststellte:

> From various informal and external documents we have learned the following: (a) UNFPA finds the „IBRD project" excessively expensive and „largely a health development plan" with a relatively small family planning content.³³

Weil es sich offenkundig um ein Gesundheits- und nicht um ein Familienplanungsprojekt handle, so Vertreter von USAID und UNFPA, sei keinerlei Effekt auf die Bevölkerungswachstumsrate zu erwarten.³⁴ Denn ihrer langjährigen Praxis entsprechend finanzierte die *Weltbank* ausschließlich Infrastrukturprojekte in Form des Baus von Krankenhäusern, medizinischen Zentren und Schulungseinrichtungen.³⁵ In der Rückschau bewertete eine 1992 von der *Weltbank* in Auftrag gegebene Fallstudie dieses erste Projekt wie folgt:

---

30 J. Adamba (Office of the Vice-President and Ministry of Home Affairs) an J.T. Arap Leting (Office of the President), 18.2.1988, KNA, BY/58/52, Ministry of Health, 1981–1982, Family Planning.
31 Peter A. Hall an Kandiah Kanagaratnam, Kenya: Population Reconnaissance Mission. Back-to-Office Report, 30.5.1972, WBGA, Folder 01381809, Kenya Credit [Kenya Cr.] 468 KE, Vol. X, Bl. 3.
32 Beispielsweise berichtete Susan Fisher, eine Repräsentantin der *Ford Foundation* in Nairobi, dass der Fünfjahresplan das Ziel vorgegeben habe, die Geburtenrate Kenias von 3,5 auf 3,25 % zu senken, indem 150 000 Geburten verhindert und 640 000 neue Familienplanungsnutzer rekrutiert würden: Susan B. Fisher an David A. Anderson: Review of the Population/Family Planning Field in the East and Southern/Region and Proposals for Future Activities of the Africa Ford Foundation, undatiert, FFA, #009450.
33 B.A. Jenny (World Bank) an Philip Ndegwa, Family Planning Programme: Major Pending Issues, 26.9.1973, KNA, AMB/6/100, Ministry of Economic Planning and Development, 1973, Family Planning.
34 World Bank (Hrsg.), Population and the World Bank. Implications from Eight Case Studies, Washington D.C 1992, S. 53.
35 The Integrated Rural Health and Family Planning Programme, Appraisal Report, April 1981, KNA, BY/58/53, Ministry of Health, 1981–1982, IRHFP, Bl. 32.

> The consequence was a project that was 89 percent civil works, 9 percent furniture and equipment, and 2 percent technical assistance, including fellowships and training. Nearly all of this was provided to the MOH, where commitment to family planning was weak. [...] In the end, there was really nothing in this project directly related to family planning [...].[36]

Was Anfang der 1970er Jahre aus der Perspektive der anderen Geberorganisationen als klarer Widerspruch erschien, lässt sich zum einen aus der institutionellen Logik der Bank, zum anderen aus einem spezifischen Entwicklungsverständnis heraus begründen. Institutionell brachte die Bank auf dem bevölkerungspolitischen Feld, insbesondere im Vergleich zu den anderen Geberorganisationen, wenig Erfahrung mit.[37] Überdies hatte das Thema der Bevölkerungskontrolle bankintern Anfang der 1970er Jahre eine sehr geringe Priorität. Denn die neue Bevölkerungsabteilung kannte sich nicht nur mit der Konzeption entwicklungspolitischer Projekte kaum aus. Nur zwei der neuen Mitarbeiter hatten zuvor mit der Bank zusammengearbeitet, so dass diese Abteilung insgesamt mit den internen Abläufen innerhalb der Institution wenig vertraut war. In den anderen Abteilungen der Bank wiederum arbeiteten in der überwiegenden Mehrheit Ökonomen, die der Öffnung der Bank für Entwicklungsprojekte im sozialen und mithin auch im bevölkerungspolitischen Bereich skeptisch gegenüberstanden.[38]

Diese Skepsis zeigte sich beispielsweise darin, dass Bevölkerungskontrolle innerhalb des Mitarbeiterstabes als ein außerhalb der Bank entwickelter Bereich der Darlehensvergabe verstanden wurde.[39] In der Tat hatte McNamara diesen Themenschwerpunkt im Umfeld von Beratern und neu besetzten Bankmitarbeitern gewählt, die zuvor für bilaterale Entwicklungsagenturen wie USAID oder philanthropische Organisationen wie der *Ford Foundation* gearbeitet hatten. Zu Beginn setzte sich McNamara für eine sehr strikte Auslegung von Bevölkerungskontrolle als Anwendungsgebiet der *Weltbank* ein. Um eines der ersten Projekte dieser Art in Jamaika zu realisieren, schlug ein Bankmitarbeiter 1969 vor, ein Mütterzentrum in Kingston zu bauen, und fügte hinzu, dass er das Kreditvolumen erhöhen könne, wenn auch allgemeine medizinische Dienstleistungen in das Vorhaben integriert würden. McNamara hingegen argumentierte, dass Projekte im Bereich der Gesundheitsversorgung nur dann durch die *Weltbank* gefördert werden könnten, wenn sich ein direkter Zusammenhang zur Bevölkerungskontrolle herstellen ließe, da medizinische Einrichtungen in aller Regel zu einem Rück-

---

36 World Bank (Hrsg.), Population and the World Bank, S. 53.
37 Siehe hierzu und zum Folgenden: Finkle/Crane, Organizational Impediments, S. 520–522 und S. 536.
38 Siehe hierzu und zum Folgenden: Kapur/Lewis/Webb, The World Bank, Bd. 1, S. 240–247.
39 Siehe hierzu und zum Folgenden: Kapur/Lewis/Webb, The World Bank, Bd. 1, S. 242–243.

gang der Sterberate führten und dadurch die „Bevölkerungsexplosion" eher beschleunigten.[40]

Dass diese Rhetorik das eine, die Realisierung von Projekten jedoch das andere war, zeigt die oben skizzierte Ausrichtung des ersten von der *Weltbank* geförderten Projekts im bevölkerungspolitischen Bereich in Kenia. Die Bilanz der Darlehen in den Jahren zwischen 1968 und 1973 zeigt, dass sich die Praxis der Bank insgesamt noch nicht wesentlich geändert hatte und sich nach wie vor wesentlich auf die Bereiche Infrastruktur und Industrie konzentrierte.[41] Überdies wurde Bevölkerungskontrolle als zu entwickelnder Schwerpunkt der Bank nach Aufsehen erregenden Reden McNamaras insbesondere im Jahr 1969 zunehmend eingebettet in die so genannte Grundbedürfnisstrategie[42] als ein neues Entwicklungsverständnis, welches das Ziel einer Industrialisierung der „Entwicklungsländer" in den Hintergrund treten ließ zugunsten einer angestrebten Deckung der Grundbedürfnisse der Menschen. Das besondere Augenmerk dieses Ansatzes galt der Entwicklung des ländlichen Raumes auf der Grundlage eines integrierten Zugriffs, welcher sowohl Gesundheits-, als auch Bildungs- und Landwirtschaftsprogramme einschließen sollte.[43] Gemäß der Empfehlung eines *Population Program Review Panel*, welches 1973 die Rolle der *Weltbank* im bevölkerungspolitischen Feld evaluierte, sollte Bevölkerungspolitik Teil dieses integrierten Ansatzes sein. Es gelte, Entwicklungsprojekte zu schnüren, die das Wohl von Familien unter gesundheitlichen, ernährungstechnischen und familienplanerischen Aspekten in den Blick nähmen.[44] Im Unterschied beispielsweise zu der vergleichsweise kleinen privaten Organisation des *Population Council*, welche sich gänzlich der Bekämpfung eines vermeintlich exzessiven Bevölkerungswachstums in der

---

40 Siehe zu dem Projekt in Jamaika und McNamaras Reaktion: Kapur/Lewis/Webb, The World Bank, Bd. 1, S. 250; Sharma, McNamara's Other War, S. 63.
41 Kapur/Lewis/Webb, The World Bank, Bd. 1, S. 246.
42 Im Englischen: *basic needs*. Zu diesem Ansatz siehe unter anderen: Alacevich, The Political Economy of the World Bank, S. 150; Hubertus Büschel, Geschichte der Entwicklungspolitik, Version 1.0, in: Docupedia-Zeitgeschichte, http://docupedia.de/zg/Geschichte_der_Entwicklungspolitik?oldid=106421 (letzter Zugriff am 2.11.2016), S. 6; Daniel Speich, The Kenyan Style of „African Socialism". Development Knowledge Claims and the Explanatory Limits of the Cold War, in: Diplomatic History 33 (2009), Nr. 3, S. 449–466, hier S. 464; Nils Gilman, Modernization Theory, the Highest Stage of American Intellectual History, in: David C. Engerman/Nils Gilman/Mark H. Haefele/Michael E. Latham (Hrsg.), Staging Growth. Modernization, Development, and the Global Cold War, Amherst/Boston 2003, S. 47–80, hier S. 70–71; Corinna R. Unger, International Development. A Postwar History, London 2018, S. 140.
43 Zur Erweiterung des Themenspektrums der *Weltbank* unter anderem um „rural development" in dieser Zeit siehe: Staples, The Birth of Development, S. 44.
44 Simmons/Maru, The World Bank's Population Lending and Sector Review, S. 2–3.

Dritten Welt verschrieben hatte, behandelte die *Weltbank* Familienplanung nicht als isoliertes Instrument, sondern als Bestandteil einer umfassenderen Entwicklungsstrategie. Die Tatsache, dass das erste maßgeblich von der *Weltbank* mitfinanzierte bevölkerungspolitische Projekt in Kenia einen deutlichen Schwerpunkt im Ausbau der Gesundheitsversorgung im ländlichen Raum aufwies, lässt sich vor diesem Hintergrund als Signum einer Übergangsphase der Bank zwischen der Förderung großer Infrastrukturprojekte und der Neuorientierung hin zu sozialen Projekten im Rahmen des integrierten Ansatzes der Grundbedürfnisstrategie deuten.

In Kenia stießen die Maßnahmen der *Weltbank* bei einer Reihe von Politikern und Wissenschaftlern durchaus auf Zustimmung. Neben dem pragmatischen Grund, dass die anderen bevölkerungspolitischen Geberorganisationen in den meisten Fällen nicht bereit waren, Entwicklungshilfsgelder für „Mörtel und Ziegel", mithin ganz konkret für den Bau von Gebäuden zur Verfügung zu stellen,[45] knüpfte das Weltbankprojekt weitgehend an die gesundheitliche Ausrichtung des nationalen Familienplanungsprogramms in Kenia seit 1967 an: „The Bank team recognizes the importance of closely associating family planning activities with maternal and child health services in the African environment",[46] ließ der Direktor des *Population Projects Department* der *Weltbank* das kenianische Finanzministerium 1972 wissen. Vor diesem Hintergrund blieb das kenianische Gesundheitsministerium die hauptverantwortliche Koordinierungsinstanz des Bevölkerungsprogramms, dessen Hauptaugenmerk dem Auf- und Ausbau des „inadequate health delivery system which reaches only 25% of the country and is overburdened with curative demands" gelten sollte. Zwar wurde dieser Schwerpunkt mit dem Argument legitimiert, dass eine flächendeckende gesundheitliche Versorgung angesichts der klinischen Ausrichtung des kenianischen Familienplanungsprogramms die Voraussetzung dafür sei, dass Kontrazeptiva verfügbar gemacht werden könnten. Dies änderte indes nichts daran, dass die konkreten Maßnahmen des Programms Gesundheit und nicht Familienplanung die erste Priorität einräumten und damit die Strategie einer Mehrheit der kenianischen Regierungsmitglieder fortsetzten, mit dem Programm die gesundheitliche Versorgung im Land zu verbessern und nicht das Bevölkerungswachstum zu reduzieren.[47]

---

45 Harkavy, Curbing Population Growth, S. 57.
46 Kandiah Kanagaratnam an Philip Ndegwa (Ministry of Finance and Planning), 31.5.1972, WBGA, Folder 01381809, Kenya Cr. 468 KE, Bl. 10. Das folgende Zitat findet sich ebenda.
47 Siehe zu dieser Strategie und der Ausrichtung des kenianischen Familienplanungsprogramms Kapitel 2.3.

Überdies entsprach die Absichtserklärung der *Weltbank*, mit dem Programm der Tatsache Rechnung tragen zu wollen, „that the large majority of Kenyans (75%) live outside the urban sector and depend upon subsistence and agriculture for their livelihood",[48] dem Postulat einer Entwicklung des ländlichen Raumes, welchem sich Anfang der 1970er Jahre zunehmend auch kenianische Politiker verschrieben hatten. Diese hatten ihrerseits bei der *Weltbank* für ein integriertes Konzept plädiert, das die Komponenten ländliche Entwicklung, Verbesserung der medizinischen Versorgung und Bevölkerungspolitik zusammendachte. Beispielsweise warb der kenianische Finanzminister Mwai Kibaki in einem Gespräch mit einem Weltbankmitarbeiter 1972 für eine Integration von Gesundheits- und Familienplanungskomponenten in die Entwicklungsprojekte der *Weltbank* für den ländlichen Raum in Kenia.[49] Dieser Gesprächspartner Kibakis, S. Shahid Husain, verfasste daraufhin ein Memorandum, welches wiederum ein Mitarbeiter des *Population Projects Department* zum Anlass nahm, mit der für Projekte im Bereich der Landwirtschaft zuständigen Abteilung innerhalb der *Weltbank* in Kontakt zu treten, um auf eine Zusammenarbeit hinzuwirken.[50]

Zusammenfassend bleibt festzuhalten, dass die Absichtserklärungen, welche das *Population Projects Department* der *Weltbank* mit dem Familienplanungsprogramm in Kenia verband, zwar auf einen Rückgang des Bevölkerungswachstums zielten, die konkreten Maßnahmen sich aber vor allem auf den Ausbau medizinischer Infrastrukturen im ländlichen Raum konzentrierten. Aus der Perspektive einiger kenianischer Politiker stellte dies – im Unterschied zu derjenigen anderer im bevölkerungspolitischen Feld engagierter Geberorganisationen wie dem *Population Council* oder USAID – nicht unbedingt einen Widerspruch dar. Sie verstanden Familienplanung nicht als isoliertes Instrument, sondern als integrierten Bestandteil der Entwicklung des ländlichen Raumes in Kenia. Wie zu zeigen sein wird, zeichnete sich vor diesem Hintergrund eine Verschiebung der Funktion von Familienplanung ab. Im Kontext des kenianischen Programms wurde sie zunehmend weniger als Verheißung einer Angleichung an einen westlichen Lebensstandard unter den Vorzeichen von Industrialisierung, Urbanisierung und Modernisierung ernst genommen denn als Postulat, den ländlichen Raum als Lebensumfeld einer Mehrheit der Kenianer zu stabilisieren. Diese Verschiebung war das Ergebnis eines im Folgenden skizzierten Aushandlungspro-

---

48 Peter A. Hall an Kandiah Kanagaratnam, Kenya: Population Reconnaissance Mission, Back-to-Office Report, 30.5.1972, WBGA, Folder 01381809, Kenya Cr. 468 KE, Vol. X, Bl. 4.
49 S. Shahid Husain an Roger Hornstein, Kenya – Family Planning, 30.5.1972, WBGA, ISN#01381809, ACC# R81057, Box#51–19, NUS Location: 200–5–1. Kenya Cr. 468 KE, Vol. 1.
50 Peter A. Hall an Frank Stubenitsky, 21.6.1972, WBGA, Folder 01381809, Kenya Cr. 468 KE, Bl. 10.

zesses zwischen den in das kenianische Familienplanungsprogramm involvierten Akteuren, in dem die Prämissen des demographischen Transitionsmodells für Kenia getestet und zum Teil als inadäquat verworfen wurden.

3.1.2 Kenia als Testfall der Prämissen des demographischen Transitionsmodells

Die Attraktivität des demographischen Transitionsmodells für Entwicklungsplaner bestand wesentlich in der zukunftsorientierten Verheißung, dass die demographische Transition eines Landes mit dessen Modernisierung einhergehe.[51] Denn der als Transition definierte, infolge eines Mortalitätsrückgangs stattfindende substantielle Geburtenrückgang wurde als Wechselwirkung mit Prozessen der Industrialisierung und Urbanisierung einer Nation erklärt und im Zuge dessen als Modernisierungsphänomen gedeutet. Entsprechend charakterisierten Anhänger des Transitionsmodells in Kenia das Land als eine sich modernisierende Übergangsgesellschaft. Auf einem Workshop zum Thema Familienplanung, zu dem sich in Mombasa 1969 zahlreiche auswärtige Berater, Sozialarbeiter, Wissenschaftler und medizinisches Personal versammelten und zum Auftakt über „the Dimension of Population Change and Its Effects on African Family Welfare" diskutierten, konzipierten viele Teilnehmer die Zukunft des Landes in einer Industrialisierungsperspektive.[52] Vor diesem Hintergrund warnten sie, dass dieser Prozess unter den Bedingungen raschen Bevölkerungswachstums schwer zu realisieren sei, und rieten dazu, Kinder bereits in den Schulen angemessen auf die Anforderungen der „modernen Welt" vorzubereiten. Überdies erschien einigen die Urbanisierung des Landes als Voraussetzung, um eine Veränderung von Reproduktionsmustern hin zur Kernfamilie zu bewirken: „[U]rban and industrial families tend to be smaller in size."[53] Als entwicklungspolitisches Pendant dieser

---

[51] Siehe hierzu und zum Folgenden: Coale, An Autobiography, S. 47; Coale/Hoover, Population Growth and Economic Development, S. 11–12.
[52] Part I – The Dimension of Population Change and Its Effects on African Family Welfare. Introduction, in: E. Maxine Ankrah/David Radel (Hrsg.), Family Planning. The Inter-Professional Approach. Proceedings of the Seminar on Inter-Professional Teamwork for the Family, Dolphin Hotel Mombasa 21.-25.4.1969 (Veranstalter: Ministry of Co-Operatives and Social Services, Department of Community Development and Social Sciences, Social Welfare Division in Verbindung mit dem Gesundheitsministerium), FFA, Reel 1151, Bl. 1–3, hier Bl. 2–3.
[53] Discussion: The African Family. How to Preserve its Essential Qualities, in: Ankrah/Radel, Family Planning, Bl. 16–20, hier Bl. 19.

Zukunftsvision eines industrialisierten, urbanen und modernen Kenia definierten viele Teilnehmer die Familienplanung.

Der Nexus von Familienplanung und Modernisierung war jedoch in dreierlei Hinsicht voraussetzungsreich. Erstens erfolgte die Problematisierung des Bevölkerungswachstums mit Blick auf eine Zukunftsvision für Kenia, die an dem stereotypen Dreiklang westlicher Entwicklung – Industrialisierung, Urbanisierung und Modernisierung – ausgerichtet war. Denn die Definition von Überbevölkerung im demographischen Transitionsmodell beruhte nicht auf dem Kriterium der Dichte, also der Relation von Bevölkerung zu Land, sondern auf dem Verhältnis der Bevölkerung zu den vorhandenen Ressourcen, mithin auf der Wirtschaftsleistung eines Landes, seiner Produktivität und der Bilanz von Importen und Exporten auf dem Weltmarkt.[54] Zweitens lag Familienplanung als Maßnahme, um dieses Bevölkerungswachstum zu bewältigen, die Prämisse zugrunde, dass menschliches Verhalten generalisierbare Muster aufweise, beispielsweise dass sich Menschen grundsätzlich ökonomisch rational verhielten.[55] Indem die Definition ökonomischer Rationalität aber drittens auf diesen Entwicklungsdreiklang bezogen wurde, unterstellte der entwicklungspolitische Ansatz der Familienplanung, dass Kenianer ihr Verhalten an der am westlichen Modell ausgerichteten Zukunftsvision Kenias und nicht an ihrer gegenwärtigen Lebenssituation orientieren würden. Auf dieser Unterstellung beruhte der Versuch von Organisationen wie dem *Population Council*, in Kenia das Modell der so genannten Kernfamilie, bestehend aus Vater, Mutter und zwei Kindern, als neue Familiennorm durchzusetzen.

Im Rahmen einer spezifischen Ikonographie, welche den Menschen in den so genannten Entwicklungsländern die ökonomischen Vorteile weniger Kinder prägnant vermitteln sollte, war dieses Kernfamilienmodell seit Anfang der 1950er Jahre zum prägenden Symbol geworden. Als Medien seiner Verbreitung dienten Informationsmaterial, ebenso wie Lieder oder Filme, die häufig nach dem gleichen Schema funktionierten. Durch die Gegenüberstellung einer ökonomisch gut situierten Klein- und einer an der Armutsgrenze existierenden Großfamilie erschien der Lebensstandard als *tertium comparationis*, das an der vermeintlich rationalen Entscheidung für wenige Kinder keinen Zweifel lassen sollte. Eines der bekanntesten Beispiele ist der durch den *Population Council* 1967 bei *Walt Disney* in Auftrag gegebene Zeichentrickfilm *Family Planning*.[56] Ein anderes ein in den

---

[54] Siehe hierzu: Zygmunt Bauman, Wasted Lives. Modernity and Its Outcasts, Malden, MA 2004, S. 43.
[55] Siehe ausführlich zu den Hintergründen dieser Annahme Kapitel 2.1.
[56] Walt Disney Productions/Population Council, Film: Family Planning, 1967, National Archives and Records Administration, College Park, MD [NARA], ARC 88555, local identifier: 286.55, Re-

Equator Sound Studios in Nairobi produzierter Song auf Swahili mit dem Titel *Maisha Mema*, was übersetzt so viel heißt wie „das gute Leben".[57] Allerdings blockierte die kenianische Hauptsendeanstalt den Weg dieses von zwei Kenianern eingesungenen Songs in den Äther, weil sie dessen Botschaft missbilligte.

Die skeptische Haltung gegenüber dieser Art von Werbung für das Kernfamilienmodell war kein Einzelfall. Inhaltliche Kritik an der plakativen Botschaft, dass die Beschränkung auf zwei bis drei Kinder automatisch den Lebensstandard erhöhe, äußerte ein Kenianer in einer Zuschrift an das *Ministry of Economic Planning and Development* (MEPD) vom Dezember 1970, in der es über einen Familienplanungsfilm aus Ghana, der mit der gleichen Symbolik arbeitete, hieß: „The film as we understand it, is designed to educate people about birth control but seems to do the very opposite i.e. to instill a feeling of badness among the majority of our women who happened to have more than three children: the accepted western economic family unit."[58] Der Autor dieser Zeilen störte sich offenbar an der Diskrepanz zwischen der Entscheidungsfreiheit, welche die einfache Gegenüberstellung von Klein- und Großfamilie suggerierte, und der Lebenssituation der Menschen in Kenia, die eine solche Entscheidung gar nicht zuzulassen schien.

Die hier geäußerten Zweifel, inwieweit das Kernfamilienmodell sich auf diese simple Art und Weise auf Kenia übertragen ließe, lassen sich einfügen in einen zu Beginn der 1970er Jahre immer größer werdenden Chor von Stimmen, welcher die Tauglichkeit der Prämissen des demographischen Transitionsmodells für Kenia generell in Frage stellte. Empirisch unterfüttert wurde diese Infragestellung durch Befunde der in Kenia seit 1967 durchgeführten *Knowledge, Attitudes and Practices*-Studien (KAP). Eigentlich hatten diese Studien zuvor gerade dazu gedient, die Prämisse der Übertragbarkeit des Familienplanungsansatzes zur Lösung des Bevölkerungsproblems auf alle „Entwicklungsländer" zu stützen. Beispielsweise war die Expertenmission des *Population Council*, welche im Sommer 1965 nach Kenia gekommen war, in ihrem Abschlussbericht davon ausgegangen, dass die KAP-Ergebnisse aus asiatischen Ländern, dass Frauen sich weniger

---

cords of the AID, 1948–2003; siehe hierzu auch: Maria Dörnemann, Modernisierung als Praxis? Bevölkerungspolitik in Kenia nach der Dekolonisation, in: Anselm Doering-Manteuffel/Lutz Raphael/Thomas Schlemmer (Hrsg.), Vorgeschichte der Gegenwart. Dimensionen des Strukturbruchs nach dem Boom, Göttingen 2016, S. 271–290, hier S. 278–279.

57 Siehe hierzu und zum Folgenden: John Elgon, Friday Diary. Family Planning Praised in Catchy „Pop" Song, East African Standard vom 3.5.1968, Bl. 10.
58 G. Changai an das kenianische *Ministry of Economic Planning and Development*, 13.12.1970, KNA, AMB/6/99, Ministry of Economic Planning and Development, 1970–71.

Kinder wünschten, als sie tatsächlich bekämen, auch für Kenia gelte.[59] Die in Kenia durchgeführten Studien konnten eine solche Diskrepanz indes nicht bestätigen.[60] Vor diesem Hintergrund stieß die Feststellung des US-amerikanischen Soziologen Donald F. Heisel aus dem Jahr 1968, dass kenianische Frauen durchschnittlich sieben bis acht Kinder bekämen und sich sechs wünschten, auf breite Resonanz.[61] Mit Bezug auf Heisels Studie postulierte beispielsweise ein Entwicklungsbericht der *Weltbank* zu Bevölkerung und Gesundheit in Kenia von 1971: „There are thus very high fertility aspirations and scant indications of a trend towards the smaller family or acceptance of the values of a smaller family."[62] Diese vermeintlich pro-natalistische Einstellung wurde von einigen zeitgenössischen Beobachtern als kenianisches Spezifikum verstanden. Sie schien einer Schlüsselannahme des demographischen Transitionsmodells, dass Annahmen, welche aus der historischen Bevölkerungsentwicklung Westeuropas abstrahiert worden waren, beliebig auf jeden anderen Raum übertragbar seien, zu widersprechen.

Die Infragestellung der Übertragbarkeit speiste sich aus der Beobachtung von Differenz. Zwei Beispiele illustrieren, dass diese Unterschiedlichkeit insbesondere auf das Verständnis von Konzepten bezogen wurde. Ein Bericht, der die Ergebnisse einer im Rahmen des *World Fertility Survey* 1978 durchgeführten demographischen Studie in Kenia interpretierte, thematisierte die Art und Weise, wie Frauen auf die Frage antworteten, was die ideale Familiengröße sei: „[...] nearly one woman in five (18.5 percent) gave a non-numerical answer such as ‚as many as possible' [...]. This suggests that the concept of a desired size is alien to many women in Kenya, either because they do not think in such terms or because they regard the subject in a fatalistic manner."[63] Die Autoren des Berichts erklärten sich offenbar die Tatsache, dass Kenianerinnen sich ihre familiäre Zukunft nicht in konkreten Zahlen vorstellten, damit, dass das Konzept der gewünschten Größe an sich ihnen fremd sei. Kenianerinnen schienen Familie nicht als nume-

---

59 Siehe hierzu: Donald P. Warwick, Bitter Pills. Population Policies and their Implementation in Eight Developing Countries, Cambridge 1983, S. 35; außerdem: Kapitel 2.2.
60 Thomas E. Dow, Attitudes Toward Family Size and Family Planning in Nairobi, in: Demography 4 (1967), S. 780–797; Donald F. Heisel, Attitudes and Practice of Contraception in Kenya, in: Demography 5 (1968), S. 632–641; Angela Molnos, Attitudes Toward Family Planning in East Africa: An Investigation in Schools Around Lake Victoria and in Nairobi, with Introductory Chapters on the Position of Women and the Population Problem in East Africa, München 1968.
61 Heisel, Attitudes, S. 635.
62 IBRD/IDA, Economic Development in Eastern Africa: Population and Health in Kenya, 18.6. 1971, KNA, AMB/18/18, Bl. 9.
63 Netherlands International Statistical Institute (Hrsg.), The Kenya Fertility Survey (1978). A Summary of Findings, Voorburg 1980 (World Fertility Survey No. 26), S. 8.

risches Ideal zu denken. Auch in Bezug auf das Konzept der Familie schien ein grundlegender Unterschied im Verständnis von Welt vorzuliegen. So betonte der kenianische Wissenschaftler und Dozent am *Saint Paul's United Theological College* in Limuru, Swailem Sidhom, auf dem erwähnten Familienplanungsworkshop in Mombasa 1969, dass es in allen Sprachen Kenias letztlich kein Wort gebe, welches dem englischen Begriff *family* genau entspreche.[64] Ausschlaggebend für Sidhoms Beobachtung war die Berücksichtigung des Kontexts, in dem das jeweilige Konzept von Familie mit Bedeutung aufgeladen wurde. Während das englische Wort *family* die Kernfamilie bezeichne, beschrieben die in den afrikanischen Sprachen verwendeten Termini große familienähnliche Verbände, welche an der Trias Mitgift, Kinderzahl und Landbesitz ausgerichtet seien. Sidhoms Unterscheidung zwischen diesen beiden Konzepten fand mithin auf der Grundlage der ökonomischen Struktur statt, in der er „Familie" jeweils situierte.

Diesen postulierten Unterschied zwischen der ökonomischen Struktur des Westens und derjenigen ostafrikanischer Gesellschaften nahm auch die kenianische Krankenschwester, Hebamme und renommierte Publizistin Grace Ogot in einem Artikel im *East Africa Journal* 1967 zum Ausgangspunkt, um zu erklären, warum das Kernfamilienmodell schwerlich auf Kenia übertragbar schien.[65] In Ostafrika hänge der Status der Frau wesentlich von ihrer Gebärfähigkeit ab. Ogot zufolge konnte unfruchtbaren Frauen, oder denjenigen, die ausschließlich Töchter zur Welt brachten, in vielen Teilen Kenias ganz ungeachtet ihres Bildungsstandards gesellschaftliche Ächtung und das Ende der Ehe drohen. Die Skepsis afrikanischer Frauen gegenüber der „westlichen Idee von Familienplanung, also der Nutzung wissenschaftlicher Methoden, um die Empfängnis temporär zu unterbinden", rühre daher, dass sie „das Ungewisse" fürchteten: „They fear that interfering with reproductive organs may result in not being able to have babies when they want to and thus render themselves useless in the eye of a society which so often only appreciates their values through a child." Überlegungen des kenianischen, an der US-amerikanischen *University of Syracuse* promovierten Anthropologen Kivuto Ndeti gingen in eine ähnliche Richtung. Gemeinsam mit Cecilia Ndeti veröffentlichte er 1977 die Studie *Cultural Values and Population Policy in Kenya*, die auf einer Fülle von Interviews mit unterschiedlichen, in das Familienplanungsprogramm involvierten Personengruppen – wie beispielsweise kenianische Regierungsbeamte, Klinikpersonal oder so genannten *opinion leaders* – beruhte. Als Ausgangsbefund zeigten sich die Autoren in drei-

---

[64] Swailem Sidhom, The Family in Transition, in: Ankrah/Radel (Hrsg.), Family Planning, Bl. 8–11, hier Bl. 8.
[65] Grace Ogot, Family Planning for African Women, in: EAJ 4 (1967), S. 19–23, hier S. 20. Die folgenden Zitate finden sich ebenda.

erlei Hinsicht befremdet von der Art und Weise, wie das „National Family Planning Programme" seit 1967 implementiert wurde. Erstens hätten sich die ausländischen Experten nicht zwei Jahre, sondern lediglich drei Wochen in Kenia aufgehalten, um die Empfehlungen auszusprechen, auf denen das gesamte Programm beruhe. Zweitens sei es vor diesem Hintergrund unmöglich gewesen, genug über die kenianische Kultur zu lernen, damit diese Einfluss auf ihre Empfehlungen hätte nehmen können. Drittens schließlich habe es sich um technische Experten gehandelt – zwei Demographen und zwei Gynäkologen; aus ihrer Sicht wäre es hilfreich gewesen, einen Kulturanthropologen oder Familiensoziologen hinzuzuziehen, um überhaupt sensibel für die Berücksichtigung kultureller Faktoren zu sein.[66] Ndeti und Ndeti selbst indes nutzten den Kulturbegriff als Instrument, um die beiden zentralen theoretischen Grundlagen, auf denen das Familienplanungsprogramm in Kenia fußte, zu problematisieren.[67] Dies betraf erstens die Tatsache, dass diese durch den *Population Council* empfohlene Art der Bevölkerungspolitik einen nationalen Rahmen zugrunde gelegt habe. So habe der Ansatz der KAP-Studien darauf beruht, eine nationale Haltung gegenüber Familienplanungsmaßnahmen zu ermitteln. Angesichts der multiethnischen Komplexität der kenianischen Gesellschaft sei dies ein zum Scheitern verurteiltes oder mindestens fragwürdiges Unterfangen gewesen.[68] Zweitens hielten sie das demographische Transitionsmodell als theoretische Grundierung, die Familienplanungsmaßnahmen als entwicklungspolitischen Ansatz legitimieren sollte, für inadäquat. In der Lebenswirklichkeit der meisten Afrikaner entbehre es jeder Erfahrungsgrundlage, der Verhinderung von Geburten einen ökonomischen Wert beizumessen. Vor diesem Hintergrund ergebe es keinen Sinn, die Kernfamilie als Symbol eines modernisierten Lebensstils zu propagieren: „As long as the basic

---

66 Vgl. Ndeti/Ndeti, Cultural Values, S. 1–2. Siehe hierzu auch folgende Bemerkung zur Arbeitsweise der Experten des *Population Council:* „As mentioned previously, the foreign experts on whose advice the entire National Family Planning Programme was based, served not two years in Kenya, but three weeks! Regardless of how many ‚Kenyans' they may have consulted, it was clearly impossible for these four Americans comprising the Population Council Mission, to have learned enough about Kenyan culture in that period of time to have influenced their recommendations. Moreover, these men were technical experts – two demographers and two gynaecologists. Perhaps the government did not expect them, at least without a cultural anthropologist or family sociologist on their team, to consider cultural factors in their deliberations." (S. 38–39)
67 Frederick Cooper wies darauf hin, dass einige afrikanische Intellektuelle in dieser Zeit die kulturalistische Argumentation ihrer Kritiker aufnahmen und sie positiv wendeten. Siehe hierzu: Frederick Cooper, Afrika in der kapitalistischen Welt, in: Shalini Randeria/Andreas Eckert (Hrsg.), Vom Imperialismus zum Empire. Nicht-westliche Perspektiven auf Globalisierung, Frankfurt a. M. 2009, S. 37–73, hier S. 44.
68 Ndeti/Ndeti, Cultural Values, S. 44.

social and economic structures of the nation permit widespread poverty, the benefits of having fewer children will never be seen, regardless of how well the idea is argued and by whom."[69]

Indem die Studie von Ndeti und Ndeti kulturelle Aspekte in den Vordergrund rückte, führte sie Differenzierungen ein, wo zuvor Gemeinsamkeiten betont wurden. Sie negierte, dass es ein ökonomisch rationaler Wunsch aller Menschen sei, sich für die Kernfamilie zu entscheiden, und hob stattdessen hervor, dass zahlreiche Bevölkerungsgruppen in Kenia mit einer hohen Kinderzahl nicht allein Lebensqualität, sondern auch eine gesicherte Altersvorsorge assoziierten.[70] Da die Prämissen, die dem kenianischen Familienplanungsprogramm theoretisch eingeschrieben worden seien, wie die Perspektive auf Kenia als nationale Einheit einerseits und die Legitimation im demographischen Transitionsdenken andererseits, diesen Unterschieden nicht Rechnung trügen, könne das Programm auch keinen adäquaten Beitrag zur Entwicklung Kenias leisten. Denn, so hätten zahlreiche der für die Studie von Ndeti und Ndeti interviewten Regierungsbeamten betont, für die eigentlichen Probleme Kenias, namentlich Landknappheit, Arbeitslosigkeit, eine hohe Bevölkerungswachstumsrate und eine problematische ökonomische Struktur, könne Familienplanung nicht die einzige, wenn überhaupt eine Antwort sein.[71] Sie plädierten stattdessen mehrheitlich für einen breiteren Entwicklungsansatz, der auf eine allgemeine Verbesserung des Lebensstandards durch die Schaffung von Arbeitsplätzen, landwirtschaftliche Reformen zur Produktivitätssteigerung und verbesserte Bildungschancen durch eine größere Angebotsvielfalt ziele. Indem Sidhom, Ogot und Ndeti und Ndeti postulierten, dass die wirtschaftliche Absicherung und hoher gesellschaftlicher Status der Frau in afrikanischen Gesellschaften mit einer höheren Kinderzahl eng zusammenhänge, hinterfragten sie zugleich die Möglichkeit einer Verknüpfung des Modells der Kernfamilie mit einem höheren Lebensstandard dank geringer Kinderzahl in diesem Kontext.

Die zitierten Autoren siedelten reproduktive Entscheidungen in ostafrikanischen Gesellschaften in einer anderen ökonomischen Konstellation an als derjenigen, welche auf der Grundlage des demographischen Transitionsmodells für Kenia prognostiziert wurde. Familienplanung als Entwicklungspolitik im Sinne der demographischen Transition hing indes von eben dieser Prognose ab, wie der US-amerikanische Anthropologe Edgar Winans in seinem Schlusskommentar auf dem Familienplanungsworkshop 1969 in Mombasa unterstrich: „Family planning

---

[69] Ndeti/Ndeti, Cultural Values, S. 105.
[70] Siehe hierzu beispielsweise: Ndeti/Ndeti, Cultural Values, S. 106.
[71] Siehe hierzu und zum Folgenden: Ndeti/Ndeti, Cultural Values, S. 52 und S. 55–56.

is a rational technical response to an economic and social change that has already occurred and is continuing."[72] Zwar gingen auch Sidhom, Ogot und Ndeti und Ndeti davon aus, dass Reproduktionsentscheidungen rational getroffen würden, sie bezogen diese Rationalität aber nicht auf einen Kontext des sozioökonomischen Wandels, sondern auf ihre Konzeption des ostafrikanischen, insbesondere ländlich definierten Raumes. Die Unterscheidung, die sie mithin zwischen einem dem ländlichen ostafrikanischen Raum zugeordneten Konzept der Großfamilie und dem westlichen der Kernfamilie vornahmen, war dem demographischen Transitionsmodell durchaus eingeschrieben.

Das Modell der demographischen Transition kontrastierte Gesellschaften entlang der klassischen Modernisierungsdichotomie in einen industrialisierten, urbanisierten, kapitalistischen, säkularen und modernen Westen und den nichtindustrialisierten, ländlichen, landwirtschaftlich organisierten und mithin nicht entwickelten „Rest" der Welt.[73] Insofern es sich hierbei nicht um „geographische", sondern „historische" Konzepte handelte, wurde Differenz in der Modernisierungstheorie ebenso wie im demographischen Transitionsmodell zeitlich und nicht räumlich gedacht.[74] Anders ausgedrückt versprach es, dass alle Gesellschaften langfristig dem gleichen, nämlich westlichen Entwicklungspfad folgen würden. Die diesem Versprechen eingeschriebene Universalisierungstendenz, einen westeuropäischen Entwicklungsmaßstab und daraus abgeleitete entwicklungspolitische Maßnahmen auf den gesamten Raum der Dritten Welt übertragen zu können, war eine Folge dieser gedachten Aufhebung von Unterschieden in der Zeit. Die zentrale Herausforderung für die Entwicklungspraxis

---

72 Edgar V. Winans, Summing Up. A Comprehensive Approach to the Family and Family Planning, in: Ankrah/Radel, Family Planning, Bl. 103.
73 Siehe zu dieser einschlägigen Formulierung: Stuart Hall, The West and the Rest. Discourse and Power, in: Stuart Hall/Bram Gieben (Hrsg.), Formations of Modernity, Cambridge 1992, S. 275–320, hier S. 277. Zu der dem Transitionsmodell eingeschriebenen Dichotomie zwischen „primitiven" und „zivilisierten" Gesellschaften siehe beispielsweise Davis, World Demographic Transition, S. 4: „In extant primitive and archaic societies where modern civilization has penetrated only slightly, birth rates are generally high, indicating the probable condition throughout the world before the dawn of the present age. In countries where industrial progress and population growth have been most rapid, on the other hand, the early birth records generally show lower rates, with a tendency to decline throughout the entire period of reliable statistics."
74 Zu dieser „temporalization of difference" siehe unter anderen: James Ferguson, Decomposing Modernity. History and Hierarchy, in: Ferguson, Global Shadows, S. 176–193, hier S. 182, außerdem S. 177–178; einschlägig ist in diesem Zusammenhang die von Chakrabarty eingeführte Metapher des „imaginary waiting room of history", in dem die nicht-westliche Welt auf ihren Eintritt in die Geschichte im Sinne einer nachholenden Modernisierung warte: Dipesh Chakrabarty, Provincializing Europe. Postcolonial Thought and Historical Difference, Princeton, NJ 2008 [Nachdr.], S. 8.

bestand nun darin, diese nicht näher konkretisierte Zeitdilatation kompensieren zu müssen. An welchem Kontext sollte Entwicklungshandeln orientiert werden? Eine Lösung für dieses Problem der Kompensation bot das Diffusionsmodell an. Diffusion war ein zentraler Begriff der zur Mitte des 20. Jahrhunderts formulierten Modernisierungstheorie.[75] Auf der Grundlage von Everett M. Rogers' Theorie der Diffusion von Innovationen, dass neue Ideen zuerst in modernen sozialen Systemen akzeptiert würden, fand er Eingang in die Konzeption von Familienplanungsprogrammen.[76] Wie der Demograph Ansley J. Coale feststellte, habe eine sozialwissenschaftlich orientierte Richtung der Demographie den Fertilitätswandel mit der Diffusion der kontrazeptiven Technologie von den gebildeten, urbanen Eliten zu den weniger gebildeten, unteren sozioökonomischen Klassen erklärt.[77] Anders ausgedrückt lebten die urbanen Eliten entsprechend dieses Modells in einem weitgehend dem Bild der westlichen Moderne entsprechenden Lebensumfeld, so dass sie aus ökonomisch-rationalen Erwägungen Familienplanung praktizierten. Diese Praxis diffundiere dann aus den Städten in den ländlichen Raum hinein. Eine solche diffusionistische Perspektive vertrat ein Teilnehmer des Workshops in Mombasa 1969, indem er den ländlichen Raum als Residuum des Traditionalen charakterisierte, wo Eltern sich gar nicht der Tatsache bewusst seien, dass Familien geplant werden könnten, und den städtischen Raum dagegen als Lebensumfeld der „sophisticated parents" abgrenzte.[78]

Demgegenüber betonten zahlreiche Diskussionsbeiträger auf dem Familienplanungsworkshop in Mombasa, dass über 90 Prozent der kenianischen Bevölkerung im ländlichen Raum lebe und Kenia zu den am wenigsten urbanisierten Ländern der Welt gehöre.[79] Überdies mehrten sich Anfang der 1970er Jahre die Stimmen, welche darauf hinwiesen, dass familienplanerische Angebote diesen ländlichen Raum überhaupt nicht erreichten und bislang auch in den Städten wenig Verbreitung gefunden hätten. So stellte der kenianische Ökonom C.P. Angwenyi in einem Sammelband kenianischer Wissenschaftler, der 1972 durch den *Population Council* herausgegeben worden war, fest: „So far the programme has not found its way into the rural areas, and made little impact even in urban

---

[75] Frederick Cooper, Colonialism in Question. Theory, Knowledge, History, Berkeley/Los Angeles/London 2005, S. 120; Greenhalgh, The Social Construction of Population Science, S. 57.
[76] Greenhalgh, The Social Construction of Population Science, S. 57–58.
[77] Coale, An Autobiography, S. 15–16.
[78] Henri Rohio, Family Welfare and Family Planning, in: Ankrah/Radel, Family Planning, Bl. 13–15, hier Bl. 15.
[79] Charles N. Ejiogu, Population Growth and Economic Development, in: Ankrah/Radel, Family Planning, Bl. 4–7, hier Bl. 4; Discussion: The African Family: How to Preserve its Essential Qualities, in: Ankrah/Radel, Family Planning, Bl. 16–20, hier Bl. 19.

areas."[80] In das gleiche Horn stießen Beamte des kenianischen Finanzministeriums, die 1974 einräumten, dass das nationale Bevölkerungsprogramm „not yet effective in rural areas"[81] sei. Jenseits des Familienplanungsaspekts übertrug ein Redner auf der *Africa Review Conference* der *Ford Foundation* 1970 in New York diese Feststellung auf Entwicklungsprogramme in Kenia im Allgemeinen: „The rural population [...] is still tied to a low-productivity subsistence economy and has been largely untouched by national development programs. A wide range of administrative and economic institutions and services must be developed to meet the needs of the rural areas [...]."[82]

Rhetorisch weisen die Zitate eine zentrale Gemeinsamkeit auf. Mithilfe von „so far [...] not", „not yet" und „still" drückten die Autoren, bei welchen es sich um Vertreter der drei zentralen Bereiche Wissenschaft, Politik und Geberorganisation handelte, eine Erwartungshaltung aus. Zwar habe das Familienplanungsprogramm bis jetzt den ländlichen Raum noch nicht erreicht beziehungsweise sei dort nicht effektiv, zwar sei die ländliche Bevölkerung nach wie vor in einer Subsistenzökonomie verhaftet und sei von Entwicklungsprogrammen jeglicher Art nahezu gänzlich unberührt geblieben, es müssten jedoch entsprechende Maßnahmen ergriffen werden, um dies zu ändern. Die Frage ist indes, welche Ziele jeweils mit dieser gemeinsamen Erwartung, dass Entwicklung den ländlichen Raum erreichen müsse, verknüpft wurden. Ging es um eine sozioökonomische Transformation dieses Raumes im Sinne des demographischen Transitionsmodells? Oder ganz im Gegenteil um dessen Stabilisierung und Erhaltung? In diesen beiden Konzeptionen von Entwicklung spielte Familienplanung eine Rolle, wurde jedoch mit jeweils unterschiedlichen Funktionen assoziiert.

---

[80] C.P. Angwenyi, Population Growth and Economic Development in Kenya, in: Simeon H. Ominde/Charles N. Ejiogu, Population Growth and Economic Development in Africa, London/Nairobi/Ibadan 1972, S. 145–150, hier S. 148.
[81] So berichtete es der britische Hochkommissar in Nairobi in einem Telegramm: FM Nairobi, To saving FCO Tel No 6, Your Telegrams Number 96 and 97 to Bridgetown: World Population Conference, 14.8.1974, TNA, FCO 61/1196, Population Policies of Countries other than U.K.
[82] Ford Foundation Africa Staff, Preliminary Sessions: Guidelines for Future Program [C. Agriculture and Rural Development], Africa Review Conference (17.-24.11.1970), 17.11.1970, FFA, Unpublished Reports #016445, Bl. 28.

3.1.3 Die Integration von Familienplanung in die Entwicklungsdoktrin des ländlichen Raumes in Kenia

Die unterschiedlichen Ziele, die Akteure mit der Entwicklung des ländlichen Raumes in Kenia verknüpften, lassen sich an deren Bewertung des Phänomens der Urbanisierung beleuchten. Kenia galt laut Schätzungen, die für 1969 eine städtische Bevölkerung von weniger als zehn Prozent und für 1978 von 12,2 Prozent veranschlagten, als eines der am wenigsten urbanisierten Länder weltweit.[83] Im Sinne des demographischen Transitionsmodells musste dies als Hemmnis für den sozioökonomischen Wandel zur gesellschaftlichen Modernisierung erscheinen. So hatten Coale und Hoover in ihrer grundlegenden Studie zu Wirtschafts- und Bevölkerungswachstum von 1958 postuliert, dass Kinder in der städtischen Umgebung weniger als Gewinn denn als ökonomische Last wahrgenommen würden und sich die Norm der Kernfamilie daher schneller durchsetzen würde.[84] Diese Annahme wurde von Wirtschaftsdemographen und Entwicklungsökonomen, wie beispielsweise von Rashid Faruqee in einem für die *Weltbank* verfassten Bericht zu Bevölkerung und Entwicklung, bis in die 1980er Jahre vertreten.[85] Vor diesem Hintergrund musste eine Verstädterung als Ausgangspunkt eines reproduktiven Wandels hin zur Kernfamilie durch Geburtenreduktion wünschenswert erscheinen.

In einer anderen, in der Kolonialzeit entstandenen Denktradition von Entwicklung, die als ländliche Entwicklungsdoktrin[86] bezeichnet werden kann und in die Familienplanung in Kenia zunehmend integriert wurde, erschien jedoch der Prozess der Urbanisierung selbst als Entwicklungshindernis. Wegweisend war diese Annahme 1960 von dem britischen Kolonialbeamten A.G. Dalgleish in einem Regierungspapier zum Problem der Arbeitslosigkeit in Kenia formuliert

---

[83] Rashid Faruqee, Kenya. Population and Development. A World Bank Country Study (hrsg. v. d. Weltbank), Washington D.C. 1980, S. 7.
[84] Coale/Hoover, Population Growth and Economic Development, S. 11–12.
[85] Auf der Grundlage der Zensusdaten von 1962 und den Daten aus einem Erfassungssystem zur Bevölkerungsentwicklung von 1974 stellte Faruqee fest, „that fertility in urban areas is markedly lower, both overall and at every level of education. A real analysis of district data from the 1969 census shows a strong negative relationship between the urbanization rate and the observed fertility rate." (Faruqee, Kenya. Population and Developent, S. 20) Zu Faruqee: Odile Frank/Geoffrey McNicoll, An Interpretation of Fertility and Population Policy in Kenya, in: PDR 13 (1987), Nr. 2, S. 209–243, hier S. 229.
[86] Bei diesem Begriff handelt es sich um eine Übersetzung des Konzepts der „agrarian" beziehungsweise „rural doctrine of development" der Politikwissenschaftler Michael Cowen and Robert Shenton, siehe hierzu: Cowen/Shenton, Doctrines of Development. Siehe zur Nutzung dieses Konzepts außerdem: Hodge, Triumph of the Expert.

worden.[87] Er warnte vor einer Abwanderung der „relativen Überschussbevölkerung" aus dem ländlichen Raum in die Städte. Aufgrund der geringen Industrialisierung und Urbanisierung Kenias könnten soziale Probleme wie Arbeitslosigkeit nicht im urbanen Raum bewältigt werden, so dass eine Überbevölkerung der Städte Delinquenz und politische Unruhen nach sich ziehen würde. Weil Dalgleish seinen Bericht vor dem Erfahrungshintergrund der wachstumsstärksten Phase der kenianischen Landwirtschaft, welche 1959 ihren Höhepunkt erreicht hatte,[88] formulierte, schien der Agrarsektor für ihn das größte Potential zu haben, die vermeintlich überschüssige Bevölkerung Kenias aufzufangen. Vor diesem Hintergrund warb er für die Entwicklung dieses Sektors auf der Grundlage von Umsiedlungen und Strukturreformen in der Landwirtschaft sowie einer endgültigen Aufhebung der Rassentrennung.

Dalgleishs Bericht erwies sich als einflussreich: Das Kernargument, dass die sich im Problem der Arbeitslosigkeit manifestierende Überbevölkerung durch die wirtschaftliche Entwicklung des ländlichen Raumes und die Verhinderung einer Migration in die wenigen, ökonomisch schlechter aufgestellten Städte aufgefangen werden müsse, wurde in nahezu allen nachfolgenden Expertenberichten, die sich mit dem Problem der Arbeitslosigkeit in Kenia befassten, aufgegriffen.[89] Jenseits dieser Empfehlungen nahm der Imperativ ländlicher Entwicklung aber auch eine konkrete politische Gestalt an. Dies erfolgte auf unterschiedlichen, nicht immer konzertierten Wegen. Es gab vielerlei Ansätze, von denen einige im Sande verliefen. Als weichenstellend erwies sich eine Konferenz in Kericho, die im September 1966 Repräsentanten von Entwicklungsorganisationen, Wissen-

---

[87] Siehe hierzu und zum Folgenden: A.G. Dalgleish, Kenya Government Report: Sessional Paper No. 10 of 1959/1960; Cowen/Shenton, Doctrines of Development, S. 300–301 und S. 333–334.
[88] Dieser Boom verdankte sich unter anderem den Mitte der 1940er Jahre getätigten substantiellen Investitionen der britischen Labour-Regierung in diese Bereich sowie gelockerten Anbaubeschränkungen, die erstmals auch über 10 000 Afrikanern den Anbau von Exportprodukten wie Kaffee oder Tee ermöglicht hatten, siehe hierzu: E.S. Atieno Odhiambo, The Formative Years 1945–1955, S. 43.
[89] Cowen/Shenton, Doctrines of Development verweisen an dieser Stelle beispielsweise auf folgende Texte: Mwicigi-Bericht, hrsg. durch das *National Assembly Select Committee* 1970, der den zu erwartenden Anstieg der Arbeitslosigkeit bezifferte und empfahl, diesen durch den „traditionalen Sektor" aufzufangen, um die Landflucht in die Städte aufzuhalten (S. 303); 1973 reagierte die kenianische Regierung auf den an anderer Stelle bereits erwähnten Bericht der *International Labor Organization* von 1972, indem sie erklärte, Programme zur intensiveren Landnutzung umsetzen zu wollen, um den ländlichen Raum zu entwickeln (S. 305–306); das *Presidential Committee on Unemployment* unter der Leitung von Maina Wanjigi schrieb 1983, dass sich die Landflucht in den städtischen Raum zu einem ernsthaften Problem entwickelt habe, welches nur durch auf den ländlichen Raum zugeschnittene Entwicklungsprogramme gelöst werden könne (S. 306).

schaftler und kenianische Regierungsbeamte zusammenbrachte.[90] Sie verlieh der Überzeugung, dass Landwirtschaft und nicht Industrialisierung das wirtschaftliche Rückgrat Kenias bleiben müsse, erneut Schubkraft. Auf konzeptioneller Ebene fand diese Priorisierung Niederschlag in Kenias Entwicklungsplan für die Jahre 1970 bis 1974.[91] Überdies wurde in Kericho ein Pilotprogramm für die Entwicklung des ländlichen Raumes in sechs ausgewählten Bezirken des Landes beschlossen. Ziel dieses von der Regierung lancierten und durch Entwicklungshilfsgelder unterstützten *Special Rural Development Programme* war es, auf Grundlage der spezifischen Bedingungen und Probleme dieser Bezirke integrierte Entwicklungspläne zu entwerfen und insbesondere die Entstehung von Arbeitsplätzen zu fördern.[92] Zwar wurde das seit 1967 implementierte Programm angesichts einer breiten Gegnerschaft im Parlament, welche den bescheidenen Erfolg gemessen am Niveau der Ausgaben kritisierte, insbesondere im Hinblick auf die Tatsache, dass nur sechs Regionen im Land profitierten, nicht verlängert und lief 1976 aus.[93] Dennoch lohnt es sich, an dieser Stelle näher darauf einzugehen. Erstens, weil anhand dieser frühesten Umsetzung eines ländlichen Entwicklungsansatzes im unabhängigen Kenia dessen Merkmale herausgearbeitet werden können. Zweitens, weil in einem der sechs regionalen Projekte erstmals explizit eine Familienplanungskomponente in diesen ländlichen Entwicklungsansatz integriert wurde. Und drittens, weil diese Verkopplung von Familienplanung und ländlicher Entwicklung, die der Familienplanung eine andere Funktion als das demographische Transitionsmodell zuwies, in bevölkerungspolitischen Initiativen in Kenia seit Anfang der 1970er Jahre fortwirkte.

Für die Integration einer Familienplanungskomponente in das *Special Rural Development Programme* wurde Vihiga im Bezirk Kakamega ausgewählt, weil diese Division[94] als die am dichtesten bevölkerte in Kenia galt.[95] Die konkrete Umsetzung von Familienplanungsmaßnahmen entsprach dem klinischen und

---

90 Zu dieser Konferenz und ihren Folgen siehe: Leonard, African Successes, S. 190–191, Cowen/Shenton, Doctrines of Development, S. 303.
91 Siehe hierzu: Dharam P. Ghai, Special Issue on Rural Development. An Introduction, in: EAJ 9 (1972), S. 2–3, hier S. 2; Cowen/Shenton, Doctrines of Development, S. 304.
92 Joel D. Barkan/Michael Chege, Decentralising the State. District Focus and the Politics of Reallocation in Kenya, in: JMAS 27 (1989), Nr. 3, S. 431–453, hier S. 440; Neubert, Sozialpolitik in Kenia, S. 114.
93 Leonard, African Successes, S. 190–191.
94 *Division* ist ein Verwaltungsbegriff, der eine Untereinheit eines Bezirks bezeichnet, der wiederum eine Untereinheit einer Provinz bezeichnet.
95 Siehe hierzu und zum Folgenden: Ian Livingstone, Prospects for Population Limitation in Kenya. Statistical Evidence from the Vihiga Programme, Working Paper No. 214, University of Nairobi/Institute of Development Studies, April 1975.

gesundheitsbasierten Ansatz des nationalen Familienplanungsprogramms in Kenia. Im Vordergrund stand der Bau zusätzlicher Kliniken, in denen entsprechend geschultes Personal über Möglichkeiten von Familienplanung informieren und Kontrazeptiva anbieten sollte. Für eine ebenfalls geplante nicht-medizinische Informations- und Schulungskomponente wurde das entsprechende Personal derart spät eingestellt, dass sie für das Projekt so gut wie keine Rolle spielte. Wie wirkte sich nun der Ansatz ländlicher Entwicklung auf den Zuschnitt und die Bewertung von Familienplanung als Entwicklungsmaßnahme aus?

Zunächst fällt auf, dass eine konzeptionelle Vereinheitlichung Kenias als Nation und „Entwicklungsland" zugunsten eines lokalen Zugriffs aufgegeben wurde. Entsprechend wurde die Bevölkerungsentwicklung nicht mithilfe der Beziehung von nationalem Wirtschafts- und Bevölkerungswachstum ausgedrückt, sondern in den Grenzen der administrativen Einheit der Division aufgrund des Kriteriums der Dichte, das heißt des Verhältnisses von Bevölkerung und Land, problematisiert. In der Konsequenz erschien die Übertragbarkeit von Familienplanung als Entwicklungsmaßnahme auf andere kenianische Bezirke fraglich. So argumentierte der für die *International Labour Organization* tätige Ian Livingstone in seiner Projektevaluation 1975, dass in anderen Bezirken die Motivation, Familienplanung zu praktizieren aufgrund der geringeren Bevölkerungsdichte, aber auch aufgrund kultureller und ethnischer Differenzen noch weniger ausgeprägt sei als in Vihiga. Im Umkehrschluss lässt sich daraus ableiten, dass Livingstone ethnische Konflikte als Herausforderung für die erfolgreiche Umsetzung eines Familienplanungsprogramms in Kenia begriff, weil der demographische Faktor im Wettbewerb um Ressourcen und Macht dann eine größere Rolle spielen würde. Auf einer allgemeineren Ebene kann dieser Ansatz auch als Versuch verstanden werden, die von Livingstone beobachtete und beklagte Ineffizienz des Familienplanungsansatzes zu erklären. Denn obwohl die Motivation der Menschen in Vihiga, Kontrazeptiva zu nutzen, aufgrund der hohen Bevölkerungsdichte hoch sein müsse, sei nach einem signifikanten Anstieg von Erstbesuchen in den Kliniken die Kontinuitätsrate für Verhütung stark zurückgegangen. Auswirkungen des Programms auf die Geburtenrate in Vihiga seien nicht messbar. Livingstones Beobachtung, dass Familienplanung als entwicklungspolitisches Instrument auf wenig Resonanz stieß, und seine Reaktion einer kulturellen Differenzierung des Raumes anstelle der Wahrnehmung von Bevölkerung in einer einheitlichen nationalen und abstrahierten Gestalt als Bevölkerungswachstumsrate eines „Entwicklungslandes" ist Teil eines allgemeineren Wandels im bevölkerungspolitischen Feld seit Anfang der 1970er Jahre.

Dieser Wandel und dessen Auswirkungen auf die Funktionsbestimmung von Familienplanung im Rahmen der Entwicklungspolitik lässt sich gut am Beispiel der *Ford Foundation* illustrieren. Um 1970 hatte in der Stiftung ein umfassender

Reflexionsprozess hinsichtlich der eigenen entwicklungspolitischen Rolle auf dem afrikanischen Kontinent eingesetzt, der nicht zuletzt durch die geringe Resonanz auf Familienplanung als Geburtenkontrolle in den ostafrikanischen Ländern angestoßen worden war. Auf der *Africa Review Conference* 1970 in New York stellten Mitarbeiter der *Ford Foundation* fest, dass es nicht einfach sei, geeignete bevölkerungspolitische Projekte in Ostafrika zu finden, an denen sich die Stiftung beteiligen könne.[96] Vor diesem Hintergrund und im Einklang mit der höheren Priorität, welche die ostafrikanischen Regierungen gegenwärtig der Entwicklung des ländlichen Raumes beimaßen, suche die *Ford Foundation* nach Wegen, ihre technische Hilfe zunehmend auf diesen ländlichen Sektor zu konzentrieren. So sei ein Mitarbeiter des Ostafrikabüros in Nairobi, John Gerhart, bereits als Direktionsassistenz in das *Special Rural Development Programme* eingebunden.

Dieser Richtungswechsel lässt sich hinsichtlich der bevölkerungspolitischen Aktivitäten der *Ford Foundation* in Kenia seit 1970 konkretisieren. In diesem Jahr beauftragte die Stiftung die Sozialpsychologin Angela Molnos, traditionale und zeitgenössische Werte, Einstellungen und Praktiken hinsichtlich Reproduktion und Geburtenkontrolle in ausgewählten ethnisch definierten Verbänden in den drei ostafrikanischen Ländern Kenia, Tansania und Uganda zu untersuchen.[97] Das Forschungsinteresse dieser Studie richtete sich auf die Frage, wie Familienplanung in den als traditional definierten afrikanischen Gemeinschaften verankert werden könnte, um das Problem des Bevölkerungswachstums in Ostafrika zu lösen. Auf der Grundlage verfügbarer sozialanthropologischer Studien und Interviews mit Anthropologen erstellte Molnos zwischen 1970 und 1972 das vierbändige Kompendium *Cultural Source Materials for Population Planning in East Africa*.[98] Molnos hatte diesem Titel nach „kulturelles Quellenmaterial" zusammengestellt, mit dem sie den Anspruch verband, bisherige Konzeptionen von Bevölkerungspolitik und Familienplanungsprogrammen zu hinterfragen.[99] In der

---

96 Siehe hierzu und zum Folgenden: *Ford Foundation*, Africa Review Conference (17.-24.11.1970), Bl. 5–6.
97 Siehe hierzu: David Radel (*Ford Foundation*) an Jørgen Ahlinder, Summary of Proposed Project on Traditional and Contemporary Values, Attitudes, and Practices, 4.5.1970, RAC, PC Acc. II AD 61, Montague Country Files, Kenya Proposals.
98 Angela Molnos, Cultural Source Materials for Population Planning in East Africa (4 Bde.), Nairobi 1972.
99 Zu diesem Anspruch: Molnos, Introduction, in: Cultural Source Materials for Population Planning in East Africa. Bd. 2. Innovations and Communications: „The material presented should be useful for re-thinking approaches in population planning, family planning programming, local and mass communications and as a source for writing manuals to train fieldworkers." (S. 1)

Tat schlug sie damit einen Orientierungsmaßstab für die Planung von Bevölkerungspolitik vor, der sich weniger auf eine am Westen ausgerichtete Modernisierungsvision bezog als auf ein spezifisches Bild der afrikanischen, traditionalen Vergangenheit. Zu der Produktion eines solchen Bildes trug sie beispielsweise bei, indem sie Bevölkerung in Gestalt ethnischer Verbände und nicht mehr nationalstaatlich imaginierte.

Der Ansatz von Molnos verwies in vielerlei Hinsicht auf die Konzeption einer afrikanischen Bevölkerung und die Gestaltung von Bevölkerungspolitik in der kenianischen Kolonie der 1930er und 1940er Jahre, wie der Vergleich mit einer Untersuchung eines Landwirtschaftsexperten und Kolonialbeamten in Kenia zwischen 1944 und 1945, Norman Humphrey, zum Verhältnis von Bevölkerung und Land im Bezirk Südnyeri, nahelegt.[100] Zentrale Gemeinsamkeiten weisen die Zugänge von Humphrey und Molnos erstens in der Definition des Bevölkerungsproblems auf. Diese Definition führt sie zweitens zu einer Aufwertung vermeintlich traditionaler ethnischer Gemeinschaften als Basiseinheiten für Bevölkerung. Drittens lässt sich die Perspektive, mit der sie in den 1940er beziehungsweise 1970er Jahren auf Kenia blickten, vor dem Hintergrund ihrer Wahrnehmung einer tiefen Krise der europäischen beziehungsweise westlichen Ordnung beschreiben, die sich bei Humphrey als Fortschrittsskepsis und bei Molnos als Infragestellung des Wachstumskonzepts äußerte.

Das Bevölkerungsproblem, welches Humphrey und Molnos für die kenianische Kolonie beziehungsweise für Ostafrika definierten, bezog sich auf die Relation von Bevölkerung und Land und unterschied sich mithin von den diskursprägenden Topoi der 1950er und 1960er Jahre. Wenngleich nicht explizit, nutzten beide Autoren das Konzept der *carrying capacity*, um Überbevölkerung sichtbar zu machen und zu problematisieren. Dieses Konzept war auf der ersten Weltbevölkerungskonferenz 1927 in Genf prominent diskutiert worden und hatte seit den späten 1940er Jahren Eingang in die Literatur gefunden, die Überbevölkerung und Ressourcenknappheit aus einer ökologischen Perspektive thematisierte.[101] Die

---

100 Norman Humphrey, 1. The Relationship of Population to the Land in South Nyeri, 2. Thoughts on the Foundations of Future Prosperity in the Kikuyu Lands, in: Norman Humphrey, The Kikuyu Lands, Nairobi 1945.
101 Zu Genf siehe insbesondere den Vortrag des Biologen und Genetikers Edward M. East, Food and Population, in: Sanger (Hrsg.), Proceedings, S. 86–89; hierzu insgesamt: Bashford, Global Population, S. 90–94. Zu den „Pionieren" des in der US-amerikanischen Historiographie so genannten *environmental approach* siehe: Fairfield Osborn, Our Plundered Planet, New York, NY 1948; William Vogt, Road to Survival, New York, NY 1948; zu diesen Autoren und den Verbindungslinien zwischen dem *environmentalist movement* und der Problematisierung von Überbevölkerung siehe insbesondere: Robertson, The Malthusian Moment; außerdem: Sharpless, World Population Growth, S. 78–79.

Annahme einer begrenzten Kapazität des Bodens war insofern malthusianisch inspiriert, als dass es stets um das ungleichgewichtige Verhältnis zwischen landwirtschaftlichem Produktionsspielraum und dem steigenden Nahrungsbedarf einer wachsenden Bevölkerung ging.

Die Ursache zweier sich wechselseitig verschärfender Problemlagen – einer zu hohen Bevölkerungsdichte und einem ausbeuterischen Umgang mit dem Boden – sah Humphrey in der Zerstörung der alten, oder besser traditionalen Ordnung in Kenia durch europäische Einflüsse und insbesondere durch die teilweise Integration der Kolonie in eine kapitalistische Wirtschaftsordnung und Wachstumslogik.[102] Die Einführung eines neuen Wirtschaftssystems durch die britischen Siedler und die Kolonialregierung habe die afrikanischen Gemeinschaften mit drei wesentlichen Veränderungen konfrontiert: erstens mit einer Vorrangstellung des Individuums auf Kosten der Gemeinschaft, zweitens mit der Einführung unterschiedlicher Lebensstandards und drittens mit einem neuen Konzept von Reichtum, das auf die Anhäufung von Gewinn abziele.[103] Das Resultat sei ein „Kollaps" der alten Ordnung, den es nun aufzufangen gelte. Ganz ähnlich argumentierte Molnos Anfang der 1970er Jahre auf einer globalen Ebene: „Within the last few years, world population increase, accelerated economic and technological expansion, the rapid exhaustion of natural resources, and the destruction of the environment have become facets of the same global problem of excessive rates of growth."[104]

Anders als im ökonomisch geprägten demographischen Transitionsmodell erschien rasches Bevölkerungswachstum nun nicht mehr als Hindernis für Wirtschaftswachstum. Stattdessen stellte Molnos im Sinne einer allgemeinen Wachstumskritik sowohl das Bevölkerungs- als auch das Wirtschaftswachstum als Facetten ein und desselben Problems dar. Insofern Molnos vor dem zerstörerischen Potential des Wachstums sowohl in Bezug auf den Planeten Erde, als auch in Bezug auf traditionale Gemeinschaften warnte, schlug sie in eine ähnliche Kerbe wie Humphrey drei Jahrzehnte vor ihr. Reminiszenzen an das Konzept der *carrying capacity* waren indes kein Zufall, sondern Ergebnis einer expliziten Referenz auf die durch den *Club of Rome* in Auftrag gegebene und am *Massachusetts Institute of Technology* durchgeführte, 1972 publizierte Studie *Limits to Growth*.[105] Damit bezog sich Molnos auf die einschlägigste Veröffentlichung unter vielen,

---

102 Humphrey, The Relationship of Population to the Land, S. 10.
103 Humphrey, Thoughts on the Foundations, in: Humphrey, The Kikuyu Lands, S. 18–19.
104 Molnos, Cultural Source Materials for Population Planning in East Africa. Bd. 2. Innovations and Communications, S. 9.
105 Molnos, Cultural Source Materials for Population Planning in East Africa. Bd. 2. Innovations and Communications, S. 9, Anm. 4.

die zwischen Mitte der 1960er und Mitte der 1970er Jahre die zeitgenössische Wachstumseuphorie mit den „physischen" Grenzen der Erde, mithin mit den Grenzen des Wachstums konfrontierten. In Metaphern wie *spaceship earth* erlebte eine zentrale Leitidee der 1930er und 1940er Jahre, die den Planeten Erde als geschlossenes begrenztes System charakterisierte, eine Renaissance.[106] Vor diesem Hintergrund konstatierte Molnos:

> Until recently, rapid economic and technological development, together with concomitant social changes, appeared desirable all over the world. Economic development was everywhere an unquestionable goal to be reached by successively introducing the necessary technological and social innovations. Today, in mid-1972, one cannot be any longer sure of this goal [...].[107]

Aus einer ähnlichen Problemdiagnose – das Bevölkerungswachstum erschien als Problem, weil die Grenzen des Wachstums erreicht zu seien schienen – zogen Humphrey und Molnos ähnliche Schlüsse. Es gelte, traditionale Gemeinschaften vor den zerstörerischen Einflüssen des europäischen Wirtschaftssystems beziehungsweise des westlichen Wachstumsmodells zu bewahren.

Im Zeichen der Vorsilbe „re-" plädierten Humphrey und Molnos, den Entwicklungspfad Kenias an einem Bild auszurichten, das sie von dessen vorkolonialer Vergangenheit zeichneten. In den Worten Humphreys: „It involves a reawakening of his [the Kikuyu's] sense of duty to his fellows and his land and the instilling of a desire to abandon those false values that have been a major product of his sudden contact with our civilization."[108] In nahezu identischer Wortwahl präsentierte Molnos ihren Lösungsansatz zum Umgang mit dem Anfang der 1970er Jahre diskreditierten Wachstumskonzept:

> A revaluation of the remaining age-old traditions of the human race could be one of the many new goals necessary to supplant the present trends which may drive mankind to

---

106 Siehe hierzu: Sabine Höhler, „Spaceship Earth". Envisioning Human Habitats in the Environmental Age, in: GHI Bulletin 42 (2008), S. 65–85, insbesondere S. 74; Sabine Höhler, Spaceship Earth in the Environmental Age, 1960–1990, London 2015; Patrick Kupper, „Weltuntergangs-Vision aus dem Computer". Zur Geschichte der Studie „Die Grenzen des Wachstums" von 1972, in: Frank Uekötter/Jens Hohensee (Hrsg.), Wird Kassandra heiser? Die Geschichte falscher Ökoalarme, Stuttgart 2004, S. 98–111; Robertson, The Malthusian Moment, S. 150; Bjorn-Ola Linnér, The Return of Malthus. Environmentalism and Post-War Population Resource Crises, Isle of Harris 2003.
107 Molnos, Cultural Source Materials for Population Planning in East Africa. Bd. 2. Innovations and Communications, S. 9.
108 Humphrey, Thoughts on the Foundations, in: Humphrey, The Kikuyu Lands, S. 25.

its own destruction – the quest for more consumption, more facilities, more services, more commodities. On the other hand, economic development is and will remain for a long time to come the desired goal of the low-income developing countries.[109]

Die Verwendung dieses und ähnlichen Vokabulars – „reawakening"/„revaluation", „abandon"/„supplant", „false values"/„present trends which may drive mankind to its own destruction" – mündete in die Empfehlung, die durch den Kontakt mit der europäischen „Zivilisation" beziehungsweise durch das Wachstumsmodell des Westens bereits geweckten Begehrlichkeiten in den ethnischen Verbänden umzupolen auf eine Rückbesinnung auf die vermeintlich eigenen, „jahrhundertealten" Werte und Traditionen. Indem sie die Bewahrung des Traditionalen vor vermeintlich zerstörerischen fremden Einflüssen einforderten, unterschied sich ihr Ansatz von der in den 1950er und 1960er Jahren von entwicklungspolitischen Organisationen propagierten Modernisierungsverheißung, welche auf der Grundlage des demographischen Transitionsmodells die Bewältigung des Bevölkerungsproblems in der Dritten Welt mithilfe von Wachstum und Entwicklung nach westlichem Vorbild in Aussicht gestellt hatte.

In Humphreys und Molnos Aufforderung zu einer Rückbesinnung auf das Traditionale nahm ein Entwicklungsansatz Gestalt an, der anders als das Modernisierungskonzept nicht in erster Linie eine Nachahmung des materiellen Standards der europäischen beziehungsweise westlichen Industrienationen anstrebte, sondern darauf abzielte, das durch äußere Einflüsse wie kapitalistische Wirtschaftsformen oder Wachstumsdoktrinen hervorgebrachte Zerstörungspotential einzudämmen und zu ordnen. Der Historiker Joseph Hodge hat dies als Kern kolonialen Entwicklungsdenkens in den 1940er Jahren beschrieben:

> Development was imagined not as an attempt to remake colonial peoples in the image of the West by replicating the material conditions present in metropolitan Britain, but, rather, to prevent such an outcome, to manage and even forestall the process of transformation by mitigating the contradictions thrown up by private capitalist enterprise and colonial rule, namely the emergence of a surplus population of rural and urban unemployed and the loss of reproductive resources.[110]

Er bezog sich hier auf die Politikwissenschaftler Michael Cowen und Robert Shenton, die die Ursprünge dieses Entwicklungsdenkens bei Thomas Robert Malthus, John Stuart Mill und Auguste Comte im ausgehenden 18. und begin-

---

109 Molnos, Cultural Source Materials for Population Planning in East Africa. Bd. 2. Innovations and Communications, S. 9. Zu dieser „Aufwertung des Traditionalen" als zu beobachtende Tendenz Anfang der 1970er Jahre siehe auch: Gilman, Modernization Theory, S. 68.
110 Hodge, Triumph of the Expert, S. 263.

nenden 19. Jahrhundert situierten. Auf dieser Grundlage schieden sie die Ursprünge der Fortschrittsidee von derjenigen der Entwicklung.[111] Während Fortschritt die Vergangenheit als eine serielle Abfolge aufeinander aufbauender Stufen oder Stadien gedeutet habe, sei die Annahme, dass die Zukunft immer eine Verbesserung gegenüber der Vergangenheit bedeute, kein konstitutiver Bestandteil der Entwicklungsidee. Daran anschließend bemerkt Hodge, dass der koloniale Entwicklungsgedanke nicht allein oder zumindest nie ausschließlich darauf abgezielt habe, das Land oder die Bevölkerung in den Kolonien zu „modernisieren".[112] Vielmehr sei der Zweck von Entwicklung seit dem 19. Jahrhundert in erster Linie darin gesehen worden, die Mittel für eine Politik zur Verfügung zu stellen, die den Wert der Gemeinschaft angesichts der drohenden Zerstörung durch immanente Entwicklungsprozesse erhalten und eine positive Alternative zu der durch den Kapitalismus hervorgerufenen Unordnung und Unterentwicklung konstruieren sollte.

In dieser Vorstellung vom Wert der Gemeinschaft zeichnet sich das Bild der durch Humphrey und Molnos skizzierten afrikanischen Vergangenheit ab, das indes dem der europäischen Vergangenheit in evolutionären Entwicklungsmodellen entspricht. Im Zeichen des Antagonismus von Primitivismus und Moderne imaginierte Humphrey eine vorkoloniale stabile Lebenssituation, in der malthusianische Hemmnisse wie kriegerische Auseinandersetzungen, Hungersnöte und Krankheiten ein zu rasches Bevölkerungswachstum verhindert hätten, Landwirtschaft nach kommunalen Prinzipien lediglich für den eigenen Bedarf betrieben worden sei und alle Mitglieder der Gemeinschaft den gleichen Lebensstandard geteilt hätten.[113] Dieses in den 1930er und 1940er Jahren überaus prominente Bild von der ländlichen Gemeinschaft als vermeintlich natürlicher afrikanischer Lebensweise mündete in den Topos der Detribalisierung, welcher in Kenia zahlreiche kolonialpolitische Initiativen dieser Zeit legitimiert hatte. Dieser Begriff definierte den vermeintlichen Verlust der „Stammesidentität" angesichts moderner Einflüsse, der sich beispielsweise in der Landflucht von Afrikanern, die in Städten nach Arbeit suchten, äußere.[114] Dieses auf den ländlichen Raum fixierte, anti-urbane Konzept, das in der Migration in den urbanen Raum die Ursache für soziale Probleme wie Arbeitslosigkeit, Delinquenz oder politische Un-

---

111 Siehe hierzu und zum Folgenden: Cowen/Shenton, Doctrines of Development, S. 8–9 und S. 20–21.
112 Siehe hierzu und zum Folgenden: Hodge, Triumph of the Expert, S. 7.
113 Humphrey, Thoughts on the Foundations of Future Prosperity in the Kikuyu Lands, in: Humphrey, The Kikuyu Lands, S. 18–22.
114 Siehe hierzu: Lewis, Empire State-Building, S. 125–126, S. 134–139 und S. 251; Hodge, Triumph of the Expert, S. 3–4, S. 18, S. 145–146 und S. 194.

ruhen erkannte, bildete auch die Grundlage der ländlichen Entwicklungsdoktrin. So kristallisierte sich in den verschiedenen kolonialpolitischen Debatten der 1930er Jahre ein Konsens heraus, der die Landwirtschaft zum Zentrum afrikanischer Ökonomien erklärte, weil sie die natürliche und historische Beschäftigungsgrundlage der indigenen Bewohner Britisch-Afrikas sei.[115]

Diese Tendenz, den ländlichen Raum als Wesens- aber auch Differenzierungsmerkmal in Abgrenzung zum urbanisierten und industrialisierten Westen zu definieren, erlebte seit Anfang der 1970er Jahre eine Renaissance. Als der Demograph Peter Rogers vom *Center for Population Studies* an der Universität Harvard im Auftrag der *Ford Foundation* 1981 Forschungsdesiderata hinsichtlich der Beziehung zwischen Bevölkerung und Ressourcen untersuchte, identifizierte er Urbanisierung als eines der größten Probleme der Dritten Welt:

> Possibly the most visible population problem facing the world, and particularly the Third World, over the next two decades lies in the area of urbanization. One of the saving graces for the developing world has always been the fact that most of its population has lived in rural areas. But we are now witnessing a massive „shift" to the cities.[116]

Mit der Interpretation des ländlichen Raumes als „saving grace" für die sich entwickelnde Welt betonte Rogers deren gegenwärtige Differenz zur entwickelten Welt und gerade nicht die in den 1950er und 1960er Jahren verheißene Angleichung in der Zukunft. In ähnlicher Weise hob auch Molnos auf die Unterschiede zwischen „pastoralen Gesellschaften" und der „innovativen Welt" ab: „Still, the proper question to be asked is not what is wrong with pastoral societies, but perhaps what is wrong with this innovative world that expects people to change their whole way of life, all their cherished values and customs within a generation, and leap over centuries or perhaps millenia into the technological age."[117] Indem sie die Aussicht hinterfragte, dass die ehemaligen Kolonien innerhalb kürzester Zeit den Lebensstandard des Westens erreichen könnten, stellte sie zugleich die Basis des ökonomisch grundierten Entwicklungskonsenses der Nachkriegszeit zwischen den so genannten Entwicklungsländern und den Industrienationen beziehungsweise den internationalen entwicklungspolitischen Organisationen zur Debatte. In dieser Infragestellung manifestierte sich ein Bruch im Entwicklungsdenken, dessen Folgen auch und insbesondere auf dem bevöl-

---

115 Helen Tilley, Africa as a „Living Laboratory", S. 117.
116 Peter Rogers (*Center for Population Studies*) an *Population Office, Ford Foundation:* The Link Between Population and Resources: Research Needs. February 1981, FFA, Reel 4165, Bl. 10.
117 Molnos, Cultural Source Materials for Population Planning in East Africa. Bd. 2. Innovations and Communications, S. 13.

kerungspolitischen Feld in den 1970er und 1980er Jahren verhandelt wurden. Dieser Aushandlungsprozess lässt sich insbesondere an der entwicklungspolitischen Funktion, welche Familienplanung zugewiesen wurde, beleuchten. So deutete sich in der Studie von Molnos eine Umcodierung in der Zielsetzung von Familienplanung an. Hatte dieses Instrument seit den 1950er Jahren als eine notwendige technologische und soziale Innovation gegolten, welche in den „Entwicklungsländern" als Katalysator die sozioökonomische Transformation in die Moderne beschleunigen sollte, ging es Molnos darum, Familienplanung als Möglichkeit zu propagieren, traditionale Kulturen vor exzessivem Wachstum zu bewahren und mithin in ihrer vermeintlich ursprünglichen Lebensweise zu stabilisieren.

3.1.4 Zusammenfassung

Das Vokabular des Chaos und der Konfusion, welches zahlreiche Akteure im bevölkerungspolitischen Feld Anfang der 1970er Jahre nutzten, um die Situation des nationalen Familienplanungsprogramms in Kenia zu beschreiben, lässt sich als Symptom begreifen, dass die mit diesem Programm verbundenen Ziele und Erwartungshaltungen stark divergierten. Um diese Divergenzen zu systematisieren, wurden sie im vorausgegangenen Kapitel im Spannungsfeld zweier konkurrierender Entwicklungslogiken verortet. Die Pole dieses Spannungsfeldes können einerseits dem demographischen Transitionsmodell und andererseits dem Postulat der Entwicklung des ländlichen Raumes zugeordnet werden. Familienplanung fungierte in beiden Entwicklungsvorstellungen als entwicklungspolitisches Instrument, wurde jedoch mit einer jeweils unterschiedlichen Funktion assoziiert.

In Kenia war das Familienplanungsprogramm zunächst auf der Grundlage der Prämissen des demographischen Transitionsmodells eingeführt worden. Dieses Modell skizzierte eine die historische demographische Entwicklung der Industrienationen Westeuropas nachahmende Zukunftsvision für Kenia im Dreiklang von Urbanisierung, Industrialisierung und Modernisierung. Zur Realisierung dieser Zukunftsvision gelte es, das Bevölkerungswachstum zu reduzieren, welches in Form einer national geschätzten Wachstumsrate in einer negativen Korrelation mit dem voraussichtlich geringen nationalen Wirtschaftswachstum problematisiert wurde. Die Bevölkerung Kenias nahm in diesem Modell mithin in einem nationalen Rahmen Gestalt an. Ein nationales Familienplanungsprogramm im Sinne von Geburtenkontrolle sollte als Katalysator fungieren, um das Bevölkerungswachstum zu senken, Wirtschaftswachstum zu ermöglichen und die sozioökonomische Transformation Kenias von einem „Entwicklungsland" in einen modernisierten Nationalstaat zu beschleunigen.

Die entwicklungspolitische Umsetzung des Familienplanungsprogramms als Motor einer Reduktion der Bevölkerungswachstumsrate fußte wesentlich auf der Annahme, dass das Reproduktionsverhalten aller Menschen ökonomisch-rationalen Erwägungen folge und dass die Verfügbarmachung von Kontrazeptiva ausreiche, um in Kenia die Kernfamilie als Norm zu etablieren. Die damit verbundene Frage, mit der sich unterschiedliche Akteure im bevölkerungspolitischen Feld in Kenia konfrontiert sahen, war die nach dem Kontext, an dem dieses ökonomisch rationale Verhalten orientiert werden würde. Ein am Diffusionsmodell ausgerichteter Zugriff imaginierte den städtischen Raum als früheste Realisierung eines westlichen Lebensumfeldes in „Entwicklungsländern". Daher würde der Impuls zu einer Geburtenreduktion von urbanen Eliten ausgehen, die in diesem vermeintlich industrialisierten, individualisierten und konsumorientierten Kontext die Kernfamilie als Garant eines höheren Lebensstandards wählten, weil weniger Kinder geringere Kosten für Ernährung, Bildung und medizinische Versorgung bedeuteten.

Zeitgenössische Beobachter, Publizisten, Wissenschaftler und Entwicklungsplaner wiesen indes darauf hin, dass dieses Szenario nicht der Realität kenianischer Städte entspreche, dass überdies Kenia mit den lediglich zwei großen städtischen Agglomerationen Nairobi und Mombasa zu den am wenigsten urbanisierten Ländern weltweit gehöre und circa 90 Prozent der Bevölkerung im ländlichen Raum lebe. Überdies sei das Land ausgesprochen schwach industrialisiert. Vor diesem Hintergrund hatten Kolonialbeamte zu Beginn der 1960er Jahre, am Übergang zwischen Kolonialzeit und Unabhängigkeit, in wegweisenden Regierungspapieren Kenias wirtschaftliche Zukunft nicht in der Industrialisierung, sondern in der Landwirtschaft gesehen. Angesichts eines landwirtschaftlichen Booms in dieser Zeit schien der Agrarsektor im ländlichen Raum am ehesten das Potential zu haben, soziale Probleme wie Arbeitslosigkeit auffangen zu können. Das darauf basierende Postulat einer notwendigen Konzentration von Entwicklungsbemühungen auf den ländlichen Raum hatte zu Beginn der 1970er Jahre nicht nur Konjunktur in der kenianischen Regierung, sondern entsprach auch einer von Organisationen wie der *Weltbank* vertretenen entwicklungspolitischen Grundbedürfnisstrategie. Darin rückte ein integrierter Ansatz mit den Komponenten Ernährung, medizinische Versorgung, Bildung und auch Bevölkerungspolitik zur Befriedigung der Grundbedürfnisse der ländlichen Armen in den Mittelpunkt entwicklungspolitischer Maßnahmen und verdrängte allmählich die Schwerpunkte Industrialisierung und Wirtschaftsförderung.

In Kenia manifestierten sich zu Beginn der 1970er Jahre Tendenzen, das Familienplanungsprogramm auf den Schwerpunkt ländlicher Entwicklung hin umzuorientieren. Die *Weltbank* stellte seit 1972 einen umfangreichen Kredit zur Verfügung, um den Ausbau der medizinischen Infrastruktur im ländlichen Raum zu fördern, auf deren Basis langfristig die Aufklärung über Familienplanung und die Vergabe von Kontrazeptiva erfolgen sollte. Die kenianische Regierung lancierte unterstützt von Geberorganisationen ein *Special Rural Development Programme*, in das sie in dem vermeintlich am dichtesten besiedelten Bezirk Kenias auch eine Familienplanungskomponente integrierte. Die *Ford Foundation* schließlich beauftragte eine Sozialpsychologin, sich in einer Studie mit der Frage zu beschäftigen, wie Familienplanung in der nunmehr nicht mehr als national definierten Bevölkerung Kenias, sondern in den als traditional charakterisierten ethnischen Verbänden im ostafrikanischen ländlichen Raum verankert werden könne.

Das in diesem entwicklungspolitischen Ansatz implizit oder explizit zugrunde gelegte Bild von Kenia unterschied sich von der durch das demographische Transitionsmodell skizzierten Zukunft des Landes. Es inszenierte eine vorkoloniale Vergangenheit Ostafrikas als ein vermeintlich stabiles Lebensumfeld sich selbst versorgender, gemeinschaftlich organisierter und kulturell beziehungsweise ethnisch definierter Gemeinschaften im ländlichen Raum. Insbesondere in der von der *Ford Foundation* beauftragten Studie von Angela Molnos knüpfte dieses Bild an ein in der Kolonialzeit der 1930er und 1940er Jahre in Kenia prominentes Entwicklungsdenken an. Demnach sollten Entwicklungspraktiken an vermeintlich jahrhundertealte Werte und Traditionen ostafrikanischer Gemeinschaften anschließen und jene so vor den als zerstörerisch charakterisierten europäischen beziehungsweise westlichen Einflüssen bewahren. Der Kontext dieses Denkens wurde in den 1930er Jahren von der großen Wirtschaftsdepression und in den 1970er Jahren von den Ölkrisen geprägt, angesichts derer sich bei einigen Kolonialbeamten oder Entwicklungsplanern eine Fortschritts- und Wachstumsskepsis Bahn brach, welche sich in einem Impuls der Aufwertung des vermeintlich Traditionalen äußerte.

Auch dieses Entwicklungsdenken definierte Überbevölkerung als zentrales Problem. Überlegungen zur Implementierung von Familienplanungsprogrammen orientierten sich aber weniger an der Erwartung, rasches Wirtschaftswachstum mit dem Ziel einer Modernisierung des Landes zu ermöglichen, als an der Vorstellung, ein Auseinanderbrechen ländlicher Gemeinschaften beispielsweise durch die Abwanderung in die ökonomisch und sozial schlechter erschlossenen Städte verhindern zu müssen. Im Kern bedeutete eine solche Umcodierung der Funktion von Familienplanung nicht weniger als einen Bruch mit der entwicklungspolitischen Verheißung der 1950er und 1960er Jahre, welche eine beschleunigte Anpassung der „Entwicklungsländer" an den westlichen Lebensstandard und die Aufhebung von Differenz zwischen der Ersten und der Dritten Welt in Aussicht gestellt hatte. Mithin wurden Unterschiede zwischen diesen Räumen auf der Basis des Konzepts Kultur wieder stärker in den Vordergrund gerückt. Das Bild von Kenia freilich, das mithilfe dieser vermeintlich kulturellen

Unterschiede gezeichnet wurde, entsprach dem der Vergangenheit Westeuropas in evolutionären oder modernisierungstheoretischen Entwicklungsmodellen, welche auf der Dichotomie primitiver und moderner Lebensweisen gründeten.

3.2 Das Ende des „belief in plastic-technology as a short-cut towards development": Zum Verhältnis von Familienplanung, Modernisierung und Entwicklung in den 1970er und 1980er Jahren

Der sich Anfang der 1970er Jahre im Familienplanungsprogramm in Kenia abzeichnende Bruch mit einem in den 1950er und 1960er Jahren dominanten modernisierungstheoretisch orientierten Entwicklungsdenken wurde von Lars Bondestam in einem Abgesang auf den „belief in plastic-technology as a short-cut towards development"[118] auf den Begriff gebracht. Der schwedische Demograph ging in einem Text von 1981 kritisch mit den konzeptionellen Grundlagen des kenianischen Familienplanungsprogramms ins Gericht, die seiner Ansicht nach jeder empirischen Evidenz entbehrten. Mithin gebe es keinerlei Beweise für die Annahme, dass die Verfügbarkeit von Intrauterinpessaren ausreiche, um die Entwicklung eines Landes zu beschleunigen. Ebenso sei nicht erwiesen, dass das Wirtschaftswachstum durch Bevölkerungswachstum tatsächlich negativ beeinflusst werden könne. Schließlich habe das nationale Bruttosozialprodukt als Entwicklungsstandard wenig Aussagekraft, so lange die Verteilung des Wohlstands unberücksichtigt bleibe. Insgesamt kam er zu dem Ergebnis, dass die kausalen Verkopplungen, auf deren Grundlage der *Population Council* seine Empfehlungen für den Aufbau des kenianischen Familienplanungsprogramms ausgesprochen hatte, rein fiktionaler Natur gewesen seien. Auf einer allgemeineren Ebene bediente sich auch ein Mitarbeiter der *Ford Foundation* in Nairobi, Goran Hyden, 1983 der Formel „no shortcuts to progress", um der Frustration nach zwei Jahrzehnten des Entwicklungsoptimismus Ausdruck zu verleihen.[119] Weder könne der Entwicklungsprozess eines Landes beschleunigt oder abgekürzt werden noch habe man es mit einem ausschließlich positiven Phänomen zu tun.

---

118 Lars Bondestam, The Foreign Control of Kenyan Population, in: Lars Bondestam/Staffan Bergström (Hrsg.), Poverty and Population Control, New York, NY 1980, S. 157–177, hier S. 161. Siehe auch zum Folgenden.
119 Goran Hyden, No Shortcuts to Progress. African Development Management in Perspective, Berkeley/Los Angeles 1983. Siehe zum Folgenden S. 207.

Vielmehr bringe dieser Prozess sowohl Gewinner als auch Verlierer hervor und ziehe grundsätzlich auch nicht intendierte Konsequenzen nach sich.

3.2.1 Vom „take-off" zum „widening gap": Ernüchterung nach dem bevölkerungspolitischen Entwicklungsoptimismus

Die Infragestellung der Modernisierungsformel im Sinne einer beschleunigten ökonomischen Entwicklung des postkolonialen Raumes durch Familienplanungsprogramme kennzeichnete die Bevölkerungspolitik der 1970er Jahre nicht nur in Kenia, sondern auch auf internationaler Ebene. Als Symbol, dass der Nexus von Wirtschafts- und Bevölkerungswachstum allmählich seine Evidenz einbüßte, galt zeitgenössischen Beobachtern ebenso wie der Forschung die Weltbevölkerungskonferenz von Bukarest 1974.[120] Zweifellos kann dieses Ereignis als Kulminationspunkt eines Konflikts um die Definition des Bevölkerungsproblems, der als Frage um die richtige Entwicklung der „Entwicklungsländer" diskutiert wurde, historisiert werden. Anlass war die Forderung einer Gruppe politischer Vertreter aus den so genannten Entwicklungsländern, die Ursache für die als Problem definierte vermeintliche Überbevölkerung der Dritten Welt nicht mehr als Folge fehlender oder ineffizient durchgesetzter nationaler Bevölkerungskontrollprogramme zu verstehen, sondern als Symptom der ungleichen Verteilung von Reichtum und Ressourcen.[121] Indes muss diese Auseinandersetzung um das Bevölkerungsproblem auf internationalem Parkett als Summe unterschiedlicher Vorgeschichten oder Transformationen im bevölkerungs- und entwicklungspolitischen Denken und Handeln seit Ende der 1960er und Anfang der 1970er Jahre begriffen werden. Die folgenden Ausführungen nehmen daher die Bukarester Weltbevölkerungskonferenz zum Ausgangspunkt, um anhand zeitgenössischer und heutiger Deutungen dieses Ereignisses einen Erklärungsversuch zu unternehmen, warum die Modernisierungsformel in den 1970er Jahren allmählich auch

---

120 Siehe hierzu beispielsweise: Yves Charbit, La population du monde et la conférence de Bucarest, Paris 1975; Jason L. Finkle/Barbara B. Crane, The Politics of Bucharest. Population, Development and the New International Economic Order, in: PDR 1 (1975), S. 87–114; Harkavy, Curbing Population Growth, S. 60–61; Connelly, Fatal Misconception, S. 316. Dort heißt es: „Bucharest was the Waterloo of the population control movement." Donaldson, Nature against Us, NC 1990, S. 125; Greenhalgh, The Social Construction of Population Science, S. 52–53; Susanne Heim/Ulrike Schaz, Berechnung und Beschwörung. Überbevölkerung – Kritik einer Debatte, Berlin 1996, S. 170.
121 Siehe hierzu: Connelly, Fatal Misconception, S. 314; Donaldson, Nature Against Us, S. 125; Finkle/Crane, The Politics of Bucharest, S. 104; Heim/Schaz, Berechnung und Beschwörung, S. 170.

auf internationaler Ebene ihr orientierungsstiftendes Potential einzubüßen begann.

Der Historiker Matthew Connelly deutete die Bukarester Weltbevölkerungskonferenz von 1974 als Umschlagpunkt, an dem die im internationalen „Bevölkerungsestablishment" organisierte Führungsriege begann, die Definitionsmacht und Kontrolle über globale Bevölkerungspolitik zu verlieren. Mit Blick auf die Tatsache, dass in Bukarest erstmals auch Regierungsdelegationen aus insgesamt 137 Ländern teilnahmen, während frühere Weltbevölkerungskonferenzen dem Austausch von Wissenschaftlern und technischen Experten vorbehalten geblieben waren,[122] stellte er fest: „[T]he first time population control proponents managed to assemble political leaders from almost every country – the 1974 World Population Conference in Bucharest – the proceedings escaped their control."[123] In der Folge habe sich Bevölkerungspolitik als „system without a brain"[124] verselbständigt. Dieser Befund ist das Resultat einer auf eine Akteursgruppe zugespitzten Deutung. Denn er impliziert zunächst, dass dieses System zuvor ein Gehirn gehabt haben muss. Oder anders ausgedrückt: dass es den Akteuren, welche Connelly als Formation einer Bevölkerungskontrollbewegung oder eines „population establishment",[125] deren Konsolidierung in den 1950er Jahren stattgefunden habe, begreift, bis in die 1970er Jahre gelungen sei, ein System gezielter globaler Bevölkerungskontrolle aufzubauen und zu steuern. Indem Connelly diesem „Establishment" zugesteht, die bevölkerungspolitischen Fäden seit den 1950er Jahren in der Hand gehalten zu haben, folgt er ihnen auch in ihrer Wahrnehmung, dass diese Fäden ihnen Mitte der 1970er Jahre entglitten.

Eine andere Möglichkeit, den Transformationsprozess in den 1970er Jahren zu analysieren, besteht darin, zunächst die von Connelly zum *explanans* gewendete Selbstwahrnehmung dieser spezifischen, auf der internationalen Ebene angesiedelten Akteursgruppe als *explanandum* zu verstehen. Dann wäre einerseits zu fragen, wie die Wahrnehmung oder vielmehr Illusion dieser Akteure, das „Gehirn" *einer* bevölkerungspolitischen Bewegung zu sein, erklärt werden kann. Andererseits müsste die Frage beantwortet werden, warum diese Illusion zu einem bestimmten Zeitpunkt zerbrach. Beide Fragen weiten zunächst den Blick für die Existenz unterschiedlicher, nebeneinander bestehender bevölkerungspolitischer Kontexte auf der lokalen und globalen, nationalen und internationalen Ebene.

---

122 Finkle/Crane, The Politics of Bucharest, S. 87 und S. 97–98.
123 Connelly, Fatal Misconception, S. 278.
124 Siehe hierzu das Kapitel „A System Without a Brain" in: Connelly, Fatal Misconception, S. 276–326.
125 Connelly, Fatal Misconception, S. 379.

Bei diesen Attributen zur Bezeichnung der Ebenen handelt es sich nicht um geographische oder hierarchische Klassifizierungen. Im Sinne James Fergusons weisen sie stattdessen auf Wissensbestände, Machtmechanismen und Prioritäten hin, welche diese Ebenen jeweils voneinander unterschieden.[126] Gleichwohl lassen sich diese Ebenen nicht nur durch personelle Überschneidungen zueinander in Beziehung setzen, sondern auch durch einen Knotenpunkt, der als entwicklungspolitische Übereinkunft bezeichnet werden kann. Viel eher als eine Akteursgruppe strukturierte sie die bevölkerungspolitischen Systeme der 1950er und 1960er Jahre und könnte möglicherweise als deren „Gehirn" bezeichnet werden. Der Transformationsprozess der 1970er Jahre, so das Argument, das im Folgenden ausgeführt werden soll, bestünde in der Erosion dieser Übereinkunft, welche auf der lokalen Ebene ihren Ausgang nahm und im weiteren Verlauf als wechselseitige Aufkündigung verstanden werden kann, die schließlich in Bukarest einen Höhepunkt erreichte.

Ausgehend von der Frage, wie sich die Wahrnehmung von Kontrolle und Kontrollverlust mit Blick auf eine auf der internationalen Ebene angesiedelte selbsternannte bevölkerungspolitische Führungselite erklären lässt, haben auch die Politikwissenschaftler Jason Finkle und Barbara Crane in ihrer 1975 verfassten Darstellung der Weltbevölkerungskonferenz auf die Existenz unterschiedlicher Sphären verwiesen.[127] Bei den Organisatoren der Weltbevölkerungskonferenz habe es sich mehrheitlich um Bevölkerungsexperten und Bevölkerungskontrolllobbyisten aus Gremien der *Vereinten Nationen* oder US-amerikanischer Vertreter entsprechender Organisationen gehandelt. Diese seien im Vorfeld der Konferenz davon überzeugt gewesen, im Konsens mit allen Teilnehmenden einen Weltbevölkerungsaktionsplan verabschieden zu können, welcher darauf abzielte, das Bevölkerungswachstum durch eine Politik der Bevölkerungskontrolle in globalem Maßstab einzudämmen. Dieser Konsens scheiterte jedoch am Widerstand einer großen Gruppe von Vertretern aus den so genannten Entwicklungsländern, so dass letztlich über einen stark modifizierten Plan als Schlussdokument der Konferenz abgestimmt worden war. Finkle und Crane beschreiben diese Erfahrung für die Organisatoren insofern als Kontrollverlust, als jene den Konflikt um den Weltbevölkerungsaktionsplan und mithin um die Definition des Bevölkerungsproblems nicht antizipiert hätten. Dies sei möglich gewesen, weil sie sich in

---

126 Vgl. James Ferguson, Paradoxes of Sovereignty and Independence. „Real" and „Pseudo-"-Nation-States and the Depoliticization of Poverty, in: Ferguson, Global Shadows, S. 26–50, hier S. 42–49.
127 Siehe hierzu und zum Folgenden: Finkle/Crane, The Politics of Bucharest, S. 87–88 und S. 91.

den Jahren vor der Konferenz nahezu ausschließlich auf Bevölkerungsfragen konzentriert, sich mit ebenso hochgradig spezialisierten technischen Experten umgeben und politische Entwicklungen weitgehend ausgeblendet hätten.

Wenngleich diese Einschätzung plausibel erscheint, stellt sich die Frage, warum sich dieser Grad der Abschottung so lange aufrechterhalten ließ und ausgerechnet in Bukarest ein Ende fand. Denn der Konflikt, auf den Finkle und Crane die Konferenz inhaltlich zuspitzen,[128] hatte durchaus eine längere Vorgeschichte. Die eine auf der Konferenz insbesondere von den Organisatoren vertretene Position, deutete das demographische Transitionsmodell im Sinne der Modernisierungsformel. Das hieß, dass sie die Entwicklung der „Entwicklungsländer" als beschleunigte Modernisierung durch Familienplanungsprogramme konzipierte beziehungsweise das Wirtschaftswachstum dieser Länder an Geburtenkontrollmaßnahmen mit dem Ziel einer Geburtenreduktion koppelte. Die andere Position, welche von Vertretern dieser „Entwicklungsländer", maßgeblich aus Algerien und Argentinien, vorgegeben wurde, definierte Entwicklung aus einer gänzlich anderen Perspektive. Bevölkerungswachstum wurde nicht mehr selbst als Entwicklungshemmnis, sondern lediglich noch als Konsequenz oder Symptom von Unterentwicklung verstanden und erschien daher nicht mehr als vordringliches Problem, das nach einer Lösung verlangte. Stattdessen sei die Ursache für die „Unterentwicklung" der „Entwicklungsländer" auf ein globales Wirtschaftssystem zurückzuführen, das diese Länder drastisch benachteilige und letztlich die Ungleichheit zwischen Erster und Dritter Welt provoziere. Eine Lösung könne daher nur die Umstrukturierung dieser Wirtschaftsordnung im Sinne einer „new international economic order" sein.[129]

Diese beiden Positionen verhielten sich so zueinander, dass die Apologeten der Modernisierungsformel von Realitäten ausgingen, welche deren Kritiker bestritten. Denn die Anhänger der ersten Position siedelten die Möglichkeit, wirtschaftliches Wachstum durch eine Reduktion des Bevölkerungswachstums zu generieren, im nationalen Rahmen an, während die Verfechter der zweiten Position die Möglichkeit von Nationen, ökonomisch zu wachsen, auf die strukturellen Bedingungen des Weltmarktes bezogen, welche die so genannten Entwicklungsländer dieser Möglichkeit beraubten. Vor diesem Hintergrund erschien ein Zusammenhang zwischen Entwicklung und reduzierter Bevölkerungswachstumsrate gegenstandslos zu sein. Im Folgenden soll die Herausbildung der zweiten Position, welche die Prämissen der ersten in Frage stellte, als Ergebnis

---

128 Siehe zu dieser Zuspitzung in Form von These („incrementalist position"), Antithese („redistribution position") und Synthese („conciliation position"): Finkle/Crane, The Politics of Bucharest, S. 102–108.
129 Finkle/Crane, The Politics of Bucharest, S. 104.

einer schrittweisen Erosion einer entwicklungspolitischen Übereinkunft der 1950er und 1960er Jahre beschrieben werden.

Konkret lässt sich diese Übereinkunft am Beispiel Kenias so illustrieren. Einerseits stellte das kenianische Finanzministerium 1970 klar: „It has to be remembered that the economies of underdeveloped countries cannot be developed rapidly without an inflow of financial and technical aid from bilateral sources as well as multilateral sources. Such sources include the developed countries and the International Bank for Reconstruction and Development."[130] An diesem Zitat wird deutlich, dass das Finanzministerium die Möglichkeit, Kenia wirtschaftlich zu entwickeln, in erster Linie am kontinuierlichen Fluss von Entwicklungshilfsgeldern festmachte. Aus der Sicht der *Weltbank* und einiger anderer Geberorganisationen erschien andererseits eine „rationale" Bevölkerungspolitik als eine notwendige Voraussetzung für die Bereitstellung solcher Gelder:

> The various donors will in future insist that as a condition of obtaining aid from them, underdeveloped countries should have an effective family planning programme as a means of reducing the rate of population growth if their aid is to have a marked impact. During the Plan period 1970–74 the Government of Kenya expects to receive some 95 million pounds from external sources to finance some of the programmes in the Development Plan. This underlines the importance of a family planning programme in Kenya.[131]

Aus der Perspektive der Geberorganisationen erschien Bevölkerungspolitik mit dem Ziel der Geburtenreduktion eine notwendige Bedingung für Entwicklung zu sein.

An diesen unterschiedlichen Ausgangspunkten lassen sich drei Aspekte verdeutlichen. Erstens zeigt sich, wie in der Lesart des kenianischen Finanzministeriums die unmittelbare Verkopplung von Familienplanungsprogrammen und Wirtschaftswachstum in eine mittelbare übersetzt wurde. Nur insofern die Geberorganisationen ein effektives Familienplanungsprogramm zu einer Voraussetzung für die Bereitstellung von Entwicklungshilfsgeldern insgesamt machten, erschien es auch als Voraussetzung für das Wachstum der kenianischen Ökonomie. Anders ausgedrückt: Familienplanung erfüllte für beide Seiten eine Funktion innerhalb eines entwicklungspolitischen Denkrahmens, der Entwicklung als

---

130 Jack Kisa (*Ministry for Economic Planning and Development*): Family Planning in Kenya. An address to the Annual Delegates Conference of the Family Planning Association of Kenya held on Saturday, 7th March 1970, delivered by Mr. J.J. Kisa, Senior Planning Officer, Ministry of Economic Planning and Development, on behalf of the Minister for Economic Planning and Development, 7.3.1970, KNA, BY/58/6, Ministry of Health, 1969–1970, National Family Planning Council, 1. Working Committee, 2. Agenda and Minutes.
131 Kisa, Family Planning in Kenya.

nationales Wirtschaftswachstum definierte. Während die Funktion eines nationalen Familienplanungsprogramms aus der Sicht entwicklungspolitischer Organisationen wie des *Population Council* oder der *Weltbank* auf der Grundlage der Coale/Hoover-Studie darin gesehen wurde, sich direkt auf das Wirtschaftswachstum in Kenia auszuwirken, erschien der kenianischen Regierung das Programm auch als Mittel zum Zweck, um Entwicklungshilfsgelder zu akquirieren. Dem Familienplanungsprogramm wurde mithin die Funktion zugeschrieben, eine Forderung auswärtiger Geber zu erfüllen, damit diese weiterhin Geld in den kenianischen Wirtschaftskreislauf einspeisten. Daraus ergibt sich zweitens die entwicklungspolitische Übereinkunft zwischen den als Geber definierten Organisationen und Kenia, die sich zu diesem Zeitpunkt, also um 1970, weniger auf Entwicklungsmaßnahmen bezog, denn auf einer Art Tauschhandel – Familienplanungsprogramme gegen Entwicklungshilfe – basierte. Oder um es erneut in den Worten des kenianischen Finanzbeamten Jack Kisa zu sagen, der gegenüber der nationalen *Family Planning Association* einen Zusammenhang zwischen der Bereitstellung einer hohen Summe durch externe Geber und der notwendigen Existenz eines Familienplanungsprogramms direkt herstellte: „During the Plan period 1970–74 the Government of Kenya expects to receive some 95 million pounds from external sources to finance some of the programmes in the Development Plan. This underlines the importance of a family planning programme in Kenya."[132] Drittens zeigt sich an dieser Interpretation von Familienplanungsprogrammen seitens des Finanzministeriums, dadurch in erster Linie eine Bedingung der Geberorganisationen erfüllen zu müssen, die noch nicht notwendigerweise mit dem Ziel einer Begrenzung des Bevölkerungswachstums identisch sein musste, dass es sich bei der Implementierung dieser Programme um komplexe und arbiträre Aushandlungsprozesse handelte. Zwar kontrollierten internationale und bilaterale Geberorganisationen weitgehend die Finanzströme, die konkrete Gestaltung der Familienplanungsprogramme konnten sie indes nur selten direkt und zielgerichtet beeinflussen. Daran lässt sich erkennen, dass bereits die Gestaltung der Familienplanungsprogramme vor Ort, die in Kenia auf den Ausbau der gesundheitlichen Versorgung und nicht auf die Reduktion des Bevölkerungswachstums konzentriert war, die Absicht der Organisatoren der Bukarester Konferenz, einen Konsens hinsichtlich der Auslegung von Familienplanung als Geburtenkontrollmaßnahme zu erwirken, herausforderte und die vermeintliche Kontrolle des so genannten „Bevölkerungsestablishments" über Auslegung und Implementierung von Bevölkerungspolitik in unterschiedlichen Entwicklungsräumen eine Illusion war.

---

132 Kisa, Family Planning in Kenya.

Gleichwohl bildete das Verhältnis zwischen den Gebern und den Empfängern bevölkerungspolitischer Entwicklungshilfe durchaus die „Machtasymmetrien der modernen Welt"[133] ab. Denn die Anfang der 1970er Jahre von Bevölkerungsexperten und Repräsentanten bevölkerungspolitisch engagierter Entwicklungsorganisationen zunehmend geäußerte Beobachtung, dass die Implementierung von Familienplanungsprogrammen allein keine nennenswerten, geschweige denn nachweisbaren Auswirkungen auf die Entwicklung dieser Länder habe, zeitigte offenkundig Konsequenzen hinsichtlich des Entwicklungsdenkens und -handelns gegenüber diesen Ländern. Beispielsweise stellte der Direktor des *Population Council*, Bernard Berelson, die unterschiedliche Auslegung von Familienplanungsprogrammen in seiner Bestandsaufnahme zum *Present State of Family Planning Programs* von 1970 durchaus als Problem dar. „At present, if I am not badly mistaken, there is a discontinuity of will between the donor and the recipient agencies: they do not fully share the common objective of population control. The irony is that, with a few exceptions on each side, the donors are more committed than the recipients, yet it is the latter who must do the job."[134] In diesen Zeilen machte Berelson sehr deutlich, dass die Verantwortung, ein effektives System der Bevölkerungskontrolle aufzubauen, um so die Entwicklung der eigenen Nation überhaupt erst zu ermöglichen, klar bei den Empfänger- beziehungsweise „Entwicklungsländern" liege. Zugespitzt ausgedrückt deutete Berelson hier an, dass die Empfängerländer, die dieser notwendigen Selbstverpflichtung nicht nachkämen, gleichsam die entwicklungspolitische Übereinkunft aufkündigten. In ähnlicher Weise skizzierte der kenianische Finanzminister Mwai Kibaki in einer Rede vor dem *Board of Governors* der *Weltbank* 1971 in Paris die Erwartungshaltung der *Weltbank* an die „Entwicklungsländer": „The President of the Bank has demonstrated on a number of occasions the economic consequences for countries failing to implement population policies."[135] Im Umkehrschluss legte dieser unterstellte Nexus zwischen Ökonomie und Bevölkerungspolitik nahe, dass ausbleibendes Wirtschaftswachstum in „Entwicklungsländern" als Scheitern der Nationalregierungen interpretiert werden könne, effiziente Familienplanungsprogramme durchzusetzen. Kibaki wiederum widersprach dieser Behauptung, indem er ein drohendes Scheitern der Entwicklung der „Entwicklungsländer" nicht von der Effizienz nationaler Familienplanungsprogramme,

---

133 Eckert/Conrad, Globalgeschichte, Globalisierung, multiple Modernen, S. 23–24.
134 Bernard Berelson: The Present State of Family Planning Programs prepared for Conference on Technological Change and Population Growth, California Institute of Technology, May 1970. TNA, OD 62/26, Bl. 11.
135 (Emilio) Mwai Kibaki: Statement at Joint Annual Discussion, IBRD. Press Release No. 34. 29.9.1971, KNA, BY/7/132, Ministry of Health, 1970–1974, World Bank/IBRD, Bl. 4.

das Bevölkerungswachstum einzudämmen, abhängig machte, sondern davon, ob die Geberländer weiterhin ihrer Verpflichtung zur Entwicklungshilfe nachkämen. Angesichts der sich anbahnenden Währungs- und Wirtschaftskrise sah Kibaki dieses Engagement gefährdet.

Hintergrund der Einschätzung Kibakis war die „international monetary crisis" Anfang der 1970er Jahre. Diese war – wie er in einer anderen Stellungnahme von 1971 erwähnte – „precipitated by the decision of the United States not to maintain dollar convertibility and to implement certain measures, particularly the import surcharge and cut in aid, to wipe out the balance of payments deficit now facing that country".[136] Kibaki bezog sich hier auf einen Entschluss des US-amerikanischen Präsidenten Richard Nixon, die Goldkonvertibilität des Dollars bei festgesetztem Wechselkurs einseitig aufzuheben, um den Dollar abwerten zu können.[137] Als Reaktion auf das wachsende Haushaltsdefizit der USA, die steigende Inflation und Arbeitslosigkeit, die unter anderem durch die hohen Kosten des Vietnamkrieges und das Ende des Nachkriegsbooms verursacht worden waren, war dies ein erster Schritt zur endgültigen Freigabe der Wechselkurse, die schließlich 1973 erfolgte und eine wesentliche Vereinbarung des 1944 in Bretton Woods grundgelegten Weltwirtschaftssystems aufkündigte.[138] Weil die USA in Bretton Woods den Dollar als Standardwährung durchgesetzt hatten, führte die einseitige Abwertung dieser Währung zu gravierenden Verlusten bei einer ganzen Reihe von Volkswirtschaften, die Währungsreserven in Dollar vorhielten. Die 1973 folgenden „Ölpreisschocks" verschlimmerten die Krise der Weltwirtschaft und des Welthandels, lösten sie aber nicht ursächlich aus.[139]

---

[136] (Emilio) Mwai Kibaki: Statement on Return from Commonwealth Finance Ministers/World Bank/International Monetary Fund Meetings, 6.10.1971, KNA, BY/7/132, Ministry of Health, 1970 – 1974, World Bank/IBRD.
[137] Die zentralen institutionellen Pfeiler der geoökonomischen Nachkriegsordnung, die in Bretton Woods etabliert worden war, umfassten festgelegte Wechselkurse, die Gründung von Institutionen wie der *Weltbank* und dem *Internationalen Währungsfonds*, die Wiederaufbau und Entwicklung im Sinne einer Steigerung des Wirtschaftswachstums fördern sollten, und schließlich die Festlegung der Vereinigten Staaten als finanzieller Garant des Systems, der als Kreditgeber in letzter Instanz haften sollte. Siehe hierzu: Gilman, Mandarins, S. 36; Madeleine Herren, Internationale Organisationen, S. 90; Sassen, Das Paradox des Nationalen, S. 287–288; Gilbert Rist, The History of Development. From Western Origins to Global Faith, London 2002, S. 141–142; Ronald McKinnon, The Rules of the Game. International Money in Historical Perspective, in: Journal of Economic Literature 31 (1993), S. 1–43, hier S. 39.
[138] Siehe hierzu: Jürgen Heideking/Christoph Mauch, Geschichte der USA, Tübingen [6]2008, S. 350; Hodge, Triumph of the Expert, S. 272–273.
[139] Siehe hierzu und zum Folgenden: Hodge, Triumph of the Expert, S. 272–273; Sassen, Das Paradox des Nationalen, S. 287–288.

Der kenianische Finanzminister Kibaki sah nicht allein die Gefahr, dass die bisherigen Geberländer die Entwicklungshilfe drastisch kürzen könnten. Vielmehr deutete er die Transformationen innerhalb des Weltwirtschaftssystems als Zäsur, welche der Wahrnehmung der letzten 25 Jahre, in einer Zeit vermeintlich unbegrenzten globalen Wachstums zu leben, ein Ende bereitete.

> The economic system operating for the last 25 years has provided the world with a steady growth of production and income. And although the developing world has been all too conscious that the gap between the rich and the poor has grown wider over this period, they have accepted the fact that they have been able to make some development progress so long as there was this expanding world production and trade. If now the industrial countries are to abandon their commitment to fair trading practices and endeavour to safeguard their own economies from having to carry part of the burden of the required readjustment of world trade balances, the result can only be to shift that burden from the industrial countries, who have largely created that situation, to the helpless developing world that has had no part in it.[140]

Kibaki diagnostiziert in diesem Zitat die Erosion der entwicklungspolitischen Übereinkunft in zweierlei Hinsicht. Einerseits hätten bevölkerungspolitische Programme zunächst ungeachtet ihrer Zielsetzungen ein finanzielles Engagement von Geberorganisationen garantiert, welches jene nun aufzukündigen drohten. Zweitens bedeutete das sich abzeichnende Ende des Wachstumsoptimismus einen Bruch in konzeptioneller Hinsicht, insofern der Glaube an ein stetiges Wachstum der Weltwirtschaft eine Voraussetzung für die dem bevölkerungspolitischen Ansatz der Modernisierungsformel zugrunde liegende Überzeugung war, dass eine beschleunigte Angleichung der „Entwicklungsländer" an den westlichen Lebensstandard möglich sei.

Kibaki teilte diese Diagnose eines konzeptionellen Bruchs mit der Zukunftserwartung eines unbegrenzten Wachstums Anfang der 1970er Jahre mit einigen seiner Zeitgenossen. Anhand dieser Diagnose zeigt sich, dass das Modernisierungsvokabular seine Evidenz zu verlieren begann und sich ein Wandel im Entwicklungsdenken abzeichnete. Ein einschlägiges Beispiel ist in diesem Zusammenhang die Analyse von Francis X. Sutton, Vize-Präsident der *Ford Foundation* und ehemaliger Leiter des Ostafrika-Büros der Stiftung in Nairobi, auf der *Africa Review Conference* der *Ford Foundation* 1970:

> We have conceived the development process as going on very largely in a national frame. New nations start without sufficient resources—human and otherwise—to assure continu-

---

140 (Emilio) Mwai Kibaki: Statement at Joint Annual Discussion, IBRD. Press Release No. 34. 29.9.1971, KNA, BY/7/132, Ministry of Health, 1970–1974, World Bank/IBRD, Bl. 2.

ing autogenous development. Development assistance is a temporary process to help them get started, and the measure of its success should be its own demise. [...] this strategy [...] assumes a terminal state in which nations will have a fair chance of persisting as viable entities in an international environment. Nowadays the second of these assumptions looks as precarious and unaxiomatic as Euclid's parallel axiom came to look to Gauss or Lobachevsky. It may even seem like a kind of laissez-faire individualism naively cast up onto the plane of nations, and one does not have to be revolutionary or a Prebisch disciple to wonder that we may have believed in it. We had of course much optimistic company in those years when international trade was liberalizing and expanding magnificently, and people talked of „take-offs" rather than „widening gaps". [...] we have to ask again what the African states are asking: When and how can they be said to be „independent"? When is the job of development assistance finished; and how close of distant do these terminuses lie from each other?[141]

Zugespitzt auf die Leitbegriffe „take-off" und „widening gap" skizzierte Sutton eine Vorher-nachher-Situation. Im Bild des „take-off" als Modernisierungsmetapher schlechthin beschrieb er die seit der Nachkriegszeit mit dem Entwicklungsprozess verknüpfte Erwartungshaltung, dass sich eine Angleichung der „Entwicklungsländer" an westliche Standards rasch bewerkstelligen ließe. Diese Erwartungshaltung spiegelte sich einerseits in der Definition von Entwicklungshilfe als lediglich temporärem Prozess und andererseits in der Definition dieser Länder als Nationen, die in absehbarer Zeit ihren Platz als existenzfähige Einheiten innerhalb der internationalen Gemeinschaft einnehmen würden. Diese Perspektive einer Angleichung gibt das Szenario der „widening gaps" ebenso auf wie diejenige der zeitlichen Begrenzung. Entwicklung erschien als unkalkulierbarer, zeitlich nicht planbarer Prozess. In diesem Zusammenhang verlor auch das Modernisierungsvokabular seine orientierungs- und zukunftsstiftende Funktion. Gemünzt auf Bevölkerungspolitik als Entwicklungspolitik konstatierte Berelson in diesem Sinne: „[T]he honeymoon is over [...]."[142] Bis sich bevölkerungspolitische Programme auf die Entwicklung von Ländern positiv auswirkten, könnten Jahrzehnte vergehen, so dass Geber- und Empfängerländer eine Partnerschaft auf sehr lange Sicht eingehen müssten.

Bereits einige Jahre vor Bukarest schien also die Annahme, die Entwicklung der „Entwicklungsländer" in einer Zeit stetigen globalen Wirtschaftswachstums durch eine Geburtenkontrollpolitik beschleunigen zu können, ihre Überzeugungskraft weitgehend eingebüßt zu haben. Die Währungs- und Wirtschaftskrise

---

141 Francis X. Sutton: Africa Ten Years Later. September 9, 1970, FFA, Unpublished Reports #016445 (Ford Foundation Archives), Africa Review Conference, Ford Foundation, Bl. 15. Dieser Nachweis bezieht sich auch auf die in der Kapitelüberschrift 3.2.1 verwendeten Begriffe „take-off" und „widening gap".
142 Berelson, The Present State, S. 11.

war ein wichtiger Katalysator dieser Wahrnehmung. Sie bot Akteuren aus den „Entwicklungsländern" wie beispielsweise dem kenianischen Finanzminister die Möglichkeit, ein auf wirtschaftlichen Argumenten fußendes Gegennarrativ zu der Behauptung zu entwickeln, dass eine Angleichung an den westlichen Lebensstandard allein durch Geburtenkontrolle bewerkstelligt werden könne. Denn die Transformation der Weltwirtschaft hatte den Wachstumsglauben selbst und mit ihm die Grundlage dieses Versprechens erschüttert.

Es ist diese Spur, die nach Bukarest führt und erneut auf eine der Ausgangsfragen verweist: warum der Konflikt zwischen beiden Positionen ausgerechnet auf der Weltbevölkerungskonferenz 1974 ausbrach. Jason Finkle und Barbara Crane argumentieren hier, dass ein organisierter Zusammenschluss politischer Vertreter aus den „Dritt-Welt-Ländern" nicht nur erstmals in einem derart großen internationalen Kontext auf die wichtigsten Protagonisten der bevölkerungspolitischen Bewegung getroffen sei, sondern sich zudem auf dem Höhepunkt seines Selbstbewusstseins befunden hätte. Im Kern handelte es sich bei diesen Vertretern der Dritten Welt um die „Gruppe 77", deren Anfänge auf die Bandung-Konferenz von 1955 zurückgehen, die sich aber insbesondere im Zuge der UNCTAD-Konferenzen mit dem Ziel formiert hatte, die Prinzipien internationaler Wirtschaftsbeziehungen neu zu definieren.[143] Kurz vor der Bukarester Konferenz hätten die ölproduzierenden Nationen, die der „Gruppe 77" angehörten, einen psychologischen Durchbruch gegenüber der industrialisierten Welt erzielt, als sie einen drastischen Anstieg des Ölpreises auf dem Weltmarkt durchgesetzt und damit die Verwundbarkeit der Industrienationen demonstriert

---

[143] Finkle/Crane, The Politics of Bucharest, S. 92. Zu Bandung, UNCTAD und der Gruppe 77 siehe u. a.: Kalter, Die Entdeckung der Dritten Welt, S. 61–63; Christopher J. Lee, Between a Moment and an Era. The Origins and Afterlives of Bandung, in: Christopher J. Lee (Hrsg.), Making a World After Empire. The Bandung Moment and Its Political Afterlives, Athens, OH 2010, S. 1–44; Marc Williams, Third World Cooperation. The Group of 77 in UNCTAD, London 1991, S. 2; Herren, Internationale Organisationen, S. 96. Über die Rolle der kenianischen Delegation auf der Bukarester Weltbevölkerungskonferenz ist wenig bekannt. Aufgrund gleichzeitig stattfindender Wahlen wurde sie nicht wie ursprünglich geplant durch den kenianischen Gesundheitsminister angeführt, sondern von einem Regierungsbeamten. Zu den Mitgliedern der Delegation gehörten unter anderem der leitende Demograph im Finanzministerium sowie Simeon Ominde, Professor für Geographie an der Universität Nairobi. [Siehe hierzu das Telegramm: FM Nairobi. To saving FCO Tel No 6. Your Telegrams Number 96 and 97 to Bridgetown: World Population Conference. 14.8. 1974, TNA, FCO 61/1196, Population Policies of Countries other than U.K.] Diese Art der Besetzung spricht – ebenso wie zahlreiche Quellen, in denen die Position Kenias unerwähnt bleibt – dafür, dass Kenia in Bukarest politisch nicht nennenswert in Erscheinung trat.

hätten.¹⁴⁴ Mit diesem Selbstbewusstsein hätten sie schließlich auch den Entwurf des *World Population Plan of Action* verhindert.¹⁴⁵

Das Argument von Finkle und Crane läuft darauf hinaus, die Politisierung von Bevölkerung im Kontext einer Auseinandersetzung um die Verteilung von Ressourcen und Macht zwischen Industrienationen und „Entwicklungsländern" zu situieren.¹⁴⁶ Dahinter steht eine Definition des Verhältnisses zwischen der Dritten und der Ersten Welt, welche nicht mehr von einer beschleunigten Beseitigung von Differenzen ausgeht, sondern stattdessen gegenwärtige Ungleichheiten anklagt. Jenseits der Zuspitzung der Bukarester Konferenz auf die Verteidigung der Modernisierungsformel einerseits und ein Plädoyer für Umverteilung andererseits wird hier eine Transformation im Entwicklungsdenken als eigentliche Zäsur Anfang der 1970er Jahre manifest. Bezogen auf Bevölkerungspolitik bedeutete diese Transformation, dass die Voraussetzungen auf denen die Modernisierungsformel beruhte, nicht mehr gegeben zu sein schienen, weil diese in der Prämisse eines stetigen globalen Wachstums und Fortschritts gründeten.

3.2.2 „How little we know": Wissenskritik oder das demographische Transitionsmodell auf dem Prüfstand

Die Umbrüche im Bereich der Bevölkerungspolitik seit Anfang der 1970er Jahre, für die die Bukarester Weltbevölkerungskonferenz 1974 zum Symbol geworden ist, lassen sich nicht nur als wirtschaftliche Transformationsprozesse, sondern auch als Resultat einer Kritik an dem handlungsleitenden Orientierungswissen erklären, das seit den 1950er Jahren maßgeblich durch das demographische Transitionsmodell definiert wurde. Diese Wissenskritik nahm ihren Ausgangspunkt im bevölkerungspolitischen Feld und erreichte von dort aus die internationale Ebene der Kongresse und Konferenzen. Der Beauftragte für die bevölkerungspolitischen Aktivitäten der *Ford Foundation* in Nairobi, David Radel, berichtete in einem Antrag zu einem „Workshop on Needed Research in Eastern Africa on Family Planning", der unterstützt durch die Stiftung im Juli 1970 in

---

144 Finkle/Crane, The Politics of Bucharest, S. 73–74.
145 Weder wiesen die Zeitgenossen darauf hin, noch ist es heutzutage besonders präsent, dass es insbesondere die so genannten Entwicklungsländer waren, deren Ökonomien durch den Ölpreisanstieg massiv einbrachen. Siehe hierzu: Carol Lancaster, The World Bank in Africa since 1980: The Politics of Structural Adjustment Lending, in: Devesh Kapur/John P. Lewis/Richard Webb, The World Bank. Its First Half Century, Bd. 2, Washington D.C. 1997, S. 161–194, hier S. 185.
146 Finkle/Crane, The Politics of Bucharest, S. 89.

Nairobi stattfinden sollte, dass die Programmverwalter, welche Familienplanungsprogramme vor Ort zu implementieren versuchten, das vorhandene Wissen als äußerst unzureichend empfänden: „Discussions with administrators of family planning programmes in Eastern Africa have consistently indicated that there are [sic] insufficient research data upon which to base certain programme decisions or that research that has already been carried out does not answer the most pressing questions [...]."[147] In einer nahezu identischen Formulierung erneuerte ein in Ghana für die Verwaltung des nationalen Familienplanungsprogramms verantwortlich zeichnender Beamter, A. Armar, die Kritik, dass die vorhandene demographische Forschung keinerlei praktische Relevanz für den Aufbau funktionierender Familienplanungsstrukturen in Afrika habe:

> Referring specifically to Africa, one can say that (1) there are [sic] insufficient data upon which to base programme decisions, and that (2) research already conducted in the field of family planning is either irrelevant to African needs or, even if the findings are relevant, they are not adequately communicated to the chief consumers – the programme administrators.[148]

Inhaltlich zielte die Kritik also darauf ab, dass das vorhandene Wissen nicht den „afrikanischen Bedürfnissen" entspreche beziehungsweise dass demographisches Wissen für die konkrete bevölkerungspolitische Praxis keine Orientierung biete.

Dass diese aus der lokalen Verwaltungspraxis bevölkerungspolitischer Programme stammenden Befunde von Radel und Armar in ganz ähnlichen Worten vorgetragen wurden, weist auf eine Vermittlerrolle der *Ford Foundation* hin. Armar dankte in seinem Aufsatz explizit Dr. Gordon Perkin, einem Mitarbeiter der Stiftung, für die Möglichkeit der intensiven Diskussion der im Text verhandelten Themen.[149] Perkin wiederum mag mit David Radel in Nairobi in Kontakt gestanden haben. Die *Ford Foundation* selbst hatte sich seit Anfang der 1970er Jahre allmählich aus der operativen Bevölkerungspolitik zurückgezogen. Sie konzentrierte sich stattdessen zunehmend auf die Aspekte Forschung, Produktion und

---

147 David Radel (*Ford Foundation*), Workshop on Needed Research in Eastern Africa on Family Planning, Medical Research & Programme Trials (Nairobi, 23–25 July 1970), 20.5.1970, KNA, BY/58/51, Ministry of Health + Housing, Family Planning, Bl. 1.
148 A.A. Armar, Needed Social Science Research: A Family Planning Administrator Speaks Out on What He Wants to Know, in: Rural Africana. Current Research in the Social Sciences 14 (1971) (= Population and Family Planning in Rural Africa), S. 45–52, hier S. 45.
149 Siehe die erste Anmerkung in A. Armar, Needed Social Science Research, S. 45.

Vermittlung von Bevölkerungswissen.[150] Diese Neuausrichtung sei – so ein Mitarbeiter der Stiftung, Goran Hyden – zum einen der Beobachtung geschuldet gewesen, dass viele Kenianer Familienplanung aufgrund der hohen Präsenz auswärtiger Berater in der Verwaltung und Implementierung von Bevölkerungspolitik skeptisch bis ablehnend gegenüberstanden. Vor diesem Hintergrund habe die *Ford Foundation* die Notwendigkeit gesehen, durch Wissensproduktion und -vermittlung mehr afrikanische Akteure in die Lage zu versetzen, die Programme aktiv zu gestalten und voranzutreiben. Zum anderen habe die Stiftung in letzter Zeit die Erfahrung gemacht, dass die Nachfrage nach den für operative bevölkerungspolitische Zwecke designierten Geldern sehr begrenzt gewesen sei, so dass nahezu ausschließlich wenig überzeugende Projekte unterstützt worden seien: „[A]t least until recently, there has been more money chasing good projects than the other way round."

Mit Blick auf ihren neuen Schwerpunkt, Forschung und Wissensproduktion im afrikanischen Raum zu fördern, vermittelte die *Ford Foundation* nicht nur zwischen den in konkreten Programmen involvierten Akteuren, wie beispielsweise in Kenia und Ghana, sondern wirkte auch darauf hin, Erfahrungen und Erkenntnisse von der lokalen auf die internationale Ebene zu transportieren. Gemeinsam mit dem *Population Council* und der *Rockefeller Foundation* veranstaltete die Stiftung in den 1970er Jahren eine fünfteilige Serie von Konferenzen in der Villa Serbelloni der *Rockefeller Foundation* in Bellagio. Dort brachten sie jeweils circa 25 Vertreter der großen Entwicklungsorganisationen und für Entwicklungshilfe zuständige ranghohe Regierungsbeamte mit Repräsentanten verschiedener Stiftungen, Universitäten und – in den Worten des *Ford Foundation*-Mitarbeiters Oscar Harkavy – der Dritten Welt zusammen.[151] Erstmals seien solche „Third World viewpoints" bei der dritten dieser Bevölkerungskonferenzen im Jahr 1973 berücksichtigt worden, was konkret bedeutete, dass jeweils *eine* Person aus Afrika, Asien und Lateinamerika um ein Hintergrundpapier und die Teilnahme an den Debatten während der Konferenz gebeten wurde.[152]

Allan C. Barnes von der *Rockefeller Foundation* beschrieb die Konfrontation mit den Standpunkten dieser so genannten Repräsentanten der Dritten Welt in seinem allen Teilnehmern zugänglich gemachten Konferenzprotokoll als gleichermaßen eindrucksvoll wie ernüchternd. Denn deren „unverblümte, ehrliche und beeindruckend einhellige Stellungnahmen" hätten deutlich gemacht, dass die bevölkerungspolitische Entwicklungshilfe aus der Perspektive der sich entwi-

---

150 Siehe hierzu und zum Folgenden: Goran Hyden an Robert S. McNamara, The Population Scene in Kenya, 6.5.1983, FFA, Reel 4165, Bl. 6–7. Das folgende Zitat findet sich ebenda.
151 Siehe hierzu und zum Folgenden: Harkavy, Curbing Population Growth, S. 59.
152 Harkavy, Curbing Population Growth, S. 62.

ckelnden Welt als zu simpel, zu zwangsorientiert und zu eng" wahrgenommen werde.[153] In der Gesamtheit hätten alle Konferenzbeiträge und Diskussionen einen ernüchternden Eindruck hinterlassen:

> We were all impressed by how large are the problems, how slowly we see improvement, and how little we know how to proceed. [...] And [...] we have all been greatly impressed by the breadth and the complexity of population problems, and by necessity the breadth and complexities of the policies and programs that are needed to deal with these programs.[154]

Begriffe wie „Komplexität" oder „Weitgefasstheit" brachten eine neue Tonlage in eine Debatte, die zwei Jahrzehnte von der Tendenz dominiert worden war, die Vielfalt bevölkerungsbezogener Probleme auf *ein* mithilfe von Familienplanungsprogrammen zu lösendes Bevölkerungsproblem zu reduzieren. Diese neue Tonlage kann durchaus als Ergebnis der skizzierten Wechselwirkungen und Austauschprozesse zwischen der lokalen und internationalen bevölkerungspolitischen Ebene beschrieben werden. Denn die Reduktion von Komplexität zugunsten einer vermeintlich universalen Übertrag- und Anwendbarkeit von Wissen aus einem Raum in einen anderen Raum, die aus der Perspektive internationaler Entwicklungsorganisationen seit den 1950er Jahren als erstrebenswertes Merkmal wissenschaftlicher Erkenntnis gegolten hatte, erschien aus der Sicht derjenigen, die vor Ort mit der konkreten Implementierung bevölkerungspolitischer Programme beschäftigt waren, als zu beseitigender Makel.[155] Mithin zeugte Barnes' oben zitiertes Bekenntnis, nicht zu wissen, wie weiter zu verfahren sei, von einer um sich greifenden Orientierungslosigkeit, welche als das Resultat erodierender modernisierungstheoretischer Gewissheiten gedeutet werden kann.

Ein zentraler Ausgangspunkt dieser Erosion war das Leitmotiv der Differenz auf dessen Grundlage afrikanische Wissenschaftler Anfang der 1970er Jahre die Anwendbarkeit des demographischen Transitionsmodells auf den afrikanischen Kontinent in Frage stellten. Auf einem Treffen von Wissenschaftlern zum Thema „Demographic Transition in Tropical Africa", welches das *Development Centre*

---

[153] Im Original: „[...] the blunt, honest, and impressively unanimous testimony they gave that foreign assistance for population programs in the developing world is seen too often as too simple, too coercive, too narrow." Allan C. Barnes (*The Rockefeller Foundation*), Summary and Projections, 30.8.1973, TNA, OD 62/63, Social Affairs Department, Third Population Conference, Bellagio, Bl. 3. Das folgende Zitat findet sich ebenda, Bl. 1.
[154] Barnes, Summary and Projections, 30.8.1973, TNA, OD 62/63, Social Affairs Department, Third Population Conference, Bellagio, Bl. 1. Dieser Nachweis bezieht sich auch auf das in der Überschrift zu Kapitel 3.2.2 verwendete Zitat.
[155] Siehe hierzu und zum Folgenden auch: Gilman, Mandarins, S. 27–28, S. 30, S. 54 und S. 104.

der OECD 1970 in Paris organisierte, fand diese Infragestellung auf zwei Ebenen statt. Mit Blick auf die Anwendbarkeit des Modells auf die gegenwärtige Situation afrikanischer Länder erschien es den versammelten Konferenzteilnehmern unzulässig, den europäischen Modernisierungs- und Industrialisierungsprozess als Abziehbild zu übertragen, weil es zwei zentrale Unterschiede zwischen der historischen Situation Westeuropas und insbesondere Englands und Wales um 1880 und den zeitgenössischen Bedingungen in Afrika zu bedenken gebe. Erstens seien die gegenwärtig in afrikanischen Ländern geschätzten Geburtenraten um ein Vielfaches höher als diejenigen in Europa im vergleichbaren Stadium vor der „demographischen Transition". Und zweitens seien die sozioökonomischen Bedingungen, welche die europäische demographische Revolution begleitet hätten, gänzlich andere gewesen, wie der ägyptische Demograph Roushdi Henin in seinem Vortrag betonte:

> To sum up a growth rate of at least 3 per cent for Africa as a whole is not impossible. This compares with about 1.5 per cent for England and Wales around 1880. Herein lies the difference between the European and the African demographic revolution. Nor is it feasible that the economic and social atmosphere which led to the closure of the demographic cycle in Europe will be duplicated in Africa.[156]

Mit Blick auf die konzeptionelle Ebene stellten Teilnehmer des Treffens in Paris die Frage, inwieweit das demographische Transitionsmodell überhaupt als Theorie klassifiziert werden könne. Der Demograph Julien Condé bemerkte auf der Grundlage von Graphiken, dass die demographische Transition in Schweden, Frankreich, England und Wales sowie den Vereinigten Staaten jeweils unterschiedlich abgelaufen sei, wobei Schweden dem vermeintlich normalen Schema am nächsten gekommen sei.[157] Angesichts dieses Befundes fasste er zusammen: „It is difficult to talk of a theory in the face of such diversity of situations and experience and the different paths followed by populations even within Europe. In fact, it is based only on certain experiences of certain European peoples and is merely a description of a series of historical events in a certain number of countries."[158] Condé wies hier den Theorieanspruch des demographischen

---

[156] Roushdi A. Henin, The Applicability of the Theory of Demographic Transition to African Countries, in: The Demographic Transition in Tropical Africa. Proceedings of an Expert Group Meeting, Paris, 17th to 19th November 1970, Development Centre of the Organisation for Economic Co-Operation and Development, Paris 1971, S. 15–28, hier S. 26. Siehe hierzu auch: Julien Condé, The Demographic Transition as Applied to Tropical Africa with Particular Reference to Health, Education, and Economic Factors, Paris 1971, S. 200.
[157] Condé, The Demographic Transition, S. 8–9.
[158] Condé, The Demographic Transition, S. 5.

Transitionsmodells zurück, indem er auf seine empirische Beobachtung aufmerksam machte, dass auch innerhalb des historischen Europa demographische Entwicklung nicht gleichförmig, sondern divers verlaufen sei. Das Modell der demographischen Transition indes war in den 1940er und 1950er Jahren von Demographen in Princeton unter der Prämisse als Theorie begründet worden, dass es eine aus der Bevölkerungsgeschichte Westeuropas abstrahierte stereotypisierte demographische Entwicklung von der Tradition in die Moderne gebe, welche langfristig alle Gesellschaften in drei bis fünf Stadien durchlaufen würden. Indem Condé die in diesem Entwurf demographischer Entwicklung unterstellte Gleichförmigkeit und Linearität in Abrede stellte, wich er zugleich von der diesem Entwurf zugrunde liegenden Perspektive auf die Geschichte ab. Mithin bestritt er den Theoriestatus des Transitionsmodells gerade aufgrund seiner Auffassung, dass es sich lediglich um eine Beschreibung einer Abfolge historischer Ereignisse und letztlich singulärer Erfahrungen in einzelnen europäischen Ländern handle.

Demgegenüber hatte der dem demographischen Transitionsmodell im Sinne einer Theorie ursprünglich inhärente Anspruch auf Verallgemeinerbarkeit gerade darauf beruht, sich auf eine spezifische Geschichtsvorstellung zu stützen, die mit einer spezifischen Konzeption von Zeitlichkeit einherging. Diese Vorstellung imaginierte Geschichte als „Kollektivsingular".[159] Damit war gemeint, dass diverse geschichtliche Ereignisse in Zeit und Raum als *eine* lineare und evolutionäre Fortschrittsgeschichte gedacht wurden, die implizierte, dass sich Europa, später auch Nordamerika oder der „Westen" auf dem Höhepunkt des Fortschritts befänden und der synchrone Blick auf andere „Kulturen" ein Blick zurück gleichsam in die eigene Vergangenheit sei.[160] Zwar waren Diversität und Differenz zwischen Räumen und Kulturen ein konstitutiver Bestandteil dieses Geschichtsmodells. Anders als bei Condé wurden diese jedoch mithilfe der „Gleichzeitigkeit des Ungleichzeitigen" evolutionär klassifiziert, wie der Historiker Paul Nolte in seiner einschlägigen Definition dieser Formel als „spezifisch neuzeitliche Erfahrung der kalendarischen Gleichzeitigkeit historischer Strukturen und Prozesse, die unterschiedlichen Entwicklungsphasen und Herkunftsschichten der Vergangenheit angehören",[161] präzisiert. Modernisierung nahm in diesem Geschichts- und Zeitlichkeitsentwurf die Funktion eines „Beschleunigungs- und Synchronisierungs-

---

159 Reinhart Koselleck, Neuzeit, in: Vergangene Zukunft. Zur Semantik geschichtlicher Zeiten, Frankfurt a. M. 1979, S. 321.
160 Koselleck, Neuzeit, S. 323.
161 Paul Nolte, Gleichzeitigkeit des Ungleichzeitigen, in: Stefan Jordan (Hrsg.), Lexikon Geschichtswissenschaft. Hundert Grundbegriffe. Stuttgart 2002, S. 134–137, hier S. 134.

postulats"[162] ein. Denn der Begriff barg die Verheißung, dass die „Entwicklungsländer" alsbald die Tradition überwinden und in der Moderne ankommen würden.[163]

Im Rahmen der Bevölkerungspolitik als Entwicklungspolitik galt Familienplanung als Katalysator einer beschleunigten Modernisierung in der Praxis mit der Funktion, die Ungleichzeitigkeit aufzuheben. Die afrikanischen Wissenschaftler indes, die in Paris im November 1970 über Nutzen und Nachteil des demographischen Transitionsmodells für den afrikanischen Kontinent diskutierten, dachten Diversität und Differenz jenseits dieses linearen Zeitmodells. Weil die im Transitionsmodell skizzierte historische Bevölkerungsgeschichte Westeuropas weder empirisch gesättigt, noch mit der gegenwärtigen demographischen Situation in Afrika vergleichbar sei, erklärte der Demograph Henin: „This continent will need to discover its own solution to the closure of its demographic gap."[164] Die Geschichte schien als Quelle einer tragfähigen entwicklungspolitischen Lösung für das Bevölkerungsproblem Afrikas nicht zu taugen.

Diese von afrikanischen Demographen vorgebrachte Ansicht entsprach Anfang der 1970er Jahre durchaus einer weiter verbreiteten Tendenz, die beispielsweise auch der Direktor der Bevölkerungsabteilung der *Weltbank*, Dr. Kandiah Kanagaratnam, vertrat. In einem Vortrag vor der *Population Association of America* 1974 zitierte Kanagaratnam zunächst einen anderen Bevölkerungsexperten, um deutlich zu machen, dass das demographische Transitionsmodell aufgrund des nicht mehr akzeptablen Versuchs, eine Theorie auf der Grundlage der Geschichte zu begründen, keine orientierungsstiftende oder gar handlungsleitende Funktion mehr habe:

> To date there has been an uncritical acceptance of the vague and amorphous „theory" of demographic transition. For years it has been assumed that fertility declines begin „spontaneously" in response to such equally vague and non-specific factors as „industrialization" or „social development." To accept those improvised attempts to turn history into theory is not only unrealistic but defeatist.[165]

---

162 Diese Formulierung stammt von Fernando Esposito.
163 Achim Landwehr, Von der „Gleichzeitigkeit des Ungleichzeitigen", in: HZ 295 (2012), Nr. 1, S. 1–34, hier S. 19 und S. 27.
164 Roushdi A. Henin, The Applicability of the Theory of Demographic Transition to African Countries, S. 26.
165 John W. Ratcliffe, „Basic Population Research – Rationale and Implications for Program and Policy Development", Karnatak University Population Seminar, Karnataka, India, December 1973, zitiert nach: K. Kanagaratnam, Realistic Pathways to Fertility Reduction in Less Developed Countries. The Prospect from the Viewpoint of Family Planning Programs. For Presentation to: Population Association of America. Annual Meeting – New York City, 19.4.1974, KNA, BY/58/19, Bl. 15.

„Industrialisierung" oder „soziale Entwicklung" schienen zu leeren, inhaltslosen Begriffen geworden zu sein, so dass eine an ihnen orientierte Praxis nicht mehr erfolgversprechend, ja unrealistisch anmuten musste.

Der Begriff des Realismus hatte sich Anfang der 1970er Jahre als fester Bestandteil der bevölkerungspolitischen Debatte etabliert.[166] Auf der Bevölkerungskonferenz in Bellagio 1973 wies der USAID-Repräsentant Kieffer darauf hin, dass der Ausgangspunkt allen zukünftigen bevölkerungspolitischen Handelns in der Entwicklungshilfe ein „very realistic understanding"[167] der seiner Ansicht nach sehr unterschiedlichen Auffassungen in den Entwicklungsorganisationen und den „Entwicklungsländern" über sinnvolle bevölkerungspolitische Maßnahmen und Ziele sein müsse. Der in der Bevölkerungsabteilung der *Weltbank* tätige Kanagaratnam wiederum hatte seinen bereits erwähnten Vortrag vor der *Population Association of America* 1974 mit *Realistic Pathways to Fertility Reduction* betitelt. Bei näherem Hinsehen verbargen sich hinter diesem Plädoyer für eine realistische Annäherung an das bevölkerungspolitische Problem eine Abkehr von der Fundierung technischer Entwicklungshilfe in einem modernisierungstheoretischen Geschichtsentwurf und die Hinwendung zu empirischer Forschung, die zu deren Gegenpol stilisiert wurde. Um es in Kanagaratnams Worten zu veranschaulichen: „We know as yet very little about this uncharted area called „modernization", and especially the social determinants of fertility. What is vitally needed is an understanding of human fertility behaviour derived from empirical research."[168] Das Modernisierungsparadigma, das in den beiden Jahrzehnten zuvor die Richtung und den Inhalt sozialen Wandels in den „Entwicklungsländern" vorgegeben hatte, wurde nun selbst zum unerforschten Gebiet erklärt. Im Zuge dessen erschien zunehmend unklar, welche Faktoren sich überhaupt auf Reproduktionsentscheidungen auswirkten. In ganz ähnlichen Worten hat auch Barnes diese um sich greifende Orientierungslosigkeit in seinem Protokoll der Konferenz von Bellagio eingefangen: „We don't know nearly enough about the demographic facts, we don't know how to explain the demographic facts we do see, and we don't know how much our family planning and other action programs have contributed to such mild improvements in the demographic facts as seem to

---

166 Für die 1980er Jahre wird er gar als dominantes Paradigma der Zeit ausgewiesen. Siehe hierzu Michael Herzfeld, Developmentalisms, in: Michael Herzfeld, Anthropology: Theoretical Practice in Culture and Society, Oxford 2001, S. 152–170, hier S. 158; Arturo Escobar, Encountering Development. The Making and Unmaking of the Third World, Princeton, NJ 1995.
167 Kieffers Redebeitrag wurde dokumentiert in: Barnes, Summary and Projections, 30.8.1973, Bl. 11.
168 Kanagaratnam, Realistic Pathways, Bl. 18.

be showing up here and there."¹⁶⁹ Kanagaratnams Antwort auf diese Einsicht, zu wenige demographische Fakten zu kennen, die wenigen vorliegenden demographischen Befunde nicht deuten zu können und auch nicht zu wissen, inwieweit Familienplanung und Demographie überhaupt aufeinander bezogen werden können, war ein Plädoyer für empirische Forschungsprojekte, die bei diesen Befunden des Nichtwissens ansetzen müssten.

In der Tat existierte ein solches Forschungsprojekt bereits seit 1963. Initiiert von Ansley J. Coale im *Office of Population Research* in Princeton unternahm es eine Forschergruppe zwei Jahrzehnte lang, die Prämissen des demographischen Transitionsmodells auf der Grundlage verfügbarer historischer quantitativer Bevölkerungsdaten aus circa 700 Bezirken der europäischen Nationalstaaten aus dem 19. Jahrhundert zu überprüfen. Die Ergebnisse dieses so genannten *European Fertility Transition Project* wurden jedoch erst seit 1979 sukzessive publiziert; 1986 erschien der abschließende Sammelband.¹⁷⁰ Für die Anhänger des klassischen Transitionsmodells fielen sie ernüchternd aus, weil die beteiligten Forscher die wichtigste Prämisse dieses Modells, einen kausalen Zusammenhang zwischen sozioökonomischen Variablen und dem Bevölkerungswachstum, empirisch nicht nachweisen konnten. Keines der Modernisierungsattribute wie beispielsweise Urbanisierung, Bildung, Rückgang der Kindersterblichkeit oder Industrialisierung, welche genutzt worden waren, um die Wahrscheinlichkeit eines Geburtenrückgangs zu prognostizieren, schien auch tatsächlich unmittelbar mit sinkenden Geburtenraten zu korrelieren.

In ihrer Gesamtheit illustrieren all diese Stimmen und Befunde, dass das Selbstverständnis, mit dem die Begriffe demographische Transition und Modernisierung in den 1950er und 1960er Jahren die internationale Bevölkerungspolitik strukturiert hatten, Anfang der 1970er Jahre abhandengekommen war. Überdies schien das Wissensfundament, aus dem diese Leitbegriffe ihre Legitimation bezogen hatten, – die europäische Geschichte – selbst in Frage zu stehen. Wenn aber die Geschichte nicht mehr als Reservoir einer „emphatischen Orientierung auf die Zukunft, die zugleich mit einer Entwertung von Vergangenheit und Tradition einher[ging]", wie es Aleida Assmann formuliert, zu taugen schien, stand zugleich die dem demographischen Transitionsmodell zugrunde liegende Überzeugung zur Disposition, dass die westliche Industriemoderne gleichsam zwangsläufig

---

169 Barnes, Summary and Projections, 12.5.1973, Bl. 1.
170 John Knodel/Etienne van de Walle, Lessons From the Past. Policy Implications of Historical Fertility Studies, in: PDR 5 (1979), S. 217–245. Sammelband zu den Befunden und Ergebnissen des Projekts von 1986 mit den Aufsätzen der beteiligten Forscherinnen und Forscher: Ansley J. Coale/Susan C. Watkins, The Decline of Fertility in Europe, Princeton, NJ 1986.

den Endpunkt und Orientierungsmaßstab der Entwicklung des postkolonialen Raumes markieren würde.[171] Vor diesem Hintergrund sahen sich die Akteure mit der Aufgabe konfrontiert, Praktiken zur Lösung des Bevölkerungsproblems sowohl auf einer neuen Wissensbasis zu verankern als auch auf ein neues Ziel hin zu orientieren.

3.2.3 Von einer „kultur-freien" Technik zur „Kulturtechnik"? „Afrikanisierung" und „Traditionalisierung" der Familienplanung

Mit dem Ruf nach einem neuen, am ostafrikanischen Raum ausgerichteten Orientierungswissen verlor die Demographie als handlungsleitende Wissenschaft im bevölkerungspolitischen Feld vorerst ihre Relevanz. Entsprechend wurden die Eigenschaften, die dieses neue Wissen haben sollte, beispielsweise von dem Bevölkerungsbeauftragten der *Ford Foundation* in Nairobi, David Radel, beschrieben. In dem von ihm geplanten „Workshop on needed research", der im Juli 1970 in Nairobi stattfand, sollten medizinische Berater und Administratoren des Familienplanungsprogramms ebenso wie Forscher aus den Bereichen Reproduktionsbiologie und Familienplanung und Repräsentanten von Entwicklungsorganisationen, darüber beraten, „[...] what basic or clinical research should be conducted specifically in East Africa because of unique local factors (e.g. socialanthropological, environmental, genetic, etc.) that may be reasonably suspected of yielding sufficiently different results from research done elsewhere as to imply different administrative and medical policy decisions".[172] Bezeichnend ist das Vokabular, das Radel wählte, um die seiner Ansicht nach notwendige Forschung zu charakterisieren. Attribute wie „spezifisch", „einzigartig", „lokal" oder „verschieden" grenzten Ostafrika – und nicht die Nation Kenia – als einen Raum ab, in dem eigene bevölkerungspolitische Gesetze zu gelten schienen. Erforscht werden müssten daher sozialanthropologische, umweltabhängige und genetische Faktoren. Demographische Faktoren hingegen fehlten in dieser Aufzählung. Denn

---

171 Siehe hierzu: Aleida Assmann, Ist die Zeit aus den Fugen? Aufstieg und Fall des Zeitregimes der Moderne, München 2013, S. 92. Zum Nexus von Geschichte und Moderne siehe: Lynn Hunt, Measuring Time, Making History, S. 75–76 und S. 97.
172 David Radel (Ford Foundation): Workshop on Needed Research in Eastern Africa on Family Planning. Clinical Research and Programme Trials, Nairobi, July 1970, 23.2.1970, KNA, Ministry of Health 1969–1970, National Family Planning Council, 1. Working Committee, 2. Agenda and Minutes, BY/58/6.

anders als die Demographie, welche ihrem Anspruch nach verallgemeinerbares, quantitatives Wissen auf der Makroebene jenseits geographischer, klimatischer oder kultureller Spezifika generierte,[173] implizierten die Methoden der Sozialanthropologie, der Ökologie oder der Genetik die Abgrenzung qualitativer Unterschiede. Und wenn der Ghanaer A. Armar mit Blick auf Familienplanungsprogramme in afrikanischen Ländern feststellte, „there is no universally applicable formula for success",[174] so wies er eine zentrale Annahme der Demographie zurück, dass quantifizierbares Wissen aus einem Raum auf alle anderen übertragbar sei.

Aus dem Instrument des Wissens, das in den 1950er und 1960er Jahren innerhalb der Entwicklungspolitik die Funktion erfüllen sollte, aus den vielfältigen Erscheinungen das Universale, Allgemeine und Gesetzmäßige zu abstrahieren, sollte ein Differenzierungsmechanismus werden, der den lokalen Kontext in den Blick rückte. Die Frage, mit welchen Methoden der Wissensproduktion ein Verständnis für diesen lokalen Kontext möglich sei, wurde jedoch auf der Grundlage einer *apriorischen* Unterscheidung zwischen überwiegend gemeinschaftlich organisierten ethnischen Verbänden im ostafrikanischen Raum und technologie-dominierten, kompetitiven und individuumszentrierten Gesellschaften in den Industrienationen getroffen. So zeigte sich beispielsweise die von der *Ford Foundation* Anfang der 1970er Jahre beauftragte Psychologin und Sozialwissenschaftlerin Angela Molnos, die nach Wegen suchen sollte, Familienplanung als Praxis in Ostafrika zu verankern, davon überzeugt, dass reproduktives Verhalten in den so unterschiedlichen Lebenszusammenhängen der Menschen mit unterschiedlichen Methoden erforscht werden müsse.[175] In den industrialisierten Gesellschaften könnten Einstellungen zur Reproduktion mithilfe von ökonomischen, psychologischen oder sozialwissenschaftlichen Zugängen aufgeschlüsselt werden. In den traditionalen Gemeinschaften hingegen seien sozialanthropologische Methoden erforderlich, um kulturelle Informationen zu gewinnen. Kultur erscheint bei Angela Molnos als Konzept, mit dem traditionale, aber eben nicht mehr moderne Gesellschaften aufgeschlüsselt und verstanden werden könnten.

Auf den ersten Blick weist dieser Zugriff Parallelen zur Zwischenkriegszeit auf. In dieser Zeit sind mit der Ökologie und Sozialanthropologie die Wissenschaften entstanden, deren Anliegen es war, lokales Wissen auf der Mikroebene

---

[173] Siehe hierzu auch: Philip Kraeger, Objectifying Demographic Identitites, in: Simon Szreter/ Hania Sholkamy/A. Dharmalingam (Hrsg.), Categories and Contexts. Anthropological and Historical Studies in Critical Demography, New York, NY 2004, S. 33–56, hier S. 37.
[174] Armar, Needed Social Science Research, S. 45.
[175] Siehe hierzu und zum Folgenden: Molnos, Cultural Source Materials for Population Planning in East Africa. Bd. 1. Review of Socio-Cultural Research, S. 66.

zu generieren.[176] Im Zentrum der Befunde dieser Forschung, ebenso wie in den Beobachtungen von Kolonialbeamten mit jahrzehntelanger Erfahrung in der Verwaltungspraxis, stand die Unterscheidung des Partikularen vom Universalen, auf deren Grundlage sie der Annahme zur Popularität verhalfen, dass die Probleme der Kolonien in *British Africa* hochkomplex seien. Nach Ansicht der Historikerin Helen Tilley habe diese Art der Forschung und Wissensproduktion, die auch im Dialog mit den Kolonisierten entstanden sei, dazu beigetragen, Afrika zu dekolonisieren, weil es Stereotypen hinterfragt, eurozentrische Perspektiven destabilisiert und afrikanische Themen „on their own terms" gewürdigt und betrachtet habe.[177] Gleichzeitig weist sie darauf hin, dass ein wichtiger Ursprung der Erforschung vermeintlich spezifischer afrikanischer Ideen und Praktiken im Modernisierungsprojekt selbst begründet war: Wenn Afrika modern werden sollte, musste diese Modernität gegen die alten afrikanischen Traditionen abgegrenzt werden.[178]

In diesem Spannungsfeld einer differenzierenden Betrachtung Afrikas mit dem Ziel, diesen Kontinent als Raum eigenen Rechts zu verstehen und aufzuwerten, und eines angestrebten sozioökonomischen Wandels zur Überwindung der vermeintlichen Unterentwicklung dieses Raumes bewegte sich eine Betrachtung des Reproduktionsverhaltens in ostafrikanischen Gemeinschaften seit Anfang der 1970er Jahre, die sich auf die Fahnen geschrieben hatte, kulturellen Faktoren Rechnung zu tragen. Davon ausgehend stellt sich die Frage, wie die Akteure, die für eine stärkere Berücksichtigung von Kultur eintraten, diese definierten und was sie sich davon hinsichtlich der Gestaltung und des Erfolgs bevölkerungspolitischer Programme erhofften. Was änderte sich mit diesem perspektivischen Wandel, insbesondere mit Blick auf die zugrunde liegende Entwicklungsvision für Kenia beziehungsweise für den ostafrikanischen Raum?

Die Texte, die zur Beantwortung dieser Fragen berücksichtigt werden, stammen nicht aus der Feder ausgebildeter Anthropologen, nahmen aber für sich in Anspruch, mithilfe anthropologischer Befunde und Methoden kulturellen Aspekten Rechnung tragen zu können. Damit sollten sie eine neue Perspektive auf das entwicklungspolitische Ziel eines Rückgangs des Bevölkerungswachstums in Kenia beziehungsweise Ostafrika eröffnen. Indem die Geburtenreduktion weiterhin Ausgangspunkt ihrer Beobachtungen und Überlegungen blieb, offenbarten sie zugleich, dass sie diese weiterhin als notwendige Bedingung einer wenngleich

---

[176] Siehe hierzu: Hodge, Triumph of the Expert, S. 3; Tilley, Africa as a Living Laboratory, S. 22–24 und S. 318–319.
[177] Tilley, Africa as a Living Laboratory, S. 24.
[178] Tilley, Africa as a Living Laboratory, S. 26.

nicht mehr explizit als Modernisierung titulierten Entwicklung des afrikanischen Raumes betrachteten.

In diesem Zusammenhang lohnt es sich, zunächst noch einmal auf Angela Molnos zurückzukommen. Mit ihrem vierbändigen Kompendium *Cultural source materials for population planning in East Africa* verfolgte sie den Anspruch, ein Standardwerk für die bevölkerungspolitische Entwicklungspraxis vorzulegen, das immerhin von den Demographen und Entwicklungsplanern, die die Berücksichtigung kultureller Kontexte angesichts der zunehmenden Kritik am demographischen Transitionsmodell für notwendig erachteten, auch als solches empfohlen wurde.[179] Für Angela Molnos selbst bestand das Neue an ihrem Ansatz darin, Kultur nicht mehr wie in der soziologischen Literatur, die sich mit der Umsetzung von Familienplanungsprogrammen in „Entwicklungsländern" beschäftigte, überwiegend üblich, als Hindernis zu begreifen.[180] Noch 1970 hatte Bernard Berelson in seiner Bestandsaufnahme zum „Present State of Family Planning Programs" über die Notwendigkeit nachgedacht, ein Kontrazeptivum zu entwickeln, das sich über spezifische politische, sozioökonomische und kulturelle Bedingungen hinwegsetzen würde: „A logistically easy, effective, simple, one-time, reversible, trouble-free, culture-free, doctor-free, coitus-free, inexpensive technique would make an *important* difference."[181]

Statt Verhütung als kulturfreie Technik zu konzipieren, dachte Molnos darüber nach, wie Familienplanung in eine afrikanische Kulturtechnik umcodiert werden könnte. „How African is Family Planning?",[182] war ihre Ausgangsfrage. Eine Antwort darauf fand sie in einer Unterscheidung zwischen den Zielsetzungen des vermeintlich ursprünglich in afrikanischen Gemeinschaften praktizierten „restraint on sexual intercourse" einerseits und „modern population family planning" andererseits. Während Ersteres nicht mit Blick auf reproduktive Regulierung praktiziert worden sei, habe Letzteres die gewünschte Familiengröße an gesellschaftliche Zukunfts- und Entwicklungsziele gekoppelt. Die Innovation moderner Familienplanung, wie sie im technologischen Zeitalter seit der Industrialisierung in Europa eingeführt worden sei, habe darin bestanden, Geburtenkontrolle als Instrument der Zukunftsplanung einzusetzen.[183] Insofern Molnos

---

[179] Siehe hierzu: John C. Caldwell, Caldwell Diary Notes: Kenya, April 1973, RAC, PC Acc. II AD 61, Montague Country Files, General Reports.
[180] Molnos, Cultural Source Materials for Population Planning in East Africa. Bd. 2. Innovations and Communications, S. 8.
[181] Berelson, The Present State, S. 8.
[182] Siehe hierzu und zum Folgenden: Molnos, Vol. II Innovations and Communications, S. 6–7.
[183] Molnos, Cultural Source Materials for Population Planning in East Africa. Bd. 2. Innovations and Communications, S. 7.

das Bevölkerungswachstum in Afrika als zentrales Problem begriff und Familienplanung als sinnvollen Lösungsansatz definierte, empfahl sie eine Verknüpfung beider Praktiken im Sinne der folgenden Vorgehensweise:

> To collect information on *traditional* contraceptive *methods* and other customs relevant to spacing or preventing pregnancies, abortion, etc. including pharmacological information. [...] To formulate *fresh arguments* in favour of family planning and create a *new African image* of it as having at least some genuine roots in cultural traditions instead of being an utterly alien practice.[184]

Es ging ihr also darum, Lösungsansätze zwar von außen einzubringen, diese aber mit der Lebenswirklichkeit der Menschen derart zu verknüpfen, dass sie nicht wie eine fremde Praxis erschienen, sondern wie ein wünschenswerter, in den Gemeinschaften bereits angelegter inhärenter Wandel. Das konkrete Ziel einer solchen Verknüpfung sollte es sein, den „fremden" zukunftsplanerischen Gedanken moderner Familienplanung gleichsam auf die „vertrauten", in den „ethnischen Gemeinschaften" vorgefundenen Bräuche einer Regulierung der Sexualität aufzupfropfen.[185]

Diese Ausführungen von Molnos vertiefen den Eindruck, dass ihr Kulturbegriff als Sammelbezeichnung aller vermeintlich traditionalen Elemente in Gemeinschaften dient, die sie mithilfe stereotyper Dichotomien von modernen Gesellschaften abgrenzt. Daraus ergibt sich ihre Unterscheidung zwischen traditionalen und modernen Beschränkungen der Fertilität. So versteht sie letztere Praxis als einen rational begründeten Nexus von Ursache und Wirkung, denn die zentrale Idee moderner Familienplanung sei, „that families, communities and mankind as a whole can and must decide beforehand on their numbers to fit the goals they set for their own future".[186] Der Motivation für erstere spricht sie eine solche Kausalbeziehung hingegen ab und verlegt deren Ursprung gleichsam ins Reich der Sagen und Mythen: „Although, on the one hand, such practices were generally unrelated to reproductive goals, on the other, many East African peoples traditionally held the view that unspaced or uncontrolled fertility is not dignified

---

184 Angela Molnos: A Project Proposal for Research and Preparation of Prototype Training and Publicity Materials for Family Planning Promotion, [keine Datumsangabe, Entstehung circa um 1970], RAC, PC Acc. II AD 61, Montague Country Files, Kenya Proposals [Hervorh. i. Orig.].
185 Siehe hierzu: Angela Molnos, Understanding Attitudes. Some Guidelines With Special Reference to Family Planning, in: E. Maxine Ankrah/David Radel (Hrsg.), Family Planning. The Inter-Professional Approach: Proceedings of the Seminar on Inter-Professional Teamwork for the Family, held at Dolphin Hotel, Shanza Bay Mombasa. 21.-25.4.1969, FFA, Reel 1151, Bl. 57.
186 Molnos, Cultural Source Materials for Population Planning in East Africa. Bd. 2. Innovations and Communications, S. 6–7. Das folgende Zitat findet sich ebenda.

for humans, but rather ‚animal-like'." Wenngleich nicht explizit, blieb Molnos mit dieser Unterscheidung einem linearen Fortschrittsdenken verpflichtet, das die Fähigkeit des Planens im Hinblick auf die Realisierung des vermeintlich besseren Lebens erst den Modernen zugestand. Insofern warb sie zwar einerseits dafür, die kulturellen Wurzeln reproduktiver Einstellungen nicht zu ignorieren, sondern zu erforschen und mit Blick auf eine erfolgreichere Implementierung bevölkerungspolitischer Programme ernst zu nehmen. Andererseits legte sie diesem Erkenntnisinteresse bereits die praktische Intention zugrunde, diese Einstellungen umzupolen und auf eine Dynamik des Wandels mithilfe moderner Familienplanung auszurichten.[187] Aus dieser Perspektive unterstellte sie den von ihr als traditional bezeichneten dominanten reproduktiven Einstellungen in ostafrikanischen Gemeinschaften, dass sie ihre einstige sozioökonomische Funktion überdauert hätten und lediglich noch mit „angestammten Instinkten" verknüpft seien. Diese Instinkte könnten zwar nicht einfach abgeschafft, aber mit neuen Werten und Zielen verknüpft werden. Ihr konkreter Vorschlag für eine praktische Durchsetzung moderner Familienplanung in Kenia lautete daher, beispielsweise das Streben nach gesellschaftlichem Status und Prestige, das weiterhin eine starke, aber ihrer Ansicht nach obsolet gewordene Verknüpfung mit einer großen Kinderzahl aufweise, auf modernere Statussymbole wie Bildung oder einen höheren Lebensstandard hin auszurichten.

Im Kontrast dazu bemühte sich der kenianische Politikwissenschaftler Ali Mazrui in einem Aufsatz von 1971, die Binnenrationalität der Entscheidung für große Familien in Kenia dadurch zu begründen und transparent zu machen, dass er sie in andere Zeitlichkeitsstrukturen einbettete. Ausgangspunkt seiner Überlegungen war die temporal ausgerichtete Definition des Modernisierungsbegriffs eines Professors für Sozialpsychologie an der Universität Yale als „expanding capacity to look to the future rather than to the past".[188] Mazrui unterschied auf dieser Grundlage entwickelte von unterentwickelten Gesellschaften. Aber er tat dies nicht, indem er diese als vergangenheits- und jene als zukunftsbezogen charakterisierte. Stattdessen skizzierte er unterschiedliche Semantiken oder Vorstellungen von Zukunft. Angesichts der Unwägbarkeiten in Form von Missernten, Parasiten oder Epidemien, denen sich die überwiegend landwirtschaftlich strukturierten Gesellschaften in Ostafrika ausgesetzt sähen, müssten die hohen Geburtenraten als Mittel einer rationalen Kompensation dieser Un-

---

[187] Siehe hierzu und zum Folgenden: Molnos, Understanding Attitudes, S. 56–58.
[188] Ali A. Mazrui/Department of Political Science and Public Administration, Makerere University, Public Opinion and The Politics of Family Planning, in: RACRSS 14 (1971) (= Population and Family Planning in Rural Africa), S. 38–44, hier S. 39. Siehe zum Folgenden ebenda, S. 39–40.

wägbarkeiten und als Manifestation eines Bewusstseins für die Zukunft verstanden werden. Diese Zukunft schließe überdies eine spezifische Vorstellung von einem Leben nach dem Tod mit ein. Unter Berufung auf einen Professor für Religionswissenschaft, John S. Mbiti, unterschied Mazrui für diese Zeit nach dem Tod zwei Abschnitte. Im *sasa* hielten sich die so genannten „lebenden Toten" so lange auf, wie sich Lebende ihrer erinnerten. Danach glitten sie in den *zamani* hinüber, in einen Tod jenseits der Erinnerung durch die Lebenden. Eine große Zahl von Kindern und Kindeskindern erschien vor diesem Hintergrund als Möglichkeit, den Aufenthalt im *sasa* zu verlängern. Indem Mazrui diese Zukunftsvorstellung deutlich von derjenigen in modernisierten, urban-industrialisierten Gesellschaften abgrenzte, in denen es aus ökonomischen und ökologischen Motiven heraus rationaler erschien, wenige Kinder zu bekommen, begründete er, warum Familienplanung mit dem Ziel der Geburtenreduktion aus der Perspektive vieler Menschen in Ostafrika kein glaubwürdiges oder überzeugendes Instrument sein konnte.

Aus der Sicht einer bevölkerungspolitischen Praxis jedoch, die den Entwicklungsgedanken weiterhin mit einem rückläufigen Bevölkerungswachstum verknüpfte, konnte eine anders gedachte Zeitlichkeit, in der eine hohe Fertilität rational erschien, kein sinnvoller Ausgangspunkt sein. Hier offenbarte sich das Dilemma dieser Praxis, kulturellen Faktoren Rechnung tragen und zugleich einen Wandel des Reproduktionsverhaltens herbeiführen zu wollen. Aufgrund dieses Ziels musste die Perspektive, von der aus bevölkerungspolitische Akteure auf Kultur blickten, notwendigerweise an der Zukunftsvision einer Gesellschaft ausgerichtet werden, welche die Kernfamilie als sozioökonomisch und ökologisch sinnvollstes Modell zur Geltung brachte. Veränderungen der bevölkerungspolitischen Praxis in den 1970er Jahren bezogen sich daher weniger auf die Entwicklungsvision, als auf die Maßnahmen. Kulturelle Faktoren zu berücksichtigen bedeutete vor diesem Hintergrund, der vermeintlich modernen Botschaft ein „afrikanisches" Gesicht zu geben.

Insbesondere die *Ford Foundation* begann in dieser Zeit, Familienplanungsprojekte auf der kommunalen Ebene zu unterstützen, die afrikanische Akteure jenseits der Regierungsebene und wissenschaftlicher Forschungseinrichtungen einbeziehen und sich an vermeintlich traditionalen Kommunikationspraktiken orientieren sollten.[189] Ein konkretes Beispiel für diesen Ansatz ist das so genannte „folk media project". Von der *Ford Foundation* finanziert und von der *Family Planning Association* in Kenia implementiert, entstanden in einigen Bezirken Kenias lokale Theatergruppen, deren Aufgabe es sein sollte, mithilfe selbst ge-

---

[189] McCarthy, From Government to Grassroots Reform, S. 150–151.

schriebener Stücke und Lieder ihre Mitmenschen im ländlichen Raum zur Nutzung moderner Verhütungsmethoden zu motivieren.[190]

Diesem Ansatz lag mithin ein sehr spezifisches Kulturverständnis zugrunde, das Kultur weitgehend auf Praktiken der Kommunikation jenseits von Inhalten reduzierte.[191] Er entsprach dem Diffusionsmodell, welches maßgeblich über einen von Everett M. Rogers 1973 herausgegebenen Band, *Communication Strategies for Family Planning*, auf Familienplanungsprogramme übertragen worden war. Darin beschrieb Rogers den demographischen Wandel zur Fertilitätsreduktion in den „Entwicklungsländern" als einen soziotechnischen Prozess der Verbreitung moderner Kontrazeptiva durch die Kommunikation über Verhütung auf der Ebene lokaler beziehungsweise kommunaler Gemeinschaften.[192] Ein zentrales Anliegen dieses Ansatzes war es, ein auf empirischen Grundlagen fußendes Gegenmodell zu der in die Kritik geratenen demographischen Transitionstheorie zu formulieren.[193] Die Konzentration des Transitionsmodells auf das Ziel einer sozialen und wirtschaftlichen Modernisierung von „Entwicklungsländern" sollte aufgebrochen werden zugunsten einer Berücksichtigung reproduktiver Einstellungen und Werthaltungen in diesen Ländern, die wiederum weitgehend losgelöst von einer Betrachtung des sozialen und wirtschaftlichen Kontexts erfolgte. Im Ergebnis blieb dadurch der Reflex des Transitionsmodells erhalten, die Richtung des Wandels als Einbahnstraße zu konzipieren, weil Verhütung mit dem Ziel der Geburtenkontrolle als eine westliche Innovation galt, die von dort aus in die „Entwicklungsländer" diffundieren sollte.[194] Indem die Vision bevölkerungspolitischer Akteure für die Entwicklung Ostafrikas an die Notwendigkeit eines rückläufigen Bevölkerungswachstums gebunden blieb, musste sich die Einbeziehung kultureller Faktoren auf Formen beschränken, deren Inhalte es zu ersetzen galt.

---

190 Siehe hierzu: Assistance: folk media project (FPAK), 5.1.1982, FFA, Reel 3077; William D. Carmichael an Franklin A. Thomas, Recommendation for Grant Action: Support for Experimental Projects and Research in the Field of Population and Development in Eastern Africa, 16.3.1982, FFA, Reel 4165, Grant 809–762.
191 Susan Greenhalgh, Anthropology Theorizes Reproduction. Integrating Practice, Political Economic, and Feminist Perspectives, in: Susan Greenhalgh (Hrsg.), Situating Fertility. Anthropology and Demographic Inquiry, Cambridge 1995, S. 3–28, hier S. 9.
192 Greenhalgh, The Social Construction of Population Science, S. 57–58.
193 Siehe hierzu und zum Folgenden: Greenhalgh, Anthropology Theorizes Reproduction, S. 7.
194 Siehe hierzu und zum Folgenden: Greenhalgh, The Social Construction of Population Science, S. 58–59.

3.2.4 Zusammenfassung

Anhand der vorangegangenen Ausführungen wurde deutlich, dass zur Mitte der 1970er Jahre zunehmend auch diejenigen Geburtenkontrolltechnologien nicht mehr als Möglichkeit sahen, den Weg der so genannten Entwicklungsländer in die Modernisierung abzukürzen, die diese Idee zuvor propagiert hatten. Die Erosion dieser Vorstellung um die 1970er Jahre wurde als Ergebnis einer Wechselwirkung zwischen unterschiedlichen, nebeneinander bestehenden bevölkerungspolitischen Kontexten auf der lokalen und globalen sowie auf der nationalen und internationalen Ebene beschrieben. Als Knotenpunkt, der beispielsweise das bevölkerungspolitische Feld in Kenia und bevölkerungspolitische Organisationen, die sich auf der internationalen Ebene situierten, miteinander verband, wurde eine entwicklungspolitische Übereinkunft definiert. Im Rahmen dieser Übereinkunft erfüllte Familienplanung als politische Praxis eine wesentliche Funktion. Während Organisationen wie beispielsweise die *Weltbank* die Existenz nationaler Programme für Familienplanung und Geburtenkontrolle zu einer Bedingung für die Freigabe von Entwicklungshilfsgeldern erklärte, ließen sich politische Entscheidungsträger in Kenia auch auf die Durchsetzung solcher Programme in ihrem Land ein, um die aus ihrer Sicht für die Entwicklung ihres Landes notwendigen Gelder zu erhalten.

Seit Anfang der 1970er Jahre gab es indes Anzeichen, dass diese Übereinkunft beiderseits aufgekündigt wurde. Dies schien erstens einer Erosion der Rahmenbedingungen geschuldet, in denen sie verankert gewesen war. Im Zeichen der „Ölpreisschocks" und globaler ökonomischer Krisenerscheinungen zeigten sich die westlichen Nationen insgesamt weniger bereit, Gelder für Entwicklungshilfe zur Verfügung zu stellen. Verantwortliche in den internationalen Organisationen, wie das Beispiel einer *Review Conference* der *Ford Foundation* zeigte, problematisierten, dass sich die große Vision der 1950er Jahre, die Entwicklung der postkolonialen Nationen im Rahmen eines finanziell und zeitlich überschaubaren Engagements beschleunigen zu können, als Illusion erwiesen habe. Auf dieses Scheitern reagierten einige Akteure aus dem entwicklungspolitischen Bereich mit dem Reflex, die aus ihrer Sicht ineffizienten Staatsapparate der neuen Nationen dafür verantwortlich zu machen, denen es beispielsweise nicht gelungen sei, adäquate Geburtenkontrollprogramme zu implementieren. Im Gegenzug argumentierten Repräsentanten der „Entwicklungsländer", dass die Vertreter der Idee, wirtschaftliches Wachstum ihrer Nationen durch Geburtenkontrollprogramme anstoßen zu können, von Realitäten ausgingen, welche angesichts der strukturellen Bedingungen des Weltmarktes, die „Entwicklungsländern" eine erfolgversprechende Marktteilnahme erschwerten bis verunmöglichten, gar nicht existierten. Diese unvereinbaren Positionen, für die die Weltbevölkerungskonferenz 1974 in Bukarest auf internationaler Ebene zum Symbol wurde, fanden einen Widerhall in anderen bevölkerungspolitischen Kontexten, beispielsweise in Kenia.

So erodierte zweitens das Wissensfundament, auf dem die entwicklungspolitische Übereinkunft beruht hatte. In das nationale Familienplanungsprogramm in Kenia involvierte Akteure beklagten Anfang der 1970er Jahre, dass die Grundannahmen des demographischen Transitionsmodells, das die Notwendigkeit von Geburtenkontrollmaßnahmen in „Entwicklungsländern" im Wesentlichen legitimierte, keinerlei Orientierungswissen für die bevölkerungspolitische Praxis zur Verfügung stellten. Im Zuge dieser Wissenskritik kristallisierte sich ein neues Leitmotiv zur Bestimmung des Verhältnisses zwischen dem afrikanischen Kontinent und dem Westen heraus. Zuvor war dieses Verhältnis in ideengeschichtlicher Hinsicht von der Idee dominiert worden, jeweils unterschiedliche Stadien *einer* Geschichte im Sinne eines „Kollektivsingulars" zu durchlaufen und die Zukunft der „Entwicklungsländer" an der Gegenwart der Industrienationen ausrichten zu können. Indes stellten sich im Rahmen der bevölkerungspolitischen Praxis in Kenia Schlüsselereignisse der europäischen Geschichtserzählung wie Industrialisierung, Urbanisierung oder Modernisierung als leere Signifikanten ohne Signifikat dar. Sie entbehrten insofern jeglicher orientierungsstiftender Funktion für die Praxis, als es den verantwortlichen Akteuren nicht möglich erschien, Geburtenkontrollmaßnahmen an Rahmenbedingungen der westlichen Industriemoderne auszurichten, deren Realisierung in Kenia ihnen zunehmend unwahrscheinlich erschien. In Diskussionsforen unter Beteiligung afrikanischer Experten, welche die Übertragbarkeit des demographischen Transitionsmodells auf afrikanische Länder in Zweifel zogen, kristallisierte sich stattdessen die Vorstellung einer essentiellen Differenz mit Blick auf unterschiedliche historische Ausgangspositionen, gegenwärtige Rahmenbedingungen und zu erwartende Zukunftspotentiale zwischen Industrienationen und ehemaligen Kolonien heraus.

Drittens schließlich führte die Diagnose veränderter globaler Rahmenbedingungen und die Wissenskritik im Zeichen des Leitmotivs essentieller Differenz zu Versuchen, Praktiken zur Lösung des Bevölkerungsproblems auf einer neuen Wissensbasis zu verankern und auf ein neues Ziel hin zu orientieren. Die Demographie als ursprünglich handlungsleitende Wissenschaft, die darauf ausgerichtet war, quantitative Vergleichsgrundlagen für die bevölkerungspolitische Praxis zur Verfügung zu stellen, verlor an Relevanz zugunsten sozialanthropologischer, genetischer oder ökologischer Forschungsperspektiven, in deren Mittelpunkt die Definition qualitativer Unterschiede stand. Im Windschatten dieser funktionalen Neubestimmung von Wissen für die bevölkerungspolitische Praxis im Sinne eines Differenzierungsmechanismus entstanden in Kenia Initiativen insbesondere seitens der *Ford Foundation*, die den Aspekt der Kultur in den Mittelpunkt rückten. Im Verständnis dieser Experten versprach eine kulturelle Perspektive Einblick in die Funktions- und Kommunikationsmechanismen traditionaler Gemeinschaften. Zentral ist, dass die Suche nach Möglichkeiten, Wissen über Familienplanung und Geburtenkontrolltechnologien über diese vermeintlich traditionalen Kommunikationskanäle zu verbreiten, an der Botschaft, dass die Eindämmung von Bevölkerungswachstum eine wesentliche Voraussetzung für Entwicklung sei, nichts änderte. Geändert hatte sich aber der Fluchtpunkt dieser Entwicklungserzählung. Im Zeichen der Erschütterung des Wachstums- und Fortschrittsnarrativs – Stichwort „Grenzen des Wachstums" – plädierten Entwicklungsexperten und Berater wie beispielsweise die von der *Ford Foundation* beauftragte Angela Molnos für die Bewahrung traditionaler Gemeinschaften vor den destruktiven Einflüssen der Wachstumsideologie, die aus ihrer Sicht nur mithilfe einer Beschränkung auch des demographischen Wachstums gelingen könnte. So lässt sich abschließend festhalten, dass das Verhältnis von Familienplanung, Modernisierung und Entwicklung in den 1970er und 1980er Jahren in der Tat einer Neubestimmung unterlag. Die Evidenz eines Zusammenhangs von Familienplanung und Modernisierung verlor sich, die Zielrichtung von Entwicklung hingegen wurde unschärfer. Inwiefern sich diese Neubestimmung auf den Fortbestand des nationalen Familienplanungsprogramms in Kenia seit Anfang der 1980er Jahre auswirkte, ist Gegenstand des folgenden Kapitels.

3.3 „Modernization is winning": Debatten über Erfolg und Scheitern des Familienplanungsprogramms in Kenia aus demographischen und sozialanthropologischen Perspektiven

Der US-amerikanische Ökonom Warren C. Robinson stellte mit Blick auf Kenias demographische Entwicklung in einem Aufsatz von 1992 lapidar fest: „The modernizing of Kenyan society and economy is in collision with traditional pro-natalist values, but modernization is winning."[195] Dieser Satz, der in den Reihen von Mitarbeitern bevölkerungspolitisch engagierter Organisationen in den 1950er, 1960er und möglicherweise auch noch Anfang der 1970er Jahre überwiegend auf überzeugte Zustimmung gestoßen wäre, schien Anfang der 1990er Jahre im vielstimmiger gewordenen Gewirr unterschiedlicher Kommentare zum Stand bevölkerungspolitischer Programme in Kenia und deren Auswirkungen auf die Ent-

---

[195] Warren C. Robinson, Kenya Enters the Fertility Transition, in: PS 46 (1992), S. 445–457, hier S. 457.

wicklung des Landes seine Evidenz verloren zu haben. Das folgende Kapitel beobachtet dieses sich verflüchtigende Festhalten an einer Modernisierungsverheißung für Kenia auf der Grundlage bevölkerungspolitischer Unternehmungen. Zunächst wird beleuchtet, wie aufgrund der um sich greifenden Orientierungslosigkeit unter den bevölkerungspolitischen Akteuren Programme zum Ausbau familienplanerischer Maßnahmen einerseits und Versuche zur Modernisierung des Landes andererseits zunehmend als Alternativen betrachtet wurden. Im Umkehrschluss bedeutete dies, dass die Idee, Familienplanungsmaßnahmen *per se* als Modernisierungsinstrument zu betrachten, ihre Glaubwürdigkeit einbüßte.

Angesichts der Zensusergebnisse von 1979, die Kenia ein außergewöhnlich hohes Bevölkerungswachstum bescheinigten, suchten Demographen ebenso wie Entwicklungsexperten nach Erklärungsansätzen für das vermeintliche Scheitern ihrer bevölkerungspolitischen Initiativen. Im Zuge dessen wurde Kenia unter Berufung auf kulturelle Faktoren nicht selten zum demographischen Sonderfall mit ganz eigenen gesellschaftlichen und insbesondere familiären Strukturen erklärt. Anfang der 1990er Jahre deutete sich hingegen eine Trendwende an aufgrund der Beobachtung einiger Studien, dass Kenias Bevölkerungswachstum nun doch zurückzugehen schien. Während die einen, insbesondere Mitarbeiter von der *Weltbank*, dies als späte Bestätigung für ihr Festhalten an der Notwendigkeit bevölkerungspolitischer Maßnahmen und mithin als Modernisierungserfolg auffassten, gab es eine Reihe von Stimmen, die diesen Rückgang des Bevölkerungswachstums nachgerade als das Gegenteil verstanden. Insgesamt zeigt sich in dieser Vielstimmigkeit nicht allein eine Pluralisierung von Perspektiven auf eine mögliche Zukunft Kenias, sondern auch eine Pluralisierung im Verständnis des Modernisierungsbegriffs, der mindestens seine im Entwicklungskontext lange Zeit vorherrschende positive Konnotation einbüßte.

3.3.1 „Is Modernization the Alternative to Family Planning"? Das nationale Familienplanungsprogramm in Kenia zwischen einem „integrierten Entwicklungsansatz" und der Ausrichtung auf Geburtenkontrolle

„Ist Modernisierung die Alternative zur Familienplanung?",[196] fragte der Leiter des Bevölkerungsprogramms der *Weltbank*, Dr. Kandiah Kanagaratnam 1974 in einem Vortrag vor der *Population Association of America*. Die Frage zielte im Kern

---

[196] K. Kanagaratnam (Population and Nutrition Projects Department, IBRD) and Population Association of America: Realistic Pathways to Fertility Reduction in Less Developed Countries. The Prospect from the Viewpoint of Family Planning Programs, 19.4.1974, KNA, BY/58/19, Ministry of Health, 1973–1974, Family Planning General, Bl. 15.

auf die Chronologie des in den „Entwicklungsländern" erwarteten Rückgangs des Bevölkerungswachstums ab. Müssten diese Länder erst einen vollständigen Modernisierungsprozess durchlaufen oder könnte ein solcher Rückgang von Familienplanungsprogrammen in Gang gesetzt werden? Kanagaratnams Frage ist in dreierlei Hinsicht aufschlussreich. Indem sie Modernisierung und Familienplanung als Alternativen aufweist, löst sie die kausale Verknüpfung zwischen diesen beiden Phänomenen auf, welche die Familienplanungsprogramme in den 1950er und 1960er Jahren maßgeblich legitimiert hatte. Anders ausgedrückt markierte diese Aussage eine Absage an die zwei Jahrzehnte lang in der Bevölkerungspolitik propagierte Überzeugung, dass die bloße Verfügbarmachung von Kontrazeptiva schon für sich genommen wirtschaftliches Wachstum ermöglichen und mithin selbst zum Modernisierungsinstrument werden könne. Zweitens stellte diese Konzeption von Modernisierung und Familienplanung als alternative Wege zur Geburtenreduktion das demographische Transitionsmodell vom Kopf zurück auf die Füße. Denn in den klassischen Formulierungen dieses Modells von Kingsley Davis und Frank Notestein zwischen Anfang und Mitte der 1940er Jahre schien ein Geburtenrückgang nicht denkbar, ohne dass das entsprechende Land einen vollständigen sozioökonomischen und kulturellen Modernisierungsprozess durchlaufen hätte. Kontrazeptiva könnten diesen Prozess unterstützen, ihn aber nicht ursächlich auslösen.[197] Die Voraussetzung dafür, dass insbesondere Notestein in den 1950er Jahren zu einem der prominentesten Befürworter regierungsgestützter Familienplanungsprogramme zur Senkung der Geburtenrate in den „Entwicklungsländern" wurde, war eher dem Entwicklungsimperativ der Nachkriegszeit im Rahmen der Dynamik des Modernisierungsdenkens und im Zeichen des Systemkonflikts geschuldet als empirisch verifizierbaren Hinweisen, dass die Verfügbarmachung von Verhütungsmitteln tatsächlich ausreiche, um Geburten zu reduzieren und Modernisierung zu katalysieren.[198] Die Herausforderung für die bevölkerungspolitische Praxis bestand darin, dass die Ursachen des Fertilitätsrückgangs im demographischen Transitionsmodell unklar blieben. Vor diesem Hintergrund verfingen sich Bevölkerungsexperten, Wissenschaftler und Politiker in ergebnislosen Debatten um die Vorrangstellung wirtschaftlicher gegenüber kulturellen Faktoren.[199] In dieser Situation fand sich für nahezu jede Position eines Bevölkerungsexperten die gegenteilige eines anderen. Während Angela Molnos und David Radel von der *Ford Foundation* beispielsweise darauf

---

[197] Siehe hierzu: Greenhalgh, The Social Construction of Population Science, S. 39; Frank W. Notestein, Problems of Policy, S. 437; Szreter, Fertility, S. 17–18.
[198] Siehe hierzu: Hodgson, Demography as Social Science and Policy Science, S. 10–20; Greenhalgh, The Social Construction of Population Science, S. 39.
[199] Siehe hierzu: Szreter, The Idea of Demographic Transition, S. 685–686.

aufmerksam machten, dass auf der Grundlage von KAP-Studien kein Zusammenhang zwischen dem Bildungsgrad beziehungsweise dem Wissen um moderne Verhütungsmethoden und deren Anwendung festgestellt werden könne,[200] postulierte der Entwicklungsökonom Rashid Faruqee in seinem für die *Weltbank* 1980 verfassten Bevölkerungs- und Entwicklungsbericht über Kenia, dass die bevölkerungspolitischen Programme an der kausalen Beziehung zwischen einem hohen Bildungsgrad von Frauen und einer niedrigen Geburtenziffer ausgerichtet werden müssten.[201] Und während die gesundheitspolitische Ausrichtung von Familienplanungsprogrammen, die in Kenia praktiziert wurde, auf der dritten Bevölkerungskonferenz von Bellagio 1973 als Möglichkeit diskutiert wurde, die Konzentration auf Familienplanung hin zu einem integrierten Entwicklungsansatz aufzubrechen,[202] insistierte Faruqee, dass es keinerlei empirischen Hinweis darauf gebe, dass die Einbettung einer Familienplanungsinfrastruktur in die Vor- und Nachsorgeuntersuchungen für Mutter und Kind sich in irgendeiner Weise auf die Nutzung von Kontrazeptiva auswirke.[203] Insofern ist Kanagaratnams Frage drittens prägnanter Ausdruck der Orientierungslosigkeit im bevölkerungspolitischen Feld seit den 1970er Jahren und zugleich Indiz, dass die Modernisierungsverheißung allmählich an der Praxis zu scheitern drohte.

In dieser von den Akteuren zunehmend als unübersichtlich wahrgenommenen Gemengelage entschieden letztlich auch machtpolitische Aspekte darüber, wer die Richtung vorgab. In der Bevölkerungspolitik in Kenia setzte die *Weltbank* in dieser Zeit zentrale Impulse. Dies zeigte sich daran, wie die von Kandiah Kanagaratnam und Rashid Faruqee gesetzten Schwerpunkte sich in den Änderungen niederschlagen, welche die Weltbankmitarbeiter zwischen dem ersten und dem zweiten von der Bank unterstützten bevölkerungspolitischen Programm in Kenia vornahmen. Kanagaratnam diagnostizierte angesichts des fehlenden empirischen Wissens über Ursachen der Fertilitätsreduktion ein „Henne-und-Ei-Problem": „While history suggests that in the long run economic development and social ‚modernization' are crucial to lowered fertility, high fertility rates are a major drag on the development process."[204] Dieses Dilemma, dass wirtschaftliche Entwicklung und soziale Modernisierung sich einerseits langfristig in einer

---

200 Molnos, Cultural Source Materials for Population Planning in East Africa. Bd. 1. Review of Socio-Cultural Research, S. 25; Susan E. Smith/David Radel, The KAP in Kenya. A Critical Look at Survey Methodology, in: J.F. Marshall/S. Polgar (Hrsg.), Culture, Natality, and Family Planning, Chapel Hill, NC 1976, S. 263–287, hier S. 266.
201 Faruqee, Kenya. Population and Development, S. vii-ix.
202 Barnes, Summary and Projections, S. 1–2; Connelly, Fatal Misconception, S. 309.
203 Faruqee, Kenya. Population and Development, S. 181–182.
204 Kanagaratnam, Realistic Pathways to Fertility Reduction, Bl. 15.

niedrigeren Fertilität niederschlügen, eine hohe Fertilitätsrate diesen Entwicklungsprozess andererseits wiederum hemmen und verlangsamen würde, könne aus seiner Sicht nur mithilfe der Durchsetzung effizienter Familienplanungsprogramme aufgebrochen werden. Rashid Faruqee hingegen setzte in seinem Bevölkerungs- und Entwicklungsbericht den Schwerpunkt auf „development as a means of fertility regulation".[205] Letztlich entsprach die veränderte Ausrichtung des zweiten gegenüber dem ersten Programm einer Zusammenführung beider Ansätze, die Kanagaratnam als „attack from all angles"[206] charakterisierte und angesichts des Mangels an besserem Orientierungswissen als pragmatischste und erfolgversprechendste Herangehensweise empfohlen hatte: „Finally, at the present stage of knowledge, we are not faced with a choice between family planning and social development as preferred routes to lower fertility. That is a false choice. What we are faced with is a challenge to mesh the two." Diese empfohlene Mixtur eines integrierten Ansatzes aus Familienplanungsmaßnahmen und sozialen Entwicklungsinitiativen bildete sich im zweiten bevölkerungspolitischen Projekt der *Weltbank* in Kenia, dessen Laufzeit im Jahr 1982 begann und das die Bank mit einem Kredit von 24,19 Millionen Dollar unterstützte,[207] bereits in der Bezeichnung „integrated rural health and family planning program" ab.

Als Anzeichen einer solchen Integration ist die Tatsache zu werten, dass die Konzentration auf den gesundheitlichen Bereich und den Ausbau medizinischer Infrastrukturen, die das erste Programm gekennzeichnet hatte, aufgegeben worden war. So postulierte der Evaluierungsbericht der Bank zur Anbahnung des zweiten Projekts, dass das erste auf falschen Prämissen beruht habe. In der Überzeugung, es lediglich mit einem „unmet need", also einem ungedeckten Bedarf an Kontrazeptiva im ländlichen Raum zu tun zu haben, sei dem Gesundheitsministerium die alleinige Programmverantwortung für die Verbreitung von Familienplanung über medizinische Infrastrukturen übertragen worden. Die Ergebnisse des 1978 durchgeführten *Kenya Fertility Survey* hätten indes nahegelegt, dass ein solcher Bedarf gar nicht vorausgesetzt werden könne, weil die gewünschte Kinderzahl pro Familie inzwischen sogar auf 7,2 gestiegen sei.[208] Auf der Grundlage dieses Befunds kündigten die Autoren des Berichts eine notwendige

---

205 Faruqee, Kenya. Population and Development, S. xii.
206 Kanagaratnam, Realistic Pathways to Fertility Reduction, Bl. 16. Das folgende Zitat findet sich ebenda, Bl. 19–20.
207 J. Adamba an J.T. Arap Leting, 18.2.1988, KNA, BY/58/52, Ministry of Health 1981–1982, Family Planning.
208 Siehe hierzu und zum Folgenden: The Integrated Rural Health and Family Planning Programme. Appraisal Report, April 1981, KNA, BY/58/53, Ministry of Health (1981–1982), IRHFP, Bl. 38–41.

programmatische Verschiebung an: Anstatt von einem vorhandenen Bedarf auszugehen, müssten nun Maßnahmen ergriffen werden, um diesen Bedarf zu generieren.

Die Frage, wie dieser Anspruch der „demand creation"[209] in die Tat umgesetzt werden könne, beantworteten die Planer des zweiten Weltbankprojekts durchaus konventionell, indem sie auf die seit den 1950er Jahren zur Implementierung von Familienplanungsprogrammen entwickelten gängigen Strategien zurückgriffen. In Ermangelung alternativer Modelle wurde Kenia weiterhin mithilfe des Transitionsvokabulars im zeitlichen Raum von Transitionsstadien verortet. Das Land befinde sich in der zweiten Phase der demographischen Transition, definiert durch eine hohe Fertilität und eine bereits rückläufige Mortalität. Während der genaue Zeitpunkt des Übergangs vom zweiten ins dritte Stadium nicht vorhergesagt werden könne, zeigten sich die Planer überzeugt, dass es weiterhin Grund zu der Annahme gebe, dass dieser Übergang durch ein Familienplanungsprogramm ermöglicht werde.

Dieses Festhalten am Orientierungsrahmen des Transitionsmodells lässt sich auf eine Tendenz der Experten in der bevölkerungspolitischen Praxis zurückführen, nicht die eigenen bevölkerungspolitischen Modelle oder Maßnahmen in Frage zu stellen, sondern deren unzureichende Umsetzung für den bisher ausgebliebenen Programmerfolg verantwortlich zu machen. Vertreter anderer Geberorganisationen – insbesondere von UNFPA und USAID – hatten bereits mit Blick auf das erste Weltbankprogramm bemängelt, dass die Maßnahmen nicht unmittelbar auf Familienplanung und Geburtenreduktion ausgerichtet gewesen, sondern mittelbar auf den Ausbau der gesundheitlichen Versorgung konzentriert worden seien.[210] Diese Schwerpunktsetzung lasteten sie auch der Tatsache an, dass mit dem für Koordination und Implementierung des Programms allein verantwortlichen Gesundheitsministerium auf die falsche Institution gesetzt worden sei. Zweifel und Kritik am Umgang mit dem Familienplanungsprogramm seitens des Gesundheitsministeriums waren keineswegs ein neues Phänomen und zogen sich seit spätestens Anfang der 1970er Jahre durch die Korrespondenz der Geberorganisationen, von der *Ford Foundation* über die *Overseas Development Administration* bis hin zur *Weltbank*.[211] Es bestand weitgehend Einigkeit darüber,

---

209 Faruqee, Kenya. Population and Development, S. viii.
210 Siehe hierzu die Kapitel 2.3 und 3.1.
211 Siehe hierzu und zum Folgenden: Susan B. Fisher an David A. Anderson, Review of the Population/Family Planning Field in the East and Southern/Region and Proposals for Future Activities of the Africa Ford Foundation, (undatiert) um 1970, FFA, #009450, Bl. 2; Davis Carr an Leslie Norwood (ODA London), Review of Population Aid Policy, 29.5.1974, TNA, OD 62/69; Harold W. Messenger (Population, Health and Nutrition Department, World Bank) an Dr. W. Koinange

dass die Institution sich zu keinem Zeitpunkt überzeugend zu Familienplanung als Geburtenkontrollmaßnahme bekannt habe und dass unter den Beamten weitgehend die Ansicht vorherrsche, dass Bevölkerungswachstum in Kenia kein vordringliches Problem darstelle. Weiterhin mangele es dem Ministerium an administrativen Fähigkeiten und Kapazitäten, das Familienplanungsprogramm angemessen zu implementieren und zu verwalten: Anstehende Entscheidungen seien immer wieder verschleppt und designiertes Personal nicht für die Arbeit an dem Programm freigegeben worden, wodurch eine übermäßige Angewiesenheit auf auswärtige Berater entstanden sei. Die Mitarbeiter des *Population Projects Department* der *Weltbank* stimmten Anfang der 1980er Jahre schließlich in diesen Chor ein.

In der Konsequenz resultierte daraus, dass die *Weltbank* ihre Bevölkerungspolitik gemäß dem Informations-, Schulungs- und Kommunikationsansatz[212] gestaltete, der seit den 1950er Jahren insbesondere von der *Ford Foundation* vertreten und entwickelt worden war und der mit den Studien von Angela Molnos sowie der Übertragung des Diffusionsmodells auf Familienplanungsprogramme, insbesondere durch Everett M. Rogers, Anfang der 1970er Jahre neuen Auftrieb erhalten hatte.[213] Institutionell ging mit dieser Schwerpunktverschiebung weg von einem rein gesundheitlichen Ansatz hin zu einer größeren Konzentration auf Familienplanung eine schrittweise Entmachtung des Gesundheitsministeriums innerhalb der bevölkerungspolitischen Programmstruktur einher.[214] Statt der bisherigen Konzentration des Programms auf einen Schwerpunkt und eine Institution bedürfe es, so Peter Hall aus dem *Population Projects Department*, eines multi-sektoriellen und integrierten Zugriffs, der eine Fülle an Regierungs- und Nichtregierungsorganisationen mit einbeziehe. Einerseits müsse ein umfassendes, multimediales Informations- und Schulungsprogramm entwickelt und implementiert werden, andererseits müssten Maßnahmen durchgeführt werden, welche einen tiefgreifenden sozioökonomischen und kulturellen Wandel an-

---

Karuga (Director of Medical Services, Ministry of Health, Kenya), Preparation of Integrated Rural Health and Family Planning Program, 29.1.1980, WBGA, Folder 805611, Bl. 2; Margaret Wolfson via Mr. van Arkadie an Mr. Sabourin (OECD), Memorandum: Mission to Kenya, 2.-26.6.1981, 1.7.1981, WBGA, Folder 805613; Bengt G. Sandberg (Division Chief, Country Program Department I, Eastern Africa Region) an Harris Mule (PS Ministry of Finance), Integrated Rural Health and Family Planning Project, 2.7.1981, WBGA, Folder 805613; John P. Evans an Warren C. Baum, Kenya – Shortcomings in Population Project I and Design of Population/Health Project II, 21.7.1981, WBGA, IRHFP, Project Population (02) – 05, BC 805613.
212 Im Englischen: Information, Education and Communication, abgekürzt IEC.
213 Siehe hierzu: Kapitel 3.2.
214 The Integrated Rural Health and Family Planning Programme. Appraisal Report, April 1981, KNA, BY/58/53, Ministry of Health, 1981–1982, IRHFP, Bl. 41.

stoßen würden, beispielsweise durch die Erhöhung des Bildungsniveaus von Frauen und durch Initiativen zur Schaffung von Arbeitsplätzen.[215] Dreh- und Angelpunkt, mithin Koordinationsinstanz aller bevölkerungspolitischen Initiativen sollte eine neue Institution, der *National Council on Population and Development*, sein. Das Gesundheitsministerium behielt seine Funktion, die gesundheitsbezogenen Dienstleistungen im ländlichen Raum auszuweiten, die weiterhin die zentrale Infrastruktur für die Verteilung von Kontrazeptiva zur Verfügung stellen sollten,[216] verlor aber die Programmverantwortung.

Die Veränderungen, die die *Weltbank* zwischen dem ersten und dem zweiten von ihr in Kenia mit einem Kredit finanzierten bevölkerungspolitischen Projekt vornahm, zeigen, dass die auswärtigen Bevölkerungsexperten auf den drohenden Orientierungsverlust in der Bevölkerungspolitik mit einem gewissen Maßnahmeneklektizismus nach dem *trial and error*-Verfahren reagierten. Die Beharrungskraft, welche die demographische Transition und Familienplanung in ihrer vermeintlichen Alternativlosigkeit aufwiesen, lässt sich auch mit dem Argument der Praktiker erklären, dass sich die ergriffenen Maßnahmen nur noch nicht auf die Fertilität ausgewirkt hätten, weil sie bislang unzureichend umgesetzt worden seien. Nichtsdestoweniger mündete die Orientierungslosigkeit, die im bevölkerungspolitischen Feld in Kenia seit den 1970er Jahren greifbar blieb, in einen Glaubensverlust an schnelle Lösungen oder einen beschleunigten Weg in die Modernisierung. Familienplanung und Modernisierung waren zu sich gegenüberstehenden Alternativen geworden und die konzeptionelle Trennung beider Phänomene hatte durchaus Auswirkungen auf das Entwicklungsdenken im bevölkerungspolitischen Feld.

3.3.2 Kenias „very pro-natalist culture": Die Herauslösung des ostafrikanischen Raumes aus der Modernisierungslogik

Die skizzierte veränderte Ausrichtung des bevölkerungspolitischen Programms in Kenia durch das *Population Projects Department* der *Weltbank* vom „unmet need" zur „demand creation" war eine Reaktion auf den Befund, dass es den zuvor unterstellten, vermeintlich ungedeckten Bedarf an Kontrazeptiva nicht ge-

---

215 Peter Hall, KENYA Project Brief. Integrated Rural Health and Family Planning Project, 26.7. 1979, WBGA, Folder 805611, Integrated Rural Health and Family Planning Project Population (02)-03, Bl. 4–5.
216 J. Adamba (Office of the Vice-President and Ministry of Home Affairs) an J.T. Arap Leting (Office of the President), 18.2.1988, KNA, BY/58/52, Ministry of Health, 1981–1982, Family Planning.

be. Die Berichte der Weltbankmitarbeiter bezogen sich hier auf Studien, welche für sich in Anspruch nahmen, kulturelle Faktoren zu berücksichtigen und die zuvor dominante Konzentration auf demographische und ökonomische Modelle aufzubrechen. Ironischerweise zeichnete sich der von der *Weltbank* im zweiten Projekt unter dem Leitbegriff der „demand creation" propagierte Ansatz gerade durch eine stärkere Konzentration auf den Familienplanungsaspekt aus. Der gesundheitliche Schwerpunkt des Familienplanungsprogramms in Kenia sollte zugunsten einer angestrebten Nutzungssteigerung von Verhütungsmitteln auf der Grundlage von Informations-, Schulungs- und Kommunikationsansätzen als vermeintlich aussichtsreichstes Mittel zur Lösung des Bevölkerungsproblems aufgegeben werden. Die um sich greifende Orientierungslosigkeit hinsichtlich der Frage, inwieweit sich Familienplanung überhaupt auf die wirtschaftliche Entwicklung Kenias auswirke, ging folglich zwar mit der Annahme einher, dass es keine schnellen Lösungen gebe, hatte aber in der Praxis keine Abkehr von der bevölkerungspolitischen Konzentration auf Familienplanung zur Folge. Nichtsdestoweniger zeichnete sich auf der Ebene der Bewertung der Maßnahmen insbesondere bei denjenigen Demographen, welche anthropologische Erkenntnisse in ihre Forschung zu integrieren versuchten, eine Neubewertung des bevölkerungspolitischen Programms in Kenia ab. Seit Anfang der 1980er Jahre war auf der Grundlage kultureller Erklärungsmuster allenthalben von einem Scheitern des Programms die Rede. Im Zuge dessen wurde der ostafrikanische beziehungsweise kenianische Raum derart spezifiziert, dass er zunehmend aus einer Modernisierungslogik herausgelöst und in eine andere Entwicklungsdynamik eingebettet wurde.

Als wichtige Zäsur werteten Beobachter des kenianischen Bevölkerungsprogramms den *Kenya Fertility Survey* von 1978 und den Zensus von 1979, weil die Interpretation dieser Erhebungen die demographische Entwicklung Kenias als Ausnahme erscheinen ließ. Der *Kenya Fertility Survey* war Teil einer weltweiten vergleichenden Untersuchung von Fertilitätsdaten auf der Grundlage von Interviews mit Frauen, des so genannten *World Fertility Survey*, der in 21 Industrie- und 40 „Entwicklungsländern" durchgeführt wurde.[217] Die Idee eines *World Fertility Survey* stammte aus dem Jahr 1971 und ging zurück auf Charles Westoff, den damaligen Direktor des Princetoner *Office of Population Research*, und Reimert T. Ravenholt, den damaligen Direktor des Bevölkerungsprogramms von USAID. Während zusammenfassende Einschätzungen der Ergebnisse des *World Fertility Survey* einen „noticeable decline in fertility levels under way in many parts of

---

217 Siehe hierzu und zum Folgenden: Harkavy, Curbing Population Growth, S. 48; The Kenya Fertility Survey (1978).

the developing world" beschrieben und im Zuge dessen unterstrichen, dass über die Hälfte der verheirateten Frauen, die befragt worden seien, angegeben habe, keine weiteren Kinder mehr zu wollen,[218] wurde Kenia eine „very pro-natalist culture" bescheinigt, in der sich Frauen, die bereits sechs Kinder hätten, durchaus vorstellen könnten, noch weitere zu bekommen.[219] Der im Jahr 1979 in Kenia durchgeführte Zensus wiederum ermittelte für das Land statt eines Rückgangs der Bevölkerungswachstumsrate einen Anstieg auf 3,9 Prozent.[220] Für zahlreiche demographische Beobachter bedeutete dieser Anstieg, dass die Bevölkerung in Kenia noch schneller wachse, als bisher prognostiziert.[221]

Auswärtige Bevölkerungsexperten und Demographen schilderten die bevölkerungspolitische Situation vor dem Hintergrund dieser Daten als paradox. Denn in den letzten zehn Jahren habe die kenianische Regierung über 75 Millionen Dollar für bevölkerungspolitische Maßnahmen von zahlreichen Geberorganisationen erhalten, darunter der *Weltbank*, USAID, SIDA und UNFPA. Pro Kopf entspreche dies weltweit dem höchsten Aufkommen finanzieller Entwicklungshilfe im Bevölkerungsbereich, noch vor Indien und Bangladesch.[222] Diesem Superlativ hinsichtlich bevölkerungspolitischer Entwicklungshilfe stehe indes ein Superlativ beim Bevölkerungszuwachs gegenüber: Kenia habe seit Anfang der 1980er Jahre mit vier Prozent pro Jahr die höchste Bevölkerungswachstumsrate der Welt.[223] Diese sich aus der Sicht des Beauftragten für bevölkerungspolitische Angelegenheiten der *Ford Foundation* in Nairobi, Goran Hyden, einander widersprechenden Befunde führten nicht nur ihn zu der Frage, warum die bisherigen be-

---

218 Maurice G. Kendall/V.C. Chidambaram, World Fertility Survey, in: John A. Ross (Hrsg.), International Encyclopedia of Population, Bd. 2, New York/London 1982, S. 673–679, hier S. 675–676. In der Forschungsliteratur wird als wichtigster Befund des *World Fertility Survey* angegeben, dass „die Mehrheit der befragten Frauen im Süden sich weniger Kinder wünschten, als sie tatsächlich hatten" (Heim/Schatz, Berechnung und Beschwörung, S. 173); siehe auch: Hummel, Der Bevölkerungsdiskurs, S. 64–65.
219 The Kenya Fertility Survey (1978), S. 8. Dieser Nachweis bezieht sich auch auf das in der Überschrift zu Kapitel 3.2.1 verwendete Zitat.
220 The Integrated Rural Health and Family Planning Programme. Appraisal Report. 004.1981, KNA, BY/58/53, Ministry of Health, 1981–1982, IRHFP, Bl. 36.
221 Ajayo Ayorinde/John Kekovole, Kenya's Population Policy. From Apathy to Effectiveness, in: Anrudh Jain (Hrsg.), Do Population Policies Matter? Fertility and Politics in Egypt, India, Kenya and Mexico, New York 1998, S. 113–156, hier S. 140.
222 Goran Hyden an Robert S. McNamara: The Population Scene in Kenya, 6.5.1983, FFA, Reel 4165, Bl. 1.
223 Goran Hyden an Robert S. McNamara: The Population Scene in Kenya, 6.5.1983, FFA, Reel 4165, Bl. 1; Frank L. Mott/Susan H. Mott, Kenya's Record Population Growth. A Dilemma of Development, in: Population Bulletin 35 (1980), S. 1; Frank/McNicoll, An Interpretation of Fertility and Population Policy in Kenya, S. 209–243, hier S. 209.

völkerungspolitischen Bemühungen in Kenia sich nicht in einer rückläufigen Geburtenziffer niedergeschlagen hätten.[224]

Eines der prominentesten Erklärungsmodelle, das sich aufgrund dieses vermeintlichen Paradoxes herauskristallisierte, war das, wahlweise Kenia, den ostafrikanischen Raum oder das gesamte sub-saharische Afrika zum demographischen Sonderfall zu erklären aufgrund vermeintlich einzigartiger kultureller Eigenheiten. Der *Ford Foundation*-Repräsentant warnte davor, die „peculiarities of the situation in a country like Kenya" zu missachten, indem weiterhin und leichthin Erkenntnisse aus dem demographischen Transitionsprozess aus anderen Ländern übertragen würden.[225] Die Soziologen und Demographen Frank und Susan Mott beschrieben ihrerseits in einem Papier zu Kenias „Rekordbevölkerungswachstum" als Entwicklungsdilemma von 1980 die Bevölkerungssituation im sub-saharischen Afrika als „unique in the world population scene".[226] „In virtually all other regions of the less developed world, gradual fertility declines are under way as leaders have come to perceive the hindrance which rapid population growth presents to economic growth and family planning programs have begun to take hold. But in sub-Saharan Africa the pace of childbearing continues unabated for the most part." Diese Tendenz zu einer Spezifizierung der demographischen Situation im gesamten sub-saharischen Afrika illustrierten die Autoren insbesondere für Kenia, indem sie der kenianischen Bevölkerung ein „almost universal desire for families of at least seven children" unterstellten.

Sowohl bei Hyden als auch bei Mott und Mott erfolgte diese Spezifizierung indes innerhalb einer Modernisierungslogik. Hyden erwartete, dass es lediglich Zeit brauchen werde, bis sich die pro-natalistische Einstellung auch in Kenia beziehungsweise Ostafrika umkehren werde. Wenn die strukturellen Faktoren, die große Familien begünstigten, wie beispielsweise kleinbäuerliche, auf Familienarbeit ausgerichtete Betriebe, verschwänden, würde auch in Kenia eine Fertilitätsreduktion einsetzen.[227] In ähnlicher Weise schilderten Mott und Mott die hohe Geburtenrate in Kenia als Konflikt zwischen den Anforderungen der Modernisierung und traditionalen Kräften, die an ihren Wurzeln festhalten wollten. Zwar gebe es vor diesem Hintergrund keine einfachen Lösungen, insbesondere in einem agrarisch ausgerichteten Land wie Kenia. Langfristig prognostizierten aber auch sie, dass es in Zukunft angesichts des zu erwartenden sozioökonomischen

---

224 Goran Hyden an Robert S. McNamara: The Population Scene in Kenya, 6.5.1983, FFA, Reel 4165, Bl. 5.
225 Hyden an McNamara: The Population Scene in Kenya, 6.5.1983, FFA, Reel 4165, Bl. 1.
226 Mott/Mott, Kenya's Record Population Growth, S. 1. Die folgenden Zitate befinden sich ebenda.
227 Hyden an McNamara: The Population Scene in Kenya, 6.5.1983, FFA, Reel 4165, Bl. 1–2.

strukturellen Wandels kaum noch möglich sein werde, sich aus rationalen Gründen für große Familien zu entscheiden.[228]

Die Demographen Odile Frank und Geoffrey McNicoll widersprachen in einem Aufsatz von 1987 dieser Prognose, obgleich sie den sub-saharischen Raum ebenfalls als einzigartig in der sich entwickelnden Welt spezifizierten: „Sub-Saharan Africa['s] [...] traditional patterns of family structure and social and economic arrangements are highly distinctive, different from those of almost all other developing regions."[229] Sie unternehmen diese Spezifizierung allerdings mit einer anderen Konsequenz. Statt davon auszugehen, dass das sub-saharische Afrika langfristig einer Modernisierungslogik folgen werde und dass sich mithin die sozioökonomischen Strukturen derart wandeln würden, dass sie nichts anderes als eine vermeintlich rationale Anpassung an eine kapitalistisch-industrialisierte und urbane Lebensweise mit einer geringen Kinderzahl zulassen würden, schrieben Frank und McNicoll Kenia in eine andere Entwicklungsdynamik ein. Die Voraussetzungen dafür liegen erstens in ihrem methodischen Zugriff, mit dem sie die bevölkerungspolitische Situation in Kenia analysierten. Zweitens passten sie sich in das Hintergrundrauschen der 1980er Jahre ein, das zahlreiche Akteure dazu veranlasste, den Entwicklungsoptimismus der Nachkriegsjahrzehnte hinter sich zu lassen und eine pessimistische Zukunftsprognose für die „Entwicklungsländer" anzustellen. Die Kombination dieser beiden Einflüsse bedingte, dass Frank und McNicoll die demographische Situation in Kenia seit den 1980er Jahren als grundlegend neuartig beschrieben, weil sie sie weder als Verhaftetbleiben in einer vermeintlich rückständigen Tradition noch einem sich abzeichnenden Aufbruch in eine Moderne nach westlichem Modell zuzuordnen vermochten.

Mit ihrer methodischen Herangehensweise beschritten Frank und McNicoll innerhalb der demographischen Disziplin durchaus neue Wege.[230] Sie propagierten einen so genannten institutionellen Zugriff, den sie als Kombination mikro-demographischer und anthropologischer Methoden gestalteten. Damit gehörten sie zu einer kleinen Gruppe von Demographen, die sich seit den späten 1970er Jahren mikro-demographischen Fragestellungen und lokalen Kontexten zuzuwenden begann. Zwar blieben sie innerhalb des demographischen Main-

---

228 Mott/Mott, Kenya's Record Population Growth, S. 38.
229 Frank/McNicoll, An Interpretation of Fertility and Population Policy in Kenya, S. 213.
230 Siehe hierzu und zum Folgenden: Szreter, Fertility, S. 34–35; Greenhalgh, Anthropology Theorizes Reproduction, S. 8; Simon Szreter/Hania Sholkamy/A. Dharmalingam, Contextualizing Categories: Towards a Critical Reflexive Demography, in: Simon Szreter/Hani Sholkamy/A. Dharmalingam (Hrsg.), Categories and Contexts. Anthropological and Historical Studies in Critical Demography, Oxford 2004, S. 3–32, hier S. 4–7.

streams lediglich eine Randerscheinung. Insofern sie aber den Versuch unternahmen, das demographische Transitionsmodell als Grundpfeiler der Disziplin zu überwinden, und begannen, das aus ihrer Sicht klare Scheitern bevölkerungspolitischer Programme anders erklären zu wollen als mit der Annahme, dass sich langfristig auch Länder wie Kenia der sozioökonomischen Modernisierungsdynamik anpassen würde, lohnt sich ein genauerer Blick auf diesen Zugriff und die Inhalte seiner Kritik.

Franks und McNicolls Diagnose eines Scheiterns der bevölkerungspolitischen Praxis in Kenia beruhte auf einem Bruch mit grundlegenden Prämissen der demographischen Disziplin. Sie beinhalteten, soziale und kulturelle Faktoren in verallgemeinerbare Zahlenverhältnisse zu transzendieren, um eine tiefere, gesetzmäßige Struktur der Realität aufzudecken.[231] Grundlage hierfür war es, Konzepte wie Familie und Haushalt als verallgemeinerbare Kategorien zu denken, um eine internationale Sprache über Bevölkerungsprobleme zu etablieren.[232] In diesem von dem Anspruch der Objektivierbarkeit getragenen Unterfangen zeichnete sich das moderne Projekt ab, das nicht zuletzt mithilfe der Demographie als disziplinäres Vehikel in die ganze Welt transferiert werden sollte.[233] Franks und McNicolls Vorgehensweise bedeutete in diesem Sinne auch einen Bruch mit diesem modernen Projekt, weil sie das kategoriale Denken zugunsten einer Hinwendung zum lokalen Kontext aufgaben.

In demselben Text, in dem sie das Scheitern der kenianischen Bevölkerungspolitik konstatierten, betrachteten sie das Konzept der Familie nicht mehr als Kategorie, sondern sie bemühten sich um eine Kontextualisierung dieses Konzepts im Rahmen der gesellschaftlichen Strukturen des sub-saharischen Afrika und insbesondere Kenias. Insofern die anthropologische Disziplin selbst in dem Anspruch verankert war, das „Andere" zu beschreiben und abzugrenzen, vermag es kaum zu überraschen, dass Frank und McNicoll als Ausgangspunkt ihrer Überlegungen eine grundlegende Differenz zwischen dem Kernfamilienmodell und dem im sub-saharischen Afrika ihrer Ansicht nach dominanten Modell der erweiterten Familie (*extended family*) konstatierten.[234] Diese Differenz machten sie daran fest, dass sie die Anreize, welche sich auf das reproduktive Verhalten auswirkten, im ersten Fall auf externe und im zweiten Fall auf interne, also innerhalb der Familienstruktur selbst verankerte, Faktoren zurückführten.

---

231 Siehe hierzu und zum Folgenden: Kraeger, Objectifying Demographic Identities, S. 37.
232 Szreter/Sholkamy/Dharmalingam, Contextualizing Categories, S. 9.
233 Szreter/Sholkamy/Dharmalingam, Contextualizing Categories, S. 13–14.
234 Siehe hierzu: Szreter/Sholkamy/Dharmalingam, Contextualizing Categories, S. 17.

Im Kernfamilienmodell sei die Ehe als Paarbeziehung zwischen Mann und Frau im Sinne einer wirtschaftlichen Zugewinngemeinschaft konzipiert.[235] Indem das Paar gemeinsame wirtschaftliche Interessen verfolge, korreliere die Anzahl der Kinder mit den externen sozioökonomischen Faktoren, die die Kosten der Kindererziehung in einer Gesellschaft bestimmten. Anders das Konzept der Ehe, welches Frank und McNicoll als typisch für Kenia skizzieren. Hier handele es sich nicht um eine Beziehung zwischen zwei Individuen, sondern um einen Vertrag zwischen zwei verwandtschaftlichen Linien, der deren Rechte und Pflichten hinsichtlich der Komponenten Mitgift, Kinder und Landbesitz festlegt. Anders ausgedrückt werden Tauschbeziehungen etabliert: Der Ehemann zahlt eine Mitgift an den Familienverbund der Frau, im Gegenzug werden die Kinder, welche die Frau auf die Welt bringt, der Linie des Mannes zugeordnet. Bleibt die Ehe kinderlos, hat die Familie des Mannes einen Anspruch auf die Rückerstattung der Mitgift. Die Frau verpflichtet sich, für die Subsistenz der Familie zu sorgen, und erhält im Gegenzug Nutzungsrechte am Landbesitz ihres Mannes, die jedoch nach dessen Tod verfallen. Die innere Struktur dieser Tauschbeziehungen begünstigt eine hohe Fertilität, weil Kinder in dreierlei Hinsicht eine Voraussetzung für deren Aufrechterhaltung sind. Erstens dienen Kinder den Interessen der Familie der Frau, die ansonsten den Anspruch auf die Mitgift verlöre. Zweitens dienen sie den Interessen der Frau selbst, die dadurch einerseits das Recht erhält, Land zu bewirtschaften, um so für sich und ihre Kinder zu sorgen, und andererseits nach dem Tod des Mannes und dem Verfall dieses Rechts darauf angewiesen ist, dass ihre Kinder für ihre Versorgung im Alter aufkommen. Drittens dienen sie den Interessen des Ehemanns und seiner Familie, deren gesellschaftlicher Status mit einer hohen Kinderzahl verknüpft ist. Wenngleich eine hohe Kinderzahl also den Interessen aller Beteiligten entgegenzukommen scheint, herrscht zwischen Mann und Frau nicht notwendigerweise eine Interessenskoinzidenz. Denn eine kinderlose oder kinderarme Ehe würde sich zwar gravierend auf die wirtschaftliche Situation der Frau auswirken, sehr viel weniger aber auf die des Mannes, der innerhalb des polygamen Systems erneut und mehrfach heiraten kann.

Das bevölkerungspolitische Programm in Kenia, welches auf der Annahme beruhe, dass das reproduktive Verhalten durch externe Anreize oder einen sozioökonomischen gesellschaftlichen Wandel verändert würde, laufe vor diesem Hintergrund, so zeigten sich Frank und McNicoll überzeugt, ins Leere. Indem es die Familie als ökonomischen Interessensverbund eines Paares denke und Frauen qua Individuen als potentielle Familienplanungsnutzerinnen anzusprechen ver-

---

235 Siehe hierzu und zum Folgenden: Frank/McNicoll, An Interpretation of Fertility and Population Policy in Kenya, S. 212–218 und S. 227.

suche, unterschätze es die Tatsache, dass Frauen innerhalb des skizzierten Systems gar nicht in der Position seien, individuelle Entscheidungen zu treffen oder auf externe Anreize oder Zwänge zu reagieren.[236] Mithin bemängelten sie den „culture and institution-free view of Kenyan society",[237] der dem Programm zugrunde liege, und verbanden dies mit einer Wissenskritik. Denn das Vakuum, das der Legitimationsverlust des demographischen Transitionsmodells in den 1970er und 1980er Jahren hinterlassen habe, sei nicht durch Anthropologen gefüllt worden, weil diese sich auf ihre klassischen Themenbereiche zurückgezogen hätten, ohne bevölkerungspolitische Fragen in den Blick zu nehmen, sondern durch Entwicklungsökonomen und Wirtschaftsdemographen. Am Beispiel von Rashid Faruqee, dem Autor des für das zweite Weltbankprogramm prägenden Berichts zu Bevölkerung und Entwicklung in Kenia von 1980, erläutern Frank und McNicoll, dass dieser Zugriff zwar durchaus dem niedrigen Status von Frauen in der kenianischen Gesellschaft Rechnung trage. Indes könnten Maßnahmen, welche diesen lediglich auf mangelnde Bildung, Erwerbslosigkeit von Frauen oder eine ungleiche Einkommensverteilung zurückführten und auf dieser Grundlage zu beheben versuchten, nicht greifen, weil sie die strukturellen Bedingungen dieser Situation nicht veränderten.

Diese Kritik von Frank und McNicoll an Faruqees Entwicklungsansatz war einem unterschiedlichen Konzept von Differenz geschuldet. Faruqee blieb dem modernen Projekt von Ökonomie und Demographie verpflichtet, indem er beispielsweise die Differenz zwischen der Situation von Frauen in „modernen" und in „traditionalen" Gesellschaften oder die Resilienz des ländlichen gegenüber dem urbanen Raum als zeitliches Phänomen betrachtete. Er ging weiterhin davon aus, dass das bevölkerungspolitische Programm an Prämissen ausgerichtet werden könne, die aus dem „westlich-urbanen Raum" deduziert worden seien. Den von ihm postulierten Nexus zwischen einem hohen Bildungsstandard von Frauen und einer niedrigen Fertilität übertrug er mithin auf den ländlichen Raum in Kenia: „If there were better access to family planning and more education for women, there would be increased demand."[238] Frank und McNicoll hingegen nahmen eine gleichsam räumliche Perspektive auf Differenz ein, die dem anthropologischen Denken entsprach.[239] Sie gingen mithin nicht davon aus, dass

---

236 Frank/McNicoll, An Interpretation of Fertility and Population Policy in Kenya, S. 230.
237 Frank/McNicoll, An Interpretation of Fertility and Population Policy in Kenya, S. 229
238 Faruqee, Kenya. Population and Developent, S. viii-ix.
239 Siehe hierzu beispielsweise Johannes Fabian, Time and the Other. How Anthropology Makes its Object, New York, NY ²2002, S. 15: „After all these observations on what evolutionist anthropologists did *not do* with Time we can now state what they did do to it: they *spatialized* Time." [Hervorh. i. Orig.]

sich diese Differenzen langfristig in einer Modernisierungsdynamik auflösen würden, sondern dass es sich um grundlegende, mithin essentielle Unterschiede handele. So insistierten sie beispielsweise, dass – anders als beispielsweise von Faruqee postuliert – auch von Kenias städtischen Räumen keinerlei Impulse eines Wandels familiärer Strukturen zu erwarten seien, weil die in den kenianischen Städten lebende Bevölkerung weiterhin tief innerhalb der von ihnen skizzierten Familienstruktur verwurzelt sei.[240]

Die Konsequenzen dieser unterschiedlichen Konzeption von Differenz äußerten sich in erster Linie darin, dass Frank und McNicoll Kenia in eine andere Entwicklungsdynamik als die der Modernisierung einschrieben. Zwar zeigten sie sich durchaus überzeugt, in den 1980er Jahren einen Wandel des Familienmodells im Sinne einer Entwicklung zur Kernfamilie auch in Kenia beobachten zu können, die sie durchaus mit dem Aufbrechen traditionaler Strukturen erklärten. Diese Tendenz zu mehr Einfamilienhaushalten ziehe aber nicht notwendigerweise eine emotionale Bindung des Paares, eine ökonomische Interessenskoinzidenz oder gar eine veränderte Rollenverteilung nach sich. Stattdessen sei sie der Tatsache geschuldet, dass Landknappheit, Wohnungsnot und Mangel an wirtschaftlichen Möglichkeiten, eine ausreichende Mitgift aufzubringen, der Finanzierung mehrerer Haushalte durch den Mann zunehmend im Wege stünden. Indes habe diese Entwicklung eher eine Verschlechterung der Situation der Frau zur Folge, die weiterhin mit ihrer Arbeitskraft für das Überleben der Familie aufkommen müsse, dabei jedoch in Ermangelung weiterer weiblicher Mitglieder des Haushalts zunehmend auf sich allein gestellt sei.[241] Anders ausgedrückt assoziierten sie diese Tendenz zur Kernfamilie nicht mehr als einen von vielen ersten Schritten Kenias hin zu einer Gesellschaft mit einem insgesamt steigenden Lebensstandard, sondern als Effekt zunehmender „poverty and landlessness".[242] Daran zeichnete sich eine pessimistische Sicht auf Kenias Entwicklung jenseits lange gehegter Modernisierungshoffnungen ab, die im Folgenden in den Kontext allgemeiner Entwicklungen der 1980er Jahre eingeordnet werden soll.

3.3.3 Ausblick

Entwicklungspolitisch standen die 1980er Jahre in Kenia ganz im Zeichen einer internationalen Wirtschaftskrise. In diesem Kontext vollzog sich eine Lockerung

---

240 Frank/McNicoll, An Interpretation of Fertility and Population Policy in Kenya, S. 232.
241 Frank/McNicoll, An Interpretation of Fertility and Population Policy in Kenya, S. 232.
242 Frank/McNicoll, An Interpretation of Fertility and Population Policy in Kenya, S. 232.

des Nexus von Bevölkerungs- und Entwicklungspolitik. Diese Lockerung lässt sich sowohl auf der politisch-institutionellen als auch auf der ideengeschichtlichen Ebene deutlich machen. Anfang der 1980er Jahre entstand mit dem *National Council on Population and Development* (NCPD) eine neue Institution in Kenia. Der Entstehungsprozess dieser Institution kann als Symptom eines neuen Verständnisses von Bevölkerungspolitik gelesen werden, die sich nicht mehr zugleich als Entwicklungsversprechen oder Modernisierungsverheißung darstellte. Das in Auflösung begriffene Verständnis einer Identität von Bevölkerungs- und Entwicklungspolitik wurde Ende der 1980er/Anfang der 1990er Jahre auch auf der ideengeschichtlichen Ebene manifest. In diesen Jahren hatte der NCPD demographische Studien durchgeführt, die einen dramatischen Fertilitätsrückgang für Kenia indizierten.[243] Die zeitgenössischen Deutungen dieses Phänomens indes fielen sehr unterschiedlich aus. Anhand der Pluralität dieser Deutungen lässt sich zeigen, dass die Assoziation von Fertilitätsrückgang und demographischer Transition zwar nach wie vor ein verbreiteter Reflex, aber kein Konsens mehr war. Auf Basis einer Beleuchtung der institutionellen bevölkerungspolitischen Grundlagen des NCPD sowie der unterschiedlichen Bewertungen des vermeintlichen Ergebnisses dieser Politik, eines konstatierten dramatischen Fertilitätsrückgangs in Kenia, soll Bevölkerungspolitik und ihre Bewertung im Folgenden als Sonde dienen, um eine Pluralisierung in der Deutung des Modernisierungsbegriffs und in der Benennung von Entwicklungsperspektiven für Kenia in den 1980er und 1990er Jahren zu konstatieren.

Der *National Council on Population and Development* stellte aufgrund seiner formalen und inhaltlichen Ausrichtung den ursprünglich positiv konnotierten Nexus von einer Reduktion der Bevölkerungswachstumsrate und einer Steigerung des wirtschaftlichen Lebensstandards vom Kopf auf die Füße. Mitte der 1960er Jahre hatten die Empfehlungen des *Population Council* für Kenia und das Regierungspapier *Sessional Paper on African Socialism and Its Application to Planning* einen Rückgang des Bevölkerungswachstums als Voraussetzung propagiert, um wohlfahrtsstaatliche Leistungen wie kostenfreie medizinische Versorgungs- und Bildungsmöglichkeiten möglichst flächendeckend einführen zu können.[244] In der

---

[243] Kenya 1989, Kenya Demographic and Health Survey (1989), Nairobi/Kenya and Calverton, MD: National Council for Population and Development, Ministry of Home Affairs and National Heritage and Resource Development/Macro Systems Inc.; Kenya Demographic and Health Survey 1993, Nairobi/Kenya and Calverton, MD: National Council for Population and Development, Central Bureau of Statistics and Macro International, Inc.

[244] Republic of Kenya, African Socialism and Its Application to Planning in Kenya. Sessional Paper No. 10 of 1963/65, Nairobi 1965.

Praxis deutete das kenianische Gesundheitsministerium das nationale Familienplanungsprogramm überwiegend als Möglichkeit, die staatliche Gesundheitsversorgung auszubauen. Demgegenüber lässt sich die Institution des NCPD mit dem Anspruch in Verbindung bringen, staatliche Sozialleistungen drastisch zu kürzen und den Staat als Akteur insgesamt in den Hintergrund zu drängen.

Bereits 1980 war der *National Council on Population and Development* in einem Kabinettspapier der kenianischen Regierung angekündigt, zunächst aber nicht realisiert worden.[245] Angesichts dieser Verzögerung informierten Mitarbeiter der *Weltbank* verantwortliche kenianische Regierungsmitglieder, dass die Einrichtung des NCPD eine notwendige Bedingung für die Freigabe eines Strukturanpassungskredits an Kenia sei.[246] Dadurch verkoppelte die *Weltbank* zwei unterschiedliche Maßnahmen miteinander: das fortgesetzte Engagement für das kenianische Bevölkerungsprogramm einerseits und die Vergabe eines Kredits auf der Grundlage einer Selbstverpflichtung zu einem Reformprogramm andererseits.

Mit der Strukturanpassungsagenda reagierten *Weltbank* und *Internationaler Währungsfonds* auf die Probleme des wirtschaftlichen Abschwungs im Zuge der internationalen Schuldenkrise. Die kenianische Regierung sah sich seit dem Ende der 1970er Jahre mit den Auswirkungen dieser Krise konfrontiert. Aufgrund des seit Anfang der 1970er Jahre steigenden Ölpreises, einer rückläufigen Preisentwicklung für Kenias wichtigste Exportprodukte auf dem Weltmarkt – Kaffee und Tee – und einer Dürre, welche 1979 eine gravierende Nahrungsmittelknappheit ausgelöst hatte, wies der kenianische Haushalt ein Defizit von über 15 Prozent des Bruttoinlandsprodukts auf.[247] Um dieses Defizit mithilfe eines Kredits auszugleichen, stimmte der kenianische Präsident Daniel arap Moi 1982 sowohl einem Reformprozess im Sinne der Strukturanpassung zu, als auch der Einrichtung des NCPD.

Bei näherem Hinsehen weisen Strukturanpassung und Bevölkerungspolitik jenseits ihrer von der *Weltbank* initiierten Verknüpfung über das formale Kriterium

---

[245] William D. Carmichael an Franklin A. Thomas, Recommendation for Grant Action: Support for Experimental Projects and Research in the Field of Population and Development in Eastern Africa, 16.3.1982, FFA, Reel 4165, Grant 809–762, Bl. 4.
[246] Bengt O. Sandberg an Willi A. Wapenhaus, Briefing for your Discussions in Nairobi, 1.7.1981, WBGA, Folder 805613, IRHFP, Project Population (02)-(05), Bl. 1; Bengt O. Sandberg an Harris M. Mule, Integrated Rural Health and Family Planning Project, 2.7.1981, WBGA, Folder 805613, IRHFP, Project Population (02)-(05), Bl. 2–4; The Integrated Rural Health and Family Planning Programme. Appraisal Report, April 1981, KNA, BY/58/53, Ministry of Health 1981–1982, Bl. 106; Hayley J. Goris: 879 for Dunn, EA1, Greene, EA1 and Messenger/Diaz, PHN, 8.3.1982, WBGA, Folder 805613, Integrated Rural Health and Family Planning (IRHFP) Project Population (02)-(05); Weltbank (Hrsg.), Population and the World Bank, S. 124–125.
[247] Ayorinde/Kekovole, Kenya's Population Policy, S. 124–125.

von Kreditbedingungen hinaus wesentliche inhaltliche Parallelen auf. Möglicherweise kann der *National Council on Population and Development* gar selbst als Instrument der Strukturanpassung verstanden werden. Die Strukturanpassungsagenda basierte auf einer neuen Richtung der Entwicklungsökonomie, welche die Ursachen für die wirtschaftlichen Schwierigkeiten in den „Entwicklungsländern" seit Anfang der 1980er Jahre als selbst verschuldete „Entwicklungsverspätung" interpretierte und im Wesentlichen auf vermeintlich ineffiziente und exzessive staatliche Subventionen und -interventionen zurückführte.[248] Vor diesem Hintergrund formulierten *Weltbank* und *Internationaler Währungsfonds* eine Reformagenda, die auf vier Pfeilern beruhte.[249] Erstens sollte sich der Staat im Sinne einer Deregulierung aus der ökonomischen Sphäre zurückziehen, zweitens sollte der Staat öffentliche Ausgaben ebenso wie Subventionen und wohlfahrtsstaatliche Leistungen drastisch kürzen und die Privatisierung staatlicher Betriebe vorantreiben, drittens sollte die Währung abgewertet und viertens die Märkte und der Handel liberalisiert werden. Einige dieser Elemente finden sich in der Art und Weise wieder, wie der NCPD installiert wurde und Bevölkerungspolitik umsetzen sollte.

Dies betraf in formaler Hinsicht die Aspekte Deregulierung und Dezentralisierung und in inhaltlicher Hinsicht den Aspekt der Kürzung beziehungsweise drastischen Reduktion öffentlicher Ausgaben. Zunächst lässt sich an der Institutionalisierung und der Konzeption des NCPD das Bestreben der *Weltbank* erkennen, den für die wirtschaftliche Misere verantwortlich gemachten kenianischen Staat im Sinne der Strukturanpassungsreformen in den Hintergrund zu drängen. Seiner Struktur nach war der *National Council on Population and Development* ein inter-ministerielles und para-staatliches Gremium, das sowohl Regierungsorganisationen, als auch öffentliche und private Organisationen in das Bevölkerungsprogramm einbinden und untereinander vernetzen sollte.[250] Nach dem Willen des *Population Projects Department* der *Weltbank* sollte der NCPD das ursprünglich im Gesundheitsministerium angesiedelte nationale Familienplanungsprogramm übernehmen und das Ministerium als hauptverantwortliche Koordinierungsinstanz aller bevölkerungspolitischen Initiativen im Land erset-

---

248 Siehe hierzu und zum Folgenden: Hodge, Triumph of the Expert, S. 273; J. Barry Riddell, Things Fall Apart Again. Structural Adjustment Programmes in Sub-Saharan Africa, in: JMAS 30 (1992), Nr. 1, S. 53–69, hier S. 53; Nicolas van de Walle, African Economies, Cambridge 2001, S. 8; Staples, The Birth of Development, S. 182.
249 Siehe hierzu als zentralen Text den so genannten Berg-Report: World Bank (Hrsg.), Accelerated Development in Sub-Saharan Africa. An Agenda for Action, Washington D.C. 1981.
250 Leonard E. Ngugi *(Ministry of Economic Planning and Development)* an J. Mugo-Gachuhi: NCPD – Population Policy Guidelines. 29.3.1983, KNA, AMB/4/36, Ministry of Economic Planning and Development, 1982, The National Population Council, Bl. 4

zen.[251] Damit ging die Hoffnung einher, eine informellere Instanz zu schaffen, auf die die *Weltbank* mehr Einfluss ausüben können würde als zuvor auf das als eigensinnig und an Geburtenkontrolle weitgehend uninteressiert geltende Gesundheitsministerium. Mithin bedeutete die Institutionalisierung des NCPD *de jure* eine Re- und Umstrukturierung staatlicher Bürokratie.[252]

Freilich ging damit die Anforderung an den NCPD einher, sich in Fragen von Familienplanung und Geburtenkontrolle *de facto* als effizienterer Partner zu erweisen. Die Frage, inwiefern diese Strategie aufging, sorgte unter den Weltbankmitarbeitern im Laufe der 1980er Jahre durchaus für Diskussionsstoff. Noch 1985 galt der NCPD als „extremely weak organization",[253] weil die Rollenverteilung zwischen NCPD und Gesundheitsministerium lange Zeit ungeklärt geblieben sei und es dem NCPD zunächst an bevölkerungspolitischer Expertise und organisatorischer Schlagkraft zu fehlen schien.[254] Denn der designierte Direktor des Rates, Enan Wangai, galt in der bevölkerungspolitischen Szene als unerfahrener Newcomer und das zunächst sehr überschaubare Personal fand sich in unmöblierten, nicht ausgestatteten Büros wieder.[255] Vor diesem Hintergrund befürchtete ein Mitarbeiter aus der Bevölkerungsabteilung der *Weltbank:* „[...] the major risk is that the *NCPD* may not move as expeditiously as anticipated in implementing the project due to its own inherent administrative weaknesses and the political sensitivity of providing family planning services."[256] Gleichzeitig schränkte er dieses vermeintliche Risiko, dass der NCPD den Ansprüchen der *Weltbank* nicht genügen könne, wieder ein, indem er versicherte: „Our open access to the highest level of government will help to limitate this risk".

In der Tat hatte die *Weltbank* die Einrichtung des NCPD über ihre Kontakte zu kenianischen Ökonomen und Verwaltungsbeamten in den Planungs-, Entwick-

---

251 Siehe hierzu und zum Folgenden: M. Kimani (NCPD Secretariat): Progress Report for 1982/83, Oktober 1983, KNA, AHH/4/1, Office of the Vice-President and Ministry of Home Affairs. National Council for Population and Development, 1983–1986, NCPD 3/1, Bl. 1. Minutes and Agenda; Weltbank (Hrsg.), Population and the World Bank, S. 54.
252 Siehe hierzu und zum Folgenden auch: James Ferguson, Global Shadows. Africa in the Neoliberal World Order, Durham/London 2006, S. 100; Connelly, Fatal Misconception, S. 305.
253 James P. Mullan, V. Jagdish, H. Akhter, PHND1 an Mrs. Nydia Maraviglia, Acting Chief PHND1, 7.11.1985, WBGA, Re: Joint Identification of Proposed Third Population/Health Project. Partial Supervision of Amended IRHFP Project (Cr. 1238-KE), Supervision of ESW Studies, Back-to-Office Report.
254 Ayorinde/Kekovole, Kenya's Population Policy, S. 138–139.
255 Hyden an McNamara: The Population Scene in Kenya, 6.5.1983, FFA, Reel 4165, Bl. 3.
256 N. Maraviglia, Final Executive Project Summary, 30.6.1986: Kenya. Third Population and Health Project, WBGA Folder 805589, Health and FP Project (03)-(01). Das folgende Zitat findet sich ebenda.

lungs- und Finanzministerien angebahnt und durchgesetzt, die in der Regierung des Präsidenten Moi über einen besonderen Einfluss verfügten. Prinzipiell war der technokratische Planungs- und Verwaltungsstab insbesondere in den Finanzministerien der klassische Ansprechpartner für die *Weltbank*, um die Bedingungen für die Vergabe von Krediten und Darlehen an Staaten zu verhandeln.[257] Zwischen diesen Akteuren und der *Weltbank* bestand also bereits ein längerer Gesprächszusammenhang über entwicklungspolitische Maßnahmen, darunter auch Bevölkerungspolitik. Es handelte sich um eine Riege kenianischer Ökonomen und Planer, die Bevölkerungswachstum seit langer Zeit als Problem definiert hatte, aber erst unter der Regierung Moi über den politischen Einfluss verfügte, ihre politische Agenda auch durchzusetzen. In diesem Zusammenhang sind insbesondere die Ökonomen Mwai Kibaki, Philip Ndegwa oder Harris Mule zu nennen.[258] Sie alle hatten ihre politische Karriere Mitte der 1960er Jahre in dem von Tom Mboya geführten *Ministry of Economic Planning and Development* begonnen und waren dort mit einer Fülle auswärtiger Berater in Kontakt gekommen, die Kenia mit den internationalen Finanzinstitutionen vernetzt hatten.[259]

Dass Kibaki und Mule, aber auch Ndegwa, die Öffentlichkeit Anfang der 1980er Jahre federführend auf die Notwendigkeit einzuschwören begannen, das Familienplanungsprogramm explizit mit einer Agenda der Fertilitätsreduktion zu verkoppeln, mag in erster Linie der veränderten wirtschaftlichen Situation geschuldet gewesen sein, mit der sich Kenia in diesen Jahren konfrontiert sah. Überdies bekleideten sie unter Mois Staatsführung nicht nur einflussreichere Positionen als zuvor – Mwai Kibaki als Vizepräsident und Innenminister, Philip Ndegwa als Manager der Zentralbank und Harris Mule als Staatssekretär des Finanzministeriums[260] –, sie wurden auch durch den Präsidenten unterstützt, der anders als sein Vorgänger Kenyatta öffentlich für Familienplanung als Geburtenkontrolle einstand, indem er beispielsweise als Schirmherr der *Family Planning Association* Kenias fungierte.[261] Sichtbares Zeichen dieser öffentlich geäußerten

---

257 Finkle/Crane, Organizational Impediments, S. 523.
258 Mwai Kibaki war stellvertretender Minister, Philip Ndegwa zunächst Leiter der Planungsabteilung, seit Mai 1967 auch Staatssekretär des Ministeriums und Harris Mule Mitarbeiter der Planungsabteilung: Oscar Harkavy, Log Notes on Kenya, Bl. 5–6; Goldsworthy, Tom Mboya, S. 250–251; Speich, The Kenyan Style, S. 457–458; Cowen/Shenton, Doctrines of Development, S. 329; Leonard, African Successes, S. 186.
259 Cohen, The Risks of Knowledge, S. 182.
260 Ayorinde/Kekovole, Kenya's Population Policy, S. 126; Leonard, African Successes, S. 10 und S. 215.
261 William D. Carmichael an Franklin A. Thomas, Recommendation for Grant Action: Support for Experimental Projects and Research in the Field of Population and Development in Eastern Africa, 16.3.1982, FFA, Grant 809–762, Reel 4165, Bl. 3–4; Ayorinde/Kekovole, Kenya's Popula-

Akzeptanz und Aufwertung von Familienplanung und Bevölkerungskontrolle war die Ansiedlung des NCPD im Büro des ehemaligen Finanz- und neuen Innenministers und Vizepräsidenten Mwai Kibaki. Insofern Kibaki einer der langjährigsten Befürworter einer effizienten Bevölkerungspolitik in Kenia war und zugleich als Gouverneur der *Weltbank* fungierte, betrachteten die zuständigen Weltbankmitarbeiter diese Tatsache allein als „considerable promise".[262] Zudem stärkte diese neue Positionierung der Bevölkerungspolitik innerhalb der staatlichen Hierarchie deren Sichtbarkeit, Machtbasis und Relevanz.[263]

In diesem Prozess erwies sich die internationale Wirtschaftskrise als Hintergrund, vor dem konzeptuelle Schwerpunktverschiebungen im kenianischen Bevölkerungsprogramm beobachtet werden können. So erschien die Reduktion des Bevölkerungswachstums, welche der NCPD praktisch umsetzen sollte, als Möglichkeit, Staatsausgaben für soziale Dienstleistungen zu kürzen, um den Aufbau weiterer Schulden zu verhindern. Aus Familienplanung als Instrument einer Modernisierungs- und Entwicklungsverheißung war nun also Familienplanung als vermeintliche Notwendigkeit geworden, um die ökonomische Abwärtsspirale in Schach zu halten beziehungsweise zu verwalten. Die Umsetzung dieser bevölkerungspolitischen Linie erfolgte einerseits durch eine Strategie der Dezentralisierung und andererseits durch die Auflösung der Verbindung von Gesundheits- und Familienplanungsprogramm.

Dezentralisierung entsprach einer Agenda, die Präsident Moi auf Empfehlung einer 1982 einberufenen „Working Party on Government Expenditure" seit Juli 1983 als „District Focus Strategy" umzusetzen begann.[264] In diese dezentralisierte Verwaltungsstruktur auf Bezirksebene gliederte der *National Council on Population and Development* seit Mitte der 1980er Jahre Familienplanungsmaßnahmen ein.[265] Die diesem Vorgehen zugrunde liegende Strategie, „to strengthen the institutional and analytical capacity for integrating population and related socio-

---

tion Policy, S. 125; The Integrated Rural Health and Family Planning Programme. Appraisal Report, April 1981, KNA, BY/58/53, Ministry of Health, 1981–1982, IRHFP, Bl. 38.
262 Hayley J. Goris an Dunn, Greene, Messenger und Diaz, Brief 879, 8.3.1982, WBGA, Folder 805613, Integrated Rural Health and Family Planning (IRHFP) Project Population (02)-05.
263 Ayorinde/Kekovole, Kenya's Population Policy, S. 126.
264 Siehe hierzu und zum Folgenden: Leonard, African Successes, S. 203–207.
265 Siehe hierzu und zum Folgenden: Abigail Krystall/Anne Schneller: A Guide to Population Activities in Kenya, hg.v. NCPD, National Council on Population and Development, 1987, S. 118 (KNA); Ayorinde/Kekovole, Kenya's Population Policy, S. 139; J. Adamba (Office of the Vice-President and Ministry of Home Affairs) an Michael Heyn: KEN/87/PO2 – Population Planning and Policy Implementation at the District Level, 2.2.1988, WBGA, Folder 805589, Health and Family Planning Project (03)-03.

economic and health factors in the development process at the district level",[266] machte auch in bevölkerungspolitischer Hinsicht den Bezirk und nicht mehr die Nation zur Basiseinheit von Entwicklung. Ziel der Dezentralisierungsagenda waren Einsparungen im Staatshaushalt. Die Delegation von Planungsverantwortung an die Bezirke ging einher mit der Maßgabe, dass die Gelder, über die die neuen Administrationseinheiten, die *District Development Committees*, verfügten, weniger von der Regierung bereit gestellt, als von auswärtigen Gebern, lokalen Autoritäten oder aus kommunalen Selbsthilfeprojekten, so genannten *harambee*-Initiativen, akquiriert werden sollten.[267] Diese Privatisierung oder Entstaatlichung von Entwicklung bedeutete anders ausgedrückt, dass der Staat die Finanzlast für Erziehung, Bildung und Gesundheitsversorgung auf die Privathaushalte abwälzte.[268]

Die *Weltbank* förderte den der Strukturanpassungsagenda entsprechenden Dezentralisierungsansatz, indem sie ihre bevölkerungspolitischen Mittel nicht mehr dem Gesundheitsministerium zur Verfügung stellte, sondern über den NCPD als zweckgebundene Fördergelder für bevölkerungspolitische Aktivitäten von Nichtregierungsorganisationen verteilte.[269] So erreichte die *Weltbank* nicht zuletzt, dass die zuvor von der kenianischen Regierung überwiegend unerwünschten Sterilisierungsangebote erweitert, dass die Richtlinien zur Ausgabe von Kontrazeptiva weitgehend liberalisiert wurden und nicht mehr auf staatliche medizinische Dienste beschränkt blieben.[270]

An der skizzierten formalen ebenso wie inhaltlichen Verkopplung von Bevölkerungspolitik und Strukturanpassungsagenda, die der NCPD verkörperte, zeichnete sich die Einbettung von Bevölkerungspolitik in einen neuen Entwick-

---

266 Brief von Gituma an C. Mbindyo (Ministry of Finance), 7.8.1987, KNA, AHH/6/2, Office of the Vice-President and Ministry of Home Affairs. National Council for Population and Development, 1986–1988, UNFPA Country Programme Missions Projects Proposals, NCPD 13/6, Vol. 1.
267 Siehe hierzu und zum Folgenden: Republic of Kenya, Office of the President. District Focus for Rural Development (Revised June, 1984), London School of Hygiene and Tropical Medicine [LSHTM], Box 4: Blacker Census Reports, Folder: Census Work of John Blacker, Bl. 2.
268 Ayorinde/Kekovole, Kenya's Population Policy, S. 124–125.
269 Siehe hierzu und zum Folgenden: Weltbank (Hrsg.), Population and the World Bank, S. 54–55; Ayorinde/Kekovole, Kenya's Population Policy, S. 138–139.
270 Aktive Nichtregierungsorganisationen in diesem Bereich waren beispielsweise die *Family Planning Association of Kenya* (FPAK) oder die *Association for Voluntary Surgical Contraception* (AVSC). Siehe hierzu beispielsweise: John Giceha Kigondu (*Family Planning Association of Kenya*) an W. Koinange (*Ministry of Health*), Betreff: Voluntary Surgical Contraceptive, 4.10.1985, KNA BY/58/52, Ministry of Health 1981–1982; David B. Sebina an The World Bank, Kenya Population III – Memorandum, 8.3.1988, WBGA, Folder 805589, Health and Family Planning Project (03)-03; Leonard arap Sawe an Dennis Mahar (The World Bank Headquarters), III Population Project – Credit Effectiveness, 6.1.1988, WBGA, Folder 805589, Health and Family Planning Project (03)-03.

lungshorizont ab. Dies betraf insbesondere den Nexus von Staat und Entwicklung. Angesichts der Einpassung von Familienplanung in die neue dezentrale Verwaltungsstruktur auf Bezirksebene, die mit einer Privatisierung bevölkerungspolitischer Initiativen insbesondere durch die Einbindung von Nichtregierungsorganisationen einherging, erschien auch Entwicklung zunehmend als Privatangelegenheit. In der Konsequenz kann dieser neue Entwicklungshorizont *ex negativo* durch den Wegfall der auf das Kollektiv einer Nation gemünzten Verheißung auf ein besseres Leben charakterisiert werden. Die in Kenia seit 1967 *de facto* praktizierte Umsetzung des Familienplanungsprogramms als Gesundheitsprogramm hatte diese Verheißung noch in sich getragen. Die Übertragung der bevölkerungspolitischen Verantwortung vom Gesundheitsministerium auf den NCPD brachte indes eine programmatische Entkopplung von Familienplanung als Geburtenkontrolle einerseits und medizinischer Versorgung andererseits mit sich. Indem überdies die Kosten für medizinische Leistungen zunehmend vom Staat auf Privathaushalte übertragen wurden, erhielten Familienplanung und Bevölkerungspolitik eine vom Modernisierungsbegriff losgelöste Konnotation. Vor dem Hintergrund der Strukturanpassungsagenda trat in den Vordergrund bevölkerungspolitischer Initiativen das Anliegen, staatliche Kosten zu senken. Insofern lässt sich der sich abzeichnende veränderte Entwicklungshorizont Kenias im Zeichen dieser Bevölkerungspolitik als Entkernung der Modernisierungsverheißung im Sinne einer Vervielfältigung von Perspektiven auf Entwicklung skizzieren. Dies gilt es anhand einer Reihe unterschiedlicher Interpretationen des in den 1990er Jahren konstatierten Fertilitätsrückgangs in Kenia seitens demographischer und anthropologischer Beobachter herauszuarbeiten.

Gegen Ende der 1980er und zu Beginn der 1990er Jahre verkündeten Vertreter des kenianischen *National Council on Population and Development* ebenso wie der *Weltbank* und mehrheitlich im Auftrag der *Weltbank* tätige Demographen den Eintritt Kenias in die demographische Transition: „Kenya enters the fertility transition".[271] Auf der Grundlage der Ergebnisse des 1989 und 1993 in Kenia

---

271 Warren C. Robinson, Kenya Enters the Fertility Transition, S. 445–457. Siehe hierzu und zum Folgenden außerdem: Francis Lethem, Kenya: Third Population Project – Board Presentation May 10, 1988, 9.5.1988, WBGA, Folder 805589, Health and Family Planning Project (03)-03; Ayorinde/Kekovole, Kenya's Population Policy, S. 116. Zu den Details dieser Erhebungen siehe: Brass/Jolly, Population Dynamics of Kenya, Washington D.C. 1993 (Working Group on Kenya. Panel on the Population Dynamics of Sub-Saharan Africa. Committee on Population. Commission on Behavioral and Social Sciences and Education. National Research Council), S. 15; Warren C. Robinson, Family Planning. The Quiet Revolution, in: Warren C. Robinson/John A. Ross (Hrsg.), Global Family Planning Revolution. Three Decades of Population Policies and Programs, Washington D.C. 2007, S. 421–445.

durchgeführten *Demographic and Health Survey* glaubten sie, zu Zeitzeugen eines der dramatischsten Fertilitätsrückgänge, die jemals in Kenia oder anderswo registriert worden waren, geworden zu sein. Aus ihrer Perspektive handelte es sich um eine fundamentale Trendwende, hatte sich doch in den 1980er Jahren zunehmend die Ansicht verbreitet, dass in dem als pro-natalistisch charakterisierten Kenia, wo Nutzer moderner Kontrazeptiva seltene Einzelfälle zu sein schienen, langfristig ein weiterhin steter Anstieg des Bevölkerungswachstums unumkehrbar schien.[272] Anfang der 1990er Jahre schienen diese Stimmen, wie insbesondere die von Odile Frank und Geoffrey McNicoll, die das kenianische Bevölkerungsprogramm noch Ende der 1980er Jahre als „conspicious failure" bezeichnet hatten, widerlegt worden zu sein.[273] Die meisten Kommentatoren sahen diese demographische Trendwende als Beleg, dass aus zaghaften, unwirksamen bevölkerungspolitischen Ansätzen in Kenia allmählich ein effizientes Programm hervorgegangen sei.[274] Sehr unterschiedlich fiel hingegen die Prognose der Folgen dieser Trendwende hinsichtlich der Entwicklungsperspektive Kenias aus. Während die einen den Fertilitätsrückgang als Indiz für die Modernisierung Kenias interpretierten, sahen andere darin eher die Anzeichen für das Scheitern des bisherigen modernisierungstheoretisch fundierten Entwicklungsdenkens und -handelns oder gar das Ende der Entwicklungsära.

Die Autoren von Studien im Auftrag der *Weltbank*, wie insbesondere der US-amerikanische Demograph Warren C. Robinson, deuteten den beobachteten Fertilitätsrückgang nahezu reflexhaft als Modernisierungsphänomen und zeigten sich überzeugt, „modernization is winning".[275] Eine andere Weltbankstudie erkennt in diesem Fertilitätsrückgang ebenfalls das Indiz einer schrittweisen Orientierung der kenianischen Gesellschaft an „Western lifestyles and attitudes about family size"[276] sowie an Modernisierungsparametern wie Bildung oder Frauenerwerbsarbeit. Zu ihrer Einschätzung kamen die Autoren, indem sie auf der theoretischen Grundlage des Transitionsmodells Wirtschaftsdaten für die Nation Kenia, wie beispielsweise den für Bildung aufgewendeten Anteil des Bruttosozialprodukts, mit Fertilitätsdaten korrelierten.[277] Daraus schlossen sie beispiels-

---

272 Siehe hierzu insbesondere Frank/McNicoll, An Interpretation of Fertility and Population Policy in Kenya.
273 Frank/McNicoll, An Interpretation of Fertility and Population Policy in Kenya, S. 209; Population and the World Bank, S. 50.
274 Lethem, Kenya. Third Population Project.
275 Warren C. Robinson, Kenya Enters the Fertility Transition, S. 457.
276 World Bank (Hrsg.), Population and the World Bank, S. 52.
277 Siehe hierzu und zum Folgenden: World Bank (Hrsg.), Population and the World Bank, S. 51–52.

weise, dass Frauen besonders davon profitiert hätten, dass Kenia nach der Unabhängigkeit einen vergleichsweise hohen Anteil in eine allgemeine und kostenfreie Elementarbildung investiert habe. Insgesamt allerdings bleibt in diesen Texten die Modernisierungsverheißung im Moment ihrer vermeintlichen Realisierung ein rein numerisch definiertes, qualitativ entkerntes Phänomen, wie andere Wissenschaftler und Experten in ihren Studien zu belegen versuchten.

Während die zitierten Autoren den Fertilitätsrückgang als Resultat einer modernisierten Lebenswelt priesen, in der insbesondere Frauen eine gleichberechtigtere Rolle zukäme, sahen andere Autoren mehr Schatten als Licht. Die Anthropologin Candice Bradley beschrieb die Situation in Kenia seit den 1980er Jahren als „environment of scarcity",[278] also als um sich greifende Verknappung und Mangel. Aufgrund dieser Diagnose beleuchtete Bradley beispielsweise die Konsequenzen einer allgemeinen Schulbildung für Frauen in einem anderen Licht, als es die oben zitierten Autoren oder der Demograph John Caldwell getan hatte. Caldwell, so Bradley, unterstellte einen Nexus zwischen der Zunahme von Bildungsmöglichkeiten für Frauen und einem Rückgang von Geburtenraten als Indiz einer „Verwestlichung" von Gesellschaften.[279] Bradley zeigte sich demgegenüber überzeugt, dass angesichts eines harten Wettbewerbs um immer weniger Arbeitsplätze und knappere Ressourcen eine Konkurrenzsituation zwischen Männern und Frauen entstanden sei. Als Folge schlüge sich die höhere Bildung von Frauen nicht in besseren Chancen nieder. In diesem Zusammenhang sei überdies zu beobachten, dass die Gewalt von Männern gegenüber Frauen zunehme.[280] Insgesamt sei der Fertilitätsrückgang Bradley zufolge nicht als Signum einer zunehmend gleichberechtigten und insgesamt materiell verbesserten Lebenssituation von Frauen und Männern zu bewerten, sondern als Ausdruck einer immer prekärer werdenden Lage, in der Männer und Frauen um immer weniger Arbeitsplätze und Ressourcen konkurrierten und Kinder zu einer untragbaren Belastung würden. Bradley interpretierte den diagnostizierten Rückgang des Bevölkerungswachstums demzufolge nicht als Ergebnis einer freiwilligen Entscheidungssituation für weniger Kinder zugunsten eines materiell besseren Lebens, sondern als Symptom einer prekären Zwangslage, in der Kinder das Ausmaß der Verarmung zusätzlich steigerten.

---

278 Candice Bradley, Women's Empowerment and Fertility Decline in Western Kenya, in: Susan Greenhalgh (Hrsg.), Situating Fertility. Anthropology and Demographic Inquiry, Cambridge 1995, S. 157–178, hier S. 176.
279 Bradley, Women's Empowerment, S. 159–160.
280 Bradley, Women's Empowerment, S. 167.

Auch die Demographin Susan Cotts Watkins widersprach in einem Text aus dem Jahr 2000 dem Befund, dass der Fertilitätsrückgang als Indiz einer sich bereits manifestierenden Modernisierungsrealität in Kenia bewertet werden könne.[281] Vielmehr ging sie in ihrer Untersuchung von Reproduktionsmodellen im kenianischen Bezirk Südnyanza davon aus, dass zwischen Modernisierungsfaktoren und der Akzeptanz des Kernfamilienmodells als Ursache für den Fertilitätsrückgang in Kenia kein kausaler Zusammenhang hergestellt werden könne. Watkins analytischer Zugriff ist geprägt von ihrer Sozialisierung innerhalb der demographischen Disziplin im Rahmen des *European Fertility Transition Project*.[282] Den an diesem Projekt beteiligten Wissenschaftlern war es in zwei Jahrzehnten empirischer Erforschung der demographischen Entwicklung Westeuropas im 19. Jahrhundert auf der Grundlage von Daten aus Landkreisen und Bezirken nicht gelungen, einen kausalen Nexus zwischen Modernisierungsfaktoren und Fertilität nachzuweisen. Insofern lässt sich Watkins' Text als Teil einer sich seit den 1980er Jahren herauskristallisierenden Tendenz lesen, Geburtenkontrolle und Familienplanung nicht mehr als entwicklungspolitische Instrumente zu begreifen, sondern sie im Umkehrschluss eher als Symptome für „underdevelopment" zu verstehen. So zeigt sie sich überzeugt, dass sich ein Fertilitätsrückgang in Kenia erst seit dem Ende der 1980er Jahre abgezeichnet habe, als der Entwicklungsoptimismus der ersten beiden Jahrzehnte nach der kenianischen Unabhängigkeit einem Klima des Pessimismus im Zeichen von Wirtschaftskrise und Strukturanpassungsagenda gewichen sei.[283]

Die Soziologin Jennifer Johnson-Hanks schließlich skizzierte den Fertilitätsrückgang in Kenia im Jahr 2007 als Szenario eines „dritten Weges".[284] Ähnlich wie Watkins schloss sie es aus, den sich in den KDHS-Daten abzeichnenden demographischen Wandel als Wiederholung der demographischen Transition in Europa deuten zu können. Ihrer Ansicht nach entsprach das „afrikanische" Reproduktionsregime weder der Definition einer natürlichen noch der einer kontrollierten Fertilität, sondern repräsentiere stattdessen „some third, not inter-

---

281 Siehe hierzu und zum Folgenden: Susan Cotts Watkins, Local and Foreign Models of Reproduction in Nyanza Province, Kenya, in: PDR 26 (2000), S. 725–759.
282 Siehe hierzu und zum Folgenden: Josef Ehmer, Bevölkerungsgeschichte und historische Demographie 1800–2000, München 2004, S. 123–125; Greenhalgh, Anthropology Theorizes Reproduction, S. 6–7; Greenhalgh, The Social Construction of Population Science, S. 57; David I. Kertzer, Political-Economic and Cultural Explanations of Demographic Behavior, in: Greenhalgh, Situating Fertility, S. 29–52, hier S. 31–32; Szreter, Fertility, S. 24.
283 Siehe hierzu und zum Folgenden: Watkins, Local and Foreign Models of Reproduction, S. 735–737.
284 Jennifer Johnson-Hanks, Natural Intentions. Fertility Decline in the African Demographic and Health Surveys, in: AJS 112 (2007), Nr. 4, S. 1008–1043.

mediate, but frankly different regime".²⁸⁵ Dieser Ansatz erinnert an das auf Shmuel N. Eisenstadt zurückgehende Konzept „multipler Modernen", das die Ineinssetzung von Westen und Moderne aufzubrechen und Entwicklungslinien in die Moderne zu pluralisieren versuchte.²⁸⁶ Konkret skizzierte Johnson-Hanks für Kenia eine offene, gerade nicht determinierte oder an das Szenario einer westlichen Modernisierung angelehnte Zukunftsvision. Auf dem afrikanischen Kontinent, so ihre Überzeugung, habe man es überwiegend mit sehr armen Ländern mit schwachen Institutionen, unterentwickelter Infrastruktur und unzureichender Einbindung in die globale Wirtschaft zu tun. Die Spielregeln in diesen Ländern änderten sich ständig, so dass – wie bei allen anderen Ressourcen im zeitgenössischen Afrika – sich der Wert von Reproduktion für Kenianer nicht normativ fixieren lasse, sondern an den Möglichkeiten bemesse, die sie jeweils eröffnen oder verschließen könne.²⁸⁷

Als Gemeinsamkeit der Texte, die in diesem knappen Panorama aufgefächert wurden, lässt sich zunächst festhalten, dass sie bevölkerungspolitische Maßnahmen wie Familienplanung und Geburtenkontrolle im Kontext der Wirtschaftskrise und der Strukturanpassungsagenda in Kenia aus einer in den 1950er und 1960er Jahren postulierten Entwicklungs- und Modernisierungsdynamik herauslösten. Kenias Gegenwart, der der Weg in die demographische Transition nun geebnet schien, leuchteten die Texte gerade nicht als Realisierung einer kollektiv besseren Lebenssituation aus. Zwar hielten einige Autoren an den Analyseinstrumentarien und Begrifflichkeiten des modernisierungstheoretisch grundierten Denkens fest. Bemerkenswert ist jedoch, dass der Modernisierungsbegriff seines wesentlichen Kerns beraubt schien – des ihm innewohnenden Versprechens, „that eventually material standards would converge *upward*",²⁸⁸ wie es der Historiker Frederick Cooper auf den Punkt brachte. Von Bevölkerungsquantität auf Modernisierung zu schließen, stellte sich aus der Perspektive der meisten Autoren seit den 1980er Jahren nicht mehr als konsensualer Reflex, sondern als unzulässiger Kurzschluss dar. So lässt sich festhalten, dass die Konzepte Modernisierung und Entwicklung nach wie vor als maßgebliche Analyseinstrumentarien präsent waren. Gleichwohl geriet die Prophezeiung „modernization is winning", die der Demograph Warren C. Robinson ins Spiel gebracht hatte, in dem Moment zur Leerformel, als sich aus der Sicht anthropo-

---

285 Johnson-Hanks, Natural Intentions, S. 1036.
286 Siehe hierzu: Shmuel N. Eisenstadt, Die Vielfalt der Moderne, Weilerswist 2000; Shmuel N. Eisenstadt, Multiple Modernities, in: Daedalus 129 (2000), S. 1–30; außerdem: Eckert/Conrad, Globalgeschichte, Globalisierung, multiple Modernen, S. 18–19.
287 Johnson-Hanks, Natural Intentions, S. 1037.
288 Siehe hierzu u. a. Cooper, Colonialism in Question, S. 131–132.

logischer und soziologischer, aber auch demographischer zeitgenössischer Forscher für diesen Signifikanten kein Signifikat in der aus ihrer Perspektive beobachteten kenianischen Lebenswirklichkeit mehr ausmachen ließ.

3.3.4 Zusammenfassung

Dieser Ausblick hat bevölkerungspolitische Perspektiven Ende der 1980er und Anfang der 1990er Jahre lediglich knapp skizziert und Tendenzen der wissenschaftlichen Bewertung demographischer Entwicklungen in Kenia nur bruchstückhaft angerissen. Dennoch lässt sich abschließend ein allgemeiner Befund formulieren. Im Zeichen der Diagnose eines stetig steigenden Bevölkerungswachstums in Kenia in den späten 1970er Jahren setzte sich unter Bevölkerungsexperten allmählich die Ansicht durch, es bei dem afrikanischen Land mit einem kulturell ausgesprochen pro-natalistisch geprägten demographischen Sonderfall zu tun zu haben. Mitarbeiter bevölkerungspolitisch engagierter Organisationen, insbesondere der *Weltbank*, richteten ihren Ansatz daraufhin auf die Notwendigkeit aus, erst einen Bedarf für Kontrazeptiva generieren zu müssen, anstatt von der Existenz desselben auszugehen. Parallel änderte sich der Kontext, in den Bevölkerungspolitik eingebettet wurde, im Zuge der tiefgreifenden globalen Wirtschaftskrise Ende der 1970er Jahre grundlegend. Im Verbund mit führenden kenianischen Ökonomen integrierten Mitarbeiter der *Weltbank* bevölkerungspolitische Maßnahmen Anfang der 1980er Jahre in den Rahmen der Strukturanpassungsreformen in Kenia. Dadurch änderte sich zugleich der Begründungszusammenhang für diese Maßnahmen. Im Sinne des Ziels, Staatsausgaben zu kürzen, galt ein Rückgang des Bevölkerungswachstums nicht mehr als Ermöglichung wohlfahrtsstaatlicher oder sozialer Initiativen, sondern als Voraussetzung für Privathaushalte, deren Abwesenheit besser zu verkraften. Diese Umkehrung fand sich auch in wissenschaftlichen Studien einiger Demographen, Anthropologen und Soziologen wieder, die sich Anfang der 1990er Jahre mit den Auswirkungen des sich für viele Beobachter überraschend abzeichnenden Rückgangs des Bevölkerungswachstums auf die Entwicklung Kenias beschäftigten. Sie deuteten Phänomene wie Urbanisierung, bessere Bildungsmöglichkeiten für Frauen, eine Entwicklung zum Kernfamilienmodell und letztlich auch den Geburtenrückgang nicht mehr zwangsläufig als Modernisierungsfaktoren, die das Land langfristig einem westlichen Lebensstandard näherbringen würden. Vielmehr entwarfen sie ein durchaus pessimistisches Bild einer spezifisch kenianischen Entwicklungsgeschichte und verstanden diese Phänomene als Hinweise auf eine gesamtgesellschaftliche Verarmung innerhalb einer Umgebung des Mangels.

Schluss

„Plan Your Family – Plan Your Nation" hieß der in der Eingangsepisode der Einleitung zitierte Slogan auf einem Werbeplakat für Familienplanung. Am Schluss dieser Studie lässt er sich als Summe eines bevölkerungspolitischen Entwicklungsparadigmas verstehen, das insbesondere zwischen den 1950er und 1970er Jahren auf einer internationalen Ebene eine besondere Präsenz entfaltete. Der Slogan bezog Familie und Nation als Basiseinheiten von Bevölkerung über das Instrument der Planung, genauer der Familienplanung, aufeinander. Darin enthalten war eine Prämisse, die britische Sozialwissenschaftler in den 1930er Jahren aufgestellt hatten und die einen Zusammenhang herstellte zwischen der Kernfamilie als Norm und einem höheren gesellschaftlichen Lebensstandard. Das demographische Transitionsmodell in den Formulierungen US-amerikanischer Demographen der 1930er und 1940er Jahre integrierte diese Vorannahme. Davon ausgehend korrelierte die einflussreiche Coale/Hoover-Studie zu *Population Growth and Economic Development* als vermeintlich empirischer Bestätigung des demographischen Transitionsmodells ein geringes Bevölkerungswachstum mit einem hohen Wirtschaftswachstum und beschreibt dieses Verhältnis als einen Indikator modernisierter Gesellschaften. Auf der Grundlage dieses entwicklungstheoretischen Stadienmodells verfolgte eine bevölkerungspolitische Formation bestehend aus Demographen, Bevölkerungsexperten, Politikern und Entwicklungsorganisationen die Absicht, Familienplanung im Sinne von staatlich geförderter Geburtenkontrolle als Modernisierungsverheißung für Entwicklungsnationen zu propagieren. Noch Anfang der 1970er Jahre fand diese Modernisierungsformel breiten Widerhall beispielsweise bei Vertretern der IAO oder dem neuen Direktor der *Weltbank*. Sie äußerten die Hoffnung, über die Unterstützung bevölkerungspolitischer Programme zugleich dem Problem der Armut oder der Ungleichheit zwischen Erster und Dritter Welt Herr werden zu können. Insofern repräsentierte Bevölkerungspolitik als Entwicklungspolitik im Zeichen dieser Formel nicht weniger, als das in der Literatur zu Modernisierung und Entwicklung für die 1950er bis 1970er Jahre identifizierte, den Geist des Kalten Krieges atmende Kernversprechen, dass die „Entwicklungsländer" beziehungsweise die so genannte Dritte Welt letztlich in der westlichen Moderne ankämen.[1]

---

1 Siehe beispielsweise: Gilman, Mandarins, S. 3; Latham, Modernization, S. 3; Michael Adas, Modernization Theory and the American Revival of the Scientific and Technological Standards of Social Achievement and Human Worth, in: David C. Engerman/Nils Gilman/Mark H. Haefele/Michael E. Latham (Hrsg.), Staging Growth, S. 25–45, hier S. 35–36.

In dieser Studie ging es darum, das in „Plan Your Family – Plan Your Nation" verdichtete entwicklungspolitische Paradigma von Kenia aus zu historisieren. Dies erfolgte einerseits, indem das Zentrum der Untersuchung auf die ehemalige britische Kolonie und seit 1963 unabhängige Republik Kenia gelegt wurde. Auf diese Weise gerieten neben der internationalen auch eine imperiale und eine nationale Ebene in den Blick, die nicht als hierarchische, sondern als parallele, sich teilweise überlagernde und interagierende Strukturen betrachtet wurden. Andererseits ermöglichte der Untersuchungszeitraum von den 1930er bis in die 1990er Jahre, sowohl die Genese als auch die Zersetzung des modernisierungstheoretisch fundierten bevölkerungspolitischen Entwicklungsparadigmas in den Blick zu nehmen. Durch die Berücksichtigung von Entwicklungskonzepten kolonialpolitischen Ursprungs konnte dieses darüber hinaus relativiert und differenziert werden.

Auf dieser Grundlage lassen sich abschließend drei Ergebnisse formulieren. Erstens: Der Ursprung einer Problematisierung von Bevölkerungswachstum in Kenia in den 1930er und 1940er Jahren lässt sich vor dem Hintergrund einer allmählichen Verschiebung des Kontexts von politischem Handeln von einer imperialen auf eine internationale Ebene und eines damit einhergehenden Wandels im Entwicklungsdenken verstehen. Ebenso Symptom wie Ausdruck dieser Verschiebung war das entwicklungstheoretische Stadienmodell der demographischen Transition. Dieses Modell konkretisierte die Wahrnehmung von Bevölkerungswachstum als Problem nicht mehr als lokale Bevölkerungsverdichtung, sondern als strukturelle Überbevölkerung von Räumen, die sich in einem Übergangsstadium von der Tradition in die Moderne befänden. Lokale Konflikte um Landverteilung und -besitz, wie sie beispielsweise vor der *Kenya Land Commission* in den 1930er Jahren ausgetragen worden waren, wurden so in globaler Hinsicht als typisches Szenario der Menschheitsgeschichte systematisiert: Die Interessen von Bevölkerungen im Stadium der Expansion gerieten in Konflikt mit Gesellschaften, die eine stabil niedrige Bevölkerungsentwicklung bei gleichzeitig hohem Lebensstandard in einem industrialisierten und urbanisierten Kontext aufwiesen und sich vom Wachstum der anderen bedroht fühlten.

Auf diese Weise definierte das Transitionsmodell das Verhältnis zwischen Kolonisierenden und Kolonisierten neu. Anders ausgedrückt veränderte es die Konzeption von Differenz zwischen diesen beiden Gruppen von einer essentiell gedachten, vermeintlich unveränderlichen, biologisch oder kulturell begründeten Verschiedenheit zwischen „Zivilisierten" und „Primitiven" zu einer mithilfe eines historischen Entwicklungsnarrativs fundierten Ähnlichkeitsbeziehung. Zwar wurde weiterhin eine gleichzeitige Existenz von Bevölkerungen in unterschiedlichen Zivilisationsstadien postuliert. Indes fand eine Dynamisierung dieser Unterschiede statt, indem das Modell prophezeite, dass die „Primitiven" langfristig das Entwicklungsniveau und den Lebensstandard der „Modernen" erreichen würden. Diese konzeptionelle Neubestimmung des Verhältnisses ging einher mit einer Konstruktion beziehungsweise Wahrnehmung einer Gesamtbevölkerung des kenianischen Territoriums als Bevölkerung in einer nationalen Gestalt *avant la lettre*. Eine entscheidende Rolle spielte hier die Definition einer koloniewieten Bevölkerungswachstumsrate auf der Grundlage der beiden Volkszählungen vor der Unabhängigkeit, die die Unterscheidung zwischen einer Vielzahl unterschiedlicher ethnisch definierter Bevölkerungsgruppen wenngleich nicht ersetzte, so doch überlagerte. Schließlich kristallisierte sich die Verschiebung von einer imperialen zu einer internationalen Ebene von Politik in der Formulierung neuer Entwicklungspotentiale für Kenia heraus. Die Vorstellung von Kenia als Nation zwischen Nationen einerseits und als „Entwicklungsland" in der Nachfolge westeuropäischer Nationen andererseits zeichnete den Weg in die Zukunft als Modernisierungspfad entlang der Stationen Industrialisierung und Urbanisierung. Entwicklungsentwürfe für Kenia in der Kolonialzeit hatten demgegenüber überwiegend die spezifisch ländliche Charakteristik dieses Raumes betont und dessen Eignung für Industrialisierungsinitiativen in Frage gestellt. So ließ sich beobachten, wie sich der Entwicklungsbegriff von einem Konzept, das zur Zeit der britischen Kolonisierung Kenias auf den Raum und die Erschließung von dessen Ressourcen gemünzt war, in ein Synonym für Modernisierung wandelte und sich fortan auch auf den Lebensstandard der Menschen in diesem Raum bezog.

Zweitens: Der konzeptionelle Clou des demographischen Transitionsmodells, Differenz zwischen den einstweilen als Erste und Dritte Welt definierten Räumen zu verzeitlichen, erwies sich im Gewand des bevölkerungspolitischen Ansatzes von Familienplanung als Modernisierungsinstrument aus der Sicht zahlreicher Akteure im bevölkerungspolitischen Feld in Kenia als orientierungsschwach und untauglich. Ganz konkret ausgedrückt, hatte das seit 1967 in der Verantwortung des kenianischen Gesundheitsministeriums eingerichtete Familienplanungsprogramm für kenianische Politiker und Verwaltungsbeamte einen sehr niedrigen Stellenwert. Dies zeigte sich daran, dass bevölkerungspolitische Aktivitäten in den Bereichen Bildung, Information und Evaluation nahezu ausschließlich von auswärtigen Beratern durchgeführt wurden. Die bevölkerungspolitischen Weichenstellungen durch kenianische Beamte und Politiker verdeutlichten indes, dass sie Familienplanung nicht im Sinne von Geburtenkontrolle auslegten. Stattdessen setzten sie die Priorität auf den Ausbau medizinischer Infrastrukturen.

In konzeptioneller Hinsicht kristallisierte sich auf Konferenzen, an denen auswärtige Berater ebenso wie kenianische Bevölkerungsexperten teilnahmen, sowie in Publikationen kenianischer Wissenschaftler und nicht zuletzt in den

Äußerungen von Politikern ein wissenskritischer Grundtenor heraus, der die Prämissen des demographischen Transitionsmodells im Sinne der Begründung eines Ansatzes von Geburtenkontrolle als Modernisierungsinstrument kritisierte. Denn dieser Ansatz beruhe auf der Grundannahme, dass sich, sofern der Zugang zu Familienplanungsmaßnahmen gewährleistet sei, alle Menschen rational für weniger Kinder entscheiden würden, weil sich daraus bessere Bildungschancen und Konsummöglichkeiten, mithin ein höherer Lebensstandard, ergäben. Diese Annahme setzte für Kenia einen Kontext der Industrialisierung und Urbanisierung voraus. Im bevölkerungspolitischen Feld in Kenia wiesen hingegen zahlreiche Stimmen darauf hin, dass eine Ökonomisierung verhinderter Geburten in der überwiegend ländlichen und einer von den ländlichen Strukturen geprägten urbanen Lebenswelt sowie einer gänzlich anderen Familienstruktur als derjenigen der Kernfamilie gerade nicht rational und sinnvoll erscheine. Sie beriefen sich bei diesen Beobachtungen auf das Konzept der Kultur, das sie als Erklärung für das Scheitern des nationalen Familienplanungsprogramms aus ihrer Sicht im Sinne einer grundlegenden Differenz zwischen der kenianischen Bevölkerung einerseits und westeuropäischen Industriegesellschaften andererseits verstanden wissen wollten. Hochkonjunktur hatte dieses Erklärungsmodell in den 1980er Jahren. Zu Beginn dieses Jahrzehnts wies die Bevölkerungswachstumsrate für Kenia im internationalen Vergleich einen Höchststand auf. In der Konsequenz bescheinigten wissenschaftliche Artikel ebenso wie Dokumente von Mitarbeitern internationaler Organisationen Kenia eine ausgeprägt „pro-natalistische Kultur" und charakterisierten das Land als demographischen Sonderfall. Sozialanthropologische Perspektiven und Methoden, die sich zur Beschreibung qualitativer Phänomene besser zu eignen schienen, verdrängten allmählich eher quantitativ ausgerichtete demographische Ansätze.

Die äußerst zurückhaltende Implementierung des nationalen Familienplanungsprogramms, die defensive Interpretation von Familienplanung als gesundheitspolitisches und gerade nicht als Geburtenkontrollinstrument sowie der kritische Umgang mit dem demographischen Transitionsmodell unter Verweis auf andere kulturelle Voraussetzungen in Kenia zeigen, dass die machtpolitische Durchsetzung einer globalen Deutungshoheit, die die internationale „Bevölkerungskontrollbewegung" für sich in Anspruch nahm, begrenzt blieb. Dies umso mehr, als die Präsenz eines alternativen Entwicklungsnarrativs kolonialpolitischen Ursprungs, das Kenias Zukunft nicht in Urbanisierung und Industrialisierung, sondern in der Landwirtschaft sah, sich im Untersuchungszeitraum zwischen den 1930er und 1990er Jahren nahezu durchgehend nachweisen lässt. Auch die Debatte um ein problematisches Bevölkerungswachstum in Kenia wurde seit den 1960er Jahren mal mehr, mal weniger prominent mit diesem Entwicklungsnarrativ verknüpft.

Drittens: Familienplanung als Geburtenkontrolle setzte sich in Kenia schließlich Ende der 1980er Jahre durch. Das heißt, sie fand allmählich eine recht weite Verbreitung und eine deutlich höhere öffentliche Akzeptanz als in den Jahren zuvor. Indes hatte sie sich als politisches Instrument aus einer Verkopplung mit der Modernisierungsverheißung gelöst und war zunehmend in das Konzept ländlicher Entwicklung integriert worden. Konkret stellte sich diese Integration so dar, dass im Zuge der Wirtschaftskrise und der „Ölpreisschocks" der bisher überwiegend positiv konnotierte Wachstumsbegriff ambivalenter gedeutet wurde. Die Auswirkungen dieses Prozesses waren bis in das bevölkerungspolitische Programm von Kenia hinein spürbar, weil Ende der 1970er Jahre die Frage formuliert wurde, inwiefern eine Nachahmung westlicher Modernisierungsrealitäten für die ehemalige Kolonie überhaupt wünschenswert sei. Das in diesem Zusammenhang vorgebrachte Argument, den vermeintlich traditionalen ländlichen Raum in seiner ursprünglichen Funktionsweise bewahren und vor nunmehr schädlichen westlichen Einflüssen schützen zu müssen, erinnerte an ganz ähnliche Äußerungen von Kolonialbeamten aus den 1930er und 1940er Jahren. Insofern Wachstum in jeder Hinsicht als zerstörerisch gedeutet wurde, sollte Familienplanung als Beschränkung des Bevölkerungswachstums jetzt einen Beitrag zu dieser Bewahrung leisten. Die *Weltbank* im Verbund mit kenianischen Ökonomen schließlich bettete das Instrument der Geburtenkontrolle in die Reformagenda der Strukturanpassung ein. Im Zeichen drastischer Kürzungen staatlicher Ausgaben sowie eines Dezentralisierungsprogramms wurde Bevölkerung in Kenia wieder überwiegend in einer ländlichen und regionalen, nicht selten auch ethnischen Gestalt konstruiert. Am Ende des Untersuchungszeitraums erschien Modernisierung als entleertes beziehungsweise entkerntes Konzept, das in erster Linie von Demographen und Weltbankmitarbeitern verwendet wurde, um den sich aus ihrer Sicht endlich abzeichnenden Rückgang des Bevölkerungswachstums in Kenia zu beschreiben. Aus sozialanthropologischer Perspektive hingegen wurde dieser Bevölkerungsrückgang in den Kontext einer immer weiter um sich greifenden gesellschaftlichen Verarmung und Verelendung eingeordnet.

Die Untersuchung der Problematisierung von Bevölkerungswachstum in Kenia und des bevölkerungspolitischen Entwicklungshandelns zur Eindämmung dieses Wachstums hat letztlich gezeigt, dass die Modernisierungsverheißung mit ihrem konzeptionellen Kern einer in derselben Geschichte aufgehobenen Wesensgleichheit aller Bevölkerungen, ebenso wie der darin fundierte bevölkerungspolitische Ansatz von Familienplanung als Geburtenkontrolle, der Vergangenheit angehört und mithin selbst Geschichte ist. Die in Kenia zu beobachtende Eigendynamik einer Integration von Geburtenkontrollmaßnahmen in eine an die Kolonialzeit erinnernde Entwicklungskonzeption Kenias als spezifisch ländlicher Raum schränkt die Deutungshoheit des modernisierungstheoretisch fundierten

Entwicklungsdenkens auf eine bestimmte Zeit, die 1950er bis 1970er Jahre, vor allem aber auf einen bestimmten Kontext, eine im Entstehen begriffene, in dieser Zeit noch vornehmlich transatlantisch geprägte Ebene internationaler Politik, ein. Zugleich kristallisierten sich in der internationalen Bevölkerungspolitik in Kenia seit den 1980er Jahren Tendenzen heraus, die Entwicklung dieses Raumes nicht mehr notwendigerweise an derjenigen des Westens auszurichten. Nicht zuletzt, weil der Internationalismus, den die *Weltbank* verkörperte, nicht mehr zwingend eine Modernisierungsverheißung in westlichem Gewand repräsentierte. Vielmehr bahnte sich im Zeichen der Strukturanpassungsagenda eine globale Veränderungsdynamik an, die auch die Position des Westens als Raum und Konzept zu erschüttern begann. Noch bemerkenswerter erscheint indes die Tatsache, dass „Plan Your Family – Plan Your Nation" als modernisierungstheoretisch fundierte Entwicklungsvision im bevölkerungspolitischen Feld in Kenia von Beginn an, das heißt bereits seit Mitte der 1960er Jahre, dekonstruiert wurde. Anders ausgedrückt fand hier eine Entkopplung von Modernisierungsverheißung und Bevölkerungspolitik statt, so dass sich Bevölkerungspolitik als Geburtenkontrolle letztlich in einer gänzlich anderen, pessimistischer konnotierten Entwicklungsrealität durchsetzte.

Abkürzungsverzeichnis

AFL	American Federation of Labor
AVSC	Association for Voluntary Surgical Contraception
C.A.M.C.	Colonial Advisory Medical Committee
C.E.D.C.	Colonial Economic and Development Council
DANIDA	Danish International Development Agency
DDT	Dichlordiphenyltrichlorethan (Insektizid)
E.A.R.C.	East Africa Royal Commission
FAO	Food and Agriculture Organization
FPAK	Family Planning Association of Kenya
GRO	General Register Office
GTZ	Deutsche Gesellschaft für Technische Zusammenarbeit
IAO	Internationale Arbeitsorganisation
IBRD	International Bank of Reconstruction and Development (=*Weltbank*)
ICFTU	International Confederation of Free Trade Unions
ILO	International Labor Organization (=IAO)
IPPF	International Planned Parenthood Federation
IRHFP	Integrated Rural Health and Family Planning
IUD	Intra-Uterine Device (Intrauterinpessar)
IWF	Internationaler Währungsfonds
KANU	Kenya African National Union
KAP	Knowledge-Attitudes-Practice Studien
KAU	Kenya African Union
KDHS	Kenya Demographic and Health Survey
KPU	Kenya Peoples Union
LSE	London School of Economics
LSHTM	London School of Hygiene and Tropical Medicine
MEPD	Ministry of Economic Planning and Development
MIT	Massachussetts Institute of Technology
MMF	Milbank Memorial Fund
MOH	Ministry of Health
NCPD	National Council on Population and Development
NORAD	Norwegian Agency for Development Cooperation
ODA	Overseas Development Administration
OECD	Organisation for Economic Cooperation and Development
OPR	Office of Population Research
PAA	Population Association of America
PA-AA	Politisches Archiv – Auswärtiges Amt
PIC	Population Investigation Committee
SIDA	Swedish International Development Cooperation Agency
UN	United Nations (Vereinte Nationen)
UNCTAD	United Nations Conference on Trade and Development
UNFPA	United Nations Fund for Population Activities
USAID	United States Agency for International Development
WFTU	World Federation of Trade Unions

Zeitschriften und Archive

AAAPSS	Annals of the American Academy of Political and Social Science
AfrAf	African Affairs
AfS	Archiv für Sozialgeschichte
AH	Agricultural History
AJOG	American Journal of Obstetrics and Gynecology
AJS	The American Journal of Sociology
APuZ	Aus Politik und Zeitgeschichte
CBH	Contemporary British History
CJAS/RCEA	Canadian Journal of African Studies/Revue Canadienne des Études Africaines
CSSH	Comparative Studies in Society and History
EAJ	East Africa Journal
EAMJ	East African Medical Journal
EH	Environmental History
FFA	Ford Foundation Archives
GG	Geschichte und Gesellschaft. Zeitschrift für Historische Sozialwissenschaft
GHI Bulletin	German Historical Institute Bulletin
HZ	Historische Zeitschrift
IASL	Internationales Archiv für Sozialgeschichte der deutschen Literatur
IJAHS	The International Journal of African Historical Studies
JAH	The Journal of African History
JCH	Journal of Contemporary History
JEAS	Journal of Eastern African Studies
JEL	Journal of Economic Literature
JGH	Journal of Global History
JICH	The Journal of Imperial and Commonwealth History
JMAS	The Journal of Modern African Studies
JMEH	Journal of Modern European History
JPH	Journal of Policy History
JSAS	Journal of Southern African Studies
KNA	Kenya National Archive
MMFQ	Milbank Memorial Fund Quarterly
NARA	National Archives and Records Administration, College Park, MD
PB	Population Bulletin
PDR	Population and Development Review
PHR	Public Health Reports
P&P	Past & Present
PS	Population Studies
PULC	Friends of the Princeton Library. The Princeton University Library Chronicle
RAC	Rockefeller Archive Center
RACRSS	Rural Africana. Current Research in the Social Sciences
ROAPE	Review of African Political Economy
SHoM	Social History of Medicine
SHPBBSci	Studies in History and Philosophy of Biological & Biomedical Sciences
SR	Sociological Review

TCBH	Twentieth Century British History
WBGA	World Bank Group Archives
WP	World Politics
WPS	Working Paper Series
ZF/SCH	Zeithistorische Forschungen/Studies in Contemporary History

Quellen- und Literaturverzeichnis

I. Quellen

Archive

FFA Ford Foundation Archives, New York
— Reel No. 1151, Grant 67–453, Section 4: General Correspondence
— Reel No. 4165, Grant 809–762
— Reel No. 3077, folk media project (FPAK)
— Unpublished Reports: #3077, #9450, #16445

KNA Kenya National Archives, Nairobi
— BY/7/132, Ministry of Health (1970–1974), World Bank/IBRD
— BY/24/61, Ministry of Health (1970–1974), Technical Aid – Family Planning
— BY/58/6, Ministry of Health (1969–1970)
— BY/58/7, Ministry of Health (1968–1970)
— BY/58/14, Ministry of Health (1970–1971), Family Planning General
— BY/58/16, Ministry of Health (1972), Family Planning General
— BY/58/19, Ministry of Health (1973–1974), Family Planning General
— BY/58/51, Ministry of Health + Housing, Family Planning
— BY/58/52, Ministry of Health (1981–1982), Family Planning
— BY/58/53, Ministry of Health (1981–1982), IRHFP
— AMB/1/4, MEPD (1965–1966), Population Growth and Economic Development
— AMB/4/14, MEPD (1965–1966), Family Planning
— AMB/4/36, MEPD (1982), The National Population Council
— AMB/6/99, MEPD (1970–1971), Family Planning
— AMB/6/100, MEPD (1973), Family Planning
— AMB/18/18, MEPD (1971), Visit of World Bank Mission & Officials
— AHH/4/1, NCPD 3/1, Vol. I, Minutes and Agenda
— AHH/6/2, NCPD 13/6, UNFPA Country Programme

LSHTM London School of Tropical Hygiene and Medicine, London
— Box 4: Blacker Census Reports

NARA National Archives and Records Administration, College Park, MD
— ARC 88555, local identifier: 286.55, Records of the AID, 1948–2003

RAC Rockefeller Archives Center, Tarrytown
— Rockefeller Archives RG IV3B4.3a, T65.86, Box 65, Folder 1137: Government of Kenya, Advisory Commission
— Rockefeller Archives RG 5, S 3, SS 4, Box 72, Folder 490: Population Interests
— Population Council Acc. II, Administration Files 61: Montague Country Files, Kenya Official Correspondence/Memos and Site Visits/Kenya PC Office Correspondence
— Population Council Acc. II, Foreign Correspondence 24: Kenya/John Gill (1967–1968)
— Population Council Acc. II, Foreign Correspondence 25: Kenya 1967
— Population Council Acc. II S 117: Kenya (Taylor-Berelson Program)

TNA The National Archives, Kew
— CO 539/10, Minutes of Population Census Conference (1940)

— CO 822/1118, East Africa High Commission
— CO 852/662/8, The Kikuyu Lands
— CO 859/126/1, Census East Africa, Social Service
— CO 859/154/6, Report Growth of Tropical Population/Medical (1948–1949)
— CO 892/3/10, Dow Commission: Correspondence and Papers
— CO 892/4/19, E.A.R.C. Appendices
— CO 927/10/1, Colonial Demography Research Group
— CO 927/10/3, Demography and Census in the Colonies (1946)
— CO 1018/29, Colonial Office/Lord Hailey Papers: Kenya
— CO 1034/16, Colonial Office/Statistics Department (1953–1954)
— FCO 61/1196, Population Policies of Countries other than U.K.
— OD 62/26, The Present State of Family Planning Programs
— OD 62/63, Social Affairs Department, Third Population Conference (Bellagio)
— OD 62/69, Review of Population Aid Policy
WBGA World Bank Group Archives, Washington D.C.
— Ordner 30036219, Projects and Studies: Population, Vol. 7
— Ordner 1381809, Kenya Cr. 468, KE, Vol. X
— ISN#01381809, ACC# R81057, Box#51–19, NUS Location: 200–5–1. Kenya Cr. 468KE
— Ordner 805611, IRHFP, Project Population (02)-03
— Ordner 805613, IRHFP, Project Population (02)-05
— Ordner 805589, Health and FP Project (03)-01
— Ordner 805589, Health and FP Project (03)-03

Gedruckte Quellen

Ampka, Awam, Obituary: Chief David Kidaha Makwaia. Tanzanian Politician, Businessman and Head of the Sukuma, in: The Guardian, 31. Mai 2007, https://www.theguardian.com/news/2007/may/31/guardianobituaries.obituaries1 (letzter Zugriff am 8.10.2018).

Angwenyi, C.P., Population Growth and Economic Development in Kenya, in: Simeon H. Ominde/Charles N. Ejiogu, Population Growth and Economic Development in Africa, London/Nairobi/Ibadan 1972, S. 145–150.

Armar, A.A., Needed Social Science Research. A Family Planning Administrator Speaks Out on What He Wants to Know, in: Rural Africana. Current Research in the Social Sciences 14 (1971), S. 45–52.

Beveridge, William H., Review: World Population. Past Growth and Present Trends by A.M. Carr-Saunders; Population Movements by Robert R. Kuczynski; The Struggle for Population by D.V. Glass, in: Economica 4 (1937), Nr. 13, S. 96–99.

Bienen, Henry, The Economic Environment, in: Goran Hyden/Robert H. Jackson/John J. Okumu (Hrsg.), Development Administration. The Kenyan Experience, Nairobi 1970, S. 43–62.

Bondestam, Lars, The Foreign Control of Kenyan Population, in: Lars Bondestam/Staffan Bergström (Hrsg.), Poverty and Population Control, New York, NY 1980, S. 157–177.

Brass, William/Carole L. Jolly (Hrsg.), Population Dynamics of Kenya (Working Group on Kenya. Panel on the Population Dynamics of Sub-Saharan Africa. Committee on Population. Commission on Behavioral and Social Sciences and Education, National Research Council), Washington D.C. 1993.

Caldwell, John C., Toward a Restatement of Demographic Transition Theory, in: Population and Development Review 2 (1976), Nr. 3/4, S. 321–366.
Carr-Saunders, Alexander, The Population Problem. A Study in Human Evolution, Oxford 1922.
Charbit, Yves, La population du monde et la conférence de Bucarest, Paris 1975.
Coale, Ansley J., An Autobiography, Philadelphia, PA 2000.
Coale, Ansley J./Edgar M. Hoover, Population Growth and Economic Development in Low-Income Countries. A Case Study of India's Prospects, Princeton, NJ 1958.
Coale, Ansley J./Susan C. Watkins, The Decline of Fertility in Europe, Princeton 1986.
Condé, Julien, The Demographic Transition as Applied to Tropical Africa with Particular Reference to Health, Education, and Economic Factors, Paris 1971.
Coray, Michael, The Kenya Land Commission and the Kikuyu of Kiambu, in: Agricultural History 52 (1978), Nr. 1, S. 179–193.
Corfield, Francis D., Historical Survey of the Origins and Growth of Mau Mau, London 1960.
Dahrendorf, Ralf, LSE. A History of the London School of Economics and Political Science, 1895–1995, Oxford 1995.
Davis, Kingsley, The World Demographic Transition, in: Annals of the American Academy of Political and Social Science 237 (1945), S. 1–11.
Donaldson, Peter J., Nature Against Us. The United States and the World Population Crisis, 1965–1980, Chapel Hill, NC 1990.
Dow, Thomas E., Attitudes Toward Family Size and Family Planning in Nairobi, in: Demography 4 (1967), S. 780–797.
East Africa Royal Commission Report, 1953–55. Presented by the Secretary of State for the Colonies to Parliament by Command of Her Majesty, London 1955, http://kenyalaw.org/kl/fileadmin/CommissionReports/E-A-Royal-Commission-1953-1955.pdf (letzter Zugriff am 2.6.2019).
Elgon, John, Friday Diary. Family Planning Praised in Catchy „Pop" Song, in: East African Standard vom 3.5.1968, Bl. 10.
Fairchild, Henry Pratt, Optimum Population, in: Margaret Sanger (Hrsg.), Proceedings of the World Population Conference. Held at the Salle Centrale, Geneva, August 29th to September 3rd, 1927, London 1927, S. 72–87.
Faruqee, Rashid, Kenya. Population and Development. A World Bank Country Study (hrsg. v. d. Weltbank), Washington D.C. 1980.
Fendall, Neville R.E./John Gill, Establishing Family Planning Services in Kenya. A Review, in: Public Health Reports 85 (1970), S. 131–139.
Frank, Odile/Geoffrey McNicoll, An Interpretation of Fertility and Population Policy in Kenya, in: Population and Development Review 13 (1987), Nr. 2, S. 209–243.
Friedland, William H./Carl Gustav Rosberg, The Anatomy of African Socialism, in: William H. Friedland/Carl Gustav Rosberg (Hrsg.), African Socialism, Stanford, CA 1965, S. 1–14.
Ghai, Dharam P., Special Issue on Rural Development. An Introduction, in: East Africa Journal 9 (1972), S. 2–3.
Glass, David, Robert René Kuczynski, 1876–1947, in: Journal of the Royal Statistical Society 110 (1947), S. 383–384.
Harkavy, Oscar, Curbing Population Growth. An Insider's Perspective on the Population Movement, New York, NY 1995.
Heisel, Donald F., Attitudes and Practice of Contraception in Kenya, in: Demography 5 (1968), S. 632–641.

Henin, Roushdi A., The Applicability of the Theory of Demographic Transition to African Countries, in: The Demographic Transition in Tropical Africa. Proceedings of an Expert Group Meeting, Paris, 17th–19th November 1970, Development Centre of the Organisation for Economic Co-Operation and Development, Paris 1971, S. 15–28.

Huxley, Julian/Phyllis Deane, The Future of the Colonies, London 1944.

Hyden, Goran, No Shortcuts to Progress. African Development Management in Perspective, Berkeley/Los Angeles 1983.

Kendall, Maurice G./V.C. Chidambaram, World Fertility Survey, in: John A. Ross (Hrsg.), International Encyclopedia of Population, Bd. 2, New York/London 1982, S. 673–679.

Kenya Land Commission, Evidence and Memoranda, London 1934.

Koulisher, A., Discussion. Optimum Population and Food Supply, in: Margaret Sanger (Hrsg.), Proceedings of the World Population Conference. Held at the Salle Centrale, Geneva, August 29th to September 3rd, 1927, London 1927, S. 102–103.

Kuczynski, Robert René, Colonial Population, London 1937.

Kuczynski, Robert René, Demographic Survey of the British Colonial Empire, 3 Bde., Oxford/London/New York/Toronto 1948–1953.

Livingstone, Ian, Prospects for Population Limitation in Kenya. Statistical Evidence from the Vihiga Programme, Working Paper No. 214, University of Nairobi/Institute of Development Studies, April 1975.

Locke, John, Of Property, in: Second Treatise of Government, Indianapolis/Cambridge 1980 [Original: 1690], S. 18–29.

Malthus, Thomas Robert, Das Bevölkerungsgesetz, München 1977 (Originaltitel: An Essay on the Principle of Population as it Affects the Future Improvement of Society, with Remarks on the Speculations of Mr. Godwin, M. Condorcet, and Other Writers, übersetzt von Christian M. Barth).

Martin, C.J., The East African Population Census 1948. Planning and Enumeration, in: Population Studies 3 (1949), S. 303–320.

Mazrui, Ali A., Tom Mboya. Underdevelopment and I, in: East Africa Journal 6 (1969), Nr. 9, S. 19–29.

Mazrui, Ali A./Department of Political Science and Public Administration, Makerere University, Public Opinion and the Politics of Family Planning, in: Rural Africana. Current Research in the Social Sciences (1971), Nr. 14, S. 38–44.

Mboya, Tom, A Development Strategy for Africa. Problems and Proposals, Kenya 1967.

Mboya, Tom, Birth Control: „Vital for Development", in: East African Standard vom 6.9.1967, Bl. 7.

Mboya, Tom, African Socialism and Its Application to Planning in Kenya, in: Tom Mboya, The Challenge of Nationhood. A Collection of Speeches and Writings, London 1970, S. 73–105.

McNamara, Robert S., Address to the University of Notre Dame, Notre Dame, IN, 1.5.1969 http://documents.worldbank.org/curated/en/1969/05/15499876/address-university-notre-dame-robert-mcnamara-president-world-bank-group, (letzter Zugriff am 22.10.2015).

Molnos, Angela, Attitudes Toward Family Planning in East Africa. An Investigation in Schools Around Lake Victoria and in Nairobi, with Introductory Chapters on the Position of Women and the Population Problem in East Africa, München 1968.

Molnos, Angela, Cultural Source Materials for Population Planning in East Africa (4 Bde.), Nairobi 1972.
Moss, Elaine, The Population Council – A Chronicle of the First Twenty-Five Years 1952–77, New York, NY 1978.
Mott, Frank L./Susan H. Mott, Kenya's Record Population Growth. A Dilemma of Development, in: Population Bulletin 35 (1980), S. 3–37.
Ndeti, Kivuto/Cecilia Ndeti, Cultural Values and Population Policy in Kenya, Nairobi 1977.
Netherlands International Statistical Institute (Hrsg.), The Kenya Fertility Survey (1978). A Summary of Findings (World Fertility Survey No. 26), Voorburg 1980.
Notestein, Frank W., Problems of Policy in Relation to Areas of Heavy Population Pressure, in: Milbank Memorial Fund Quarterly 22 (1944), S. 424–444.
Notestein, Frank W., Population – The Long View, in: Theodore W. Schultz (Hrsg.), Food for the World, Chicago, IL 1945, S. 36–57.
Notestein, Frank W., Foreword, in: Coale, Ansley J./Edgar M. Hoover, Population Growth and Economic Development in Low-Income Countries. A Case Study of India's Prospects, Princeton, NJ 1958.
Notestein, Frank W., Demography in the United States. A Partial Account of the Development in the Field, in: Population and Development Review 8 (1982), Nr. 4, S. 651–687.
o. V., For Men Who Have Everything, in: Time 75, Heft 2 vom 11.1.1960.
o. V., Population. The Numbers Game, in: Time 75, Heft 2 vom 11.1.1960.
Ogot, Grace, Family Planning for African Women, in: East Africa Journal 4 (1967), S. 19–23.
Osborn, Fairfield, Our Plundered Planet, New York, NY 1948.
Osborn, Frederick, An International Dilemma, Princeton 1958. Neu aufgelegt in: Three Essays on Population, Thomas Malthus, Julian Huxley, Frederick Osborn, New York, NY 1958.
Parsons, Talcott, The American Family. Its Relations to Personality and to the Social Structure, in: Talcott Parsons/Robert F. Bates (Hrsg.), Family, Socialization and Interaction Process, New York, NY 1955, S. 3–34.
Parsons, Talcott, Gesellschaften: evolutionäre und komparative Perspektiven, Frankfurt 1975.
Paterson, Alexander R., The Human Situation in East Africa – Part I. On the Increase of the People, in: East African Medical Journal 24 (1947), Nr. 2, S. 81–97.
Paterson, Alexaner R., The Human Situation in East Africa – Part II. Towards a Population Policy, in: East African Medical Journal 24 (1947), Nr. 4, S. 144–151.
Radel, David, Elite Perceptions of Population Problems and Potential Solutions. Research Guide to an Elite Oriented Population Education Program in Kenya. A Thesis Submitted to the Faculty of the Graduate School of the University of Minnesota (in Partial Fulfillment of the Requirements for the Degree of Doctor of Philosophy), December 1973.
Republic of Kenya, African Socialism and Its Application to Planning in Kenya. Sessional Paper No. 10 of 1963/65, Nairobi 1965.
Roberts, John S., A Land Full of People. Life in Kenya Today, London 1967.
Robinson, Warren C., Kenya Enters the Fertility Transition, in: Population Studies 46 (1992), S. 445–457.
Robinson, Warren C., Family Planning. The Quiet Revolution, in: Warren C. Robinson/John A. Ross (Hrsg.), Global Family Planning Revolution. Three Decades of Population Policies and Programs, Washington D.C. 2007, S. 421–445.

Sanger, Margaret, Announcement, in: Margaret Sanger (Hrsg.), Proceedings of the World Population Conference. Held at the Salle Centrale, Geneva, August 29th to September 3rd, 1927, London 1927, S. 5–6.
Sanger, Margaret, My fight for Birth Control, New York, NY 1931.
Sanger, Margaret, An Autobiography, New York, NY 1938.
Sauvy, Alfred, Trois mondes, une planète, in: L'Observateur vom 14.8.1952.
Smith, Susan E./David Radel, The KAP in Kenya. A Critical Look at Survey Methodology, in: J.F. Marshall/S. Polgar (Hrsg.), Culture, Natality, and Family Planning, Chapel Hill, NC 1976, S. 263–287.
Stycos, J. Mayone, Latin American Family Planning in the 1970s, in: J. Mayone Stycos (Hrsg.), Clinics, Contraception, and Communication, New York 1973, S. 17–24.
Taylor, C./Bernard Berelson, Maternity Care and Family Planning as a World Program, in: American Journal of Obstetrics and Gynecology 100 (1968), S. 885–893.
Thomas, Albert, International Migration and Its Control, in: Margaret Sanger (Hrsg.), Proceedings of the World Population Conference. Held at the Salle Centrale, Geneva, August 29th to September 3rd, 1927, London 1927, S. 256–265.
Thompson, Warren S., Danger Spots in World Population, New York, NY 1929.
Thompson, Warren S., Population, in: The American Journal of Sociology 34 (1929), S. 959–975.
Van der Tak, Jean, Interview mit Kingsley Davis am 1.5.1989, in: Jean van der Tak (Hrsg.), Demographic Destinies. Interviews with Presidents and Secretary-Treasurers of the Population Association of America, PAA, Oral History Project, Bd. 1 – Presidents, Nr. 1, 2005, http://populationassociation.org/wp-content/uploads/PAA_Presidents_1947-60.pdf (letzter Zugriff am 31.05.2019), S. 13–38.
Van der Tak, Jean, Interview mit Ansley J. Coale am 11.5.1988, in: Jean van der Tak (Hrsg.), Demographic Destinies. Interviews with Presidents and Secretary-Treasurers of the Population Association of America, PAA Oral History Project, Bd. 1 – Presidents, Nr. 2, 2005, http://www.populationassociation.org/wp-content/uploads/PAA_Presidents_1961-76.pdf (letzter Zugriff am 31.05.2019), S. 135–163.
Vogt, William, Road to Survival, New York, NY 1948.
Who's Who at the World Population Conference, in: Sanger, Proceedings, S. 363–368.
World Bank (Hrsg.), Accelerated Development in Sub-Saharan Africa. An Agenda for Action, Washington D.C. 1981.
World Bank (Hrsg.), Population and the World Bank. Implications from Eight Case Studies, Washington D.C. 1992.

II. Literatur

Adas, Michael, Modernization Theory and the American Revival of the Scientific and Technological Standards of Social Achievement and Human Worth, in: David C. Engerman/Nils Gilman/Mark H. Haefele/Michael E. Latham (Hrsg.), Staging Growth. Modernization, Development and the Global Cold War, Amherst/Boston 2003, S. 25–45.
Alacevich, Michele, The Political Economy of the World Bank. The Early Years, Stanford, CA 2009.

Albert, Mathias/Willibald Steinmetz, Be- und Entgrenzungen von Staatlichkeit im politischen Kommunikationsraum, in: Aus Politik und Zeitgeschichte 20–21 (2007), S. 17–23.

Anderson, Benedict, Imagined Communities. Reflections on the Origin and Spread of Nationalism (Revised Edition), London/New York 2006.

Anderson, David M., Depression, Dust Bowl, Demography, and Drought. The Colonial State and Soil Conservation in East Africa During the 1930s, in: African Affairs 83 (1984), S. 321–341.

Anderson, David M., Eroding the Commons. The Politics of Ecology in Baringo, Kenya, 1890–1963, Athens, OH 2002.

Anderson, David M., Histories of the Hanged. The Dirty War in Kenya and the End of Empire, New York/London 2005.

Anderson, David M., „Yours in Struggle for Majimbo". Nationalism and the Party Politics of Decolonization in Kenya, 1955–64, in: Journal of Contemporary History 40 (2005), Nr. 3, S. 547–564.

Anghie, Anthony, Wirtschaftliche Entwicklung und Souveränität im Mandatssystem des Völkerbunds. Rechtshistorische Überlegungen zum kolonialen Gehalt des Völkerrechts, in: Hubertus Büschel/Daniel Speich (Hrsg.), Entwicklungswelten. Globalgeschichte der Entwicklungszusammenarbeit, Frankfurt a. M. 2009, S. 61–87.

Angster, Julia, Erdbeeren und Piraten. Die Royal Navy und die Ordnung der Welt 1770–1860, Göttingen 2012.

Assmann, Aleida, Ist die Zeit aus den Fugen? Aufstieg und Fall des Zeitregimes der Moderne, München 2013.

Ayorinde, Ajayo/John Kekovole, Kenya's Population Policy. From Apathy to Effectiveness, in: Anrudh Jain (Hrsg.), Do Population Policies Matter? Fertility and Politics in Egypt, India, Kenya and Mexico, New York 1998, S. 113–156.

Barkan, Joel D./Michael Chege, Decentralising the State. District Focus and the Politics of Reallocation in Kenya, in: The Journal of Modern African Studies 27 (1989), Nr. 3, S. 431–453.

Bashford, Alison, Nation, Empire, Globe. The Spaces of Population Debate in the Interwar Years, in: Comparative Studies in Society and History 49 (2007), S. 170–201.

Bashford, Alison, Global Population. History, Geopolitics, and Life on Earth, New York, NY 2014.

Bauman, Zygmunt, Wasted Lives. Modernity and Its Outcasts, Malden, MA 2004.

Bennett, George/Alison Smith, Kenya. From „White Man's Country" to Kenyatta's State 1945–1963, in: D. Anthony Low/Alison Smith (Hrsg.), History of East Africa, Bd. 3, Oxford 1976, S. 109–155.

Bergeron, Suzanne, Fragments of Development. Nation, Gender, and the Space of Modernity, Ann Arbor, MI 2006.

Berman, Bruce J., Control and Crisis in Colonial Kenya: The Dialectic of Domination, London 1990.

Berman, Bruce J., Nationalism, Ethnicity und Modernity. The Paradox of Mau Mau, in: Canadian Journal of African Studies/Revue Canadienne des Études Africaines 25 (1991), S. 181–206. Wiederabdruck in: Roy Richard Grinker/Stephen C. Lubkemann/Christopher B. Steiner (Hrsg.), Perspectives on Africa. A Reader in Culture, History, and Representation, Hoboken, NJ 2010², S. 498–513.

Berman, Bruce J., Bureaucracy & Incumbent Violence. Colonial Administration & the Origins of the „Mau Mau" Emergency, in: Bruce J. Berman/John M. Lonsdale (Hrsg.), Unhappy Valley. Conflict in Kenya & Africa, London 1992, S. 227–264.

Berman, Bruce J./Dickson Eyoh/Will Kymlicka, Ethnicity & the Politics of Democratic Nation-Building in Africa, in: Bruce J. Berman/Dickson Eyoh/Will Kymlicka (Hrsg.), Ethnicity & Democracy in Africa, Oxford 2004, S. 1–21.

Berman, Bruce J./John M. Lonsdale, Nationalism in Colonial and Post-Colonial Africa, in: John Breuilly (Hrsg.), The Oxford Handbook of The History of Nationalism, Oxford 2013, S. 308–317.

Betts, Raymond F., Decolonization, New York ⁴2004.

Beusekom, Monica M. van, From Underpopulation to Overpopulation. French Perceptions of Population, Environment, and Agricultural Development in French Soudan (Mali), 1900–1960, in: Environmental History 4 (1999), Nr. 2, S. 198–219.

Bonneuil, Christophe, Development as Experiment. Science and State Building in Late Colonial and Postcolonial Africa, 1930–1970, in: Osiris 15 (2000), S. 258–281.

Borowy, Iris, Coming to Terms with World Health. The League of Nations Health Organisation 1921–1946, Frankfurt a. M. 2009.

Bradley, Candice, Women's Empowerment and Fertility Decline in Western Kenya, in: Susan Greenhalgh (Hrsg.), Situating Fertility. Anthropology and Demographic Inquiry, Cambridge 1995, S. 157–178.

Branch, Daniel, The Enemy Within. Loyalists and the War Against Mau Mau in Kenya, in: The Journal of African History 48 (2007), Nr. 2, S. 291–315.

Branch, Daniel, Defeating Mau Mau, Creating Kenya. Counterinsurgency, Civil War and Decolonisation, Cambridge 2009.

Branch, Daniel, Kenya. Between Hope and Despair, 1963–2011, New Haven/London 2011.

Branch, Daniel/Nicholas Cheeseman, The Politics of Control in Kenya. Understanding the Bureaucratic-Executive State, 1952–78, in: Review of African Political Economy 33 (2006), S. 11–31.

Brint, Steven, In the Age of Experts. The Changing Role of Professionals in Politics and Public Life, Princeton 1994.

Buck-Morss, Susan, Hegel und Haiti. Für eine neue Universalgeschichte, Frankfurt a. M. 2011.

Büschel, Hubertus/Daniel Speich, Konjunkturen, Probleme und Perspektiven der Globalgeschichte von Entwicklungszusammenarbeit, in: Hubertus Büschel/Daniel Speich (Hrsg.), Entwicklungswelten. Globalgeschichte der Entwicklungszusammenarbeit, Frankfurt a. M. 2009, S. 7–29.

Büschel, Hubertus, Geschichte der Entwicklungspolitik, Version 1.0, in: Docupedia-Zeitgeschichte. http://docupedia.de/zg/Geschichte_der_Entwicklungspolitik?oldid=106421 (letzter Zugriff am 2.11.2016).

Butler, Larry J., Reconstruction, Development and the Entrepreneurial State. The British Colonial Model, 1939–51, in: Contemporary British History 13 (1999), Nr. 4, S. 29–55.

Callahan, Michael D., Mandates and Empire. The League of Nations and Africa, 1914–1931, Brighton 1999.

Campbell, Chloe, Race and Empire. Eugenics in Colonial Kenya, Manchester 2007.

Carew, Anthony, Conflict within the ICFTU. Anti-Communism and Anti-Colonialism in the 1950s, in: International Review of Social History 41 (1996), S. 147–181.

Chakrabarty, Dipesh, Provincializing Europe. Postcolonial Thought and Historical Difference, Princeton, NJ 2008 [Nachdruck].
Clarke, Sabine, A Technocratic Imperial State? The Colonial Office and Scientific Research, 1940–1960, in: Twentieth Century British History 18 (2007), Nr. 4, S. 453–480.
Clavin, Patricia, Securing the World Economy. The Reinvention of the League of Nations, 1920–1946, Oxford 2013.
Clough, Marshall S., Fighting Two Sides. Kenyan Chiefs and Politicians, 1918–1940, Niwot 1990.
Coghe, Samuël, Inter-Imperial Learning in African Health Care in Portuguese Angola in the Interwar Period, in: Social History of Medicine 28 (2015), Nr. 1, S. 134–154.
Coghe, Samuël, Tensions of Colonial Demography. Depopulation Anxieties and Population Statistics in Interwar Angola, in: Contemporanea 3 (2015), S. 472–478.
Coghe, Samuël /Alexandra Widmer, Colonial Demography. Discourses, Rationalities, Methods, in: The Population Knowledge Network (Hrsg.), Twentieth Century Population Thinking. A Critical Reader of Primary Sources, London/New York 2016, S. 35–42.
Cohen, David William/E.S. Atieno Odhiambo, The Risks of Knowledge. Investigations into the Death of the Hon. Minister John Robert Ouko in Kenya, 1990, Athens, OH 2004.
Cohn, Bernard S., The Census, Social Structure, and Objectification in South Asia, in: Bernard S. Cohn, An Anthropologist among the Historians and Other Essays, Delhi 1987, S. 224–54.
Connelly, Matthew, Seeing Beyond the State. The Population Control Movement and the Problem of Sovereignty, in: Past & Present 193 (2006), S. 197–233.
Connelly, Matthew, To Inherit the Earth. Imagining the World Population, from the Yellow Peril to the Population Bomb, in: Journal of Global History 1 (2006), Nr. 3, S. 299–319.
Connelly, Matthew, Fatal Misconception. The Struggle to Control World Population, Cambridge, MA 2008.
Conrad, Sebastian/Shalini Randeria, Geteilte Geschichten – Europa in der postkolonialen Welt, in: Sebastian Conrad/Shalini Randeria (Hrsg.), Jenseits des Eurozentrismus. Postkoloniale Perspektiven in den Geschichts- und Kulturwissenschaften, Frankfurt a. M. 2002, S. 9–49.
Constantine, Stephen, The Making of British Colonial Development Policy, 1914–1940, London 1984.
Cooper, Frederick, From Slaves to Squatters. Plantation Labor and Agriculture in Zanzibar and Coastal Kenya, 1890–1925, New Haven 1980.
Cooper, Frederick, Decolonization and African Society. The Labor Question in French and British Africa, Cambridge 1996.
Cooper, Frederick, Introduction, in: Frederick Cooper/Randall Packard (Hrsg.), International Development and the Social Sciences, Berkeley/Los Angeles/London 1997, S. 1–41.
Cooper, Frederick, Africa since 1940. The Past of the Present, Cambridge, MA 2002.
Cooper, Frederick, Colonialism in Question. Theory, Knowledge, History, Berkeley, CA u. a. 2005.
Cooper, Frederick, Afrika in der kapitalistischen Welt, in: Shalini Randeria/Andreas Eckert (Hrsg.), Vom Imperialismus zum Empire. Nicht-westliche Perspektiven auf Globalisierung, Frankfurt a. M. 2009, S. 37–73.
Cooper, Frederick, Writing the History of Development, in: Journal of Modern European History 8 (2010), S. 5–23.

Cooper, Frederick, Reconstructing Empire in British and French Africa, in: Past & Present, Supplement 6 (2011), Nr. 210, S. 196–210.
Cowen, Michael P./Robert W. Shenton, Doctrines of Development, London/New York 1996.
Crane, Barbara B./Jason L. Finkle, Organizational Impediments to Development Assistance. The World Bank's Population Program, in: World Politics 33 (1981), Nr. 4, S. 516–553.
Cullather, Nick, The Target is the People. Representations of the Village in Modernization and U.S. National Security Doctrine, in: Cultural Politics 1 (2006), S. 29–48.
Doering-Manteuffel, Anselm, Ordnung jenseits der politischen Systeme. Planung im 20. Jahrhundert, in: Geschichte und Gesellschaft. Zeitschrift für Historische Sozialwissenschaft 34 (2008), Nr. 3, S. 398–406.
Doering-Manteuffel, Anselm, Konturen von „Ordnung" in den Zeitschichten des 20. Jahrhunderts, in: Thomas Etzemüller (Hrsg.), Die Ordnung der Moderne. Social Engineering im 20. Jahrhundert, Bielefeld 2009, S. 41–66.
Dörnemann, Maria, Die „Bevölkerungsexplosion" in Kenia als Verflechtungsgeschichte. Ein nationales Familienplanungsprogramm im Rahmen internationaler Politik (1967–1972), in: Thomas Etzemüller (Hrsg.), Vom „Volk" zur „Population". Interventionistische Bevölkerungspolitik in der Nachkriegszeit, Münster 2015, S. 54–78.
Dörnemann, Maria, Modernisierung als Praxis? Bevölkerungspolitik in Kenia nach der Dekolonisation, in: Anselm Doering-Manteuffel/Lutz Raphael/Thomas Schlemmer (Hrsg.), Vorgeschichte der Gegenwart. Dimensionen des Strukturbruchs nach dem Boom, Göttingen 2016, S. 271–290.
Eckert, Andreas, Exportschlager Wohlfahrtsstaat? Europäische Sozialstaatlichkeit und Kolonialismus in Afrika nach dem Zweiten Weltkrieg, in: Geschichte und Gesellschaft. Zeitschrift für Historische Sozialwissenschaft (2006), Nr. 32, S. 467–488.
Eckert, Andreas, Kolonialismus, Frankfurt a. M. 2006.
Eckert, Andreas, „We Are All Planners Now". Planung und Dekolonisation in Afrika, in: Geschichte und Gesellschaft. Zeitschrift für Historische Sozialwissenschaft 34 (2008), Nr. 3, S. 375–397.
Eckert, Andreas/Sebastian Conrad, Globalgeschichte, Globalisierung, multiple Modernen. Zur Geschichtsschreibung der modernen Welt, in: Andreas Eckert/Sebastian Conrad/Ulrike Freitag (Hrsg.), Globalgeschichte. Theorien, Ansätze, Themen, Frankfurt a. M. 2007, S. 7–49.
Ehmer, Josef, Bevölkerungsgeschichte und historische Demographie 1800–2000, München 2004.
Eisenstadt, Shmuel N., Die Vielfalt der Moderne, Weilerswist 2000.
Eisenstadt, Shmuel N., Multiple Modernities, in: Daedalus 129 (2000), S. 1–30.
Elkins, Caroline M., Britain's Gulag. The Brutal End of Empire in Kenya, London 2005.
Elkins, Caroline M., Imperial Reckoning. The Untold Story of Britain's Gulag in Kenya, New York, NY 2005.
Engerman, David C./Corinna R. Unger, Towards a Global History of Modernization, in: Diplomatic History 33 (2009), S. 375–385.
Escobar, Arturo, Encountering Development. The Making and Unmaking of the Third World, Princeton, NJ 1995.
Etzemüller, Thomas, Ein ewigwährender Untergang. Der apokalyptische Bevölkerungsdiskurs im 20. Jahrhundert, Bielefeld 2007.

Etzemüller, Thomas, „Ich sehe das, was Du nicht siehst". Zu den theoretischen Grundlagen geschichtswissenschaftlicher Arbeit, in: Jan Eckel/Thomas Etzemüller (Hrsg.), Neue Zugänge zur Geschichte der Geschichtswissenschaft, Göttingen 2007, S. 27–68.

Etzemüller, Thomas, Social engineering als Verhaltenslehre des kühlen Kopfes. Eine einleitende Skizze, in: Thomas Etzemüller (Hrsg.), Die Ordnung der Moderne. Social Engineering im 20. Jahrhundert, Bielefeld 2009, S. 11–40.

Fabian, Johannes, Time and the Other. How Anthropology Makes its Object, New York, NY ²2002.

Faust-Scalisi, Mario, Die Ford Foundation und der Population Council. Zwei Institutionen, die gemeinsam globale Bevölkerungsdiskurse prägten, in: Thomas Etzemüller (Hrsg.), Vom „Volk" zur „Population". Interventionistische Bevölkerungspolitik in der Nachkriegszeit, Münster 2015, S. 54–78.

Ferdinand, Ursula, Das Malthusianische Erbe. Entwicklungssträng der Bevölkerungstheorie im 19. Jahrhundert und deren Einfluss auf die radikale Frauenbewegung in Deutschland, Münster 1999.

Ferguson, James, The Anti-Politics Machine. „Development", Depoliticization, and Bureaucratic Power in Lesotho, Cambridge, MA 1990.

Ferguson, James, Expectations of Modernity. Myth and Meanings of Urban Life of the Zambian Copperbelt, Berkeley, CA 1999.

Ferguson, James, Decomposing Modernity. History and Hierarchy, in: James Ferguson, Global Shadows. Africa in the Neoliberal World Order, Durham/London 2006, S. 176–193.

Ferguson, James, Global Shadows. Africa in the Neoliberal World Order, Durham/London 2006.

Ferguson, James, Paradoxes of Sovereignty and Independence. „Real" and „Pseudo-" Nation-States and the Depoliticization of Poverty, in: James Ferguson, Global Shadows. Africa in the Neoliberal World Order, Durham/London 2006, S. 26–50.

Ferguson, James, Transnational Topographies of Power. Beyond „the State" and „Civil Society" in the Study of African Politics, in: James Ferguson, Global Shadows. Africa in the Neoliberal World Order, Durham/London 2006, S. 89–112.

Finkle, Jason L./Barbara B. Crane, The Politics of Bucharest. Population, Development and the New International Economic Order, in: Population and Development Review 1 (1975), S. 87–114.

Fisher, Frank, Technocracy and the Politics of Expertise, London 1990.

Fleck, Ludwik, Erfahrung und Tatsache. Gesammelte Aufsätze, Frankfurt a. M. 1983.

Foucault, Michel, Sicherheit, Territorium, Bevölkerung. Geschichte der Gouvernementalität I. Vorlesung am Collège de France 1977–1978, Frankfurt a. M. 2006.

Frey, Marc, Experten, Stiftungen und Politik. Zur Genese des globalen Diskurses über Bevölkerung seit 1945, in: Zeithistorische Forschungen/Studies in Contemporary History 4 (2007), S. 1–18.

Frey, Marc, Neo-Malthusianism and Development. Shifting Interpretations of a Contested Paradigm, in: Journal of Global History 6 (2011), S. 75–97.

Frey, Marc/Sönke Kunkel/Corinna R. Unger, Introduction. International Organizations, Global Development, and the Making of the Contemporary World, in: Marc Frey/Sönke Kunkel/Corinna R. Unger (Hrsg.), International Organizations and Development, 1945–1990, Basingstoke 2014, S. 1–22.

Furedi, Frank, The Mau Mau War in Perspective, Oxford/Nairobi 2003 (EA 1989).

Galambos, Louis/David Milobsky, Organizing and Reorganizing the World Bank, 1946–1972: A Comparative Perspective, in: Business History Review 69 (1995), Nr. 2, S. 156–190.

Gieryn, Thomas F., Boundary-Work and the Demarcation of Science from Non-Science: Strains and Interests in Professional Ideologies of Scientists, in: American Sociological Review 48 (1983), S. 781–795.

Gilman, Nils, Mandarins of the Future. Modernization Theory in Cold War America, Baltimore, MD 2003.

Gilman, Nils, Modernization Theory, the Highest Stage of American Intellectual History, in: David C. Engerman/Nils Gilman/Mark H. Haefele/Michael E. Latham (Hrsg.), Staging Growth. Modernization, Development, and the Global Cold War, Amherst/Boston 2003, S. 47–80.

Goldsworthy, David, Tom Mboya. The Man Kenya Wanted to Forget, Nairobi 1982.

Grebenik, E., Demographic Research in Britain 1936–1986, in: Population Studies 45 (1991), S. 3–30.

Greenhalgh, Susan, Anthropology Theorizes Reproduction. Integrating Practice, Political Economic, and Feminist Perspectives, in: Susan Greenhalgh (Hrsg.), Situating Fertility. Anthropology and Demographic Inquiry, Cambridge 1995, S. 3–28.

Greenhalgh, Susan, The Social Construction of Population Science. An Intellectual, Institutional, and Political History of Twentieth-Century Demography, in: Comparative Studies in Society and History 38 (1996), Nr. 1, S. 26–66.

Haas, Peter M., Introduction. Epistemic Communities and International Policy Coordination, in: Peter M. Haas (Hrsg.), Knowledge, Power, and International Policy Coordination. A Special Issue of International Organization 46 (1992), Nr. 1, S. 1–35.

Hagner, Michael, Vom Aufstieg und Fall der Kybernetik als Universalwissenschaft, in: Michael Hagner/Erich Hörl (Hrsg.), Die Transformation des Humanen, Beiträge zur Kulturgeschichte der Kybernetik, Frankfurt a. M. 2008, S. 38–71.

Hall, Stuart, The West and the Rest. Discourse and Power, in: Stuart Hall/Bram Gieben (Hrsg.), Formations of Modernity, Cambridge 1992, S. 275–320.

Hartmann, Heinrich, A Twofold Discovery of Population. Assessing the Turkish Population by its „Knowledge, Attitudes, and Practices", 1962–1980, in: Heinrich Hartmann/Corinna R. Unger, (Hrsg.), A World of Populations. Transnational Perspectives on Demography in the Twentieth Century, New York/Oxford 2014, S. 178–200.

Havinden, Michael/David Meredith, Colonialism and Development. Britain and Its Tropical Colonies, 1850–1960, London 1993.

Heideking, Jürgen/Christoph Mauch, Geschichte der USA, Tübingen ^{6}2008.

Heim, Susanne/Ulrike Schaz, Berechnung und Beschwörung. Überbevölkerung – Kritik einer Debatte, Berlin 1996.

Heinemann, Isabel, Preserving the Family and the Nation. Eugenic Masculinity Concepts, Expert Intervention, and the Hegemonic American Family in the United States, 1900–1960, in: Pablo Dominguez/Simon Wendt (Hrsg.), Masculinities and the Nation in the Modern World, 1800–1945, New York, NY 2015, S. 71–92.

Herren, Madeleine, Governmental Internationalism and the Beginning of a New World Order in the Late Nineteenth Century, in: Martin H. Geyer/Johannes Paulmann (Hrsg.), The Mechanics of Internationalism. Culture, Society, and Politics from the 1840s to the First World War, Oxford 2001, S. 121–144.

Herren, Madeleine, Internationale Organisationen seit 1865. Eine Globalgeschichte der internationalen Ordnung, Darmstadt 2009.

Herzfeld, Michael, Developmentalisms, in: Michael Herzfeld, Anthropology. Theoretical Practice in Culture and Society, Oxford 2001, S. 152–170.

Hess, Gary R., Waging the Cold War in the Third World. The Foundations and the Challenges of Development, in: Lawrence J. Friedman/Mark D. McGarvie (Hrsg.), Charity, Philanthropy, and Civility in American History, Cambridge 2003, S. 319–339.

Hetherington, Penelope, British Paternalism and Africa (1920–1940), London 1978.

Higgs, Edward, Life, Death and Statistics. Civil Registration, Censuses and the Work of the General Register Office, 1836–1952, Hatfield 2004.

Hobsbawm, Eric, Das Zeitalter der Extreme. Weltgeschichte des 20. Jahrhunderts, München [8]2007.

Hodge, Joseph, Triumph of the Expert. Agrarian Doctrines of Development and the Legacies of British Colonialism, Athens, OH 2007.

Hodge, Joseph, British Colonial Expertise, Postcolonial Careering and the Early History of International Development, in: Journal of Modern European History 8 (2010), Nr. 1, S. 24–46.

Hodgson, Dennis, Demography as Social Science and Policy Science, in: Population and Development Review 9 (1983), Nr. 1, S. 1–34.

Hodgson, Dennis, The Ideological Origins of the Population Association of America, in: Population and Development Review 1 (1991), Nr. 17, S. 1–34.

Hoff, Derek S., The State and the Stork. The Population Debate and Policy Making in US History, Chicago/London 2012.

Höhler, Sabine, „Spaceship Earth". Envisioning Human Habitats in the Environmental Age, in: GHI Bulletin 42 (2008), S. 65–85.

Höhler, Sabine, Spaceship Earth in the Environmental Age, 1960–1990, London 2015.

Holland, Robert, European Decolonization 1918–1981: An Introductory Survey, Basingstoke 1985.

Hörl, Erich/Michael Hagner, Überlegungen zur kybernetischen Transformation des Humanen, in: Michael Hagner/Erich Hörl (Hrsg.), Die Transformation des Humanen. Beiträge zur Kulturgeschichte der Kybernetik, Frankfurt a. M. 2008, S. 7–37.

Huhle, Teresa, „Lateinamerika ist ein Paradies für Demografen und ein Albtraum für Planer". Bevölkerungsexpertise im Kalten Krieg, in: Stefan Rinke/Delia González de Reufels, Expert Knowledge in Latin American History. Local, Transnational, and Global Perspectives, Stuttgart 2014, S. 333–358.

Huhle, Teresa, Bevölkerung, Fertilität und Familienplanung in Kolumbien. Eine transnationale Wissensgeschichte im Kalten Krieg, Bielefeld 2017.

Hummel, Diana, Der Bevölkerungsdiskurs. Demographisches Wissen und politische Macht, Opladen 2000.

Hunt, Lynn, Measuring Time, Making History, Budapest/New York 2008.

Hunt, Nancy Rose, „Le Bébé en Brousse". European Women, African Birth Spacing, and Colonial Intervention in Breast Feeding in the Belgian Congo, in: The International Journal of African Historical Studies 21 (1988), Nr. 3, S. 401–432.

Hunt, Nancy Rose, Colonial Medical Anthropology and the Making of the Central African Infertility Belt, in: Helen Tilley/Robert J. Gordon (Hrsg.), Ordering Africa. Anthropology, European Imperialism and the Politics of Knowledge, Manchester 2007, S. 252–281.

Hyam, Ronald, Britain's Declining Empire. The Road to Decolonisation 1918–1968, Cambridge 2006.
Ittmann, Karl, Demography as Policy Science in the British Empire, 1918–1969, in: Journal of Policy History 15 (2003), Nr. 4, S. 417–448.
Ittmann, Karl, „Where Nature Dominates Man". Demographic Ideas and Policy in British Colonial Africa, in: Karl Ittmann/Dennis D. Cordell u. a. (Hrsg.), The Demographics of Empire. The Colonial Order and the Creation of Knowledge, Athens, OH 2010, S. 59–88.
Ittmann, Karl, A Problem of Great Importance. Population, Race, and Power in the British Empire, 1918–1973, Berkeley, CA u. a. 2013.
Jeffries, Charles, The Colonial Office, London 1965.
Johnson-Hanks, Jennifer, Natural Intentions. Fertility Decline in the African Demographic and Health Surveys, in: The American Journal of Sociology 112 (2007), Nr. 4, S. 1008–1043.
Kalter, Christoph, Die Entdeckung der Dritten Welt. Dekolonisierung und neue radikale Linke in Frankreich, Frankfurt a. M. 2011.
Kapur, Devesh/John P. Lewis/Richard Webb, The World Bank. Its First Half Century, Washington D.C. 1997.
Kershaw, Greet, Mau Mau from Below, Oxford 1997.
Kertzer, David I., Political-Economic and Cultural Explanations of Demographic Behavior, in: Susan Greenhalgh (Hrsg.), Situating Fertility. Anthropology and Demographic Inquiry, Cambridge 1995, S. 29–52.
Kitching, Gavin, Class and Economic Change in Kenya: The Making of an African Petite-Bourgeoisie, New Haven 1980.
Klose, Fabian, Menschenrechte im Schatten kolonialer Gewalt. Die Dekolonisierungskriege in Kenia und Algerien 1945–1962, München 2009.
Knodel, John/Etienne van de Walle, Lessons From the Past. Policy Implications of Historical Fertility Studies, in: Population and Development Review 5 (1979), S. 217–245.
Koselleck, Reinhart, Neuzeit, in: Koselleck, Reinhart, Vergangene Zukunft. Zur Semantik geschichtlicher Zeiten, Frankfurt a. M. 1979.
Kott, Sandrine/Joëlle Droux (Hrsg.), Globalizing Social Rights. The ILO and Beyond, London 2013.
Kraeger, Philip, Objectifying Demographic Identitites, in: Simon Szreter/Hania Sholkamy/A. Dharmalingam (Hrsg.), Categories and Contexts. Anthropological and Historical Studies in Critical Demography, New York, NY 2004, S. 33–56.
Kühl, Stefan, Die Internationale der Rassisten. Aufstieg und Niedergang der internationalen Bewegung für Eugenik und Rassenhygiene im 20. Jahrhundert, Frankfurt a. M. 1997.
Kuklick, Henrika, The Savage Within. The Social History of British Anthropology, 1885–1945, Cambridge 1991.
Kunkel, Sönke, Systeme des Wissens, Visionen von Fortschritt, in: Archiv für Sozialgeschichte 48 (2008), S. 155–182.
Kunkel, Sönke/Christoph Meyer, Dimensionen des Aufbruchs. Die 1920er und 1930er Jahre in globaler Perspektive, in: Sönke Kunkel/Christoph Meyer (Hrsg.), Aufbruch ins postkoloniale Zeitalter. Globalisierung und die außereuropäische Welt in den 1920er und 1930er Jahren, Frankfurt a. M. 2012, S. 7–36.
Kunkel, Sönke/Christoph Meyer, Fortschritt nach Plan? Der globale Entwicklungsdiskurs des Völkerbundes und die Anfänge des systemischen Denkens, in: Sönke Kunkel/Christoph Meyer (Hrsg.), Aufbruch ins postkoloniale Zeitalter. Globalisierung und die

außereuropäische Welt in den 1920er und 1930er Jahren, Frankfurt a. M. 2012, S. 123–144.
Kupper, Patrick, Weltuntergangs-Vision aus dem Computer. Zur Geschichte der Studie „Die Grenzen des Wachstums" von 1972, in: Frank Uekötter/Jens Hohensee (Hrsg.), Wird Kassandra heiser? Die Geschichte falscher Ökoalarme, Stuttgart 2004, S. 98–111.
Kyle, Keith, The Politics of Independence in Kenya, Basingstoke 1999.
Laak, Dirk van, Planung. Geschichte und Gegenwart des Vorgriffs auf die Zukunft, in: Geschichte und Gesellschaft. Zeitschrift für Historische Sozialwissenschaft 34 (2008), S. 305–326.
Lal, Priya, African Socialism in Postcolonial Tanzania. Between the Village and the World, Cambridge 2015.
Lancaster, Carol, The World Bank in Africa since 1980: The Politics of Structural Adjustment Lending, in: Devesh Kapur/John P. Lewis/Richard Webb (Hrsg.), The World Bank. Its First Half Century, Bd. 2, S. 161–194.
Landwehr, Achim, Das Sichtbare sichtbar machen. Annäherungen an „Wissen" als Kategorie historischer Forschung, in: Achim Landwehr (Hrsg.), Geschichte(n) der Wirklichkeit. Beiträge zur Sozial- und Kulturgeschichte des Wissens, Augsburg 2002, S. 61–89.
Landwehr, Achim, Von der „Gleichzeitigkeit des Ungleichzeitigen", in: Historische Zeitschrift 295 (2012), Nr. 1, S. 1–34.
Latham, Michael E., Modernization as Ideology. American Social Science and „Nation Building" in the Kennedy Era, Chapel Hill, NC 2000.
Ledbetter, Rosanne, A History of the Malthusian League 1877–1927, Columbus 1976.
Lee, Christopher J., Between a Moment and an Era. The Origins and Afterlives of Bandung, in: Christopher J. Lee (Hrsg.), Making a World After Empire. The Bandung Moment and Its Political Afterlives, Athens, OH 2010, S. 1–44.
Leendertz, Ariane, Experten – Dynamiken zwischen Wissenschaft und Politik, in: Christiane Reinecke/Thomas Mergel (Hrsg.), Das Soziale ordnen. Sozialwissenschaften und soziale Ungleichheit im 20. Jahrhundert, Frankfurt a. M./New York 2012, S. 337–369.
Lengwiler, Martin, Vom Überbevölkerungs- zum Überalterungsparadigma. Das Verhältnis zwischen Demographie und Bevölkerungspolitik in historischer Perspektive, in: Eva Barlösius/Daniela Schick (Hrsg.), Demographisierung des Gesellschaftlichen. Analysen und Debatten zur demographischen Zukunft Deutschlands, Wiesbaden 2007, S. 188–204.
Leo, Christopher, The Failure of the „Progressive Farmer" in Kenya's Million-Acre Settlement Scheme, in: The Journal of Modern African Studies 16 (1978), Nr. 4, S. 619–638.
Leonard, David K., African Successes. Four Public Managers of Kenyan Rural Development, Berkeley/Los Angeles/Oxford 1991.
Lepenies, Philipp H., Lernen vom Besserwisser. Wissenstransfer in der „Entwicklungshilfe" aus historischer Perspektive, in: Hubertus Büschel/Daniel Speich (Hrsg.), Entwicklungswelten. Globalgeschichte der Entwicklungszusammenarbeit, Frankfurt a. M. 2009, S. 33–59.
Lewis, Joanna, Empire State-Building. War and Welfare in Kenya, 1925–52, Oxford 2000.
Lewis, Joanna, „Tropical East Ends" and the Second World War. Some Contradictions in Colonial Office Welfare Initiatives, in: The Journal of Imperial and Commonwealth History 28 (2000), Nr. 2, S. 42–66.
Leys, Colin, Underdevelopment in Kenya. The Political Economy of Neo-Colonialism 1964–1971, Berkeley/Los Angeles 1974.

Linklater, Andro, Owning the Earth. The Transforming History of Land Ownership, New York, NY u. a. 2013.
Linnér, Bjorn-Ola, The Return of Malthus. Environmentalism and Post-War Population Resource Crises, Isle of Harris 2003.
Lonsdale, John M., The Conquest State of Kenya 1895–1905, in: Bruce J. Berman/John M. Lonsdale, Unhappy Valley. Conflict in Kenya and Africa, London u. a. 1992, S. 13–44.
Lonsdale, John M., The Moral Economy of Mau Mau. Wealth, Poverty and Civic Virtue in Kikuyu Political Thought, in: Bruce J. Berman/John M. Lonsdale (Hrsg.), Unhappy Valley. Conflict in Kenya and Africa, London u. a. 1992, S. 315–504.
Lonsdale, John M., The „Invention" of Tribes Revisited (I). „Listen While I Read". The Orality of Christian Literacy in the Young Kenyatta's Making of the Kikuyu, in: Louise de la Gorgendière/Sarah Vaughan/ Kenneth King (Hrsg.), Ethnicity in Africa. Roots, Meanings and Implications, Edinburgh 1996, S. 17–53.
Lonsdale, John M., KAU's Cultures: Imaginations of Community and Constructions of Leadership in Kenya after the Second World War, in: Journal of African Cultural Studies 13 (2000), Nr. 1, S. 107–124.
Lonsdale, John M., Soil, Work, Civilization and Citizenship in Kenya, in: Journal of Eastern African Studies 2 (2008), S. 305–314.
Loo, Hans van der/Willem van Reijen, Modernisierung. Projekt und Paradox, München 1992.
Low, D. Anthony, British East Africa. The Establishment of British Rule, 1895–1912, in: Vincent Harlow/E.M. Chilver/Alison Smith (Hrsg.), History of East Africa, Bd. 2, Oxford 1965, S. 1–56.
Low, D. Anthony/John M. Lonsdale, Introduction. Towards the New Order 1945–1963, in: D. Anthony Low/Alison Smith (Hrsg.), History of East Africa, Bd. 3, Oxford 1976, S. 1–63.
Löwy, Ilana, Defusing the Population Bomb in the 1950s. Foam Tablets in India, in: Studies in History and Philosophy of Science Part C 43 (2012), S. 583–593.
Mackenzie, Fiona D., Contested Ground. Colonial Narratives and the Kenyan Environment, 1920–1945, in: Journal of Southern African Studies 26 (2000), Nr. 4, S. 697–718.
Maul, Daniel, Menschenrechte, Sozialpolitik und Dekolonisation. Die Internationale Arbeitsorganisation (IAO) 1940–1970, Essen 2007.
Macmillan, Appendix I: The East Africa Royal Commission, in: D. Anthony Low/ Alison Smith (Hrsg.), History of East Africa, Bd. 3, Oxford 1967, S. 544–557.
Mazower, Mark, Governing the World. The History of an Idea, London 2012.
McCarthy, Kathleen, From Government to Grassroots Reform. The Ford Foundation's Population Programs in South Asia, 1959–1981, in: Soma Hewa/Philo Hove (Hrsg.), Philanthropy and Cultural Context. Western Philanthropy in South, East, and Southeast Asia in the 20th Century, Lanham 1997, S. 129–156.
McKinnon, Ronald, The Rules of the Game. International Money in Historical Perspective, in: Journal of Economic Literature 31 (1993), S. 1–43.
McWilliam, Michael, The Managed Economy. Agricultural Change, Development, and Finance in Kenya, in: D. Anthony Low/Alison Smith (Hrsg.), History of East Africa, Bd. 3, Oxford 1976, S. 251–289.
Mitchell, Timothy, Das Objekt der Entwicklung, in: Shalini Randeria/Andreas Eckert (Hrsg.), Vom Imperialismus zum Empire, Frankfurt a. M. 2009, S. 163–207.

Muigai, Githu, Jomo Kenyatta & the Rise of the Ethno-Nationalist State in Kenya, in: Bruce J. Berman/ Dickson Eyoh/Will Kymlicka (Hrsg.), Ethnicity & Democracy in Africa, Oxford 2004, S. 200–217.

Nair, Rahul, The Construction of a „Population Problem" in Colonial India 1919–1947, in: The Journal of Imperial and Commonwealth History 39 (2011), S. 227–247.

Neubert, Dieter, Sozialpolitik in Kenia, Münster 1986.

Nolte, Paul, Gleichzeitigkeit des Ungleichzeitigen, in: Stefan Jordan (Hrsg.), Lexikon Geschichtswissenschaft. Hundert Grundbegriffe, Stuttgart 2002, S. 134–137.

Ochieng', William R., The Kenyatta Era. Structural and Political Changes, in: Bethwell A. Ogot/William R. Ochieng' (Hrsg.), Decolonization and Independence in Kenya, London 1995, S. 83–109.

Odhiambo, E.S. Atieno, The Production of History in Kenya. The Mau Mau Debate, in: Canadian Journal of African Studies 25 (1991), S. 300–307.

Odhiambo, E.S. Atieno, The Formative Years 1945–1955, in: Bethwell A. Ogot /William R. Ochieng' (Hrsg.), Decolonization and Independence in Kenya, London 1995, S. 25–47.

Ogot, Bethwell A., The Decisive Years 1956–63, in: Bethwell A. Ogot/William R. Ochieng' (Hrsg.), Decolonization and Independence in Kenya, London 1995, S. 48–79.

Olszynko-Gryn, Jesse, Contraceptive Technologies, in: The Demography Network (Hrsg.), Twentieth Century Population Thinking. A Critical Reader of Primary and Secondary Sources, New York, NY 2016, S. 172–179.

Osborne, Thomas/Nikolas Rose, Populating Sociology. Carr-Saunders and the Problem of Population, in: Sociological Review 56 (2008), S. 552–578.

Osterhammel, Jürgen, „The Great Work of Uplifting Mankind". Zivilisierungsmissionen und Moderne, in: Jürgen Osterhammel/Boris Barth (Hrsg.), Zivilisierungsmissionen. Imperiale Weltverbesserung seit dem 18. Jahrhundert, Konstanz 2005, S. 363–425.

Packard, Randall M., The Invention of the „Tropical Worker". Medical Research and the Quest for Central African Labor on the South African Gold Mines, 1903–36, in: The Journal of African History 34 (1993), S. 271–292.

Parsons, Timothy, Being Kikuyu in Meru. Challenging the Tribal Geography of Colonial Kenya, in: The Journal of African History 53 (2012), S. 65–86.

Pedersen, Susan, The Guardians. The League of Nations and the Crisis of Empire, Oxford u. a. 2015.

Piotrow, Phyllis Tilson, World Population Crisis. The United States Response, New York, NY 1973.

Pircher, Wolfgang, Im Schatten der Kybernetik. Rückkopplung im operativen Einsatz: ‚operational research', in: Michael Hagner/Erich Hörl (Hrsg.), Die Transformation des Humanen. Beiträge zur Kulturgeschichte der Kybernetik, Frankfurt a. M. 2008, S. 348–376.

Pratt, Mary Louise, Imperial Eyes. Travel Writing and Transculturation, London/New York 1992.

Ramsden, Edmund, Frank W. Notestein, Frederick H. Osborn, and the Development of Demography in the United States, in: Friends of the Princeton Library. The Princeton University Library Chronicle 65 (2004), Nr. 2, S. 282–316.

Ramsden, Edmund, Eugenics From New Deal to the Great Society. Genetics, Demography and Population Quality, in: Studies in History and Philosophy of Biological & Biomedical Sciences (2008), S. 391–406.

Raphael, Lutz, Die Verwissenschaftlichung des Sozialen als methodische und konzeptionelle Herausforderung für die Sozialgeschichte des 20. Jahrhunderts, in: Geschichte und Gesellschaft (1996), Nr. 22, S. 165–193.

Raphael, Lutz, Ideen als gesellschaftliche Gestaltungskraft im Europa der Neuzeit. Bemerkungen zur Bilanz eines DFG-Schwerpunktprogramms, in: Lutz Raphael/Heinz-Elmar Tenorth (Hrsg.), Ideen als gesellschaftliche Gestaltungskraft der Neuzeit. Beiträge für eine erneuerte Geistesgeschichte, München 2006, S. 11–27.

Reid, Richard, J., A History of Modern Africa: 1800 to the Present, Chichester ²2012.

Riddell, J. Barry, Things Fall Apart Again. Structural Adjustment Programmes in Sub-Saharan Africa, in: The Journal of Modern African Studies 30 (1992), Nr. 1, S. 53–69.

Rist, Gilbert, The History of Development. From Western Origins to Global Faith, London 2002.

Robertson, Thomas, The Malthusian Moment. Global Population Growth and the Birth of the American Environmentalism, New Brunswick 2012.

Roesch, Claudia, Umstrittene Familienkonzepte. Repräsentationen von Familienwerten US-amerikanischer Experten und mexikanisch-amerikanischer Bürgerrechtsaktivisten, in: Meike S. Baader u. a. (Hrsg.), Familientraditionen und Familienkulturen. Theoretische Konzeptionen, historische und aktuelle Analysen, Wiesbaden 2013, S. 264–265.

Rosberg, Carl/John Nottingham, The Myth of Mau Mau: Nationalism in Kenya, New York 1966.

Rosental, Paul-André, L'intelligence démographique. Sciences et politiques des populations en France (1930–1960), Paris 2000.

Rosental, Paul-André, Wissenschaftlicher Internationalismus und Verbreitung der Demographie zwischen den Weltkriegen, in: Petra Overath/Patrick Krassnitzer (Hrsg.), Bevölkerungsfragen. Prozesse des Wissenstransfers in Deutschland und Frankreich (1870–1939), Köln u. a. 2007, S. 255–291.

Sackley, Nicole, The Village as Cold War Site. Experts, Development and the History of Rural Reconstruction, in: Journal of Global History 6 (2011), S. 481–504.

Sarasin, Philipp, Was ist Wissensgeschichte, in: Internationales Archiv für Sozialgeschichte der deutschen Literatur 36 (2011), S. 159–171.

Sassen, Saskia, Das Paradox des Nationalen, Frankfurt a. M. 2008.

Schultz, Susanne, Hegemonie – Gouvernementalität – Biomacht: Reproduktive Risiken und die Transformation internationaler Bevölkerungspolitik, Münster 2006.

Schumacher, Beatrice/Thomas Busset, Der Experte. Aufstieg einer Figur der Wahrheit und des Wissens, in: Traverse 8 (2001), S. 15–20.

Scott, James C., Seeing Like a State. How Certain Schemes to Improve the Human Condition Have Failed, New Haven/London 1998.

Sharma, Patrick A., Robert McNamara's Other War. The World Bank and International Development, Philadelphia 2017.

Sharpless, John, World Population Growth, Family Planning and American Foreign Policy, in: Journal of Policy History 7 (1995), S. 72–102.

Simmons, George B./Rushikesh Maru, The World Bank's Population Lending and Sector Review (Policy, Planning and Research Working papers, WPS 94), Population and Human Resources Department (World Bank), Washington D.C. 1988.

Smith, Tony, New Bottles for New Wine. A Pericentric Framework for the Study of the Cold War, in: Diplomatic History 24 (2000), S. 567–591.

Soloway, Richard A., Birth Control and the Population Question in England, 1877–1930, Chapel Hill/London 1982.

Soloway, Richard A., Demography and Degeneration. Eugenics and the Declining Birthrate in Twentieth-Century Britain, Chapel Hill/London 1990.
Sørrensen, M.P.K., Appendix I. Kenya Land Policy, in: Vincent Harlow/E.M. Chilver/Alison Smith (Hrsg.), History of East Africa, Bd. 2, Oxford 1965, S. 672–689.
Speich, Daniel, The Kenyan Style of „African Socialism". Development Knowledge Claims and the Explanatory Limits of the Cold War, in: Diplomatic History (2009), S. 449–466.
Speich Chassé, Daniel, Die Erfindung des Bruttosozialprodukts. Globale Ungleichheit in der Wissensgeschichte der Ökonomie, Göttingen 2013.
Speich Chassé, Daniel, Fortschritt und Entwicklung, Version: 1.0, in: Docupedia-Zeitgeschichte. http://docupedia.de/zg/Fortschritt_und_Entwicklung (letzter Zugriff am 7.9.2016).
Speich Chassé, Daniel, Les statistiques comme mode de communication politique. Le cas des premiers plans de développement au Kenya, in: Politique africaine 1 (2017), Nr. 145, S. 85–108
Speitkamp, Winfried, Generation und Tradition. Politische Jugendbewegungen im kolonialen Kenia, in: Historische Zeitschrift 36 (2003), S. 93–120.
Springhall, John, Decolonization since 1945, Basingstoke 2001.
Staples, Amy L.S., The Birth of Development. How the World Bank, Food and Agriculture Organization, and World Health Organization Changed the World, 1945–1965, Kent, OH 2006.
Summers, Carol, Intimate Colonialism. The Imperial Production of Reproduction in Uganda, 1907–1925, in: Signs 16 (1991), Nr. 4, S. 787–807.
Symonds, Richard/Michael Carder, The United Nations and the Population Question 1945–1970, London 1973.
Szreter, Simon, The GRO and the Public Health Movement in Britain, 1837–1914, in: Social History of Medicine 4 (1991), S. 435–463.
Szreter, Simon, The Idea of Demographic Transition and the Study of Fertility Change. A Critical Intellectual History, in: Population and Development Review 19 (1993), Nr. 4, S. 659–701.
Szreter, Simon, Fertility, Class and Gender in Britain, 1860–1940, Cambridge 1996.
Szreter, Simon/Hania Sholkamy/A. Dharmalingam, Contextualizing Categories: Towards a Critical Reflexive Demography, in: Simon Szreter/Hani Sholkamy/A. Dharmalingam (Hrsg.), Categories and Contexts. Anthropological and Historical Studies in Critical Demography, Oxford 2004, S. 3–32.
Takeshita, Chikako, The Global Biopolitics of the IUD. How Science Constructs Contraceptive Users and Women's Bodies, Cambridge, MA/London 2011.
Thomas, Lynn M., Regulating Reproduction. State Interventions into Fertility and Sexuality in Rural Kenya, 1920–1970 (Ph.D. Diss., University of Michigan), Ann Arbor, MI 1997.
Thomas, Lynn M., Politics of the Womb. Women, Reproduction and the State in Kenya, Berkeley/Los Angeles 2003.
Throup, David W., Economic and Social Origins of Mau Mau, London 1987.
Tignor, Robert L., The Colonial Transformation of Kenya. The Kamba, Kikuyu and Maasai from 1900 to 1939, Princeton, NJ 1976.
Tilley, Helen, Africa as a Living Laboratory. Empire, Development, and the Problem of Scientific Knowledge, 1870–1950, Chicago, IL 2011.
Unger, Corinna R., Histories of Development and Modernization. Findings, Reflections, Future Research, in: H-Soz-Kult, http://www.hsozkult.de/literaturereview/id/forschungsberichte-1130, veröffentlicht am 9.12.2010 (letzter Zugriff am 27.10.2016).

Unger, Corinna R., Towards Global Equilibrium. American Foundations and Indian Modernization, 1950s to 1970s, in: Journal of Global History 6 (2011), S. 121–142.

Unger, Corinna R., Family Planning – A Rational Choice? The Influence of Systems Approaches, Behavioralism, and Rational Choice Thinking on Mid-Twentieth-Century Family Planning Programs, in: Heinrich Hartmann/Corinna R. Unger (Hrsg.), A World of Populations. Transnational Perspectives on Demography in the Twentieth Century, New York/Oxford 2014, S. 58–82.

Unger, Corinna R., Entwicklungspfade in Indien. Eine internationale Geschichte 1947–1980, Göttingen 2015.

Unger, Corinna R., International Development. A Postwar History, London 2018.

Vaughan, Megan, Curing their Ills. Colonial Power and African Illness, Cambridge 1991.

Walle, Nicolas van de, African Economies, Cambridge 2001.

Waller, Richard, Ethnicity and Identity, in: John Parker/Richard J. Reid (Hrsg.), The Oxford Handbook of Modern African History, Oxford 2013.

Warwick, Donald P., Bitter Pills. Population Policies and their Implementation in Eight Developing Countries, Cambridge 1983.

Wasserman, Gary, Continuity and Counter-Insurgency. The Role of Land Reform in Decolonizing Kenya 1962–1970, in: Canadian Journal of African Studies 7 (1973), Nr. 1, S. 133–148.

Watkins, Susan Cotts, Local and Foreign Models of Reproduction in Nyanza Province, Kenya, in: Population and Development Review 26 (2000), S. 725–759.

Weindling, Paul, Modernizing Eugenics. The Role of Foundations in International Population Studies, in: Giuliana Gemelli/Roy MacLeod (Hrsg.), American Foundations in Europe. Grant-Giving Policies, Cultural Diplomacy and Trans-Atlantic Relations, 1920–1980, Brüssel/Bern/Berlin 2003, S. 167–179.

Werner, Michael/Bénédicte Zimmermann, Vergleich, Transfer, Verflechtung. Der Ansatz der *Histoire croisée* und die Herausforderung des Transnationalen, in: Geschichte und Gesellschaft 28 (2002), S. 607–636.

White, Luise, The Comforts of Home. Prostitution in Colonial Nairobi, Chicago/London 1990.

Widmer, Alexandra, Filtering Demography and Biomedical Technologies. Melanesian Nurses and Global Population Concerns, in: Corinna R. Unger/Heinrich Hartmann (Hrsg.), A World of Populations. Transnational Perspectives on Demography in the Twentieth Century, New York/Oxford 2014, S. 222–242.

Williams, Marc, Third World Cooperation. The Group of 77 in UNCTAD, London 1991.

Wrigley, C.C., Kenya. The Patterns of Economic Life, 1902–1945, in: Vincent Harlow/E.M. Chilver/Alison Smith (Hrsg.), History of East Africa, Bd. 2, Oxford 1965, S. 209–264.

Young, Robert J., Postcolonialism. An Historical Introduction, Malden, MA 2001.

Zwanenberg, R.M.A., An Economic History of Kenya and Uganda, 1800–1970, Plymouth 1975.

Register

Abtreibung 62, 145
Advisory Mission Siehe Erkundungsmission
African Research Survey 70–72, 99
Afrika 13, 30, 70, 105
Afrikanischer Sozialismus 166 f.
Agrarsektor 184, 242, 253
Ägypten 73
Ahlinder, Jørgen 209
Algerien 259
Alphabetisierung 115
Altersvorsorge 158, 237
Anderson, Richmond K. 150, 178
Angwenyi, C.P. 239
Anthropologie 33, 63, 75, 298, 300
– Sozialanthropologie 245, 277
Arbeitskräfte
– Bedarf 61 f., 102
– britischer Kolonialismus 8, 25, 56, 60, 94
– Entlassung/Vertreibung 64, 121, 163
– Frauen 301
– Mangel 28, 61, 72
– Rekrutierung 31
– *White Highlands* 31 f., 63, 121
Arbeitslosigkeit
– Anstieg 163
– bei Frauen 300
– Großbritannien 24
– Kolonie Kenia 64
– Problem 237, 241 f., 250, 253
– Vereinigte Staaten von Amerika 263
Argentinien 259
Armar, A. 268, 277
Armut
– als Bedrohung 2, 155
– als Problem 76, 146, 224, 315
– Familie 232
– Großbritannien 105
Asien 129, 144 f.

Bangladesch 295
Baring, Evelyn 121 f.
Barnes, Allan C. 269, 274
Behavioralismus 145, 147, 153

Berelson, Bernard 222, 262, 265, 279
Beschneidung 61 f., 113
Beveridge, William 78, 80
Bevölkerung
– als Knotenpunkt 6
– als Konstrukt 13, 34, 44, 46, 53
– Perspektiven auf 5
– Weltbevölkerung 97
Bevölkerungsdichte
– als Konzept 246 f.
– als Kriterium 56, 182, 244
– als Problem 247
– Kolonien 74
– lokal 86, 94
– Reservat 57
– Vihiga 244
Bevölkerungsexplosion
– Begriff 211
– Bild 3
– Diagnose 21
– Geschichte 22
– Magazinthema 4
– Prognose 20
– Wahrnehmung 154
Bevölkerungskonferenz
– Villa Serbelloni, Bellagio (1973) 269, 274, 289
Bevölkerungskontrollbewegung 4, 13, 257, 318
Bevölkerungspolitik
– als Entwicklungspolitik 11, 20, 141, 156, 265
– als Modernisierungspolitik 132, 134, 154, 273, 315
– Befürworter in Kenia 307
– Bewertung 302
– globale Perspektive 11
– integrierter Ansatz 230
– international 4, 42, 275
– Kolonie Kenia 220
– Maßnahmeneklektizismus 293
– nationaler Rahmen 10, 236
– neues Verständnis 302

– Privatisierung 309
– Superlative 14
– und Strukturanpassung 303, 308
Bevölkerungsproblem 210
– als Ungleichgewicht 1, 3, 36
– als Weltproblem 36, 39, 91 f., 96
– Definition 182, 220, 246, 256
– Kenia 174, 202
– Lösung 294
– nationaler Maßstab 192
– Stadienmodell 41
Bevölkerungswachstum 106, 156
– als Bedrohung 59, 79, 84, 88
– als Entwicklungshindernis 178, 211
– als Indikator 16
– als Strukturmerkmal 57
– Diagnose 7 f.
– Kenia 287, 292
– Kolonie Kenia 48, 97, 129
– Kolonien 83
– Kontrolle 37
– Maßstab 19
– nationaler Rahmen 4
– Problematisierung 72, 157, 175, 215, 224, 232, 248, 306
– Prognose 75
– Reduktion 173, 179, 181, 183, 223, 307
– Rückgang 311, 314
– Stadienmodell 41, 58, 81, 93, 154
– Symptom von Unterentwicklung 259
– Umwertung 36, 60
– und Wirtschaftswachstum 127, 153, 171, 174, 202, 255
Bevölkerungswachstumsrate
– als Indikator 19, 128
– als Vergleichskategorie 115
– Anstieg 190, 295
– Definition 317
– Ermittlung 98 f., 116, 129
– Halbierung 186
– höchste 14, 128, 295, 318
– Kolonie Kenia 97
Bevölkerungszählungen 49, 64, 100
Bevölkerungszählungen *Siehe auch:* Zensus
Bildung
– als Modernisierungsparameter 84, 144, 275, 310

– als Statussymbol 281
– als Vergleichskategorie 115
– Frauen 293, 311
– Kosten 253, 308, 310
– Mangel 300
– Programme 228
– Schulbildung 158, 174
Bildungsgrad
– Wahlrecht 162
– Zensuskategorie 112
Biologie 38, 75, 138 f.
– Reproduktionsbiologie 276
Black, Eugene 142
Blacker, Carlos Paton 106 f.
Blacker, J.G.C. 129
Boden *Siehe* Land
Bodenerosionen 65
Bondestam, Lars 255
Bowman, Helen 209
Boyd-Orr, John 92 f.
Bradley, Candice 311
Bretton Woods 263
britische Siedler *Siehe* Weiße Siedler
British Empire 126
– Datenerhebung 96
– Entwicklung 33
– Erschließung von Ressourcen 69
– Kolonialpolitik 94
– Kolonisierungspraxis 25
– Regierung 101
– Unruhen 105
– Verwaltungsstruktur 104
Bruttosozialprodukt 169, 255

Caldwell, John 311
Carr-Saunders, Alexander 39, 78 f., 106–108
carrying capacity *Siehe* Bevölkerungsdichte
Carter, Morris 46
Chamberlain, Joseph 24, 30
Chaos 200, 252
Club of Rome 247
Coale, Ansley J.
– Demograph 134, 139, 239
– *European Fertility Transition Project* 275
– Harvard 146
– Interview 143, 148

– Kenia 149, 151, 178
– *Office of Population Research* 138
– *Population Growth and Economic Development in Low-Income Countries* 127
– Princeton 141
Coale/Hoover-Studie 148, 315
– Argument 146, 241
– Funktion 142
– Indien 143, 171
– Kenia 151
– Modell 143
– Referenz 174, 211, 261
– Verbreitung 150
Colonial Office
– afrikanische Kolonien 104
– *Colonial Advisory Medical Committee* 58, 73, 84
– *Colonial Development and Welfare Act* 71, 105
– Demographie 108
– Dissens mit weißen Siedlern 32
– Forschungsfinanzierung 68
– Institution 71, 85, 88
– kolonialpolitische Reformdebatte 120
– Reform 45, 69, 89
– und Kolonialregierungen 90
– Zensus 103, 129
Comte, Auguste 249
Condé, Julien 271f.
Corfield, Francis D. 123
counterparts 222
Crane, Barbara 258, 266
Cunliffe-Lister, Philip 46

Dalgleish, A.G. 241f.
Danish International Development Agency (DANIDA) 226
Davey, Thomas Herbert 58, 73–75, 79f., 84f., 89, 95
Davis, Kingsley 77, 80, 140, 146, 288
Deane, Phyllis 88
Dekolonisation 94, 125, 131, 156
– als Modernisierung 155
– Forschung 10
– Kenia 158, 167, 179
– Perspektive 59
– Prozess 35, 126, 154

Demographie 300
– als Perspektive 134
– als Wissenschaft 100, 139
– anthropologische Ausrichtung 294
– epistemische Gemeinschaft 149
– imperial 97, 116
– Institutionalisierung 107, 129, 135
– mikro-demographische Fragestellungen 297
– *Office of Population Research* 138
– Ostafrika 109
– Relevanzverlust 276, 285
– sozialwissenschaftliche Ausrichtung 239
Deregulierung 21, 304
Detribalisierung 63, 250
Deutsche Gesellschaft für Technische Zusammenarbeit (GTZ) 226
Dezentralisierung 304, 307f., 319
differentielle Fertilität 76f., 106, 137
Diffusionsmodell 239, 253, 283, 292
Dow, Hugh 119
Dritte Welt 2, 4, 131, 145
– Begriff 155
– Entwicklung 153
– Raum 22, 238
Dual Mandate 30

East Africa Royal Commission 119f., 126, 184f.
Edwards, Edgar O. 128, 172f., 175–177
Ehe 299
Eigentum
– Begriff 48, 50f., 130
– kollektiv 33, 55
Einwanderungspolitik 40
Eisenstadt, Shmuel N. 313
Eliten 14, 84
– bevölkerungspolitische Führungselite 258
– Geburtenkontrolle 78
– Kenia 165, 188, 205
– Kolonie Kenia 31, 124f.
– urban 239, 253
Elliot, Charles 25
empty country Siehe leerer Raum
Entwicklung 232
– Ansatz 249
– Begriff 19, 35, 60, 71, 83

– Denken 24, 27, 30, 33, 87, 158, 255, 264
– der Kolonien 28, 32, 55, 58, 72, 82, 84, 123
– Diskurs 152
– Dynamik 297
– Erwartung 155, 182
– Herausforderung 238
– Idee 6, 250
– ländliche Entwicklungsdoktrin 241, 251
– Maß 127
– Maßnahmen 184
– Ostafrika 23
– Privatisierung 308
– Strategie 171
– Vision 157, 216, 278
– Wirtschaftswachstum 167 f., 260
– Ziele 114
Entwicklungshilfe 188, 269, 295
– Akquise 176
– Bedingung 284
– Gelder 260
– Kürzung 264
– technische Hilfe 150
– Voraussetzungen 172
Entwicklungspolitik
– Geschichte der 9
– Grundbedürfnisstrategie 219, 228, 253
– Instrument 224
– integrierter Ansatz 289 f.
– kolonial 105
Erkundungsmission 151
– Kenia 151, 178, 181, 195, 202, 233
Ernährung 61, 66, 93, 228, 253
– Kosten 253
– Studien 66
Erster Weltkrieg 34, 40, 45
Erwerbslosigkeit *Siehe* Arbeitslosigkeit
Etherington, Dan M. 182–184, 186 f.
Eugenik 76, 107
– *American Eugenics Society* 136
– *British Eugenics Society* 68, 106
– eugenisch 76
– eugenische Bewegung 68, 76
– Reformeugenik 106, 108, 136
Expertenmission *Siehe* Erkundungsmission

Fairchild, Henry Pratt 39
Familie 81
– Idealgröße 234
– Kernfamilie 231
– Kenia 312
– Lebensstandard 236 f., 253
– Modell 180, 232 f., 235, 282, 299
– Norm 241, 253
– Konzept 112, 235, 298
Familienplanung 4, 146, 148 f.
– als Kulturtechnik 279
– Ansatz 147
– Funktion 244, 252, 254, 260, 284
– Instrument 181, 307
– ländliche Entwicklungsdoktrin 241
– und Gesundheitspolitik 204
– und Modernisierung 232, 273
– Workshop (1969) 231, 235, 237, 239
– *Workshop on Needed Research* (1970) 267, 276
Familienplanungsprogramm 8, 181, 208, 223, 230, 252
– als Gesundheitsprogramm 229, 244, 289, 309
– Anbahnung 193
– Begründung 152
– Geburtenkontrolle 220, 306
– Kritik 201, 211, 255
– Öffentlichkeit 207
– *Sessional Paper* 170
– Studie 235
– Umsetzung 200
– und Entwicklungspolitik 175
– Wirkung 262
Family Planning Association of Kenya 201, 207, 209, 282, 306
Faruqee, Rashid 241, 289 f., 300
Fazan, Sidney 65, 74, 98–100
Fendall, Neville Rex 191 f.
Fertilität
– abhängige/unabhängige Variable 144
Fertilitätsrückgang 144
– Deutung 82, 288, 310
– Großbritannien 94
– Kenia 302, 310
– professionelles Modell 77 f.
Finkle, Jason 258, 266

Folk Media Project 282
Food and Agriculture Organization (FAO) 92 f.
Ford Foundation 13, 128, 151, 194 f., 207, 227, 251, 254, 282, 291 f.
– *Africa Review Conference* 244, 264, 284
– Bevölkerungspolitik 245, 268
– Forschung 269
– Kenia 189, 220, 267
– und *Population Council* 177
Fortschritt 27, 32, 41, 76, 148, 224
– Idee 250
– Kolonien 30, 71, 73
– lineares Denken 272, 281
– Skepsis 246, 254
Frank, Odile 297–300, 310
Frankreich 41

Galton, Francis 76
Geburtenkontrolle 20, 39, 144, 212, 305, 312
– als Instrument 219, 279
– als Modernisierungsparameter 84, 144
– als „Zivilisationsmerkmal" 77, 94
– Bedingung 284
– Katalysator 252
– Kritik 202
– Maßnahmen 79, 259, 285
– Stadienmodell 41
– Technologie 147
Geburtenkontrollpolitik 37, 145, 265
Genetik 277, 285
genetisch 76, 276
Gerhart, John 245
Geschichte 273, 275, 285, 319
– als „Kollektivsingular" 58, 272
– Deutungshoheit 53
Gesundheit 60, 66, 68, 72, 226
– Ausbau der medizinischen Infrastruktur 216, 230, 253
– Gesundheitspolitik 77, 215, 219
– Gesundheitssystem 144
– Gesundheitsversorgung 15, 223, 227, 229, 261, 291
– Kosten 308
– von Müttern und Kindern 204
Gewerkschaften 124 f.

Ghana 233, 268
Gill, John
– Berater 196, 200
– Bericht 190 f.
– *Family Planning Section* 208
– Gynäkologe 195
Gleichzeitigkeit des Ungleichzeitigen 272
Goldthorpe, John 119
Großbritannien 20, 25, 41, 43, 162
– Agrarreformen 27
– Bevölkerungsentwicklung 75
– Funktion der Kolonien 24, 94
– Geburtenrückgang 76, 78
– *General Register Office* 76
– Kolonialkritik 33
Grotius, Hugo 26
Gruppe 77 266

Hailey, W. Malcolm 99, 101, 105, 108
Hall, Peter 292
harambee 308
Harkavy, Oscar 195, 269
Hauser, Philip M. 213
Haushalt 76, 98, 102, 298, 301
Heisel, Donald F. 198, 206, 210, 234
Henin, Roushdi 271, 273
Hochland Siehe White Highlands
Hoover, Edgar 127
Humphrey, Norman 74, 246 f., 249 f.
Husain, S. Shahid 230
Huxley, Julian 88, 107
Hyden, Goran 255, 269, 295 f.
Hygiene 66 f., 72

Impey, D.A. 52
Indien 295
– KAP-Studien 152
– Zensus 104
Indirekte Herrschaft 30, 32, 63, 66
Individualisierung 84, 88
Industrialisierung 67, 84, 87, 231 f.
– historischer Wendepunkt 95
– Kenia 242
– Kolonien 88
– Konsequenzen 78
– Modernisierung 144, 275
– Stadienmodell 81

Industrienationen 41, 58, 71, 84, 115
Informations-, Schulungs- und Kommunikationsansatz 292, 294
International Labor League 126
International Labour Organization (ILO) Siehe Internationale Arbeitsorganisation (IAO)
International Monetary Crisis Siehe Währungskrise
International Planned Parenthood Federation (IPPF) 207
Internationale Arbeitsorganisation (IAO) 40, 210, 244
Internationaler Währungsfonds (IWF) 303 f.

Japan 145
Johnson-Hanks, Jennifer 312

Kalter Krieg 145, 155, 288
– Dynamik 93, 125
– Forschung 10
– Rahmen 155
Kanagaratnam, Kandiah 218, 273, 275, 287, 289
Kenia
– als demographischer Sonderfall 287, 296
– als „Entwicklungsland" 8, 128, 244, 317
– als Untersuchungsraum 13 f.
– Finanzministerium 210, 212 f., 225, 260
– Gesundheitsministerium 207, 216, 220, 317
– Entmachtung 292
– Familienplanungsprogramm 194 f., 203, 215, 229, 290, 305
– *Family Planning Section* 198, 208
– Funktion 293
– Kritik 213, 291
– politischer Umbruch 196
– Umstrukturierung 199
– Haushaltsdefizit 303
– *Kenya African National Union* (KANU) 157, 166, 170
– Kolonisierung 28
– *Legislative Council* 125, 162
  – Wahlen (1957) 161
– Lennox-Boyd-Constitution 162
– Lyttelton Constitution 160

– Maasai 29, 52, 93
– *Ministry of Economic Planning and Development* (MEPD) 171 f., 201, 205 f., 306
– Nahrungsmittelknappheit (1979) 303
– Nation 5, 12, 169, 244, 317
– *National Council on Population and Development* (NCPD) 293, 302–304, 307, 309
– Notstand 122, 159, 161, 163
– *Special Rural Development Programme* 243, 254
– Unabhängigkeit 44, 158 f., 163, 165
  – Lancaster House-Konferenzen 163
Kenia
– *Legislative Council*
  – Wahlen (1958) 163
– Gesundheitsministerium
  – *Family Planning Section* 225
Kenya Land Commission 23, 44, 49–51, 53, 55, 117, 316
– Anhörungen 48
– Aufgabengebiet und Zusammensetzung 46
– Aussagen 184
– Bericht 119
– Bevölkerung 46, 101
– Bevölkerungswachstum 57, 59
– Einberufung 45
– Verhandlungen 64
Kenyatta, Jomo 157, 165, 167, 170, 201
Kibaki, Mwai 214
– Bevölkerungsproblem 202
– Finanzminister 230, 262, 264
– *London School of Economics* 172
– Ökonom 173, 306
– Vizepräsident u. Innenminister 306 f.
Kibe, Joseph 213–215
Kigondu, Giceha 211
Kikuyu 45, 49 f., 54, 57, 93
– Arbeitsmigration 32
– Bevölkerung 47
– Bevölkerungsschätzung 74
– Bevölkerungswachstum 74, 98, 100
– Enteignung 56
– Geschichte 52
– Identität 47, 52
– *Kikuyu Lands* 119

- kollektive Bestrafung 122, 124
- Land 46
- Mau-Mau 159, 165
- *Progressive Kikuyu Party* 47
- Protest 45
- soziale Situation 64
- Umsiedlung 29
Kisa, Jack 261
Knowledge-Attitudes-Practices-Studien (KAP) 148, 152, 233, 236, 289
Koinange (chief) 52
Kolonie Kenia 3, 42
- *Chieftancy* 31
- *Dual Economy* 32, 185
- Entstehung 23
- Hütten- und Kopfsteuer 31, 34, 45, 64
- *Kipande* 102
- *Million Acre Scheme* 164 f.
- Reservate 29 f., 47, 55, 63, 130
  - Entstehung 29
  - Grenzen 120
- *Squatter* 32, 121
- *Swynnerton*-Plan 124, 160, 163, 185
Komplexität 143, 270
Konfusion 200, 252
Konsumenten 85, 95
Kontrazeptiva 222
- „demand creation" 294
- Information und Angebot 244
- Information und Schulung 216
- Intrauterinpessar 153, 209, 255
- Liberalisierung der Vergabepraxis 308
- Modernisierungsprozess 288
- Nutzung 78, 289, 310
- Pille 209
- „unmet need" 290
- Verbreitung 214, 283
- Verfügbarkeit 229
- Verfügbarmachung 253, 288
- Verhütungsmethoden 192, 226
Kuczynski, Robert René 79, 115
- *African Survey* 99
- Biographie 107
- Demograph 97, 100
Kultur 144, 278, 282, 285
- als Hindernis 279
- als Konzept 70, 254, 277, 318

- Begriff 280
- Instrument 236
- Kenia 236
- Kommunikationspraktiken 283
Kyalo, John 196–199
Kybernetik 145, 147

Land 5, 26, 101, 121
- Aufteilung 28
- Besitz 45, 53, 55, 112, 160 f., 165, 235, 299
- Bewirtschaftung 65
- *Crown Land* 49
- Enteignung 44
- *improvement* 27
- In-Wert-Setzung 19, 27, 55
- Knappheit 237, 301
- Konflikt 118
- Landflucht 250
- Landlosigkeit 164
- Nutzung 42, 50
- Terrassierung 65, 71, 123
- Umverteilung 56, 80
- und Bevölkerung 120, 184, 220, 246
- verfügbares Ackerland 190
- Verteilung 23, 46, 74, 118, 120, 157, 185, 316
Landkommission Siehe Kenya Land Commission
ländlicher Raum 186, 251
- als Differenzierungsmerkmal 251
- als „Residuum des Traditionalen" 179, 239
- Bevölkerung 239
- Entwicklung 228, 230, 240, 242, 245, 252 f.
- Familienplanungsprogramm 209, 239, 243
- Lebensmittelpunkt 220
- Resilienz 300
Landlosigkeit 49, 64, 122
Landreformen 65 f., 71, 160
Landwirtschaft 24, 31, 60, 161, 184
- Funktion 87, 243, 251
- Kenia 242, 253
- Rationalisierung 84
Laurenti, Luigi 210, 212

League of Nations Siehe Völkerbund
Leakey, Louis 49
Lebensqualität 237
Lebensstandard 5, 19, 41, 58
– als Kriterium für Überbevölkerung 39
– als ökonomisches Kriterium 75, 85
– als *tertium comparationis* 232
– Angleichung 132, 254
– Anhebung 88, 158, 168, 187, 237
leerer Raum 20, 44, 48, 130
– Kolonisierung 25
– Topos 27, 42, 55, 57, 130
Lennox-Boyd, Alan 121, 126
Levy, Marion 146
Likimani, Jason C. 195, 208
Livingstone, Ian 244
Locke, John 26
logistische Kurve 138
London School of Economics 78, 107
– *Population Investigation Committee* 106, 108
Lotka, Alfred 138f.
Lugard, Frederick 30, 71

MacDonald, Malcolm 105
Macleod, Iain 163
Macmillan, Harold 163
Maher, Colin 71
Malthus, Thomas Robert 25, 36, 41, 249
– Bevölkerungsgesetz 36
malthusianisch 36, 247
malthusianische Hemmnisse 250
manpower Siehe Arbeitskraft
Martin, C.J. 108, 113
Massachusetts Institute of Technology (MIT) 146, 247
Mathu, Eliud 162
Mau-Mau
– Aufstand 159
– Bewegung 122, 124, 161
– Kämpfer 163, 165
– Krieg 117, 126, 131, 159
– *Land Freedom Army* 122f.
– Unruhen 162, 164
Mazrui, Ali 281
Mbathi, Titus 173, 176
Mbiti, John S. 282

Mboya, Thomas J. 177
– Bevölkerungsproblem 175, 202
– Einfluss 206
– Gewerkschaftsverband 126
– *Ministry of Economic Planning and Development* (MEPD) 170
– Politiker 162
– *Sessional Paper* 167
– Unabhängigkeit 165
McNamara, Robert 17, 210, 223f., 227
McNicoll, Geoffrey 297–300, 310
Milbank Memorial Fund 38, 136f., 218
Milikan, Max 155
Mill, John Stuart 249
Missionare 47, 49, 53, 62
Mitchell, Philip 118f.
Mitgift 235, 299, 301
Modell der demographischen Transition 16, 19, 58, 79f., 131, 238, 241, 252, 272, 288, 291, 316
– Definition von Überbevölkerung 232
– Dominanz 218
– empirische Basis 81
– *European Fertility Transition Project* 275, 312
– Familienplanung 236
– Infragestellung 270, 298
– Kalter Krieg 146, 154
– Kolonialkritik 95
– Legitimationsverlust 300
– Theorie historischen Wandels 81, 95
– und Entwicklungsplanung 231
– und Familienplanung 151
– Ursprünge 77
Modernisierung 56, 231f.
– als Abkürzung 284
– als Instrument 287f.
– als Konzept 8
– als Praxis 154
– als Programm 84
– als Prozess 81
– als unerforschtes Gebiet 274
– Begriff 83, 281, 302, 313
– der Kolonien 83, 96
– Effekte 62
– Forschung 8
– Funktion 272

– imperial 112
– *take-off* 265
– und Familienplanung 293
– Verheißung 83, 249, 287, 302, 309, 311, 315, 319
– Vokabular 191, 264
Modernisierungstheorie 145f., 153f., 156, 167
Moi, Daniel T. arap 162, 303, 307
Molnos, Angela 247, 249, 280
– Ansatz 246
– Familienplanung 252
– *Ford Foundation* 286, 288
– Methoden 277
– Sozialpsychologin 245
– Studie 254, 279
Montague, Joel 199, 221
Mott, Frank 296
Mott, Susan 296
Mule, Harris 306
Murray, Don 221

Nation
– als Konzept 10, 53
– als Norm 40, 131
– bevölkerungspolitischer Rahmen 153
– Entwicklungsziel 56
– Raum 67
– Rechtssubjekt 35
– Vergleich 127
– Wachstumsraten 128
Ndabari, Taylor 197f.
Ndegwa, Duncan 205
Ndegwa, Philip 201, 203, 306
Ndeti, Cecilia 235, 237
Ndeti, Kivuto 235, 237
Nelson, Courtney 193
neo-malthusianisch 36, 39
Neo-Malthusianismus 37
New Deal 139f.
New International Economic Order 259
Niederlande 41, 207, 209, 221
Nixon, Richard 263
Norwegian Agency for Develoment Cooperation (NORAD) 207
Notestein, Frank W.
– Asienreise 145, 147

– *Milbank Memorial Fund* 137
– Modell der demographischen Transition 77, 82, 93, 140, 143
– *Office of Population Research* 137
– *Population Council* 140, 149
– Professur für Demographie 138
nuclear family Siehe Kernfamilie

Odinga, Oginga 162, 166, 170, 202
Office of Population Research 136, 218
– Coale/Hoover-Studie 127
– Denkraum 146
– *European Fertility Transition Project* 275
– Gründung 137
– Kalter Krieg 145
– und *Population Council* 149
– Politik 140
Ogot, Grace 235, 237
Ökologie 246, 277, 285
Ökonomie *Siehe* Wirtschaft
Olin, Ulla 210
Ölkrise 254, 263, 284
Ölpreisanstieg 266, 303
Omolo-Okero, Isaac 197, 208
Organisation for Economic Cooperation and Development (OECD) 271
Orientierungslosigkeit 270, 274, 287, 293f.
Osborn, Frederick 136, 144
Ostafrika 3, 22, 25, 28, 42, 44, 83, 276, 278
Otiende, Joseph D. 204
Overseas Development Administration (ODA) 207, 226, 291
Owuor, Jeremiah 198
Oxfam 207

Parsons, Talcott 146, 180, 182
Paterson, Alexander R. 72, 101
– Arzt 69
– Bevölkerungsschätzung 99
– Direktor für medizinische Dienste, Kolonie Kenia 58
– Vorträge 82
Pathfinder Fund 209
Pearl, Raymond 38, 137f.
Planung 66, 172
Polygamie 192, 299

Population Association of America 136, 143, 218
Population Control Movement Siehe Bevölkerungskontrollbewegung
Population Council 153, 195, 207
– Betätigungsfelder 149
– Bevölkerungspolitik 228
– Experten 186
– Familiennorm 232
– Indien 183
– Kenia 13, 176, 187, 189, 201, 216, 221, 255
– Technical Assistance Division 150
– Teheran 152
Poynton, Hilton 91
pro-natalistisch 62, 234, 296, 310
public health 43, 67, 84, 137

Radel, David 190, 210, 221, 267f., 276, 288
RAND-Corporation 146
Rassentrennung 242
rational choice 144–146, 153
Ravenholt, Reimert T. 294
Realismus 274
Remstrandt, Lars-Gunnar 209
Reproduktion 60, 76, 113
– Einstellungen 245, 277
– Entscheidungen 237f., 274
– Modelle 312
– Muster 231
– Rate 2
– Verhalten 77, 144, 253, 278
– Wandel 144, 282
– Wert 313
Robinson, Warren C. 286, 310, 313
Rockefeller, John D. 17, 149
Rockefeller Foundation 17, 38, 145, 150
Rogers, Everett M. 239, 283, 292
Rogers, Peter 251
Roggen, Lou 209, 221
Rostow, Walt Whitman 155
Russell, James 196f.
– Berater 200
– Family Planning Section 208
– Gynäkologe 195
– Population Council 221

Sanger, Margaret 37
Saunders, Lyle 178
Sauvy, Alfred 155
Scheitern 262, 287, 294, 298, 310
Scripps Foundation for Research in Population Problems 218
Second Colonial Occupation 104
Sidhom, Swailem 235, 237
Social Engineering 66
Sozialleistungen 215, 303
Sozialwissenschaft 38, 139
Spaceship Earth 248
städtischer Raum 239, 253, 301
Stamm als Kategorie 29, 33
Sterilisierung 308
Stevenson, T.H.C. 77
Strukturanpassung 303f.
Stycos, J. Mayone 212
Subsistenzwirtschaft 179, 185, 240
– Überwindung 27, 55, 84
Sutton, Francis X. 264
Swedish International Development Cooperation Agency (SIDA) 207, 226, 295
Sydenstricker, Edgar 137
Systemkonflikt Siehe Kalter Krieg

Tait, W.O. 51
Tansania 245
Taylor, Howard C. 178
Taylor-Berelson-Programm 222
terra nullius 26, 49
Thomas, Albert 40
Thompson, Warren 40, 50, 56, 78, 80
Treuhandschaft 34, 71
Truman, Harry S. 155

Überbevölkerung 3, 49, 75
– Definition 19
– des Planeten 39
– Kikuyu-Reservat 65
– Städte 242
Uganda 245
Uganda-Bahn 24, 60, 113
Umsiedlung 122, 164, 166, 182, 185
United Nations Conference on Trade and Development (UNCTAD)-Konferenzen 266

United Nations Fund for Population Activities
(UNFPA) 226, 291, 295
United States Agency for International Development (USAID) 207, 209, 226 f., 291, 295
Universalisierung 57, 238
Urbanisierung 84, 88, 231
– als Problem 251
– als Voraussetzung 231
– Bewertung 241
– Kenia 242
– Konsequenzen 78
– Modernisierungsattribut 275
USA Siehe Vereinigte Staaten von Amerika

Vereinigte Staaten von Amerika 4, 9, 43, 263
Vereinte Nationen 92 f., 127 f.
– *United Nations Population Division* 140
– Zensus 129
Verflechtung 10
Verhütung Siehe Kontrazeptiva
Vietnamkrieg 224, 263
Völkerbund 34, 38, 69
– Ständige Mandatskommission 59, 69, 131
– als Akteur 34 f.
– Entwicklungskonzept 43
Völkerrecht 35
Volkswirtschaftliche Gesamtrechnung 169
Volkszählung Siehe Zensus

Wachstum
– Erschütterung 286
– Kritik 247
– Skepsis 254
Wachstumsoptimismus, Ende des 264
Währungskrise 263, 265
Wakefield, Edward Gibbon 25
Walt Disney 232
Wangai, Enan 305
Waste Land 27, 55 f., 130
Watkins, Susan Cotts 312
Weiße Siedler 53 f., 64
– Anwerbung 27
– Besiedelung der Kolonie Kenia 60
– Bevölkerungsanteil 29
– *Closer Union* 69

– Entwicklung 61
– Landwirtschaft 25, 64
– Massenexodus 163
– Selbstjustiz 121
– Selbstverwaltung 32
– Wirtschaftssystem 247
Weltbank 4, 13, 185, 291, 295, 308
– Bevölkerungspolitik 210, 213, 219, 222 f., 260
– Coale/Hoover-Studie 127, 141 f.
– Entwicklungsorganisation 223
– Entwicklungspolitik 253
– Erwartung 262
– Infrastrukturprojekte 226, 228
– *Integrated Rural Health and Family Planning Program* 290
– Jamaika 227
– Kenia 164, 229 f., 234, 289, 303, 305
– Kredit 253
– Ökonomen 169
– *Population Projects Department* 224 f., 226, 230, 292 f., 304
– Strukturanpassung 304
– Veränderungen 293
Weltbevölkerungskonferenz
– Bukarest (1974) 256, 261, 266, 285
– Deutungen 257
– Umbrüche 267
– Weltbevölkerungsaktionsplan 258, 267
– Genf (1927) 19, 36–38, 246
– Expertennetzwerke 78
– Teilnehmer 43
Weltwirtschaftskrise (1929) 44, 60, 63, 69, 105
Westoff, Charles 294
White Highlands 3, 45, 117, 120
– Kolonisierung 26, 28, 55, 130
Winans, Edgar 237
Wirtschaft 5, 66, 75, 213, 300
– Kenia 260
– Primat des Ökonomischen 178
– und Bevölkerung 120
– und Bevölkerungspolitik 262
– Wachstum 127, 144
Wissenskritik 267, 285, 300
World Population Plan of Action Siehe Weltbevölkerungsaktionsplan

Zensus 10, 98, 102 f., 114
- *Demographic and Health Survey*, Kenia (1989 und 1993) 310
- Kenia (1979) 287, 294
- *Kenya Fertility Survey* (1978) 290, 294
- Kolonie Kenia 182
- Kolonie Kenia (1926) 102
- Kolonie Kenia (1948) 44, 97, 104, 110, 127, 131
  - Konzeption 111 f.
- Logistik 108, 113
- Stichprobenerhebung 117
- Zäsur 116
- Kolonie Kenia (1962) 44, 128, 174
- *World Fertility Survey* (1978) 234, 294

Zivilisierungsmission 27
Zukunft 154, 250, 254, 281